ISBN 978-0-332-70201-8
PIBN 11222297

FB &c Ltd, Dalton House, 60 Windsor Avenue, London, SW19 2RR.
Company number 08720141. Registered in England and Wales.

For support please visit www.forgottenbooks.com

REPUBLICA ARGENTINA.

MINISTERIO DE RELACIONES EXTERIORES.

BOLETIN MENSUAL.

(Año Sexto).

SETIEMBRE DE 1889.

PUBLICACION OFICIAL.

BUENOS AIRES.

Imprenta de Juan A. Alsina, México, 1422 (antes 634.)

1889.

Informes Consulares.

Consulado General en Estados Unidos.

INFORME MENSUAL.

Nueva York, Julio 5 de 1889.

Señor Ministro:—Tengo el honor de presentar á la aprobacion de V. E. el Informe correspondiente al mes de Junio próximo pasado, incluyéndole como de costumbre los cuadros demostrativos.

Precios corrientes á fin del mes de Junio de 1889, de los artículos de consumo y otros de este mercado.

Cereales.—Harina de trigo para la exportacion	$ 4.50
« centeno mezclado	« 4.35
maiz blanco	« 1.05
del Sur	« 5.00
« maiz amarillo	« 0.95
Maiz mezclado, por fanega	« 0.43
Frutas.—Pasas moscatel, por caja	« 1.75
Heno.—Por cien libras	« 0.90
Cáñamo de Manila	« 0.11 ¾

Cueros secos.

De Buenos Aires y Entre Rios	21 á 24 lb.	$ 0.16
« Montevideo	20 « 22 «	« 0.16
« Corrientes y Concordia	20 « 23 «	« 0.13

De Veracruz	18 á 20 ℔	$ 0.10
« Laguayra	23 « 25 «	« 0.11 ½
« América Central	18 « 22 «	« 0.15
Del Oeste	25 « 30 «	« 0.10
« Sur	13 « 16 «	« 0.09

Cueros salados.

De Buenos Aires y Rio Grande	50 á 55 lb.	$ 0.08 ½
« Rio Grande (de buey)	50 « 60 «	« 0.08
« Buenos Aires escojidos	42 « 50 «	« 0.08
« New Orleans, buey y vaca	45 « 60 «	« 0.07

Cueros de Buenos Aires curtidos en cicuta para suelas.

Ligeros de primera	$	0.18
Medianos	«	0.19
Pesados	«	0.19
Ligeros de segunda	«	0.17
Medianos	«	0.17
Pesados	«	0 17
Dañados	«	0.15
Miel de Cuba 50 grados	«	0.31 1/2
« de New Orleans	«	0.25
Provisiones navales.—Aguarrás	«	0.38
Resina en barriles	«	1.10
Provisiones.—Tocino en barriles	«	13.00
Mantequilla superior	«	0.18
Azúcar refinada	«	0.07 1/4
« centrífuga 96 grados	«	0.08 1/8

Cargamentos de los principales artículos de exportacion de los Estados Unidos á la República Argentina, durante el mes de Junio pasado.

Madera en piés	$	12.867.000
Sillas en paquetes	«	3.128
Lona en paquetes	«	537

Cohetes en caja..............	$	7.600
Kerosene en latas..............	«	45.900
Sebo en latas..	«	1.700
Máquinas de segar.......	«	1.215
Arados....	«	428
Resina........	«	910
Máquinas de sembrar..... ...	«	10.066
Aguarrás en latas........... ..	«	415
Almidon en cajas....	«	2.350
Tabaco en ramas, por libra......	«	83.730
« Mfdo. « «	«	36.902
Pavilo en paquetes............	«	383

Me es grato reiterar á V. E. las seguridades de mi mas distinguida consideracion.

A. G. Calvo, Cónsul.

Setiembre 3 de 1889.—Publíquese en el Boletin Mensual del Ministerio.—Quirno Costa.

Consulado en Lucca.

INFORME MENSUAL.

Lucca, Agosto 2 de 1889.

Señor Ministro:—Tengo el honor de remitir á V. E. la relacion de precios corrientes obtenidos en este mercado en el mes de Julio último.

Relacion de precios corrientes obtenidos en este mercado en el mes de Julio.

Carne fresca........	1.ª calidad	los 100 kilos	150
" "	2.ª "	" "	133
" "	3.ª	" "	109
Cueros frescos		" "	70
Aceite de oliva.....	1.ª	" "	140
" "	2.ª	" "	124
"	3.ª	" "	120
Lana................		" "	235
Lino..		" "	68.50
Porotos.............		" "	23.60
Trigo...............		" "	19.15
Maiz....:......		" "	10.50

Me es grato reiterar á V. E. las seguridades de mi mas distinguida consideracion.

Enrique Sani, Vice Cónsul.

Setiembre 3 de 1889.—Publíquese en el Boletin Mensual del Ministerio.—QUIRNO COSTA.

Consulado en Burdeos.

INFORME MENSUAL.

Burdeos, Agosto 1.° de 1889.

Señor Ministro:—Tengo el honor de remitir á V. E. adjuntos á esta nota el estado conteniendo el Resúmen de Importacion y precios obtenidos por los productos argentinos, en esta plaza y mercado de Burdeos, durante el mes de Julio próximo pasado.

Resúmen de la importacion y precios obtenidos por los productos argentinos en el mercado de Burdeos, durante el mes de Julio.

290 cueros vacunos secos, de 65 á 85 los 50 kilos.

142 fardos pieles de carnero, de 105/130 á 135/162.50 los 100 kilos.

Estado del as existencias y precios de los productos argentinos en este mercado de Burdeos, durante el mes de Julio.

Pieles de carnero en 1888, 706 fardos al precio de frs. 81/115—140/145; en 1889, 142 fardos; frs. 105/130—135/162.50 los 100 kilos.

Cueros secos en 1888, 2800 piezas; frs. 70/95; en 1889, 290 piezas; frs. 65/85 los 50 id.

Pieles de carnero.—Las transacciones han sido reducidas durante este mes, los precios tienen tendencia á la baja; los avisos de Buenos Aires hacen prever una importacion bastante importante, lo que podrá aumentar las existencias y activar las ventas de este artículo. Existencias: el 31 de Julio de 1888, 1362 fardos; el 31 de Julio de 1889, 1065 fardos.

Cueros secos.—Pocas ventas en este mes; los precios quedan firmes. Existencia el 31 de Julio de 1888: 14.978 piezas. El 31 de Julio de 1889, 17.625 piezas.

Saludo al Señor Ministro con mi mas alta y distinguida consideracion.

Felipe Augusto Picot, Cónsul.

Setiembre 3 de 1889.—Publíquese en el Boletin Mensual del Ministerio.—Quirno Costa.

Consulado en Brunswick.

INFORME MENSUAL.

Brunswick, 1.° de Julio de 1889.

Señor Ministro:—Durante el ppdo. mes de Junio se despachó para la República un buque de 568 toneladas, conduciendo 393,773 piés superficiales de madera avaluados en 5.892 dollars.

Así mismo se despachó para el Brasil la barca nacional «Zelmira» de la capacidad de 866 toneladas.

Tengo la honra de remitir á V. E. la adjunta lista de los precios que actualmeate rigen en este mercado y otros datos que considero pueden ser útiles.

Precios corrientes del Mercado.

Madera de pino tea.—Aserrada á vapor de dimensiones ordinarias y aparente para los mercados del Rio de la Plata de $ 14.50 @ $ 16.50 por M. de piés superficiales puesta encima del muelle al costado del buque, sin ningun otro gasto.

En estos muelles hay de 16 á 18 1/2 piés de agua. Los buques que excedan de este calado pueden completar su carga á cosa de una milla de distancia de la poblacion, siendo de su cuenta los gastos que en este concepto se originen.

Piezas de arboladura.—El precio de estas en proporcion á sus dimensiones y en relacion á las demás clases de madera las hay cuadradas y ochavadas labradas al hacha.

Resina.—Clases B $ 0.85, C $ 0.85, D $ 0.85, E $ 0.85, E $ 0.92 1/2, G $ 0.97 1/2, H $ 1.07 1/2, I $ 1.35, K $ 1.40, M. $ 1.60, N $ 1.75, W G $ 2.00 el barril en bruto de 280 lb.

Aguarrás.—A 34 1/2 cts. el galon envasado en barriles de unos 44 galones.

Algodon.—Good Middling á 11 cts. lb., Middling á 10 1/2 cts. lb., y Low Middling á 9 3/4 cts. lb.

Fletes.—Se cotizan para Buenos Aires y puertos contiguos de $ 19 @ $ 21 por M. de piés de madera, para Rosario de Santa Fe de $ 21 @ $ 23 por M.

Total de buques en puerto: 18.

La salud pública de esta ciudad continúa siendo satisfactoria.

Saludo á V. E. con mi mayor respeto y consideracion.

Rosendo Torras, Cónsul.

Setiembre 3 de 1889.—Publíquese en el Boletin Mensual del Ministerio.—QUIRNO COSTA.

Consulado General en Francia.

Movimiento comercial con la República, por los puertos del Havre, Burdeos y Marsella.—Segundo trimestre del año corriente.

Paris, Julio 31 de 1889.

Señor Ministro:—Tengo el honor de acompañar á V. E. los cuadros del movimiento comercial y marítimo habido entre los puertos de la República y los del Havre, Burdeos y Marsella, durante el segundo trimestre del corriente año.

BURDEOS.

Lista alfabética de las mercancías expedidas de este puerto de Burdeos para los de la República Argentina durante el segundo trimestre del año de 1889.

Designacion.	*B. Aires.*	*Rosario.*
Aguardiente, cajas.........	8 265	3 996
Id barriles......	276	118
Agua mineral, cajas.... .	408	181
Ajenjo, id...............	20	218
Id barriles............	60	
Alcohol, cajas............	2	
Id barriles...........	4	
Artículos de piano, cajas...	3	
Id de impresa, id....	1	
Id de escritorio, id...	6	
Id de Paris, id.......	136	3
Id de tonelería, id...	2	
Id de caza, id..		7
Id eléctricos, id......	10	
Id de fotografía id...	16	
Id de gas, id........	6	
Azúcar, barriles	250	250
Arneses, bultos...........	3	
Aceite, cajas..............	20	
Alambre, cajas...... ..	3	
Abanico, id....	17	
Ácido, id........... .. .		3
Armas, id..........	4	
Alambique, id...........	8	
Arzones, id..............	2	
Artículos de imprenta, id..	4	
Id de camas........	7	
Bitter, cajas........... ...	8 457	1 230
Id barriles............	1	

Designacion.	*B. Aires.*	*Rosario.*
Bizutería, cajas..........	154	1
Id falsa, id...........	6	
Bronce obrado, id.........	15	
Boinas, id	4	
Botellas vacías, id.	4 435	
Biscochos, id..............		14
Betun, barriles............		4
Bomba, cajas.............	1	
Coñac, cajas..............	4 308	1 589
Id barriles............	793	
Conservas, cajas...........	6 160	1 310
Id barriles........	111	
Ciruelas, cajas.......... .	2 010	334
Chocolate, id..............	34	9
Calzado, id	42	
Cuchillería, id......... ..	81	
Confeccion, id............	23	4
Cueros, id................	67	
Id curtidos, id... ...	4	
Id balas.......... ...	5	
Carteles, cajas.......... .	26	1
Cerveza, id.......... ...	12	91
Cápsulas, id...	12	
Id para botella, id.......	39	9
Clavijas, id	12	
Cobre, id............. ..	2	
Cuadros, id............	22	
Carruaje, id.......... ...	38	4
Cacao, sacos............	195	
Cristalería, cajas...	12	
Caballos vivos, número....	8	
Confitería, cajas..........	17	
Cola, id..................	188	

Designacion.	*B. Aires.*	*Rosario.*
Corchos, id..............	371	
Id balás.............	17	1
Id barriles...........		6
Cuerdas de música, cajas..	2	
Cajas desarmadas, id......	748	66
Id fardos.............	678	37
Cremor tartáro, cajas......	10	
Café, bultos..............	25	
Cemento, cajas...........	22	
Colchones, balas.....	1	
Casulla, cajas............	2	
Cautchuc, id...	1	
Carnero padre, número.....	9	
Cordaje, balas........		100
Dulces, cajas....	2	
Droguería, id	2	
Estátuas, cajas...........	12	
Etiquetas, id	23	4
Espejo, id................	92	
Estaño, id......	14	
Escarola, id..............		1
Fotografía, cajas..........	1	
Frutas, id..........	556	
Féretro, número..........	2	
Fuelles, id...............	28	
Flores artificiales, cajas. ...	22	
Filtros, id...............	1	
Goma, bultos.............	86	
Id cajas.......	28	
Guarniciones, cajas........	5	
Herrería, bultos...........	193	
Id barriles....	2	
Instrumentos, cajas........	3	

Designacion.	*B. Aires.*	*Rosario.*
Impresa, id........	3	
Instrumentos música, id...	3	
Juguetes, cajas........ ..	80	
Jabon, id................	1	
Kirsch, cajas.............	25	
Licores, cajas............	2 573	525
Librería, id..	67	1
Lámpara eléctrica, id......	2	
Líquido, id...............	12 294	
Ladrillos, id..............	22	
Lámpara, id........... ..	1	
Linterna, id...............	6	
Líquido, barriles..........	227	
Lamidor, cajas..	1	
Mercaderías, cajas.... . ..	967	16
Mercería, id..............	1 192	37
Muestras, id.	173	2
Muebles, id...............	204	26
Metal obrado, id...........	24	
Mostaza, cajas............	1 902	
Música impresa, id	5	
Máquina, id..............	25	1
Mármol, id..	1	4
Madera, granero...........	3	
Madera obrada, cajas... ..	9	3
Martillo, id	3	
Mantas, id..	1	7
Madera y hierro, bultos...	80	
Medicamentos, cajas.......	2	
Ornamentos de iglesia, cajas.	2	
Oro, id....	2	6
Id grupo..	1	
Id en hoja, cajitas......	2	

Designacion.	*B. Aires.*	*Rosario.*
Ovejas vivas, número......	15	
Perfumería, cajas..........	163	
Paraguas, id..............	18	1
Platería, id............ ...	19	1
Pieles, id.................	14	
Piedra (de litografía), id.....	1	
Papel, id..................	108	4
Id para cigarrillos, id...	1	
Id de embalage, id.... .	9	
Pianos, id................	25	
Porcelana, id.............	66	20
Id barricas............	222	36
Pizarra de tejado, cajas....	234	
Pólvora para clarificar, id..	1	
Perro vivo, número........	1	
Papelería, cajas............	1	
Paja, id	1	
Productos farmacéuticos, id.	2	1
Id Id fardos....	3	
Queso, bultos.......	414	185
Quincallería, cajas...	33	
Quitasol, id...............	1	
Rom, cajas................	1 114	498
Id barriles	46	110
Ropas, cajas..............	67	1
Relojería, id.....	70	
Relojes, id..	18	1
Resortes de carruajes, id...	75	
Ruedas y timon, id.... ..	88	
Sardinas, cajas.............	1 707	2 544
Suspensiones, id.....	4	
Sombrerería, id..	27	7
Suelas, balas..............	2 907	

	B. Aires.	*Rosari*
Sanguijuelas, cajas.........	14	
Sombreros, cajas......... ..	35	3
Sacos de viaje, cajas..... ..	2	
Semilla, id.....	5	
Sacos de vanilla, id........	1	
Tejidos, cajas...	415	13
Tabaco y cigarros, bultos..	482	
Toneles desarmados, id....	53	268
Tela, cajas.......	10	
Tinta, id....	1	
Tierra, bulto..............	2	
Tabaco, cajas..............	45	
Trigo, bolsas............	42	
Toros vivos, número...... .	4	
Tilo, cajas................	5	
Utiles, cajas...............	8	
Vino, barricas.............	45 886	11 942
Id ½ id..............	4	
Id cajas................	12 427	875
Id barriles.............	289	
Vino de champagne, cajas..	1 026	
Vermouth, id..............	500	100
Id barriles.......... .	8	
Vacas vivas, número.......	2	
Vinagre, cajas.............	234	
Id barriles	299	
Velocípedos, caja..........	1	
Valores, caja..............	1	
Vidriera, id	12	
Vajilla de barro, id........	4	

Tambien fueron expedidas de este puerto con procedencia de La Plata, San Pedro y San Nicolás, las siguientes mercancías:

La Plata:—Aguardiente, cajas, 201; muebles, cajas, 216; vino, barricas, 453; id., cajas, 20.

San Pedro:—Botellas vacías, cajas, 7525; cognac, cajas 77; ciruelas, cajas, 300; cápsulas para botellas, cajas, 16; corchos, cajas, 3; líquidos, cajas, 4034; líquido, barriles, 4; mercerías, cajas, 3; papel, cajas, 3; tejidos, cajas, 1; vino, barricas, 135.

San Nicolás:—Vino, barricas, 366.

Lista alfabética de las mercancías importadas en este puerto de Burdeos con procedancia de la República Argentina, durante el segundo trimestre del año de 1889.

Designacion.	*B. Aires.*	*Rosario.*
Bizutería, cajas	7	
Bitter, id	5	
Carne seca, bultos	2 200	
Cerda, fardos	9	36
Cueros secos, piezas	15 250	3 479
Impresos, bultos	10	
Líquido, cajas	42	
Lana, fardos	56	40
Lino, bolsas	90	
Maiz, bolsas	7 627	
Mercaderías, cajas	26	
Monedas de oro id	35	
Id de plata, id	17	
Pieles de carnero, fardos	7 214	132
Id cabra, id	21	
Id cabritos, id		37

Designacion.	*B. Aires.*	*Rosario.*
Id cabritillos, id........		1
Id cordero, id....... ...		1
Piano, caja...............	1	
Paño viejo, balas..	10	
Relojería, cajas...........	1	
Sebo, barricas.............	4	
Sardinas, cajas............	6	
Valores, cajas.............	23	
Vacas vivas, número.......	3	

Fueron importados en este puerto de Burdeos con procedencia de San Pedro y San Nicolás las siguientes mercancías:

San Pedro:—Cerda, faldos, 2; pieles de carnero, fordos, 86;

San Nicolás:—Cerda, tordos, 2; cueros secos, piezas, 1791; maíz, bolzas, 3608; pieles de carneros, fordos, 324; id. de cabras, fardos, 16.

Estado de los buques salidos de este puerto de Burdeos con destino á los de la República Argentina, durante el segundo trimestre del año de 1889.

Número de buques 24, con tripulantes 1757, toneladas de registro 53 924, toneladas de manifiesto, Buenos Aires 17 569.70, La Plata 125.26, San Nicolás 472.05, Rosario 3 410.84.

Estado de los buques entrados en este puerto de Burdeos procedentes de la República Argentina, durante el segundo trimestre del año de 1889.

Número de buques 9, con procedencias á Buenos Aires, Rosario, San Nicolás, y Bahía-Blanca.

HAVRE.

Cuadro estadístico del movimiento de importacion á este puerto procedente de la República, Argentina durante el segundo trimestre de 1889.

Trece buques, fardos lana 3 249, cueros vacunos salados 2 003, fardos cueros cabrito 162, astas 59 020, bolsas lino 2 230, bolsas maíz 6 021, fardos pieles 30, barras estaño 200, sacos mineral 128, sacos mineral plata 79, carneros congelados 1 460, 48 bueyes vivos y 29 bolsas pescado venado, cuartos carneros congelados 864, 200 bueyes, 1 bolsa lenguas, 29 bolsas riñones, 7 bolsas pescado venado, barriles glicerina 35, varios 300 bultos exportacion, 32 bultos id. 2 cajas muebles, 4 cajas máquinas, 2 id. raices medicinales, 4 id. muebles, 122 cajas exportacion, 1 id. vestidos, 2 id. oro y plata, 1 cajas libros.

Cuadro estadísto del movimiento de exportacion de este puerto para los de la República Argentina en el segundo trimestre

Quince buques, con tonelaje de registro 30 745.04, tripulacion 689, pasageros 3 239, bultos para Buenos Aires 60 135, Rosario 12 849, San Nicolás 40, otros puertos 155, con opcion á Montevideo 29 050, total 102 229. Ademas 310 bultos vías inglesas.

Precios corrientes de los frutos Argentinos en el puerto del Havre durante el segundo trimestre.

Frutos	*Por*	*Abril.*	*Mayo.*	*Junio.*
	kilo	frcs.		
Lanas..........	1	1.40 á 1.90	1.40 á 2	1.40 á 2
Cueros lanares..	«	1.10 « 1.20	1.30 « 1.50	1.30 « 1.50
« vacunos secos	50	60 « 90	60 « 90	60 « 85
« « salados	«	46 « 58	45 « 57	45 « 58
« potro secos	piezas	6 » 9	6 « 9	6 « 9
« » salados.	100 k	120 « 125	120 » 125	1.15 « 1.20
« nutria. ...	1	2.50 « 3.50	2.50 « 3.50	2.50 « 3.50
« cabra.....	doc'na	30 » 45	30 « 45	30 « 45
« cabrito. ..	«	20 « 26.50	20 « 26.50	20 « 26.50
Cerda.........	50 k	125 « 165	125 « 165	125 « 165
Sebo...	100	61 « 62	61 « 62	61 « 62
Aceite	50	45 « 50	45 « 50	45 « 50
Plumas avestruz	1/2	5 « 6	5 « 6	5 « 6.50
Astas.....	100	35 « 37.50	35 « 37.50	35 « 37.50
Machos de astas	1000	100 « 120	100 « 120	100 « 120
Trigo.........	100	22 « 24	20 « 21	20 « 21
Lino...........	«	25 « 26	24.50 « 25	24.50 « 25
Colza..........	«	28 « 32	28 « 32	28 » 32
Maiz	«			11 « 12
Huesos........	«	15 « 25	15 « 25	14 « 20
Quebracho.....	«	10 « 10.50	9.50 « 10	9.50 « 10

MARSELLA.

Mercaderías exportadas de Marsella á los puertos Argentinos durante el primer trimestre de 1889.

Mercancías.	*N.° de bultos.*	*Mercancías.*	*N.° de bulto*
Aceite...........	11 555	Acero...........	84
Id de almendras.	8	Ajenjo......	8 800
Id para máquinas	3	Algodon..... ...	3
Id. de castor....	1	Alfombras.......	16
Acido tartárico..	321	Almendras.......	25
Id. azótico.....	5	Anis.......	3
Id. sulfúrico.. .	3	Anuncios.	30
Agua mineral....	235	Anchoas.........	12
Id. destilada...	29	Anzuelos...... ..	2
Id. de azahar..	29	Amargo.........	2
Id. de melisa..	2	Artículos de Paris.	4

Mercancías.	*N.º de bultos.*
Artículos de piedad............	18
Aparatos de destilacion	14
Azufre..........	200
Azúcar.........	9 900
Badiana..........	4
Bayas de ginebra.	6
Baldosas.........	10 100 000
Bimbeloteria.....	3
Bitter............	30
Bigornias	77
Botones..........	2
Blanco...........	100
Baldosas mosaico.	254
Botellas..........	3 128
Cal..............	1 103
Canela...	10
Cardos...........	2
Caños de plomo..	6
Castañas en dulce.	4
Camas de hierro..	5
Cautchuc........	3
Cera..........	2
Cartones.........	26
Cerveza.........	5
Cerraduras.	109
Cemento...	38 900
Chartreuse.......	175
Clavos...........	4
Cloruro de cal....	10
Coberturas.......	4
Corsés...........	16
Colores.......	1
Conservas........	143
Coñac...........	109
Corteza de naranja	2
Coriandra........	10
Crin vegetal.....	490
Cristales.........	2
Cuchillería.......	22
Cueros...........	68
Dátiles...........	64
Drogas	12
Esencias....	7
Espejos	3
Estaño en hojas...	9
Ejes de coches...	112
Estufas	10
Ferretería........	319
Fécula..........	35
Flores de rosa....	2
Frutas en dulce..	7
Flores de violeta.	2
Guadañas........	16
Garbanzos	350
Glicerina........	10
Goma............	2
Galones..........	2
Hinojo...........	6
Hisopos..........	2
Hierro fundido.. .	60
Hoces............	8
Hilas............	2
Herramientas.....	6
Instrumentos eléctricos..........	8
Jabon	94
Jibion......... .	2
Lana.............	2
Licores..........	508
Ladrillos ref tarios.	600
Negro animal....	1
Orozuz....	2
Piedra pomez....	13
Pepinillos.... ..	6
Pianos...........	59
Paraguas.........	12
Pañuelos.........	2
Papel............	52
Pastas...	75
Pieles curtidas. .	14
Piezas de ferrocaril	16
Pernos.......	89
Perdigones	540
Plomo	2 125
Pipas de tierra ...	2
Pedruscos de piedras............	60
Quina...........	4
Quincalla........	244
Queso...........	586
Rom	2
Resortes de coches	598

Mercancias.	*N.° de bultos.*	*Mercancias.*	*N.° de bultos.*
Id de vagones.	224	Vinagre..........	10
Ropa............	5	Id. acético....	20
Raices..........	3	Id. de Madeira	2
Sederías.........	19	Id. de Malaga.	2
Semillas de mostaza...........	30	Vino............	9 347
Semillas.........		Wagones.........	56
Simiente de hinojo	2	Vermouth........	23 600
Sombreros	15	Vino blanco......	4
Tabaco..........	18	Id. de quina.....	30
Tapones.........	62	Id. moscatel.....	6
Tejas....	1 995 000	Vidrios	6
Tejidos..	5	Yerbas...........	10
Tela............	27	Zapatos.........	1
		Zumaque........	2

Estado de los buques salidos del puerto de Marsella, con destino á los Argentinos, durante el segundo trimestre de 1889.

Tonelaje.	Tripulacion.	Pasajeros.	Destino.
568	12		Buenos Aires
2 968	92	293	«
2 018	76		Buenos Aires y Rosario
381	11		Buenos Aires
381	11		«
705	13		
1 883	77	516	
633	14		
633	15		
2 352	45	56	
420	11		«
272	10		Rosario
1 098	17		Buenos Aires
680	19		Rosario
423	11		Buenos Aires
196	9	2	«
1 350	60		

686	12		Buenos Aires
2 556	91	581	«
846	26		
691	14		
535	12		«
491	12		Rosario
3 633	125	63	Buenos Aires
2 312	48		«
307	9		Rosario
433	12		Buenos Aires
422	13		«
396	12		
663	14		
3 009	89	235	
1 264	33		
653	12		
1 487	66		«
250	9		Rosario
426	11		«
418	11		«
513	11		Buenos Aires
2 809	51		«
2 765	63	186	
412	11		«
1 482	33	3	Buenos Aires y Rosario
2 968	92	379	Buenos Aires
230	8		Rosario
49 618	1 303	2 314	

Estado del movimiento general de importacion de la República Argentina en Marsella, durante el segundo trimestre de este año de 1889.

14 buques con toneladas, 32 835, pasajeros 1 873, cueros secos 1 150, fardos lana 200, lanares 2 265, sebo pipas 380, id. bordalesas 261, bolsas maiz 13 881; varios géneros: 6 cueros de cabritos 60 000 astas, 205 glicerina, 2 834 cueros de vaca.

Saludo á V. E. con la mas alta y distinguida consideracion.

Angel M. Mendez, Cónsul General

Setiembre 3 de 1889.—Publíquese en el Boletin Mensual del Ministerio.—QUIRNO COSTA.

Vice Consulado en Chiavari.

INFORME MENSUAL.

Chiavari, Agosto 2 de 1889.

Señor Ministro:—Tengo el honor de remitir á V. E. la nota de los precios relativos á los artículos de consumo diarios obtenidos en esta plaza durante el mes de Julio pasado. Ellos son:

Terneras.	los 100 kilos frs.	150	á	190
Vacas	« « « «	120	«	160
Bueyes	« « « «	120	«	160
Cueros frescos de ternera	« « « «	100	«	110
Id id de vaca	« « « «	70	«	80
Aceite de oliva, 1.ª calidad superior	« «	160	«	165
Id id, 1.ª id	« « « «	132	«	135
Id id, 2.ª id	« « « «	120	«	125
Papas	« « « «	9	«	10
Trigo	« « « «	25	«	26
Maíz	« « « «	20	«	20.50
Arroz	« « « «	36	«	46
Queso del Valle de Aveto	« « « «	200	«	300
Jabon	« « « «	45	«	50
Vino blanco buena calidad	el hectólitro «	32.00	«	37
Ladrillos	el mil	43.00	»	45

El estado sanitario de esta ciudad y sus alrededores es satisfactorio.

Saludo al Señor Ministro con toda consideracion y respeto.

José Rivarola, Vice Cónsul.

Setiembre 3 de 1889.—Publíquese en el Boletin Mensual del Ministerio.—QUIRNO COSTA.

Consulado en Menaggio.

INFORME MENSUAL.

Menaggio, Agosto 2 de 1889.

Señor Ministro:—Tengo el honor de elevar á V. E. el Informe mensual de este Vice Consulado, con la nota de precios de venta de varios artículos en este mercado, correspondiente al mes de Julio ppdo.

Asimismo tengo el honor de poner en conocimiento de V. E. que en general aquí para el mejor condimento de las sopas, hacen mucho uso de un extracto de buey, de la marca «Pisoni Brós» de Australia, el cual viene bien acondicionado en tarritos de loza, teniendo un depósito general en Milan; segun informes, desde poco tiempo á esta parte, está tomando mucha aceptacion, haciéndose un gran despacho para todas partes; sería de desear que algun fabricante en esa República, de ese importante artículo, tambien estableciese algun depósito en algunas de las principales ciudades del reino, de seguro que obtendría buenos resultados.

Se han recibido 20 números de folletos (Messaggio del Presidente della República Argentina inaugurando le sesioni del Congreso Argentino nel Maggio 1889,) que una parte fueron distribuidos convenientemente, reservándose la otra parte para facilitarlos á muchos interesados que hay para leerlo, con compromiso de hacerlo pasar, á medida que lo lean, á otros nuevos interesados, procurando de esta manera darle la mayor circulacion posible.

Precios corrientes obtenidos en este mercado en el mes de Julio próximo pasado.

ARTÍCULOS				PRECIO MÍNIMO.		PRECIO MÁXIMO.	
Trigo	por los	100	kilos	frs.	23.50	frs.	24.50
Centeno	" ".	"	"	"	16.50	"	17.25
Avena	" "	"	"	"	17.00	"	17 50
Arroz	" "	"	"	"	34.00	"	40.00
Harina de trigo		1	"	"	28.50	"	38.00
Queso	" "	"	"	"	0.80	'	4.50
Carne fresca	"	"	"	"	0.90	'	1.40

Saludo á V. E. con mi mas distinguida consideracion.

Angel Mazzuchi, Vice Cónsul.

Setiembre 3 de 1889.—Publíquese en el Boletin Mensual del Ministerio.—QUIRNO COSTA.

Consulado General en Inglaterra.

INFORME MENSUAL.

Lóndres, 1.° de Agosto de 1889.

Señor Ministro:—Tengo el honor de incluir á V. E. una nota de los precios corrientes en el mes de Julio próximo pasado, de varios productos argentinos que se venden en este mercado.

Precios corrientes en el mercado de Lóndres de los artículos siguientes:

Astas	12 c 45	°/..
Carne fresca, vaca	6 c 7	por libra
Id ternera	8 c 9	id
Id carnero	8	id
Cenizas y Huesos	£ 4.5 c £ 5	por tonelada
Cerda, colas	1/c 2/2	por libra
Cobre en barra	£ 41. c £ 41.15	por tonelada.
Cueros salados, novillo	5 c 5 1/2	por libra
Id vaca	4 1/2 c 5	id
Id potro	10 c 13	cada uno
Cueros secos	6 c 9	por libra
Id lanares	4 1/2 c 6 1/4	id
Ganado en pié	£ 8 £ 16 £ 23	cada uno
Lino	40 c 41	por 410 libras
Lana sucia	4 1/2 c 8	por libra

Lana súcia de Córdoba.....	5 c 5 1/2	por libra
Id lavada id	7 c 8	id
Maíz.......................	18 c 20	por 480 libras
Plata en barra...............	42 5/16	por onza
Sebo saladero	25 c 26	por 112 libras
Trigo.................	32 c 34	por 496 libras

Saludo á V. E. atentamente.

Alfredo O. Lumb, Cónsul.

Setiembre 6 de 1889.—Publíquese en el Boletin Mensual del Ministerio.—QUIRNO COSTA.

Consulado General en Holanda.

INFORME SEMESTRAL.

Rotterdam, Julio 17 de 1889.

Señor Ministro:—Refiriéndome á mi informe del 30 de Enero último, por el ejercicio Consular del año 1889, tengo el honor de presentar á V. E. mi informe del primer semestre del año corriente, sobre relaciones comerciales de este puerto con la República Argentina.

Las exportaciones de este puerto, por los vapores de la compañía Neerlan-Americana por via indirecta por conocimientos por entero, han sido bastante sucesivos, como lo indica el cuadro que precede de las mercaderías especificadas.

12 250 barricas azúcar refinada.
1 000 cajones id id.
209 bolsas arroz.
7 040 cajones queso de Holanda.
7 390 id id de Gouda.
1 300 id estearina.
250 bolsas pimienta en grano.
54 cajones cigarros.
37 bultos tabaco en rama.
8 105 cajones Ginebra.
8 975 damajuanas id.
73 barriles id.
500 damajuanas aguardiente.
134 cajones vino.
1 200 id bitters.
1 764 id cerveza.
12 id licores.
100 id agua mineral.
141 cajones loza.
1 000 barriles cimento.
4 380 rollos alambre de hierro.
3 396 rieles.
4 872 herrajes diversos.
3 205 fierros.—Diferentes mercaderías.
6 Toros.
46 Vacas.

La exportacion de ganado mayor holandés, durante este período, ha tomado un nuevo impulso, y ha sido bastante seguida, además de las 49 cabezas mas arriba mencionadas, y las expresadas en el primer informe del Sr. Cónsul de Amsterdam, tengo conocimiento que una cantidad bastante considerable de ganado mayor y tambien de caballos de procedencia holandesa, ha sido despachada por el vecino puerto de Amberes.

Desgraciadamente algunas remesas de ganado, habiendo

sufrido mal tiempo durante la travesía, han llegado en un estado mas ó menos deplorable al punto de su destino.

En cuanto á la importacion de productos procedentes de la República, tengo el pesar de contestar á V. E. que mi opinion al respecto, de mi último informe, no se ha realizado aún; en el semestre trascurrido, los vapores directos á este puerto, no han importado sino 1 000 cueros secos, entre tanto no desespero que con el trascurso del tiempo, este ramo de comercio tomará mas impulso.

Por el contrario, me es agradable poder dar informaciones mas favorables sobre la inmigracion de Holanda á la República Argentina, por los 5 vapores de la compañía Neerlan-Americana, salidos de los puertos de Rotterdam y de Amsterdam, durante el primer semestre, el total de personas que han emprendido el viaje á la República es de 2156 individuos, casi todos de nacionalidad holandesa. Los expresados están clasificados como sigue: 1037 hombres, y mujeres y niños 766, total 1803, han aprovechado el pasaje subsidiario, mientras que 353 pasajeros de cubierta han pagado los suyos; los pedidos de pasajes subsidiarios están en gran demanda y sobrepasan al número de inmigrantes salidos hasta el presente.

Adjunto tengo el honor de remitir á V. E. el informe del señor Cónsul de la República en Amsterdam, por el primer semestre del año corriente, me refiero á ese informe á lo que concierne al ejercicio consular de ese puerto.

Tengo el honor de saludar á V. E. con la mas alta consideracion y respeto.

R. S. Castendyk.

Setiembre 6 de 1889.—Publíquese en el Boletin Mensual del Ministerio.— Quirno Costa.

INFORME SEMESTRAL DE AMSTERDAM.

Amsterdam, Julio 5 de 1889.

Como las exportaciones de aquí, comparadas con las de los primeros meses del año presente, han aumentado nuevamente, tengo el honor de presentar á V. E. un informe semestral sobre las relaciones comerciales entre la República y los Paises Bajos.

Es evidente que la comunicacion directa, entre Amsterdam y Buenos Aires ha influido en las relaciones comerciales, á pesar de que las expediciones no han sido tan regulares como se habia pensado, porque la «Compañia Neerlan Americana,» tiene solamente tres vapores disponibles, para esta línea.

Los vapores «Selnedam y Leerdam» han partido de aquí el 5 de Febrero y el 7 de Mayo, con cargamento completo, pasajeros y muchísimos inmigrantes. La lista incluida dá un resúmen de la exportacion de este puerto, sea directa, sea por vía de Amberes y Liverpool.

El número de los inmigrantes trasportados por los dos vapores, ascienden á 992 personas, comprendiendo en ellos las mujeres y niños.

La importacion directa carece de importancia, el primer vapor que llegó aquí el 5 de Abril, de Buenos Aires, conducía 40 fardos de lana.

Las solicitudes para obtener los pasajes subsidarios, no eran tan numerosos durante los últimos meses, aunque las noticias recibidas de la República Argentina, por las familias, eran generalmente favorables.

Uno de los diarios de la localidad el «Het niemos eladoom, Nerderland» ha enviado un reporter á la República para obtener datos exactos que puedan ser de importancia para los lectores de este diario, especialmente para aquellos que tratan de emigrar.

Algunos informes que dan noticias muy interesantes de la República Argentina, han sido ya publicados en este diario. Asi que estos informes estén completos, la redaccion del diario tiene intencion de publicarlos todos juntos y entonces me permitiré hablar de ellos á V. E.

Es necesario tambien señalar que por intermedio de una sociedad comercial, «Holando Sud Americana» fundada aquí el año anterior por el señor Fleod Schröder, con un capital provisorio de un millon de francos se han negociado algunas cédulas del Banco Nacional Hipotecario de la Série C. y D.

Es muy probable que el ganado holandés estará bien representado en la Exposicion Rural de Buenos Aires en 1890.

En general, el comercio de nuestro país no ha estado tan animado en los 6 meses trascurridos, como en el mismo periodo del año anterior, aunque los precios de las diferentes mercaderias, que forman la quinta esencia de nuestro comercio, han permanecido muy elevados.

Lista de las mercaderías cuyos conocimientos han sido legalizados, en el Consulado de la República de Amsterdam, durante el primer semestre de 1889.

Buenos Aires, directo.—6133 cajones queso de Edam, 1670 id id Gouda, 2740 id id ginebra, 37 barriles id id, 995 damajuanas id, 4100 barricas azúcar, 500 cajones id, 200 bolsas id, 246 cajones licor, 10 barriles coñac, 1 id id, 617 cajones amer, 1089 id cerveza, 1200 bolsas arroz, 97 id tabaco, 12 cajones id, 33 id cigarros, 1000 id velas, 1000 barriles cemento, 4900 rollos alambre, 75 bolsas pimienta, 3 cajones especies, 500 frascos vacios, 366 toneladas de fierro, 207 id bultos herrajes, 260 cajones id, 230 bultos diversos.

Rosario directo.—1000 barricas azúcar, 1240 cajones queso, 200 id ginebra, 135 toneladas de hierro.

Buenos Aires ó Montevideo.—4700 barricas azúcar, 180 cajones queso, 4200 bolsas arroz, 15 bultos manufacturas, 200 id velas estearina, 20 cajones estearina.

Certificados legalizados.—54 vacas holandesas, 3 toros, 4 carneros, 2 burros, 1 caballo padrillo.

Consulado General en Portugal.

INFORME MENSUAL.

Lisboa, Julio 31 de 1889.

Señor Ministro:—Tengo la honra de dirigirme á V. E. informándole de los precios que han obtenido en esta plaza durante el presente mes, los artículos similares de los de la República Argentina.

Caballos regulares, de 90 á 135.000 reis.

Carneros y ovejas, de 1.800 á 2.700 reis, siendo el consumo mensual de 950 á 1.000 cabezas.

Terneras, de 9 á 12.000 reis, siendo el consumo mensual 950 á 1000.

Carne fresca, de 3.000 á 3.200 reis por 15 kilógramos, siendo el consumo mensual 2.500 bueyes.

Sebo, 1.600 reis por 15 kilógramos, despachado

Cueros secos salados, 400 reis el kilógramo.

Lanas sucias, 380 reis el kilógramo.

Trigo, de 620 á 630 reis por 14 litros despachado.

Maiz, de 320 á 330 « « « « «

Un peso nacional oro corresponde á 900 reis moneda portuguesa.

En el mes de la fecha se han despachado en este Consulado General de mi cargo los siguientes buques con destino á la República:

Dia 8.—Vapor francés «Equateur», procedente de Burdeos, no recibió carga.

« « « inglés «Neva», procedente de Southampton, no recibió carga.

Dia 22.— « inglés «Atrato», procedente de Southampton, recibió carga.

Dia 27.— « holandés «Zaandam», procedente de Rotterdam, recibió carga.

Dia 30.— « francés «Northe», procedente de Burdeos, no recibió carga.

La exportacion fué la siguiente:

Por el «Atrato».—100 cajas conservas.
« « « 100 « sardinas.
600 « cebollas.
4 « maquinarias
« « « 400 fardos sardinas.
Por el «Zaandam».—916 cajas vino.
« « « 1 « plata en obra.
1 « cápsulas.
203 « conservas.
1 « sombreros de paja.
1 « chorizos.
1 « paja maíz.
247 barriles vino.
129 pipas «
9 pipas «

Reitero á V. E. las seguridades de mi consideracion muy distinguida.

José da Cunha Porto, Cónsul.

Setiembre 8 de 1889.—Publíquese en el Boletin Mensual del Ministerio.—Quirno Costa.

Consulado en Santander.

INFORME MENSUAL.

Santander, Agosto 1.° de 1889.

Señor Ministro:—Tengo el honor de manifestar á V. E. que durante el próximo pasado mes de Julio se han descargado en los muelles de este puerto las mercancías siguientes:

886.800	kilógramos	de	azúcar.
550.500	«	«	arroz.
44.964	«	«	aceite de oliva.
18.350	«	«	cueros de vaca, secos.
569.800		«	bacalao.
101.600	«	«	café.
4.978.020		«	carbon mineral.
569.240	«	«	cacao.
14.200	«	«	harina de trigo.
4.400		«	maíz.

La exportacion de harinas en igual período fué de 1.066.500 kilógramos para las Islas de Cuba y Puerto Rico, y 1.496.200 kilógramos para puertos de esta península.

Reses degolladas en el matadero público.

Vacunos, mayores..	643	con kilóg.	128 807
« menores...........	542	« «	«
Lanares y cabrío....	741	« «	2 538
De cerda..................	104	« «	8 267

Precios obtenidos por el ganado en pié.

Una vaca grande de pts............	375 á pts.	450
« « mediana « «	160 « «	200
« « pequeña « «	100 « «	150
« ternera « «	85 « «	100

Cereales.

Fanega de 94 litros de trigo de pts... ..	11 á pts.	12
« « 90 « « centeno «	6,25 « «	6,50
« « 70 « « cebada «	6 « «	6,25
« « 87 « « maíz «	7 « «	850

No hubo variacion notable en los precios de corambres.

La salud pública es satisfactoria en todo el distrito consular.

Sírvase V. E. aceptar mi respetuoso saludo y el testimonio de toda mi consideracion.

Víctor Espina, Cónsul.

Setiembre 8 de 1889.—Publíquese en el Boletin Mensual del Ministerio.—Quirno Costa.

Consulado en Spezia.

INFORME MENSUAL.

Spezia, Agosto 5 de 1889.

Señor Ministro:—Tengo el agrado de remitir á V. E. la lista que demuestra el precio corriente que durante el mes de Julio próximo pasado han tenido en este distrito consular los principales artículos de consumo.

Lista de los precios corrientes que durante el mes de Julio de 1889 han tenido en el distrito de Spezia los siguientes artículos de consumo.

ARTÍCULOS.	PRECIO Lir. ital.	PRECIO Pesos m/n	Unidad.
Aceite de oliva extrafino........ ...	145 —	155 —	100 kil.
Id id id 1.ª calidad.............	135 —	140 —	«
Id id 2.ª id....................	90 —	100 —	«
Id id id de Bari, Cerdeña Romaña	125 —	135 —	«
Id crudo de lino...	74 —	78 —	«
Alpiste de Sicilia.................	25 —	26 50	quintal.
Id del Plata....	19 —	20 —	«
Almidon de trigo.................	60 —	65 —	100 kil
Id de arroz.	54 —	55 —	«
Id inglés.......................	75 —	80 —	«
Alcohol 94° para las artes..	297 —	305 —	quintal.
Id 94/95 de maíz............	315 —	325 —	«
Id napolitano 90/91............	308 —	310 —	«
Arroz marca Estrella............	40 —	41 —	«
Id id A.................	38 —	39 —	«
Astas de novillo del Plata.........	30 —	35 —	ciento
Atun de Sicilia.........	165 —	170 —	100 kil.
Azúcar refinada de Italia (1).......	145 —	146 —	«
Cáñamo preparado para hilar 1.ª....	140 —	170 —	«
Id id id 2.ª.......	120 —	125 —	«
Cañamazo ó estopa.....	45 —	50 —	quintal.
Cabullería de varios diámetros.. .	110 —	125 —	100 kil.
Carne de buey en pié (2)........ .	45 —	50 —	«
Id id vaca id.................	40 —	45 —	«

ARTÍCULOS.	PRECIO Lir. ital.	Pesos m/n.	Unidad.
Carne de novillo en pié...........	100 —	110 —	100 kil.
Id id ternera id................	115 —	130 —	«
Id id oveja y carnero id........	60 —	65 —	«
Corderitos y cabritos....	6 —	7 —	cada uno
Café de Puerto Rico...	260 —	270 —	100 kil.
Id lavado del Brasil.............	224 —	230 —	«
Conserva de tomates	0 80	0 90	kilóg.
Cebada de Cerdeña	14 —	15 —	quintal.
Carbon vegetal.....	7 50	8 —	100 kil.
Crines del Plata buena calidad.....	110 —	115 —	«
Embuchados de cerdo, salchichon..	220 —	250 —	«
Fruta pasa, higos de Nápoles, cesto.	30 —	50 —	«
Id uva de Málaga en caja........	15 —	18 —	«
Fruta seca, nueces de Chiavari....	50 —	60 —	«
Id avellanas....................	40 —	47 —	«
Id almendras dulces y peladas.. .	170 —	175 —	«
Id piñones pelados de Toscana..	130 —	135 —	quintal.
Fernet Branca..........	30 —	36 —	c. 12 bt.
Fósforos de cera Defrachí N.° 3....	3 60	4 50	gruesa.
Fideos en cajones para exportacion..	8 —	8 50	10 kilg.
Grasa de los Estados Unidos.....	110 —	111 —	100 kil.
Grasa de chancho...............	140 —	150 —	«
Hongos secos en latas............	3 —	4 —	kilo
Jabon marmoreado azul y rojo.....	45 —	50 —	100 kil.
Id comun para la exportacion .	35 —	40 —	«
Lana lavada de Italia, buena calidad...........................	310 —	330 —	«
Id id Rusia id fina.............	450 —	500 —	«
Id id del Plata id id...........	400 —	500 —	«
Legumbres, porotos blancos.......	22 —	26 —	quintal.
Id id de color..................	17 —	21 —	«
Id garbanzos de Sicilia..........	28 —	29 —	«
Id id para moler.....	19 —	21 —	«
Id habas........................	16 —	17 —	«
Id ajos.......	20 —	23 —	«
Id cebollas...............	17 —	18 —	«
Id arvejas de Italia......	16 —	17 —	«
Id lentejas.....................	32 —	35 —	«
Id papas........................	7 25	7 50	«
Maíz desgranado de Nápoles.......	21 —	23 —	«
Id de Piamonte...............	20 —	21 50	«
Id id del Plata (3)......	14 50	16 50	«
Madera dura para construccion (4)..	75 —	80 —	m. cúb.

ARTÍCULOS.	PRECIO Lir. ital.	Pesos m/n.	Unidad.
Manteca de vaca.	180 —	210 —	100 kil.
Piedras para embaldosar, segun espesor........	7 —	16 —	m. cuad.
Id para cordones 0m. 10 × 0m. 15..	6 -	12 —	m. lineal
Papel de estraza	15 —	25 —	quintal.
Id azul	30 —	35 -	«
Id amarillo para la América del Sud.	10 —	15 —	10 resm.
Id florete	43 —	48 —	«
Id de oficio....	40 —	45 —	«
Plomo en panes de Pertusola......	34 —	35 —	100 kil.
Pieles frescas de vaca........	70 —	75 —	«
Id id novillo.................	85 —	90 —	«
Id id ternera..	130 —	150 —	«
Pieles de oveja.........	95 —	100 —	«
Id id cabra y cabrito	200 —	220 —	«
Id id corderito...............	130 —	135 —	«
Id id terneras del Plata k. 5 1/4 ..	130 —	140 —	«
Id id novillo id id 15...........	160 —	170 -	«
Queso Parmesano..............	250 —	300 —	«
Id id Gorgonzola............ .	105 —	110 —	«
Id id Cerdeña................	130 —	155 —	«
Sebo de vaca y novillo...........	60 —	61 —	«
Id del Plata.................	62 —	64 —	«
Semillas de lino..........	33 —	36 —	«
Tocino salado..	150 —	180 —	«
Tabaco del Brasil en rollos........	180 —	200 —	«
Trigo duro de Cerdeña...........	24 50	25 50	quintal.
Id tierno de Lombardía.........	25 —	25 25	«
Id id Taganrog...	23 50	24 —	«
Id id del Plata (5)	16 —	18 —	«
Uñas de vacunos del Plata.........	16 —	17 —	«
Velas estearinas.....	18 —	20 —	c. 10 kg.
Vino de Calabria...............	30 —	40 —	hect'tos
Id de Barbera...............	60 —	80 —	«
Id de las colinas del Chianti.....	42 —	50 —	«
Id fino de «5 Tierras» para embotellar......................	200 —	250 —	«
Id comun blanco y negro (6)....	35 —	40 —	«
Id de Marsala.............	140 —	160 —	«
Vermouth	18 —	24 —	c. 12 bt.

Notas:—(1) Los precios del azúcar refinada tanto italiana

como aquella de los grandes centros de produccion están en baja.

(2) Las carnes han subido de precio.

(3) Los precios del maíz de toda procedencia están muy sostenidos, y el maíz del Plata tiene fácil y pronta colocacion.

(4) Desconocidas son aquí las maderas duras de nuestros grandes bosques, y una remesa de este artículo creo tendría aquí inmediata colocacion en las construcciones navales y de fortificacion que contínuamente se practican.

(5) No hay existencia de este artículo, y el de la próxima cosecha, siendo abundante, está destinado á suplir las necesidades que ha de originar el producto limitado que se ha verificado en casi toda la península.

(6) Los precios de los vinos siguen muy sostenidos y tienden á aumentar á consecuencia de las noticias poco favorables de la próxima cosecha.

Con tal motivo, me honro en saludar á V. E. y reiterarle el homenaje de mi alta consideracion y respeto.

José Piccioli, Cónsul.

Setiembre 2 de 1889. — Publíquese en el Boletin Mensual del Ministerio.—QUIRNO COSTA.

Consulado en Almería.

INFORME MENSUAL.

Almería, 9 de Agosto de 1889.

Señor Ministro:—Tengo el honor de elevar á manos de V. E. el informe mensual de este Consulado correspondiente al pasado mes de Julio.

Sigue inmejorable el estado sanitario de esta Jurisdiccion Consular.

Precios de los productos del país para la exportacion.

Trigo, fanega de 45 á 50 kilos	pesetas	11 25
Cebada, fanega de 30 á 35 kilos	»	5 50
Maíz, no hay existencia.		
Esparto en rama, quintal de 46 kilos	»	4 25
Azufre fundido en terron	»	4 50
» molido	»	7
» sublimado	»	8
Lana sucia	»	37 50
Plomo desplatado, tonelada de 1000 kilos	»	262 á 265
Sal grano blanca » » »	»	10 25
Sal menuda » »	»	11

Artículos de importacion.

Alpiste, fanega de 50 kilos	pesetas	16 50
Habichuelas cortas, sacos de 50 kilos	»	12 á 15
Habichuelas largas	»	20 á 22

Arroz, sacos de 93 kilos segun clase	pesetas	28 á 35
Harina de trigo, saco de 100 kilos..	»	24 á 28

Consumo y precio de la carne en esta Capital.

Vaca y ternera 111 reses, pesando limpio 16650 k.	pesetas	2	k.
Ovejas y terneros 762 id id limpio 7620 k..	»	1 25	k.

Precios de cueros y pieles.

Cueros vacunos secos....................	pesetas	1 70	k.
Cueros de cabra y macho...............	»	2 50	»
Pieles con lana de carnero.	»	2 50	»
» » de cordero...............	»	1 50	»

Durante el expresado mes no ha habido en este puerto movimiento comercial ni consignatario á los de la República.

Saludo respetuosamente al Señor Ministro.

Santiago Peydro, Cónsul.

Setiembre 7 de 1889.—Publíquese en el Boletin Mensual del Ministerio.—Quirno Costa.

Consulado en Cádiz.

INFORME MENSUAL

Cádiz, 5 de Agosto de 1889.

Señor Ministro:—Tengo el honor de enviar á V. E. á continuacion la memoria correspondiente al pasado Julio, adjuntando al propio tiempo la revista mercantil y precios corrientes del mercado.

Ocho han sido los vapores que han zarpado para la República durante ese periodo. Los italianos «Nord América» de la Sociedad La Veloce, «Solferino» y «San Martino» de la línea Italo-Argentina de los Sres. Acebal, Diaz y C.ª «Sirio» y «Stura» de la Navegazione generale y los españoles «Antonio Lopez» de la Compañía Trasatlántica y «Conde Vilana» cuyo armador es el citado señor, habiendo tomado todos carga á excepcion del «Stura» que solo embarcó emigrantes.

Los bultos de mercaderías varias tomados por los citados vapores ascienden á 15.322, en su mayoría vinos, aceite, higos y aceitunas, valorizados aproximadamente en ps. m/n. 39.444. Además, tomaron 8 caballos sementales, cuyo valor puede estimarse en ps. m/n. 4.000

Empieza á notarse mayor movimiento en la saca de la sal, habiéndose despachado para ese puerto los veleros siguientes:

Barca italiana «Alba» con 384 1/2 lastre, «Ismaele» con 285 y el vapor «Conde de Vilana» que tomó 703 1/2, teniendo abierto registro los italianos «SantoTomás» y «Rosa Rocca». Para Montevideo han zarpado la barca española «Mario» con 139 lastres, la italiana «Berna» con 562 y la polacra española «Isidra» con

80, siendo el precio del artículo ps. m/n. 5,50 lastre, en bahia, como en anteriores revistas.

827 han sido los emigrantes embarcados en Cádiz en el citado mes.

Revista del mercado.

Cádiz, 29 de Julio de 1889.

El mercado en este mes se ha encontrado paralizado, particularmente en coloniales, pues sabido es que en estos meses las ventas son muy flojas.

Los artículos todos siguen sin variacion, exceptuándose los azúcares y cafés que siguen en alza, previniendo que los precios son sin derechos de consumo.

Aceite de olivo.—Regulares entradas y demandas, cotizándose de 10 á 11 pesetas los 11 1/2 kilos del nuevo.

Aceite petróleo.—Muy regulares existencias y cortas demandas, cotizándose de 18,50 á 19 pesetas caja de los Estados Unidos, y de 18 á 18,50 el refinado nacional.

Aceitunas.—Cortas existencias y demandas, cotizándose con tendencia de alza á los precios siguientes:

Reina, barril de fanega, de 30 á 40 ptas.

Id barril gaditano, de 4 á 6 id.

Id. cuñetes, de 1,75 á 2 id.

Id. medianas, barril gaditano, de 3,75 á 4 id.

Id. en salmuera, id de 4 á 5 id.

Manzanillas, fanega, 20 id.

Alcoholes.—Continúa la calma que venimos anunciando en nuestras anteriores, no haciéndose mas ventas que las puramente necesarias para el consumo á los precios siguientes, con el derecho nuevo especial ya satisfecho.

Berlin, 710 á 720 ptas. los 516 litros.

Hamburgo, 700 á 720 id id id.

Sueco, de dos coronas, 83 pesetas el hectólitro, de 3 id. 85 id. el id., y 4, 88 id el id.

Ruso, á 650 id los 516 litros.

Español de Abarzuza y C.ª, á 640 id id id.

Idem de uvas, á 900 id.

Ginebra, cuarterolas, de 425 á 450 id.

Id. caja de 12 tarros, de 20 á 12 id.

Id. en canastas de 50 tarros, á 75 id.

Almendras.—Cortas existencias y regular demanda á 90 pesetas los 46 kilos.

Almidon.—Regulares existencias y corta demanda, cotizándose de 8 á 8,50 ptas. los 11 1/2 kilos el del reino; de 7,50 á 8 ptas. los 11 1/2 kilos de 1.ª y de 8,25 á 8,75 los 11 1/2 kilos marca *Galo ó Remis.*

Alpiste.—Cortas existencias y demanda, de 11 á 12 pesetas fanega.

Anís.—Cortas existencias, cotizándose de 12,50 á 14 ptas. los 11 1/2 kilos, segun clase.

Añil.—Cortas existencias de 7 á 8 ptas. kilos.

Arroz.—Cortas existencias y demanda, cotizándose á los precios siguientes:

Japonés, de 4,50 á 5 ptas. los 11 1/2 kilos.

De dos pasadas, á 4,50 id id.

De tres id., á 4,75 id id.

Florete, á 5,50 id id.

Azafran.—Muy cortas existencias, cotizándose con tendencias al alza, de 174 á 180 ptas. kilo el bueno superior.

Azufre.—Muy regulares existencias y cortas demandas á 7 ptas. el de Italia y 9,50 el de Francia en sacos de 46 kilos.

Azúcar.—Al aproximarse á nuestro puerto el vapor español correo procedente de Manila se vendieron á la vela y á precio reservado unos 2000 bayones del cargamento que conducía dicho buque, y estas son las únicas transacciones al por mayor que se han efectuado desde nuestra anterior *Revista.*

Manila, núms. 16 al 20, de ptas. 11,25 á 12,25 los 11 1/2 kilos.

Idem, Ilo-ilo de 9.25 á 9,50 ptas. los id id.

Holandesa con terron, no hay.

Id. cortadillo, no hay.

Habana quebrados, de 12 á 12,3 ptas. los 11 1/2 kilos.

Id florete 2.ª, de 13 á 15 id los id id.

Puerto Rico, núms. 16 al 18, de 10,25 á 10,50 los id id.

Cárdenas granulado, de 13 á 13,50 los id id.

Id. cortadillo, á 14,25 id los id id.

Malagueña, á 14 id id.

Bacalao.—Regulares existencias del nuevo, cotizándose de 40 á 45 pesetas los 46 kilos segun clase.

Cacao.—Cortas existencias, cotizándose á los precios siguientes:

Caracas superior, de 225 á 280 pesetas los 50 k.

Idem corriente, de 200 á 225 id id.

Guayaquil, de 135 á 137,50 id id.

Cubeño, de 145 á 160 id id.

Carúparo, no hay.

Café.—En el presente mes se han vendido algunos lotes de café Manila llegados por el *Isla de Mindanao,* entre 127,50 y 130 pesetas los 46 kilos. En el de Puerto Rico no sabemos se hayan hecho operaciones al por mayor. Al detalle se cotiza el de Manila de 135 á 137,50 pesetas los 46 kilos, á 155 ptas. el de Puerto Rico.

Maiz.—Regulares existencias del moruno, cotizándose á 9 ptas. fanega.

Manteca de Asturias.—Regulares existencias y demandas, cotizándose la marca *Gil,* á 2,05 ptas. kilo de 2.ª y á 2,18 la de 1.ª, y la de *Velarde,* á 2,10 en barriles y en latas clase superior selecta, á 2,35 kilo.

Sal.—La exportacion va en aumento y el precio el mismo de 17,50 ptas. en lastre.

Sémola.—Cortas existencias y cortas demandas, cotizándose á 52 ptas. los 11 1/2 kilos.

Suelas.—Regulares existencias y escasa demanda, cotizándose de 2,25 á 3 ptas. kilo.

Vinos de Jerez.—Muy regulares existencias y cortas demandas.

Las marcas acreditadas se cotizan de 300 á 2.000 ptas. bota á bordo en Cádiz; embotellado, en proporcion.

La caja de 12 botellas vinos á propósito para América, de 20 á 25 ptas. una.

Las marcas de L. Chorro, en cajas de una docena, premiada en las Exposiciones de París y Madrid, proveedor de la Real Casa, de 25 á 40 ptas. una.

Idem tintos.—Cortas existencias y regular demanda, cotizándose de 180 á 190 pesetas bota.

Idem de Poniente.—Regulares existencias y cortas demandas, cotizándose de 4 á 5 ptas. los 16 litros, segun clase.

Cambios.

Cádiz, Julio 29 de 1889.

Londres.....	3 m/p	26.20	Bilbao......	8 d/v	1/4	d.
París.......	8 d/v	4.80	Santander...	idem		par
Madrid......	idem	1/4 d.	Coruña......	idem	1/2	d.
Barcelona....	idem	par.	Santiago.....	idem	3/8	d.
Málaga......	idem	1/4 d.	Vigo........	idem	1/2	d.
Almería.....	idem	3/8 d.	Gijon........	idem	1/2	d.
Alicante.....	idem	1/4 d.	Gibraltar....	idem	1/2	d.
Valencia.....	idem	1/4 d.	Algeciras....	idem	3/4	d.
Cartagena...	idem	1/4 d.	Sevilla.......	idem		par
Tarragona...	idem	3/8 d.	Descuento en el	Banco		4%

Los precios medios de los cereales de la provincia son:

Cádiz, trigo hectólitro	ps. m/n.		3.84
« cebada	«	« «	1.84
« maíz	«	« «	2.48
« aceite, litro			0.14

Las reses sacrificadas en el matadero municipal para el consumo de la ciudad durante el mes han sido:

Vacunas...	1.116	.....	kilos 134.230
Porcinas......	—	......	« —
Lanares.....	--	.... .	« —
Reses	1.116		kilos 134.230

El precio medio en el mercado al por mayor es: vaca ps. m/n. 0.35 á 0.40, no habiendo transacciones en las demás reses durante este período del año.

La salud pública continúa siendo satisfactoria en toda la region andaluza.

Muy grato me es con este motivo enviar al Sr. Ministro mi mas respetuoso saludo.

Angel Ricardo, Vice Cónsul.

Setiembre 6 de 1889.—Publíquese en el Boletin Mensual del Ministerio —Quirno Costa.

Consulado en Calais.

INFORME MENSUAL.

Calais, Agosto 2 de 1889.

Señor Ministro:—Tengo el honor de incluir el extracto de las mercaderías manifestadas, expedidas durante el mes de Julio ppdo. con destino á la República Argentina, las que se han efectuado en este Consulado durante el mes mencionado.

Estado reasumido de las mercaderías expedidas á Buenos Aires por el vapor «Zaamdam», capitan W. Polsen: arqueo, 2282 toneladas, con 58 hombres de tripulacion y 211 pasajeros.

86 cajones vino, 70 cajones bitter, y 54 ½ cajones conteniendo mercaderías varias.

Saluda al Señor Ministro con la mas alta consideracion.

J. Leroy.

Setiembre 7 de 1889.—Publíquese en el Boletin Mensual del Ministerio.—Quirno Costa.

Consulado en Liverpool.

INFORME MENSUAL.

Liverpool, Agosto 5 de 1889.

Señor Ministro:—Tengo el honor de acompañar el informe mensual de este Consulado demostrando el movimiento que ha tenido lugar en este mercado durante el mes de Julio ppdo.

Carne congelada.—Este artículo aun continúa siendo el de mayor importancia entre los productos de la República, y la demanda sigue en aumento.

Durante el mes pasado entraron los siguientes vapores:

Archimedes....	16 567	reses
Zephyrus......	29 630	«
Thessaly..................	8 791	«
Shandel....................	15 339	«
	70 327	reses

Los altos precios cotizados en mi última se mantienen.

Lana.—El mercado ha estado menos activo durante el mes pasado, debido á la poca existencia; sin embargo, hay buena demanda por las clases finas.

Cueros de carnero.—Se han vendido unos 400 fardos de «media lana» á un aumento de $^1/_4$ d. pbb., y como la existencia es poca, se puede creer con fundamento que si llegaran algunos lotes ahora, obtendría buenos precios.

Cueros de saladero.—Mercado quieto debido á la existencia limitada. La barca «Blanche Curry» llegó el 22 ppdo. con 9 500 cueros salados, los que fueron á depósito por no querer los compradores pagar el precio pedido. La parte averiada de la carga, unos 400 cueros, se vendieron á 5 d. pbb.

Sebo.—Se han vendido 650 pipas á 26/6 @ 27/6 p. quintal.
Cereales.—Sin llegadas, mercado quieto.

Cuadro demostrativo del movimiento y precios corrientes en este mercado por los productos de la República durante el mes de Julio de 1889.

Artículos.	*Intˢ ducidos.*	*Vendidos.*	PRECIOS CORRIENTES. *Desde.*	PRECIOS CORRIENTES. *Hasta.*	*Observ'nes.*
Cueros de novillo salados...	9 500	400			
Id pesados.....			5 d. lb.	5 ¾ d. lb.	
Id livianos.....			5 ÷ " "	5 ⅛ " "	
Cueros de potro salados......					
1.ª clase.......			12[d. cuero	13[6 d. cuero	nominal.
2.ª clase.......			10[6 " "	11[" "	
Sebo vacuno de vapor, pipas...	2 290	650	26[6 qq.	27[6 " qq.	
Cueros lanares, f.	177	400			
Sin lavar, lana entera.... ...			6 d. lb.	6 ½ d. lb.	
Id. media lana ..			5 " "	5 ¼ " "	
Lana mestiza sin lavar, fardos..					
Clase buena á superior			7 d. lb.	8 ½ d. lb.	
Clase mediana...			6 ¼ " "	7 ½ " "	nominal.
Cerda de caballo.					
Buena mezcla...			12 d. lb.	13 d. lb.	
Huesos, ton.....	29	29	£5.10.0 ton.	£ 5.15.0 ton.	
Cenizas de id. id.			" 4.15.0 "	" 4.17.6 "	
Trigo, bolsas......					
Trillado para yeguas...... ...			5[100 lbs.	6[100 lb.	nominal.
Id. por máquina.			5[6 100 "	7[9 100 "	
Maíz desgranado	18 582	18 582			
Clase regular á buena.......			4[100 lbs.	4[2 100 lb.	
Clase superior. amarillo..			4[2 100 "	4[2 ½ 100 "	
Lino regular á bueno........	9 462		45[416 "	46[416 "	nominal.
Clase superior...			49[416 "	50[416 "	
Cebada.			2[7 60 "	3[8 60 "	nominal.
Carne congelada					
Carnero, reses..	70 327	60 000	5 d. "	5 ½ d. "	
Vaca, cuartos...			2 " "	3 ½ " "	

Importacion y precios corrientes de carne fresca (enfriada) y animales en pié de Norte-América.

	Tons.	Tons.			
Carne de vaca....	4 504	4 504	5 d. lb.	6 ½ d. lb.	Nominal.
Carne de carnero			5 ¾ " "	7 " "	
Animales vacunos en pié...	19 339	19 339	£ 16 c/u	£ 23 " c/u.	
Ovejas.........	5 178	5 178	35 "	41½ " "	

Saludo al Sr. Ministro con mi consideracion distinguida.

G. M. Brydges, Cónsul.

Setiembre 7 de 1889.—Publíquese en el Boletin Mensual del Ministerio.—Quirno Costa.

Vice Consulado en Rivadeo.

INFORME MENSUAL.

Rivadeo, Agosto 1.° de 1889.

Señor Ministro: — Tengo el honor de elevar á V. E. el informe mensual de este Vice Consulado, perteneciente á Julio ppdo. con los precios de los cereales, reses sacrificadas, carnes y corambre.

El de los granos ha sido en esta plaza, en todo el indicado mes, el siguiente:

Trigo	fanega	de	60	kilos	$	2.85
Centeno	"	"	"	"	"	2.00
Cebada	"	"	"	"	"	2.00
Maíz		"	"	"	"	1.90
Habas	"	"	"	"	"	2.90
Alpiste		"	"	"	"	3.00

Líquidos.

Vino	litro	$	0.12
Aguardiente	"	"	0.20
Aceite	"	"	0.24

En todo el indicado mes se sacrificaron en el matadero municipal, para el consumo de la poblacion, las reses vacunas siguientes:

Mayores	64
Menores	132
Total	196

El precio de las carnes, tocino y corambre, fué:

				Pesetas.
Carne fresca	1.ª clase	por	kilos	1.50
« «	2.ª «	«	«	1.00
« «	3.ª «		«	0.80
Tocino			«	1.50
Jamon			«	2.00
Cueros del país		«	«	1.50
« de la República Argentina.			«	2.00

Durante el expresado mes han salido para esa República 62 emigrantes de ambos sexos, procedentes de esta provincia y de la inmediata de Oviedo, los cuales embarcaron por el puerto de la Coruña y 7 recogieron informes en esta oficina.

El estado sanitario de esta jurisdiccion consular sigue siendo satisfactorio.

Saludo á V. E. con mi mas alta consideracion

Manuel García Barrera, Vice Cónsul.

Setiembre 7 de 1889.—Publíquese en el Boletin Mensual del Ministerio.—QUIRNO COSTA.

Consulado en Marsella.

INFORME MENSUAL.

Marsella, Agosto 5 de 1889.

Señor Ministro:—Tengo el honor de adjuntar á V. E. el resúmen de importacion y de los precios obtenidos en este mercado por los productos argentinos durante el pasado mes de Julio, así como una Revista General del mercado de Marsella.

Revista General del Mercado.

Manteca.—*Los 100 kilos.*

Milan	frs. 280 á 300	Montaña.....	frs. 270 á 280
Lyon	« 260 « 280	Facticio......	« 100 á 110

Queso.—*Los 100 kilos.*

Gruyere 1.ª ..	frs.	135	Holanda.....	« 160 á 190
« 2.ª ..	«	120	Roquefort ...	frs. 185 á 200
« 3.ª ..	«	110	Parmesano..	« 200 á 290

Tejas y ladrillos.

	Peso del mil	Precio del mil	
Teja chata 13 ½ en el metro cuadrado			
Arnaud Etienne, kilos...............	2 550	frs.	70
Teja acanalada ordinaria id id.........	2 500	«	80
Id hueca gran modelo mecánico......	2 200	«	60

Teja hueca pequeño modelo mecánico.	1 600	frs	40
Ladrillo de 0.05 ordinario............	1 600	«	28
Baldosa ordinaria de 0.20.............	1 100	«	24
Id grande de 0.325....	5 500	«	200
Id hechura de 0.20 Havre..........	1 100	«	47

Cemento.—*Mismos precios.*

Cereales.

Trigo.—Mercado muy en calma, muy en baja.—*Los 100 kilos*, descuento 1 °/₀.

Tucena Prov...frs.	26	á 27	Azimo Odesa. frs.	18	18.50	
« Africa. «	22	« 23	Polonia...... «	18	á	
Irka Berdiansk «	19.25	19.50	Sandormica.. «	18.50	«	
« Taganrok «	18.50	18.75	Danubio .. «	16.50	«	19
« Sebastopol «	17.75	18.80	Burgas....... «	16.50	«	
« Odesa... «	17.50		Australia..... «	20	«	
Azimo Azoff... «	17.50	18.75	Plata........ «	falta		
« Yiesk... «	18	18.25	California.... «	20	«	

Semillas.—*Los 100 kilos.*

Entradas de aduana.

Maíz de Odesa..............	frs.	10.75 á 11	100 kilos.
" de Salónica...........	"	11	"
" de Danubio...........		10.87	
" de Sumsoum..........	"	11.50	
" de Poti....		11.25	
" de Varna..............		11.25	
" de Cinquantini	'	12	
Habas de Africa.............		14.50	
Avena de Rusia......		13.50	
" de Danubio...........		13	
" de Samsoum..........		12.50	
" de Africa.............		16.75	
Cebada Mersina............ .		8.50	
" para cervecería......	"	12 á 13	

Crines y pelos.—Crines de América.—Caballo frs. 125 los 50 kilos, descuento 3 %.

Pelo de cabra.—Salónica frs. 90 á 95 los 100 kilos, descuento 3 %; Marruecos 70 á 75 los 100 kilos.

Semillas oleaginosas.

Sésamo Jaffa disponible.	francos	38
" blanco Bombay......	"	36
" abigar "	"	33.50
" negro " .		33
" " Calcutta	"	30.50
Maní descortezado Mozambica.	"	32.50
" " Bombay.......		29
Maní descortezado Coromandel.	"	27.50
" en coca Rufisque.	"	29
" " Gambia	"	25.25
" " Rio Nuñez.....	"	23.75
Lino abigarrado, Bombay.....	"	28.75

Aceite de semillas.

Comestibles.—Mercado en calma.

Sésamo 1.ª calidad Levante	francos	90	á	92
" Bombay......	"	84	"	86
Kurrachee....	"	83	"	85
" 2.ª calidad id.	"	68	"	70
2.ª Levante...	"	75	"	76
2.ª Bombay....	"	64	"	65
" Belari.........	"	65	"	67
Maní 1.ª calidad Rufisque 1.ª presion	"	105	"	
" 2.ª Gambia....	"	80	"	85
Rio Nuñez....	"	76	"	78
Rufisque 2.ª presion	"	85	"	
" Mozambique .	"	74	"	76
Adormidera del Levante.........	"	78	"	80
" de la India..........	"	72	"	74

Lampantes.—En alza.

Sésamo......... frs. 65 á 66	Colza purificado. frs.	75
Maní........... " 64 " 66	Lino Bombay.... "	65

Aceite de oliva comestible.—*Los 100 kilos.*

Aix 1.ª calidad........................	frs.	160	á	170
« 2.ª «	«	125	«	130
Bari ó Nápoles 1.ª calidad............	«	145	«	
« 2.ª «	«	140	«	142
« 3.ª «	«	115	«	130
Toscana 1.ª calidad....................	«	195	«	200
Sicilia................................	«	105	«	110
Bougie.............................	«	100	«	105
Var 1.ª calidad........................	«	115	«	125
« 2.ª «	«	100	«	110
España 1.ª «	«	105	«	115
« 2.ª..................	«	90	«	95
« 3.ª..................	«	85	«	
« 1.ª «	«	110	«	115
« 2.ª «	«	95	«	100
« 3.ª «	«	85	«	90

Huesos.—*Los 100 kilos francos 9.*

Sebo.—Pocos negocios.

Sebo del país....................	frs.	58
Buey, Plata.......................	«	60
Carnero..........................	«	58
América del Norte................	«	58 á 59

Sal.—*Los 1 000 kilos.*

Marsella........................	francos	23.50
Hyeres..........................	«	20
Port de Bouc....................	«	20

Saint-Louis du Rhône..	francos	20
Cette..........................	«	20

Resúmen de la importacion y de los precios obtenidos por los productos argentinos en el mercado de Marsella, durante el mes de Junio.

Lana	fardos	23	frs.	de tránsito
Cueros vacunos secos	piezas	1.953	«	65
Cueros lanares	fardos	638	«	de tránsito
Pieles de cabra	«	3	«	de id
Maíz	bolsas	21.828	«	11 á 11.50
Lino	«	1.925		34
Alpiste	«	877	«	21 á 22
Cerda	fardos	6		125

Reitero á V. E. las seguridades de mi mayor consideracion.

Cristo Martinez Itúño, Cónsul.

Setiembre 7 de 1889.—Publíquese en el Boletin Mensual del Ministerio.—Quirno Costa.

Consulado General en el Canadá.

INFORME MENSUAL.

Quebec, 15 de Junio de 1889.

Señor Ministro:—Tengo el honor de presentar á V. E. mi primer informe desde la apertura de la navegacion del rio San Lorenzo, el cual ha tenido lugar el 1.° del mes pasado.

Las operaciones en el corte de la madera durante la estacion del invierno pasado han sido sumamente importantes y los molinos en los diversos puertos situados sobre el San Lorenzo demuestran ahora la mas grande actividad, cortando los árboles producto del trabajo del invierno.

Ya han llegado á nuestros puertos varios buques en busca de cargamentos de pino blanco y spruce para los puertos argentinos, y en muy poco tiempo una gran cantidad de esos estarán cargando para el Rio de la Plata.

Como he manfestado á V. E. en mi informe del mes de Noviembre pasado, la presente estacion promete descubrir un desarrollo del comercio en la madera del Canadá con la República, casi sin precedente.

El único inconveniente es la escasez de tonelaje propio para cargar madera y los fletes sumamente altos que son pedidos por buques, que son elegibles para este empleo.

Los fletes de exportacion como de importacion de aquí á los diversos puertos del mundo, son mas altos que hace doce años.

Las importaciones de las lanas y cueros de la República siguen entrando en este dominio, por los puertos de Boston y Nueva York, en lugar de ser introducidos directamente. He tenido varias entrevistas con diversos introductores y fabricantes de los artículos arriba mencionados, con la intencion de tratar de estimular la introduccion directa de los frutos de esa en esta, pero todos estos señores están de acuerdo en decir que viendo que la cantidad total de estos artículos consumidos en el país no es muy importante, y que á mas se recoge una cantidad bastante grande de lanas y cueros, aquí conviene mas á los fabricantes en esta importar dichas mercaderías en wagon de ferrocarril, mas bien que por cargamento de buques de ultramar.

Tendré el honor de dirigirme á V. E. de aquí algunos dias acompañando dicha comunicacion con una lista de los buques despachados del Canadá para esa, hasta la fecha.

Dios guarde á V. E. muchos años.

Juan Arturo Maguire, Cónsul.

Setiembre 7 de 1889.—Publíquese en el Boletin Mensual del Ministerio.—Quirno Costa.

Vice Consulado en Madeira.

INFORME MENSUAL.

Isla de Madeira, Julio 1.° de 1889.

Señor Ministro:—Tengo el honor de elevar á S. S. el informe mensual correspondiente al mes de Junio ppdo. de los precios en este mercado de los artículos siguientes:

Ganado en pié. Bueyes......	de	30	á	40 000	reis	
Id. Terneras...	«	7	«	13 000	«	
Id. Carneros.........	«	4	«	6 500	«	
Carne fresca. Buey.....	«	180	«	200	«	
Id. Ternera..........	«	200	«	240	«	
Id. Carnero...........	«	180	«	220	«	
Lanas sucias...............	«	3 500	«	4 500	«	kg.
Cueros verdes...........	«	150	«	180	«	«
Id. secos...............	«	290	«	350	«	«
Maíz amarillo de Marruecos.		15 500	reis	850		litros.
Id. blanco americano.....		16 600	«	«		«
Trigo americano...........		42 500	«	«		
Id nacional..............		35 000	«	«		

Fueron despachados en este Vice Consulado nueve vapores con destino á Buenos Aires, habiendo uno tomado carga de vino.

La salud pública es satisfactoria.

Tengo el honor de saludar á V. E. con mi mas alta y distinguida consideracion.

A. Athias, Vice Cónsul.

Setiembre 7 de 1889.—Publíquese en el Boletin Mensual del Ministerio.—QUIRNO COSTA.

Consulado en San Sebastian y Pasajes.

INFORME MENSUAL.

San Sebastian, Agosto 5 de 1889.

Señor Ministro:—Tengo el honor de elevar á manos de V. E presente informe correspondiente al próximo pasado mes de Julio, así como el cuadro de operaciones verificadas durante el mismo mes.

Los precios de los diferentes primeros artículos de mercados, no han sufrido alteracion desde mi último informe, correspondiente á Junio último.

Reses sacrificadas.

San Sebastian.	798 vacunas.	con peso total	100 727	kilógrs.
	120 carneros.	« « «	1 752	«
	168 cerdos.	« « «	12 585	«
Pasajes total.	19 vacunas.	« « «	1 742	«
	8 cerdos.	« « «	1 010	«

El precio de la res en pié y cuero vacuno es el mismo que en meses anteriores.

Nada puedo señalar de importacion, ni exportacion, pues el «Ortegal», que zarpó el dia 30 de Pasajes, no embarcó carga algunay sí 40 pasajeros para Buenos Aires.

Saludo al Sr. Ministro con mi mas alta y distinguida consideracion.

Cándido de Soralace, Cónsul.

Setiembre 7 de 1889.—Publíquese en el Boletin Mensual del Ministerio.—QUIRNO COSTA.

INFORME MENSUAL.

Havre, Agosto 9 de 1889.

Señor Ministro:—Tengo el alto honor de elevar á manos de V. E. el informe mensual de este Consulado correspondiente al ppdo. mes de Julio.

Exportacion.

Con fecha 9 de Julio se despachó en este Consulado el vapor francés «Uruguay,» de 2 530 toneladas 95/100 de registro y 59 hombres de equipaje.

Salió con destino á Buenos Aires al mando del Sr. comandante Le Guen, llevando lo siguiente:

Para Buenos Aires, 5 064 bultos; á trasbordar para La Plata, 22 id., con opcion Montevideo, 2 650 id., total 7 736 bultos.

El 10 se despachó el vapor francés «Belgrano,» de 1 646 toneladas 88/100 de registro y 42 tripulantes.

Salió con destino á Buenos Aires, San Nicolás y Rosario, al mando de su comandante el Sr. Lequeux, llevando lo siguiente:

Para Buenos Aires, 14 bultos, para San Nicolás 153 id., para el Rosario 3 729 id., total 3 896 bultos.

Con fecha 20 se despachó el vapor inglés «Waldensian,» de 1 463 toneladas 39/100 de registro y 39 tripulantes.

Salió con destino á Buenos Aires al mando del Sr. comandante Whyte, llevando lo siguiente:

Para Buenos Aires 3 798 bultos, con opcion á Montevideo 1 000 id., total 4 798 bultos.

El 20 se despachó el vapor francés «Nantes,» de 2 678 toneladas 72/100 de registro y 47 tripulantes.

Salió con destino á Buenos Aires al mando del Sr. comandante Mannoni, llevando lo siguiente:

Para Buenos Aires, 100 bultos, con opcion á Montevideo 1 500 id., total 1 600 bultos.

Con fecha 29 se despachó el vapor francés «Rio Negro» de 2 523 toneladas 08/100 de registro y 59 tripulantes.

Salió con destino á Buenos Aires al mando del Sr. comandante Guegan, llevando lo siguiente:

Para Buenos Aires, 6 122 bultos, para Rosario 19 id., para otros puertos 21 id., con opcion á Montevideo 2 309 id., total 8 471 bultos.

Resúmen de la exportacion

Se despacharon con destino á la República cinco vapores con un tonelaje total de registro de 10 843 t. 02/100 y una tripulacion de 239 hombres.

Dichos vapores llevaron la cifra de 26 501 bultos mercaderías generales, cuyos destinos fueron los siguientes:

Para Buenos Aires 15 098 bultos, para Rosario 3 748 id., para San Nicolás 153 id., para otros puertos 43 id., con opcion á Montevideo 7 459 id., total 26 501 bultos.

Además de esta cifra figura tambien en la exportacion de este puerto, para los de la República, la cantidad de 370 bultos mercaderías generales, cuyos trasbordos se efectuaron por los puertos de Southampton y Liverpool.

Resúmen de la exportacion del mismo mes del año 1888.

Cuatro vapores con un tonelaje total de registro de 8 431 y una tripulacion de 197 hombres.

Llevaron lo siguiente:

Para Buenos Aires 22 683 bultos, para Rosario 2 560 id., para San Nicolás 33 id., para Goya 13 id., para el Paraná 6 id., para Corrientes 2 id., con opcion á Montevideo 2 304 id. Total 27 601 bultos.

Importacion.

Con fecha 4 de Julio llegó á este puerto, procedente de la República, el vapor francés «Rio Negro,» con 2 000 cueros vacunos salados, 46 bultos para la Exposicion, 10 id. diversos.

El 8 llegó el vapor francés «Nante» con 2 516 cueros vacunos salados, 300 bolsas maíz.

Con fecha 19 llegó el vapor francés «Dom Pedro» con 7 632 cueros vacunos salados, 31 bultos fósiles, 30 id. diversos, 5 cajones plumas de avestruz.

El dia 22 llegó el vapor francés «Córdoba» con 218 barras estaño, 51 zurrones mineral de plata, 8 bultos diversos, 8 id. quina, 51 fardos cueros de cabrito y 13 000 bolsas maíz.

Con fecha 22 llegó el vapor francés «San Martin» con 777 bolsas lino, 2 500 cueros vacunos salados, 385 bolsas maíz, 225 fardos lana.

Resúmen de la importacion.

225 fardos lanas, 14 648 cueros vacunos salados, 51 fardos cueros de cabrito, 5 cajones plumas de avestruz, 777 bolsas lino, 13685 id. maíz, 218 barras de estaño, 51 zurrones mineral de plata, 79 bultos diversos, 46 id. para la Exposicion y 8 id. quina.

Resúmen de la importacion del mismo mes del año 1888.

496 fardos lanas, 16 id. cerda, 138 id. pieles de cabra, 500 cueros vacunos secos, 113 bolsas mineral, 16 877 id. maíz,

113 750 astas, 350 bolsas alpiste, 4 cajones plumas de avestruz, 3 id. libros, 1 id. máquinas y 1 yegua.

Lanas.—La importacion general de lanas ascendía durante el mes de Julio á 2 129 fardos.

De Buenos Aires 225 fardos, de Montevideo 220, de Rio Janeiro 24 id., de Chile 511 id., de Perú 43 id, de Algeria 559 id., de España 547 id. Total 2 129 fardos.

Las ventas ascendieron á 1 778 fardos, de los cuales 88 fardos de Buenos Aires, que obtuvieron los precios siguientes:

Un lote de 10 fardos de francos 1.92 1/2, un lote de 78 fardos (expedidos.)

El 31 de Julio quedó un stock disponible de 5 154 fardos, de los cuales 755 de Buenos Aires.

Movimiento del mercado durante los siete primeros meses de los años 1889 y 1888.

Lanas.	Importacion. 1889.	1888.	Ventas. 1889.	1888.	Expedicion. 1889.	1888.	Stock 31 Julio. 1889	1888.
Buenos Aires	10162	23266	5772	60[illegible]3	7431	7915	75	11464
Montevideo y Rio Grande	2306	2382	2095	3018	—	151	260	472
Perú y Chile	3859	3014	3429	3013	63	27	615	605
Rusia	—	1373	2012	492	117	507	1[illegible]44	[illegible]999
Diversas	3283	1876	6506	22[illegible]6	296	656	2180	8041
	19[illegible]10	31911	19814	14822	7[illegible]07	9[illegible]	5154	26581

Los remates de lanas que se habían anunciado para el mes de Julio han sido suprimidos por causa de la poca cantidad de lanas que se presentaron.

Las lanas de diversas procedencias han dado lugar durante el mes que nos ocupa, á negocios bastante activos.

Los precios se presentan en alza de 5 céntimos por las lanas de Rusia, y sin cambio alguno, pero firmes por las otras procedencias.

Ventas á plazo.—Tipo 1.ª Buenos Aires buena calidad.— Rendimiento 36 %.

Las ventas han sido bastante activas y los precios se presentan en alza de 18 francos para los meses de Agosto á Diciembre, y de 12 francos por los otros meses.

Las últimas cotizaciones fueron las siguientes:

Para Agosto	193
» Setiembre	193
» Octubre	193
» Noviembre	191
» Diciembre	186 ½
» Enero	176
» Febrero	172 ½
» Marzo	172
» Abril	172
» Mayo	172

Precios de lanas el 31 de Julio de 1889 (el kilo).

Lanas.		Superior.	Buena.	Mediana	Inferior.
Bs. As. nueva esquila.					
Merinos.	Frs.	2.10 á 2.20	1.95 á 2.05	1.80 á 1.90	1.55 á 1 70
1.a	«	2.05 á 2.15	1.90 á 2.00	1.75 á 1.85	1.50 á 1.65
2.a	«	2.00 á 2.10	1.85 á 1.95	1.70 á 1.80	1.45 á 1.60
3.a	«	1.95 á 2.05	1.80 á 1.90	1.65 á 1.75	1.40 á 1.55
Corderos	«	1 75 á 1.95	1.60 á 1.70	1.45 á 1.55	1.15 á 1.35
Vientres y pedazos	«	1.05 á 1.45	1.00 á 1.30	0.90 á 1.20	0.60 á 1.05
Lincoln y mestizas	«	1.95 á 2.15	1.75 á 1.90	1.55 á 1.70	1 35 á 1.45

Cueros vacunos secos y salados.

Han sido importados á este mercado durante el mes de Julio: 102 200 cueros vacunos secos y salados, de los cuales 14 648 cueros vacunos salados, de procedencia Argentina.

Las ventas realizadas durante el mismo período de tiempo

ascendieron á 55 877 cueros, de los cuales 29 386 cueros de procedencia Rio de la Plata.

El 31 de Julio quedó un stock disponible de 162 985 cueros, de los cuales:

12 014	cueros vacunos salados del Rio de la Plata.			
83 827	id	id	secos	id
95 841	cueros vacunos.			

Movimiento del mercado durante los siete primeros meses de los años 1889 y 1888.

Cueros.	Importacion. 1889.	1888.	Ventas. 1889.	1888.	Stock 31 de Julio. 1889.	1888.
Plata y Rio G., secos	1 950	12 341	15 270	17 381	12 794	35 689
Plata, salados	230 436	148 118	198 591	192 808	83 827	37 342
Rio Grande, salados	35 179	—	57 798	72 831	18 622	2 617
Diversas	175 319	218 752	145 670	220 129	47 742	96 420
Varios	442 884	379 211	417 329	03 149	162 985	172 068

Precios de cueros el 31 de Julio de 1889 (los 50 kilos)

	Los 50 kilógramos.
Plata secos bueyes 1.ª calidad 13 á 16 k.....	fs. 84.— á fs. 85.—
» » » » » 11 á 12 ½ k...	» 80.— á id 84.—
» » » » » 10 á 11 » »...	» 78.— á id 80.—
» » » 2.ª »	» 70.— á id 75.—
» » » inferiores.....	» 60.— á id 65.—
» » vacas 1.ª calidad 10 á 11 k......	» 84.— á id 85.—
» » » » » 9 á 10 »	» 80.— á id 84.—
» » » 2.ª »	» 70.— á id 80.—
» » » inferiores...............	» 60.— á id 65.—
» » terneros................ ...	» 60.— á id 65.—
Plata saladero bueyes, 30 á 31 k........	» 55.— á fs. 58.—
» » bueyes, 23 á 24 id.	» 50.— á id 51.—
» » vacas, 19 á 20 id.....	» 46.— á id 50.—

			Los 50 kilógramos.		
Plata	saladero vaca 21 á 22 id............	frs.	50.—	á id	51.—
»	matadero, bueyes 26 á 28 id.........	»	45.—	á id	51.—
»	» vacas 20 á 22 id...........	»	45.	á id	53.—
»	terneros livianos, pieza..............	»	0.50	á id	2.—

Precios corrientes de los productos argentinos en este mercado durante el mes de Julio de 1889, comparados con los del mismo mes del año 1888.

Frutos.	*Por*	*Julio 1889.*			*Julio 1888.*		
Lanas..............	1 k.	1.60	á	2.15	0.85	á	1.95
Cueros lanares.....	«	1.30	«	1.59	1.00	«	1.50
« vacunos secos..	50	60	«	85	60	«	100
« « salados....	«	46	«	57	47	«	62
« potro secos.....	pieza.	6	«	9	nominal.		
« « salados.....	100 k.	115	«	120	115	«	130
« nutria	1 k.	2.50	«	3.50	2.50	«	3
« cabra....... .	doc'na	30	«	45	10	«	30
« cabrito.........	«	20	«	26.50	5	«	24
Cerda..............	50 k.	125	«	165	125	«	140
Sebo...............	100	62	«	66	62	«	66
Aceite.............	50	45	«	50	45	«	50
Plumas avestruz....	1/2	5	«	6	4.50	«	14
Astas..............	100	35	«	37.50	34	«	36
Machos de astas....	1000	100	«	120	100	«	120
Trigo..............	100	20	«	21	19	«	23
Lino...............	«	25	«	26	22	«	23
Colza..........	«	30	«	36	22.50	«	27
Maíz...............	«	11	«	12	13	«	13.50
Huesos.............	«	14	«	20	7	«	26
Quebracho..... ..	«	9.80	«	10	8.00	«	10

Emigracion.—Dos vapores de la Compañía «Chargeurs Reunis» llevaron entre pasajeros y emigrantes, 684 personas, cuya clasificacion es la siguiente:

Primera clase 47 personas, segunda 67, emigrantes 570; total 684 personas.

La nacionalidad de los 570 emigrantes se reparte así:

Franceses	422
Italianos	51
Suizos	45
Alemanes	27
Españoles	14
Ingleses	5
Belgas	3
Austriacos	2
Rusos	1
Total	570

Durante el mismo mes del año pasado se embarcaron en este puerto con destino á la República, entre pasajeros y emigrantes, 833, personas cuya clasificacion fué la siguiente:

Primera clase 39 personas, segunda id. 33, emigrantes 761 id., total 833 personas.

Me es grato con este motivo reiterar á V. E. las seguridades de mi mayor consideracion y respeto.

Lorenzo G. Balcarce, Cónsul.

Setiembre 7 de 1889.—Publíquese en el Boletin Mensual del Ministerio.—Quirno Costa.

Consulado en Bahía.

INFORME MENSUAL.

Bahía, Agosto 2 de 1889.

Señor Ministro:—Tengo el honor de presentar á V. E. un resúmen exacto de las mercaderías importadas de la República Argentina en esta plaza, especificando sus precios, condiciones, y existencias, durante el mes de Julio próximo pasado, esperando así haber cumplido á lo ordenado por el Ministerio segun Circulares del 19 de Noviembre de 1881 y 1.° de Agosto de 1883, trasmitidos á nosotros por el señor Cónsul general en este Imperio.

Precios corrientes.

Alfalfa.—Entraron por el vapor «Travellar» 50 fardos para el consumo, cuyas ventas se efectuaron á 150 reis kilo.

Cueros.—No hubieron entradas de la República Argentina ni hubo depósito.—Se han cotizado nominalmente, los salados secos de 285 á 290 reis por kilo.

Harina de trigo.—Han entrado de 1.ª clase, las ventas se efectuan al precio de $ 12/50 á 13/50 kilo por cada bolsa, con peso 72 kilos y 6 °/. descuento, al contado. Se pueden tambien obtener $ 18 á 19 kilo con el descuento del 11 °/₀, por frutos de esta naturaleza, importados en barriles, con procedencia de Australia y América.

Lanas.—Ningun negocio se ha efectuado con las del Rio de la Plata, porque no vienen limpias, y no hay aquí máquinas para limpiarlas. Algunos comerciantes han mandado traer pequeñas muestras como prueba y nada han podido hacer, por el motivo expuesto.

Mijo.—Lotes de 500 bolsas con 80 libras de peso, se cotizan á $ 4.500 sin descuento, así como partidas de 2 á 3.000 bolsas á $ 4.300

Entraron 10.500 bolsas, por vapores distintos, y 7.600 en depósito.

Charqui.—Por falta del género superior del Rio de la Plata, no ha habido depósito de este género. Cotízase de 280 á 340 reis kilo.

Observaciones.—Los precios arriba mencionados son para artículos ya despachados para el consumo.

Dios guarde á V. E.

Fernando A. Luz, Cónsul

Setiembre 6 de 1889.—Publíquese en el Boletin Mensual del Ministerio.—QUIRNO COSTA.

Vice Consulado en Destierro.

INFORME MENSUAL.

Destierro (Brasil), Agosto 1.° de 1889.

Señor Ministro:—Tengo el honor de remitir á V. E. un informe sobre el consumo y los precios obtenidos en este mercado por los artículos de produccion argentina, perteneciente al mes de Julio ppdo., de conformidad con la resolucion de ese Ministerio, fecha 19 de Noviembre de 1881.

Carne fresca...................	260	kilo
Tasajo.................	300	«
Ganado en pié..................	40.000	uno
Harina de trigo, bolsa de 50 kilos...	9.000	una
Cueros secos	280	kilo
Id salados.....................	100	«
Lanas................	no entraron	
Lino.....	«	«
Maíz, bolsa de 60 kilos.............	3.500	una

Saludo á V. E. con mi mayor consideracion.

José A. Demaria, Vice Cónsul.

Setiembre 7 de 1889.—Publíquese en el Boletin Mensual del Ministerio.—Quirno Costa.

Vice Consulado en Copenhague.

INFORME MENSUAL.

Copenhague, Agosto 3 de 1889.

Señor Ministro:—Tengo el honor de remitir á V. E. los precios obtenidos en este mercado durante el mes próximo pasado.

Cebada los 100 kilógramos	2.66	2.97	$	m/n.	oro
Centeno « « «	2.70	2.90	«	«	«
Trigo « «	3.47	3.55	«	«	«
Avena « «	3.05	3.16	«	«	«
Maíz « «	2.41				
Todo segun calidad.					
Manteca 1.ª 100 kilógramos	51.66	52.20	«	«	«
Id 2.ª « «	48.80	50.00	«	«	«
Cueros vacunos salados el kilógramo	11.06	12.02	centavos		
Id de caballo salados la pieza	3.05	3.30	$	m/n.	oro
Sebo el kilógramo		9.10	centavos		

El mercado de lana paralizado.

Saludo á V. E. con mi mayor consideracion.

Luis B. N. Tegner, Vice Cónsul.

Setiembre 9 de 1889.—Publíquese en el Boletin Mensual del Ministerio.—QUIRNO COSTA.

Consulado en Savona.

INFORME MENSUAL.

Savona, Agosto 2 de 1889.

Señor Ministro:—Tengo el honor de elevar al conocimiento de V. E. el adjunto cuadro referente al consumo y precios de la carne en esta ciudad, el precio de los cueros frescos, harina, trigo y maíz, por el mes de Julio del corriente año.

Cuadro que demuestra el consumo y precios de la carne en esta ciudad; precios de los cueros frescos, harina, trigo y maiz, correspondiente al mes de Julio próximo pasado.

Terneras............	N.° 363	á fr.	1.80	por	kilógramo	
Bueyes..........	« 7	á «	1.40	«	«	
Toros...............	« 4	á «	1.20	«		
Vacas...............	« 90	á «	1.20	«		
Corderos............	« 49	á «	1.40	«		
Motones.............	« 37	á «	1.30	«		
Ovejas............ .	« 111	á «	1.20	«		
Cabras..............	« 8	á «	1.20	«		
Cueros de bueyes, toros y vacas		á «	—56	«		
Id id terneras.....		á «	1.30	«		
Id id motones y ovejas......		á «	—40	«	«	
Id id corderos.....		á «	1.50	«	cada uno	
Harina segun marca.........		á «	34.—	«	«	quintal
Trigo duro.....		á «	25.—	«	«	«
Id tierno de las cercanías.....		á «	23.50	«	«	«

Trigo Lombardía............	á frs. 23.—por	cada	quintal
Id Rusia..........	á « 18.50	«	«
(1) Maíz de las cercanías........	á « 21.—	«	«
(2) Id amarillo................	á « 21.—	«	«
(3) Id extranjero.............	á « 17.—	«	«

(1) Precio sostenido

(2) « «

(3) « en suba.

Saludo á V. E. con toda consideración y respeto.

Juan B. Gazzolo, Cónsul.

Setiembre 7 de 1889.—Publíquese en el Boletin Mensual de Ministerio —QUIRNO COSTA.

Consulado en Rio de Janeiro.

INFORME MENSUAL.

Rio de Janeiro, Agosto 14 de 1889.

Señor Ministro:—Tengo el honor de acompañar á V. E. la relacion comercial con documentos de Bahía, Antonina, Itajahy Destierro y Uruguayana y la Revista de esta plaza, que reune todos los datos comerciales exigidos mensualmente por el Ministerio de V. E.

Informe sobre el consumo y los precios obtenidos en este mercado por los productos argentinos durante el mes de Julio próximo pasado.

Existencia en depósito de carne tasajo (Julio 31) 2.907.600 kilos, de los que 42.000 son de Rio Grande.

Consumo, kilógramos 1.675.510.

Precios: rs. 280 á 330, mantas 300 á 370.

Harinas del Plata.—No hay entradas

Afrecho, rs. 2.500 á 2.600 por 42 kilos.

Maíz, rs. 5.000 á 5.200 por 62 id.

Alfalfa, rs. 90 á 100 por kilo.

Grasa en pipas 400 á 420—vejiga rs. 400.

Sebo derretido del Plata, rs. 340.

Aceite de potro, rs. 320 á 360.

Carne fresca, rs. 300 á 400 el kilógramo.

Resúmen del movimiento y precios corrientes de tasajo en Rio de Janeiro en la segunda quincena de Julio.

Existencia en 15 de Julio de 1889	del Rio de la Plata......	2.829.600
«	del Rio Grande.........	60.000
		2.889.600

Entraron durante la quincena del Rio de la Plata	1.618.010
« « « del Rio Grande...........	25.500
	1.643.510
	4.583.110

Reexportado para diversos puertos del Brasil, del R. de la Plata	....
« « « « « del Rio Grande..	381.000
	381.000
	4,152.110

Depósito actual del Rio de la Plata............	2.865.600
« « Rio Grande......................	42.000
	2.907.600

Consumo de la quincena: siendo del Rio de la Plata.......	1.201 010
del Rio Grande.........	43.500
	1.244.510

ENTRADAS		KILOGRAMOS	PROCEDENCIA
1889			
Julio	16	51.840	Rio de la Plata
«	17	8.550	«
«	18	45.000	«
«	«	176.190	«
«	«	1.500	Rio Grande
«	19	37.240	Rio de la Plata
«	22	227.460	«
«	«	232.700	«
«	24	46.500	«
«	27	158.450	«
«	29	202.170	«
«	«	327.410	«
«	«	4.500	«
«	«	12.[illegible]00	Rio Grande
«	31	12 000	«
		1.643.510	

Existencia.

Del Rio de la Plata...........................	2.865.600	kilos
Del Rio Grande......	42.000	«
Rio de Janeiro, depósito general	2.907.600	kilos

Precios: del Rio de la Plata, 240 á 330 especiales, mantas 300 á 370 especiales.
« « Rio Grande, 220 á 230 platinas, 240 á 280 gordas.

Pernambuco Julio 31 de 1889.

Del Rio Grande, 200 á 300.......	1.860.000	kilos
Del Rio de la Plata, 260 á 300............	420.000	«
	2.280.000	kilos

Bahía, Julio 31 de 1889.

Del Rio Grande, á 340..........................	1.304.000	kilos
Del Rio de la Plata, 250 á 360..................	284.000	«
	1.588.000	kilos
Total general en el Brasil......	6.775.600	kilos

Afrecho.— $ 2.500 á 2.600 por saco de 42 kilos.
Harinas.—Del Rio de la Plata, sin entradas.
Id de Chile, no hay.
Id americanas $ 13.500 á 15.100.
Existencia total: 19.000 barricas. Mercado firme.
Café lavado

« fino superior	nominales	depósito 277,900
« 1.ª Boa	«	« «
« 1.ª Regular		
« 1.ª Ordinaria		
« 2.ª Boa		
« 2.ª Ordinaria	«	«

Azúcar de campos.—Mascavinho 260 á 280.
« « « Mascavo 220 á 240.
Maíz.— de $ 5.000 á 5.200 por saco de 62 kilos.

Alfalfa.—90 á 100 rs. por kilo.

Caña.—$ 115 por pipa, despachada.

Grasa.—en pipa, 400 á 420.

« en bejigas á 400.

Sebo.—derretido, 360 á 370.

« picado, 200 á 240.

« del Rio de la Plata, á 340.

Aceite.—mocotó, 400 á 540.

« potro, 320 á 360.

Depósito—Rio Grande, no hay. Rio de la Plata, 120.000.

Mercado muy firme.

Cambio. s/ Lóndres 26 7/8 á 27 d............ á 90 d/v

« s/ Paris 353 á 355 por fr.... .... «

« s/ Hamburgo 436 á 439 por m....... «

Soberanos.—á 8 $ 980.

Saludo á V. E. con mi mas alta y distinguida consideracion.

M. Berdier, Cónsul General.

Setiembre 9 de 1889.—Publíquese en el Boletin Mensual del Ministerio.—QUIRNO COSTA.

Vice Consulado en Antonina.

INFORME MENSUAL.

Antonina, Julio 30 de 1889.

Señor Ministro : — Tengo el honor de enviar á V. E. el informe mensual de este Vice-Consulado, correspondiente al mes de Junio próximo pasado.

Relación de los buques que han salido de este puerto con destino á Buenos Aires, hallándose los manifiestos visados en este Vice-Consulado en el primer semestre de 1889.

3 buques con 652 toneladas de registro y 37 tripulantes con destino á Buenos Aires, con el siguiente cargamento: 447.543 kilos yerba mate, valor de la carga 44.953.00

Saludo á V. E. con mi mas alta y distinguida consideracion.

Juan Manuel Ribeiro Vianna, Vice Cónsul.

Setiembre 9 de 1889.—Publíquese en el Boletin Mensual del Ministerio.—Quirno Costa.

Consulado en Porto Alegre.

INFORME MENSUAL.

Porto Alegre, Julio 31 de 1889.

Frutos del país.

Aguardiente.—Importa la pipa 95/000 á 171 reis litro.

Existencia oficial en depósito, 252 pipas.

Pelo limpio.—Kilógramo 620 reis.

Cueros.—Secos, limpios, kilógramo 380 reis.

Id id id, 260 reis,

Natural, salados, id id 190.

La salida de cueros secos es pésima, debido á la grande abundancia de este artículo en nuestros mercados de consumo.

Puesto que las existencias en este mercado son casi nulas, hay probabilidades que suban, salvo la baja del cambio, lo que no se espera.

Yerba mate.—No hay movimiento en este artículo. Precio 15 kilógramos 1 $ 800.

Harina de mandioca.—Este artículo, que subió á 6 $ 800 la bolsa, debido á la seca del Norte, bajó al precio actual de 4 $ 800—Continúan las remesas para el Norte, habiendo aquí cerca de 12.000 bolsas.

Harina de mandioca especial.— Importa 6 $ 500 reis la bolsa.

Frijoles prietos.—No hay existencia de este artículo; los pedidos que vienen del Interior son embarcados para el Norte—Cuesta 14 $ 900 reis la bolsa.

Id distintos id 14 $ 500 id id; de las colonias la cosecha es por lo regular de buena calidad, se cotiza 1.ª clase á 2 $ 800 por 15 kilógramos, 2.ª id 1 $ 800.

Ganado.—No siendo la época de la matanza, el ganado que se expende vale, toros y bueyes 23 á 24, vacas 16 á 17.

El ganado escogido alcanza siempre mejores precios.

Lanas.—En bruto 280, mestiza 360 y fina 490 reis por kilo.

Mijo.—Este artículo, que hace poco se vendía á 1 $ 600 la bolsa, ha subido á 3 $.

Trigo.—No hay en venta; algunos colonos italianos han ensayado el cultivo de este cereal, y su pequeña cosecha les sirve de alimentacion

Charque.—Cuesta 15 kilógramos 3 $ 500.

Saludo á V. E. con mi mas alta y distinguida consideracion.

M. Berdier, Cónsul.

Setiembre 9 de 1889.—Publíquese en el Boletin Mensual del Ministerio.—Quirno Costa.

Consulado en Uruguayana.

INFORME MENSUAL.

Uruguayana, Julio 15 de 1889.

Señor Ministro:—Tengo el honor de elevar á V. E. el informe mensual correspondiente al mes de Junio ppdo. sobre los precios corrientes de artículos nacionales y similares á los de la República.

Cuadro demostrativo de las entradas y salidas de buques á este puerto en el corriente mes, con relacion al comercio con la República Argentina.

ENTRADA.

Datas 1889	Clase del buque	Nacionalidad	Tripulacion	Ton'laje	Procedencia
Abril			Hombres		
2	vapor Mensajero	arg'tino	13	132^{27}	M. Caseros
6	« Federacion	brasilero	12	60	«
8	« Mensajero	arg'tino	12	132^{27}	«
12	« Iberá	«	10	50	Santo Tomé
17	« «	«	10	50	M. Caseros
19	« Mensajero	«	12	132^{27}	«
19	« Iberá	«	10	50	Santo Tomé
20	« Federacion	brasilero	12	60	M Caseros
30	« Iberá	arg'tino	10	50	«

SALIDAS.

Datas 1889	Clase del buque	Nacionalidad	Tripulacion	Ton'laje	Procedencia
Abril					
1	vapor M. Luisa	brasilero	3	20	M. Caseros
2	« Mensajero	arg'tino	13	132^{27}	«
6	« Federacion	brasilero	12	60	Santo Tomé
8	« Mensajero	arg'tino	12	132^{27}	«
12	« Iberá	«	10	50	M. Caseros
16	« M. Luisa	brasilero	4	20	«
17	« Iberá	arg'tino	10	50	Santo Tomé
19	« Mensajero	«	12	132^{27}	M. Caseros
19	« Iberá	«	10	50	«
30	« «	«	10	50	Santo Tomé

MES DE MAYO.

ENTRADAS.

Datas 1889	Clase del buque	Nacionalidad	Tripulacion	Ton'laje	Procedencia
Mayo					
3	vapor Iberá	arg'tino	10	50	Santo Tomé
18	« Mensajero	«	12	132^{27}	M. Caseros

SALIDAS.

Datas 1889	Clase del buque	Nacionalidad	Tripulacion	Ton'laje	Procedencia
Mayo					
3	vapor Iberá	arg'tino	10	50	M. Caseros
18	« Mensajero	«	12	132^{27}	Santo Tomé

MES DE JUNIO.

ENTRADAS.

Datas 1889	Clase del buque	Nacionalidad	Tripulacion	Ton'laje	Procedencia
Junio					
3	vapor Mensajero	arg'tino	12	132^{27}	M. Caseros
5	« Iberá	«	10	50	«
6	« Federacion	brasilero	12	60	«
8	« Mensajero	arg'tino	12	132^{27}	
19	« Iberá	«	12	50	

SALIDAS.

Datas 1889	Clase del buque	Nacionalidad	Tripulacion	Ton'laje	Procedencia
Junio					
3	vapor Mensajero	arg'tino	12	132 27	Alvear
5	« Iberá	«	10	50	Santo Tomé
7	« Federacion	brasilero	12	60	«
8	« Mensajero	arg'tino	12	132 27	
10	«	«	12	132 27	

MES DE JULIO.

ENTRADAS

Datas 1889	Clase del buque	Nacionalidad	Tripulacion	Ton'laje	Procedencia
Julio					
4	vapor Mensajero	arg'tino	12	132 27	M. Caseros

SALIDAS.

Datas 1889	Clase del buque	Nacionalidad	Tripulacion	Ton'laje	Procedencia
Julio					
4	vapor Mensajero	arg'tino	12	132 27	M. Caseros
22	« Federacion	brasilero	12	60	«

La salud pública en este puerto y ciudad continúa en estado satisfactorio.

Tengo el honor de renovar á V. E. las seguridades de mi mas alta y distinguida consideracion.

A. Bergallo.

Setiembre 9 de 1889.—Publíquese en el Boletin Mensual del Ministerio.—Quirno Costa.

Vice Consulado en Cannes.

INFORME MENSUAL.

Cannes, Agosto 5 de 1889.

Señor Ministro:—Tengo el honor de elevar á V. E. el informe mensual correspondiente al mes de Julio ppdo.

Trigo	1.ª	calidad	los 160	kilos	francos	35.00
Id.	2.ª	Id.	" "	"	"	33.00
Cebada	1.ª	Id.	" "	"		14.50
Id.	2.ª	Id.	" "	"		13.00
Porotos	1.ª	Id.	" 100	kilos	"	45.00
Id.	2.ª	Id.	" "	"		42.00
Papas	1.ª	Id.	" "	"		10.50
Id.	2.ª	Id.	" "	"		9.00
Maíz	1.ª	Id.	" "	"		15.00
Id.	2.ª	Id.	" "	"		13.50
Arroz	1.ª	Id.	" "	"		50.00
Id.	2.ª	Id.	" "	"		45.00
Aceite de oliva	1.ª	Id.	" "	"	"	135.00
Aceite de oliva	2.ª	Id.	los 100	kilos	francos	125.00
Azúcar	1.ª	Id.	" "	"	"	135.00
Id.	2.ª	Id.	" "	"	"	120.00
Queso Gruyére	1.ª	calidad	" "	"	"	150.00
Id.	2.ª	Id.	" "	"	"	140.00
Queso Holanda	1.ª				"	182.00
Id.	2.ª	Id.	" "	"	"	166.00

Queso Roquefort	1.ª		los 100 kilos	francos	215.00
Id.	2.ª	Id.	“ “ “	“	205.00
Sal			“ “ “	“	16.00
Bacalao			“ “ “	“	75.00
Alfalfa seca			“ “ “	“	11.00
Paja			“ “ “	“	7.00
Jabon	1.ª	Id	cada 1 “	“	1.10
Id	2.ª	Id	“ “ “	“	0.80
Vaca	1.ª	Id	“ “ “	“	2.50
Id	2.ª	Id	“ “ “	“	2.00
Id	3.ª	Id	“ “ “	“	1.40
Carnero	1.ª	Id	“ “ “	“	2.50
Id	2.ª	Id	“ “ “	“	2.00
Id	3.ª	Id	“ “ “	“	1.40
Cordero	1.ª	Id	“ “ “	“	2.50
Id	2.ª	Id	“ “ “	“	1.75
Café Torrados	1.ª	Id	“ “ “	“	6.00
Id	2.ª	Id	“ “ “	“	5.00
Id	3.ª	Id	“ “ “	“	4.50
Pan	1.ª	Id	“ “ “	“	0.50
Id	2.ª	Id	“ “ “	“	0.40
Id	3.ª	Id	“ “ “	“	0.35
Tomates			“ “ “	“	0.20
Huevos, la docena					0.80
Vino	1.ª	Id	el hectólitro	“	65.00
Id	2.ª	Id	“ “ “	“	55.00

Se puede decir que la uva está completamente perdida en esta jurisdiccion consular, debido especialmente á las contínuas lluvias que hemos tenido durante la primavera.

Tengo el honor de renovar á V. E. las seguridades de mi mas alta y distinguida consideracion.

Enrique Sauvaire, Vice-Cónsul.

Setiembre 9 de 1889. — Publíquese en el Boletin Mensual del Ministerio. — Quirno Costa.

Consulado en Paranaguá.

INFORME MENSUAL.

Paranaguá, Agosto 1.° de 1889.

Señor Ministro:—Tengo el honor de remitir á V. E. la nota de los precios corrientes de los artículos de exportacion é importacion durante el mes de Julio ppdo.

Precios corrientes obtenidos en esta plaza por los productos de importacion y exportacion para la República durante el mes de Julio del corriente año.

Mercaderías.	*Reis.*	*Mercaderías.*	*Reis.*
Yerba mate fina, kilo..	190	Arroz nacional, saco	13 000
« gruesa, id.......	220	Porotos, 40 litros....	14 000
« en hoja, id.....	160	Maíz, bolsa.........	5 500
« en rama.........	120	Harina de mandioca.	6 000
Cueros vacunos, uno..	4 000	« trigo, bar......	16 000
Garras de cueros, kilo.	100	« de la Repúbli-	
Astas, el 100.........	3 500	ca, bolsas.......	7 600
Ganado en pié, uno..	35 000	Aguardiente caña p..	100 000
Carne fresca, kilo....	280	Papas, bolsa.........	4 500
Tasajo en fardos, id...	240	Pino de la Provincia	
« pedazos (sueltos).	200	planchones de 14 p. d	20 000
Café de 2.ª, 15 kilos..	10 500	Pino tablas id.......	12 000

Tengo el honor de saludar á V. E. con mi mas distinguida consideracion.

Rodolfo Muzzio.

Setiembre 9 de 1889. - Publíquese en el Boletin Mensual del Ministerio. — Quirno Costa.

Consulado en Milan.

INFORME MENSUAL.

Milan, Agosto 9 de 1889.

Señor Ministro:—Tengo el honor remitir á V. E. el informe mensual correspondiente al mes de Julio ppdo.

Resúmen de precios corrientes obtenidos en este mercado en el mes de Julio.

Carne fresca.......	1.ª	calidad los 100 kilos	L 138
Id id	2.ª	« « « «	« 117
Id id	3.ª	« « « «	« 96
Cueros frescos......		« « « «	« 92
Trigo......	1.ª	« « « «	« 23
Id......	2.ª	« « « «	« 22.50
Maíz..............	1.ª	« « « «	« 15
Id	2.ª	« « « «	« 14.50
Porotos...........		« « «	« 26.50
Avena............		« « « «	« 17
Vino	1.ª	« el hectólitro	« 30
Id......	2.ª	« « « «	« 40

Saludo á V. E. con mi mas distinguida consideracion.

Vittorio Finzi, Cónsul.

Setiembre 11 de 1889.—Publíquese en el Boletin Mensual del Ministerio.—ZEBALLOS.

Consulado en Forli.

INFORME MENSUAL.

Forli, Agosto 7 de 1889.

Señor Ministro:—Tengo el honor de trascribir en seguida la nota de precios de consumo diario en esta poblacion durante el mes de Julio ppdo.

Trigo	por hectólitros		Liras	17.00
Maíz..............	«	«	«	8.00
Arroz del país..........	«	«		34.C0
Porotos	«	«		16 00
Vino comun.................	«	«		60.00
Aceite 1.ª calidad............	»	«		120.00
Pan de 1.ª id.......... . .	por kilógramo		«	0.35
Id. de 2.ª id....	«	«		0.29
Harina de trigo.......... ...	«	«		0.26
Id. de maíz...............	«	«		0.18
Carne de buey..............	«	«		1.40
Id de vaca.........	«	«		1.20
Id de ternera..	«	«		1.45
Id de oveja...............	«	«		1.05

Saludo atentamente al Señor Ministro.

Emilio Rosetti, Cónsul.

Setiembre 11 de 1889. —Publíquese en el Boletin Mensual del Ministerio.—ZEBALLOS.

Consulado en Santos.

INFORME MENSUAL.

Santos, Setiembre 3 de 1889.

Señor Ministro:—En cumplimiento á las órdenes de ese Ministerio, tengo el honor de adjuntar las relaciones del consumo y precios de este mercado durante todo el mes de Agosto ppdo.

Relacion del consumo y precios obtenidos en este mercado por los productos de la República en el mes de Agosto.

Alfalfa	3 000 fardos á	0 95 á 100 reis	k.
Salvado..	500 bolsas á	5 000 una.	
Maíz............	4 000 « «	5 000 á 5 500 «	
Carneros........	100	10 000 « uno	

Me es grato presentar á V. E. las protestas de mi mas distinguida consideracion.

Ceferino Barbosa, Cónsul.

Setiembre 11 de 1889.—Publíquese en el Boletin Mensual del Ministerio.—ZEBALLOS.

Consulado en Uruguayana.

INFORME MENSUAL.

Uruguayana, Setiembre 9 de 1889.

Señor Ministro:—Tengo el honor de elevar al conocimiento de V. E. la nota de precios corrientes de artículos de la República y similares de otras procedencias correspondiente al mes de Agosto.

Harina de trigo..............	el kilógramo.	270 reis
Galleta comun regular........	«	350 «
Id. id. buena.........		450 «
Galletitas dulces surtidas......		1 100 «
Fideos en cajon............. .		650 «
Id. id. barricas.......... .		540 «
Afrecho..............		130 «
Maíz colorado en bolsa.........		90 »
Alfalfa seca en fardos.........		180 »
Id. verde............ ..		150 «
Papas		200 «
Grasa de vaca..........	«	450 «
Huevos......................	la docena	700 «

Carnes y haciendas en pié.

Bueyes grandes y gordos para abasto........... ...:......	uno	3 000 reis
Novillos id. id. id. id.....	«	26 000 «
Vacas id. id. id. id.....		22 000 «

Ovejas..............	uno	3 000 reis
Capones..............	«	3 500 «
Carne fresca.......	el kilógramo	300 «

Ganado para invernar.

Ganado de cria, 30 °/. de vacas y 10 °/. de toros..............	uno	7 500 reis
Toros de 4 años............	«	11 000 «
Vacas		12 000 «
Novillos		14 500 «
Bueyes mansos........... ...		18 000 «

Frutos del país.

Cueros vacunos secos al barrer.	el kilógramo.	300 reis
Id. lanares....	«	180 «
Cerdas		550 «
Yerba misionera..............		187 «
Fariña de mandioca............		300 «
Tabaco en cuerda, rollo.......		666 «

Saludo á V. E. con mi mas distinguida consideracion.

A. *Bergallo*, Encargado del Consulado.

Setiembre 11 de 1889.—Publíquese en el Boletin Mensual del Ministerio.—ZEBALLOS.

Consulado en Coruña.

INFORME MENSUAL.

Coruña, Agosto 8 de 1889.

Señor Ministro:—Tengo el agrado de elevar á manos de V. E. el informe mensual correspondiente á Julio próximo pasado, adjuntando al propio tiempo estados de revista mercantil, importacion y exportacion, y emolumentos percibidos por esta Oficina, y relacion del número de emigrantes embarcados en este puerto en el mes anterior.

El kilo de cueros secos de ganado vacuno de esas Provincias se cotiza, segun calidad y peso de 30 á 36 centavos, y respecto á las existencias, son de escasa importancia.

La salud pública nada deja que desear en esta Provincia y las inmediatas.

Precio de reses en pié.

	Máximo.		*Mínimo.*	
	pesos	cent	pesos	cent.
Un buey cebado para embarcar.........	76	«	82	«
Una vaca para muerte...	30	«	27	«
Una id. de leche.........	36	«	32	«
Una ternera de muerte.....	17	«	15	«
Un novillo de id................	«	«	«	«
Un carnero de id	2	20	1	90
Un cordero de id.............	1	20	1	«
Un cabrito de id	1	10	1	«
Una cabra de id.	2	30	2	10
Una id. de leche	3	50	3	10

Cuadro demostrativo de reses sacrificadas en el Macelo público de esta Capital en el mes de Julio anterior.

	Número.
Bueyes	59
Vacas	15
Terneras	996
Novillos	14
Corderos	266
Cueros	78
Cabritos	42

Cuadro demostrativo del precio máximo y mínimo que ha tenido el ganado de cerda en el mes de Julio anterior.

	Máximo		*Mínimo*	
	pesos	cent.	pesos	cent.
Un cerdo cebado, su peso de 10 á 12 @	37	«	35	«
Uno id. de 1/2 ceba, de 7 á 8 «	20	«	18	«
Uno id. de cria mayor	8	«	6	«
Uno id. de cria menor	3	«	2	50

Cuadro demostrativo de los precios corrientes que han tenido las carnes muertas del ganado de cerda en el mes de Julio anterior.

	Máximo.		*Mínimo.*	
	pesos	cent.	pesos	cent.
Un kilo de jamon curado	«	62	«	50
Uno id. de lacon	«	«	«	«
Uno id. de rajo fresco	«	«	«	«
Uno id. de manteca fresca de cerdo	«	«	«	«
Uno id. de id. de vaca en vejiga	«	«	«	«
Uno id. de grasa ó unto	«	«	«	«

Cuadro demostrativo del precio máximo y mínimo que han tenido los cereales en esta plaza y mercados de la provincia en el mes de Julio anterior.

	Máximo.		*Mínimo.*	
	pesos	cent.	pesos	cent.
Trigo ferrado de Avila	«	68	«	64
Maíz	«	58	«	54
Centeno	«	46	«	42
Mijo menudo	«	40	«	36
Cebada	«	50	«	48
Habas blancas	«	86	«	80
Id. de color	«	66	«	60

Cuadro demostrativo de los precios corrientes que ha tenido el ganado caballar, mular y asnar en las ferias verificadas en esta provincia en el mes de Julio anterior.

	Máximo.		*Mínimo.*	
	pesos	cent.	pesos	cent.
Un caballo del país de 7 cuartas de alzada	100	«	90	«
Una jaca de 6 id	46	«	40	«
Una yegua sin cria	26	«	24	«
Una id. con cria	38	«	34	«
Una mula de tiro	110	«	100	«
Una muleta de tres años	70	«	60	«
Un asno	18	«	16	«
Una burra con cria	22	«	20	«

Exportacion.

Percebes 2 cajas, sidra 30 cajas, vino 30 cajas, 34 medias, 15 cuartas, morcillas 1 caja, conservas 313 cajas, chorizos 4 cajas, específicos 1 caja, jamones y lacon 5 cajas, aguas minerales 26 cajas, embutidos en manteca 23 cajas.

Importacion de cueros secos descargados en este Puerto, procedentes del de Buenos Aires, en el mes de Julio anterior.

Dias.	Vapores.	Cueros.
13	«Ixia» Consignados á D. Ramon Picos	606
14	«Cabo Creus» id. á D. Narciso Obanza	3517
21	«Isla de Mindanao» id. á la órden	2000

Saluda á V. E. atentamente con la mas alta consideracion y respeto.

Manuel Naveira, Cónsul.

Setiembre 11 de 1889.—Publíquese en el Boletin Mensual del Ministerio.—ZEBALLOS.

Consulado en Cartagena.

INFORME MENSUAL.

Cartagena, Agosto 14 de 1889.

Señor Ministro:—Tengo el sentimiento de manifestar á V. E. que la salud pública no es muy satisfactoria en esta ciudad por lo mucho que las fiebres palúdicas se van propagando con los grandes calores que reinan.

Segun costumbre á continuacion tengo el gusto de dar á V. E. conocimiento del movimiento marítimo de exportacion é importacion de los principales artículos, ocurrido durante el próximo pasado mes de Julio.

Exportacion.

Nombre de la mercancía.	Producto de destino y cantidad.				Total
Pimiento molido....	Oran	kgr.	9 275	kg.	
"	Manila	"	1 700		
	Hamburgo	"	6 956	"	17 934
Calaminas...	Amberes			"	900 000
Cobalto....	Marsella			"	2 650
Esparto............	Marsella	kgr.	1 200		
"	Oran	"	1 200	"	
..	Newcastle	"	350 000	"	342 400
Galena argentífera...	Marsella			kg.	70 000
"	Amsterdam	'	1 100 000		
	Baltimore	"	4 300 000		

Nombre de la mercancía.	Procedencia y cantidad.			Total.
"	Barrow	"	1 150 000	
"	Cardiff	"	1 050 000	
	Castle	"	1 000 000	
	Filadelfia	"	3 400 000	
Mineral de hierro...	Garston	"	2 000 000	
"	Midelesbro	"	3 850 000	
	Mostyn	"	0 600 000	
	Maryport	"	1 000 000	
	Newport	"	2 250 000	
	Worhington		1 750 000	
	W Harlepool		2 100 000	kg 25 650 000
Lana..............	Marsella			kg. 4 725
Naranjas	Marsella			" 33 770
Plomo desplatado...	Marsella	kg.	360 472	
"	Londres	"	812 000	" 1 172 472
Plomo argentífero...	Marsella	"	858 156	
"	St. Nazaire	"	402 000	
"	Liverpool	"	501 591	
	Newcastle	"	217 547	" 1 979 294
Plata..............	Londres			" 2 096
Seda	Marsella			" 1 757
Vino....	Manila	kg.	6 200	
Pieles.............	Marsella	"	806	7 006

Importacion.

Nombre de la mercancía.	Procedencia y cantidad.	Total.
Azúcar...	Manila	kg. 74 414
Almidon.	Amberes	" 2 375
Aceite Palmiste	Marsella	" 11 918

Nombre de la mercancía.	Procedencia y cantidad.				Total.
"	Hamburgo	kg.	34 817	"	46 735
Alcohol	Hamburgo			"	32 909
Bacalao	Cridiansund	"	195 000		
"	Hamburgo	"	1 768	"	196 768
Cloruro de cal	Marsella			"	4 480
Carbon hulla	Newcastle			"	5 978 523
" coke.	id			"	2 879 520
Cal y cemento	Marsella			"	346 395
Carne de cerdo	Liverpool			"	7 765
Dinamita	Amberes			"	10 000
Garbanzos	Oran	"	6 644		
"	Marsella	"	90 900		97 544
Ganado vacuno	Oran			cabezas	38
Harina de trigo	Marsella			kg.	361 000
Hoja de lata	Swansca			"	2 537
Hierro en lingotes	Liverpool			"	30 450
Habichuelas	Marsella			"	9 900
Jabon	Liverpool			"	2 175
Madera	Nyslad			piezas	32 555
Mineral plomo	Oran			kg.	75 650
Queso	Amberes	"	13 317		
"	Marsella	"	303		13 620
Salvado	Oran			"	20 200
Salitre	Hamburgo	"	4 886		
"	Liverpool	"	7 998		12 884
Losa cáustica	Liverpool			"	37 839
Tri o	Marsella			"	10 000

Precios Corrientes.

Nombre de la mercancía.	Procedencia y cantidad.		Total.
Hierro 50 °/。 seco	la tonelada	"	4.75
" 30 °/。	15 °/。 manganeso id	"	13
Plomo argentífero	los 46 kgrs.	Pesetas.	13.50
Plata	la onza española	"	4.50
Blendas 40 °/。	la tonelada		45
Calaminas 40 °/。	"		52
Pirita 45 °/。	de azufre id		9.50

Saluda á V. E. con la mas distinguida consideracion.

Juan Sanchez Domenech, Cónsul.

Setiembre 12 de 1889.—Publíquese en el Boletin Mensual del Ministerio.—ZEBALLOS

Vice Consulado en Antonina.

INFORME MENSUAL.

Antonina, Setiembre 2 de 1889.

Señor Ministro:—Cumplo con el deber de poner en conocimiento de V. E. los precios alcanzados en esta plaza por los productos de esa República y esta Provincia en el mes próximo pasado:

Mercaderías.	*Reis.*	*Mercaderías.*	*Reis.*
Carne seca de 1.ª kilo.	400	Harina de trigo, bols..	10 500
« 2.ª » .	300	Aguardiente caña, p..	100 000
« fresca.........	240	Harina madioca 40 lt..	4 000
Ganado en pié.......	38,000	Grasa.............	500
Astas...............	9 000	Sebo...............	400
Garras de cueros, kilo.	1 500	Tabaco..............	1 500
Cueros vaca, kilo.....	500	Yerba mate fina, kilo..	173
Arroz beneficiado, 60 k	13 000	« gruesa, id.......	173
Frijoles 40 litros......	10 000	« en hoja, id.....	150
Mijo, 40 litros	3 500	« en rama........	120
Harina de trigo, bar..	20 000		

Saludo á V. E. con mi mas alta y distinguida consideracion.

Juan Manuel Ribeiro Vianna, Vice Cónsul.

Setiembre 12 de 1889.—Publíquese en el Boletin Mensual del Ministerio.—ZEBALLOS

Consulado en Las Palmas (Gran Canaria).

INFORME MENSUAL.

Las Palmas, Agosto 8 de 1889.

Señor Ministro:—Tengo el honor de elevar á V. E. el informe mensual correspondiente al mes de Junio ppdo.

Precios de los artículos siguientes en los mercados de esta ciudad en el mes de Julio.

Cochinillas.—De las negras quedan pocas existencias. Sin embargo, la demanda está encalmada, precios de 4 á 5 rs. vellon libra, segun clase.

Madres.—Hay muchas demandas por esta clase, vendiéndose de 4.50 á 5 rs. vellon libra con tendencia á mayor suba

Blancas.—No quedan ningunas existencias.

Porotos.—Se han presentado varias partidas á la venta, alcanzando al precio de 75 á 80 rs. vellon fanega. Hay animacion.

Garbanzos.—De 59 á 60 rs. vellon los regulares.

Menudos, de 48 á 52 rs. vellon. Poca demanda.

Almendras.—No hay para embarque.

Nueces.—Id id.

Trigo.—De 40 á 50 rs. fanega de 116 libras. Regular existencia.

Cebada.—No hay para la exportacion.

Vinos.—*Tintos* de 450 á 1000 rs., segun clase.

Blancos de 700 á 3000 rs. segun clase y edad, embotellado superior de 100 á 120 rs. cajon de 12 botellas.

Tabaco.—Lo hay en rama y elaborado, producto del país, sin precios fijos.

Azúcar centrífuga de 1.ª—A 87 ptas. los 100 kilos. A causa de los muchos pedidos hechos de España y de la escasez de este artículo en el país, el azúcar de Gran Canaria alcanzará en el presente año precios sumamente elevados.

Pescado salpreso.—En barriles de 50 libras, de 60 á 75 rs. barril. Buenas existencias.

Quesos.—De flor 300 á 500 rs. qq. De cuajo á 215 rs. Muy abundante.

Bananas.—De 8 á 20 rs. racimo, segun clase; muchas existencias.

Cidra.—A 35 rs. qq. No hay.

Barrilla.—De 5 á 7 reales qq. Buenas existencias.

Cebollas.—Está finalizando la cosecha y las pocas existencias que quedan se pueden obtener de 15 á 18 reales vellon quintal.

Papas.—Algunas partidas se pagaron para la exportacion de 3 1/2 á 4 pesetas los 46 kilos al comenzar la cosecha. Actualmente empiezan á recolectar con alguna abundancia, siendo su precio el de 2 1/2 pesetas los 46 kilos. Se cree, sin embargo, que estos bajarán si no se pierden las que quedan por recoger y continúa la poca animacion en los embarques.

Losas de piedra.—Cuatro losas en vara cuadrada, de 9 á 12,75 rs. segun clase.

Losetones.—De 1 vara largo por 1/2 de ancho, de 9 á 10 rs. uno.

Molinillos de piedra.—De 2 en juego, de 6 á 10 rs. juego.

Piedras de filtro.—De 12 á 20 rs. una, segun tamaño.

Exportacion.

El vapor italiano «Europa» condujo para Buenos Aires 550 canastos papas.

Importacion.

No ha habido ninguna de ese país.

Emigracion.

Se han embarcado en este puerto, con destino á Buenos Aires, 42 emigrantes.

La salud es satisfactoria en este distrito consular, y se preserva de las localidades infestadas.

Se han recibido en este Consulado el Boletin Mensual del mes de Junio, idem de Correos y Telégrafos del mes de Abril y varios periódicos titulados «Sud-América,» «Prensa,» «Fígaro» y «La Patria.»

Saludo al Señor Ministro con mi mas alta y distinguida consideracion.

Luis C. de Dorrego.

Setiembre 16 de 1889.—Publíquese en el Boletin Mensual del Ministerio.—ZEBALLOS.

Consulado en Bremen.

INFORME MENSUAL.

Bremen, Agosto 1.° de 1889.

Señor Ministro:—Cumplo con el agradable deber de enviar á V. E. un resúmen comercial del mes de Julio ppdo.

Importacion.

En un vapor y en dos buques á vela hemos tenido una entrada de

1.405 fardos de lana.
21.000 cueros vacunos salados.
15.000 astas y
7.000 huesos.

Exportacion.

En dos vapores se han expedido 1 395 toneladas de carga.

Emigrantes.

Se han embarcado en este puerto 891 personas.

Noticias del mercado.

Lana.—La demanda ha aflojado un poco; las ventas se elevan, sin embargo, á la suma de 4.811 fardos de toda clase, inclusos como 300 de Buenos Aires. Los precios se sostienen de m. 190 á m. 200 p. 1/2 kil., lavada I. mest.

Cueros vacunos. Mercado mas activo, secos m. 55 á 65. Salados de 45 á 50 el 1/2 kil.

Cueros de potro salado m. 11 1/2 á 13 p. cuero.

Trigo................	m. 150	á m. 180	p. °/ₒ kil.
Cebada................	m. 100	á « 105	«
Maíz..................	m. 105	á « 110	«
Harina........	m. 20	á « 22	«

En los mataderos p. 50 kil.

Carne de novillo	por reses	enteros	m.	55 á 66.
Carne de ternero	«	«	«	« 60 á 75.
Carne de carnero	«	«	«	« 50 á 64.
Carne de chancho	«	«	«	« 60 á 65.

Saludo á V. E. con mi mas distinguida consideracion.

Henr. A. Clausen, Cónsul.

Setiembre 19 de 1889.—Publíquese en el Boletin Mensual del Ministerio.—ZEBALLOS.

Consulado en Como.

INFORME MENSUAL.

Como, Agosto 7 de 1889.

Señor Ministro:—Me es agradable elevar á V. E. el informe mensual del movimiento en la Oficina á mi cargo, con los mismos precios por los dos meses de Junio y Julio próximo pasados.

ARTÍCULOS.					PRECIO MÍNIMO.		PRECIO MÁXIMO.	
Trigo.....	por	los	100	kilos	frs.	20	frs.	22
Avena....	«	«	«	«	«	16	«	18
Arroz.....	«	«	«	«	«	39	«	44
Maíz......	«	«	«	«	«	22.50	«	25.50
Centeno...	«	«	«	«	«	12	«	15
Harina....	«	«	«	«	«	28	«	30
Cebada...	«	«	«	«	«	16	«	19
Carne fresca..	«		1		«	2.50	«	3

Saludo á V. E. con mi mas alta consideracion y respeto.

C. Mazzola Conelli, Vice Cónsul interino.

Setiembre 19 de 1889.—Publíquese en el Boletin Mensual del Ministerio.—ZEBALLOS.

Consulado en Tupiza.

INFORME MENSUAL.

Tupiza, Setiembre 3 de 1889.

Señor Ministro:—Los precios obtenidos por los artículos de mayor consumo en esta Provincia, durante el mes pasado, son los que respectivamente van apuntados:

Ganado en pié, buey, de	70	á	80	$
« « « vaca, «	60	«	70	«
Carne, la arroba, de $		«	3.20	«
Sebo, el quintal		«	40	«
Charqui, el quintal		«	30	«
Cueros de buey..........		«	10	«
« « vaca		«	8	«
Papas, la carga....			7	«
Arroz, la arroba		«	8	«
Azúcar, la arroba...........		«	10	«
Chuño, el quintal....................		«	18	«
Coca, el tambor......		«	40	«
Café, la arroba.......................		«	20	«
Manteca, la arroba..................		«	10	«
Harina de trigo, el quintal...........		«	20	«
Harina de maíz, la fanega.		«	7	«
Maíz, la carga.....			6	«

El precio de los artículos anteriormente anotados, en su mayor parte, ha aumentado notablemente á causa de la escasez de ellos, por la falta de comercio con esa República.

Con este motivo, tengo el agrado de saludar á V. E. atentamente.

Ceferino Valverde, Cónsul.

Setiembre 21 de 1889.—Publíquese en el Boletin Mensual del Ministerio.—ZEBALLOS.

Consulado en Paranaguá.

INFORME MENSUAL.

Paranaguá, Agosto 31 de 1889.

Señor Ministro:—Tengo el honor de remitir á V. E. la nota de los precios corrientes de los artículos de exportacion é importacion durante el mes de Julio ppdo.

Precios corrientes obtenidos en esta plaza por los productos de importacion y exportacion para la República durante el mes de Julio del corriente año.

Mercaderías.	*Reis.*	*Mercaderías.*	*Reis.*
Yerba mate fina, kilo..	180	Arroz nacional, saco...	13 000
» gruesa, id......	220	Porotos, 40 litros.....	8 000
» en hoja, id	170	Maíz, bolsa...........	5 200
» en rama, id ...	130	Harina de mandioca id.	4 800
Cueros vacunos c/u....	4 000	« trigo, bar...	16 500
Garras de cueros k.. .	90	« de la República, bolsas grandes.	12 000
Astas, el 100.........	9 500	Aguardiente caña pipa.	85 000
Ganado en pié, uno...	35 000	Papas, bolsa..........	3 500
Carne fresca, el kilo...	280	Pino de la Prov. planchones de 14 piés d..	20 000
Tasajo en fardos, id...	240	» tablas, id......	9 000
Id pedazos (sueltos)..	200		
Café de 2.ª 15 kilos,..	10 500		

Tengo el honor de saludar á V. E. con mi mas distinguida consideracion.

Rodolfo Muzzio.

Setiembre 19 de 1889.— Publíquese en el Boletin Mensual del Ministerio. — ZEBALLOS.

Consulado General en el Brasil.

INFORME MENSUAL.

Rio de Janeiro, 8 de Setiembre de 1889.

Señor Ministro:—Elevo á V. E. la relacion comercial correspondiente al mes de Agosto próximo pasado, y una planilla del movimiento del puerto de Paranaguá.

Buques despachados, y carga tomada en este puerto con destino á la República Argentina en Agosto de 1889.

Barca alemana «Presto», que llegó por arribada forzosa, con carga de Paranaguá.

Vapor inglés «Atrato», con carga de café, tabaco, fruta fresca, dulce, porotos, garbanzos, ostras y verdura.

Vapor aleman «Ilse», con lastre de carbon de piedra.

Barca italiana «Giovanni A.», que siguió viaje con la misma carga que traia de Pensacola.

Vapor francés «Savoie», con clavos, vidrios, ferretería, botellas vacías y máquinas.

Vapor francés «Nerthe», con café, plantas, gallinas, ostras y verduras.

Vapor inglés «Valentin Alsina», con lastre de carbon de piedra.

Vapor francés «La France», con lastre de carbon.

Vapor inglés «Francesca», que llegó por arribada, y siguió con la misma carga que traia de Europa.

Vapor francés «Portugal», con café, tabaco, miel, fariña y plantas.

Vapor inglés «La Plata», con café, tabaco, dulce, ostras, verduras, ferretería y muestras.

Consumo y precios obtenidos en este mercado por los productos argentinos y los de este Imperio en Agosto de 1889.

Tasajo.—Existencia en Julio 31, kilos 2.907.500, siendo de Rio Grande kilos 42.000.

Entraron en Agosto............	kilos	2.923.660
Se consumieron...............	«	3.393.990
Se exportaron......	«	667.870
Existen en depósito...........	«	1.728.000

Precios 280 á 350, mantas 300 á 390.

Harina.—No hay entradas.
Trigo.—Viene solo para los molinos.
Maiz.—3.500 á 3.700 cada 62 kilos.
Alfalfa.—90 reis cada kilo.
Afrecho.—2.500 á 2.600 saco de 42 kilos.
Grasa.—En pipa 400, en vejiga 400.
Sebo.—Del Rio de la Plata reis 340.
Aceite.—De potro, reis 320.
Aceite.—De patas ó mocotó, reis 340.
Carneros.—Del Plata, reis 10.000.
Carne fresca.—350 á 400 kilo.
Café.—De ordinario á superior 460 á 640.
Azúcar.—De 220 á 280.
Caña.—Por pipa, despachada 115.000.
Mercado en calma.

Saludo á V. E. con toda consideracion y respeto

M. Berdier, Cónsul General.

Setiembre 19 de 1889.—Publíquese en el Boletin Mensual del Ministerio.—ZEBALLOS.

Consulado en Belem.

INFORME MENSUAL.

Belem, Agosto 16 de 1889.

Señor Ministro:—En cumplimiento á las disposiciones de 19 de Noviembre de 1881 y 1.° de Agosto de 1883, tengo el honor de informar á V. E. lo siguiente al respecto:

Carne fresca.—El consumo diario en esta capital es de 65 á 80 reses, que producen cerca de 7 á 8 toneladas de carne fresca, que se vende á 800, 700 y 500 reis el kilógramo.

Ganado en pié.—Las entradas del ganado para el matadero son muy irregulares. Algunas veces hay abundancia y otras mucha falta. La principal cantidad de reses viene de Marajó ó Joannes y de los distritos de Monte Alegre, Santarem, Olidos y Faro en la provincia del Pará, algo de la de Amazonas y tambien de las provincias del Ceará y de Marañon.

Los precios varían segun la calidad del ganado, pesado ó leve.

Los bueyes de 40 á 100 $ cada uno, las vacas de 15 á 30 $ por una.

La Ley provincial permite solamente exportar las vacas infecundas, mas en esto hay mucho abuso.

Cueros.—Los cueros son exportados para el Havre, Lisboa y Nueva York.

Los precios varían segun el tipo del cámbio y estacion en los mercados extranjeros consumidores.—Actualmente el precio es de reis 140 el kilo con cambio de 26 3/4. Lanas y lino no los hay en estado primitivo.

Maíz.—El maíz es importado del interior de la provincia y en grande abundancia del Marañon; alguna de Alagôas. Este grano, como los otros productos de importacion, sostienen su precio segun la abundancia ó la falta. Hoy se paga por un saco de 30 kilos reis 2.000, y es escaso.

Trigo.—Es importado en harina de los Estados Unidos. El año pasado entraron 69.543 barricas para el consumo de las provincias del Pará y Amazonas, y 6.000 barriles en tránsito para la República del Perú. Los precios varían de reis 13.000 á 18.000 barril de 196 kilos.

La harina de Buenos Aires encontraría en esta plaza un buen mercado consumidor si hubiera navegacion directa.

Carne salada.—La de los saladeros argentinos es reembarcada en Rio de Janeiro para esta capital en los vapores de la línea Brasilera en sus tres viajes mensuales, y en los buques de la Compañía «Unites States» en su viaje mensual.

La cantidad importada llegó á cerca de 18.000 fardos en el año pasado, con peso de 1.260.000 kilos.

El precio es muy inconstante: unas veces está á 460 reis el kilo, lo mas general es de 260 á 390.

Este fruto argentino es aquí reputado como brasilero porque el comercio paga en Rio Janeiro los derechos de importacion.

Una navegacion directa entre todas las capitales de las provincias del Brasil y Buenos Aires es una medida á tomar de mucha importancia para el interés comercial de la República Argentina.

Tejidos.—Respecto á tejidos de lana, lino, algodon, etc., la importacion es hecha en grande escala, y los precios infinitamente variados.

Me es grato saludar á V. E.

Juan Gualberto da Costa, Cónsul.

Setiembre 19 de 1889.—Publíquese en el Boletin Mensual del Ministerio.—ZEBALLOS.

Consulado en Paranaguá.

INFORME SEMESTRAL.

Paranaguá, 14 de Agosto de 1889.

Mapa de los buques que de este puerto se han despachado para los de la República Argentina desde el 1.º de Enero hasta el 30 de Junio de 1889.

28 buques con 6.686 toneladas; cargamentos: bultos 48.254, id. yerba, kilos 4.792,788; con destino á Buenos Aires y Rosario.

Saludo á V. E. con mi mayor consideracion.

Rodolfo Muzzio, Canciller.

Setiembre 19 de 1889.—Publíquese en el Boletin Mensual del Ministerio.—ZEBALLOS.

Consulado en Barcelona.

INFORME MENSUAL.

Barcelona, Agosto 5 de 1889.

Señor Ministro:—Remito á V. E. el Informe mensual de este Consulado correspondiente al mes de Julio último.

Han zarpado en este mes trece buques que representan un tonelaje de 28 016 y llevan una tripulacion de 1 115 hombres.

Las mercancías embarcadas para Buenos Aires y Rosario consisten en las siguientes principales partidas: 1 204 pipas de vino, 771 cajas aceite, 105 azafrán, 16 aguardiente, 215 aceitunas 354 pimenton y 60 almendra.

Emigrantes.—Han partido durante el mes de Julio último 1 384 emigrantes.

Cueros.—Se han hecho diferentes ventas, aunque ninguna de ellas de mucha importancia, la mayor parte para la curticion y otras para los almacenistas.

Las conocidas consisten en unos 1 100 dulcer de los de Puerto Rico; en dos partidas, 684 Buyalcanos, 630 Montevideos, 987 Paraguayos, 400 Buenos Aires, 600 Correntinos, 600 Habanos llamados albarqueros, 200 Rosarios y 200 Cordobeses bajos.

Los precios han quedado reservados, pero bien puede asegurarse atendido el estado actual del mercado, que no habrá mejora en ellos por ahora.

Maiz.—Han entrado algunas partidas procedentes del Rio de la Plata, y como su estado no era del todo sano se han vendido á precios algo bajos; pues solo han obtenido al rededor de 7 pesetas los 70 litros.

Hay existencias de varias otras procedencias, pagándose las de Marruecos de 8 $1/4$ á 8 $1/2$ pesetas; Danubio, de 8 $1/2$ á 9 pesetas y Andalucía, de 9 á 9 $1/4$.

Precios del ganado.

Un buey	de	60	á	80	duros.
Una vaca	«	«	«	«	«
Un ternero	«	30	«	40	
Un carnero	«	5		10	

Saludo á V. E. muy atentamente.

A. Peralta Iramain, Cónsul.

Setiembre 16 de 1889.—Publíquese en el Boletin Mensual del Ministerio.—ZEBALLOS.

Consulado en Brunswick.

INFORME MENSUAL.

Brunswick, Agosto 3 de 1889.

Señor Ministro:—El movimiento de exportacion de este puerto para los de la República ha sido como sigue: Tres buques de la capacidad total de 1.348 toneladas; han cargado 935,266 piés superficiales de madera avaluados en 12.341 dollars.

La cotizacion de estos artículos de exportacion aparentes para esos mercados va expresada en la nota de precios que acompaño.

No ha sufrido alteracion alguna la salud pública de esta poblacion.

Precios corrientes del mercado.

Brunswich, Agosto 1.° de 1889.

Madera de pino tea: -Aserrada á vapor de dimensiones ordinarias y aparente para los mercados del Rio de la Plata de $ 14.00 @ 16.00 por M. de piés superficiales puesta encima del muelle al costado del buque, sin ningun otro gasto.

En estos muelles hay de 16 á 18 ½ piés de agua. Los buques que excedan de este calado pueden completar su carga á cosa de una milla de distancia de la poblacion, siendo de su cuenta los gastos que en este concepto se originen.

Piezas de arboladura:—El precio de estas está en proporcion á sus dimensiones y en relacion á la demás clase de madera; las hay cuadradas y ochavadas labradas al hacha.

Resina:—Clases B $ 0.92 ½ C $ 0.92 ½ D $ 0.92 ½ E 0.97 ½ E $ 1.02 ½ G $ 1.07 ½ H $ 1.27 ½ I $ 1.50, K $ 1.55, M $ 1.75, N $ 1.90, W G $ 2.20, el barril en bruto de 280 lib.

Aguarras: –A 38 ½ cts. el galon envasado en barriles de unos 44 galones.

Algodon:—Good Middling á 11 ⅛ cts. lb., Middling á 10 ⅝ cts. lib., y Low Middling á 9 ⅞ cts. lib.

Fletes:—Se cotizan para Buenos Aires y puertos contiguos de $ 19.50 @ $ 20.50 por M. de piés de madera, y para Rosario de Santa Fe de $ 20 @ $ 22 por M.

Total de buques en puerto, 27.

Reciba V. E. la seguridad de mi mas profundo respeto y consideracion.

Rosendo Torras, Cónsul.

Setiembre 19 de 1889.—Publíquese en el Boletin Mensual del Ministerio.—ZEBALLOS.

Consulado General en los Estados Unidos.

INFORME MENSUAL.

Nueva York, Agosto 10 de 1889.

Señor Ministro:—Tengo el honor de adjuntar á la presente los cuadros explicativos, que de costumbre envío, referentes al movimiento de exportacion entre la República y los Estados de esta Nacion durante el mes de Julio ppdo.

He enviado varios recortes de diarios por los cuales ha de haberse informado V. E. del vivo interés que ha despertado en este pueblo la idea iniciada por el «Herald» sobre la Exposicion Universal que deberá tener lugar en 1892 festejando el aniversario del descubrimiento de América.

Particularmente llama la atencion un artículo del «New York Journal» en que se dice que si aquí no andan listos, el coloso Sud Americano ó sea la República Argentina, tomará el asunto bajo sus hombros y con esa actividad y celo que distinguen á sus hijos llevará á cabo la empresa con honra y provecho.

Por supuesto, dado el caso, mas que probable, de llevarse á cabo la mencionada Exposicion, se espera en este país, que la Argentina ha de desplegar en sus pabellones mayor lujo y riqueza de productos que cualquiera otra de las Repúblicas de la América Latina, pues el nombre que ha alcanzado nuestra Exposicion en Paris ha causado tal efecto aquí que nos llaman sus rivales; y la verdad es, que fué sensacional el artículo del «Herald» del mes de Julio en que probaba la infinita superioridad de nuestra exhibicion sobre cualquier otra Nacion de ambas Américas.

Por lo que respecta á la Exposicion Marítima que se inaugura en Setiembre, ya he tenido el honor de informar á V. E. por una nota del 26 del mes ppdo., todo lo que expresan las cartas cambiadas con el comité directivo, de las cuales me fué grato remitir á V. E. cópia traducida.

Precios corrientes á fin del mes de Julio de 1889 de los artículos de consumo y otros de este mercado.

Cereales.—Harina de trigo para la exportacion....	$ 4.50
« centeno mezclado...........	« 4.20
« maíz amarillo..............	« 0.95
« del Sur....................	« 3.25
Maíz mezclado, por fanega....................	« 0.44 ½
Frutas.—Pasas moscatel por caja	« 1.75
Heno.—Por cien libras..............	« 0.95
Cáñamo de Manila..........................	« 0.23

Cueros secos.

De Buenos Aires y Entre Rios......	21 á 24 ℔	$ 0.16
« Montevideo............	20 « 22 «	« 0.16
« Corrientes y Concordia..........	20 « 23 «	« 0 13
« Veracruz.....................	18 « 20 «	« 0.18
« Laguayra........	23 « 25 «	« 0 11 ½
« América Central....	18 « 22 «	« 0.15
Del Oeste................. . .	25 « 30 «	« 0.10
« Sur...............	13 « 16 «	« 0.09

Cueros salados.

De Buenos Aires Uruguay..........	50 á 55 ℔	$ 0.08 ½
« Rio Grande (de buey)..........	50 « 60 «	« 0.08
« Buenos Aires escogidos...	42 « 50 «	« 0.08
« New Orleans, buey y vaca......	45 « 60 «	« 0.07

Cueros de Buenos Aires curtidos en cicuta para suela.

Ligeros de primera..................	$	0.18
Medianos...........	«	0.19
Pesado.......................	«	0.19
Ligos de segunda	«	0.17

Medianos	$	0.17	
Pesados	«	0.17	
Dañados	«	0.15	
Mieles de Cuba 50 grados	«	0.25	
de Nueva Orleans	«	0.23	
Provisiones navales—Aguarrás	«	0.40	½
Resina en barriles	«	1.07	½
Provisiones.—Tocino en barriles	«	13.00	
Mantequilla superior		—	
Azúcar.—Granulada	«	8.75	
« en polvo	«	9.12	⅓

Cargamento de los principales artículos de exportacion de los Estados Unidos á la República Argentina, durante el mes de Julio de 1889.

Madera en piés	$	17 473 000
Sillas en paquetes	«	2 682
Lona en paquetes	«	568
Cohetes en paquetes	«	406
Kerosene en latas	«	32 250
Sebo en latas	«	637
Máquinas de segar	«	1 357
Arados	«	679
Resina en barriles	«	1 150
Máquinas de sembrar	«	230
Aguarrás en latas	«	4 000
Almidon en latas	«	4 003
Tabaco en rama, en libras	«	147 340
« M. F. do. «	«	18 720
Pabilo en paquetes	«	160

Saludo al Señor Ministro muy atentamente.

A. G. Calvo, Cónsul.

Setiembre 12 de 1889.—Publíquese en el Boletin Mensual del Ministerio.—ZEBALLOS.

Consulado General en Escocia.

INFORME MENSUAL.

Glasgow, Agosto 19 de 1889.

Señor Ministro:—Tengo el honor de acompañar á V. E. un estado del movimiento de buques en esto Consulado General, y lista de precios de frutos correspondientes al mes ppdo., y me es grato comunicarle al mismo tiempo que el estado vital y sanitario de este puerto y sus inmediaciones es satisfactorio.

Lista de precios corrientes (término medio) cotizados durante el mes de Julio de 1889.

Artículos.		*Precios*		
Cueros vacunos secos, pesada......	lb.	—	—	6 á 7
Id id salados, de buey, pesada.....	id.	—	—	5 ¼
Id yeguarizos secos.............	c/u	—	8	—
Id id salados....	id.	—	16	—
Id lanares........................	lb.	—	—	6 ¼
Astas de buey, pesada............	100	—	—	—
Cerda...............	lb.	—	2	1
Huesos........................	ton.	4	8	9
Ceniza de huesos, con 70 °/₀ fosfatos.	id.	4	10	—
Sebo de vaca....	qq.	1	7	6
Id carnero.........	id.	1	7	6
Grasa de potro..................	id.	—	—	—
Aceite de patas, mil...	gln.	—	—	—
Lanas sucias, mil......	lb.	—	—	6 ½

Bonos Argentinos.

Empréstito de	1868....	102	°/₀
Id	1871 (Obras Públicas)........	104	«
Id	1872 and 1874 (pesos fuertes).	68 ½	«
Id	1881 (ferrocarriles)......	103	«
Id	1882......................	102	«

Movimiento de buques habido en este Consulado General durante el mes de Julio de 1889.

Destino.	Cargamento.	Peso.	Valores.
		Toneladas	**Libras ester.**
Greenock á Bs. As.	carbon de piedra	1190	£ 520 « «
Grangemouth á Rosario	id id	383 10	« 160 « «
Greenock id id	cargarmento general	514 12 2 26	« 827 « «
Glasgow id id	id	832 11 2 4	« 3 847 « «
Id Bs. Aires id	id	331 1 3 21	« 7 972 11 «
Grangemouth id id	id	1117 15 « «	« 1 439 « «
Glasgow id id	id	181 17 3 «	« 5 288 « «
Greenock	carbon piedra	417 3 « «	« 162 « «
Id id id	id	735 « « «	« 284 16 3
	Totales	5 703 11 3 23	20 500 7 3

Reitero á V. E. las seguridades de mi mayor consideracion.

Tomas F. Agar, Cónsul General.

Setiembre 19 de 1889.—Publíquese en el Boletin Mensual del Ministerio.—ZEBALLOS.

Correspondencia Diplomática

Y

ACTOS OFICIALES.

Ministro de Relaciones Exteriores.

Nombramiento del Dr. Estanislao S. Zeballos.

**Ministerio
de Justicia, Culto é Instruccion Pública
de la
Nacion Argentina.**

Buenos Aires, Agosto 27 de 1889.

El Presidente de la República

DECRETA:

Art. 1.° Nómbrase Ministro Secretario de Estado en el Departamento de Hacienda al actual Ministro del Interior, Dr. D. Wenceslao Pacheco.

Art. 2.° Nómbrase Ministro Secretario de Estado en el Departamento del Interior al actual Ministro de Relaciones Exteriores, Dr. D. Norberto Quirno Costa.

Art. 3.° Nómbrase Ministro Secretario de Estado en el Departamento de Relaciones Exteriores al Diputado Nacional Dr. D. Estanislao S. Zeballos.

Art. 4.° Señálase el dia 28 del corriente á las tres de la tarde para que los Señores Ministros nombrados presten el juramento de práctica.

Art. 5.° Este Decreto será refrendado por el Señor Ministro de Justicia, Culto é Instruccion Pública.

Art. 6.° Comuníquese, publíquese y dese al R. Nacional.

JUAREZ CELMAN.
FILEMON POSSE.

Decreto declarando obligatorio el uso de estampillas en el Consulado en San Vicente.

Buenos Aires, Setiembre 6 de 1889.

En vista de lo expuesto por la Legacion Argentina en Portugal en su nota fecha 7 de Junio último, respecto de los emolumentos que produce el Consulado en la Isla de San Vicente,

El Presidente de la República

DECRETA:

Artículo 1.°—Declárase comprendido al Consulado en la Isla de San Vicente, entre las oficinas consulares, en las cuales es obligatorio el uso de estampillas, de acuerdo con el decreto de 25 de Abril de 1887.

Art. 2.°—Comuníquese á quienes corresponda y dese al R. N.

JUAREZ CELMAN.
N. QUIRNO COSTA.

Legacion en Bélgica.

Adhesion de la República Argentina á las resoluciones de la Conferencia de Bruselas de 21 de Marzo de 1888.

Legacion
de la
República Argentina.

Bruselas, Agosto 3 de 1889.

Señor Ministro:— En cumplimiento de la órden que V. E. se servía trasmitirme en su nota fecha 28 de Junio N.° 64, relativa á la adhesion de la República Argentina á las resoluciones adoptadas en la Conferencia de Bruselas de 21 de Marzo de 1888, para la publicacion de las tarifas aduaneras é instalaciones de una oficina internacional del ramo, hice ante este Gobierno la notificacion de estilo, la que ha sido contestada por el Ministro de Negocios Extrangero de Bélgica por la nota cuya copia, traducida, elevo á V. E. para su conocimiento.

Con este motivo, cábeme el honor de ser el intérprete del reconocimiento que expresa al Argentino el Gobierno Belga por la decision que el primero acaba de adoptar.

Saludo á V. E. con mi mayor consideracion.

Aureliano Garcia, Encargado de Negocios.

A S. E. el Señor Ministro de R. E., Dr. D. N. Quirno Costa.

Agosto 28 de 1889. — Acúsese recibo, publíquese y agréguese á sus antecedentes.—QUIRNO COSTA.

COPIA.

Ministerio de Negocios
Extranjeros.

Bruselas, Agosto 2 de 1889.

Señor Encargado de Negocios:—Tengo el honor de avisarle recibo de su nota fecha 29 de Julio último, por la cual ha tenido á bien hacerme saber la adhesion de la República Argentina á los proyectos de convencion y reglamento adoptado por la Conferencia Internacional de tarifas aduaneras.

Agradezco al Señor Encargado de Negocios esta comunicacion y le ruego se sirva expresar al Gobierno Argentino todo nuestro reconocimiento por la decision que acaba de tomar.

Renuevo al Señor Encargado de Negocios las seguridades de mi consideracion muy distinguida.

El Príncipe de Chimay.

Al Señor Don Aureliano García, Encargado de Negocios de la República Argentina.

Es traduccion conforme:—*Alfredo de Lémos,* Agregado Militar de la Legacion.

Estadística de Inmigracion, Agosto de 1889.

Bandera de los vapores de Ultramar.

Ingleses	33
Italianos	13
Franceses	13
Alemanes	8
Españoles	2
Belgas	2
Austriacos	1
Holandeses	1

73 vapores, siendo 38 con 582 pasajeros y 15368 inmigrantes.
Total: 15950 embarcados en los siguientes

Puertos de embarque:

Génova	3978
Málaga	2510
Barcelona	1537
Burdeos	1436
Bremen	915
Marsella	815
Cádiz	777
Havre	662
Coruña	656
Gibraltar	331
Nápoles	291
Southampton	277
Amsterdam	261
Valencia	255
Santos	232

Vigo	201
Rio Janeiro	186
Hamburgo	180
Amberes	105
Canarias	80
Marin	77
Carril	73
Pasajes	41
Montevideo	29
Tánger	20
Lisboa	17
San Vicente	2
Madina	2
Pernambuco	2
Dakar	1
Macció	1
Total	15950

Desembarco oficial en el muelle de las Catalinas.

Adultos	10925
Niños	1832
Párvulos	748
Total	13505

Entrada al Hotel.

Hombres	5012
Mujeres	2400
Niños	1340
Niñas	1192
Total	9944

Bultos de equipajes descargados.

Por sus dueños	9876
Por el Departamento General	11614
Total	21490

Clasificacion de los inmigrantes de Ultramar.

Españoles	6937	45.13 %
Italianos	4510	29.34 «
Franceses	1527	9.90 «
Rusos	836	5.43 «
Turcos	333	2.17 «
Austriacos	250	1.66 «
Holandeses	232	1.54 «
Alemanes	222	1.50 «
Ingleses	210	1.48 «
Suizos	103	0.70 «
Belgas	68	
Argentinos	37	
Dinamarqueses	35	
Norte-Americanos	17	
Portugueses	14	
Suecos	14	
Griegos	7	1.15 «
Orientales	6	
Marroquíes	3	
Romanos	3	
Brasileros	2	
Peruanos	1	
Chilenos	1	
Total	15368	100 %

Pasajeros de 1.ª clase	582
Por via de Montevideo, sin clasificacion	1328
Total	1910

Inmigrantes de 2.ª y 3.ª clase............	15368
Por via de Montevideo sin clasificacion..	3599
De varias procedencias.........	2
Total............	18969

Sexo masculino

Hombres..............................	8138
Niños................................	2002

Sexo femenino.

Mujeres..........	3637
Niñas..............	1591

Estado.

Solteros......	10429
Casados......	4812
Viudos.............................	127

Religion.

Católicos......................	12066
Varias	1702

Colocados por la Oficina de Trabajo.

Capital de la Nacion	502
Buenos Aires...........................	2035
Entre Rios.....	166
Corrientes.................................	29
Santa Fe..........................	1929
Córdoba..................	644
Tucuman......	119
Santiago.	35
Salta.........	100
Jujuy...........	108

Catamarca	26
La Rioja	2
San Luis	5
Mendoza	253
San Juan	399
Gobernacion del Chaco	17
Idem de Misiones	«
Idem del Rio Negro	10
Idem del Neuquen	5
Idem de la Tierra del Fuego	«
Idem del Chubut	
Idem de Santa Cruz	«
Idem de Formosa	2
Idem de la Pampa Central	12
Total	6.398

Profesiones.

Agricultores	2248	Cocheros	37
Albañiles	131	Cocineros-Cocineras	78
Ajustadores	5	Dependientes	74
Aserradores	3	Encuadernadores	3
Barberos	13	Escultores	3
Carpinteros	104	Foguistas	8
Carniceros	7	Fundidores	1
Caldereros	4	Herreros	45
Costureras	116	Hojalateros	8
Jornaleros	1435	Músicos	3
Ladrilleros	31	Panaderos	34
Marineros	8	Pintores	25
Mecánicos	16	Picapedreros	15
Mineros	14	Profesores	17
Molineros	9	Relojeros	6
Sastres	26	Tipógrafos	3
Sirvientes	268	Toneleros	6
Sin profesion	1509	Torneros	6
Talabarteros	3	Varias profesiones	20
Tapiceros	3	Zapateros	51

Total 6.398

Vapores.

N. de órden.	Dia	Vapores.	Pasajeros.	Inmigrantes
1	1	Chancer................	«	«
2	«	Spencer......	«	
3	2	Scotto Prince...........	«	
4	3	Nitch........	«	«
5	«	Solferino...........		1 356
6	4	Adrin.................	«	1438
7	«	Fibet......	5	236
8	5	Desterzo....	6	13
9	«	Supiach....	«	«
10		Neva..................	24	129
1	«	Maurice Rumian........	«	«
2	6	Uruguay.............	11	291
3	8	Asiatic.....	«	«
4	«	Antonio Lopez	13	298
5	«	Holstein..	«	«
6	9	Dordogne...............	«	95
7	«	Austrian................	«	«
8		Samuel Fyzach.........	«	
9		Chilian................	«	«
20		Béarn.................	14	505
1		Europa.........	3	295
2	«	Sicolo.................	6	269
3	10	Hamburg........... ..	5	24
4	«	Bellenden........... ..	«	«
5	«	Roddan..........	«	«
6	12	Adelaide Lavarello.....		716
7	«	Gallileo....	26	29
8	13	Sirio-.....	6	744
8	«	Atrato................	33	114
30	14	Wesser...............	6	1214
	«		«	«

N. de órden.	Dia.	Vapores.	Pasajeros.	Imigrantes.
2	15	Clandemloye	«	«
3	16	Duca di Galliera	16	502
4	«	Dilsberg	«	«
5	17	Heliades..............	«	
6	«	Regina................	«	
7	18	Cyrene..........	«	
8	«	Heraclides............	«	«
9	«	Rosario	4	33
40	19	Zenobia............ ..	«	«
«	«	Ramour........... ...	«	
2	«	Hilde................	«	«
3	21	Sawie	1	543
4	22	Curityba.....	18	27
5	«	Pará..................	«	«
6	23	Nerthe................	45	93
7	25	San Martino......		1160
8	«	La France............	17	501
9	«	Moltka........... .. .	«	«
50	26	Feviotdule.......... ...	«	
1	«	Sir G. Wosley........	«	«
2	«	Vittoria...............	38	455
3	27	Archimedes...........	«	«
4	«	Taylor.......	«	«
5	«	Belgrano..............		223
6	«	Portugal	165	235
7	«	Rio Negro.............	17	355
8	28	Zaandan		271
9	«	Stura		329
60		Valdijian	«	«
1		Pascal..........	«	«
2		Leibnitz......	«	66
3	«	Orione................	10	860
4	«	Ortegal	1	168

N. de órden.	Dia.	Vapores.	Pasajeros.	Inmigrantes.
5	«	Strassburg.............	5	464
6	«	John San Peterson.....	«	«
7	30	Hampton..............	«	«
8	«	La Plata..............	25	153
9	«	Conde Villana..	«	«
70	«	Lissabon..............	13	39
1	31	Mentana.....	49	399
2	«	Nantes.....		726
3		Spingfield	«	«
De Ultramar...			582	15.368
Por via de Montevideo..			1328	3.599
De varias procedencias.				2
		Total...............	1.910	18.969

Estado comparativo entre la inmigracion de los 8 meses de 1889 con la entrada en igual periodo de 1888.

Entrada en los 8 meses de 1889.—178.560.
Idem en los 8 meses de 1888.— 93.706.

A favor de los 8 meses de 1889.— 84.854.

Legacion en Bélgica.

Comercio de Bélgica con la República Argentina.

Bruselas, Agosto 3 de 1889.

Señor Ministro:—En el cuadro del movimiento comercial de la Bélgica con las naciones extrangeras durante los seis primeros meses del presente año, comparado con los de 1887 y 1888, encuentro para la República Argentina las siguientes exportaciones, que me apresuro á trasmitir á V. E. porque ellas demuestran el creciente desarrollo de las relaciones comerciales entre ambos países.

Exportaciones de productos belgas para la República Argentina durante los seis primeros meses de 1889, comparados con los de 1887 y 1888.

		1887	1888	1889
Almidon.............	kilóg.	78.262	38.196	32.564
Armas...............	francos	89.665	82.180	167.625
Velas................	kilóg.	98.476	182.041	87.840
Alcoholes............	hectol.	42	262	5
Máquinas............	kilóg.	223.289	320.123	9.371.467
Mercería y quincallería.	francos	138.548	104.750	271.720
Metales, hierro, acero, rieles, etc..........	kilóg.	8.950.184	15.280.392	24.551.739
Papel. ·	»	600.650	204.254	408.711
Porcelanas...........	»	68.248	18 026	65.401
Azúcar	»	15.414	525.949	1.871.908
Tejidos de algodon...	»	369.317	377.264	281.636

Tejidos de lana......	»	97.378	62.374	80.601
Tejidos de hilo	francos	77.100	34.700	41.775
Vidrios.	kilóg.	2.212.208	1.954.813	2.755.047

En cuanto á las importaciones en Bélgica, de productos argentinos, en igual tiempo, dan las cantidades siguientes:

		1887	1888	1889
Carnes..............	kilóg.		391.429	492.206
Granos..............	«	25.594.348	23.054.430	15
Arena, maíz.........	«	2.204.430	5.080.385	8730
Harina...............	-	144.900	1.425.672	135.80
Materias animales....	«	540.059	173.317	726.285
Cueros.......	«	6.051.296	6.845.894	6.150.784
Sustancias vegetales..	«	2.869.878	2.826.097	663.238

En estas cantidades no entran las exportaciones de productos belgas por vía de Inglaterra y Francia y las importaciones de productos argentinos en Bélgica por las mismas vías.

Saludo á V. E. con mi mayor consideracion.

AURELIANO GARCIA,
Encargado de Negocios.

A S. E. el Sr. Ministro de R. E., Dr. D. Norberto Quirno Costa.

Congreso sobre la intervencion de los Poderes Públicos en las operaciones de emigracion y de inmigracion, reunido en París, por iniciativa del Gobierno Francés.

Inspeccion de las Oficinas de Informacion.

París, Agosto 15 de 1889.

Señor Ministro:—Tengo el honor de comunicar á V. E. que acaba de clausurarse el Congreso, reunido por iniciativa del Gobierno Francés, que tenía por programa el estudio de todas las cuestiones que se relacionan con la intervencion del Estado en las operaciones de emigracion y de inmigracion.

Invitado á tomar parte en sus trabajos, creí que debía aprovechar tan propicia circunstancia para defender los grandes intereses de la República Argentina, que tan bien se ajustan en esta materia con los principios de las instituciones liberales.

Todas las principales naciones se hallaban representadas por medio de delegados *ad hoc*.

Adjunto tengo el honor de acompañar la traduccion de la comunicacion que leí en la tribuna del referido Congreso, cuya presidencia fué ocupada por el señor Isaac, Senador francés.

Me es sumamente agradable comunicar á V. E., que el Congreso votó, por una gran mayoría, las conclusiones de mi comunicacion, esto es, el principio de la no intervencion de los poderes públicos en las operaciones de emigracion, principio que condena las restricciones que la legislacion actual de casi todos los países europeos opone á nuestra propaganda en favor de la emigracion hácia la República.

V. E. apreciará toda la importancia de este resultado para los intereses argentinos.

Deseoso de que mi actitud en esta circunstancia logre merecer la aprobacion del Gobierno, tengo el honor de renovar á V. E. las seguridades de mi mas alta consideracion.

P. S. Lamas.

PRESIDENCIA DEL SEÑOR ISAAC, SENADOR.

Sesion del dia 14 de Agosto de 1889.
Comunicacion del Señor Pedro S. Lamas.

Señor Presidente:—Señores:—Es con el mayor placer que me prevalezco de la oportunidad que se me ha ofrecido de tomar parte en los trabajos de este Congreso.

Diez años ha que me ocupo de las cuestiones que se relacionan con la emigracion; mis estudios y opiniones sobre la materia corren la prensa diaria y llenan muchas páginas de los registros oficiales de la República Argentina. Conozco á fondo la cuestion y la he elucidado siempre con la mayor imparciulidad y con la mas perfecta buena fe bajo las múltiples fases en que se presenta. Con la práctica de tantos años, durante los cuales he recibido las confidencias escritas de decenas de millares de padres de familia, en las cuales palpitan los dolores del presente y se manifiestan las esperanzas del porvenir, he aprendido á conocer las gentes que emigran, y por eso mismo he aprendido á estimarlas y á respetarlas. Nadie emigra, señores, por el gusto de emigrar: nadie se desprende de su hogar, de su aldea, del suelo de la patria: nadie da la espalda á afecciones arraigadas, á parientes y amigos por el solo placer de lo desconocido. Y esta verdad es sobre todo incuestionable en Francia.

La emigracion es un desgarramiento: es una necesidad que

se impone, es una ley que se cumple, no es un capricho que se realiza. Cuando veo partir un convoy de emigrantes, los hijos en los brazos de sus madres, los ancianos con la frente curvada, pensativos, los jóvenes con la mirada ardiente, fija en el horizonte que interrogan, emocionados todos, yo me descubro, señores; es una vida que se acaba y es una vida que empieza: se deja tras sí un pasado, generalmente lleno de amarguras y de decepciones, y se tiene enfrente, en direccion á la proa del vapor, un porvenir que se ignora pero que la imaginacion puebla con los sonrientes prismas de la esperanza y de la ilusion.

La República Argentina recibe ya hoy veinte y cinco mil emigrantes por mes; son casi mil inmigrantes por dia; bien pronto medio millon de emigrantes desembarcarán por año en las riberas del Plata; es, en la actualidad, el gran pais de inmigracion; espontáneamente los trabajadores sin trabajo, las familias sin esperanza en la tierra natal, obedecen á la ley económica que los atrae invenciblemente hácia aquel suelo privilegiado, donde el clima es benigno, donde la tierra es fértil, donde las garantías á la vida y á la propiedad son absolutas, donde hay lugar para 200 millones de habitantes y solo existen cinco ó seis millones, donde el que llega, si quiere realmente, trabajar, encuentra siempre trabajo, perfectamente retribuido, donde se aprende á apreciar prácticamente el verdadero significado de esta grande y mágica palabra: *Libertad!*

Pues bien, señores, el interés de la República Argentina, que no tiene necesidad de mendigar inmigrantes, es recibir únicamente en su seno hombres y familias aptas al trabajo y que alcancen el bienestar únicamente por medio del trabajo. Si los Gobiernos europeos tienen interés en precaver á sus nacionales contra los desengaños que suele producir la emigracion, la República Argentina tiene aún mas interés en que esos desengaños no se produzcan; en efecto, un país solo gana con aumentar su poblacion con gentes que encuentren trabajo y que prosperen en su suelo; lo contrario, esto es, llamar emigrantes á su seno para que caigan en la indigencia, sería una insensatez, pues sería aumentar las cargas de la sociedad sin compensacion alguna. Por mi parte, puedo aseguraros que son casi tantas las personas que buscan mi consejo y á las cuales digo *no vayan* que aquellas á quienes digo, lleno de conviccion, *vayan;* y la estadística muestra que de las personas á quienes dirijo esta última palabra, apenas uno por ciento regresan á Europa desanimadas ó descontentas; las demás se quedan y prosperan. Con esto pruebo que ejerzo mi mision consultando ante todo el interés de los que emigran y que me equivoco lo menos que humanamente es posible equivocarse tratándose de un asunto tan complexo.

Hechas estas aclaraciones, voy á entrar en materia declarando que hablo exclusivamente en mi nombre individual, como simple publicista, y de ninguna manera como funcionario público.

Traigo á este debate mi experiencia de diez años de práctica sin mas interés que el triunfo de los grandes principios económicos y administrativos que rigen á los pueblos realmente libres, realmente grandes, realmente democráticos.

De la intervencion de los poderes públicos en las operaeiones de emigracion y de inmigracion; transportes, reclutamiento, agencias.—La iniciativa privada.—Legislacion comparada.

La intervencion de los poderes públicos en las operaciones de emigracion y de inmigracion, no puede trasponer ciertos límites: estos límites no son los mismos en todos los paises pues ellos dependen de la forma del gobierno, de la índole de las instituciones, del espíritu de la legislacion, del grado de ga, rantías y de libertad de que gozan los habitantes, y finalmente del texto de los tratados internacionales existentes y, en su defecto, de las consideraciones de órden político ó de órden económico, á que los Estados no pueden dejar de subordinar todos sus actos toda vez que éstos se refieran á personas extranjeras ó afecten intereses de naciones amigas.

Las limitaciones á que debe subordinarse la intervencion de los poderes públicos en las operaciones de emigracion y de inmigracion, son, pues de dos distintos caracteres, á saber: 1.° las que se derivan de los principios fundamentales ú orgánicos de la nacion, como entidad social y política, y 2.° las que se desprenden de las convenciones ó de las consideraciones internacionales.

Debemos encarar separadamente la intervencion de que venimos ocupándonos, ya sea que ella se refiera á la emigracion ó á la inmigracion.

Tratemos primero de la intervencion de los poderes públicos en las operaciones de *emigracion.*

El movimiento emigratorio obedece á causas de diversa índole, unas económicas y otras políticas.

Los poderes públicos tienen interés en *fomentar* ó en *reprimir* la emigracion:—tienen interés en *fomentarla:* 1.° cuando creen que por ese medio pueden combatir el pauperismo; 2.° cuando pretenden dirigirla á colonias ó á territorios nacionales que carecen de poblacion; 3.° cuando buscan multiplicar las transacciones comerciales con las naciones extranjeras, generalizando el gusto por el consumo ó la utilizacion de las manufacturas ó de los productos nacionales por medio del establecimiento en el exterior de un número considerable de súbditos ó ciudadanos;—por el contrario, tienen interés en *reprimirla:* 1.° cuando temen que de la diminucion de brazos resulte el aumento de los salarios, toda vez que este aumento sea de naturaleza á comprometer el desarrollo de las industrias nacionales; 2.° cuando en prevision de una guerra se desea conservar en el país todos los hombres válidos; 3.° cuando la corriente emigratoria se dirige á países extranjeros y se consideraría mas provechoso que tomase el rumbo de las colonias nacionales; 4.° cuando se tienen razones para creer que al emigrar para ciertos países los súbditos ó ciudadanos en vez de mejorar de situacion, se exponen á empeorarla.

¿De qué medios constitucionalmente legales é internacionales legítimos, pueden valerse los poderes públicos para *fomentar* la emigracion?

¿De qué medios constitucionalmente legales é internacionales legítimos pueden valerse los poderes públicos para *reprimir* la emigracion?

Antes de contestar á estos dos puntos de interrogacion, cabe aquí una disertacion pertinente á muchos puntos de vista.—Cuando se trate de fomentar ó de reprimir la emigracion, no hay que echar de menos un punto capital de la cuestion, al que aun no nos hemos referido, á saber: *el lado humanitario de la emigracion.*—Puede haber un interés *económico* ó un interés *político* en fomentar ó en reprimir la emigracion: pero ese interés económico y político puede hallarse en contradiccion, ó en otras palabras, puede ser opuesto al interés humanitario, esto es, al interés individual de los hombres ó de las familias que componen las masas emigratorias. Y, en esta hipótesis, ¿cuál de esos intereses debe ser sacrificado al otro? ¿cuál debe ser pospuesto? ¿cuál debe primar? A mi modo de ver, el interés que prima á todos los intereses en materia de emigracion, es el interés humanitario, esto es, ante todo deben consultarse las conveniencias individuales de los hombres y de las familias que emigran. Los intereses económicos y los políticos deben relegarse al segundo plano, si es que no se concilian y, por el contrario, si es que se hallan en contradiccion y en pugna con el interés humanitario á que acabo de referirme.

En realidad, sucede con frecuencia que el interés humanitario no se concilia con el interés económico y político. Bastarán breves ejemplos para confirmar esta proposicion: No ha muchos años creyó la Francia que era de su interés económico y político poblar con familias francesas el Tonkin; la Francia fomentaba, pues, la emigracion para dicha region y reprimía ó contrariaba la que se dirigía á países extranjeros, esto es, se empeñaba en que la corriente se desviase, y que en vez de dirigirse á países extranjeros, donde el clima es igual al de la Francia, donde la mortalidad es inferior al de esta nacion, donde la vida es fácil y el trabajo es bien retribuido, se encaminase á las tierras cálidas é inhospitalarias, por su clima y por la convivencia con naturales de razas inferiores, del Africa, del Asia y de la América ecuatorial.

En mi opinion, y estoy seguro que será la del Congreso, las consideraciones humanitarias deben anteponerse á todas las demás consideraciones en materia de emigracion.

A un hombre válido, en la fuerza de los años, puede exigírsele que pague á la patria su tributo de sangre, en momentos solemnes; y si ese hombre cae en el campo de batalla defendiendo el honor de la bandera y la integridad del territorio, aunque deje tras sí viuda y huérfanos, su sacrificio se justifica por muy doloroso que sea. Pero no tiene igual justificacion el que, *de gaité de cœur,* inciten los Gobiernos á tomar el camino de las regiones tórridas y mortíferas del Africa, del Asia ó de la América á millares de familias que pudieran haber encontrado, en vez del raquitismo y de la muerte, la prosperidad, el bienestar, la fortuna bajo otras zonas, propicias para las razas europeas.

Y este hecho, comprobado por muchas páginas luctuosas de la historia contemporánea, no solamente no tiene justificacion ante los sentimientos de humanidad y de conmiseracion que he invocado, pero ni aun se atenúa como acto de crueldad, por razones de bien entendido interés económico. En efecto, ¿qué gana la Francia con que vayan á perecer millares de hombres, de mujeres y de niños en el interior del Africa, del Asia ó de la

América, á las márgenes del Mekong, del Congo ó del Maroni? Mucho mas evidente y bien entendido interés económico hubiera sido para Francia el que aquellos emigrantes se hubieran establecido en ciertos países nuevos de América, propendiendo al consumo de productos franceses, al mismo tiempo que labraban su fortuna personal y la de sus descendientes. Y lo que digo de la Francia lo repito con relacion á los demás países llamados colonizadores y que no poseen colonias sino en regiones antípodas de la Europa, sobre todo bajo el punto de vista del clima y de las costumbres en general.

No quisiera ser tachado de exagerado, tratándose de punto tan delicado y tan fundamental, á mi modo de ver.

Citaré, pues, algunas autoridades cuyas aserciones no podrán por cierto ser tachadas de parcialidad.

El Congreso de médicos de las Colonias, reunido en Amsterdam en 1883, suministró á la ciencia los siguientes informes, tan prácticos y decisivos sobre el particular, á saber:

«En los países de la zona tórrida, la colonizacion en las planicies determina la muerte segura», dijo el Doctor Overbeck, de Utrecht.

«No existen, á nuestro conocimiento, medios, procedimientos ó agentes cuyo empleo sea de naturaleza á determinar, de una manera absoluta, la aclimatacion de la raza blanca en los países calientes», escribía el Doctor Rey, jefe del servicio de sanidad en el Tonkin.

El Doctor Silva Amado, de Lisboa, se mostró de acuerdo con el inglés sir John Fayer para decir: «En los países cálidos el trabajo no puede hacerse sino por la máquina, por los indígenas ó por naturales de países análogos.»

El Señor Ives Guyot, actual Ministro francés del Comercio y de las Colonias, en un folleto sobre la política colonial se expresa de la siguiente manera, analizando la situacion de los emigrantes europeos en las colonias francesas de la zona tórrida: «No pueden vivir allí sino algunos años de una existencia precaria; no pueden trabajar ni reproducirse bajo semejante clima.- Las personas que presentan el *Tonkin* y el *Madagascar* como territorios donde, los *desheredados de la madre patria* encontrarán la solucion del problema social, ó dan prueba de una ignorancia vergonzosa ó se muestran irónicos hasta la ferocidad: en efecto, dichos desheredados no encuentran allí otra solucion que la muerte!»

Mas adelante, refiriéndose al Congreso de Amsterdam, decía el honorable Señor Ives Guyot: «En ese Congreso, compuesto de hombres competentes que, por su posicion oficial, podrían haber mostrado tendencias en favor de la política colonial, la posibilidad de la adaptacion del europeo á las condiciones climatéricas de las zonas tropicales, no encontró un solo miembro, repito, *ni uno solo* que defendiese semejante política.»

Hay aún mas:

El Doctor Berenger-Ferraud, que ha hecho un estudio completo del Senegal, declara que la aclimatacion en el Senegal es una quimera.

El Doctor Nielly asegura que la poblacion de color es la única que aumenta allí por la reproduccion.

El Doctor Orgeas, médico de la marina francesa, en una monografía que ha obtenido el premio de medicina naval, hizo un estudio especial de la Guayana: refiere, como resultado de prolijas observaciones: «un niño nacido en Francia tiene mas probabilidad de llegar á la edad de 30 años que uno nacido en el Maroni la de cumplir 2 años.

Los propios ingleses, tan ingeniosos para adaptarse á climas diferentes á los de su metrópoli, no consiguen poblar las zonas tórridas.

En la India no hay mas que un inglés para 1790 indígenas.

Los holandeses no son mas felices en Java y en Madras.

El Señor Ives Guyot termina así su interesante estudio sobre los climas tropicales: «Los europeos no pueden adaptarse á semejantes climas; todos los esfuerzos para establecer europeos *fuera de su zona,* no producirán mas que decepciones.»

Todas las grandes compañías europeas de seguros de vida, y entre ellas todas las francesas condenan como regiones insalubres todas las comprendidas entre el grado 35 de latitud norte y el grado 30 de latitud sud, recargando con sobreprimas extraordinarias las pólizas de las personas que las habitan.

En el continente americano hay una sola region, que las compañías denominan *El Plata* y que comprende las Repúblicas Argentina y del Uruguay, para cuyos habitantes rigen las mismas primas que para los de Francia.

Esta excepcion es el resultado de prolijas observaciones sobre el clima y la mortalidad de todos los países.

El capital es generalmente la entidad mas imparcial de todas: y es su imparcialidad la que proclama al Rio de la Plata la única region extra-europea del universo, cuya salubridad es por lo menos idéntica á la del país mas salubre de la Europa.

No podía haber recurrido á un testimonio mas irrecusable.

Dilucidado como queda punto tan esencial de la cuestion; no dudando que el Congreso votará, entre las conclusiones que voy á proponerle, la que se refiere á *la inviolabilidad de la vida humana en materias de emigracion,* voy á ocuparme de los medios, constitucionalmente legales é internacionalmente legítimos de que pueden valerse los Gobiernos para fomentar ó para reprimir la emigracion.

En Francia, en Italia y en Suiza nadie puede emprender operaciones de reclutamiento de emigrantes sin haber sido préviamente autorizado para ello, en los términos de los reglamentos *ad hoc* y mediante un depósito de garantía, por la autoridad competente. En esos países los Agentes de emigracion son verdaderos oficiales públicos, cuya intervencion es obligatoria para reclutar emigrantes, lo que no impide que los emigrantes que lo deseen esquiven legalmente dicha intervencion, dirigiéndose á las compañías de navegacion. En los mismos referidos países y en otros de Europa, como la Alemania, la España y la Bélgica, se requiere para emigrar la previa comprobacion de haber satisfecho el servicio militar, de no hallarse procesados, de haber obtenido el consentimiento de sus padres ó tutores, siendo menores de edad, etc.—Estas son formalidades *materiales* que ponen en las manos de los Gobiernos un instrumento, elástico en sus aplicaciones, de que se hace uso en un sentido mas ó menos restrictivo, ya sea que se trate, segun las apreciaciones ó tendencias de los gobernantes, de fomentar, de restringir ó de desviar la corriente emigratoria.

En efecto, segun el caso, las autoridades son mas ó menos exigentes en la produccion de las piezas justificativas, pero como para obtenerlas hay que dirigirse primero á las autoridades locales, y despues, para refrendar los contratos de embarque, á los *comisarios de emigracion*, dichos funcionarios públicos, segun la consigna recibida, ejercen en el ánimo de los que pretenden emigrar una *influencia ó coaccion moral*, que es una de las formas, y la mas eficaz de todas, de la intervencion del poder público en las operaciones de emigracion.

Los Gobiernos, segun sea su idea de fomentar ó de reprimir la emigracion, de desviarla de tal punto para encaminarla á tal otro, dirigen circulares á los Prefectos recomendándoles que lleven al conocimiento de sus administrados que no les conviene dirigirse á tales países, que designan, ya porque el clima es insalubre, ya porque el trabajo es mal retribuido, ya porque hay falta de garantías á la propiedad y á la vida, etc., ó bien que tienen interés en dirigirse á tales países ó á tales colonias, donde todo les sonríe.

He ahí las formas, una material y otra moral, que reviste en general la intervencion pública en las operaciones de emigracion, tal como hoy se practica, especialmente en Francia, en Suiza, en Italia y casi idénticamente en Alemania.

Debemos ahora preguntarnos: ¿consulta dicha intervencion en su forma orgánica y en su ejecucion práctica, el respeto debido á los grandes principios constitutivos de las sociedades modernas? ¿no es contraria á los principios que repudian la tutela gubernativa en materia de intereses privados? ¿no raya en socialismo de estado? ¿no es incompatible con ciertas prescripciones del derecho internacional, que inhibe á los Gobiernos el hacer apreciaciones, que pudieran ser tachadas de calumniosas, sobre el órden interno político, económico y financiero de naciones amigas?

Y en otro órden de ideas: ¿consulta dicha intervencion, en su forma orgánica, en su ejecucion práctica y, sobre todo, en sus efectos reales, los intereses económicos, los políticos y humanitarios que tienen en mira los Gobiernos dignos de este nombre?

Vamos á contestar á estas interrogaciones.

Consideramos legítimo, dado el régimen de la paz armada en que vive la Europa, que las autoridades exijan á los que se ausentan del país en calidad de emigrantes, esto es á los que se ausentan con la intencion de establecerse por largo tiempo fuera de la patria, la certificacion de hallarse exentos del servicio militar; consideramos tambien legítimo que se les obligue á atestiguar que no se hallan procesados, esto es, que no se hallan sometidos á procesos criminales ó correccionales; hallamos tambien útil que el Gobierno, para evitar fraudes y supercherías, informe á los habitantes, por medio de publicaciones periódicas, sobre las verdaderas condiciones climatéricas, sobre las proporciones de la moralidad, sobre la libertad ó intransigencia religiosa, sobre los salarios, precios de la tierra y de artículos de consumo, etc., de los principales países extranjeros y de las colonias del Estado.

Consideramos ilegítimo, pues sería proclamar el socialismo del Estado y algo mas, que el Gobierno aconseje á los que deseen emigrar, el ir ó no ir á tal país, esto es, que el Gobierno ejerza coaccion moral ó material para que emigren ó no emigren los ciudadanos, para que se dirijan á tal ó cual país ó dejen de hacerlo si tenían la intencion de practicarlo. La libertad de ir ó de venir es la primera de las libertades: de ella se derivan casi todas las otras: ella inspiró la supresion de los pasaportes. Si fuera legítima la intervencion del Estado en la resolucion de los hombres de ir ó de venir, de emigrar ó de no emigrar, de emigrar á tal país ó á tal otro, la lógica nos llevaría á admitir esa intervencion á muchos otros actos privados, como sea la inversion de la fortuna en tales ó cuales títulos, en los del Perú ó de Panamá, en los de Alemania, Rusia ó Italia, en las obligaciones de una mina en Bolivia ó de otra situada en el Tonkin!

Y no se diga que es mas grave, mas trascendental y mas irremediable para el interés individual del ciudadano ó para el interés colectivo de la sociedad el que una familia emigre á la República Argentina ó suscriba malos títulos de renta. De la República Argentina se regresa, en la peor hipótesis, aunque en verdad no regrese, por causas de decepcion, ni uno por ciento de los que van (tengo la estadística á la vista), pero la fortuna que se tira á ciertos abismos financieros no vuelve jamás á la superficie y sume muchas veces en la miseria á dos ó tres generaciones de buenos ciudadanos.—La lógica, pues, impone que si es legítima la tutela del Estado en materias de emigracion, lo debe ser tambien en otros asuntos de interés privado: y admitirlo es proclamar el socialismo de Estado, sustituyendo al albedrío individual el criterio de los gobernantes.

Consideramos ilegítimo á la luz de los principios internacionales é incompatible en la cordialidad entre las naciones, que los funcionarios públicos hagan *apreciaciones* sobre las leyes, costumbres, situacion económica y financiera, clima, probabilidades de hacer ó de dejar de hacer fortuna y demás ventajas ó desventajas que encontrarán los ciudadanos al ir á establecerse en tal ó cual país.—El admitir semejante principio sería exponerse á represalias apasionadas que comprometerían grandes intereses. Y nada sería mas legítimo que la actitud de un país que correspondiese por la agravacion considerable de derechos sobre la introduccion de ciertos productos ó manufacturas extranjeras, al acto de una nacion, que, para reprimir la emigracion hácia su territorio, hubiese recurrido al expediente de formular apreciaciones contrarias á su buen nombre, con flagrante infraccion de la verdad de los hechos.—Esa represalia sería legítima, pues se habría contrariado por lo menos la realizacion de un gran *desideratum* económico, cual es la emigracion para las Naciones del Nuevo Mundo.—Muy peligrosa sería la introduccion en las prácticas internacionales de semejante facultad por parte de los Gobiernos; hoy sería en materia de emigracion, mañana se aplicaría á asuntos financieros y comerciales y podría hacerse extensivo á cuestiones que se rozasen con la política y con la religion.—Inútil será que insista sobre ese punto, siendo fácil á los que me oyen suponer las situaciones á que daría lugar y los peligros internacionales que engendraría la proclamacion de tan singular doctrina.—En esta materia de informes sobre asuntos extranjeros ó que afecten intereses extranjeros, los Gobiernos no pueden trasponer el límite de las generalidades y de los hechos concretos, siéndoles vedado el campo resbaladizo de las apreciaciones, y sobre todo, de las apreciaciones malévolas.

Considero innecesaria la existencia de agentes especiales á los cuales confiera el Gobierno el privilegio de reclutar inmigrantes; la existencia de dichos agentes es, hasta cierto punto, ilegítima ante los principios generales del Gobierno libre, que repudian los exclusivismos y los privilegios; esta institucion de los agentes públicos en materia de emigracion es, por otra parte, ilógica en Francia, en Suiza, en Italia, donde cada cual, nacional ó extranjero, individuo ó Gobierno, tiene el derecho, sin intervencion alguna por parte del Estado, de dirigirse directamente á los mercados de capital, haciendo llamamientos por millones de francos, subdivididos en fracciones íntimas, lo que equivale á decir, haciendo llamamientos, tantas veces oídos, al ahorro nacional, al fruto del sudor de años de familias enteras sumidas al siguiente dia en la miseria, víctimas de mirajes y de supercherías.—Y no se diga que el Gobierno interviene en las operaciones de emigracion y no lo hace en materia de inversion de ahorros y de capitales, porque el que emigra hace abandono de la proteccion á que tiene derecho dentro del territorio nacional; esto no es cierto; la proteccion de los Gobiernos alcanza á sus nacionales en todos los confines del mundo, mientras un caballero de industria tiene el derecho de recorrer la Francia, por ejemplo, golpeando en todas las puertas, con un prospecto en el bolsillo de una mina en la luna, para repasar meses despues la frontera llevándose los capitales, los ahorros, la sangre del trabajo de millares de familias, sin que haya medio de reparar el perjuicio inferido.—Si la tutela del Gobierno se ejerce en un caso menos grave, en el de la emigracion, que puede ser un mal reparable, ¿por qué no se ejercería preventivamente en el otro, que produce ruinas, desalientos, miserias irreparables? Seamos lógicos é inspirémonos en los principios de la libertad, en las doctrinas del individualismo y no echemos al olvido cuál es el carácter, el espíritu fundamental y orgánico de las sociedades modernas.—Hablo especialmente á Francia, á Italia y á Suiza.—El ciudadano es ciudadano porque no carece de la tutela de nadie.—El dia que hubo ciudadanos fué aquel en que el soplo revolucionario suprimió la tutela de los reyes y de los Gobiernos.—Ciudadano quiere decir «gobernarse á sí propio.»

Suprímase, pues, la tutela gubernativa en materia de emigracion: esta tutela, que es una ley, un rezago de la monarquía, que no fué engendrada por democracia alguna, es incompatible con el centenario que hoy celebramos.

Que quede abierto el mercado universal del trabajo, como está abierto en Bélgica, en España, en la Gran Bretaña; que quede sometida á la ley de la oferta y de la demanda universal el sudor de la frente que fecundiza el surco que abre en la tierra el acerado diente del arado .....

No hay nada mas fecundo que la libertad: no hay nada mas

contraproducente que la *fraternidad* de los gobiernos: el tutelaje es una ironía en pleno régimen revolucionario: votarlo hoy seria repudiar, en parte esencialísima, la proclamacion de los derechos del hombre.

En materia de *inmigracion*, solo concibo: 1.° *que los gobiernos la fomenten* cuando, como sucede en los países nuevos de América, el desarrollo de la potencia económica se mida por el aumento de la poblacion, y 2.° *que los gobiernos no la fomenten* cuando se trate de naciones europeas, cuya densidad de poblacion sea excesiva ó casi excesiva.

No admito que en países regidos por leyes democráticas se levanten barreras á la inmigracion; al menos de que se trate de razas inferiores; ejemplo, la invasion de los Estados Unidos por los coolies.

Los que combaten en Francia, por ejemplo, la inmigracion, son movidos por el interés de evitar la competencia del trabajo, esto es, la disminucion de los salarios: si esta disminucion produce perturbaciones, estas son transitorias y se compensan ampliamente con la posibilidad de producir mas barato y de poder luchar ventajosamente en los mercados consumidores contra los productos similares de otras naciones.

Considero estas cuestiones bajo el prisma de los grandes principios sociales y económicos, que á mi entender no deben sacrificarse jamás, no solamente porque con ello se comete un atentado y se intenta un retroceso, sino porque no se alcanzan nunca los fines que se tienen en vista pretendiendo reaccionar contra las leyes inexorables del equilibrio universal de la produccion y del trabajo.

La ley que determina la emigracion y la inmigracion, es una ley de equilibrio, de nivel, de gravedad. No hay fuerza bastante para detener el torrente que se desprende de lo alto de la montaña, como no hay poder que impida que ese torrente bañe la pradera que se halla á sus piés.

Todo tiende en el progreso humano á que, sin preocupaciones de fronteras políticas, los hombres fraternicen y á que compartan, por medio del trabajo y de la inteligencia, las riquezas encerradas en las entrañas de la tierra.

La tierra es el patrimonio de todos los hombres, é insensatos son los que pretenden cerrar las puertas de las naciones, para impedir que salgan ó entren por ella los hombres que quieran entrar ó salir con el propósito de ejercer el derecho al trabajo, que es la fuente de todo progreso y de toda libertad.

Conclusiones.

I.

La intervencion de los poderes públicos debe limitarse, *en materia de emigracion*: 1.° á que el emigrante compruebe que está exento del servicio militar y que no tiene causa pendiente alguna criminal ó correccional; 2.° á informar á los interesados que lo soliciten sobre las condiciones de los diversos países extranjeros que reciben inmigracion, concretándose dichos informes á los siguientes puntos, á saber: *a)* situacion geográfica y extension territorial comparada con la del país á que pertenece el emigrante, *b)* término medio de la temperatura en cada una de las estaciones, con designacion al pié, de la temperatura correspondiente del país á que pertenece el emigrante, *c)* término medio de la mortalidad comparada con la del país á que pertenece el emigraute, designándose si reinan enfermedades epidémicas, como el cólera, la fiebre amarilla, etc., *d)* forma del Gobierno y principios generales de la legislacion, *e)* religion general del país, designándose si existe ó no la libertad de cultos, *f*) composicion de la poblacion por razas y nacionalidades, *g*) idioma nacional, designándose los demás idiomas mas hablados en el país, *h*) principales ciudades y su poblacion, *i*) extension de ferrocarriles y de telégrafos en explotacion, *j*) cifra del comercio exterior, *k*) principales productos de exportacion, *l*) principa'es industrias, *m*) rendimiento de la siembra de los cereales, *n*) salarios, con designacion si es ó no con casa y comida, *o*) condiciones textuales que se hacen en las colonias á los inmigrantes, *p*) precio de la tierra y forma de pago, *q*) precio de los principales productos y objetos de consumo, *r*) resúmen de las leyes y reglamentos de la emigracion, *s*) medios y precios de trasporte, designándose si hay quién adelante el pasaje y en qué condiciones; duracion del viaje. Estos informes constarán de hojas impresas que se distribuirán á los prefectos y á los *maires* en Francia, ó á los funcionarios que correspondan á estos cargos en otros países, para que á su vez los entreguen á los interesados que lo soliciten; 3.° á dar iguales informes sobre las colonias nacionales; 4.° á adelantar el pasaje á los emigrantes que lo soliciten para ir á establecerse en las colonias nacionales; 5.° á reglamentar en los términos vigentes en Francia, el trasporte marítimo de los emigrantes.

II.

En materia de inmigracion, cuando la poblacion es escasa, los poderes públicos deben intervenir para facilitar el trasporte, el desembarco y la instalacion en el país de los huéspedes que se presentan; cuando por el contrario, la densidad de la poblacion es excesiva, los poderes públicos no deben ejercer intervencion alguna, dejando que se nivelen por sí los salarios, seguro de que si estos bajan mucho, se operará fatalmente el reflujo de la poblacion.

III.

Los poderes públicos deben consultar ante todo los interese individuales de las clases emigratorias; bajo ningun concepto deberán propender á que los emigrantes vayan á establecerse en países ó regiones donde reinen periódicamente enfermedades epidémicas; no deberán tampoco ejercer influencia alguna en el sentido de que vayan á establecerse en países ó regiones comprendidas dentro de la zona tórrida, científicamente condenada para los habitantes de la zona templada.

Biblioteca del Ministerio.

Libros recibidos de la Legacion en Francia para diversas Instituciones de la República.

París, Julio 26 de 1889.

Señor Ministro:—En breve recibirá V. E. por intermedio de la casa del Sr. D. Alfredo Wolff, un cajon conteniendo varios libros y publicaciones que me han sido remitidos por el Ministerio de Instruccion Pública de Francia, destinadas á diversas Sociedades y Reparticiones científicas de la República Argentina.

Adjunta á la presente tengo el honor de remitir á V. E la lista detallada de estas publicaciones, con la indicacion de las direcciones respectivas, rogando á V. E. quiera tener á bien hacerlas llegar á sus destinatarios.

Saludo á V. E. con las seguridades de mi mas distinguida consideracion.

José C. Paz.

A S. E. el Señor Ministro de Relaciones Exteriores, Doctor Don Norberto Quirno Costa.

Lista de los libros enviados á esta Legacion por el Ministerio de Instruccion Pública y Bellas Artes de Francia, y remitidos al Ministerio de Relaciones Exteriores de la República Argentina para ser distribuidos entre sus diversas reparticiones, con nota fecha 26 de Julio de 1889, núm. 90.

Para el Sr. Presidente de la Academia Nacional de Ciencias

Años.	
1878	Ministére de l'Instruction publique.—Annales du Bureau Central Météorologique de France, par M. Mascart.—1 vol. grand format.
1880	Id. id. id. id.—1 vol. grand format.
1865	Atlas des mouvements généraux de l'atmosphêre.—Octobre.—Novembre.—Décembre.—1 vol. grand format.
	Id. id. id.—Juillet.—Aôut.—Septembre.—1 vol. grand format.
	Id. id. id.—Avril.—Mai.—Juin.—1 vol. grand format.
	Id. id. id.—Janvier.—Février.—Mars.—1 vol. grand format.
1864	Id. id. id.—Juin.—Décembre.—1 vol. grand format.

Años.	
1887	Académie de Hippone.—Fascicules trimestriels.—2 exemplaires.
1865	Atlas météorologique de l'Observatoire de Paris.—1 vol.
1866	Id. id. id. id. —1 vol.
1867	Id. id. id. id. —1 vol.
1868	Id. id. id. Imperial.—1 vol.
1869-70-71	Id. id. id. id. —1 vol.
1872-73-74	Id. id. id. de París.—1 vol.
1875	Id. id. id. id. —1 vol.
1876	Id. id. id. id. —1 vol. mapas.
»	Id. id. id. id. —1 vol. texto.
1884	Annales du Bureau Central Météorologique de France.—Mémoires divers.—1 vol.
»	Id. id. id. id. id. Pluies en France.—1 vol.
1885	Id. id. id. id. id. Mémoires divers.—1 vol.
»	Id. id. id. id. id. Pluies en France.—1 vol.
1886	Id. id. id. id. id. Mémoires.—1 vol.
»	Id. id. id. id. id. Pluies en France.—1 vol.
1884	Id. id. id. id. id. Observations françaises.—1 vol.
	Id. id. id. id. id. Météorologie générale.—1 vol.
1885	(Los mismos anales).—Observations françaises.—1 vol.
»	Id. id. id. Météorologie générale.—1 vol
1886	Id. id. id. Observations.—1 vol.
1881	(Los mismos anales).—Observations françaises.—1 vol.
»	Id. id. id. Météorologie générale.—1 vol.
1882	Id. id. id. Observations françaises.—1 vol.
	Id. id. id. Météorologie générale.—1 vol.

Años.	
1883	Id. id. id. Observations françaises. — 1 vol.
»	Id. id. id. Météorologie générale.—1 vol.
1881	Id. id. id. Mémoires divers.—1 vol.
»	Id. id. id. Pluies en France.—1 vol.
1882	Id. id. id. Mémoires divers.—1 vol.
»	Id. id. id. Pluies en France.—2 vol.
1883	Id. id. id. Mémoires divers.—1 vol.
»	Id. id. id. Pluies en France.—1 vol.
1878	(Los mismos anales).—1 tomo, grand format.
»	Id. id. id Pluies en France.—1 vol.
1879	Id. id. id. Observations et Revue. —1 vol.
»	Id. id. id. Météorologie générale.—1 vol.
1880	Id. id. id. Observations et Revue. — 1 vol.
1877	Id. id. id. Pluies en France.—1 vol.
1878	Id. id. id. Observations et Revue. — 1 vol.
1879	Id. id. id. Mémoires divers.—1 vol.
»	Id. id. id. Pluies en France.—1 vol.
1880	Id. id. id. Mémoires divers.—1 vol.
»	Id. id. id. Pluies en France.—1 vol.
1888	Société d'Anthropologie de Lyon.—2 brochures.
1887	Bulletin de la Société d'Etudes des Sciences naturelles de Nimes, 3 brochures.
1876	Société de Topographie de France (bulletin).—1 exemplaire.
1888	Bulletin de la Société des Sciences Physiques, naturelles et climatologiques de l'Algerie.—1 exemplaire.
1887	Mémoires de l'Académie des Sciences, Arts et Belles-Lettres de Dijon.—1 vol.

Años.	
1888	Bulletins de la Société d'Histoire naturelle de. Toulouse.—3 exemplaires.
	Bulletin de la Société Académique de Brest.—1 vol.
1887	Bulletin de la Société d'Etudes Scientifiques d'Angers.—1 vol.
1887-88	Mémoires de l'Académie Nationale des Sciences, Arts et Belles-Lettres de Caen.—1 exemplaire.
» »	Société Géografique du Nord.—Tom. XV.
1888-89	Bulletin de la Société de Géographie de Rochefort. —Tom. X.
1889	Un petit paquet contenant les 3 brochures ci-après savoir:
	Société d'Anthropologie de Paris.—Janvier.—Mars. —1 exemplaire.
	Id. id. id, Juillet.—Décembre.—1 exemplaire.
	Mémoires de la Société d'Anthropologie de París. —1 exemplaire.

Para el Señor Intendente de la Municipalidad de Córdoba:

1886	Conseil Municipal de Paris.—Procès verbaux.—1 vol.
1887	Id. id. id. id. id. 2 vol.

Para el Señor Intendente de la Municipalidad de Buenos Aires:

1885	Conseil Municipal de París.—Procès verbaux.—2 vol.

Para el Observatorio de La Plata:

1888	Observatoire de Lyon.—Travaux de l'Observatoire de Lyon, por M. Ch. André, Directeur de l'Observatoire.—1 vol.

Para el Observatorio de Córdoba:

1888	Travaux de l'Observatoire de Lyon, par M. Ch. André, Directeur de l'Observatoire.—1 vol.

Años.

1887 Influence de l'altitude sur la temperature, par M. Ch. André.—1. broch.

1883-84 Météorologie Lyonnaise, par Ch. André.—1. broch.

1884-85 Id. id. id. 1 id.

1885-86 Id. id. id. 1 id.

1886-87 Id. id. id. 1 id.

1888 Société Normande de Géographie.-Bulletin de l' année 1888.—Novembre.—Décembre.—1 broch.

1889 Id. id. de id. Janvier.—Février.—1 id.

» Id. id. de id. Mars.—Avril. 1 id.

Connaissance du Temps, ou du mouvement céleste, à l'usage des astronomes et des navigateurs, publié par le Bureau de Longitudes.

1888 Institut de France.—Académie des Sciences.—Théories nouvelles de l'Equatorial Condé et des Equatoriaux en général.—1 vol.

1889 Bureau de Longitudes.—Ephémèrides des étoiles de culmination lunaire et de longitude, por M. M. Lœroy.—1 vol.

Annuaire pour l'an 1889, publié par le Bureau de Longitudes.—1 vol.

1890 Connaissance des Temps, pour l'an 1890.—1 vol.

Para el Observatorio de Buenos Aires:

1890 Connaissance du Temps et des mouvements célestes pour l'année 1890.--Bureau de Longitudes. — 1 vol.

Para Mr. Bœuf, Director del Observatorio de Buenos Aires:

1889 Académie des Sciences.—Institut de France.—Théories nouvelles de l'Equatorial Condé et des Equatoriaux en général.—1 folleto.

Connaissance du Temps pour l'année 1890.—1 id.

Años.	
»	Annuaire pour l'année 1889, publié par le Bureau de Longitudes.—1 folleto.
	Ephémérides des étoiles de culmination lunaire et de longitudes.—1 folleto.

Para el Instituto Geográfico de Buenos Aires:

1888	1 bulletin de la Société de Geographie de l'Est.—4.° trimestre.
	3 id. de l'Union générale du Nord de la France, siège à Douai.
1888-89	1 id. de la Société de Géographie de Rochefort.

Para el Señor Presideme de la Sociedad Científica de Buenos Aires:

1887	1 bulletin de la Société d'Etudes Scientifiques d'Angers.
1888-89	1 bulletin de la Société Linnéenne du Nord de la France.—Tom. IX.
1888	Archives des Missions Scientifiques y Litteraires.—Tom. XIV.

Para el Señor Presidente de la Sociedad Geográfica de Buenos Aires:

1888	Union géographique du Nord de Francc.—1 paquet comprenant 3 brochures.

Para el Señor Moreno, Director del Museo prehistórico y antropológico de Buenos Aires:

1888	4 bulletins de la Société d'Anthropologie (2 paquets núms. 10 et 12.)

Para la Biblioteca Nacional de Buenos Aires:

1888	5 bulletins des Bibliothèques et des Archives (1 petit paquet.)

Para el Señor Holmberg, en Buenos Aires:

Años.

1888 Exploration Scientifique de la Tunisie.—Rapport sur une mission botanique exécutée en 1884 dans la région Saharienne.—1 brochure.

Para el Señor Ministro del Interior de la República Argentina:

1885 (Impresos, 3 tomos)—Mémoires de M. le Préfet de la Seine et du Préfet de Police et Procès.—verbaux.—Tom. 1.°, 2.° y 3.°, publiés par le Conseil général du Département de la Seine.

N. Ortiz Viola,
Primer Secretario de la Legacion.

Oficinas de Informacion.

I.—Oficina en Basilea.—Informe mensual del mes de Junio.

Basilea, Junio 3 de 1889.

Señor Ministro:—Tengo la honra de elevar á V. E. el informe mensual sobre el movimiento general habido en esta oficina durante el trascurrido mes de Junio.

Las operaciones, comprobadas por la adjunta copia textual del libro diario y el resúmen cotidiano, se subdividen como sigue:

Notas recibidas del Ministerio de Relaciones Exteriores	3
Notas recibidas de la Legacion y de los Cónsules	3
Id id de la Inspeccion y de las otras Oficinas	1
Cartas recibidas del público	57
Notas expedidas al Ministerio de Relaciones Ext.	3
Id id de la Legacion y á los Cónsules	4
Id id á la Inspeccion	3
Cartas expedidas al público	41
Informaciones personales	118

El total de las operaciones principales asciende á 233 contra 277 de la misma clase durante el correspondiente mes del año 1888.

Las preguntas del público se reparten en:

Cuestiones sobre	*Por escrito*	*Personalmente*
Comercio, Industria, Finanzas...	12	21
Emigracion, Agricultura....	34	74
Varios asuntos..	11	23

Las operaciones accesorias se descomponen en:

Publicaciones de toda clase recibidas.	1 072
Id id distribuidas......	614
Folletos y mapas repartidos................	325

Tengo el honor de renovar á V. E. las seguridades de mi mas alta y distinguida consideracion.

E. Weber.

II.—Cambios en Copenhague durante el mes de Julio.

Copenhague, Agosto 5 de 1889.

Señor Ministro:—Tengo el honor de elevar á V. E. los precios corrientes en este mercado sobre los cambios, en el último mes de Julio próximo pasado.

	Compradores.	*Vendedores.*
100 M. sobre Hamburgo á vista...	88 koronas 85	88 k. 95 oro
1 £ id Lóndres » ...	18 » 16	18 » 18 »
100 francos id París » . .	72 » 00	72 » 25 »
100 » id Amberes » ...	71 » 95	72 » 20 »
100 » id Bs. Aires » ...	71 » 85	72 » 10 »

Saludo á V. E. con mi mas alta y distinguida consideracion

Godofredo Huss.

III.—Precios corrientes de los mercados suecos durante el mes de Julio.

Copenhague, Agosto 5 de 1889.

Señor Ministro:—Tengo el honor de elevar á V. E. algunos precios corrientes habidos en los mercados suecos durante el mes de Julio próximo pasado:

Alquitran...............	por barril	%	5.00/ 5.20	oro
Anchoa de Noruega....	« 1/2 «	«	4.16/ 5.35	«
Arenque salado.........	« barril	«	4.44/ 6.11	«
Aceite de ballena......	« 100 kilóg.	«	11.66	«
Trigo......	« « «	«	3.27/ 4.27	«
Centeno	« « «	«	3.17/ 3.33	«
Cebada de 2 filas.	« « «	«	3.09/ 3.21	«
Id 6 id	« « «	«	2.55/ 2.84	«
Avena	« « «	«	2.55/ 2.70	«
Harina de trigo	« « «	«	6.66/ 6.94	«
Id de centeno	« « «	«	3.88/ 4.00	«
Salvado de trigo........	« 50 «	«	1.25/ 1.32	«
Id de centeno........	« « «	«	1.18/ 1.25	«
Alverja....	« 100 «	«	3.67/ 4.44	»
Semilla de lino.........	« « «	«	4.80	«
Torta de lino	« « «	«	3.58/ 3.72	«
Sebo...................	« « «	«	16.94	«
Lana..................	« 1/2 «	«	0.34/ 0.39	«
Aguardiente..... 100 %.	« 100 litros	«	40.17	«
Fósforos en cápsula	« 1000		1.85	«

Cueros y pieles.......	por	cada	kilo	%		0.13	«
Cueros salados de B. A.	«	«	«	«	0.25/	0.28	«
Id secos id id..........	«	«	«	«		0.49	

Tengo el honor de saludar á V. E. con mi mas alta y distinguida consideracion.

Godofredo Huss.

Setiembre 3 de 1889.—Publíquese en el Boletin Mensual del Ministerio.—QUIRNO COSTA.

IV.—Precios corrientes en el mercado de Copenhague en el mes de Julio.

Copenhague, Agosto 5 de 1889.

Señor Ministro:—Tengo el honor de elevar á V. E. algunos precios corrientes habidos en este mercado durante el mes de Julio próximo pasado.

Trigo	por	50	kilos	%	1.74/	1.77	oro
Centeno...............	«	«	«	«	1.42/	1.49	«
Cebada 2 filas.........	«	«	«	«	1.39/	1.44	«
Avena............. ...	«	«	«	«	1.53/	1.58	«
Maíz...	«	«	«	«		1.23 ¾	«
Harina de trigo........	«	«	«	«		2.58	«
Id de centeno..........	«	«	«	«		1.99	«

Salvado de trigo........	por	50	kilos	%	1.32	«
Id de centeno..........	«	«	«	«	1.32	«
Novillo 1.°............	«	«	«	«	11.11/12.77	«
Toro 1.°..............	«	«	«	«	8.88/10.55	«
Ternero 1.°...........	«	«	«	«	11.11/12.77	«
Vaca 1.°..............	«	«	«	«	8.88/10.00	«
Cerdo	«	1/2	«	«	0.07	«
Manteca de 1.ª	«	50	«	«	28.33/28.55	«
Id id 2.ª	«	«	«	«	26.66/27.22	«
Id id 3.ª.........	«	«	«	«	23.88/25.77	«
Id id 4.ª.........	«	«	«	«	20.55/21.66	«
Lana..................	«	1/2	«	«	0.33/ 0.34	«
Huevos................	«	1000		«	18.33/18.88	«
Sebo..................	«	1/2	«	«	0.5/ 0.05 ½	«
Bacalao...............	«	50	«	«	6.94/ 8.33	«
Cueros vacunos salados.	«	1/2	«	«	0.06	«
Id salados de becerro .	«	«	«	«	0.08	«
Id id de potro........	«	«	«	«	3.05/ 3.33	«

Saludo á V. E. con mi mas distinguida consideracion.

Godofredo Huss.

V.—Informe de la Oficina en Ginebra por el mes de Julio.

Ginebra, Agosto 3 de 1889.

Señor Ministro:—Tengo el honor de elevar á V. E. el informe sobre las operaciones realizadas, durante el próximo pasado mes de Julio, en esta Oficina. Dichas operaciones, comprobadas por la adjunta copia textual del Libro Diario, se subdividen en:

Notas recibidas del Ministerio de R. E.	3
Id id de la Legacion y de los Cónsules	2
Id id de la Inspeccion	1
Cartas y despachos recibidos del público en general	125
Notas expedidas al Ministerio de R. E.	2
Id id á la Legacion y á los Cónsules	6
Id id á la Inspeccion	3
Cartas expedidas al público en general	129
Informes personales	52

Las preguntas del público se reparten en cuestiones:

	Por escrito.	Personalmente.
Sobre comercio, industria y fianzas	23	16
Sobre emigracion y agricultura	82	37
Sobre varios asuntos	20	9

El total de las operaciones principales asciende á 323 contra 459 de la misma clase, que se llevaron á cabo durante el correspondiente mes del año pasado.

Además, se recibieron 1.014 publicaciones, habiéndose distribuido 803.

Tengo el honor de renovar á V. E. las seguridades de mi mas alta y distinguida consideracion.

Ed. Weber.

VI.—Informe de la Oficina en Lisboa por el mes de Julio.

Lisboa, Agosto 2 de 1889.

Señor Ministro:—Tengo la honra de dirigirme á V. E. para informarle que durante el mes de Julio próximo pasado se han practicado en esta Oficina de mi cargo las operaciones siguientes:

Recibidas.

Cartas de particulares	67
Notas al Gobierno	2
Id de la Inspeccion y otras autoridades	3

Expedidas.

Cartas á particulares	96
Notas al Gobierno	6
Id á la Inspeccion y otras autoridades	3
Informes personales	112
Artículos publicados en la prensa por iniciativa de esta Oficina	11
Anuncios id id id id	1
Telegramas recibidos	3
Id expedidos	3
Total de operaciones	307

Movimiento de impresos.

Mapas de Latzina remitidos por correo	15
Id entregados personalmente	25
Folletos y otros impresos remitidos por correo	88
Id entregados personalmente	89

Asuntos á que se refieren los informes personales y por escrito:

Emigracion 113, comercio 19, industria 7, agricultura 9, generales 60.

Reitero á V. E. las seguridades de mi consideracion muy distinguida.

José da Cunha Porto, Cónsul.

VII.—Renuncia del Secretario de la Oficina de Informacion en Montpellier.

Departamento de Relaciones Exteriores.

Buenos Aires, Agosto 28 de 1889.

El Presidente de la República

DECRETA:

Artículo 1.° Acéptase la renuncia interpuesta por don Albano Duce del puesto de Secretario de la Oficina de Informacion en Montpellier.

Art. 2.° Comuníquese á quienes corresponda, publíquese y dese al R. N.

JUAREZ CELMAN.
N. QUIRNO COSTA.

VIII.—Se traslada al Secretario de la Oficina de Informacion en Cork á la de Montpellier.

Departamento
de
Relaciones Exteriores.

Buenos Aires, Agosto 28 de 1889.

Encontrándose vacante el puesto de Secretario de la Oficina de Informacion en Montpellier,

El Presidente de la República

DECRETA:

Artículo 1.° Trasládase al actual Secretario de la Oficina de Informacion en Cork, don Ernesto Jorge, á la de Montpellier, para desempeñar igual empleo.

Art. 2.° Comuníquese, publíquese y dése al R. N.

JUAREZ CELMAN.
N. QUIRNO COSTA.

IX.—Informe de la Oficina en Pontevedra, correspondiente al mes de Julio.

Pontevedra, Agosto 1.° de 1889.

Señor Ministro:—Adjunto tengo el honor de elevar á V. E. el presente informe, copia de los diarios de operaciones y de asistencia de visitantes á esta Oficina y cuatro mas del primero de dichos documentos, todo lo cual pertenece al próximo pasado Julio, en cuyo mes se han realizado 396 operaciones, que se detallan de la siguiente manera:

Cartas recibidas...	3
Idem enviadas......	81
Notas oficiales recibidas...	2
Id enviadas...	2
Telegramas recibidos...	6
Informes personales...	91
Visitantes...	61
	246
Folletos é impresos repartidos...	150
Total......	396

Reitero á V. E. las seguridades de mi mas distinguida y respetuosa consideracion.

Prudencio O. Sanchez.

X.—Informe mensual del mes de Julio.—Madrid.

Madrid, Agosto 3 de 1889.

Señor Ministro:—Tengo el honor de elevar á V. E., con las copias de práctica, el resultado general del movimiento de operaciones habido en esta Oficina durante el mes de Julio último, y que asciende á la cifra de tres mil quinientas cuarenta y una. las que se descomponen como sigue:

Notas y telegramas oficiales recibidos,......	66
» » » enviados........	108
Cartas particulares recibidas.	1 696
Telegramas id »	35
Cartas particulares enviadas....	1 304
Telegramas » »	42
Informes verbales.	290

Unido este movimiento á los meses anteriores del corriente año, resulta lo siguiente:

Notas y telegramas oficiales recibidos	363
» » » enviados.........	423
Cartas particulares recibidas.............. ..	9 836
Telegramas particulares recibidos....	275
Cartas particulares enviadas......	8 636
Telegramas » »	231
Informes verbales..........................	2 547

El movimiento de impresos durante el mes de Julio ha sido el siguiente:

Publicaciones recibidas	177
Folletos distribuidos en Madrid y Provincias	1 741

El que, unido al habido desde 1.° de Enero del corriente año, da el siguiente resultado:

Publicaciones recibidas	4 754
Impresos por la Oficina	30 000
Distribuidas en toda España	25 365

Renuevo á V. E. la expresion de mi respeto.

M. L. Olleros.

XI.—Precios corrientes en Santa Cruz de Tenerife, en Agosto.

Santa Cruz de Tenerife, Agosto 31 de 1889.

Señor Ministro:—Me hago el honor de elevar al superior conocimiento de V. E. el siguiente cuadro de precios corrientes de los artículos de importacion y exportacion en esta plaza durante el mes de la fecha:

Aceite linaza	botija	5 litros	5 pts.
Alpiste		100 kilos	40 »
Cochinilla		1 « de 1.50 á	1.75 «
Cebollas		100 «	4 «
Becerros franceses		1 «	10 «
Cebada		100 «	11.75 «
Filtros naturales del país		1 filtro	5 «
Harina de Marsella	bolsa	122 kilos	45 «

Losas para veredas.......	4 losas en v. cuad.	1.75 á 2	«
Maíz....................	100 kilos	18.50	«
Pescado salpreso..........	barril 25 «	12.50	«
Patatas.........	100 «	8	«
Suela Marsella...........	46 «	190	«
Trigo....................	100 «	20	«
Tabaco del país...	46 «	1.30	«
Vinos del país...........	pipa 450 litros	400	«

El movimiento comercial de esta plaza aumenta diriamente en proporcion al número de veleros y vapores que en progresion creciente visitan este puerto, practicando operaciones de carga y descarga. La exportacion de cochinilla continúa en su constante abatimiento, sustituyendo en parte á esta los frutos frescos, tabacos y los exquisitos vinos malvacias de Tenerife.

Tengo el honor de reiterar á V. E. las seguridades de mi mas alta y distinguida consideracion.

Ventura Castro.

XII.—Informe de la Oficina de Santa Cruz de Tenerife, por Agosto.

Santa Cruz de Tenerife, Setiembre 1.° de 1889.

Señor Ministro:—Me cabe la honra de elevar al superior conocimiento de V. E. el informe mensual correspondiente á Agosto último, y adjunto el cuadro demostrativo de las operaciones diarias en conformidad al libro correspondiente.

Cartas recibidas de particulares 14
Notas recibidas del Gobierno, Inspeccion y otras autoridades.................................... 6
Cartas expedidas á particulares...................... 12
Notas expedidas al Gobierno, Inspeccion y otras autoridades.................................... 11
Informes personales................................. 31
Visaciones de certificados 47

El movimiento habido durante los meses transcurridos desde Enero á la fecha es el siguiente:

Cartas recibidas de particulares..................... 53
Notas recibidas del Gobierno, Inspeccion y otras autoridades.................................... 52
Cartas expedidas á particulares...................... 48
Notas expedidas al Gobierno, Inspeccion y otras autoridades.................................... 85
Informes personales................................. 341
Visaciones de certificados.......................... 65

Tengo el honor de reiterar á V. E. las seguridades de mi mas alta y distinguida consideracion.

Ventura Castro.

XIII.—Informe de la Oficina en Jerez de la Frontera, por Agosto.

Jerez de la Frontera, 31 de Agosto de 1889.

Señor Ministro:—Tengo el honor de elevar á V. E. el informe del movimiento habido en esta Oficina durante el mes próximo pasado.

El total de operaciones efectuadas se descompone del modo siguiente:

Informes verbales 560, comunicaciones recibidas 21, id. enviadas 31, cartas recibidas 278, cartas enviadas 277, telegramas recibidos 22, id. enviados 35, visaciones 79, solicitudes de pasajes recibidas 175. Total: 1478.

Tengo el honor de elevar á V. E. las seguridades de mi mas alta y distinguida consideracion.

C. Haurie, Cónsul.

XIV.—Informe de la Oficina en Niza, por Agosto.

Niza, 3 de Setiembre de 1889.

Señor Ministro:—Tengo el honor de remitir á V. E. copia del Libro de movimiento de esta Oficina de Informacion de mi cargo, durante el mes de Agosto próximo pasado, cuyo resúmen es el siguiente:

Cartas recibidas 23, despachos recibidos 6, cartas escritas 1489, despachos de la Oficina 5, telegramas expedidos 1, informes personales 85, visas de documentos 33, noticias y artículos publicados por la Oficina 31. Total: 1673.

Tambien me cabe la honra de remitir á V. E. algunos sueltos de periódicos que contienen artículos y noticias que he hecho publicar sobre la República Argentina; además de estos aparecen otros espontáneamente; consecuencia del interés que he logrado provocar en favor de nuestro país.

Aprovecho la ocasion para saludar á V. E. con mi mas alta consideracion.

Cárlos Emilio Vigoureux.

XV.—Informe de la Oficina en Cannes, por Agosto.

Cannes, Setiembre 3 de 1889.

Señor Ministro:—Tengo el honor de remitir á V. E. la cópia textual del libro de movimiento de esta Oficina correspondiente al mes de Agosto próximo pasado.

Este movimiento se descompone como sigue:

Cartas recibidas 6, despachos recibidos 7, cartas contestadas ó enviadas 8, despachos enviados 6, informes personales 63, visacion de documentos á emigrantes 10.

El movimiento de la Biblioteca es el siguiente:

Diarios recibidos 16, remitidos 14, periódicos recibidos 2, remitidos 2, revistas y boletines recibidos 14, remitidos 11, libros recibidos 5, remitidos 1, folletos para los emigrantes y varios otros impresos enviados ó remitidos mensualmente 95, mapas de Latzina remitidos 5.

Tengo el honor de renovar á V. E. las seguridades de mi mas alta y distinguida consideracion.

Enrique Sauvaire.

XVI.—Informe de la Oficina en París, por Agosto.

París, Setiembre 4 de 1889.

Señor Ministro: — Tengo el honor de remitir á V. E. por separado la cópia legalizada del libro de movimiento diario de esta Oficina correspondiente al mes trascurrido de Agosto.

Dicho movimiento se descompone de la manera siguiente:

Cartas recibidas 759, id contestadas 724, notas oficiales recibidas 189, id id enviadas 99, telégramas recibidos 58, id enviados 24, visaciones de documentos 484.—Total de operaciones 2 338.

Las solicitudes de pasajes ascendieron durante dicho mes á 481 familias.

El movimiento de la Oficina de París desde el 1.° de Enero hasta el 31 de Agosto próximo pasado fué el siguiente:

Cartas recibidas 9 057, id enviadas 9 055, notas oficiales recibidas 1 170, id id enviadas 527, telégramas recibidos 287, id enviados 140, informes personales 1 280, visaciones de documentos 4 148.—Total de operaciones 25 654.

El total de solicitudes de pasajes en dichos 8 meses ascendió á 4 308 familias.

Tengo el honor de renovar á V. E. las seguridades de mi mas alta y distinguida consideracion.

P. S. Lamas.

XVII.—Informe de la Oficina en Montpellier, por Agosto.

Montpellier, 3 de Setiembre de 1889.

Señor Ministro.—Me hago la honra de llevar á conocimiento de V. E. en 30 hojas útiles el resúmen de esta Oficina correspondiente al mes de Agosto; es como sigue:

Cartas informatorias recibidas 101, cartas informatorias enviadas 122, notas oficiales recibidas 9, notas oficiales enviadas 18, telegramas oficiales recibidos 2, enviados 1, informes personales 178, visaciones 240. Suma total de operaciones 465.

Por los precedentes datos verá V. E. que el movimiento de esta Oficina se aumenta cada mes en proporcion que los departamentos inmediatos se aperciben, por medio de la propaganda que hace el «Echo Sud-Americain», del servicio de la Oficina en esta ciudad.

Me hago la honra de renovar á V. E. las seguridades de mi mas alta y distinguida consideracion.

Emilio Castro Boedo.

Museo de Productos Argentinos.

I.—Coleccion de muestras para la Oficina en Lisboa.

Museo
de
Productos Argentinos.

Buenos Aires, Setiembre 10 de 1889.

Señor Ministro:—Tengo el honor de dirigirme á V. E. comunicándole que en el vapor «Portugal», que zarpó de nuestro puerto el 5 del corriente, se ha remitido al director honorario de la Oficina de Informacion en Lisboa, Señor Cónsul General D. José da Cunha Porto, diez y nueve bultos conteniendo 482 muestras de productos argentinos para ser exhibidos en la oficina á su cargo.

Este muestrario, completo, es compuesto de maderas, tierras farináceos, bebidas, etc.

Me es agradable saludar al Señor Ministro atenta y respetuosamente.

E. Sundblad.

A S. E. el Señor Ministro de Relaciones Exteriores, Dr. D. Estanislao S. Zeballos.

Legacion en los Estados Unidos.

Notas cambiadas entre la Legacion en los Estados Unidos y el Departamento de Estado con motivo del nombramiento del Sr. Juan R. G. Pitkins como E. E. y M. P. en reemplazo del Sr. B. W. Hanna.

Departamento de Estado.

(TRADUCCION:)

Washington, Agosto 8 de 1889.

Señor:—Tengo el honor de comunicarle que el Señor Bayless W. Hanna, despues de haber dejado su puesto por razones de salud, y habiendo presentado su renuncia durante el primer período de la licencia, ha sido llamado por cartas que serán presentadas por su sucesor el Señor John R. G. Pitkins, quien acaba de ser nombrado por el Presidente de la República Enviado Extraordinario y Ministro Plenipotenciario de los Estados Unidos en la República Argentina.

Las altas disposiciones y distinguidas cualidades personales del Señor Pitkins, han hecho que el Presidente lo considere especialmente indicado para representar los Estados Unidos cerca del Gobierno de una Nacion amiga á la cual este país y su Gobierno están ligados por tan íntimos vínculos. El Señor Pitkins es un ciudadano del Estado de Louisiana.

Rogando á Vd. que se sirva comunicar al Gobierno de la República Argentina, el nombramiento del Señor Pitkins, aprovecho esta ocasion para renovarle las seguridades de mi mas alta consideracion.

(Firmado) WILLIAM F. WAHRTON,
Secretario interino.

Señor Don Ernesto Bosch, etc., etc., etc.

Es traduccion conforme: ERNESTO BOSCH.

(COPIA.)

Señor:—He tenido el honor de recibir su nota fecha 6 del corriente mes, en la que se sirve participarme que el Señor Presidente de la República ha nombrado al Señor John R. G. Pitkins Enviado Extraordinario y Ministro Plenipotenciario de los Estados Unidos en la República Argentina en reemplazo del Señor Bayless W. Hanna.

Cumpliendo sus deseos, me he apresurado á comunicar este nombramiento á mi Gobierno, quien no dudo que al conocer las altas cualidades que distinguen al Señor Pitkins ha de recibirlo con toda la consideracion que siempre ha acordado á la representacion diplomática de un país al cual tan ligado se encuentra por vínculos de la mas cordial amistad.

Aprovecho esta ocasion, Señor, para renovarle las seguridades de mi mas alta consideracion.

(Firmado). ERNESTO BOSCH.

Señor William F. Wahrton.
Secretario interino.

Es copia conforme: *Ernesto Bosch.*

Exportacion de ganado en pié

CIRCULAR.

Buenos Aires, Setiembre 12 de 1889.

El Gobierno se ocupa empeñosamente de resolver el problema referente á la exportacion de ganado en pié. A fin de obtener los resultados que se tienen en vista, ha adoptado diversas medidas de acuerdo con la Sociedad Rural Argentina, y las distintas expediciones hechas con destino á los mercados franceses se han realizado en condiciones bastantes favorables.

Con el firme propósito de estimular enérgicamente este ramo del comercio argentino, dándole la mas conveniente direccion, es necesario que el Departamento á mi cargo tenga informes completos, sobre la situacion de las diferentes plazas de . . . . y las disposiciones allí vigentes relativas á introduccion de ganado extranjero en pié. Además es indispensable conocer datos estadísticos exactos respecto del consumo y del precio del ganado en pié en los mercados de . . . ., así como de la produccion en los mismos.

Esos antecedentes cuyo envio recomiendo á S. S. deben ser suministrados con toda claridad y á la brevedad posible, agregando el Señor Cónsul General sus propias observaciones relativamente á un asunto que interesa al Gobierno y al País.

Al propio tiempo S. S. tendrá á bien informar detalladamente sobre el consumo y precios de la carne fresca y de la carne congelada, sin perjuicio de lo que dispone la circular de 19 de Noviembre de 1881.

Así mismo necesita este Ministerio conocer todos los datos relativos á los impuestos que gravan la importacion de las carnes y reses.

En la seguridad de que S. S. pondrá toda diligencia para el mejor cumplimiento de este encargo, saludo á S. S. con mi consideracion distinguida.

ESTANISLAO S. ZEBALLOS.

A los Cónsules Generales Argentinos en Bélgica, Alemania, Francia, Inglaterra, Italia y España.

Legacion en Bélgica.

Adhesion de la República Argentina á la Convencion de Bruselas para el cange de documentos oficiales y publicaciones científicas y literarias.

Legacion
de la
República Argentina

Bruselas, Julio 24 de 1889.

Señor Ministro: Tengo el honor de llevar á conocimiento de V. E. que mi Gobierno halla por conveniente y desea ser admitido á la Convencion firmada en Bruselas el 15 de Marzo de 1886 entre los representantes de varias Naciones de Europa y de América para el cange de documentos oficiales y publicaciones científicas y literarias.

Autorizado para producir la declaracion necesaria de adhesion en nombre de la República Argentina, vengo á hacerla por medio de la presente, de conformidad con el artículo 9 de la Convencion.

Con este motivo manifiesto á V. E. que la oficina encargada del servicio del canje de las publicaciones, mencionadas en el artículo 1.° se encuentra establecida en la Capital de la Repúblicas desde hace algunos años y que por consiguiente mi Gobierno está en aptitud de entrar á cumplir desde luego con las obligaciones impuestas á cada Estado contratante como así mismo á gozar de todas las prerogativas de la espresada Convencion.

Aprovecho esta oportunidad para renovar á V. E. las seguridades de mi consideracion distinguida.

AURELIANO GARCIA.

A S. E. el Príncipe de Chimay, Ministro de Negocios Extrangeros.

Es copia conforme.—*Alfredo de Lemos.* —Agregado Militar de la Legacion.

Ministerio
de
Negocios Extranjeros.

Bruselas, Agosto 8 de 1889.

Señor Encargado de Negocios:—Tengo el honor de avisarle recibo de su nota fecha 24 de Julio, núm. 58, por la que se sirve notificarme, por órden de su Gobierno, la adhesion de la República Argentina á la Convencion internacional del 15 de Marzo de 1886 que concierne los canjes internacionales para los documentos oficiales y para las publicaciones científicas y literarias.

Me apresuro, Señor Encargado de Negocios, á tomar nota de su declaracion, y de conformidad con las prescripciones del artículo 10 de la referida Convencion, he notificado oficialmente á todos los Estados contratantes la adhesion de la República Argentina á ese acto diplomático.

Renuevo al Señor Encargado de Negocios las seguridades de mi consideracion muy distinguida.

El Príncipe de Chimay.

Señor Encargado de Negocios de la República Argentina, Don Aurelino García.

Es traduccion conforme.—*Alfredo de Lemos,* Agregado Militar de la Legacion.

Convencion.

S. M. el Rey de los Belgas, S. M. el Emperador del Brasil S. M. la Reina Regente de España, el Presidente de los Estados Unidos de América, S. M. el Rey de Italia, S. M. el Rey de Portugal y de los Algarves, S. M. el Rey de Serbia, el Consejo Federal de la Confederacion Suiza, deseando establecer, sobre las bases adoptadas por la conferencia reunida en Bruselas del 10 al 14 de Abril de 1883, un sistema de canjes internacionales para los documentos oficiales y para las publicaciones científicas y literarias de sus Estados respectivos, han nombrado sus Plenipotenciarios á saber:

S. M. el Rey de los Belgas, al Príncipe de Caraman, su Ministro de Negocios Extranjeros y al Señor Caballero de Moreau, su Ministro de la Agricultura, de la Industria y de los Trabajos Públicos;

S. M. el Emperador del Brasil, al Conde de Villeneuve, su Enviado Extraordinario y Ministro Plenipotenciario en Bélgica;

S. M. la Reina Regente de España, al Señor de Tavira, Encargado de Negocios ad-interim de España en Bélgica;

El Presidente de los Estados Unidos de América, al Señor Lambert-Tree, Ministro Residente de los Estados Unidos de América en Bélgica;

S. M. el Rey de Portugal y de los Algarves, al Baron de Sant' Anna, Enviado Extraordinario y Ministro Plenipotenciario de S. M. Fidelísima;

S. M. el Rey de Serbia, al Señor Marinovitch, su Enviado Extraordinario y Ministro Plenipotenciario en Bélgica;

El Consejo Federal de la Confederacion Suiza, al Señor Rivier, su Plenipotenciario Especial;

Los cuales, despues de haberse comunicado sus plenos poderes, encontrados en buena y debida forma, han convenido en los artículos siguientes.

Artículo 1.° Se establecerá en cada uno de los Estados contratantes una Oficina encargada del servicio de los canjes.

Art. 2.° Las publicaciones que los Estados contratantes se comprometen á canjear son las siguientes:

1.° Los documentos oficiales, parlamentarios y administrativos que son librados á la publicidad en el lugar del orígen;

2.° Las obras ejecutadas por órden y á expensas de los Gobiernos.

Art. 3.° Cada Oficina hará imprimir la lista de las publicaciones que puede poner á la disposicion de los Estados contratantes.

Esta lista será corregida y completada cada año y dirigida regularmente á todas las Oficinas de canje.

Art. 4.° Las Oficinas de canje se entenderán sobre el número de ejemplares que pueden ser pedidos y proveidos.

Art. 5.° Los envíos se harán directamente de Oficina á Oficina. Se adoptarán modelos y formularios uniformes para las facturas del contenido de los cajones, como tambien para todas las piezas de correspondencia administrativa, pedidos, acuses de recibo, etc.

Art. 6.° Para la expedicion al Exterior, cada Estado se encarga de los gastos de embalaje y de porte hasta su destino.

No obstante, cuando la expedicion se haga por mar, arreglos particulares regularán la parte de cada Estado en los gastos de trasporte.

Art. 7.° Las Oficinas de canje servirán de intermediarios oficiosos entre las sociedades de sabios y las sociedades literarias, científicas, etc., de los Estados Contratantes para el recibo y envío de sus publicaciones.

Pero se sobreentiende que queda establecido, en este caso, que el rol de las Oficinas de canje se limitará á la trasmision en franquicia de las obras canjeadas y que estas Oficinas no tomarán la iniciativa para provocar el establecimiento de estas relaciones.

Art 8.° Estas disposiciones no son aplicables sino á los documentos y obras publicadas á partir de la fecha de la presente Convencion.

Art. 9.° Los Estados que no han tomado parte en la presente Convencion, son admitidos á adherir á ella á su pedido.

Esta adhesion será notificada por la via diplomática al Gobierno Belga y por este Gobierno á todos los otros Estados contratantes.

Art. 10. La presente Convencion será ratificada y las ratificaciones serán canjeadas en Bruselas tan pronto como se pueda. Está concluida por el término de diez años á partir del día del canje de las ratificaciones y continuará á subsistir mas allá de este plazo siempre que uno de los Gobiernos no haya declarado con seis meses de anticipacion que renuncia á ella.

En fe de lo cual los Plenipotenciarios respectivos la han firmado y han fijado sus sellos.

Hecha en Bruselas, en ocho ejemplares, el 15 de Marzo de 1886.

(L. S.) PRÍNCIPE DE CARAMAN.
(Id) CONDE DE VILLENEUVE.
(Id) JOSÉ M. DE TAVIRA.
(Id) LAMBERT-TREK.
(Id) MAFFEI.
(Id) BARON DE SANT'ANNA.
(Id) I. MARINOVITCH.
(Id) ALFONSO RIVIER.
(Id) CABALLERO DE MOREAU.

Legacion en México.

Su instalacion y reconocimiento por el Gobierno Mexicano.— Discursos cambiados.

Legacion
de la
República Argentina.

México, Julio 15 de 1889.

Señor Ministro:—Tengo el honor de poner en conocimiento de V. E. que en cumplimiento de la mision que me fué confiada por el Excmo. Señor Presidente de la República, llegué á esta Capital en los primeros dias del presente mes á objeto de presentar á este Gobierno las credenciales por las cuales debíase reconocerme como Ministro Residente de la República

Argentina. Solicitada la audiencia de práctica y de que instruirá á V. E. la copia que con el Núm. 1 acompaño, fué designado el dia 13, á las doce, para la recepcion solemne en la que debía poner en manos del Sr. Presidente la carta autógrafa de que era portador. (Copia N.° 2).

En aquel acto, revestido en este país de la mayor solemnidad, se pronunciaron las palabras que en copia N.° 3 encontrará V. E. adjuntas, terminando la ceremonia de la manera mas cordial y amistosa y quedando por aquel solo acto reconocido el infrascrito en su carácter diplomático, pues que no es de uso extender decreto de reconocimiento en vista de las credenciales presentadas, como es costumbre entre nosotros.

Manifestóme entonces el Sr. Presidente el deseo, que hiciera presente al Excmo. Sr. Presidente de la República Argentina sus mas expresivos, cumplidos y sinceros votos por la felicidad del pueblo argentino, cuyo deseo cumplo en esta oportunidad gustoso, rogando al Sr. Ministro se sirva hacerlo llegar á conocimiento del Excmo. Sr. Presidente.

Al dejar cumplido el deber de dar cuenta á ese Ministerio de este acontecimiento, que viene á estrechar las relaciones de estos dos países segun el deseo del Gobierno Argentino, seríame en extremo satisfactorio saber si se ha llenado aquel sentimiento y si ha merecido su aprobacion.

Quiera el Sr. Ministro aceptar la expresion mas sincera de mi alta y distinguida consideracion.

R. Mendoza.

A S. E. el Señor Ministro de Relaciones Exteriores, Doctor Don Norberto Quirno Costa.

COPIA NÚM. 1.

Legacion
de la
República Argentina.

México, Julio 9 de 1889.

Señor Ministro:—Tengo el honor de poner en conocimiento de V. E. que habiendo sido nombrado por mi Gobierno para representarlo en el carácter de Ministro Residente de la República Argentina ante el Gobierno de V. E., me encuentro en esta Capital á objeto de desempeñar tan honroso encargo.

En consecuencia, ruego al Sr. Ministro se sirva recabar del Excmo. Señor Presidente de la República el dia y hora que estime oportuno para poner en sus manos la carta autógrafa que en tal cargo me acredita; á cuyo efecto me permito acompañar á la presente copia de las credenciales correspondientes y palabras que en ese acto pronunciaré.

Con este motivo, me es muy honroso ofrecer al Sr. Ministro las seguridades de mi mas alta y distinguida consideracion.

R. MENDOZA.

A S. E. el Señor Ministro de Relaciones Exteriores, Licenciado D. Ignacio Mariscal.

COPIA NÚMERO 2.

Secretaría
de
Relaciones Exteriores.

México, Julio 10 de 1889.

Señor Ministro:—He tenido la honra de recibir la nota que V. E. se ha servido dirigirme acompañándome copia de la carta autógrafa que lo acredita con el carácter de Ministro Residente de la República Argentina ante el Gobierno de los Estados Unidos Mexicanos y de las palabras que se propone pronunciar al tiempo de ser recibido por el Señor Presidente.

Habiéndole dado cuenta de dicha nota, el primer Magistrado ha tenido á bien señalar para la audiencia solemne en que V. E. sea recibido el Sábado próximo 13 del corriente á las doce del dia. A ese efecto el Introductor de Ministros se presentará poco antes de dicha hora en el alojamiento de V. E. con el fin de acompañarlo al Palacio Nacional.

Me es muy grato aprovechar esta oportunidad para protestar á V. E. mi mas alta consideracion.

Ignacio Mariscal.

A S. E. el Señor Ministro Residente de la República Argentina, D. Ramon Mendoza.

Copia número 3.

Excmo. Señor:—Los Estados de este continente que formaron hasta principios del presente siglo las colonias españolas constituidas despues de la Revolucion en Naciones independientes, han vivido alejados unos de otros, ocupados tan solo de cimentar el imperio de las instituciones que respectivamente se dieron, y por largo tiempo han batallado contra la anarquía y el desórden consiguiente á pueblos que no habían recibido la educacion política necesaria para organizar gobiernos propios; pero, el sentimiento fraternal, el espíritu de union, en una palabra, el americanismo en su expresion mas pura, vivía latente en el pecho de todo hijo de esta libre América.

Es así, que á medida que han ido consiguiendo realizar aquel ideal, se han ido acercando á sus hermanos, no solo de orígen sino que tambien de comunes sacrificios; es así como se han acreditado recíprocamente misiones fraternales con el propósito de estrechar sus relaciones, de vivir en el último consorcio á que están llamados en el grandioso porvenir que les espera, y que columbramos desde ya.

Al pueblo argentino, que ha vivido sufriendo con los dolores de sus hermanos y gozando con sus alegrías, toca hoy enviar al pueblo mexicano una mision de amor y de paz una mision que tiene por principal propósito expresar á los nobles hijos del heróico pueblo que tanto ha luchado por la defensa de su suelo, por el triunfo de la libertad, los mas sinceros sentimientos de respeto y admiracion y fraternal cariño que el pueblo de Mayo se complace en tributarle.

Designado por mi Gobierno para llenar una mision tan simpática como honrosa, no he titubeado un momento en aceptarla, contando de antemano con la proverbial benevolencia del Excmo. Gobierno, que tan dignamonte preside los destinos de este pueblo; nuestro hermano de raza é instituciones, y al que me complazco en asegurar que no omitiré, esfuerzo alguno para que la mision que se me encomienda sea de benéficos y recíprocos resultados para ambos países; cumpliendo así lo que el pueblo argentino considera como un principal deber:—la confraternidad Americana.

Réstame solo, Excmo. Señor, expresarle en nombre de mi Gobierno los votos que hace por el engrandecimiento y prosperidad de la Nacion Mexicana y del Gobierno de V. E.

Tengo el honor de poner en manos de V. E., Excmo. Señor, la carta autógrafa que me acredita Ministro Residente de la República Argentina ante el Gobierno de los Estados Unidos de México.

El Señor Presidente contestó:

Señor Ministro:—La mision que el Gobierno Argentino os ha confiado es de lo mas agradable para el Gobierno y pueblo de esta República; porque viene á poner en contacto á nuestras dos naciones, ligadas de antemano por vínculos de afecto y simpatía fundados en su comunidad de orígen, de lengua y de instituciones. A tan robustos lazos se agrega la aspiracion de ambos pueblos á los mismos ideales y su lucha sostenida largos años, para alcanzar idénticos fines en política y en el desenvolvimiento de la riqueza pública consolidando, ante todo, la paz y el respeto á la ley, á fin de conquistar el crédito y las mejoras positivas que constituyen hoy el bienestar de las naciones civilizadas.

En tan provechosa carrera la República Argentina ha tenido la fortuna de preceder á México, logrando brillantes resultados al desarrollar sus elementos naturales y dando así el ejemplo á sus hermanas en el libre Continente de América. Con tales antecedentes, Señor Ministro, la representacion de que os halláis investido, no puede menos de inspirar á los mexicanos una viva y profunda simpatía.

Podéis, pues descansar en la seguridad de que vuestra mision, lejos de hallar tropiezo alguno, encontrará las facilidades que le corresponden por emanar de vuestro Gobierno y por el acierto con que fué escogida la persona que llega á desempeñarla.

Permisos para aceptar condecoraciones.

Departamento
de
Relaciones Esteriores.

Buenos Aires, Setiembre 24 de 1889.

Por cuanto: *El Senado y Cámara de Diputados de la Nacion Argentina reunidos en Congreso etc., sancionan con fuerza de*

Ley

Articulo 1.° Acuédase al ciudadano D. Agustin Arroyo el permiso que solicita para aceptar la condecoracion de Comendador de la Orden de Cárlos III, que le ha sido conferida por el Gobierno de España.

Artículo 2.° Comuníquese al Poder Ejecutivo.

Dada en la Sala de Sesiones del Congreso Argentino en Buenos Aires á diez y nueve de Setiembre de mil ochocientos ochenta y nueve.

M. Derqui — T. Malbran

B. Ocampo — *Uladislao S. Frias*

Secretario del Senado — Secretario de la C. de D. D.

Por tanto: Cúmplase, comuníquese é insértese en el R. N.

JUAREZ CELMAN.
Estanislao S. Zeballos

Departamento
de
Relaciones Exteriores.

Buenos Aires, Setiembre 19 de 1889.

POR CUANTO: *El Senado y Cámara de Diputados de la Nacion Argentina reunidos en Congreso etc., sancionan con fuerza de*

LEY

Artículo 1.° Acuérdase permiso al Mayor Don A. I. de Urquiza para usar una condecoracion que le confirió el Gobierno Francés.

Artículo 2.° Comuníquese al Poder Ejecutivo.

Dada en la Sala de Sesiones del Congreso Argentino, en Buenos Aires á doce de Setiembre de mil ochocientos ochenta y nueve.

JULIO A. ROCA	T. MALBRAN
Adolfo J. Labougle	*Uladislao S. Frias*
Secretario del Senado	Secretario de la C. de D. D.

POR TANTO: Cúmplase, comuníquese, publíquese é insértese en el R. N.

JUAREZ CELMAN.
ESTANISLAO S. ZEBALLOS.

Decreto poniendo á disposicion de los hacendados, agricultores, industriales y empresas colonizadoras 30 000 pasajes subsidiarios á fin de que hagan venir de Europa inmigrantes agricultores.

Departamento de Relaciones Exteriores

Buenos Aires, Setiembre 15 de 1889.

CONSIDERANDO: 1.° Que una parte muy importante de las cosechas del año pasado y del corriente se ha perdido por la falta de brazos;

2.° Que esta falta produjo en 1888 el aumento de una tercera parte y á veces del doble de los gastos de las mismas cosechas, de la esquila y de otras de las principales faenas rurales;

3.° Que el Poder Ejecutivo se ha preocupado y se preocupa preferentemente de fomentar la produccion nacional, poniendo á su servicio todos los elementos legales de que puede hacer uso;

4.° Que la falta de brazos comienza á hacerse sentir de nuevo, en vísperas de la próxima cosecha y los resultados de ella serán parcialmente desfavorables, sino se adoptan con prevision medidas enérjicas para facilitarlos y asegurarlos;

5.° Que por leyes de 3 de Noviembre de 1887 y 20 de Julio de 1889 el Poder Ejecutivo Nacional ha sido autorizado á garantizar hasta la suma de siete millones de pesos moneda nacional para pasajes subsidiarios que el Inspector General de las Oficinas de Informacion está autorizado á distribuir en Europa;

6.° Que hasta la fecha solamente ha sido usada ó está comprometida una parte de los pasajes mencionados;

7.° Que hay urjente necesidad de promover la venida de agricultores para levantar la cosecha inmediata y de brazos idóneos para servir á la Industria Nacional en sus diferentes manifestaciones de actividad;

8.° Que esta seleccion del elemento inmigratorio puede hacerse eficazmente por los mismos inmigrantes aquí establecidos, llamando á sus familias, amigos y convecinos y remitiéndoles pasajes subsidiarios;

9.° Que la experiencia de este sistema ensayado en grande escala por la colonizacion próspera y libre de Santa Fé, con el apoyo del Banco Nacional, ha sido plenamente satisfactoria, á términos que despues de traer millares de colonos el Banco ha recobrado fácilmente sus anticipos,

El Presidente de la República.

ACUERDA Y DECRETA:

Art 1.° Hágase saber al Inspector General de las Oficinas de Informacion en Europa que el P. E. ha resuelto reservar la distribucion de treinta mil pasages subsidiarios para hacerla en la República por medio de la Comisaría General de Inmigra cion.

Art. 2.° Póngase estos pasajes á disposicion de los hacendados, agricultores, industriales, empresas colonizadoras y demás gremios vinculados al trabajo Nacional á fin de que puedan hacer venir de Europa oportunamente los brazos necesarios para el desenvolviento de sus respectivas industrias y de acuerdo con el decreto de 19 de Noviembre de 1887 y demás disposiciones reglamentarias vigentes.

Art. 3.° Diríjase una circular á las asociaciones y establecimientos agrícolas é industriales de la Nacion, explicando los antecedentes y procedimientos que se refiriesen á esta medida.

Art. 4.° Comuníquese, publíquese y dése al R. N.

JUAREZ CELMAN.

ESTANISLAO S. ZEBALLOS.

Circular pasada á la Sociedad Rural Argentina, Club Union Industrial, Sociedad Rural Santafesina, Clubs Industriales de Rosario y de Córdoba, Administraciones y Direcciones de Sociedades de Colonizacion y empresas y establecimientos agrícolas é industriales.

Departamento
de
Relaciones Exteriores.

Buenos Aires Setiembre 12 de 1889.

Señor. ....

S. E. el Señor Presidente de la República ha manifestado en varias solemnes oportunidades la firme decision de proveer con preferencia al desarrollo de la Industria Nacional en todos sus aspectos y de acuerdo con los principios liberales de la política económica que sostiene la República.

Sin incurrir en los errores y violencias de un sistema proteccionista absoluto y prohibitivo en materia aduanera, la Administracion Nacional tiene numerosos y eficaces medios para estimular enérjicamente el trabajo y ensanchar las fuentes abundantes de la produccion en el momento en que surje, asegurar é incorporar sus productos al crédito de la República en la cuenta de los cambios internacionales.

La produccion crece ya en todas las rejiones de nuestro territorio como lo atestigua la satisfaccion de los viajeros, en presencia de los complicados y costosos elementos del trabajo y de la industria que desarrollan su accion fundadora con regularidad. La division de la tierra que multiplica el número de los propietarios, el aumento de la inmigracion y los capitales acumulados por la ganancia ú obtenidos por el crédito real y personal, se mueven por todas partes combinadamente en la obra de la trasformacion del suelo y de la vida económica del país.

El Poder Ejecutivo sigue atentamente la evolucion de estas grandes fuerzas y conociendo las circunstancias que en momentos dados esterilizan una parte de los frutos que están llamados á dar, viene á prevenir en lo posible la accion de esos hechos negativos. La cosecha nacional de 1888 y 1889 con efecto, ha sido notablemente perjudicada por causas que subsisten y es necesario combatir.

Las lanas que representan un valor de cuarenta y cinco millones de pesos moneda nacional en nuestro mercado, no fueron fácilmente cosechadas en la estacion pasada, por falta de brazos.

Este ramo de la produccion nacional sufrió por eso el recargo onerosísimo del precio de esquila, que se elevó de improviso, además del encarecimiento de los artículos importados de consumo indispensable, durante las faenas y de la alza de las tarifas de los ferros-carriles con relacion al oro, resultando abatida la valiosa cosecha de este artículo en una suma que oscila alrededor de seis millones de pesos moneda nacional.

Mucho menos felices fueron las fuerzas productoras de la agricultura, durante la cosecha del verano del 88 y del otoño del corriente año.

Muy estensas y logradas plantaciones de trigo, avena, lino, cebada, alfalfa, etc., nos halagaban desde Octubre pasado, con la perspectiva de una cosecha superabundante, y aun cuando las lluvias del equinoccio de primavera se prolongaron anormalmente ocasionando la pérdida de los primeros cortes de la alfalfa, el estado de los cereales continuaba con aspecto satisfactorio.

En la segunda quincena de Diciembre estaban segados, en montones ó en gavillas, los cereales y la alfalfa de extensiones tan vastas, como no había ofrecido antes á la estadística la agricultura nacional; y era llegado el momento preciso de recoger montones y gavillas, para emparvar, trillar y enfardelar, cuando se notó que faltaban los brazos.

El Departamento Nacional de Inmigracion recibía pedidos que excedían excesivamente al número de inmigrantes entrados y mientras una parte de los productores disponía de los elementos necesarios, la mayoría esperaba inútilmente continuando la faena con desesperante lentitud.

Sobrevinieron en tal punto y por desgracia las lluvias de la última semana de Diciembre y primeros dias de Enero, copiosas y persistentes, y la inmensa colecta de cereales quedó destruida en mas de una tercera parte y acaso en la mitad. Se explica así el fenómeno de la escasez actual de cereales para el consumo y el hecho de que desde Buenos Aires se dirijan cargamentos de trigo para las necesidades del Rosario y parte de la Provincia de Santa Fe.

Si el Departamento Nacional de Inmigracion hubiera dispuesto en la debida oportunidad de cincuenta mil peones, toda la cosecha hubiera sido salvada, pues, cerradas las parvas en tiempo, la lluvia habría sido inofensiva.

Despues de este deplorable suceso, las esperanzas de los chacareros, duramente castigados, se fundaban en las sementeras de maíz, apocado ya y en adelantado crecimiento.

Jamás se había sembrado en la República la cantidad de este cereal que en 1888, y aunque las abundantes lluvias hacían temer que en una parte dejára de cuajar yéndose en vicio, en cambio la cosecha general se presentaba remunerativa con precios sostenidos por la pérdida en los forrages y de otros granos. Sin embargo, empezada en Marzo del corriente año, se ha prolongado hasta Setiembre, perdiéndose una crecida parte en la planta y mucho de lo cosechado por la mala forma en que se hizo, debido á la misma causa mencionada antes, de la escasez de brazos.

Todas las pérdidas sufridas así en frutos de la ganadería, como de la agricultura, representan una suma que es aventurado reducir á cifras definitivas por la falta sensible de la estadística agrícola; pero que sin duda oscila alrededor de veinte millones de pesos m/n.

Esta lamentable experiencia ha inducido al Señor Presidente de la República á preocuparse con empeño de asegurar la cosecha inmediata, que comienza en Octubre con las esquilas y corte de la alfalfa, sigue en Diciembre y Enero con el trigo, lino y avena, se prolongará hasta el Otoño con el maíz, la vid, las leguminosas, etc., y terminará con la caña de azúcar, el maní y demás productos subtropicales de las Provincias del Norte, del Chaco y de las Misiones.

En consecuencia y usando de los recursos de las leyes sancionadas por el Honorable Congreso Nacional, el Señor Presidente de la República ha dispuesto que se adopten eficaces medidas á fin de atraer grandes masas de peones europeos y para promover dentro de la República un llamamiento decisivo de la inmigracion misma á la inmigracion, á cuyo efecto ha puesto por decreto de esta fecha á la disposicion del Trabajo, de la Industria y de la Agricultura Nacional una parte de los pasajes subsidiarios que se daban en Europa con el objeto de que los interesados en el trabajo y en la produccion, puedan llamar directamente desde aquí, á las familias, amigos y convecinos, de sus peones y empleados conocidos, idóneos y morales, asegurando con anticipacion el número de brazos necesarios para sus cosechas y labores.

La institucion del pasaje subsidiario inspira recelos infundados. Puede errarse en su aplicacion; pero en sí mismo es eficaz y fecundo, cuando una discrecion escrupulosa la dirije. La han incorporado á su sistema administrativo Chile, el Brasil, y todas las colonias inglesas del continente australiano y si los Estados Unidos no la cuentan entre sus medios es por su especial proximidad á Europa.

Ella está abonada además por la experiencia argentina.

Desde 1881 efectivamente, los colonos de Santa Fe, ricos y emprendedores, aconsejaban á los Poderes Públicos que costearan bajo su garantía, el pasaje á numerosísimas familias europeas, que habían llamado para cultivar sus nuevas tierras y que deseando venir se hallaban detenidas por la carecencia de recursos para cubrir los gastos de viaje. El infrascrito, que en dicha época había recorrido y estudiado detenidamente las principales colonias, fué de los convencidos de la necesidad de la medida y la sostuvo en el Honorable Congreso Nacional, en las sesiones de 1881 y 1882, en union con otros colegas representantes de aquella Provincia, especialmente agricultora.

Decía el que suscribe, esplicando el sistema, en el discurso que entonces tuvo el honor de pronunciar:

« La colonizacion particular que mas llamó mi atencion, señor « Presidente y que aún me admiraba, es la que hace el colono « mismo, que llega al país en la indigencia, pupilo del Gobierno « Nacional en los primeros momentos, sin mas recursos que « aptitudes y buena voluntad. Este hombre, establecido en las « colonias Esperanza ó San Cárlos, por ejemplo, se hace rico en « seis años y se trasforma en colonizador, dejando de ser « colono.

« Estos colonos que han adquirido nuevas tierras, en las colo- « nias formadas fuera de los límites poblados, necesitan hacer « venir de Europa jente de su confianza, para interesarla en el « cultivo de sus nuevas propiedades, mientras ellos dirijen los « negocios en los centros más importantes, y encuentran que si « bien tienen capital para adquirir la tierra y cultivarla, no lo « tienen para anticipar á sus parientes ó amigos, el importe « del pasaje y acuden en número considerable á las Oficinas « de Inmigracion para decir: solicitamos que se nos haga traer « nuestras familias residentes en tal punto, familias morales, « agricultoras, de cuyas aptitudes somos un ejemplo, y á las « que vamos á entregar tierra preparada para que la cultiven. « Esta clase de inmigracian es la que acredita al país, porque la « mejor propaganda que se puede hacer en Europa, es la de « los mismos inmigrantes que escriben sobre su éxito llamando « á sus familias, amigos y vecindario completo. El inmigrante « traido en tales condiciones produce, pues, además de la ven- « taja del crédito como teatro inmigratorio esta otra ventaja « importante: la de no necesitar del auxilio, alojamiento y « favores de la autoridad, pues, sus parientes, los que lo han « llamado, lo esperan y desde el vapor lo llevan á las colonias « convirtiéndolo rápidamente en el elemento de órden y de « progreso.»

Estas observaciones, fueron sostenidas y ampliadas mas tarde, aplicándolas a la Industria y al Trabajo en general, en la obra que el infrascrito publicó en 1883, para fundar el proyecto de reformas á la ley de Inmigracion y de Colonizacion que presentó al Congreso Nacional de ese año y una parte de las cuales han sido ya sancionadas en varias leyes especiales.

Aquel ensayo fué adoptado en 1882, destinándose la suma insignificante de cincuenta mil pesos moneda nacional y tan felices resultados dió, que los colonos reclamaron la plantacion del sistema en grande escala, interesando al Banco Nacional en el asunto.

Esta institucion acogió el pensamiento y anticipó pasajes subsidiarios por valor de un millon de pesos, con la garantía de los colonos que los solicitaban. Uno solo de estos D. Guillermo Lehman, firmó letras garantizando un valor de 200.000 pesos moneda nacional y así alcanzaron las colonias de Santa Fé esa vigorosa expansion que en los últimos siete años las ha llevado á desbordar el primer teatro para invadir á Córdoba y Santiago por el Oeste y el Chaco por el Norte, mientras que el Banco Nacional cobraba todos los anticipos por la discreta aplicacion que se les diera.

En presencia de tales hechos, ese establecimiento prestigió la sancion de leyes generales y fueron dictadas las que están en vigencia y cuya aplicacion hace este Ministerio con todas las precauciones reclamadas para que los beneficios esperados no se esterilicen.

La observacion había enseñado, por otra parte, que mas de diez mil inmigrantes llegan anualmente con el pasaje que de aquí les envían sus parientes y amigos por su propia cuenta y como anticipo. Este es el sistema de la inmigracion misma que provoca la inmigracion y es al propio tiempo el procedimiento mas recomendable para obtener en oportunidad el número de peones que asegurará rápidamente nuestra cosecha venidera convirtiéndose luego en colonos, con los mismos ahorros de sus crecidos salarios.

En virtud de estas consideraciones, S. E. el Señor Presidente de la República me encarga dirigirme á la patriótica Asociacion que Vd. preside, así como á las de otra naturaleza y demás centros y establecimientos de labor con objeto de invitarlas á hacer entre sus afiliados la propaganda de las grandes conveniencias de concurrir con enerjía á realizar los propósitos enumerados, á cuyo efecto ha resuelto poner á la diposicion de los interesados de la ganadería de la agricultura, de la industria y del trabajo de la Nacion, treinta mil pasajes subsidiarios.

Los pasajes serán acordados por el Departamento General de Imigracion y de acuerdo con el decreto de 19 de Noviembre de 1887 de que acompaño á Vd. varios ejemplares; rogándole se sirva ordenar su divulgacion.

Serán dados en perferencia para Suecia y Noruega, de donde anualmente emigran ochenta mil personas agricultoras, morales, sóbrias y robustos hácia los Estados Unidos. Esa poblacion excelente espera facilidades y conocimientos de este país para dirigirse á sus playas en presencia de la plétora de habitantes de los Estados Unidos y de las medidas restrictivas ancionadas allí contra la inmigracion.

Hay conveniencia en emplearlos igualmente para traer dinamarqueses, cuya colonia del Tandil en la Provincia de Buenos Aires, es un modelo de labor y rendimiento; que ha formado ya una pequeña corriente inmigratoria propia, con el anticipo del pasaje que hacen los colonos á sus familias; á los holandeses, llamados á influir poderosamente en el progreso de las industrias agrícolas elaboradoras, de materias primas ganaderas; á los agricultores ingleses del país de Gales y demás regiones del sud de Inglaterra y de Escocia, á los alemanes que han ejercido una influencia notoria en el perfeccionamiento de nuestras razas lanares; á los españoles de Castilla y demás Provincias labradoras limítrofes, ya que los vascos y gallegos se dirigen á nuestro país con elementos propios ó que de aquí les envían sus parientes y amigos; á los portugueses de la

Península y de las Islas, que por el éxito que han alcanzado en sus colonias tropicales son las razas más recomendadas para poblar el Chaco; y á los agricultores belgas, suizos, austriacos, húngaros y franceses, que empiezan ya á dirigirse en grandes caravanas á la República Argentina. Por último, se darán á los agricultores italianos que han ayudado en mayor número á los agricultores, á romper su suelo en todas direcciones confiándoles las semillas bienhechoras, que han edificado casi todas nuestras ciudades y gozan generalmente de bienestar, que les permite costear la traslacion de sus familias y anticipan los gastos de viaje á sus parientes y vecínos.

De acuerdo con estos hechos los pasjes serán concedidos solamente á los agricutores y á ciertas profesiones especiales, necesarias para el desarrollo de algunas industrias ya establecidas.

Me es agradable esperar que Vd. y la importancia y útil institucion que dirije, tomarán patriótico empeño para promover entre los hacendados, agricultores, industriales y demás gremios vinculados al Trabajo Nacional en sus múltiples manifestaciones, el movimiento necesario para asegurar los objetos de la medida que dejo esplicada y cuya rápida ejecucion aprovechará incuestionablemente á los intereses particulares y á la riqueza de la Nacion.

Aprovecho ssta oportunidad para saludar á Vd. con las seguridades de mi consideracion más distinguida.

ESTANISLAO S. ZEBALLOS.

Notas de los Sres. Ministros Extranjeros, acusando recibo de la circular del Dr. D. Norberto Quirno Costa comunicando su nombramiento de Ministro Secretario de Estado, en el Departamento del Interior.

Legacion.
de
Estados Unidos.

TRADUCCION.

Buenos Aires, Setiembre 9 de 1889.

Señor Ministro:—He tenido el honor de recibir la nota por la que V. E. me avisa su traslacion del Departamento de Negocios Extranjeros al Ministerio del Interior, y en contestacion cúmpleme expresar el profundo aprecio, tanto oficial como personal, de los sentimientos amistosos manifestados en la comunicacion por la cual V. E. me anuncia el hecho.

Aprovecho la ocasion para presentar á V. E. las reiteradas seguridades de mi mas alta consideracion y estima.

H. L. VILAS.

A. S. E. el Doctor Don Norberto Quirno Costa.

Legacion del Perú
en la
República Argentina.

Buenos Aires, Setiembre 9 de 1889.

Señor Ministro:—He tenido la honra de recibir el muy estimable despacho de V. E. fecha de hoy, en el que se digna comunicar, que llamado por S. E. el Presidente de la República al Ministerio del Interior, debe dejar el Departamento de Relaciones Exteriores, que ha dirigido V. E., y en el cual ha sabido mantener la perfecta amistad existente entre nuestros respectivos paises.

Termina V. E. manifestándome que siempre le será grato recordar las relaciones cordiales tanto oficiales como particulares, que ha mantenido V. E. con el que suscribe.

En respuesta me apresuro á expresar á V. E: que abundo en los mismos sentimientos, siéndome grato dejar constancia en esta comunicacion, de haber hallado en V. E., tanto en la Cancillería como fuera de élla, testimonios que respondian á la antigua y nunca interrumpida amistad que une al Perú y á esta noble República.

Deploro, pues la separacion de V. E. del alto cargo que con tanto acierto ha desempeñado V. E.; y espero que formando siempre parte del Poder Ejecutivo, y siendo tan distinguido ciudadano el que reemplazará á V. E. encontraré como hasta aqui las mismas facilidades en el desempeño de mis deberes oficiales.

Con sentimientos de la mas alta y mas distinguida consideracion me complazco en suscribirme de V. E. muy obsecuente y seguro servidor.

Cesáreo Chacaltana.

A. S. E. el Sr. Ministro de Relaciones Exteriores, Doctor Don Norberto Quirno Costa.

Legacion de Bolivia
en la
República Argentina.

Buenos Aires, Setiembre 10 de 1889.

Señor Ministro:—Me ha cabido el honor de recibir el estimable oficio de V. E. en el cual me comunica que llamado por S. E. el Señor Presidente de la República al Ministerio del Interior, debe dejar el Departamento de Relaciones Exteriores, que ha dirigido V. E.. hasta el presente.

Impuesto de la citada comunicacion me es grato felicitar á V. E. por la nueva prueba de confianza que acaba de manifestarle el Excmo Señor Presidente de la República, encomendando á su competencia el despacho del Interior que en adelante tendrá á su cargo.

Durante el tiempo que V. E. ha desempeñado la cartera de Relaciones Exteriores, he tenido la ocasion de apreciar los elevados dotes de V. E., así como el solícito interés con que ha procurado mantener las cordiales relaciones que existen entre la República Argentina y Bolivia, siendo un elocuente testimonio de ello, las diversas estipulaciones que me cupo el honor de suscribir con V. E. en bien de ambos países.

Crea V. E. que siempre me será sumamente grato el recuerdo de las relaciones, tanto oficiales, como particulares que tuve la honra de cultivar con V. E. durante el tiempo que desempeñó la cartera, de la cual ahora se separa llamado por otros servicios.

Con este motivo tengo la complacencia de reiterar á V. E. mis felicitaciones, ofreciéndole el testimonio de mi respectuosa consideracion y particular aprecio.

SGO. VACA GUZMAN.

A S. E. el Sr. Dr. D. Norberto Quirno Costa, Ministro Secretario de Estado en el Departamento de Relaciones Exteriores.

TRADUCCION

Legacion Imperial
del Brasil.

Buenos Aires, Setiembre 10 de 1889.

Señor Ministro:—Tuve la honra de recibir la nota fecha de hoy en que V. E. me comunica que llamado por S. E. el Señor Presidente de la República á encargarse del Ministerio del Interior, debe dejar el de Relaciones Exteriores que dirigia.

Agradezco las expresiones con que V. E. se dignó acompañar esa comunicacion y faltaría á la sinceridad de mis sentimientos, sino aprovechase la ocasion para manifestar que será tambien en mí indeleble la grata recordacion tanto de benevolencia que V. E. siempre me dispensó en las relaciones oficiales que me cupo mantener con el ilustrado y conspicuo Ministro como de las afectuosas atenciones que en el trato particular merecí de la bondad y alta distincion de V. E.

Al felicitar á V. E. por la nueva prueba de confianza que acaba de darle el Excmo. Señor Presidente de la República, renuevo á V. E. las seguridades de mi mas distinguida consideracion y particular aprecio.

BARON DE ALENCAR.

A. S. E. el Sr. Dr. D. Norberto Quirno Costa, Ministro Secretario de Estado en el Departamento de R. E.

Legacion del Paraguay.

Buenos Aires, Setiembre 10 de 1889.

Señor Ministro:—Tengo el honor de contestar á V. E. su atenta nota fecha 9 del corriente, en la que, me participa que, llamado por S. E. el Señor Presidente de la República al Ministerio del Interior, debía dejar el Departamento de Relaciones Exteriores.

Tengo que agradecer á V. E. las deferentes atenciones que me ha dispensado, no solo en las relaciones oficiales que he tenido el honor de mantener con V. E., sino tambien, en las particulares atenciones que espero me continuará dispensando en su nuevo y elevado puesto.

Con este motivo me es grato reiterar á V. E. las seguridades de mi distinguida consideracion y particular aprecio.

F. Saguier.

A S. E. el Sr. Dr. D. Norberto Quirno Costa, Ministro Secretario de Estado en el Departamento del Interior.

Legacion
de la
República O del Uruguay.

Buenos Aires, Setiembre 10 de 1889.

Señor Ministro:—He tenido el honor de recibir la nota de V. E. fecha 9 del corriente, por la que se sirve comunicarme que llamado por S. E. el señor Presidente de la República al Ministerio del Interior, debe dejar el Departamento de Relaciones Exteriores, en cuya direccion, agrega V. E., ha mantenido siempre la perfecta amistad existente entre nuestros respectivos países.

Me complazco, señor Ministro, de tener la oportunidad de dejar consignado mi reconocimiento, por los buenos deseos de que ha estado siempre animado V. E. para mantener las cordiales relaciones entre las dos Repúblicas, y tengo la satisfaccion de manifestar á V. E. que, á mi vez me será tambien muy grato el recuerdo de las cordiales relaciones, tanto oficiales como particulares, que con V. E. he sostenido.

Felicitando á V. E. por la nueva distincion que de S. E. el Señor Presidente de la República ha recibido, me es grato reiterar á V. E. mi mas distinguida consideracion y aprecio.

Ernesto Frias.

A S. E. el Sr. Ministro de Relaciones Exteriores de la República Argentina, Doctor Don Norberto Quirno Costa.

Traduccion.

Legacion de Alemania.

Buenos Aires, Setiembre 10 de 1889.

Señor Ministro:--Por su atenta nota de ayer V. E. se ha servido hacerme saber que nombrado Ministro del Interior, debía V. E. abandonar la cartera de Negocios Extranjeros.

Al agradecer sinceramente á V. E. los amistosos términos en que V. E. se ha servido dirijirmela, me apresuro á expresarle mi gran sentimiento por no poder continuar con V. E. las relaciones oficiales, tan cordiales y tan felices, y de las que conservaré siempre grato recuerdo.

Al lisonjearme con que V. E. querrá conservarme sus sentimientos de amistad, le ruego acepte una vez mas, la seguridad de mi alta consideracion.

Rotenhan.

A. S. E. el Señor Doctor Don N. Quirno Costa.

TRADUCCION.

Legacion de Austria.

Buenos Aires, Setiembre 9 de 1889.

Señor Ministro:—He tenido el honor de recibir la nota fecha de hoy por la que V. E. se ha servido hacerme saber que habiendo S. E. el Señor Presidente de la República nombrádole Ministro del Interior, V. E. ha dimitido la direccion del Departamento de Negocios Extrangeros, á su cargo hasta el presente y en la que V. E. ha sabido mantener tan bien las relaciones de perfecta amistad que existen entre nuestros respectivos países.

Al acusar recibo de esta comunicacion y al rogar á V. E. acepte mi mas sincero reconocimiento por las benévolas palabras acerca de mi que encierra, pídole al propio tiempo se persuada que conservaré el mejor recuerdo de las relaciones tanto oficiales, cuanto particulares que me ha cabido la honra de mantener con V. E. y abrigo la esperanza que éstas así como las oficiales que aun pudiera haber con V. E. en su nuevo carácter continúen siendo las de antes.

Sírvase aceptar, Señor Ministro, las seguridades de mi alta consideracion.

SALZBERG.

A. S. E. el Doctor Don N. Quirno Costa, etc., etc.

TRADUCCION.

Legacion Francesa.

Buenos Aires, Setiembre 9 de 1889.

Señor Ministro:—Me apresuro á acusar recibo de la nota de V. E. de fecha de hoy, por la cual V. E. me participa que el Señor Presidente de la República Argentina, habiéndole confiado la direccion del Departamento del Interior, cesará de estar al frente del de Relaciones Exteriores á cuya cabeza se encontraba anteriormente.

Refiriéndose, despues á las relaciones oficiales y privadas que he tenido el honor de mantener con V. E. durante su Ministerio, se digna dirigirme, con este motivo, la expresion de sus cordiales simpatías.

Le estoy particularmente reconocido por estos testimonios de elevada benevolencia y le ruego acepte, con mi sentimiento sincero, en lo que me concierne por ver á V. E. abandonar el puesto que tan dignamente ocupaba, las seguridades de mi muy alta consideracion y de mis sentimientos afectuosos.

VIZCONDE DE BONDY RIARIO.

A. S. E. el Señor Doctor N. Quirno Costa, Ministro del Interior, etc., etc.

TRADUCCION.

Legacion Británica.

Buenos Aires, Setiembre 10 de 1889.

Señor Ministro:—Tengo el honor de acusar recibo de la nota de V. E. fecha de ayer por la que me comunica que S. E. el Señor Presidente se había servido trasferir la órbita de la labor oficial de V. E. del Ministerio de Negocios Extrangeros al del Interior.

Puedo asegurar á V. E. que he recibido la nueva, en esta forma oficial, con mucho sentimiento y solo espero que la misma amistosa cordialidad me será proporcionada por el sucesor de V. E., que me cupo la buena suerte de hallar invariablemente en V. E.

Al hacer votos por su completo éxito y felicidad en el nuevo puesto que viene V. E. llamado ahora á desempeñar, aprovecho la ocasion para renovar á V. E. las seguridades de mi mas alta consideracion.

F. PAKENHAM.

A. S. E. el Señor Doctor Don N. Quirno Costa, etc., etc.

TRADUCCION.

Legacion de S. M F.

Buenos Aires, 10 de Setiembre de 1889.

Señor Ministro:—He tenido la honra de recibir la nota de V. E. fecha 9 del corriente, comunicándome haber sido llamado por S. E. el Señor Presidente de la República á ocupar la cartera del Ministerio del Interior, dejando con tal motivo la que con tanta distincion ocupó en el Departamento de Relaciones Exteriores.

Al agradecer á V. E. esta comunicacion, así como las benévolas expresiones que la acompañan, aseguro á V. E. que conservaré muy gratos recuerdos y muy sincero reconocimiento por las finas manifestaciones de consideracion que V. E. se dignó dispensarme durante el periodo de nuestras relaciones oficiales.

Al ofrecer á V. E. la expresion de estos sentimientos, tengo el honor de reproducirle las seguridades de mi mas alta consideracion

JOAO DE SOUZA LOBO.

Legacion Imperial
de
Rusia.

Buenos Aires, 10 de Setiembre de 1889.

Señor Ministro: —Tengo la honra de acusar recibo de la atenta nota de ayer, en que V. E. tiene á bien comunicarme que llamado por S. E. el Señor Presidente de la República al Ministerio del Interior, debe dejar el Departamento de Relaciones Exteriores que ha dirijido.

Al cesar de este modo las relaciones oficiales que me ha cabido el honor de mantener con V. E. y que siempre han revestido el carácter cordial que cuadra á la perfecta amistad existente entre nuestros respectivos Países, me es un grato deber expresar á V. E. los sentimientos de íntima y profunda gratitud de que estoy penetrado por la deferente y benévola amistad que siempre me ha manifestado, y hago votos por que V. E. pueda por mucho tiempo ejercer su fecunda é inteligente accion en la nueva y alta mision que S. E. el Señor Presidente de la República acaba de confiarle.

Me complazco en aprovechar esta ocasion para reiterar á V. E. las seguridades de mi mas alta consideracion y respetuoso afecto.

P. Christophersen.

Excmo. Señor Dr. D. Norberto Quirno Costa, Ministro Secretario de Estado, etc, etc, etc.

Legacion de Chile.

Buenos Aires, Setiembre 10 de 1889.

Señor Ministro:—Tengo el honor de acusar recibo á la nota de V. E. fecha de ayer, en la cual me comunica que deja el Departamento de Relaciones Exteriores para ocupar el del Interior que S. E. el Presidente de la República le ha confiado.

Es cierto, Señor Ministro, la mas perfecta cordialidad para las relaciones de nuestros paises respectivos, nos ha animado á ambos en las gestiones iniciadas y reconozco una verdad al afirmar que todas ellas podian esperar un favorable desenlace fiando en las patrióticas miras de V. E. y el espíritu altamente americano y conciliador que ha dirigido sus actos.

Nuestras personales relaciones han sido tambien cordialmente sinceras como las oficiales y me es grato al contestar la nota de V. E. enviar palabras de particular estimacion tanto al hombre de estado como al amigo personal de cuyo trato, si algo me aleja, no me separa del todo, el nuevo puesto á que S. E. el Presidente de la República le llama.

GUILLERMO MATTA.

A. S. E. el Dr. D. Norberto Quirno Costa, Ministro del Interior de la República Argentina.

Notas de los Sres. Ministros Extranjeros acusando recibo de la circular del Dr. D. Estanislao S. Zeballos comunicando su nombramiento de Ministro Secretario de Estado en el Departamento de Relaciones Exteriores.

Legacion de España

Buenos Aires, 10 de Setiembre de 1889.

Señor Ministro:—Tengo el honor de acusar á V. E. el recibo de la atenta comunicacion en que se sirve participarme su merecido nombramiento para el Ministerio de Relaciones Exteriores; y me es muy grato enviar por ello á V. E. mi mas cordial felicitacion, asegurándole que procuraré secundar como es mi deber y mi deseo, sus nobles propósitos de mantener con toda solicitud, como lo hizo su distinguido predecesor, la perfecta amistad existente entre nuestros respectivos Países.

Aprovecho gustoso esta primera ocasion de ofrecer á V. E la seguridad de mi consideracion mas distinguida.

SALVADOR LOPEZ GUIJARRO.

Excmo. Sr. D. Estanislao Zeballos, Ministro de Relaciones Exteriores.

Legacion de Bolivia
en la
República Argentina.

Buenos Aires, Setiembre 11 de 1889.

Señor Ministro:—Me ha cabido el honor de recibir el estimable oficio de V. E. en el cual me participa que S. E. el Señor Presidente de la República ha nombrado á V. E. Ministro Secretario de Estado en el Departamento de Relaciones Exteriores, de cuyo cargo ha tomado posesion en el día de ayer.

Así mismo me comunica V. E. que cumpliendo con las instrucciones del Señor Presidente, y llenando por su parte sus propios deseos, sus esfuerzos se dirijirán á cultivar con toda solicitud las cordiales relaciones que median entre la República Argentina y la que me cabe el honor de representar.

Al felicitar á V. E. por la prueba de confianza que ha merecido de parte del Excmo. Señor Presidente de la República y á la cual V. E. es muy digno acreedor, me complazco en expresar, interpretando las aspiraciones de mi Gobierno, que procuraré corresponder á los elevados sentimientos de amistad que animan al Excmo. Gobierno de que V. E. forma parte propendiendo á que se mantenga y acredite la cordialidad que felizmente vincula uno y otro Estado.

Me es grato en esta primera ocasion ofrecer á V. E. el testimonio de mis respetos y consideracion muy distinguida.

SANTIAGO VACA GUZMAN.

Excmo. Señor Dr. D. Estanislao Zeballos, Ministro Secretario de Estado en el Departamento de Relaciones Exteriores.

TRADUCCION.

Legacion Imperial del Brasil.

Buenos Aires, 11 de Setiembre de 1889.

Señor Ministro:—Tengo el honor de acusar recibo de la nota, fecha de hoy, en que V. E. me comunica que S. E. el Señor Presidente de la República se ha servido nombrarle Ministro y Secretario de Estado en el Departamento de Relaciones Exteriores, de cuyo cargo tomó posesion V. E. en la misma fecha.

Me he enterado con la mayor satisfaccion de esa comunicacion, y de las disposiciones que V. E. manifiesta desear cultivar con toda solicitud, como su distinguido antecesor, en lo tocante á las relaciones cordiales que la República Argentina mantiene con el Brasil.

Por mi parte no omitiré esfuerzo alguno, en el desempeño de mi cargo para corresponder á la benevolencia de V. E.

Aprovecho esta primera ocasion para presentar á V. E. las seguridades de mi mas alta consideracion.

BARON DE ALENCAR.

A S. E. el Sr. Dr. D. Estanislao S. Zeballos, Ministro Secretario de Estado en el Departamento de Relaciones Exteriores.

Legacion de Chile
en las
Repúblicas del Plata.

Buenos Aires, 11 de Setiembre de 1889.

Señor Ministro:—Acuso recibo á V. E. de su nota de ayer, en la que me anuncia que ha tomado posesion, en ese dia, del cargo de Ministro Secretario de Estado en el Departamento de Relaciones Exteriores, con el cual le ha investido legalmente S. E. el Presidente de la República.

Inútil sería, Señor Ministro que repitiera en esta nota, las palabras de pláceme que ya he tenido la honra de manifestar personalmente á V. E.

Cábeme sí, el honor de agradeceros la manifestacion franca que habeis querido hacerme en cuanto á que las instrucciones recibidas de S. E. el Presidente de la República, se armonizarán en todo con las que siguió nuestro digno predecesor Dr. Don Norberto Quirno Costa, y que, bien interpretadas, han contribuido á estrechar, con recíproca cordialidad las relaciones internacionales entre nuestras dos Repúblicas hermanas.

Puedo asegurar á V. E. á nombre de mi Gobierno y en virtud de sus especiales instrucciones, á las que ajusto yo mis procederes, que animado del mismo noble espíritu de amistad, será mi mayor empeño, cultivar esas relaciones y anudar esos vínculos hasta hacerlos indisolubles, por medio de la accion contínua de los comunes intereses que deben ligar á ambos países.

Aprovecho de esta primera oportunidad, en que me dirijo oficialmente al Ministro para rogar á V. E., acepte las seguridades de mi mas respetuosa consideracion.

GUILLERMO MATTA.

A S. E. el Sr. Doctor D. Estanislao S. Zeballos, Ministro de Relaciones Exteriores.

TRADUCCION.

Legacion
de
Estados Unidos.

Buenos Aires, Setiembre 10 de 1889.

Señor Ministro.—Tengo el honor de acusar recibo de la nota fecha de hoy, por la que se me avisa, que V. E., nombrado por S. E. el Señor Presidente, Ministro Secretario de Estado en el Departamento de Negocios Extranjeros, tomará posesion del cargo desde hoy.

En contestacion me es muy grato presentar en representacion de mi Gobierno, todo mi reconocimiento por el deseo por V. E. manifestado porque continuen las cordiales relaciones que existen entre los Estados Unidos, y la República Argentina á la que tan dignamente representa V. E., y asegurar á V. E. que todos mis esfuerzos propenderán á dicho fin.

Aprovecho esta oportunidad para presentar á V. E. las seguridades de mi mas distinguida consideracion.

H. L. VILAS.

A S. E. el Señor Doctor Don E. Zeballos, Ministro de Relaciones Exteriores.

Legacion del Perú
en la
República Argentina.

Buenos Aires, Setiembre 11 de 1889.

Señor Ministro:—Tengo el honor de contestar la apreciable comunicacion de V. E. en la que se sirve participarme que S. E. el Señor Presidente de la República ha tenido á bien nombrar á V. E. Ministro Secretario de Estado en el Departamento de Relaciones Exteriores de cuyo cargo ha tomado posesion el dia de ayer.

Me manifiesta V. E. con este motivo que cumpliendo las instrucciones del Señor Presidente y obedeciendo á sus propios deseos se esforzará en cultivar, como su distinguido antecesor, las cordiales relaciones, que median entre el Perú y la República Argentina.

Agradezco á V. E. la expresion de tan dignos sentimientos que serán correspondidos de mi parte en la mejor forma posible, como Representante de la Nacion, que se ha esforzado siempre por mantener y cultivar relaciones de la mas perfecta y leal amistad con la República Argentina.

Me es grato al mismo tiempo presentar á V. E. mi mas sinceras felicitaciones por la alta y merecida prueba de confianza de que ha sido objeto, y aprovecho esta primera oportunidad para ofrecerle las seguridades de mi mas distinguida consideracion.

CESÁREO CHACALTANA.

A S. E. el Señor Ministro Secretario de Estado en el Departamento de R. E., Doctor Don Estanislao Zeballos.

Legacion del Paraguay.

Buenos Aires, Setiembre 11 de 1889.

Señor Ministro:—He tenido el honor de recibir la nota de V. E., fecha 11 del corriente, participándome, que S. E. el Señor Presidente de la República había tenido á bien nombrarlo Ministro Secretario de Estado en el Departamento de Relaciones Exteriores, habiendo tomado posesion de dicho cargo.

Será honroso para mí, continuar con V. E. mis relaciones oficiales y todo mi empeño tenderá á estrechar en lo posible las cordiales relaciones que existan en la República Argentina y el Paraguay y espero que como su distinguido antecesor me hará fácil y agradable el cumplimiento de mis deberes oficiales.

Al terminar tengo que felicitar á V. E., y asegurarle mi consideracion mas distinguida y mi aprecio particular.

F. Saguier.

A S. E. el Señor Ministro Secretario de Estado en el Departamento de Relaciones Exteriores, Doctor D. Estanislao Zeballos.

Legacion
de la
República O. del Uruguay.

Buenos Aires, 11 de Setiembre de 1889.

Señor Ministro:—He tenido el honor de recibir la nota fecha 10 del corriente, por la que V. E. me comunica haber sido nombrado por S. E. el Señor Presidente de la República, Secretario de Estado en el Departamento de Relaciones Exteriores y haber tomado posesion del cargo.

Grato me es, Señor Ministro, felicitar á V. E., por la distincion de que ha sido objeto, y manifestarle á mi vez que tambien se dirigirán mis esfuerzos á cultivar con la misma solicitud que con su predecesor el Doctor Don Norberto Quirno Costa las cordiales relaciones entre la República Argentina y el país que represento.

Tengo la satisfaccion de ofrecer á V. E., las seguridades de mi mas distinguida consideracion.

ERNESTO FRIAS.

A S. E. el Señor Ministro de Relaciones Exteriores de la República Argentina, Dr. D. Estanislao Zeballos.

TRADUCCION.

Legacion de Alemania.

Buenos Aires, Setiembre 11 de 1889.

Señor Ministro:—Por su atenta nota de ayer, V. E. ha tenido á bien hacerme saber que S. E. el Señor Presidente de la República le había nombrado Ministro Secretario de Estado en el Departamento de Negocios Extranjeros y que V. E. ha tomado posesion del puesto.

Al felicitar á V. E. por esta alta distincion, me apresuro á agradecerle las benévolas palabras que ha tenido la firnesa de dirigirme en dicha comunicacion.

Inspirado en los mismos sentimientos que V. E., haré cuanto me sea posible por conservar con V. E., las buenas relaciones oficiales y personales que me ligaban al digno predecesor de V. E.

Sírvase aceptar, V. E. las seguridades de mi alta consideracion.

ROTENHAN.

A S. E. el Señor Doctor Don E. Zeballos.

TRADUCCION.

Legacion de Austria.

Buenos Aires, Setiembre 10 de 1889.

Señor Ministro:—Tengo el honor de acusar recibo de la nota de V. E. fecha de hoy por la que se sirve hacerme saber que S. E. el Señor Presidente de la República le ha nombrado Ministro de Negocios extranjeros.

Al felicitar á V. E. por la alta distincion de la que acaba de ser objeto y al ofrecerle mi sincero reconocimiento por las benévolas seguridades que se ha servido darme al comunicarme su nombramiento, le ruego crea que por mi parte tendré el mayor cuidado en nada omitir que pueda estrechar más los vínculos de cordial amistad que ya tienen unidos á nuestros respectivos paises.

Sírvase aceptar, Señor Ministro, las seguridades de mi alta consideracion.

SALZBERG.

A. S. E el Sr. Dr. D. E. Zeballos.

TRADUCCION.

Legacion en Francia

Buenos Aires, Setiembre 12 de 1889.

Señor Ministro:—Por su nota de 10 de este mes, V. E. ha tenido á bien participarme que el Señor Presidente de la República le ha confiado el puesto de Ministro Secretario de Estado en el Departamento de Relaciones Exteriores.

Ofreciendo á V. E. mis gracias sinceras por las cordiales seguridades que tuvo á bien dirijirme con este motivo, le ruego que esté persuadido de que todos mis esfuerzos serán en el sentido de mantener tan estrechas y amistosas, como sea posible, las relaciones existentes, entre el Gobierno de la República Francesa y el de V. E.

La benévola simpatía de V. E. me hará esta tarea tan fácil como agradable y me felicito, por mi parte, de la oportunidad que se me ofrece de ponerme personalmente á disposicion de V. E.

Quiera aceptar, Sr. Ministro las seguridades de mi muy alta consideracion.

VIZCONDE DE BONDY RIARIO.

A S. E. el Sr. Dr. D. E. S. Zeballos, Ministro de Relaciones Exteriores.

TRADUCCION.

Legacion
de
S. M. el Rey de Italia.

Buenos Aires, Setiembre 11 de 1889.

Señor Ministro:—Tengo el honor de acusar recibo de la nota de V. E. fecha de ayer, por la que se sirve anunciarme haber asumido la direccion de ese honorable Departamento de Relaciones Exteriores, y de agradecer á V. E. dicha comunicacion.

Las amistosas relaciones con V. E. son lo dudo prenda de la continuacion de las cordiales que hasta ahora han existido entre nuestros respectivos gobiernos, y por otra parte me es grato asegurarle que no dejaré de poner toda mi buena voluntad para que ellas se mantengan.

Aprovecho esta ocasion para ofrecerle, señor Ministro, las seguridades de mi mas alta consideracion.

L. ANFORA.

A S. E. el Sr. Dr. D. E. S. Zeballos, Ministro de Negocios Extranjeros.

TRADUCCION.

Legacion de S. M. F.

Buenos Aires, Setiembre 11 de 1889.

Señor Ministro:—Tengo el honor de acusar recibo de la nota de V. E. de 10 del corriente, por la que me participa que S. E. el señor Presidente de la República ha nombrado á V. E. su Ministro Secretario de Estado en el Departamento de Relaciones Exteriores, y que V. E. tomó posesion en esa fecha de la precitada cartera.

Al felicitar á V. E. por tan honrosa distincion y al congratularme por entrar en relaciones oficiales con V. E., cúmpleme asegurarle que hallará siempre en mí el mas decidido empeño por contribuir, estrechar y desenvolver las buenas relaciones que felizmente existen entre Portugal y la República Argentina.

Aprovecho señor Ministro la ocasion para ofrecer á V. E las seguridades de mi alta consideracion.

J. DE SOUZA LOBO.

Legacion Imperial de Rusia.

Buenos Aires, Setiembre 11 de 1889.

Señor Ministro:—Tengo la honra de acusar recibo de la atenta comunicacion de V. E. fecha de ayer, por la que me he impuesto con viva satisfaccion que S. E. el señor Presidente de la República se ha servido nombrarle Ministro Secretario de Estado en el Departamento de Relaciones Exteriores y que ha tomado posesion de su elevado cargo en aquel dia.

Agradezco debidamente la expresion de los sentimientos que animan á S. E. el señor Presidente, asi como á V. E. para mantener las cordiales relaciones que median entre la República Argentina y la Rusia, y al tiempo de manifestar el vivo anhelo de que estoy penetrado de cultivar y estrechar siempre mas estos vínculos, ruego á V. E. quiera dignarse dispensarme la misma benevolencia que supe conquistar de su digno é ilustrado antecesor.

Al felicitar á V. E. por el alto honor que ha merecido y al cual su reconocida ilustracion y excepcionales dotes lo hacen acreedor en tan eminente grado.

Aprovecho esta oportunidad para ofrecer á V. E. las seguridades de mi mas alta y mas distinguida consideracion.

P. Christophersen.

Al Exmo. Sr. D. D. Estanislao S. Zeballos, Ministro Secretario de Estado en el Departamento de Relaciones Exteriores.

TRADUCCION.

Legacion
de
S M. Británica.

Buenos Aires, Setiembre 12 de 1889.

Señor Ministro:—Tengo el honor de acusar recibo de la nota de V. E. de fecha 10 del corriente por la que me hace saber que se ha servido S. E. el Señor Presidente de la República encargarle la cartera de Negocios Extranjeros y que, asi, entró V. E. en ese dia á desempeñar los deberes de dicho Departamento.

En contestacion cúmpleme solo asegurar á V. E. que el nombramiento me causa gran placer y que espero confiado se continuen de parte de V. E. las mismas amistosas y cordiales relaciones que, me felicito al decirlo, subsistieron invariablemente entre el predecesor de V. E. y el infrascrito.

Aprovecho la ocasion para ofrecer á V. E. las seguridades de mi mas alta consideracion.

F. PAKENHAM.

A S. E. el Sr. Dr. D. Estanislao S. Zeballos, Ministro de Relaciones Exteriores.

Nombramientos en el Cuerpo Consular de la República.

Cónsul General.

Setiembre 25 Sr. Jorge de Tezanos Pinto (ciudadano)............ PERÚ

Cónsul.

Setiembre 7 Sr. Manuel S. Macias..... PENSACOLA

Vice Cónsul.

Setiembre 9 Sr. J. Sirvint....... .... MÁLAGA

Concesiones de Exequatur.

Julio 25.—Se dicta decreto concediendo el exequatur de práctica á la patente que acredita á don Juan Guillermo Richards en el carácter de Vice Cónsul de Inglaterra en Santa Fe.

Setiembre 7.-Se dicta decreto concediendo el exequatur de práctica de la patente que acredita á don Adelo Paolo Barrozzi en el carácter de Agente Consular de Italia en la colonia «Rafaela», (Provincia de Santa Fe).

Setiembre 20.—Se dicta decreto concediendo el exequatur de estilo á la patente que acredita á don José Gabasso en el carácter de Cónsul del Paraguay en Gualeguaychú, quedando el señor Gabasso sujeto á las cargas y deberes que, como á ciudadano argentino le corresponden.

Setiembre 21.-Se dicta decreto concediendo el exequatur de estilo á la patente que acredita á don Francisco Ratto en el carácter de Agente Consular de Italia en la Concepcion del Uruguay (Provincia de Entre Rios).

Setiembre 24.—Se dicta decreto concediendo el exequatur de práctica á la patente que acredita á don Mariano Mayo en el carácter de Vice Cónsul honorario de España en la ciudad de Bahía Blanca (Provincia de Buenos Aires).

Setiembre 25.—Se dicta decreto concediendo el exequatur de estilo á la patente que acredita á don F. Dansey en el carácter de Vice Cónsul de Inglaterra en el Paraná.

Setiembre 26.—Se dicta decreto concediendo el exequatur de estilo á la patente que acredita á don William Martin en el carácter de Vice Cónsul de Inglaterra en Córdoba.

Revista de Setiembre

(Circular á las Legaciones y Consulados de la República.)

Han sido presentadas durante el mes las siguientes propuestas para construir ferrocarriles, al H. Congreso Nacional:

—La de los señores Mackinlay y Oscar Liliedal, relativa á un F. C. que partiendo de Villa Mercedes (provincia de San Luis) termine en el puerto de Necochea.

—La de D. Arturo Richard, Norberto Foncert, y C.ª respecto de una línea que partiendo de la estacion Paraguayos del ferrocarril de San Juan á la Rioja, termine en la estacion de Dolores del F. C. de Villa Mercedes á la Rioja.

—La de Juan Ramon Silveria, F. C. de General Victorica á Cachurí.

—La de los Sres. Eduardo García y C.ª que proponen la construccion de un ferrocarril desde el puerto Juarez Celman hasta la ciudad de Córdoba.

La línea será de trocha ancha.

La Nacion garantirá á la empresa el 5 % sobre la cantidad de 26.000 pesos (oro sellado) por kilómetro.

—La del señor Santiago Castro Feijóo, que propone la construccion de una línea férrea desde Córdoba hasta la frontera de Bolivia, á la altura del grado 22 de latitud.

La de los señores J. Thomas y Hnos que proponen la construccion de un ferrocarril al Neuquen.

—La del señor Francisco R. Sosa que propone la construccion de una red de ferrocarriles en las provincias de Entrerios y Corrientes y su prolongacion hasta la Asuncion del Paraguay.

La línea proyectada ligará la poblaciones mediterráneas á

los puertos sobre los rios Paraná y Uruguay, sirviendo todo el territorio de Entre Rios y gran parte del de Corrientes

La red propuesta comprende las líneas siguientes.

Del rio Paraná, frente al Rosario, á Mercedes (Corrientes); de la capital Paraná á Villa Libertad; de Nogoyá á Uruguay, para Gualeguay y Gualeguaychú, de Antelo á Villaguay. Estas líneas formarán un total de 1037 kilómetros.

La empresa construirá además dos ramales: el uno de Mercedes al rio Paraná y el otro á Corrientes, dando con la cifra anterior un total de 1369 kilómetros para 20 años.

Se pide la garantía de 5 °/ₒ sobre el valor calculado de 30.000 pesos por kilómetros por 20 años.

A la Legislatura de la provincia de Buenos Aires:

—La de don Emilio Casares, representante de la compañía Puerto y ciudad de Campana, desde el puerto de Campana, con empalme en los ferrocarriles existentes, y llegue á empalmar con el de la provincia en Haedo, pasando por el pueblo de San Miguel.

—La de la empresa Ciudad de Quequen, que propone fuera de construir una ciudad en Quequen Grande, llevará ella ferrocarriles que partan de Buenos Aires.

—La legislatura de la provincia de Buenos Aires, ha concedido autorizacion al P. E. para que contrate la construccion de las lineas siguientes.

—Narciso Aguero y C.ª de un ferrocarril de puerto La Plata á Jeppener, Monte y 25 de Mayo.

—Con la «sociedad general de obras públicas» la de San Nicolás á Bahia Blanca.

—Con Julio F. Gonzalez y C.ª de tres Arroyos á la ciudad de Quequen y Necochea.

—Con Diego Saavedra y Cª la de Pereyra, hasta el meridiano 5° en Curupotro, próximo á Italó, con varios ramales.

—Con Diego Saavedra y Cª desde Guaminí hasta el centro agrícola San Eduardo, en Trenque-Lauquen.

—Con Alberto Serantes y C.ª la de un ferro-carril de Tolosa á Buenos Aires.

—Con don Francisco Meecks, la de una línea férrea desde la Gama hasta Carhué, Puan y estacion Alfalfa.

—La legislatura de la provincia de Buenos Aires ha aprobado los siguientes contratos celebrados *ad-referendum* por el P. E. provincial.

El celebrado con Andrés Schuvaikall y C.ª. para construir una línea férrea de San Nicolás á Arrecifes.

El estipulado con Abrahan Stuart para construir una línea férrea del dock sud en Barracas hasta Brandzen

El realizado con Alejandro Ferrari presidente de la «Edificadora del Riachuelo» para construir una línea férrea desde el arroyo Morales al empalme en la estacion Burzaco del F. C. del sud.

Los señores Santiago Buratowich y Juan L. Lacaze, han solicitado permiso para la construccion de un canal de navegacion que partiendo de la márgen derecha del rio Paraná llegue hasta la laguna de San Patricio y de ésta hasta Mar Chiquita, y la laguna del Bragado.

El canal tendrá 14 metros de ancho y una profundidad de 18 piés.

La concesion se solicita por el término de 60 años, terminada esta fecha el canal, los muelles, el material fijo y flotante pasará á ser propiedad de la Nacion.

Los señores B. Moreno y C.ª y Cabanette, han presentado por segunda vez al H. Congreso Nacional su propuesta relativa á la union del Paraná de las Palmas con el Riachuelo de Barracas por medio de un canal.

Los proponentes piden al H. C. Nacional, que les conceda:

1.° La explotacion del canal por 60 años, pasados los cuales quedarán las obras de propiedad del Estado;

2.° El peaje ó derecho de pase, el impuesto de ribera y otros cuya tarifa se hará de acuerdo con el Gobierno;

3.° La expropiacion de las tierras que necesiten para muelles, y diques que deberán construir.

4.° La garantía del 5 °/₀ sobre el capital que se emplee, durante 30 años.

5.° La libre introduccion de maquinarias.

Martin Errecaborde ha solicitado la concesion de una línea de cuatro vapores de Buenos Aires á Rio Janeiro y varios puntos de Europa, para la exportacion de ganado en pié.

La Nacion garantizará por el término de 20 años un capital de pesos 1.600.000 oro que se invertirá en la construccion de dichos vapores.

El señor P. A. A. Rors ha propuesto, por intermedio del señor Godofredo Huss, jefe de la Oficina de Informacion en la Escandinavia, el establecimiento de una línea directa de vapores mensuales entre Buenos Aires y Suecia, Dinamarca y Noruega, tendente á evitar los inconvenientes actuales de la comunicacion con aquellos paises.

Perez, Gomar y Ca. han solicitado garantía de 5 °/₀ sobre un capital de cinco millones de pesos oro durante 25 años para establecer una línea de vapores para trasportar ganado en pié á los puertos trasatlánticos.

La empresa se compromete á construir 20 vapores con capacidad para 500 animales vacunos y 1000 inmigrantes que serán trasportados al regreso.

La empresa no exportará menos de 30.000 animales vacunos por año é importará 60 mil inmigrantes.

Fué promulgada por el P. E. la ley que acuerda el 5 °/₀ á la empresa de navegacion iniciada por el capitan Vucassovich sobre un capital de 6.000.000 de ps.

Los vapores navegarán con bandera argentina y harán dos viajes por mes entre puertos de la República y los del Atlántico y norte de Europa.

Conducirán con especialidad inmigrantes y carne conservada por el sistema frigorífico.

El P. E. de la Nacion ha propuesto al Honorable Congreso la sancion de una série de proyectos sobre organización del ejército nacional, sobre la base del deber constitucional de todos los ciudadanos de armarse en defennsa de la patria.

Comprende el primer proyecto la organizacion de las fuerzas de la Nacion, dividiéndolas en tres categorias: en ejército activo, que se compone del ejército permanente, de todos los ciudadanos solteros de 17 años á 35 inclusive y de los voluntarios hábiles; en ejército de reserva, que se compone de todos los ciudadanos hábiles de 17 á 45 años, que no formen en el ejército activo y de los voluntarios de esta clase, y en ejército territorial, que compone de los ciudadanos de más de 45 años, de los voluntarios de esta clase y de los esceptuados privilejiadamente en razon de sus ocupaciones y profesion.

El segundo proyecto establece el estado militar y la manera y forma en que se adquiere y pierde dicho estado.

El tercer proyecto modifica la ley de ascensos vigente y dá reglas para la fijacion de la jerarquía militar.

El cuarto y último proyecto estatuye dos clases de condecoraciones, para las recompensas militares; la primera conmemorativa de acciones distinguidas y la segunda conmemorativa de campañas y destinada á honrar una accion heróica ó distinguida de abnegacion ó valor individual y á premiar servicios relevantes á la Nacion.

Revista de la Bolsa de Comercio de Buenos Aires.

PRECIOS CORRIENTES DESDE EL 5 HASTA EL 20 DE SETIEMBRE DE 1889.

FECHAS		Metálico al contado	CÉDULAS HIPOTECARIAS PROVINCIALES										CÉDULAS HIPOTECARIAS NACIONALES						Acciones del Banco Nacional
			Série A oro 6 0/0 renta	Série F m/n 6 0/0 renta	Série G m/n 7 0/0 renta	Série I m/n 8 0/0 renta	Série J m/n 8 0/0 renta	Série K m/n 8 0/0 renta	Série L m/n 8 0/0 renta	Série M m/n 8 0/0 renta	Série N m/n 8 0/0 renta	Série O m/n 8 0/0 renta	Série A oro 5 0/0 renta	Série A m/n 7 0/0 renta	Série B m/n 7 0/0 renta	Série C m/n 7 0/0 renta	Série D m/n 7 0/0 renta	Serie E m/n 7 0/0 renta	
		último	último	último	último	último	último	último	último	último	último	último	último	último	último	último	último	último.	último
Setbre.	5	182.40	—	—	—	—	—	—	76	73.10	7 .50	72.50	—	—	—	—	83.50	80.20	339
«	6	183.60	—	71	—	—	—	—	75.50	73	72.60	72.50	—	9[illegible]	—	—	83.70	—	—
«	7	184.60	—	—	—	—	—	76.30	75.70	—	72.90	72.20	—	—	—	—	83.80	—	—
«	8	—	—	Fiesta	—	—	—	—	—	—	—	—	—	—	—	—	—	—	—
«	9	195.50	—	—	—	—	—	77.20	75.50	73.10	72 70	72.20	—	—	—	—	84	80.10	—
«	10	215 00	—	—	—	100	—	77	75.50	72 80	72.70	72.20	78	—	—	87	—	80.10	—
«	11	200.00	—	68	—	—	—	76.70	75 50	72.70	72.70	71	—	—	—	—	83.50	80	—
«	12	192 80	—	—	—	—	—	76	75.50	72.50	72 50	72	81	—	—	—	83.80	80 00	—
«	13	196 50	—	—	—	—	94	76.50	76 20	—	72.50	71.50	—	—	—	—	—	80.50	—
«	14	195.50	—	69	—	99.80	—	—	—	72 80	72 70	71.50	—	—	97	—	83.80	80 50	331
«	15	—	—	Fiesta	—	—	—	—	—	—	—	—	—	—	97	8[illegible]	—	—	—
«	16	202.00	—	69	—	—	95.50	76	76.50	73.10	72.80	72	78	—	—	—	—	80 10	—
«	17	209 00	—	—	—	—	96	75	—	73	72.80	71.80	—	99.80	—	—	83.8	-	322
«	18	210.50	—	—	—	—	—	—	—	72.70	72.40	71.80	—	—	—	—	83.80	—	—
«	19	217.50	—	69	—	—	—	74.50	—	71.80	71.50	70.80	—	99.90	—	87.00	84.0[illegible]	—	—
«	20	226.0[illegible]	—	—	—	—	—	75	75 50	71.00	—	69.00	78.00	—	—	—	83.0	—	319

CAMBIOS DESDE EL 5 HASTA EL 20 DE SETIEMBRE DE 1889

Cotizaciones por un peso moneda nacional oro.

FECHAS	*Inglaterra* 90 d|v.	*Francia* 90 d|v.	*Bélgica* 90 d|v.	*Italia* 90 d|v.	*Alemania* 90 d|v.	*Esp'ña* 90 d|v.	*E. U.* 90 d|v.	*Rio Janeiro* 15 d|v.	*Montevideo* v.
	peniques	francos	francos	francos	R. m.	$	dollars	£ Reis	
Setbre. 5	—	—	—	—	—	"	"	—	—
" 6	—	—	—	—	—	"	"	—	—
" 7	—	—	—	—	—	"	"	—	—
" 8	Fiesta	—	—	—	—	"	"	—	—
" 9	$47\frac{5}{8}$	4.90	—	—	4.03	"	"	—	—
" 10	$47\frac{3}{4}$	5.00	—	—	4.04	"	"	—	—
" 11	$47\frac{5}{8}$ $47\frac{3}{4}$	4.98 5.00	5.01	5.03	4.03 4.04	"	"	—	—
" 12	$47\frac{5}{8}$	4.98 5.00	5.01 5.05	5.03	4.03 4.04	"	"	—	—
" 13	$47\frac{5}{8}$	4.98 5.00	5.01 5.05	5.03	4.03 4.04	"	"	8.800	par
" 14	$74\frac{5}{8}$ $47\frac{3}{4}$	4.99 5.00	5.02 5.03	—	4.03 4.04	"	"	—	$\frac{1}{8}$ 0/0 d
" 15	Fiesta	—	—	—	—	"	"	—	par
" 16	$47\frac{3}{4}$	5.00	5.02 5.03	—	4.04 4.05	"	"	—	id.
" 17	$47\frac{3}{4}$	—	—	—	—	"	"	8.800	—
" 18	$47\frac{3}{4}$	5.00	5.01 5.02	—	4.03 4.04	"	"	—	par
" 19	$47\frac{3}{4}$ $47\frac{7}{8}$	5.00 5.02	5.03 5.05	—	4.04 4.06	"	"	—	—
" 20	$47\frac{3}{4}$ 48	—	—	—	4.05 4.07	"	"	—	—

Fletes en la quincena. *Desde el 5 hasta el 20 de Setiembre de 1889.*

PUERTOS.	Por.	C's salads.	C's secos.	Sebo en p.	Fardos.	Granos.	Tasajo.	Capa.
Inglaterra puerto directo	Vapor.	30 sh.	40 sh.	20 sh.	10 sh.	10 sh.		
Bremen y Hamburgo	“	30 Rm.	40 Rm.	20 Rm.	10 Rm.	12 ½ Rm.	—	°/.
Amberes	“	30 f.	40 f.	20 f.	12.50 fs.	12.50 f.	—	—
Dunkerque	“	— “	— “	— “	15 “	15 “	—	—
Havre	“	30 “	45 “	25 “	15 fs.	12.50	—	—
Burdeos	“	— “	60 “	20 “	10 “	12.50	15	—
Marsella	“	30 “	50 “	10 “	10 “	5 “	—	—
Vigo y Coruña	“	— $	20 $	7 $	5 $	— “	6 oro.	—
Barcelona	“	— f.	60 f.	10 f.	12 f.	12.50 f.	—	—
Rio Janeiro	“	— $	— $	5 ½ $	— $	4 oro.	4 oro.	—
Valparaiso	“	— sh.	— sh.	33 sh.	33 sh.	12 ½ sh.	—	—
Génova	“	— f.	60 f.	10 f.	5 f.	10 fs.	—	—
Falmouth por órdenes	“	30 “	— “	— “	— “	— “	—	—
Id	Velero.	30 sh.	— “	27 fs.	— “	Nominal.	—	—
Amberes	“	— “	— “	— “	16 “	—	—	—
Dunkerque	“	— “	— “	— “	— “	—	—	—
Havre	“	— “	— “	— “	— “	—	—	—
Marsella	“	— “	— “	— “	— “	—	—	—
Génova	“	— “	— “	— “	— “	—	—	—
Estados Unidos	“	³/₈ cts.	cts.	— “	3 ½ “	—	—	—
Rio, Bahía y Pernambuco	“	— “	— “	— “	— “	—	2-2 ½ 3	—
Habana	“	— “	— “	— “	— “	—	6 r.	—
Valparaiso	“	— “	— “	— “	— “	—	—	—

LOS FLETES SON ENTENDIDOS Á PUERTOS: Alemanes, franceses, italianos y españoles, por metros cúbicos y 1000 kilos. Inglaterra, por 40 piés cúbicos y 2 240 libras. Brasil, por 1 000 kilos por vapor y por quintales por velero. Estados Unidos, por libras, fardos y granos, 2 240 libras.

FRUTOS DEL PAIS

		MERCADOS			
		CONSTITUCION		11 DE SETIEMBRE	
		Ps. cts.	Ps. cts.	Ps. cts.	Ps. cts.
Lana madre, mestiza fina..	10 ks.	no	hay	no	hay
» » » Lincoln.....	»	—	—	—	—
» » mezcla	»	—	—	4.70	—
» borrega mestiza fina.......	»	—	—	4.50	—
» » » Lincoln ...	»	—	—	—	—
» » mezcla	»	—	—	4.50	—
» negra »	»	—	—	3.00	—
» barriga	»	—	—	—	—
» corral....	»	—	—	—	—
		milésimos		milésimos	
Cueros lanares, m'dero. lana entera	1 k.	— á	—	3.70 á	4 80
» » » estacion.....	»	3.40 "	5.50	—	—
» » » pelados	»	—	—	—	—
» » consumo, lana entera	»	—	—	3.70 "	4.60
» » » estacion.....	»	3.50 "	5.40	—	—
» » » pelados	»	— "	—	—	—
» » ep'mia. y des. lana ent.	»	—	—	3.30 "	4.30
» » » estacion.......	»	3.40 "	5.20	—	—
» » » pelados	»	— "	—	2.50 "	2.70
» » b'ga. cord'nes y cord.	»	2.80 "	3.80	2.80 "	3.40
» » capachos...........	»	1.20 "	2.00	1.00 "	1.40
		Ps. cts.	Ps. cts.	Ps. cts.	Ps. cts.
» » corderitos.	doc.	1.50 á	2.60	2.00 á	2.70
» » »	»	—	—	—	—
Cueros vacunos secos, matadero.	10 ks.	3.30 "	4.30	3.60 "	4 20
» » » campo....	»	3.80 "	5.00	3.70 "	4.60
» becerros...	»	3.00 "	3.20	2.80 "	3.20
» nonatos...............	»	2.00 "	2.20	1.80 "	2.10
» potros secos, matadero...	uno	—	—	—	—
» » » campo.....	»	1.70 "	2.80	2.00 "	2.50
» potrancas..............	»	0.85 "	1.40	1.00 "	1.25
» nútrias	1 kilo	0.90 "	2.40	1.00 "	1.50
» » abierta por el lomo	»	3.80 "	4.40	—	—
» venados..	doc.	—	—	—	—
Cerda de potro................	10 ks.	6.00 "	11.00	7.00 "	8.00
Cerda de vaca, sin maslo.......	»	6.00 "	7.00	5.50 "	7.00
Sebo, estilo embarque...	»	2.10 "	2.20	2.10 "	2.25
» » campo, pipas y bord'sas.	»	2.10 "	2.20	2.00 "	2.20
» » » cascos chicos, panzas &	»	1.70 "	1.80	1.80 "	2.00
» en rama ó pisado..........	»	1.00 "	1.25	1.00 "	1.20
Aceite de potro................	»	2.30 "	2.35	2.10 "	2.40
Plumas de avestruz............	1 kilo	1.80 "	3.60	3.50 "	3.60

CEREALES

		CONSUMO Estilo plaza.		EXPORTACION C. ó Riachuelo.	
		Ps. cts.	Ps. cts.	Ps. cts.	Ps. cts.
Trigo de pan, de la Costa........	100 k.	6.00 á	11.00	—	—
» » » del Salado........	»	6.00 "	10.80	—	—
» » » de los Rios.......	»	—	—	—	—

CEREALES

		CONSUMO Estilo plaza		EXPORTACION C. ó Riachuelo.	
		Ps. cts.	Ps. cts.	Ps. cts.	Ps. cts.
Trigo del Sud	100 k.	6.50 á	12.00	—	—
Trigo candeal.......	»	4.50 "	12.50	—	—
Harina de cilindro.......	10 k.	1.10 "	2.30	—	—
Afrecho......	100 k.	2.00 "	2.20	—	—
Maiz morocho desg'do. viejo....	»	2.00 "	2.60	2.50	2.60
» amarillo » nuevo dispon.	»	2.00 "	2.40	2.55	2.65
Cebada...	»	2.00 "	4.00	—	—
Semilla de colza	10 k.	— "	—	—	—
» de lino.................	»	0.55 "	0.75	—	—
» de nabo....	»	0.60 "	0.90	—	—
» de alfalfa.........	»	— "	—	—	—
Alfalfa en fardos..............	1000 k.	15.00 "	35.00	—	—

Productos de Saladeros, Carnes conservadas y Mataderos.

		$ cts.	$ cts.
Cueros salados de saladero, novillos......	100 kilos	de sin	ventas
» » » » vacas...... ..	»	id. id.	id.
» » » » potros...... .	uno	3.60 á	—
» » » matadero, novillos......	100 kilos	12.00 °/₀	oro
» » » » vacas........	»	11.00 »	—
» secos » » novillos......	10 kilos	2.65 »	—
» » » » vacas........	»	2.65 »	—
Tasajo para el Brasil..........	46 kilos	5.68 »	—
» » la Habana...	»	3.88 oro	—
Sebo, estilo de embarque..	100 kilos	1.200	—
Aceite de potro.............	»	2.30	2.40
» de patas....	»	3.00 °/₀	—
Cerda de potro.......	»	5.00 »	6.00
» de vaca.........	»	7.00 »	8.00
Astas de saladero, y matadero, novillos..	millar	60.00 oro	—
» » » » vacas....	»	20.00 á	—
Nervios y vergas......	100 kilos	— »	—
Huesos............................ ...	1000 kilos	16.00 »	—
Cenizas...	»	— »	—
Lenguas saladas.......	docena	— »	—

Ganados.

		$ cts.	$ cts.
Hacienda vacuna, mestiza, al corte.........	c/u	6.50 á	7.50
" " criolla "	"	5.00 "	7.00
" ovina, mestiza Lincoln, al corte..	"	no	hay
" " " general " ..	"	1.00 "	1.80
" yeguariza, mestiza " ..	"	no	hay
" " criolla, " ..	"	4.00 "	5.00
Novillos para invernar...	"	10.00 "	12.00
Vacas " "	"	5.00 "	6.00
Novillos para saladero.....	"	no.	hay
Vacas " "	"	— "	—
Yeguas " "	"	4.00 "	5.00
Capones para matadero..................	"	3.50 "	4.50

De los Rios.

		$ cts.		$ cts.
Cueros vacunos secos de Buenos Aires clasificados para Norte América	10 kilos	3.00	á	3.05
Cueros vacunos de Córdoba, pelo de invierno	" oro	2.80	"	2.90
" " " " verano	"	—	"	—
" " Entre Rios	"	2.10	"	2.15
" " Concordia	"	2.15	"	2.20
" " Corrientes, matadero	"	1.80	"	1.90
" campo	"	1.80	"	1.90
" " Misiones	"	1.95	"	1.85
" " Santa Fé	"	1.90	"	2.00
" " Mendoza	"	1.80	"	1.85
" " San Juan	"	1.80	"	1.85
" " Cuyabá	"	1.80	"	1.85
" " del Paraguay	"	2.00	"	2.05
" becerros de la Provincia	"	1.50	"	1.60
" nonatos	"	1.80	"	2.00
" potros	uno.	c/ 1.70	"	1.80
" cabras	docena.	7.00	"	8.50
" cabritos	1 kilo.	0.60	"	0.70
" ciervos anchos	" oro	0.90	"	1.00
" " angostos	"	0.85	"	0.90
" venados	docena.	—	"	—
" nútrias del Chaco	1 kilo.	3.50	"	4.00
" " de Entre Rios	"	—	"	—
" " de Santa Fé	"	1.30	"	1.50
" carpinchos	uno.	1.70	"	1.90
" lanares de Entre Rios	1 kilo.	0.38	"	0.40
" " de Santa Fé	"	0.36	"	0.37
" " de otras procedencias	"	0.37	"	0.38
" corderitos	docena.	1.60	"	1.70
Aceite de pescado	10 kilos.	1.80	"	2.00
Garras de ojal	100 kilos.	3.50	"	4.00
Lana madre de Gualeguaychú	10 kilos.	nominal	"	nominal
" " Gualeguay	"		"	
" " Nogoyá	"		"	
" " Victoria, Diamante y Paraná	"		"	
" " Córdoba	"		"	
" " Mendoza	"			
" " Corrientes (criolla)	"			
" " Colon	"			
" " La Paz	"			
" " Patagones y Bahía Blanca	"			
" " Concordia	"		"	
" " " (lavada)	"		"	
" borrega de Gualeguaychú	"		"	
" " Gualeguay	"		"	
" " otras procedencias	"		-	
" " criolla	"		"	
Pluma de avestruz	"	2.00	"	2.50

HACIENDAS—*(Corrales de abasto).*

		$ cts.	$ cts
Carne y sebo, novillos y vacas especiales en puntas.........	c/u	30.00 á	40.0
» » » primera clase	"	18.00 "	25.0
» - » segunda id..	"	10.00 "	13.0
» buena carne.	"	12.00 "	15.00
» » para chanchería......	"	5.00 "	10.00
» » bueyes................	"	55 00 "	—
» » sifiueleros.................	"	35.00 "	40.00
Cueros frescos, novillos..................	c/c	5.50 "	6.50
» » vacas.....................	"	4.00 "	6.50
» » bueyes....................	"	3.00 "	4.00
» » sifiueleros...............	"	5.00 "	8.00
Terneros de ocho meses á un año en pié...	c/u	7.00 "	0.00
» de la paricion.................	"	— "	6.00
Novillos para invernada..................	"	12.00 "	0.00
Vacas id id		4.00 "	0.00
Novillos para saladero, carnes gordas.......		0.00 "	0.00
Vacas id id id id		0.00 "	0.00
Yeguas id id id id		0.00 "	0.00
Capones para matadero, mestizos Lincoln..	"	3.00 "	3.80
" " " " generales.	"	2.40 "	3.00

Varios títulos y acciones.

FONDOS Y TÍTULOS PÚBLICOS.

	CONTADO
Bonos Municipales de 1882—6 por ciento renta........	70
Fondos Públicos Nacionales de 1863 de 6 por ciento.....	par
Id id id de 1876..............	90
Fondos Públicos Nacionales de 1882 de 6 por ciento......	74
Id id id de 1884 de 5 por ciento......	70
Puentes y Caminos 1884....................	90

ACCIONES	CONTADO
Banco Nacional.......................	319
Banco Francés........................	110
Banco Constructor de La Plata.............	123
Banco de Italia......................	oro 320
Banco Nacional del Uruguay...............	nominal
Banco Español........................	100
Banco del Comercio....................	101

Banco Comercial de La Plata.	108
Banco Sud-Americano	95
Banco Mercantil.	180
Banco Buenos Aires.	98
Banco Industrial y Constructor.	104
Banco Agrícola Comercial del Rio de la Plata.	96
Id de Comercio.	300
Crédito Real	146
Constructora Argentina.	110
Constructora de Flores.	151
Caja de descuentos.	95
Compañía general reaseguradora.	135
Crédito Nacional.	108
Compañía de impresores y litógrafos de Kidd y C.ª.	175
Compañía General de Crédito.	106
Compañía Nacional de Trasportes.	118
Edificadora de la Floresta.	38
Ferro carril Central.	nominal
Ferro carril del Sud.	nominal
Ferro carril del Norte.	id
Ferro carril de Campana.	id
Ferro carriles pobladores.	130
Fábrica Nacional de calzado.	160
Gas primitivo.	195
Gas Argentino.	210
La Edificadora.	100
La «Currumalan» de 1000 cada una.	nominal
La Previsora.	170
Lloyd Argentino.	nominal
Muelles y Aduana de las Catalinas.	105
Muelles La Plata.	168
Mercado de frutos de La Plata.	120
Nueva Compañía Gas Buenos Aires.	nominal
Propiedad de la higiene (nueva).	—
Puerto Madero.	—
Sociedad General Pobladora.	275
Sociedad telegráfica telefónica.	250
Tramway Ciudad Buenos Aires.	nominal
«La Buenos Aires» Compañía Nacional de Seguros.	160

Los precios de las cédulas están marcados en la página 875

CERTIFICADOS	CONTADO
Banco Inmobiliario 75 por ciento, pago	192.50
Mercado de frutos La Plata 50 por ciento, pago.	64

Puerto Madero 40 por ciento pago.	88
Banco de la Bolsa 75 por ciento, pago.	92
Ferro carriles pobladores 30 por ciento, pago.	65
Banco Hipotecario de la Capital oro 40 por ciento, pago . . .	38
Conpañia de Inpresores y Litografos de Kidd y C.ª 40 °/₀ p. .	70
Malecon y Puerto Norte de Buenos Aires 25 por ciento, pago.	35

OBLIGACIONES	CONTADO
Bonos Banco Hipotecario de la Capital (oro)	65
Obligaciones Banco Constructor de La Plata . . . . , ...	13

DESCUENTOS.

Interés en plaza.	nominal.
En el Banco Nacional. . .	Préstamos hasta 180 dias 7 °/₀.
» » . .	Especiales con amortizacion menor de 25 °/₀, 8 °/₀
El Banco de la Provincia.	Papel comercial 7 °/₀ y particular 8 °/₀.
» »	Pagarés á oro 7 °/₀ anual.

FEDERICO LEINAU, REMI DUMAIS, JORGE PRALJE.

Alfredo Alonso.—M. G. Llamazares.—José E. de Souza Martinez.—Juan Bordoy.—Luis Celasco.—Alfonso Ayerza. — Calixto Almeyra. — Vicente Fortunato. — Bartolomé Roca. — P. Christophersen.—B. Maumus.—T. S. Roadle.

V.° B°.

ED. B. LEGARRETA,
Presidente.

Manuel Dolz,
Gerente-. ecretario.

Indice.

PARTE I.

Informes Consulares.

PAG.

PARTE II.

Correspondencia Diplomática y Actos Oficiales.

PAG.

REPUBLICA ARGENTINA.

MINISTERIO DE RELACIONES EXTERIORES.

BOLETIN MENSUAL.

(Año Sexto).

OCTUBRE DE 1889.

PUBLICACION OFICIAL.

BUENOS AIRES.

Imprenta de Juan A. Alsina, México, 1422 (antes 634.)

1889.

Informes Consulares.

Consulado en Barcelona.

INFORME MENSUAL.

Barcelona, Setiembre 2 de 1889.

Señor Ministro:—Remito á V. E. el informe mensual de este Consulado correspondiente al mes de Agosto último.

Han zarpado en este mes doce buques que representan un tonelaje de 25.087 y llevan una tripulacion de 949 hombres.

Las mercancías embarcadas para Buenos Aires y Rosario consisten en las siguientes principales partidas:—1.346 pipas de vino, 1.005 cajas aceite, 33 cajas de azafran, 610 de aguardiente, 289 de aceitunas, 793 de pimenton y 125 de almendra.

Emigrantes.—Han partido durante el mes de Agosto último 1.577 emigrantes, en su mayor parte obreros é industriales de Cataluña y agricultores de Palma de Mallorca y demás islas Baleares.

Precios de los artículos argentinos.

Cueros.—La situacion de esta plaza respecto á cueros contiúan en el mismo estado de calma del mes anterior; sin embargo, el último arribo por el vapor «Campeador» ha dado lugar á la venta de tres mil cueros de epidemia de la provincia de Córdoba y á cuatro mil seiscientos superiores de la misma procedencia, colocados á precios reservados entre curtidores y almacenistas por menor.

Maiz.—Se venden los de la península á pesetas 9 los 70 kilos y los de la República de 8 á 8.50 pesetas la misma medida.

Precio de los artículos extranjeros.

Trigos.—A 13.25 pesetas los 70 litros.

Arroz.—A 19 pesetas el quiutal.

Aguardientes.—A 84 pesetas los 516 litros.

Aceites.—El arribo de importantes partidas de Andalucía ha hecho declinar los precios, quedando el de esta procedencia de 17.50 á 18.25 pesetas y el de Tortosa de 19 á 21 la carga de 115 kilos.

Azúcar refinada.—Se vende el quintal de 45 á 46 pesetas.

Cebada.—De 5 á 6 pesetas los 70 litros.

Habichuelas.—Se venden de 17 á 18 pesetas los 70 litros.

Habas.—De 6 á 9 pesetas los 70 litros.

Precio del ganado para el consumo.

Un buey..............	de 60 á 80 duros
Una vaca.............	« « « « «

Una ternera............	de 30 «	40	duros
Un carnero.......... ..	« 5 «	10	«
« cordero.......... ..	« 3 «	5	«
« cabrito.....	« 1 «	3	«
Una cabra....	« 5 «	10	«

Saludo á V. E. con mi mayor consideracion.

A. Peralta Iramain.

Octubre 4 de 1889.—Publíquese en el Boletin Mensual del Ministerio.—ZEBALLOS.

Vice Consulado en Ravena.

INFORME MENSUAL.

Ravena, Agosto 22 de 1889.

Señor Ministro:—Tengo el honor de remitir á V. E. el Informe de precios corrientes obtenidos en este mercado de Ravena en el mes de Julio ppdo.

Informe de precios corrientes obtenidos en el mercado de Ravena en el mes de Julio de 1889.

Carne fresca	1.ª	calidad...	los 100 kilóg.	L.	160
Id.	2.ª	id. ..	«	«	140

Carnero.........	los 100 kilóg.	L.	150
Ternera..................	«	«	120
Trigo 1.ª calidad.........	el hectolitro.	«	24
Id. 2.ª id.	«	«	23.75
Maíz 1.ª id.	«	«	16.75
Id. 2.ª id.	«	«	15.75
Harina de trigo..........	los 100 kilóg.	«	
Azúcar..................	« «	«	140
Avena 1.ª calidad........	« «	«	18
Id. 2.ª id.	« «	«	17
Porotos..	« «	«	
Café en grano............	« «	«	
Id. en polvo............	« «	»	
Vino para pasto 1.ª calidad	el hectolitro	«	42
Id. de 2.ª calidad.......	«	«	32
Aceite de oliva 1.ª id.....	«	«	150
Id. id. 2.ª id.....	«	«	130
Cueros frescos.			

Aprovecho esta ocasion para renovar á V. E. la seguridad de mi mas alta consideracion.

Cárlos Rasi, Vice-Cónsul.

Octubre 4 de 1889.—Publíquese en el Boletin Mensual del Ministerio.—ZEBALLOS.

Vice-Consulado en Chiavari.

INFORME MENSUAL.

Chiavari, 2 de Setiembre de 1889.

Señor Ministro:—Tengo el honor de elevar á manos de V. E. el Informe Mensual de este Vice Consulado, correspondiente al pasado mes de Agosto, referente á los precios que han obtenido los cereales y demás artículos que van expresados á continuacion.

El precio de los granos en esta plaza, en dicho mes, fué el siguiente:

Trigo para pan........	los 100	k.	frs.	24.50	á	frs.	25.50
Id duro.............	«	«	«	23.50	«	«	25.00
Harina................	«	«	«	36.00	«	«	38.00
Maíz	«	«	«	18.50	«	«	19.50
Avena............ ...	«	«	«	17.50	«	«	18.50
Arroz................	«	«	«	36.00	«	«	47.00
Aceite de oliva 1.ª calidad superior............	«	«	«	180.00	«	»	185.00
Aceite de oliva 1.ª calidad	«	«	«	135.00	«	«	140.00
« « « 2.ª calidad	«	«	«	127 00	«	«	130.00
Papas................	«	«	«	8.00	«	«	9.50
Queso del Valle de Aveto	«	«	«	202.00	«	«	304.00
Jabon	«	«	«	45.00	«	«	50.00
Vino blanco buena calidad, el hectólitro.....	«	«	«	34.00	«	«	38.00
Ladrillos el mil...... ..	«	«	«	42.00	«	«	45.00

En el mes de Agosto se han sacrificado en el matadero municipal, para consumo de la poblacion, las reses vacunas siguientes:

Reses mayores..........	46
Id menores.....	199
Total....................	245

El precio de las carnes y corambre en dicho mes fué el siguiente:

Ternera..............	los	100	k.	frs.	150	á	frs.	190
Vaca.....	«	«	«	«	120	«	«	160
Buey	«	«	«	«	120	«	«	160
Cabra................	«	«	«	«	80	«	«	90
Tocino...............	«	«	«	«	140	«	«	150
Cueros frescos de ternera	«	«	«	«	100	«	«	110
Id id de vaca..	«	«	«	«	70	«	«	80

La salud pública es muy satisfactoria, sea en la ciudad como en sus alrededores.

Tengo el honor de saludar á V. E. con mi mas distinguida consideracion y respeto.

José Rivarola, Vice Cónsul.

Octubre 4 de 1889.—Publíquese en el Boletin Mensual del Ministerio.—Zeballos.

Vice Consulado en San Remo.

INFORME MENSUAL.

San Remo, Setiembre 5 de 1889.

Señor Ministro:—Tengo el honor de enviar á V. E. el Informe mensual de este Vice Consulado, correspondiente al mes de Agosto próximo pasado.

Harina fina..............	Liras	37	los 100 kilos.
Maíz.......	«	21	»
Carne fresca de vaca......	«	1.20	el kilo.
Id id de buey......	«	1.50	«
Limones...........	«	12	por 1000
Aceite de oliva, 1.ª calidad.	«	120 á 125	los 100 kilos.
Id id, 2.ª id...	«	100 á 104	«

Estado sanitario bueno.

Sírvase V. E. aceptar las seguridades de mi consideracion mas distinguida.

Dr. T. Bobone, Vice Cónsul.

Octubre 4 de 1889.—Publíquese en el Boletin Mensual del Ministerio.—ZEBALLOS.

Consulado General en la R. O. del Uruguay.

INFORME SEMESTRAL.

Montevideo, Octubre 5 de 1889.

Señor Ministro:—Adjuntas tengo el honor de elevar á ese Ministerio las Memorias parciales de los Consuladas en el Salto, Paysandú y Colonia y las de los Vice Consulados en Carmelo,

Rosario, Conchillas, Sauce, Mercedes, Riachuelo y Santa Rosa, que agregadas á las de este Consulado General, instruirán á V. E. del movimiento de comercio y navegacion habido entre puertos de este país y los de la República Argentina á partir del 1.° de Abril hasta el 30 de Setiembre del corriente año.

Productos uruguayos exportados para la República Argentina por el puerto de Montevideo durante el mes de Abril.

296.070 adoquines, 570.000 cebollas, 70.000 ajos, 2.028.000 kilos piedra en bruto.

Mayo.—248.000 adoquines, 2.365.000 kilos piedra en bruto, 500 metros cordon de vereda, 70.000 cebollas.

Júnio.—3.210.000 kilos piedra en bruto. 156.000 adoquines, 2.710 metros cordon de vereda, 150.000 cebollas, 30 canastos limones.

Julio.—188.550 adoquines, 1.710 metros cordon de vereda, 1.566.000 kilos piedra en bruto.

Agosto.—35.000 adoquines, 3.000 metros cordon de vereda, 718.000 kilos piedra en bruto, 31 canastos verdura.

Setiembre.—320.000 kilos piedra en bruto, 42.000 adoquines, 2.900 metros cordon de vereda.

Estado demostrativo de los buques mercantes argentinos que han entrado en el puerto de Montevideo y salido del mismo durante el mes de

ABRIL.

Entrada.

Con carga.—28 buques con 9236 toneladas y 664 tripulantes.
En lastre.—5 buques con 1.139 toneladas y 75 tripulantes.
Total.—33 buques, 10.375 toneladas y 739 tripulantes.

Salida.

Con carga.—33 buques con 10.375 toneladas y 739 tripulantes.
Total.—33 buques, 10.375 toneladas y 739 tripulantes.

Navegacion directa é indirecta.—Entrada.

De puertos argentinos.—20 buques con 9.228 toneladas y 644 tripulantes

De puertos extranjeros.—13 buques con 1.147 toneladas y 95 tripulantes.

Total.—33 buques, 10.375 toneladas y 739 tripulantes.

Salida.

Para puertos argentinos.—11 buques con 2.895 toneladas y 179 tripulantes.

Para puertos extranjeros.—22 buques con 7.480 toneladas y 560 tripulantes.

Total.—33 buques, 10.375 toneladas y 739 tipulantes.

MAYO.

Entrada.

Con carga.—30 buques con 9.691 toneladas y 690 tripulantes.

En lastre.—7 buques con 1.540 toneladas y 121 tripulantes.

Total. –37 buques, 11.231 toneladas y 811 tripulantes.

Salida.

Con carga. 35 buques con 10.977 toneladas y 794 tripulantes

En lastre.—2 buques con 254 toneladas y 17 tripulantes.

Total.—37 buques, 11.231 toneladas y 811 tripulantes.

Navegacion directa é indirecta.—Entrada.

De puertos argentinos.—26 buques con 10.591 toneladas y 717 tripulantes.

De puertos extranjeros.—11 buques con 640 toneladas y 54 tripulantes.

Total.—37 buques, 11.231 toneladas y 811 tripulantes.

Salida.

Para puertos argentinos.—10 buques con 1.981 toneladas y 136 tripulantes.

Para puertos extranjeros.—27 buques con 9.250 toneladas y 675 tripulantes.

Total.—37 buques, 11.231 toneladas y 811 tripulantes.

JUNIO.

Entrada.

Con carga.—33 buques con 10.299 toneladas y 759 tripulantes.

En lastre.—7 buques con 1.387 toneladas y 96 tripulantes.

Total.—40 buques, 11.686 toneladas y 855 tripulantes.

Salida.

Con carga.—30 buques con 10.863 toneladas y 773 tripulantes.

En lastre.—10 buques con 823 toneladas y 82 tripulantes.

Total.—40 buques, 11.686 toneladas y 855 tripulantes.

Navegacion directa é indirecta.—Entrada.

De puertos argentinos.—29 buques con 11.040 toneladas y 793 tripulantes.

De puertos extranjeros.—11 buques con 646 toneladas y 62 tripulantes.

Total.—40 buques, 11.686 toneladas y 855 tripulantes.

Salida.

Para puertos argentinos.—15 buques con 2.117 toneladas y 172 tripulantes.

Para puertos extranjeros.—25 buques con 9.569 toneladas y 683 tripulantes.

Total.—40 buques, 11.686 toneladas y 855 tripulantes.

JULIO.

Entrada.

Con carga.—29 buques con 9.321 toneladas y 693 tripulantes.

En lastre.—14 buques con 2.179 toneladas y 173 tripulantes.

Total.—43 buques, 11.500 toneladas y 866 tripulantes.

Salida.

Con carga.—34 buques con 10.796 toneladas y 782 tripulantes.

En lastre.—9 buques con 704 toneladas y 84 tripulantes.

Total.—43 buques, 11.500 toneladas y 866 tripulantes.

Navegacion directa é indirecta.—Entrada.

De puertos argentinos.—30 buques con 11.079 toneladas y 808 tripulantes.

De puertos extranjeros.—12 buques con 421 toneladas y 58 tripulantes.

Total.—43 buques, 11.500 toneladas y 866 tripulantes.

Salida.

Para puertos argentinos.—22 buques con 2.793 toneladas y 245 tripulantes.

Para puertos extranjeros.—21 buques con 8.707 toneladas y 621 tripulantes.

Total.—43 buques, 11.500 toneladas y 866 tripulantes.

AGOSTO.

Entrada.

Con carga.—27 buques con 10.389 toneladas y 690 tripulantes

Total.—27 buques, 10.389 toneladas y 690 tripulantes.

Salida.

Con carga.—27 buques con 10.389 toneladas y 690 tripulantes.

Total.—27 buques, 10.389 toneladas y 690 tripulantes.

Navegacion directa é indirecta.—Entrada.

De puertos argentinos.—18 buques con 9.996 toneladas y 643 tripulantes.

De puertos extranjeros.—9 buques con 393 toneladas y 47 tripulantes.

Total.—27 buques, 10.389 toneladas y 690 tripulantes.

Salida

Para puertos argentinos.—6 buques con 1.494 toneladas y 65 tripulantes.

Para puertos extranjeros.—21 buques con 8.895 toneladas y 625 tripulantes.

Total.—27 buques, 10.389 toneladas y 690 tripulantes.

SETIEMBRE.

Entrada.

Con carga.—31 buques con 7.870 toneladas y 659 tripulantes.

En lastre.—2 buques con 648 toneladas y 36 tripulantes.

Total.—33 buques, 8.518 toneladas y 695 tripulantes

Salida.

Con carga.—29 buques con 8.120 toneladas y 666 tripulantes.

En lastre.—4 buques con 398 toneladas y 29 tripulantes.

Total.—33 buques, 8.518 toneladas y 695 tripulantes.

Navegacion directa é indirecta.—Entrada.

De puertos argentinos.—17 buques con 7.658 toneladas y 600 tripulantes.

De puertos extranjeros.—16 buques con 860 toneladas y 95 tripulantes.

Total.—33 buques, 8.518 toneladas y 695 tripulantes.

Salida.

Para puertos argentinos.—10 buques con 1.576 toneladas y 107 tripulantes.

Para puertos extranjeros.—23 buques con 6.942 toneladas y 588 tripulantes.

Total.—33 buques, 8.518 toneladas y 695 tripulantes.

Sin novedad alguna digna de distraer la atencion de V. E. aprovecho la oportunidad para reiterar al Señor Ministro las seguridades de mi mayor consideracion.

José Guido.

Octubre 7 de 1889.—Publíquese en el Boletin Mensual del Ministerio.—ZEBALLOS.

Consulado en Salto Oriental.

INFORME TRIMESTRAL.

Salto Oriental, 3 de Julio de 1889.

Señor Cónsul General:—Tengo el honor de remitir á S. S. cuatro cu dros demostrativos del movimiento general habido en esta Oficina en el trimestre que acabó en 30 de Junio.

Estado demostrativo de los buques mercantes argentinos que han entrado en este puerto del Salto y salido del mismo en los meses de Abril, Mayo y Junio de 1889.

Entrados.—74 Buques, con 21.686 toneladas y 1.555 tripulantes.

Salidos.— Para la República Argentina:

Con carga, 5 Buques con 375 toneladas y 43 tripulantes.

En lastre, 15 id. id. 579 id. id. 59 id.

Para otros puntos con carga 35 id. id. 18.747 id. id. 1.298 id.

En lastre, 19 id. id. 1.985 id. id. 155 id.

Total: 74 Buques con 21.686 toneladas y 1.555 tripulantes.

Relacion demostrativa de los buques mercantes extranjeros salidos de este puerto con destino á la República Argentina en los meses de Abril, Mayo y Junio de 1889.

Con carga.—13 Buques con 3.573 toneladas y 247 tripulantes.
En lastre.— 27 id. id. 1004 id. id. 123 id.
Totales: 40 Buques con 4.577 toneladas y 370 tripulantes.

Cuadro demostrativo de la Exportacion habida de esta plaza para la República Argentina en los meses de Abril, Mayo y Junio de 1889.

1.071 Fardos lana con 583.091 kilos.
298 id. Pieles lanares id. 144.412 id.
19 id. Cerda id. 10.783 id.
Sal de Cádiz id. 330.265 id.
8 Pipas aceite potro id. 6.422 id.
11 Fardos garras id. 2.800 id.
1.714 Cueros potro salados id. 29 644 id.
Piedra ágata id. 72.034 id.
7.290 Astas.
200 Rollos de alambre.
2 Cajones 50 docenas sombreros.
1 Fardo 75 frazadas lana.

Con tal motivo, me es grato saludar al Señor Cónsul General muy atentamente.

J. Etcheverry.

Consulado en Colonia.

INFORME MENSUAL.

Colonia, Julio 6 de 1889.

Señor Cónsul:—Adjunto envío á S. S. el estado duplicado del movimiento marítimo habido en el mes de Junio próximo pasado.

Lo exportado para la República Argentina ha consistido en lo siguiente: 3 746 toneladas de arena, 1 354 toneladas piedra, 3 495 capones, 200 metros cordon, 30 metros trotadoras y 27 500 adoquines.

Estado demostrativo del movimiento marítimo habido en el mes de Junio de 1889.

ENTRADA.

10 vapores, 731 toneladas, 103 tripulantes y 115 pasajeros.

61 buques de vela, 4 155 toneladas y 468 tripulantes.

71 buques en lastre, 4886 toneladas, 571 tripulantes y 115 pasajeros.

De puertos argentinos 71, 4 886 toneladas, 571 tripulantes y 115 pasajeros.

Con bandera argentina 52, 3 682 toneladas, 414 tripulantes y 115 pasajeros.

Con bandera oriental 17, 1 082 toneladas, 141 tripulantes y 115 pasajeros.

Otras banderas 2, 122 toneladas, 16 tripulantes y 115 pasajeros.

SALIDA.

10 vapores, 731 toneladas, 103 tripulantes y 127 pasajeros.

61 buques de vela, 5 635 toneladas, 468 tripulantes y 127 pasajeros.

61 buques con carga, 5 635 toneladas, 468 tripulantes.

10 buques en lastre, 731 toneladas, 103 tripulantes y 127 pasajeros.

Para puertos argentinos 71, 6 366 toneladas, 571 tripulantes y 127 pasajeros.

Con bandera argentina 52, 4 587 toneladas, 414 tripulantes y 127 pasajeros.

Con bandera oriental 17, 1 617 toneladas y 141 tripulantes.

Otras banderas 2, 162 toneladas, 16 tripulantes y 127 pasajeros.

Aprovecho la oportunidad para saludar atentamente al Señor Cónsul General.

B. A. Esquiano.

Vice Consulado en Carmelo.

I.—INFORME POR ABRIL.

Carmelo, Mayo 1.° de 1889.

Señor Cónsul.—Cumplo con el deber de elevar á manos de S. S. el estado del movimiento marítimo habido en esta oficina en el mes de Abril y el de los emolumentos percibidos en el mismo.

Esta oficina ha intervenido en el despacho de sesenta y tres buques, que han conducido para puertos argentinos, 393. 900 adoquines, 311 toneladas piedra, 48 toneladas arena, 933 toneladas pedregullo, 1. 300 metros cordon de vereda, 134 esterios leña y 200 metros trotadoras.

Saludo á S. S. con mi mayor consideracion y estima.

Adolfo Pons.

II.—INFORME POR MAYO.

Carmelo, Mayo 31 de 1889.

Señor Cônsul:—Hallándome al frente de esta oficina, por ausencia del Señor Vice Cónsul, cumplo con el deber de remitir á S. S. el cuadro demostrativo del movimiento marítimo habido en el mes que finaliza con la presente fecha y el de los emolumentos percibidos en el mismo.

Se han despachado cincuenta buques con 4 235 toneladas de registro y 390 tripulantes que han conducido 370 600 adoquines, 145 toneladas piedra, 48 toneladas arena, 1 145 toneladas pedregullo, 25 animales vacunos y 6 caballos en pié.

Saludo á S. S. con mi mayor consideracion.

Santiago E. Carassale, Auxiliar.

III.—INFORME POR JUNIO.

Carmelo, Junio 30 de 1889.

Señor Cônsul:—Cumplo con el deber de elevar á manos de S. S. el estado demostrativo del movimiento marítimo habido en esta oficina en el mes de la fecha, y el de los emolumentos percibidos.

Los buques despachados por esta oficina ascienden á 62 con 3 729 toneladas de registro y 396 tripulantes, los que han conducido con destino á la República Argentina, 250 200 adoquines, 805 toneladas piedra, 134 toneladas arena, 662 toneladas pedregullo, 350 metros trotadoras, 570 metros cordon para vereda y 30 esterios leña.

Saludo á S. S. con mi mayor consideracion.

Santiago E. Carassale, Auxiliar.

IV.—INFORME POR JULIO.

Carmelo, Agosto 1.° de 1889.

Señor Cónsul:—Remito á S. S. el estado demostrativo del movimiento marítimo habido en este Vice Consulado en el pasado mes de Julio, así como el de los emolumentos percibidos en el mismo.

Se han exportado para distintos puertos de la República Argentina, como podrá S. S. cerciorarse por el estado adjunto, 148 800 adoquines, 551 toneladas piedra, 269 toneladas arena, 230 toneladas pedregullo, 760 metros cordon de vereda, 50 novillos en pié, 69 esterios leña.

En los meses trascurridos del corriente año, han salido para Buenos Aires 1 269 pasajeros de ambos sexos.

Saludo á S. S. con mi mayor consideracion y aprecio.

Adolfo Pons.

V.—INFORME POR AGOSTO.

Carmelo, Agosto 31 de 1889.

Señor Cónsul:—Tengo el honor de acompañar á S. S. un estado del movimiento de buques en este Vice Consulado y otro de los emolumentos percibidos, correspondientes al mes que hoy concluye.

Ha intervenido esta oficina en el despacho de 35 buuqes, de los cuales 34 han salido para los puertos de Buenos Aires, Rosario de Santa Fe, Corrientes, Paraná y Santa Fe, conduciendo 164 000 adoquines, 887 toneladas piedra, 183 toneladas arena, 120 esterios leña, 600 metros cordon de vereda y 250 metros trotadoras.

Saludo á S. S. con mi mayor consideracion y estima.

Adolfo Pons.

VI.—INFORME POR SETIEMBRE.

Carmelo, Octubre 1.° de 1889.

Señor Cónsul:—Los estados adjuntos, que me es grato elevar á manos de S. S., le impondrán del movimiento habido en este Vice Consulado en el pasado mes de Setiembre, así como de los emolumentos percibidos en el mismo.

Por puertos argentinos han salido 41 buques, en el despacho de los cuales ha intervenido esta oficina; cuyos buques han conducido 145 900 adoquines, 1051 toneladas piedra, 205 toneladas arena y 15 esterios leña.

Saludo á S. S. con mi mayor consideracion y aprecio.

Adolfo Pons.

Vice Consulado en Rosario.

I.—INFORME POR ABRIL.

Rosario, Abril 30 de 1889.

Señor Cónsul General:—Remito á S. S. dos estados: uno que demuestra el movimiento de manifiestos y el otro lo producido en el mes de la fecha.

El movimiento ha sido de 26 buques, así repartidos:

17 Buques á Buenos Aires con 1432 toneladas piedra.
2 id. id. id. id. 125 id. arena.
3 id. id. id. id. 600 yuntas aves.
1 id. id. id. Salto (R. O.) frutos F. del país.
3 id. id. Santa Fe en lastre.
26 en total.

A. Gamas.

II.—INFORME POR MAYO.

Rosario, Mayo 31 de 1889.

Señor Cónsul General:—Remito á S. S. dos estados: uno que demuestra el movimiento de manifiestos y otro el de la venta producida.

El movimiento de buques ha sido de 15 con 1442 toneladas piedra y 400 yuntas aves para Buenos Aires.

Dios guarde á S. S. muchos años.

A. Gamas.

III.—INFORME POR JUNIO.

Rosario, Junio 30 de 1889.

Señor Cónsul General:—Adjunto remito á S. S. dos estados: uno que demuestra lo producido y el otro el movimiento de manifiestos habido en el mes que hoy concluye.

Se han despachado 18 buques.

14 con piedra, 1.101 toneladas para Buenos Aires.

3 con aves, 1200 id. id.

1 en lastre para Santa Fe.

Dios guarde á S. S. muchos años.

A. Gamas.

IV.—INFORME POR JULIO.

Rosario, Agosto 3 de 1889.

Señor Cónsul General:—Remito á S. S. dos estados: uno que demuestra el movimiento de manifiestos y el otro de la renta producida en el mes que hoy concluye.

El movimiento de buques es el siguiente:

15 buques para la República Argentina con 1.368 toneladas y 328 arena.

2 id. id. Santa Fe id. 328 id. id.
4 id. id. Buenos Aires en lastre y con aves.
Total: 21.
Dios guarde á S. S. muchos años.

A. Gamas.

V.—INFORME POR AGOSTO.

Rosario, Agosto 31 de 1889.

Señor Cónsul General:—Remito á S. S. dos estados que demuestran el movimiento habido en esta Oficina.

El número de buques ha sido de 13, los que han cargado 944 toneladas piedra y 400 aves para la República Argentina.

Dios guarde á S. S. muchos años.

A. Gamas.

VI.—INFORME POR SETIEMBRE.

Rosario, Setiembre 31 de 1889.

Señor Cónsul General:—Tengo el honor de remitir á S. S. los estados correspondientes al mes que hoy concluye. Como se verá, el movimiento habido es de:

18 buques con 1.298 toneladas arena y piedra para Buenos Aires y 5 de estos con 380 yuntas aves.

Dios guarde á S. S. muchos años.

A. Gamas.

Vice Consulado en Conchillas.

I.—INFORME POR ABRIL.

Conchillas, Mayo 5 de 1889.

Señor Cónsul General:—Tengo el honor de elevar á manos de S. S. los estados de práctica que resúmen el movimiento y producido de esta oficina consular durante el mes de Abril ppdo·

Estado demostrativo del número de buques despachados para la República Argentina por el Resguardo de Conchillas durante el mes de, Abril y en los cuales ha tomado la debida intervencion este Vice Consulado.

Entrada.

Abril 30.—13 buques á vapor con 1920 toneladas.

92 A vela con 10823 toneladas.

Siendo de estos 82 argentinos y 23 extranjeros.

Salida.

Abril 30.—13 buques á vapor con 3010 toneladas.

92 Buques á vela con 12,887 toneladas.

Conduciendo 2619 toneladas de arena, 3704 toneladas de adoquines y 9544 toneladas de piedra.

Siendo de estos 82 argentinos y 23 extranjeros.

Saludo al señor Cónsul General con toda consideracion.

Alberto C. Jorge, Vice Cónsul.

II.—INFORME POR MAYO.

Conchillas, Junio 4 de 1889.

Senor Cónsul General.—Elevo á S. S. los estados que resúmen el movimiento y producido de este Vice Consulado durante el mes de Mayo último.

Estado demostrativo del número de buques despachados para la República Argentina por el Resguardo de Conchillas durante el mes de Mayo y en los cuales ha tomado la debida intervencion este ViceConsulado.

Entrada.

Mayo 31.—22 buques á vapor con 3418 toneladas.

89 Buques á vela con 10,961 toneladas.

Siendo de estos 80 argentinos y 31 extranjeros.

Salida.

Mayo 31.—22 buques á vapor con 4620 toneladas.

89 buques á vela con 13,883 toneladas.

Conduciendo 2772 toneladas de arena, 4509 toneladas adoquines y 11,322 toneladas piedra.

Siendo de estos 80 argentinos y 31 extranjeros.

Reitero á S. S. los sentimientos de mi mayor consideracion.

Alberto C. Jorge, Vice Cónsul.

III.—INFORME POR JUNIO.

Conchillas, Julio 8 de 1889.

Señor Cónsul General:—Tengo el honor de enviar al Señor Cónsul General los estados que demuestran el movimiento de buques y el producto por emolumentos habido en este Vice Consulado durante el mes de Junio ppdo.

Estado demostrativo del número de buques despachados para la República Argentina por el Resguardo de Conchillas durante el mes de Junio de 1889, y en los cuales ha tomado la debida intervencion este Vice Consulado.

Entrada.

Julio 1.º—27 Buques á vapor con 3650 toneladas.

81 Buques á vela con 11,489 toneladas.

Siendo de estos 78 argentinos y 30 extranjeros.

Salida.

Junio 30.—27 Buques á vapor con 3109 toneladas.

81 Buques á vela con 14,989 toneladas.

Conduciendo 4750 toneladas de arena, 2719 toneladas adoquines y 12,629 toneladas de piedra.

Siendo de estos 78 argentinos y 30 extranjeros.

Saludo á S. S. con mi distinguida consideracion.

Alberto C. Jorge, Vice Cónsul.

IV.—INFORME POR JULIO.

Conchillas, Agosto 3 de 1889.

Señor Cónsul General:—Tengo el honor de elevar al Consulado General los estados mensuales que resúmen las operaciones y el producido de este Vice Consulado durante el mes de Julio último.

Estado demostrativo del número de buques despachados para la República Argentina por el Resguardo de Conchillas durante el mes de Julio de 1889, y en los cuales ha tomado la debida intervencion este Vice Consulado.

Entrada.

Julio 31.—42 Buques á vapor con 5848 toneladas.

96 Buques á vela con 11,970 toneladas.

Siendo de estos 90 argentinos y 48 extranjeros.

Salida.

Julio 31.—42 Buques á vapor con 8796 toneladas.

96 Buques á vela con 14,531 toneladas.

Conduciendo 6239 toneladas de arena, 2592 toneladas adoquines y 14,495 toneladas piedra.

Siendo de estos 90 argentinos y 48 extranjeros.

Dios guarde á S. S.

Alberto C. Jorge, Vice Cónsul.

V.—INFORME POR AGOSTO.

Conchillas, Setiembre 4 de 1889.

Señor Cónsul General:—Elevo á ese Consulado General dos estados demostrativos del movimiento de buques y del producido de esta oficina durante el mes de Agosto último.

Estado demostrativo del número de buques despachados para la República Argentina por el Resguardo de Conchillas durante el mes de Agosto de 1889, y en los cuales ha tomado la debida intervencion este Vice Consulado.

Entrada.

Agosto 31.—46 Buques á vapor con 7498 toneladas.

90 Buques á vela con 12,133 toneladas.

Siendo de estos 81 argentinos y 55 extranjeros.

Salida.

Agosto 31.—46 Buques á vapor con 9845 toneladas.

90 Buques á vela con 16,137 toneladas.

Conduciendo 7288 toneladas de arena, 3409 toneladas adoquines y 14,295 toneladas piedra.

Siendo de estos 81 argentinos y 55 extranjeros.

Saludo á S. S. con toda consideracion.

Alberto C. Jorge, Vice Cónsul.

Vice Consulado en el Sauce.

I.—INFORME POR ABRIL.

Sauce, Mayo 8 de 1889.

Señor Cónsul General:—Tengo el honor de adjuntar á S. S. el estado demostrativo del movimiento marítimo habido en este Vice Consulado en el mes de Abril ppdo.

La exportacion habida en el expresado mes para puertos argertinos consiste en lo siguiente: 7063 toneladas de piedra bruta, 330 metros lineales de piedra labrada, 30 000 adoquines y 170 toneladas de arena.

En cuanto á la importacion de productos argentinos no se ha hecho operacion alguna por este puerto.

Con este motivo aprovecho la oportunidad para reiterar al Señor Cónsul General las seguridades de mi mas alta consideracion y estima.

Manuel J. Ramos.

II.—INFORME POR JUNIO.

Sauce, Junio 8 de 1889.

Señor Cónsul General:—Tengo el agrado de adjuntar á S. S. el estado demostrativo del movimiento marítimo habido en Vice Consulado en el mes de Mayo ppdo.

La exportacion habida en el expresado mes para puertos argentinos consiste en lo siguiente: 6 131 toneladas de piedra, 27 000 adoquines y 96 toneladas de arena.

Tambien se ha exportado para Montevideo 612 hectólitros de trigo con 49 000 kilos.

En cuanto á la importacion de productos argentinos, no se ha hecho operacion alguna por este puerto.

Con este motivo, aprovecho la oportunidad para reiterar al Señor Cónsul General las seguridades de mi mas alta consideracion y estima.

Manuel J. Ramos.

III.—INFORME POR JULIO.

Sauce, Agosto 8 de 1889.

Señor Cónsul General:—Tengo el honor de adjuntar á S. S. el estado demostrativo del movimiento marítimo habido en este Vice Consulado en el mes de Julio ppdo.

La exportacion habida en el expresado mes para puertos argentinos consiste en lo siguiente: 2958 toneladas de piedra bruta, 1222 toneladas de arena y 15 000 adoquines.

Con este motivo, aprovecho la oportunidad para reiterar al Señor Cónsul General las seguridades de mi mas alta consideracion y estima.

Manuel J. Ramos.

IV.—INFORME POR AGOSTO.

Sauce, Setiembre 8 de 1889.

Señor Cónsul General:—Tengo el honor de adjuntar á S. S. el estado demostrativo del movimiento marítimo habido en este Vice Consulado en el mes de Agosto ppdo.

La exportacion habida en el expresado mes para puertos argentinos consiste en lo siguiente: 3 398 toneladas de arena.

Con este motivo, aprovecho la oportunidad para reiterar al Señor Cónsul General las seguridades de mi mas alta consideracion y estima.

Manuel J. Ramos.

Octubre 9 de 1889. — Publíquese en el Boletin Mensual del Ministerio. —Zeballos.

Vice Consulado en Santa Rosa.

INFORME TRIMESTRAL.

Santa Rosa, Julio 5 de 1889.

Señor Cónsul General:—Con la presente tengo el honor de incluir á S. S. un informe trimestral que corresponde á detallar las operaciones practicadas en esta Oficina durante los meses de Abril, Mayo y Junio ppdos.

Estado demostrativo de la salida de buques para puertos de la República Argentina durante los meses de Mayo y Junio de 1889.

ENTRADA.

5 Buques, 117 toneladas, 11 tripulantes.

SALIDA.

Con bandera argentina...	3 buques	111 tonls.	9 trip.
Id. id. oriental....	1 «	3 «	1 «
Id. id. brasilera....	1 «	3 «	1 «
Total....	5 buques	117 tonls.	11 trip.

Con carga....	4 buques	114 tonls.	10 trip.
En lastre.....	1 «	3 «	1 «
Total..	5 buques	117 tonls.	11 trip.

De tránsito para la República Argentina:

120 Bultos mercaderías.

1252 Novillos, 423 vacas y 1 Buey.

IMPORTACION.

Abril........	7 530	medios postes	y estacones.
Mayo........	4 798	id.	id.
Junio........	800	id.	id.

Estado demostrativo del movimiento marítimo habido entre este Puerto y los de la República Argentina durante el mes de Julio próximo pasado.

ENTRADA.

4 buques, 122 toneladas y 10 tripulantes.

SALIDA.

Para la República Argentina:

Con bandera argentina...	3 buques	68 tonls.	6 trip.
Id. id. y en lastre...	1 «	54 «	4 «
Suma....	4 buques	122 tonls.	10 trip.

De tránsito para la República Argentina:

197 bultos mercaderías.
70 animales vacunos.
99 animales caballares.

Sin otro motivo, acepte S. S. las seguridades de mi mas alta consideracion.

Juan Hardoy, Vice Cónsul.

Vice Consulado en Riachuelo.

I.—INFORME POR ABRIL.

Riachuelo, Mayo 5 de 1889.

Señor Cónsul:—Tengo el honor de elevar á manos de S. S. los estados por duplicado del movimiento habido en esta oficina durante el mes de Abril próximo pasado.

La exportacion habida para puertos argentinos consiste en

8425 toneladas piedra bruta, 3677 toneladas arena y 453 toneladas pedregullo.

Estado demostrativo del movimiento marítimo habido en este Vice Consulado en el mes de Abril de 1889.

ENTRADA.

8 vapores, 238 toneladas y 70 tripulantes.

185 buques de vela, 9177 toneladas y 719 tripulantes.

193 buques en lastre, 9415 toneladas y 789 tripulantes.

193 de puertos argentinos, 9415 toneladas y 789 tripulantes.

174 con bandera argentina, 8597 toneladas y 732 tripulantes.

19 con bandera oriental, 818 toneladas, 789 tripulantes.

SALIDA.

8 vapores, 238 toneladas y 70 tripulantes.

185 buques de vela, 12555 toneladas y 719 tripulantes.

193 buques con carga, 12793 toneladas y 789 tripulantes.

193 para puertos argentinos, 12793 toneladas y 789 tripulantes.

174 con bandera argentina, 11573 toneladas y 732 tripulantes.

19 con bandera oriental, 1220 toneladas y 57 tripulantes.

Tengo el agrado de saludar al Señor Cónsul General atentamente.

Isaías Leguisamo

II.—INFORME POR MAYO.

Riachuelo, Junio 8 de 1889.

Señor Cónsul:—Tengo el honor de elevar á manos de S. S. los estados por duplicado del movimiento habido en este Vice Consulado en el mes de Mayo próximo pasado, así como la relacion de los emolumentos percibidos.

La exportacion para puertos de nuestro país consiste en 9 451 toneladas piedra bruta, 3 180 toneladas arena y 942 toneladas pedregullo.

Estado demostrativo del movimiento marítimo habido en este Vice Consulado en el mes de Mayo de 1889.

ENTRADA.

6 vapores, 153 toneladas y 51 tripulantes.

196 buques de vela, 9 878 toneladas y 742 tripulantes.

202 buques en lastre, 10 031 toneladas y 793 tripulantes.

202 del puertos argentinos, 10 031 toneladas y 793 tripulantes.

191 con bandera argentina, 9 651 toneladas y 760 tripulantes.

11 con bandera oriental, 380 toneladas y 33 tripulantes.

SALIDA.

6 vapores, 153 toneladas y 51 tripulantes.

196 buques de vela, 13 573 toneladas y 742 tripulantes.

196 buques con carga, 13 573 toneladas y 742 tripulantes.

6 buques en lastre, 153 toneladas y 51 tripulantes.

202 para puertos argentinos, 13 726 toneladas y 793 tripulantes.

191 con bandera argentina, 13 126 toneladas y 760 tripulantes

11 con bandera oriental, 600 toneladas y 33 tripulantes.

Tengo el agrado de saludar al Señor Cónsul General atentamente.

Isaias Leguisamo.

III.—INFORME POR JUNIO.

Riachuelo, Julio 2 de 1889.

Señor Cónsul:—Tengo el honor de adjuntar á S. S. los estados por duplicado del movimiento habido en este Vice Consulado en el mes de Junio próximo pasado.

La exportacion para puertos de nuestro país consiste en 5 440 toneladas piedra bruta, 4 232 toneladas arena y 384 toneladas pedregullo.

Estado demostrativo del movimiento marítimo habido en este Vice Consulado en el mes de Junio de 1889.

ENTRADA.

8 vapores, 221 toneladas y 69 tripulantes.

179 buques de vela, 6 913 toneladas y 886 tripulantes.

187 buques en lastre, 7 134 toneladas y 755 tripulantes.

187 de puertos argentinos, 7 134 toneladas y 755 tripulantes.

171 con bandera argentina, 6 536 toneladas y 703 tripulantes.

14 con bandera oriental, 523 toneladas y 42 tripulantes.

2 con bandera paraguaya, 75 toneladas y 10 tripulantes.

SALIDA.

8 vapores, 221 toneladas y 69 tripulantes.

179 buques de vela, 10 056 toneladas y 686 tripulantes.

179 buques con carga, 10 056 toneladas y 686 tripulantes.

8 buques en lastre, 221 toneladas y 69 tripulantes.

171 con bandera argentina, 9 292 toneladas y 703 tripulantes.

14 con bandera oriental, 860 toneladas y 42 tripulantes.

2 con bandera paraguaya, 125 toneladas y 10 tripulantes.

187 para puertos argentinos, 10 277 toneladas y 755 tripulantes.

Con tal motivo, tengo el agrado de saludar al Señor Cónsul General atentamente.

Isaias Leguizamo.

IV.—INFORME POR JULIO.

Riachuelo, Agosto 2 de 1889.

Señor Cónsul:—Tengo el agrado de elevar á poder de S. S. los estados por duplicado del movimiento habido en esta oficina durante el mes de Julio último.

La exportacion para puertos de nuestro país consiste en 2303 toneladas piedra bruta, 4362 toneladas arena, y 1077 toneladas pedregullo.

Estado demostrativo del movimiento habido en este Vice Consulado en el mes de Julio de 1889.

Entrada.

3 vapores, 68 toneladas y 27 tripulantes.

131 buques de vela, 5274 toneladas y 516 tripulantes.

134 buques en lastre, 5342 toneladas y 543 tripulantes.

134 de puertos argentinos, 5342 toneladas y 543 tripulantes.

123 con bandera argentina, 4886 toneladas y 503 tripulantes.

8 con bandera oriental, 320 toneladas y 24 tripulantes.

3 con bandera paraguaya, 136 toneladas y 16 tripulantes.

Salida.

3 vapores, 68 toneladas y 27 tripulantes.

131 buques de vela, 7742 toneladas y 516 tripulantes.

131 buques con carga, 7742 toneladas y 516 tripulantes.

3 buques en lastre, 68 toneladas y 27 tripulantes.

134 para puertos argentinos, 7810 toneladas y 543 tripulantes.

123 con bandera argentina, 7060 toneladas y 503 tripulantes.

8 con bandera oriental, 530 toneladas y 24 tripulantes.

3 con bandera paraguaya, 220 toneladas y 16 tripulantes.

Tengo el honor de saludar al Señor Cónsul General atentamente.

Isaias Leguísamo.

V.—INFORME POR AGOSTO.

Riachuelo, Setiembre 1.° de 1889.

Señor Cónsul:—Tengo el agrado de elevar á poder de S. S. por duplicado los estados demostrativos del movimiento habido en esta oficina en el mes de Agosto anterior.

La exportacion para puertos de nuestro país consiste en 895 toneladas piedra bruta, 652 toneladas pedregullo y 3824 toneladas de arena.

Estado demostrativo del movimiento marítimo habido en este Vice Consulado en el mes de Agosto de 1889.

ENTRADA.

92 buques de vela, 3 535 toneladas y 365 tripulantes.
92 buques en lastre, 3 535 toneladas y 365 tripulantes.
92 de puertos argentinos, 3 535 toneladas y 365 tripulantes.
81 con bandera argentina, 3 130 toneladas y 326 tripulantes.
7 con bandera oriental, 228 toneladas y 21 tripulantes.
4 con bandera paraguaya, 177 toneladas y 18 tripulantes.

SALIDA.

92 buques de vela, 5 371 toneladas y 365 tripulantes.
92 buques con carga, 5 371 toneladas y 365 tripulantes.
92 para puertos argentinos, 5 371 toneladas y 365 tripulantes.
81 con bandera argentina, 4 701 toneladas y 326 tripulantes.
7 con bandera oriental, 425 toneladas y 21 tripulantes,
4 con bandera paraguaya, 245 toneladas y 18 tripulantes.

Tengo el honor de saludar al Señor Cónsul General atentamente.

Isaias Leguísamo.

Consulado en Paysandú.

I.—INFORME POR AGOSTO.

Paysandú, Agosto 31 de 1889.

Señor Cónsul General:—Tengo el honor de acompañar á S. S. cinco cuadros demostrativos del movimiento de esta oficina en el presente mes, incluso una planilla de precios corrientes de frutos del país y ganado en este Departamento.

Cuadro número 1. Navegacion.—Id id 2. Exportacion de mercaderías.—Id id 3. Productos exportados.—Id id 4. Ganado en pié. Id id 5. Importacion.

Estado demostrativo de los buques mercantes argentinos que han entrado en el puerto de Paysandú y salido del mismo durante el mes de Agosto ppdo.

Entrada.

Con carga.—13 buques con 444 toneladas y 48 tripulantes.
En lastre.—11 buques con 1.992 toneladas y 160 tripulantes.
Total.—24 buques, 2.436 toneladas y 208 tripulantes.

Salida.

Con carga.—15 buques con 1.934 toneladas y 162 tripulantes.
En lastre.—9 buques con 502 toneladas y 46 tripulantes.
Total.—24 buques, 2.436 toneladas y 208 tripulantes.

Navegacion directa é indirecta.

Entrada.

De puertos argentinos.—17 buques con 518 toneladas y 72 tripulantes.

De puertos extranjeros.—7 buques con 1.918 toneladas y 136 tripulantes.

Total.—24 buques, 2.436 toneladas y 208 tripulantes.

Salida.

Para puertos argentinos.—14 buques con 2.050 toneladas y 161 tripulantes.

Para puertos extranjeros.—10 buques con 386 toneladas y 47 tripulantes.

Total.—24 buques, 2.436 toneladas y 208 tripulantes.

Mercaderías exportadas para la República Argentina en el mes de Agosto.

Reembarco.

1 210	piezas pino blanco............	1 509	m. cuadrados
893	« « tea..............	969	« «
4 000	baldosas francesas............		
2 595	cajones desarmados...........		
100	« kerosene...............	3 800	litros
100	rollos alambre................	4 600	kilos
21	barricas yeso en polvo..........	3 100	«
20	cajones fierro galvanizado.......	5 480	
14	atados flejes..............	325	
4	rollos cabo..................	180	
1	barrica tiza molida	295	
1	bulto punta Paris.............	20	

Exportacion.

1 motor y caldera vertical usado.

Prductos exportados para la República Argentina, en el mes de Agosto.

600 hectólitros cal apagada............	31 000	kilos
186 fardos carne tasajo, peso...........	13 782	«

Exportacion de ganado para la República Argentina en el mes de Agosto.

106 animales yeguarizos.

Productos importados de la República Argentina en el mes de Agosto.

4 750 estaquillas ñandubay.
400 1/2 postes id.
4 200 kilos papas.
350 bolsas harina de 1.ª clase 31 500 kilos.
50 id id 2.ª 450 id.
46 kilos queso
42 hectólitros maíz.

Precios corrientes de frutos del país y ganado en este Departamento en el mes de Agosto.

Cueros vacunos secos de 14 lb. arriba..	$ 4 80	40 lbs.
Id id becerros id 6 id....	« 4 00	14 «
Id id desechos.....................	« 4 00	40 «
Id nonato de 1 lb. á 6 id.	« 1 60	docena
Id potro secos..............	« —80	10 lbs.
Id l[illegible]		mils.

Cueros picados....	$ 75	80	mils.
Id corderitos sanos................	«	45	«
Cerda mezcla......................	« 17.50		quintal.
Pluma avestruz, segun clase..........	«	6 á 9	rs. lb.
Huesos de campo limpios............	« 10		tonelada

Ganado para el abasto.

Novillos.......	$ 9 50	abasto
Vacas...	« 8 00	«
Lanares	« 1 20	«

Saluda á S. S. con toda la mayor consideracion y estima.

Aurelio Velasquez.

II.—INFORME POR SETIEMBRE.

Paysandú, Setiembre 30 de 1889.

Señor Cónsul General:—Tengo el honor de acompañar á S. S. cinco cuadros demostrativos del movimiento de esta oficina en el presente mes, y una planilla de precios corriente de frutos del país y ganado para el consumo.

Cuadro número 1, Navegacion.—Id id 2, Mercaderías exportadas.—Id id 3, Exportacion de productos.—Id id 4, Productos importados.—Id id 6, Precios corrientes.

Estado demostrativo de los buques mercantes argentinos que han entrado en el puerto de Paysandú y salidas del mismo durante el mes de Setiembre.

Entrada.

Con carga.—13 buques con 724 toneladas y 59 tripulantes.
En lastre.—10 buques con 613 toneladas y 63 tripulantes.
Total.—23 buques, 1.337 toneladas y 122 tripulantes.

Salida.

Con carga.—15 buques con 1.208 toneladas y 101 tripulantes.
En lastre.—8 buques con 129 toneladas y 21 tripulantes.
Total.—23 buques, 1.337 toneladas y 122 tripulantes.

Navegacion directa é indirecta.

Entrada.

De puertos argentinos.—14 buques con 514 toneladas y 64 tripulantes.
De puertos extranjeros.—9 buques con 823 toneladas y 58 tripulantes.
Total.—23 buques, 1.337 toneladas y 122 tripulantes.

Salida.

Para puertos argentinos.—12 buques con 798 toneladas y 64 tripulantes.
Para puertos extranjeros.—11 buques con 539 toneladas y 58 tripulantes.
Total.—23 buques, 1.337 toneladas y 122 tripulantes.

Mercaderías exportadas para la República Argentina en el mes de Setiembre.

Reembarco.

530	piezas pino tea con	548	m. cuadrados
100	id id blanco	68	« «
15	id id hichon	37	« «
55	Ollas de hierro de 3 piés	565	kilos
40	barricas resina	4.800	«
40	cajones kerosene	1.520	litros
20	barricas ceniza soda	5.400	kilos
10	id tierra romana	1.150	«
5	tambores soda cáustica	1.440	

Exportacion.

6 atados con 45 pares manijas para arado.

Tránsito.

513 000 kilos carbon de piedra.

Productos exportados para la República Argentina en el mes de Setiembre.

1 300 cueros vacunos secos.............	13.345 kilos
250 hectólitros cal apagada...........	12.000 «
4 600 kilos cal viva..............	

Productos importados de la República Argentina en el mes de Setiembre.

1 745 Postes ñandubay.
2 200 medios postes id.
220 estacones.
1 202 cueros vacunos secos.
1 700 kilos papas.
55 bolsas harina, 495 kilos.
3 atados cueros nonatos con 36 cueros.

Precios corrientes de frutos del país y ganado en este Departamento en el mes de Setiembre.

Cueros vacunos secos................	$	4 50	40 lbs.
Id id becerros......	«	3 70	14 «
Id id desechos....................	«	3 70	
Id id mal desechos..........	«	2 90	
Id nonatos.	«	2 00	docena
Id potro secos................. ...	«	80	10 lbs.
Id lanares $^1/_4$ lana arriba....... ...		100 á 105	mls.
Id pelados sanos..................	«	2 20	docena
Id picados......	«	1 60	«
Id corderitos sanos.........	«	70	

Cerda mezcla.....................	$ 17 00		quintal
Pluma avestruz, segun clase.........	8	á	9 rs. libra
Huesos limpios de campo...........	« 10 50		tonelada

Ganado para el abasto.

Novillos........	$ 12 50	abasto
Vacas........................	« 9 50	«
Lanares......................	« 1 30	«

Saluda á S. S. con la mayor consideracion y estima.

Aurelio Velasquez.

Octubre 7 de 1889.—Publíquese en el Boletin Mensual del Ministerio.—ZEBALLOS.

Consulado en el Salto.

INFORME TRIMESTRAL.

Salto, Octubre 3 de 1889.

Señor Cónsul General:—Con la presente remito á S. S. cuatro cuadros demostrativos del movimiento general habido en este Consulado en los meses de Julio, Agosto y Setiembre pasados, cuyas relaciones se ha de servir S. S. elevar á la superioridad cuando lo estime conveniente.

Estado demostrativo de los buques mercantes argentinos que han entrado y salido de este puerto del Salto en los meses de Julio, Agosto y Setiembre.

Entrados.

59 buques con 20.859 toneladas y 1.411 tripulantes.

Salidos.

Para la República Argentina:

Con carga.....	2	buques	30	toneladas	4	tripulantes
En lastre... ..	13	«	294	«	38	«
Total....	15	«	324	«	42	«

Para la República Oriental:

Con carga.....	31	buques	20126	toneladas	1316	tripulantes
En lastre......	13	«	409	«	53	«
Total....	59	«	20859	«	1411	«

Relacion demostrativa de los buques mercantes extranjeros que han salido de este puerto con destino á la República Argentina en los meses de Julio, Agosto y Setiembre.

Salieron.

Con carga.....	6	buques	660	toneladas	55	tripulantes
En lastre......	32	«	3119	«	187	«
Total....	38	«	3779	«	242	«

Cuadro demostrativo de la exportacion habida de esta plaza para la República Argentina en los meses de Julio, Agosto y Setiembre.

16 bordalesas vino italiano con......	4.180	litros
Piedra agata.................. .	750	kilóg.
Id de vereda................	870	metros
151 fardos lana....................	67.159	kilóg.

546	fardos pieles lanares...........	186.107	kilóg.
34	« cerda....................	18.976	«
20	« garras....................	11.164	«
2 546	cueros potro salados............	48 952	«
18	pipas aceite potro..............	9.009	«
	Sebo derretido..................	2.900	«
23	bultos varios, mercaderías generales.		

Con este motivo me es muy grato saludar á S. S. muy atentamente.

P. Etcheverry.

Octubre 7 de 1889.—Publíquese en el Boletin Mensual del Ministerio.—ZEBALLOS.

Vice Consulado en Riachuelo.

INFORME MENSUAL.

Riachuelo, Octubre 5 de 1889.

Señor Cónsul:—Tengo el honor de adjuntar á S. S. los estados por duplicado del movimiento habido en este Vice Consulado en el mes de Setiembre del corriente año

Estado demostrativo del movimiento marítimo habido en este Vice Consulado en el mes de Setiembre de 1889.

ENTRADA.

5 vapores, 164 toneladas y 44 tripulantes.

181 buques de vela, 10979 toneladas y 669 tripulantes.

186 buques en lastre, 11143 toneladas y 713 tripulantes.
186 de puertos argentinos, 11143 toneladas y 713 tripulantes.
168 con bandera argentina, 10417 toneladas y 659 tripulantes.
18 con bandera oriental, 726 toneladas y 54 tripulantes.

SALIDA.

5 vapores, 164 toneladas y 44 tripulantes.
181 buques de vela, 15386 toneladas y 669 tripulantes.
181 buques con carga, 15386 toneladas y 669 tripulantes.
5 buques en lastre, 164 toneladas y 44 tripulantes.
186 para puertos argentinos, 15550 toneladas y 713 tripulantes.
168 con bandera argentina, 14395 toneladas y 659 tripulantes.
18 con bandera oriental, 1155 toneladas y 54 tripulantes.

La exportacion habida para puertos argentinos consiste en 9021 toneladas piedra bruta, 5328 id arena y 1037 id pedregullo.

Saludo al Señor Cónsul General atentamente.

Isaias Leguisamo.

Octubre 5 de 1889.—Publíquese en el Boletin Mensual del Ministerio.—ZEBALLOS.

Vice Consulado en Mercedes.

Mercedes, Octubre 5 de 1889.

Señor Cónsul General:—Cumplo con el deber de dar cuenta á S. S. de las diligencias practicadas en esta oficina durante el mes de Setiembre que espiró.

El movimiento fluvial ha sido de muy poca importancia, segun lo demuestra el estado que por duplicado adjunto; esta paralizacion no es estraña en esta estacion, habiendo contribuido á ella, tambien las grandes bajantes de este Rio Negro en el mes; durante el mismo se han legalizado catorce documentos que han de surtir efecto en las oficinas de la República.

Estado demostrativo de los buques mercantes Argentinos que han entrado en del puerto de Mercedes y salidos el mismo desde el 1.º de Setiembre hasta el dia 30 del mismo, del año 1889.

ENTRADA.

Con carga....	2 buques	76.50 tonls.	10 trip.
En lastre....	1 «	2 «	2 «
Total...	3 buques	78.50 tonls.	12 trip.

SALIDA.

Con carga....	2 buques	76.50 tonls.	10 trip.
En lastre....	1 «	2 «	2 «
Total...	3 buques	78.50 tonls.	12 trip.

Navegacion directa é indirecta.

ENTRADA.

De puertos argentinos.			
Id. id. extrangeros.	3 buques	78.50 tonls.	12 trip.
Total..	3 buques	78.50 tonls.	12 trip.

SALIDA.

Para puertos argentinos.	1 buque	2 tonls.	2 trip.
id. extrangeros.	2 «	76.50	10 «
Total.. ...	3 buques	78.50 tonls.	12 trip.

Estado demostrativo de los buques mercantes Argentinos que han entrado en el puerto de Mercedes y salido del mismo, desde el 1.° de Setiembre hasta el dia 30 del mismo, del año 1889.

ENTRADA.

Con carga....	2 buques	76.50 tonls.	10 trip.
En lastre...	1 «	2 «	2 «
Total..	3 buques	78.50 tonls.	12 trip.

SALIDA.

Con carga...	2 buques	76.50 tonls.	10 trip.
En lastre....	1 «	2 «	2 «
Total..	3 buques	78.50 tonls.	12 trip.

Navegacion directa é indirecta.

ENTRADA.

De puertos argentinos.			
Id id extrangeros.	3 buques	78.50 tonls.	12 trip.
Total..	3 buques	78.50 tonls.	12 trip.

SALIDA.

Para puertos argentinos.	1 buques	2 tonls.	2 trip.
Id extrangeros	2 «	76.50 «	10 «
Total.....	3 buques	78.50 tonls.	12 trip.

Tengo el honor de saludar á S. S. con mi mayor consideracion y respeto.

Luis Costa.—Vice Consulado Interino.

Octubre 5 de 1889.—Publíquese en el Boletin Mensual del Ministerio.—ZEBALLOS.

Consulado en Uruguayana.

INFORME MENSUAL.

Uruguayana, Setiembre 30 de 1889.

Nota de precios corrientes de artículos de la República y similares de otras procedencias.

Harina de trigo...............	el kilógramo.	0.16 cts.
Galleta comun regular........	«	0.20 «
Id. id. buena.........		0.27 «
Galletitas dulces surtidas......		0.66 «
Fideos surtidos en cajon.......		0.41 «
Id. id. barricas...........		0.38 «
Afrecho.....................		0.08 «
Maíz colorado en bolsa.........		0.05 »
Alfalfa seca en fardos.........		0.11 »
Id. verde............. ..		0.09 «
Papas		0.15 «
Grasa refinada de vaca........	«	0.28 «
Huevos......................	la docena	0.35 «
Anís.........................	el litro	0.20 «

Carnes y haciendas en pié.

Bueyes grandes y gordos para abasto...........	uno	17.60 cts.
Novillos id. id. id. id.....	«	15.25 «
Vacas id. id. id. id.....		12.90 «
Ovejas...............		2 00 «

Capones......................	uno	2.30 cts.
Carne fresca..................	el kilógramo	0.12 «
Charque, clase regular........	«	0.16 «

Ganado para invernar.

Ganado de cria, 30 °/。 de vacas y 10 °/。 de toros..............	uno	4.40 cts.
Toros de 4 años............. .	«	7.00 «
Vacas		5.30 «
Novillos		8.50 «
Bueyes mansos............ ...		13.00 «

Productos del país.

Cueros vacunos secos al barrer.	el kilógramo.	0.19 cts.
Id. lanares..................	«	0.10 «
Cerda mezcla............. ...		0.40 «
Yerba misionera.............		0.12 «
Fariña de mandioca...........		0.10 «
Tabaco en cuerda, rollo.......		0.40 «

Saludo á V. E. con mi mas distinguida consideracion.

A. *Bergallo*, Encargado del Consulado.

Octubre 7 de 1889.—Publíquese en el Boletin Mensual del Ministerio.—ZEBALLOS.

Consulado en Santa Rosa.

INFORME BIMENSUAL.

Santa Rosa, Octubre 1.° de 1889.

Tengo el honor de remitir á S. S. los estados mensuales correspondientes á Agosto y Setiembre ppdos. y que detallan el movimiento habido en esta Oficina por diferentes operaciones.

Estado demostrativo del movimiento marítimo habido entre este puerto y los de la República Argentina durante los meses de Agosto y Setiembre del año 1889.

Con bandera argentina...	8 buques	196 tonls.	17 trip.
Id. id. brasilera....	3 «	150 »	24 «
Total.....	11 buques	345 tonls.	41 trip.

IMPORTACION.

2400 medios postes ñandubay.

No ocurriendo por el presente ninguna novedad, que sea digna de llevar á su conocimiento me complazco en reiterar á S. S. las seguridades de mi mayor consideracion.

Juan Hardoy.—Vice Cónsul.

Octubre 14 de 1889.—Publíquese en el Boletin Mensual del Ministerio.—ZEBALLOS.

Vice Consulado en Rivadeo.

INFORME MENSUAL.

Rivadeo, Setiembre 1.° de 1889.

Señor Ministro:—Tengo el honor de remitir á V. E. el informe de este Vice Consulado, correspondiente al mes de Agosto último, con los precios de los efectos de que se hará mencion.

En esta localidad ha sido el de los cereales, el siguiente:

Trigo..	fanega	de	60	kilos	fr.	2.90
Centeno......	«	«	«	«	«	2.15
Cebada.......	«	«	«	«	«	2.00
Maíz.........	«	«	«	«	«	2.00
Habas........	«	«	«	«	«	2.95
Alpiste.......	«	«	«	«	«	3.00

Líquidos.

Vino.........	«	«	«	«	Litro	0.12
Aguardiente..	«	«	«	«	«	0.25
Aceite........	«	«	«	«	«	0.26

En el matadero municipal para el consumo de esta poblacion, fueron sacrificadas las siguientes reses vacunas:

Mayores.................. ..	70
Menores.....................	140
Total.......	210

Las carnes, tocino y corambre, se vendieron á los siguientes precios.

			Pesetas.
Carne fresca........	1.ª clase	por kilos	1.50
« «	2.ª	« « «	1.00
« «	3.ª	« « «	0.80
Tocino.......		« «	1.50
Jamon............		« «	2.25
Cueros del país....		« «	1.50
« de la R. Argentina		« «	2.00

En todo el expresado mes salieron para la República 201 emigrantes de ambos sexos, procedentes de este término municipal y de la inmediata provincia de Oviedo, los cuales embarcaron por el puerto de la Coruña, recogiendo informes en esta oficina, 17.

El estado sanitario de las cuatro provincias de Galicia, es inalterable, y mayor la corriente emigratoria.

Saludo á V. E. con mi mas distinguida consideracion.

Manuel Garcia Barrera, Vice Cónsul.

Octubre 9 de 1889.—Publíquese en el Boletin Mensual del Ministerio.—ZEBALLOS.

Consulado en Paranaguá.

INFORME MENSUAL.

Paranaguá, Agosto 31 de 1889.

Relacion de los buques que de este puerto se han despachado para el de Buenos Aires, durante el mes de Agosto de 1889.

5 buques con 1.238 toneladas; cargamentos: bultos 9.096, id. yerba mate, kilos 981.451.

Cuadro demostrativo de las entradas y salidas de buques á este puerto en el corriente mes con relacion al comercio con la República Argentina.

Entradas.

Agosto 8, vapor argentino «Mensajero» con 13 tripulantes, 132.27, tonelaje con procedencia de Monte Caseros.

Agosto 21, vapor argentino «Mensajero» con 13 tripulantes, 132.27, tonelaje con procedencia de Monte Caseros.

Salidas.

Agosto 8, vapor argentino «Mensajero» con 13 tripulantes, 132.27, tonelaje con destino á Santo Tomé.

Agosto 21, vapor argentino «Mensajero» con 13 tripulantes, 132.27, tonelaje con destino á Santo Tomé.

Saludo á V. E. con mi mas alta consideracion.

Rodolfo Muzzio, Canciller.

Octubre 9 de 1889.—Publíquese en el Boletin Mensual del Ministerio.—ZEBALLOS.

Consulado en Liverpool.

INFÓRME MENSUAL.

Liverpool, Setiembre 5 de 1889.

Señor Ministro:—Tengo el honor de acompañar el informe mensual de este Consulado demostrando el movimiento que ha tenido lugar en este mercado durante el mes de Agosto próximo pasado.

Carne congelada.—Se nota actividad en este artículo.

Las llegadas durante el mes de Agosto ascendieron á 105.558 reses, precios de 4 $^1/_8$ @ 4 $^1/_2$ por libra.

Lana.—El mercado queda sin alteracion y sin operaciones.

Cueros lanares.—Hay buena demanda, sin embargo se han vendido solamente 155 fardos de media lana de matadero en venta particular á un precio que se supone ser 5 1/2 d. por libra.

Maiz.—Empieza á llegar de la cosecha nueva, pero solamente del amarillo; este se cotiza á 3/10 á 4/ p. 100 por libras. El precio del blanco es nominal.

Cueros.—Mercado firme por cueros pesados. Ventas durante el mes alcanzan á 1875 cueros.

Cuadro demostrativo del movimiento y precios corrientes en este mercado por los productos de la República durante el mes de Agosto de 1889.

Artículos.	*Int.º ducidos.*	*Vendidos.*	PRECIOS CORRIENTES. *Desde.*	*Hasta.*	*Observ'nes.*
Cueros de novillo salados...	5 967	1 875			
Id pesados.....			5 ¼ d. lb.	5 ½ d. lb.	
Id livianos.....			4 ¼ " "	4 ¾ " "	
Cueros de potro salados......		798			
1.ª clase.......			13[6 d. cuero	15[d. cuero	
2.ª clase.......			10[6 " "	12[6 " "	
Sebo vacuno de vapor, pipas...	331	650	27[8 qq.	27[6 " qq.	
Cueros lanares, f.	307	155			
Sin lavar, lana entera...... ...			6 d. lb.	6 ½ d. lb.	
Id. media lana ..			4 ¼ " "	5 ½ " "	
Lana mestiza sin lavar, fardos..					
Clase buena á superior			7 ½ d. lb.	8 ½ d. lb.	
Clase mediana...			6 " "	7 ½ " "	nominal.
Cerda de caballo.	8	17			
Buena mezcla...			12 ½ d. lb.	13 d. lb.	
Huesos, ton......			£5.10.0 ton.	£ 5.15.0 ton.	nominal.
Cenizas de id. id.			" 4.12.6 "	" 4.17.6 "	
Trigo, bolsas......					
Trillado para yeguas...... ...					
Id. por máquina.					
Maíz desgranado	130 096	80 000			
Clase regular á buena..			3[8 100 lbs.	3[10 100 lb.	nominal.
Clase superior. amarillo..			3[11 100 "	4[100 "	
Lino regular á bueno........	205	205	45[416 "	46[416 "	
Clase superior...			49[416 "	50[416 "	
Cebada			2[8 60 "	2[8 ½ 60 "	nominal.
Carne congelada					
Carnero, reses..	105 558	90 000	4 ⅛ d. "	4 ½ d. "	
Vaca, cuartos...	394	394	2 " "	3 " "	

Importacion y precios corrientes de carne fresca (enfriada) y animales en pié de Norte-América.

	Tons.	Tons.			
Carne de vaca....	4 386	4 386	5 d. lb.	6 ½ d. lb.	Nominal
Carne de carnero			6 " "	7 " "	
Animales vacunos en pié...	17 436	17 436	£ 15 c/u	£ 22 " c/u.	
Ovejas.........	9 252	9 252	35/ "	42/ " "	

Saludo al Sr. Ministro con mi consideracion distinguida.

G. M. Brydges, Cónsul.

Octubre 9 de 1889.—Publíquese en el Boletin Mensual del Ministerio.—Zeballos.

Consulado en Burdeos.

INFORME MENSUAL.

Burdeos, 1.° de Setiembre de 1889.

Señor Ministro:—Tengo el honor de remitir á V. E adjunto á esta nota el estado conteniendo el resúmen de la importacion y precios obtenidos por los productos argentinos en esta plaza y mercado de Burdeos, durante el mes de Agosto próximo pasado.

Resúmen de la importacion y precios obtenidos por los productos argentinos en el mercado de Burdeos, durante el mes de Agosto.

2000 cueros vacunos secos, de 65 á 85 los 50 kilos.

334 cueros lanares, de 100/5 á 125/150 los 100 kilos.

85 id de ternero, de 160 á 162/5 id id.

Estado de las existencias y precios de los productos argentinos en este mercado de Burdeos, durante el mes de Agosto.

Pieles de carnero en 1888, 979 fardos al precio de frs. 80|120—145; en 1889, 334 fardos, frs. 100, 125 y 150 los 100 kilos.

Pieles de ternero en 1888, id id id; en 1889, 85 id., id 160, 162.50, id id.

Cueros secos en 1888, 5.800 piezas, frs. 50, 70 id id; en 1889, 2,000 id, id 65, 85 los 50 kilos.

Pieles de carnero.—Las entradas de este producto han sido importantes, pero la mayor parte ha sido de tránsito para el mediodia, lo que ha motivado una reduccion sobre las ventas; los precios quedan sin variacion y con el remate anunciado para el 6 y 7 de Setiembre, los precios podrán regularizarse. Existencias: el 31 de Agosto de 1888, 1033 fardos; el 31 de Agosto de 1889, 1864 fardos.

Cueros secos.—La importacion durante el mes ha sido nula y las ventas reducidas á 2000 piezas, los precios los mismos del mes pasado. Existencias: el 31 de Agosto de 1888, 28,650 piezas. El 31 de Agosto de 1889, 15,620 piezas.

Saludo al señor Ministro con mi mas alta y distirguida consideracion.

Felipe Augusto Picot, Cónsul.

Octubre 8 de 1889.—Publíquese en el Boletin Mensual del Ministerio.—Zeballos.

Vice Consulado en Cannes.

INFORME MENSUAL.

Cannes, Setiembre 4 de 1889.

Señor Ministro:—Tengo el honor de elevar á V. E. el informe mensual correspondiente al mes de Agosto ppdo.

Precios corrientes en el Mercado de Cannes de los artículos siguientes:

Trigo	1.ª calidad	los	160	kilos	francos	33.00
Id.	2.ª Id.	"	"	"	"	31.00
Cebada	1.ª Id.	"	"	"	"	14.50
Id.	2.ª Id.	"	"	"	"	13.00
Porotos	1.ª Id.	"	100	"	"	46.00
Id.	2.ª Id.	"	"	"		44.00
Papas	1.ª Id.	"	"	"		13.00
Id.	2.ª Id.	"	"	"		10.00
Maíz	1.ª Id.	"	"	"		14.50
Id.	2.ª Id.	"	"	"		13.00
Arroz	1.ª Id.	"	"	"		50.00
Id.	2.ª Id.	"	"	"	"	45.00
Aceite de oliva	1.ª Id.	"	"	"	"	132.00
Aceite de oliva	2.ª Id.	los	100	"	"	123.00
Azúcar	1.ª Id.	"	"	"	"	135.00
Id.	2.ª Id.	"	"	"	"	120.00
Queso Gruyére	1.ª calidad	"	"	"	"	149.00
Id.	2.ª Id.	"	"	"	"	140.00
Queso Holanda	1.ª	"	"	"	"	180.00
Id.	2.ª Id.	"	"	"	"	165.00

Queso Roquefort	1.ª		los	100	kilos	francos	218.00
Id.	2.ª	Id.	"	"	"	"	205.00
Sal			"	"	"	"	16.00
Bacalao			"	"	"	"	75.00
Alfalfa seca			"	"	"	"	11.00
Paja			"	"	"	"	7.00
Jabon	1.ª	Id	cada	1	"	"	1.10
Id	2.ª	Id	"	"	"	"	0.80
Vaca	1.ª	Id	"	"	"	"	2.50
Id	2.ª	Id	"	"	"	"	2.00
Id	3.ª	Id	"	"	"	"	1.40
Carnero	1.ª	Id	"	"	"	"	2.50
Id	2.ª	Id	"	"	"	"	2.00
Id	3.ª	Id	"	"	"	"	1.40
Cordero	1.ª	Id	"	"	"	"	2.50
Id	2.ª	Id	"	"	"	"	1.75
Café Torrado	1.ª	Id	"	"	"	"	6.00
Id	2.ª	Id	"	"	"	"	5.00
Id	3.ª	Id	"	"	"	"	4.50
Pan	1.ª	Id	"	"	"	"	0.50
Id	2.ª	Id	"	"	"	"	0.40
Id	3.ª	Id	"	"	"	"	0.35
Tomates			"	"	"	"	0.20
Huevos, la docena						"	2.00
Vino	1.ª	Id	el hectólitro			"	60.00
Id	2.ª	Id	"	"	"	"	50.00

La salud pública es inmejorable.

Tengo el honor de renovar á V. E. las seguridades de mi mas alta y distinguida consideracion.

Enrique Sauvaire, Vice-Cónsul.

Octubre 3 de 1889.—Publíquese en el Boletin Mensual del Ministerio.—ZABALLOS.

Consulado en Santander.

INFORME MENSUAL.

Santander, 2 de Setiembre de 1889.

Señor Ministro:—Tengo el honor de manifestar á V. E. que durante el próximo pasado mes de Agosto, se han descargado en los muelles de este puerto las mercancías siguientes:

239.300	kilógramos	de	azúcar
297.400	«	«	aceite de olivo
63.450	«	«	arroz de la India
15.940	«	«	cueros de vaca secos
354.150	«	«	bacalao
20.800	«	«	café
346.680	«	«	cacao
4.877.355	«	«	carbon mineral
84.440	litros	«	alcohol industrial
48.000	«	«	aguardiente de caña

La exportacion de harina de trigo ascendió á 2.873,700 kilógramos para las Antillas españolas, y 943.300 para puertos de la Península.

Se han degollado en este matadero público las reses siguientes.

vacunos	mayores	643	con	136.533	kilos
	menores	631			
Lanares		667	«	2.619	«
De cerda		103	«	8.604	«

No puedo señalar variaciones notables en los precios de ganados y cereales, que anoté en mi informe del mes de Julio.

Las ventas de cueros de vaca, están en gran calma; hay regulares existencias y se esperan algunas partidas de esa procedencia que el vapor correo Español descargará en Barcelona con este destino.

Sigue siendo satisfactoria la salud pública en todo este distrito consular.

Sírvase V. E. aceptar mi respetuoso saludo y el testimonio de toda mi consideracion.

Victor Espina, Cónsul.

Octubre 8 de 1889.—Publíquese en el Boletin Mensual del Ministerio.—Zeballos.

Consulado en San Sebastian y Pasajes.

INFORME MENSUAL.

San Sebastian, Setiembre 4 de 1889.

Señor Ministro:—Tengo el honor de elevar á sus manos el presente informe, correspondiente al mes de Agosto último, así como el cuadro de operaciones verificadas durante el mismo tiempo:

Mercados.

Trigo.............	pesetas	21.69	hectólitro
Cebada.......... ..	«	14.46	»
Maíz.........	«	15.70	»
Garbanzos...	«	0.80	kilo
Arroz....	«	0.50	«
Aceite de 1.ª.........	«	1.40	litro
Id. de 2.ª.........	«	1.20	«
Vino.........	«	0.50	«
Aguardiente...... ...	«	1.25	«
Cidra..........	«	0.25	«
Carnero..............	«	2.00	kilo
Vaca................	«	1.80	«
Tocino...............	«	1.50	
Sebo................	«	0.50	«
Lana.......	«	24.00	arroba
Harina de todo pan...	«	40.00	quintal

Reses sacrificadas.

San Sebastian.—130 vacunas, 208 carneros con peso total 151 798 kilógrs.

Pasajes.—16 vacunas con peso total 1 550 kilógramos.

Precio de la res vacuna el ralde (5 kilos)...	6.50	ptas.
Id. del cuero............................	0.78	«

Exportacion.—El vapor francés «Matapan», despachado el 21, embarcó en Pasajes para Buenos Aires, 5 fardos de alpargatas, y 86 con suelas para id, 224 barriles vino, 7 barriles vino chicoli y 1 caja vino blanco, 200 cajas cidra, 86 cajas conservas, 1 caja vino, 14 cajones odres, 2 cajas queso, 1 caja salchichon, 1 caja chocolate, 1 id boinas, 1 id pelotas, 3 id cestos, 5 id armas, 15 id con herramientas, 1 id hierro laborado, 2 id con cuadros al óleo, 25 id con libros y útiles de pintor, 1 baúl con ropa usada y 4 pasajeros.

Para el Rosario, 60 cajas conservas.

El vapor francés «Charente», despachado el 30, embarcó para Buenos Aires 199 fardos suelas para alpargatas, 31 barriles vino, 3 cajas cidra, 6 id vino y salchichon, 50 id conservas, 1 baúl odres y pelotas, 1 caja cestos, 8 id de agua mineral, 5 id herramientas, 2 id armas y 19 pasajeros.

Para el Rosario, 175 cajas conservas y 6 id queso.

Salud inmejorable.

Saludo á V. E. con mi mas alta consideracion.

Cándido de Soraluce, Cónsul.

Octubre 7 de 1889.—Publíquese en el Boletin Mensual del Ministerio.—ZEBALLOS.

Consulado en Lucca.

INFORME MENSUAL.

Lucca, Setiembre 2 de 1889.

Señor Ministro:—Tengo el honor de remitir á V. E. la relacion de precios corrientes obtenidos en este mercado en el mes de Agosto último.

Relacion de los precios obtenidos en este mercado en el mes de Agosto de 1889.

Carne fresca.......	1ª calidad	los 100 kilos	142
" "	2.ª "	" "	124
" "	3.ª	" "	101
Cueros frescos......		" "	70
Aceite de oliva.....	1.ª	" "	148
" "	2.ª	" "	126
"	3.ª	" "	120
Lana.............		" "	235
Lino........... ..		" "	69
Porotos...... . ..		" "	23
Trigo.............		" "	19.44
Maíz.............		" "	11.38

Aprovecho esta oportunidad para reiterar á V. E. las seguridades de mi mas distinguida consideracion.

Enrique Sani, Vice Cónsul.

Octubre 9 de 1889.—Publíquese en el Boletin Mensual del Ministerio.—Zeballos.

Consulado General en Inglaterra.

INFORME MENSUAL.

Londres, Setiembre 2 de 1889.

Señor Ministro:—Tengo el honor de enviar á V. E. una nota de los precios corrientes, en el mes de Agosto próximo pasado de varios productos argentinos que se venden en este mercado.

Precios corrientes en el mercado de Londres de los artículos siguientes:

Astas	15 c 40	°/₀₀
Carne fresca, vaca	6	por libra
Id ternera	7	id
Id carnero	7 c 8	id
Cenizas y huesos	£ 4.5 c £ 5	por tonelada
Cerda, colas	10 1/2 c 2/	por libra
Cobre en barra	£ 43. c £ 43.10	por tonelada
Cueros salados, novillo	5 c 5 1/2	por libra
Id vaca	4 1/2 c 4 3/4	id
Id potro	10 c 13	cada uno
Cueros secos	6 c 9	por libra
Id lanares	4 c 6 1/4	id
Ganado en pié	£ 10 £ 16 y £ 23	cada uno
Lino	42	por 410 libras
Lana sucia	4 1/4 c 7 1/2	por libra
Id de Córdoba	4 1/4 c 5 3/4	id

Lana lavada..............	8 c 9	id
Maíz..........	18/6 c 19	por 480 libras
Plata en barra.............	42 9/16	por onza
Sebo saladero..............	27 c 28	por 112 libras
Trigo......................	32 c 34	por 496 id

Saludo á V. E. atentamente.

Alejandro Paz, Cónsul.

Octubre 7 de 1889.—Publíquese en el Boletin Mensual del Ministerio.—Zeballos.

Consulado en Dunkerque.

INFORME MENSUAL.

Dunquerke, Setiembre 1.° de 1889.

Señor Ministro:—Tengo el honor de remitir á V. E. á continuacion el informe mensual de este Consulado, correspondiente al mes de Agosto que acaba de terminar.

Exportacion.

Esta se ha efectuado por medio de cinco vapores franceses é ingleses, como se verá en el cuadro estadístico que va á continuacion, en el cual figuran los detalles concernientes á dicho movimiento:

Cuadro estadístico del movimiento de exportacion de este puerto para los de la República Argentina, durante el mes de Agosto de 1889.

Tonelaje de registro.	Tripulacion.	Destinos.	CARGAMENTOS.
1306.28		Rosario	6925 bultos railes y accesorios.
1371.62	28	Colastine	4567 id id id. 50 id carretones.
2537.24	57	Buenos Aires	815 hierros en vigas. 25 bultos hilo de jute. 3 barriles quincallería. 1 caja id. 10 barriles id. 50 cajas cerrajería. 81 bultos jarcias 5 barriles y una caja quincallería. 160 cajas pernos en hierro 50 id chocolate 75 id conservas alimenticias. 11 bultos hilo de jute. 25 cajas conservas alimentarias. 15 bultos hilo de jute. 25 id quincallería á trasbordar por La Plata. 55 id máquinas, trabajos en fundidas moduladas y metales diversos.
1977.69	50	Buenos Aires	49 bultos hilo jute. 77 cajas quincallería. 44 id herrería. 100 id masilla. 50 id chocolate. 30 barriles cadenas. 5 cajas cerrajería. 6 id quincallería. 33 id herrería. 1 bulto fuelles. 12 cajas garruchas. 5 id cerrajería. 500 id achicoria. 500 id id. 100 bultos pipas de tierra para fumar.

Tonelaje de registro.	Tripulacion.	Destinos.	CARGAMENTOS.
1977.69	50	Buenos Aires	1 caja vestidos viejos. 5 barriles cerveza. 3496 bultos hierro. 24 cajas garruchas. 2 id barníz. 133 id quincallería. 5 id cerrajería. 552 hierros en barras.
2184.61	34	Rosario	1112 barriles cemento. 1175 cajas cerveza embotellada.

Resúmen de la exportacion.

Cinco vapores con 9 327.44 toneladas de registro, 7 081 bultos para Buenos Aires, 55 bultos á trasbordar por La Plata, 9 212 bultos para Rosario y 4 617 bultos para Colastine.

Resúmen de la exportacion del mismo mes del año 1888.

Un vapor con 1 778.19 toneladas de registro, 6 897 bultos para Buenos Aires.

Resúmen de la importacion.

Seis vapores con 13 318 toneladas de registro, 3 039 fardos lana, 90 478 bolsas maíz, 2 777 bolsas tortas y 1 912 bolsas lino.

Resúmen de la importacion del mismo mes del año de 1888.

Cinco vapores con 7 946 toneladas de registro, 1 848 fardos lana, 52 990 bolsas maíz, 8 066 bolsas trigo, y 2 853 bolsas tortas.

Precios corrientes de los productos argentinos y otras procedencias en este mercado durante el mes de Agosto de 1889.

Frutos.	Procedencias.	Por		Precios.
Lanas........	R. Argentina	1 kilógramo	frs.	1.25 á 2.25
Trigo........	California	100 «	«	25
Id.	Australia	« «	«	25.75 á 26
Id.	Polonia	«	«	23.25
Maíz.........	R. Argentina	«	«	11.50
Id.	America	«	«	11.50
Lino.........	R. Argentina	« «	«	26.50
Tortas........	«	«	«	12.75
Sebo....... .	París	«	«	55
Avena........	Rusia	«	«	17
Guano.... ..	R. Argentina	« «	«	18

Tengo el honor, Sr. Ministro, de remitirle incluido:

1.° El cuadro de la Parte proporcional del puerto de Dunkerque en el Tráfico General de Francia durante el primer semestre de 1889;

2.° Un libro que lleva por título:

«Le Français et leurs Relations dans la Republique Argentine» que empeño á recorrer y sobre el cual me permito llamar toda su atencion.

Con este medio de publicacion, así como por los artículos de los diarios del pueblo, que envío á V. E. mensualmente, ya se tiene al comercio al corriente de lo que pasa en la República Argentina en la cual todo el mundo se interesa hoy.

Puede V. E. estar persuadido que todos mis esfuerzos tenderán á desenvolver la corriente comercial é inmigratoria que ya existe entre nuestros dos países, por el puerto de Dunkerque.

TRÁFICO GENERAL DE LA FRANCIA.

Porcion proporcional del Puerto de Dunkerque.

PRIMER SEMESTRE DE 1889.

Importacion.

ESPECIES DE LAS MERCADERIAS.	Cantidades totales importadas de Francia. Toneladas de 1000 kilóg.	CANTIDADES IMPORTADAS		Cuota p.r Dunkerque.
		en Dunkerque.	en los demás Puertos.	
Lanas súcias de todas				
procedencias....	118.246	64.262	53.982	54
Id de la Plata y		61.174	5.792	91
del Uruguay.. .	66.966			
Grasas (sebo bruto).	4.887	189	4.698	3.8
Trigo en grano	733.050	74.933	658.117	10
Maíz..............	206.182	54.347	151.835	26
Cebada............	78.134	41.102	37.032	52
Avena.............	133.773	4.604	129.169	3
Centeno...........				
Simientes y frutos en	18.800	10.310	8.490	54
aceite..........	272.878	45.323	227.555	15
Melazas extranjeras.				
Madera á construir,	40.429	14.219	26.210	35
serrado....	247.854	14.869	232.985	5.9
Jute tasco.........	28.146	9.949	18.197	35
Lino tasco.........	42.667	13.002	29.665	30
Algodon en lana....				
Tortas de simientes	93.307	7.670	85.637	8
grasas..........				
Piritas (sulfuros de	13.785	9.753	4.032	70.7
hierro..........	24.193	16.282	7.911	67
Betunes				
Petróleos (aceites	89.913	30.294	59.619	33
brutos y refinados).	79.898	12.199	67.699	15
Aceites pesados.....	18.191	7.782	10.409	42
Hulla.............	3.946.901	30.326	3.916.575	1
Mineral de hierro...				
Metal compuesto de	641.950	139.756	502.194	21
hierro..........	62.295	9.782	52.513	15
Plomo.	29.970	1 322	28.648	4
Mineral de zinc....	14.869	9.178	5.691	61
Nitrato de soda	131.150	123.744	7.406	94

Exportacion.

ESPECIES DE LAS MERCADERIAS.	Cantidades totales exportadas de Francia. Toneladas de 1000 kilóg.	CANTIDADES EXPORTADAS en Dunkerque.	en los demás Puertos.	Cuota por Dunkerque.
Comercio General.				
Grasas (sebo bruto).	7.849	1.651	6.198	21
Lanas y mormas....	34.818	1.407	33.411	4
Guano.	1.742	—	—	—
Trigo en harina....	56.089	1.410	54.679	2
Simiente de lino....	829	283	546	34
Azucar refinada....	59.537	193	59.344	0.324
Id indígena bruto.	23.194	11.141	12.053	48
Id de maiz......	687	522	165	76
Heno y paja........	35.616	9.508	26.108	26
Salvado............	9.587	1.498	8.089	15
Trapos viejos......	11.957	1.610	10.347	13
Tortas de simiente á aceite..........	58.749	1.086	57.663	1
Fosfatos naturales..	50.828	7.638	43.190	14
Pizarras...........	22.876	420	22.456	1
Hulla.....	772.384	15.796	756.588	2
Potasa........ ...	7.194	1.582	5.612	21
Negro animal... ...	1.613	263	1.350	16
Achicoria quemada.	1.611	252	1.359	15
Hilos de jute......	1.371	662	709	48
Tejidos de jute.....	330	2	328	0.667
Barriles vacios.....	37.100	3.991	33.109	10
Comercio Especial.				
Mercaderias de orígen nacional.				
Aceites de maní .	4.069	4	4.065	0.098
Id de colza.. .	2.641	751	1.890	28
Hierro hilado en barras......	15.226	3.295	11.931	21
Id id railes.....	1.560	31	1.529	1
Id en ángulo.....	3.906	399	3.507	10
Id plancha hierro batido......	2.694	238	2.456	8
Id acero railes...	10.916	6.940	3.976	63
Obras en metales hierro y metal compuesto...........	30.281	177	30.104	0.584
Carruajes para la vía permanente de ferro-carriles y wagones de terraplenar.	831	—	—	—

Tengo el honor de reiterar á V. E. las seguridades de mi mayor consideracion y respeto.

A. Mine, Cónsul.

Octubre 9 de 1889.—Publíquese en el Boletin Mensual del Ministerio.—ZEBALLOS.

Consulado en Cádiz.

INFORME MENSUAL.

Cádiz, Setiembre 4 de 1889.

Señor Ministro:—Tengo el honor de enviar á V. E. á continuacion la memoria correspondiente al pasado Agosto, adjuntando á V. E. al propio tiempo la revista mercantil y precios corrientes del mercado.

Solamente el vapor *Perseo*, de la compañía Navegazione Generale Italiana, ha zarpado para la República durante este período, habiendo conducido 847 bultos, en su mayoría vinos y aceites, cuyo valor aproximado puede estimarse en $ 7.705.

Continúa aumentando la saca de sal, habiéndose despachado para ese puerto los veleros siguientes, de nacionalidad italiana:

			Toneladas.	
Barca	"San Tomaso"	con	317	lastres
Id	"Rosa Rocca"	«	519	«
Id	"Umberto"	«	553	«
Id	"Gloria"	«	235	«
Id	"Nicolosio"		401	
Id	"Risoluto"	«	427	«
Id	"Emilia"	«	370	«

Quedando con registro abierto los italianos, "Camano" "Angioletta R." y el austro-húngaro "Fiume E."

Para Montevideo han zarpado la

				Toneladas.	
Barca	noruega	"Thela"	con	258	lastres
Id	italiana	"Laghetto"	«	704	«
Id	«	"Pénsacola"	«	638	«
Id	«	"Risethy y C.ª"	«	674	«
Id	«	"Zefiro"	«	366	«

Continuando el precio del lastre á $ 5 ½ en bahia al costado del buque.

296 han sido los pasajeros embarcados en el citado vapor *Perseo*, habiendo estado anunciado el *Fanfulla*, de la Compañía Italo-Argentina, que no tocó en este puerto, ocasionando dicha falta de formalidad los trastornos consiguientes á los inmigrantes que habían acudido para efectuarla.

Los precios medios de los cereales, son:

Trigo	hectólitro	$ m/n		3.84
Maiz......................	id	«	«	2.48
Cebada....................	id	«	«	1.84
Aceite....................	litro	«	«	0.14

Las reses sacrificadas en el matadero municipal para el consumo de la ciudad durante el mes, han sido:

Vacunas 1.364, con kilos 157.200

cuyo precio medio en el mercado al por mayor es de $ 0.35 á 0.40 por kilo, no habiéndose verificado transacciones en las porcinas ni lanares.

Revista del Mercado.

Cádiz, Agosto 29 de 1889.

El mercado en este mes se ha encontrado algo mas animado particularmente en aguardientes.

Los artículos todos siguen sin variacion, previniendo que los precios son sin derechos de consumo.

Aceite de olivo.—Regulares entradas y demandas, en alza por ser corta la cosecha, cotizándose de 11 á 12 pesetas los 11 $^{1}/_{2}$ kilos del nuevo.

Aceite petróleo.—Muy regulares existencias y cortas demandas, cotizándose de 18,50 á 19 pesetas caja de los Estados Unidos, y de 18 á 18,50 el refinado nacional.

Aceitunas.—Cortas existencias y regular demanda en alza á causa de la mala cosecha á los precios siguientes:

Reina, barril de fanega, de 33 á 43 pesetas.

Id barril gaditano, de 4,50 á 6,50 id.

Id cuñetes, de 2 á 2,25 id.

Id medianas, barril gaditano de 4 á 4,25 id.

Id en salmuera, id de 4,25 á 5,25 id.

Manzanillas, fanega, 22 id.

Achicoria.—Regulares existencias y cortas demandas, cotizándose de 8,75 á 10 pesetas los 11 $^{1}/_{2}$ kilos en cajas de 30.

Alcoholes.—A consecuencia de la reforma de la ley de alcoholes, hemos tenido una gran animacion en este líquido, habiéndose realizado todas las partidas que existían en Depósito. Las existencias que son cortas, se cotizan á los precios siguientes, con el derecho nuevo especial ya satisfecho.

Berlin, 490 á 500 pesetas los 516 litros.

Hamburgo, 490 á 500 id.

Sueco, de dos coronas 88 pesetas el hectólitro, de 3 id., 90 id el id., y 4,92 id el id.

Ruso, á 460 id los 516 litros.

Español de Abarzuza y C.ª, á 95 id el hectólitro.

Idem de uvas, á 800 id los 516 litros.

Ginebra, cuarterolas, á 8 ptas. los 16 id.

Id., caja de 12 tarros, á 12,50 ptas.

Id., en canastas de 50 tarros, á 100 id.

Almendras.—Sin existencias, últimas ventas á 90 pesetas los 46 kilos.

Almidon.—Regulares existencias y cortas demandas, cotizándose de 8 á 8,50 pesetas los 11 1/2 kilos del reino; de 7,50 á 8 pesetas los 11 1/2 kilos de 1.ª y de 8,25 á 8,75 los 11 1/2 kilos marca *Gato* ó *Remis.*

Alpiste.—Cortas existencias y demanda, de 11 á 12 pesetas fanega.

Alverjones.—Cortas existencias y regular demanda, de 9 á 10 ptas fanega,

Anís.—Cortas existencias, cotizándose de 12,50 á 14 pesetas los 11 1/2 kilos segun clase.

Añil.—Cortas existencias de 7 á 8 ptas. kilo.

Arroz.—Cortas existencias y demanda, cotizándose á los precios siguientes:

Japonés de 4,25 á 4,50 pesetas los 11 1/2 kilos.

De dos pasadas á 4,25 id id.

De tres id., á 4,50 id id.

Florete, á 5,25 id id.

Azafran.—Muy cortas existencias, cotizándose con tendencias al alza, de 174 á 180 pesetas kilo el bueno superior.

Azufre.—Cortas existencias sin demandas, cotizándose á 7 ptas. el de Italia y 9,50 el de Francia en sacos de 46 kilos.

Azúcar.—Despues de las ventas verificadas en el mes anterior la calma mas completa ha reinado en este dulce, no habiéndose verificado ventas al por mayor que merezca reseñarse. Al detall, las ventas han sido tambien escasas á los precios que anotamos.

Manila, núm. 16 al 20, de ptas. 11 á ptas. 11,75 los 11 1/2 kl.

Idem, Ilo-ilo de 8,50 á 9,00 ptas. los id id.

Holandesa con terron, no hay.

Id. cortadillo, no hay.

Habana quebrados, de 12 á 12,3 ptas. los 11 1/2 kilos.

Id. florete 2.ª, de 13 á 15 id los id id.

Puerto Rico, núms. 16 al 18, de 10,00 á 10,25 id los id.

Cárdenas granulado, de 12,75 á 13 los id id.

Id. cortadillo, á 13,75 id id.

Malagueña, á 13,50 id id.

Bacalao.—Regulares existencias del nuevo, cotizándose de 40 á 45 pesetas los 46 kilos, segun clase.

Cacao.—Cortas existencias, cotizándose á los precios siguientes:

Caracas superior, de 225 á 280 ptas. los 50 kilos.

Idem corriente, de 200 á 225 id id.

Guayaquil, de 135 á 137,50 id id.

Cubeño, de 145 á 160 id id.

Carúparo, no hay.

Café.—Por haber pocos compradores y no querer ceder á los precios que estos ofrecen, los pocos tenedores de partidas para operaciones al por mayor no se ha hecho venta alguna de importancia en este grano desde nuestra última Revista. Al detall se cotiza de pesetas 127,50 á 135 el de Manila y de 152,50 á 155 el de Pto. Rico.

Canelas.—Muy corta existencia y sin demanda, cotizándose á los precios de 7 á 8 ptas. kilo la de Ceilan de 1.ª, de 5,50 á 6 de 2.ª, cortadillo de á 5, 5,50 y 2,50 á 3 la de China, segun clases.

Cueros.—Cortas existencias y cortas demandas, detallándose á los precios siguientes:

Vacunos de B. Aires, á 2,3 ptas. kilo.

Caballar, no hay.

Becerros, de 2,28 á 2,58 ptas. kilo.

Dátiles.—Regulares existencias y cortas demandas, cotizándose de 45 á 50 ptas. los 46 kilos.

Dulces.—Continúa el mercado encalmado á los precios siguientes:

Frutas cándidas á 3,50 ptas. kilo.

Idem en almíbar á 2,75 ptas. id.

Carne de membrillo á 2,50 ptas. id.

Higos de Lepe.—Sin existencias, últimas ventas á 3,75 ptas. la caja de 11 1/2 kilos.

Manteca de Asturias.—Regulares existencias y demandas, cotizándose la marca *Gil*, á 2,04 ptas. kilo de 2.ª y á 2,18 la de 1.ª, y la de *Velarde*, á 2,14 en barriles y en latas clase superior selecta, á 2,35 kilo.

Patatas.—Regulares existencias y demanda, cotizándose de 6,50 á 7 ptas. los 46 kilos.

Pimienta fina.—Sin existencias en alza, muy firme el precio de 32,50 á 35 ptas. los 11 1/2 kilos.

Pimiento molido.—Muy escaso, esperándose el de la nueva cosecha, cotizándose el corriente bajo, á 8 pesetas los 11 1/2 kil. media cáscara de 10,75 a 11 ptas. y cáscara de 12,50 á 13.

Plomo.—Regulares existencias y regular demanda, cotizándose muy firme á 19 ptas. los 46 kilos en perdigones.

Queso de bola.—Cortas existencias y cortas demandas, cotizándose de 28 á 30 ptas. los 11 1/2 kilos.

Sal.—La exportación sigue en aumento y el precio el mismo de 27,50 ptas. en lastre.

Sardinas prensadas.—Sin existencias.

Sémola.—Cortas existencias y cortas demandas, cotizándose á 5 ptas. los 11 1/2 kilos.

Suelas.—Regulares existencias y escasa demanda, cotizándose de 2,25 á 3 ptas. kilo.

Trigo.—Regulares existencias y regular demanda de 10,50 á 12,50 ptas. fanega, segun clase.

Vinos de Jerez.—Muy regulares existencias y cortas demandas.

Las marcas acreditadas se cotizan de 300 á 2.000 ptas. bota á bordo en Cádiz: embotellado, en proporcion.

La caja de 12 botellas vinos á propósito para América, de 20 á 25 ptas. una.

Las marcas de L. Chorro, en cajas de una docena, premiadas en las Exposiciones de París y Madrid, proveedor de la Real Casa, de 25 á 40 ptas. una.

Idem tintos.—Cortas existencias y regular demanda, cotizándose de 180 á 190 ptas. bota.

Idem de Poniente.—Regulares existencias y cortas demandas, cotizándose de 4 á 5 ptas. los 16 litros, segun clase.

Cambios.

Cádiz, Agosto 29 de 1889.

Londres.....	3 m/p	25.98	Bilbao......	8 d/v	1/4 d.
París	8 d/v	3.60	Santander...	idem	par
Madrid......	idem	1/4 d.	Coruña......	idem	1/8 d.
Barcelona....	idem	par.	Santiago.....	idem	3/8 d.
Málaga......	idem	1/4 d.	Vigo........	idem	1/2 d.
Almería.....	idem	3/8 d.	Gijon........	idem	1/2 d.
Alicante.....	idem	1/4 d.	Gibraltar....	idem	1/8 d.
Valencia.....	idem	1/4 d.	Algeciras....	idem	3/4 d.
Cartagena...	idem	1/4 d.	Sevilla.......	idem	par
Tarragona...	idem	3/8 d.	Descuento en el Banco		4%

La salud pública continúa siendo satisfactoria en este distrito Consular y resto de Andalucía.

Envío al Señor Ministro mi mas respetuoso saludo.

Angel Blanco Gonzalez, Cónsul

Octubre 8 de 1889.—Publíquese en el Boletin Mensual del Ministerio.—ZEBALLOS.

Consulado en Forli.

INFORME MENSUAL.

Forli, Setiembre 1.° de 1889.

Señor Ministro:—Los precios de artículos de consumo diario en esta provincia durante el mes de Agosto próximo pasado, han sido los siguientes:

Trigo	por hectólitros	Liras	17.00
Maíz	« «	«	8.00
Afrecho	«	«	10.00
Arroz del país	«	«	34.00
Habas	«	«	15.00
Porotos	«	«	16.00
Garbanzos	«	«	15.00
Vino comun	«	«	60.00
Aceite 1.ª calidad	» «	«	120.00
Harina de trigo	por kilógramo	«	0.27
Id. de maíz	« «	«	0.18
Pan de 1.ª calidad		«	0.35
Id. de 2.ª id.	«	«	0.30
Carne de buey	«	«	1.40
Id de vaca	«	«	1.30
Id de ternera	«	«	1.50
Id de oveja	«	«	1.05

Saludo atentamente al Señor Ministro.

Emilio Rosetti, Cónsul.

Octubre 7 de 1889.—Publíquese en el Boletin Mensual del Ministerio.—ZEBALLOS.

Consulado en Milan.

INFORME MENSUAL.

Milan, Setiembre 1.° de 1889.

Señor Ministro:—Tengo el honor remitir á V. E. el informe mensual correspondiente al mes de Agosto ppdo.

Resúmen de precios corrientes obtenidos en este mercado en el mes de Agosto.

Carne fresca.......	1.ª	calidad los 100 kilos	L 138
Id id	2.ª	« « « «	« 117
Id id	3.ª	« « « «	« 96
Cueros frescos......		« « « «	« 90
Trigo.............	1.ª	« « « «	« 23
Id.............	2.ª	« « « «	« 23.50
Maíz..............	1.ª	« « « «	« 16.50
Id	2.ª	« « « «	« 14
Porotos...........		« « «	« 22.50
Avena.............		« « « «	« 18
Vino	1.ª	« el hectólitro	« 50
Id..............	2.ª	« « « «	« 45

Saludo á V. E. con mi mas distinguida consideracion.

Vittorio Finzi, Cónsul.

Octubre 9 de 1889.—Publíquese en el Boletin Mensual del Ministerio.—ZEBALLOS.

Consulado en Liorna.

INFORME MENSUAL

Liorna, 11 de Setiembre de 1889

Señor Ministro:—Adjunto tengo la honra de remitir á V. E. la relacion de los precios corrientes en este mercado, por algunos productos coloniales y por los indígenas de las Provincias representadas por este Consulado, durante el mes de Agosto de este año.

Relacion de los precios corrientes en este mercado por algunos productos coloniales, y por los indígenas de las Provincias representadas por este Consulado, durante el mes de Agosto del corriente año.

Artículos	Por cada 100 kilos			
Carne fresca	de liras	78	á liras	125
Bueyes en pié... ..	"	55	"	60
Terneras............		180		220
Cueros frescos.......		99		101
Manteca de cerdo....		124		128
Embutidos..........		224		230
Harina de trigo.....		33		35
Trigo...............		24		26
Café Puerto Rico. ..				240
Id Guatemala.......				209
Id Santo Domingo..				200

Café Maracaibo. . .				190
Cebada............	de liras	16	á liras	20
Maiz..............	"	15	"	17
Garbanzos........ ..	"	22	"	30
Habichuelas...	"	18	"	24
Aceite de olivo.....	"	105	"	128
Vino para pasto....	"	36	"	126
Cidras en azúcar...	"	140	"	142
Carbon vegetal.....	"	7	50	8

Estos precios se entienden franco abordo Liorna.

Dios guarde á V. E. muchos años.

E. Toccafondi, Cónsul.

Octubre 5 de 1889.—Publíquese en el Boletin Mensual del Ministerio.—ZEBALLOS.

Consulado General en el Paraguay.

INFORME MENSUAL.

Asuncion, Octubre 1.° de 1889.

Señor Ministro:—Tengo el honor de dirigirme á V. E. remitiéndole adjunta la planilla de los precios corrientes de nuestros productos en este mercado, correspondiente al mes de Setiembre próximo pasado.

Precios de los productos argentinos en el mercado de la Asuncion del Paraguay durante el mes de Setiembre.

PRODUCTOS.		PRECIO MÍNIMO.	PRECIO MÁXIMO
Ganado al corte		$ 10	$ 12
Bueyes para matadero		« 30	« 35
Novillos « «		« 22	« 28
Vacas « «		« 18	« 22
Harina de trigo	arb	« 1.80	« 2.50
Quesos de Corrientes	«	« 4	« 4.50
Grasa de vaca	«	« 3.80	« 4.50
Cebada	«	« 1	« 1.25
Maíz duro	«	« 1.20	« 1.40
Cal	«	« 50	« 70
Alfalfa seca	«	« 1.20	« 1.40
Fideos	«	« 3	« 3.60
Galletitas	«	« 5	« 6.80

Con este motivo, me es satisfactorio saludar á V. E. con toda consideracion.

Julian del Molino Torres, Cónsul General.

Octubre 7 de 1889.—Publíquese en el Boletin Mensual del Ministerio.—Zeballos

Consulado en Como.

INFORME MENSUAL.

Como, Setiembre 6 de 1889.

Señor Ministro:—Tengo el honor de enviar á V. E. adjunto los precios corrientes en esta plaza, durante el mes de Agosto último.

ARTÍCULOS.					PRECIO MÍNIMO.	PRECIO MÁXIMO.
Trigo.....	por	los	100	kilos	frs. 22.00	frs. 23.50
Maíz......	«	«	«	«	« 13.00	« 15.25
Arroz.....	«	«	«	«	« 13.00	« 15.00
Avena.	«	«	«	«	« 12.00	« 13 50
Carne fresca..	«	«	1	«	« 1.40	« 1.60

Reitero á V. E. las protestas de mi consideracion mas distinguida.

C. Mazzola Conelli, Vice Cónsul interino.

Octubre 7 de 1889.—Publíquese en el Boletin Mensual del Ministerio.—ZEBALLOS.

Consulado General en el Brasil.

INFORME MENSUAL.

Rio de Janeiro, 4 de Octubre de 1889.

Señor Ministro:— Acompaño á V. E. una lista de los buques despachados, y la carga tomada en esta plaza con destino á Buenos Aires.

Buques despachados y carga tomada en este puerto con destino á la República Argentina en Setiembre de 1889.

Vapor Inglés «Condor» en lastre, Barca Inglesa «Francisco Guarquito» con la misma carga con que entró de arribada.

Vapor Inglés «Thessaly» con la misma carga que trajo de Europa.

Vapor Francés «Provence» con diez caballos.

Vapor Inglés «Don» con café, tabaco, dulce, fariña, ostras, madera, plantas, ferreteria, etc.

Vapor Austriaco «Lacio» con la misma carga que trajo de Europa.

Vapor Italiano «Fortunata R» con café, tabaco, dulce, libros, pajas, cerveza, muestras varias mercaderías.

Vapor Inglés «Tagus» con café, tabaco, dulce, muebles, pescado y verduras.

Vapor Francés «La Plata» en lastre de carbon.

Vapor Francés «Bretagne» con la misma carga con que entró.

Vapor Iialiano «Carlo R» con la misma carga que trajo de Europa.

Barca Italiana «Astrea» con la misma carga que entró de arribada.

Saludo á V. E. atentamente

M. Berdier, Cónsul.

Octubre 9 de 1889.—Publíquese en el Boletin Mensual del Ministerio.—Zeballos.

Consulado en Savona.

INFORME MENSUAL.

Savona, Setiembre 6 de 1889.

Señor Ministro:—Tengo el honor de elevar al conocimiento de V. E. el adjunto cuadro referente al consumo y precios de la carne en esta ciudad, el precio de los cueros frescos, harina, trigo y maíz, relativos al mes de Agosto del corriente año.

Cuadro que demuestra el consumo y precios de la carne en la ciudad, el precio de los cueros frescos, harina, trigo y maiz, por el mes de Agosto de 1889.

Terneras...........	N.° 379	á fr.	1.80	por kilógramo
Bueyes..............	« 9	á «	1.40	« «
Toros................	« 7	á «	1.20	«
Vacas................	« 97	á «	1.20	«

Corderos..	« 21 á	N.° 1.40	fr.	por	kilógramo
Motones.............	« 30 á	« 1.30	«	«	
Ovejas..............	« 173 á	« 1.20	«		
Cabras..............	« 4 á	« 1.20	«		
Cueros de bueyes, toros y vacas	á	« —56	«		
Id id terneras..........	á	« 1.30	«		
Id id motones y ovejas	á	« —40	«	«	
Id id corderos...............	á	« 1.50	«	cada uno	
Harina calidad superior	á	« 34—	«	«	quintal
Trigo duro................	á	« 25—	«	«	«
Id tierno de las cercanías....	á	« 25—	«	«	«
Id Lombardía................	á	« 23.50	«	«	«
Id Rusia..........	á	« 19.50	«	«	«
Maíz de las cercanías........	á	« 24.—	«	«	«
Id amarillo................	á	« 24.—	«	«	«
Id extranjero......	á	« 18.—	«	«	«

Saludo atentamente á V. E.

Juan B. Gazzolo, Cónsul.

Octubre 9 de 1889.—Publíquese en el Boletin Mensual del Ministerio—ZEBALLOS.

Consulado en Burdeos.

INFORME MENSUAL.

Burdeos, Setiembre 9 de 1889.

Señor Ministro:—Tengo el honor de elevar á V. E. separadamente del estado de los precios obtenidos por los productos Argentinos, en el mes de Agosto ppdo. y como complemento de datos comerciales de interes general para el país, una revista sobre las operaciones de venta de lanas y pieles de carnero, desde el 18 de Julio al 18 de Agosto último que creo oportuno elevar por lo que hace á los intereses bien entendidos de la produccion argentina que se importe á este puerto.

Lanas y pieles de carnero.

Revista del 18 de Julio al 18 de Agosto.

Ventas

338 fardos pieles de carneros (Buenos Aires) frs. 120 á 167.50
264 « « « (Montevideo). « 130 á 135

Importaciones.

De Buenos Aires...........	5340	fardos	pieles
De Montevideo....	642	«	«
De Australia	«	«	«
De Argel.....	32	«	«
De España...	«	«	«

Movimiento comparativo de los 10 primeros meses.

Lanas.	Importaciones 1889	Importaciones 1888	Ventas 1889	Ventas 1888	Stock el 18 de Agosto 1889	Stock el 18 de Agosto 1888
Buenos Aires	460	1 0"6	»	»	»	»
Montevideo	2	29	»	»	»	»
España	2 245	110	571	412	1 428	694
Francia	»	»	»	»	»	»
Pieles de carnero.						
Buenos Aires	20 378	21 530	4 554	8 605	1 764	1 898
Montevideo	3 496	3 761	2 288	2 524	526	309
Australia	2 345	66	1 371	56	532	10
	28 926	26 572	8 784	11 597	4 250	2 911
Lanas de tránsito	448	1 105				
Pieles »	16 103	15 125				

Lanas.—A pesar de la calma habitual de los negocios en esta época del año, los precios quedan en todas partes muy firmes.

Pieles de Carnero.—Los precios conservan tendencia de alza. En la próxima subasta del 6 de Setiembre van á ser presentados 1500 ó 2000 fardos Plata y 5 á 800 fardos Australia.

Precios corrientes del 18 de Octubre de 1889.

Clases de Burdeos.

BUENOS AIRES.

LANAS.	Calidad extra.				Buena calidad.			
Merinos	fr.	1.75	á	1.90	fr.	1.55	á	1.70
1	«	1.70	«	1.80	"	1.45	"	1.60
2	«	1.60	«	1.80	"	1.40	"	1.50
3	«	1.50	«	1.70	"	1.30	"	1.40
4	«	—	"	—	"	—	"	—
Corderos	«	1.50	«	1.70	"	1.30	"	1.50
Retazos	«	1.15	«	1.30	"	1 "	"	1.15
Barrigas	«	90	«	1.10	"	80	"	90

MONTEVIDEO Y RIO GRANDE.

LANAS.	Calidad extra.				Buena calidad.			
Merinos	fr.	1.75	á	1.95	fr.	1.65	á	1.75
1	"	1.70	"	1.90	"	1.55	"	1.70
2	"	1 65	"	1.80	"	1.40	"	1.50
3	"	1.50	"	1.65	"	1.30	"	1.40
4	"	—	"	—	"	—	"	—
Corderos	"	1.55	"	1.70	"	1.30	"	1.55
Retazos	"	1 "	"	1.20	"	90	"	1.00
Barrigas	"	90	"	1.10	"	80	"	95

España.

Fina negra de..	1 10	á	1 40
» blanca »	1 10	»	1 60
Ordinaria negra	80	»	1 10
» blanca	80	»	1 00

Pieles de carneros suarda.

	Buenos Aires				Montevideo.				Australia.			
Merinos	fr.	1.30	á	1.60	fr.	1.45	á	1.75	fr.	1.58	á	1.80
1	"	1.20	"	1.55	"	1.35	"	1 70	"	1.40	"	1.75
2	"	1.10	"	1.40	"	1.10	"	1 50	"	1.20	"	1.55
3	"	80	"	1.10	"	85	"	1 15	"	95	"	1.30
4.	"	80	"	1	"	90	"	1 10	"	85	"	1.20
5.	"	70	"	90	"	75	"	95	"	80	"	1
Media lana	"	1.10	"	1.35	"	1.15	"	1 55	"	1.20	"	1.60
1/4 de lana	"	80	"	1.25	"	1.05	"	1 45	"	1.10	"	1.50
Pelados	"	40	"	95	"	60	"	1 20	"	60	"	1.10
Corderos	"	75	"	1.40	"	1.10	"	1 55	"	1.25	"	1.75
Corderitos	"	60	"	1.10	"	1.05	"	1 35	"	1.15	"	1.55
Corderos nonatos	"	50	"	1.50	"	85	"	1 80	"	—	"	—

Saludo al Señor Ministro con mi mas alta y distinguida consideracion.

Felipe Augusto Picot, Cónsul.

Octubre 10 de 1889.—Publíquese en el Boletin Mensual del Ministerio.—ZEBALLOS.

Consulado en Bremen.

INFORME MENSUAL.

Bremen, Agosto 31 de 1889.

Señor Ministro:—Tengo el honor de remitir á V. E. el informe mensual del mes de Agosto.

Importacion.—Dos vapores y un buque de vela han llegado con 1190 fardos de lana, 6248 cueros vacunos salados, 25 fardos de cueros de corderitos, 11 fardos garra y 6618 puntas de astas.

Exportacion.—En dos vapores se remiten 20349 bultos de carga con 1146 toneladas.

Emigrantes.—100 personas se han embarcado en este puerto con destino para la República.

Noticias del mercado.

Lana.—A consecuencia de precios subidos en los remates de Lóndres y Amberes no ha podido desarrollarse en este mercado el negocio con su acostumbrada magnitud. Dueños de lanas se alejan del mercado y esperan mejores precios para el otoño. Ventas 2170 fardos con c. a. 475 de Buenos Aires. Precios m. 1.90 á m. 2 por 1/2 kilo, lavada.

Cueros vacunos salados.—Los cargamentos últimamente llegados han dado márgen á bastantes ventas y á precios satisfactorios.

Salados.—Marcos 45 á 55 por 1/2 kilo.

Secos.—Id 55 á 65 kilo.

Cueros de potros salados.—Id 12 1/2 á 14 por kilo.

Alpiste—Id 15 á 17 por 50 kilos.
Tortas de lino.—Id 150 por 700 kilos.
Tortas de maní.—Id 130 á 145 por 700 kilos.
Trigo.—Id 135 á 150 por 700 kilos.
Centeno.—Id 118 á 125 id.
Cebada para cerveza.—Id 140 á 180.
Cebada para forrage.—Id 95 á 100.
Maíz.—Id 95 á 100

En los mataderos.

Por mayor. - Por 50 kilos.
Carne de novillo.—Marcos 55 á 65.
Carne de ternero.—Id 60 á 70.
Carne de carnero. - Id 45 á 55.
Saludo á V. E. con toda mi consideracion.

Henr. A. Clausen, Cónsul.

Octubre 9 de 1889.—Publíquese en el Boletin Mensual del Ministerio. – Zeballos.

Consulado General en el Canadá.

INFORME TRIMESTRAL.

Quebec, Agosto 10 de 1889.

Señor Ministro:—Tengo el honor de presentar á V. E. mi informe trimestral demostrando el volúmen y valor de las expediciones hechas de los puertos del Canadá á los de la República Argentina desde la apertura de la navegacion aquí hasta la presente fecha.

En el trimestre pasado el desarrollo directo de nuestras relaciones comerciales no ha sido tan grande como esperaba debido en su mayor parte á la falta de tonelaje propio para llevar nuestros productos, los fletes por buques de vela, de aquí á Buenos Aires, habiendo subido hasta ps. 20 por millar de piés, flete que no ha sido pagado por quince años atras!

En vista de la posicion expléndida del mercado de las maderas en Buenos Aires, una gran cantidad de buques (aun á este tipo tan elevado) han sido fletados, y durante los tres meses próximos nuestras exportaciones van á tomar proporciones de mayor importancia y nuestros negocios con la República siempre creciendo, van á representar este año avaluaciones muy satisfactorias.

La República sigue llamando la atencion que merece de parte de nuestros fabricantes y exportadores, y nuevos interesados estan constantemente presentándose, en busca de informaciones sobre nuestro país tan próspero, la cual (creen los habitantes de este dominio) será en pocos años el rival de la gran República del Norte: los Estados Unidos. Llamo la atencion de V. E. al cuadro aqui adjunto, el cual espero merecerá la aprobacion de V. E.

Resúmen de las exportaciones de los puertos del Canadá á los de la República Argentina desde la apertura de la navegacion en el mes de Mayo de 1889 hasta la presente fecha.

De los puertos sobre el rio San Lorenzo.

Mes.	Pies superficiales de spruce.	Pies superficiales de pino blanco.	Otras clases.	Cantidad total de pies.		Valor.
Mayo..		730.000		730.000	$	19.000
Junio..		2.991.000		2.991.000	«	47.856
Julio...	2.401.000	3 130.000	20 m. fr'no	5.551.000	«	80 432
	2.401.000	6.851.000	20.000	9.272.000	«	147.288 00

De los puertos de Nueva Escocia y Nueva Brunswick.

Mes.	Pies superficiales de spruce.	Pies superficiales de pino blanco.	Otras clases.	Cantidad total de pies.		Valor.
Mayo..	683.000	484.000		1.167.000	$	16.623 00
Junio .	2.221.000			2.221.000	«	68.851 00
Julio...	939.000			939.000	«	12.207 00
	2.843.000	484.000		4.327.000	«	97.681 00

Dios guarde á V. E. muchos años.

Juan Arturo Maguire, Cónsul.

Octubre 9 de 1889.—Publíquese en el Boletin Mensual del Ministerio.—ZEBALLOS.

Consulado General en Portugal.

INFORME MENSUAL. (Por Agosto).

Lisboa, 31 de Agosto de 1889.

Señor Ministro:—Tengo la honra de dirigirme á V. E. informándole de los precios que han obtenido en esta plaza, durante el presente mes, los artículos similares de los de la República Argentina.

Caballos regulares de 90 á 135.000 reis.

Carneros y ovejas de 1.800 á 2.700 reis, siendo el consumo mensual de 950 á 1.000 cabezas.

Terneras de 9 á 12.000 reis, siendo el consumo mensual de 950 á 1.000 id.

Carne fresca de 3.000 á 3.200 reis, por 15 kilógramos, siendo el consumo mensual 2.500 bueyes.

Sebo 1.600 reis por 15 kilógramos despachado.

Cueros secos salados 400 reis el kilógramo.

Lanas sucias 380 reis el id.

Trigo de 630 á 640 reis por 14 litros, despachado.

Maíz de 320 á 340 reis por id id id.

Un peso nacional oro corresponde á 900 reis, moneda portuguesa.

En el mes de la fecha se han despachado en este Consulado General de mi cargo los siguientes buques con destino á la República:

Dia 5.--Vapor inglés «La Plata», procedente de Southampton. No recibió carga.

Dia 8.—Vapor francés «Portugal», procedente de Burdeos. No recibió carga.

Dia 19.—Vapor inglés «Don», procedente de Southampton. No recibió carga.

Dia 24.—Vapor francés «Oréncque», procedente de Burdeos. No recibió carga.

Dia 27.—Vapor holandés «Leerdam», procedentente de Rotterdam. Recibió carga.

La exportacion fué la siguiente:

Por el «Leerdam» 100 cajas sardinas, 400 id cebollas, 200 id vino, 6 barriles id., 71 pipas id., 10/8 id id.

Reitero á V. E. las seguridades de mi consideracion mas distinguida.

José da Cunha Porto, Cónsul.

Octubre 9 de 1889.—Publíquese en el Boletin Mensual del Ministerio.—ZEBALLOS.

INFORMES DEL CONSULADO EN ISLA DE MADEIRA.

Lisboa, 13 de Setiembre de 1889.

Señor Ministro:—Con la presente nota tengo la honra de remitir á V. E. los informes de la Isla de Madeira correspondientes á los meses de Julio y Agosto próximos pasados.

Reitero á V. E. las protestas de mi consideracion mas distinguida.

José da Cunha Porto, Cónsul.

Consulado en Isla de Madeira.

INFORME MENSUAL.—(POR JULIO)

Isla de Madeira, 1.° de Agosto de 1889.

Señor Cónsul General:—Cumpliendo lo que determina el reglamento, tengo el honor de pasar á manos de S. S. el informe correspondiente al mes de Julio pasado, de los precios corrientes en este mercado de los siguientes géneros:

Maíz amarillo de Marruecos...	14.500 á 15.000	reis	850 litros
Id blanco Americano... ...	16.000 á 16.500	«	« «
Trigo Americano............	43.000	«	« «
Id Nacional..............	34.000	«	« «

Ganado en pié.—No ha sufrido alteracion del mes pasado.

Carne fresca.	Buey	de 160 á 180	reis	el kilóg.
Id	Ternera.... ..	« 200 á 240	«	«
Id	Carnero........	« 180 á 220	«	
Lanas sucias............... ..		« 4.000 á 4.500	«	
Cueros verdes................		« 200 á 250	«	
Id secos.................		« 350 á 400	«	

Durante este mes de Julio han hecho escala por este puerto once vapores con destino á Buenos Aires, no habiendo ninguno hecho operaciones de carga ó descarga.

La salud pública es buena.

Saludo á S. S. con mi mas distinguida consideracion.

A. Athias, Canciller.

INFORME MENSUAL.—(POR AGOSTO)

Isla de Madeira, 1.° de Setiembre de 1889.

Señor Cónsul General:—Tengo el honor de poner en manos de S. S. el informe del mes de Agosto último, y nota de los precios corrientes de los artículos similares de esa República, en esta plaza:

Ganado en pié.	Bueyes.......	de	28 á 38.000	reis	
Id	Ternera......	«	10 á 14.000	«	
Id	Carnero.......	«	5 á 7.000	«	
Carne fresca.	Buey...........	«	160 á 180	«	kilg.
Id	Ternera........	«	200 á 240	«	«
Id	Carnero.........	«	180 á 220	«	«
Lanas sucias.....		«	4.500 á 5.000	15	«
Cueros verdes.................		«	180 á 260	reis	kig.
Id secos..................		«	320 á 380	«	«
Maíz amarillo. Africa portuguesa.		«	1.500	800	litros
Id Marruecos...............		«	14 á 15.500	« «	«
Id blanco Americano...		«	17 á 18.000	« «	«
Trigo Americano..		«	40 á 42.000	« «	«
Id Nacional.................		«	32 á 34.000	« «	«

Han legalizado sus documentos en este Vice Consulado diez vapores de escala por este puerto con destino al de Buenos Aires, habiendo tomado carga el vapor «Curityba».

La salud pública es satisfactoria.

Reitero á S. S. las protestas de mi mas distinguida consideracion.

A. Athias, Canciller.

Octubre 9 de 1889.— Publíquese en el Boletin Mensual del Ministerio.— ZEBALLOS.

Consulado en Bélgica.

INFORME MENSUAL.

Amberes, Setiembre 11 de 1889.

Señor Ministro:—Tengo el honor de remitir á V. E. adjunto el informe comercial de la plaza de Amberes correspondiente al mes de Agosto próximo pasado.

Informe comercial de la plaza de Amberes correspondiente al mes de Agosto de 1889.

Lanas.—Durante el mes de Agosto la demanda ha sido bastante buena, sobre todo por lanas para fábricas de peinado, pero aun así la cifra total de transacciones solo alcanzó á 1.196 fardos Plata. Los precios muy firmes en la paridad de los pagados en Julio último.

El 27 de Agosto principió la cuarta serie de remates, que durará hasta el 4 de Setiembre próximo. En los dias que llevamos de remate, á pesar de que las lanas expuestas en venta son en su mayor parte secundarias y borrega, las transacciones son bastante activas. Los precios, comparados con los de los remates anteriores, acusan una alza de 5 á 10 céntimos por lanas superiores y buenas; sin variacion las medianas y las buenas de borrega, flojos é irregulares las defectuosas, tanto lanas madres como borregas, sobre todo estas últimas, que á veces se adjudicaron en baja de 5 á 10 céntimos.

Hasta hoy, 31 de Agosto, las lanas expuestas y vendidas, fueron las siguientes:

Lanas del Plata.

			Vendidos
Presentados	6.691 fardos,	Buenos Aires......	á 4.120
	3.178 «	Montevideo.	« 2.485
	55 «	Rio Grande........	« 33
	9.924 fardos..........	....	6.638

De otras procedencias.

809	de Melbourne.	792
211	« Sydney.	211
1277	« del Cabo	1055
11	« Curaçao.....	11
17	« lavadas y otras........................	10
2325	fardos..............................	2079

Como la estadística detallada de importacion y ventas de lanas no se publicará hasta que terminen los remates el 4 de Setiembre, sería incompleta la que pudiera dar ahora relativa al mes de Agosto, por cuyo motivo figurará en el informe comercial del próximo mes de Setiembre, en que podrá hacerse con toda exactitud.

Los precios pagados hasta hoy en los remates, son como sigue:

	Buena á extra.	Buena á mediana.	Mediana.	Buena á secundaria	Secundaria y defectuosa.
Merinos francos	2 á 2,10	1.85 á 1.95	1.65 á 1.75	1.50 á 1 55	1.15 á 1 45
Mestiza 1.ª «	1.95 « 2.05	1.80 « 1.90	1.60 « 1.70	1.45 « 1.50	1 15 « 1.40
« 2.ª «	1.95 « 2 15	1.80 « 1.90	1.60 « 1 70	1.40 « 1.45	1.15 « 1.35
« 3.ª «	1.90 « 2.10	1.75 « 1.85	1.50 « 1.65	1.35 « 1.40	1 — « 1.30
Borregas «	1.70 « 1 90	1.50 « 1.65	1.35 « 1.45	1.20 « 1.30	0.95 « 1.15
Pedazos «	1.25 « 1.35	1.10 « 1.20	0.95 « 1.05	0.80 « 0.90	0.20 « 0 75
Barrigas «	1 — « 1.15	0.85 « 0.95	0.70 « 0 80	— « —	0.40 « 0.50

En lanas peinadas á plazo, las transacciones del mes de Agosto fueron:

Peine francés, 110.000 kilos sobre Agosto á Octubre de francos 5.82 1/2 á 5.92 1/2

Peine aleman, 2.720.000 kilos sobre Agosto y Mayo, de francos 5.72 1/2 á 6.12 1/2.

Cueros.—Ha reinado buena actividad en este artículo durante todo el mes de Agosto, haciéndose regulares transacciones en cueros de verano de buena calidad, á precios en ligero avance por los de 25/32 kilos.

Las calidades medianas, muy abundantes en la plaza, sin variacion.

Han llegados algunos buenos lotes cueros de verano salados de vaca que se han vendido rápidamente, pero las calidades inferiores continúan sin novedad.

Los buenos lotes novillos secos de mataderos son raros en la plaza, y se han pagado hasta frs. 90.

A librar se trataron:

4.402 Fray Bentos vacas saladeros,
de 14/20 kilos á frs. 44 1/2 y 20/28 kilos á frs. 61 1/2
5.000 Villa Colon 51 lb. españolas, y
6.321 id. id. 60 id. novillos, á precios reservados.

El 17 de Setiembre tendrá lugar la venta pública de 31.400 cueros averiados.

La importacion total de cueros durante el mes de Agosto fué la siguiente:

Del Plata	2.092	secos y	204.222	salados.
Rio Grande	«	id.	8.000	id.
Mollendo	495	id.	id.	id.
Hongkong	760	id.	id.	id.
Via indirecta	515	id.	614	id.
Total....	3.862	secos y	212.836	salados.

Las ventas ascendieron á 120.400 cueros, y queda hoy una existencia en primeras manos, de 189.400 cueros de todas clases.

Plata secos. Ventas 10.400; Stock 29.300.

Mataderos novillos de 13/15 kilos se vendieron á frs. 83 á 86 los inferiores y frs 88 á 90 los buenos lotes

Mataderos vacas.—Sin variacion.

Plata salados, Buenos Aires.

Novillos saladeros:

				Verano.		Invierno.
Buenos	Aires	15/20	kilos.	frs. 44 á 47	frs.	36 á 40
«	«	20/25	«	« 51 « 55	«	40 « 45
«	«	25/32	«	« 60 « 65	«	49 « 54
«	«	32/40	«	« 54 « 59	«	46 « 51

Novillos mataderos:

				Verano.		Invierno.
Buenos	Aires	15/20	kilos.	frs. 40 á 43	frs.	36 á 40
«	«	20/25	«	« 45 á 50	«	38 á 42
«	«	25/32	«	« 53 « 58	«	43 « 47
«	«	32/40	«	« 48 « 53	«	43 « 48

Cereales.—Todo el mes ha trascurrido en gran calma para los cereales, con transacciones limitadas á las necesidades del consumo, y á precios en baja de 25 á 50 céntimos, principalmente por trigos del Danubio, á causa de los fuertes arribos de esa procedencia.

Las demás procedencias no sufrieron variaciones notables.

El centeno y la cebada se ofrecen con abundancia y la avena se mantiene firme.

La importacion y ventas durante el mes, fueron las siguientes, en hectólitros:

	Trigo.	Centeno.	Cebada.	Avena.
Importacion.	878.527	56.652	81.150	193.000
Ventas................	562.000	133.000	90.000	50.000

Las procedencias del Plata no figuran ni en la importacion ni en las ventas.

El trigo rojo de invierno de América se cotiza hoy de frs. 19 á 19 1/4 y el de Bombay á frs. 19 los 100 kilos. El del Danubio, Bulgaria y Rumania de frs. 15 1 2 á 19 los 100 kilos.

Semilla de lino.—Al principiar el mes, la semilla de lino estaba bastante firme, pero pronto se encalmó totalmente, en términos de hacerse su venta difícil, y de sufrir una baja de 25 á 50 céntimos la de ciertas procedencias, sobre todo la del Norte de Rusia, de donde han llegado partidas importantes. Las del Mar Negro y Azoff sostienen sus precios, pero sin dar lugar á transacciones de importancia.

Se han importado 93.122 hectólitros, entre ellos 1.643 del Plata, y se han vendido durante el mes 52.250 hectólitros.

La semilla de lino del Mar Negro disponible, se cotiza de francos 27 á 27 1/4 y la de San Petersburgo frs. 25 3/4 los 100 kilos.

Maíz.—Principió el mes de Agosto con buena demanda, que fué acentuándose para la exportacion y subieron los precios 25 céntimos para los maíces llamado «mixed» de los Estados Unidos; las otras procedencias firmes, pero con pocas existencias. Los avisos ulteriores de baja en los Estados Unidos, y las fuertes llegadas de las otras procedencias, limitaron la demanda, y los precios perdieron el avance que habían ganado. Hoy las transacciones quedan limitadas á las necesidades del consumo, y la tendencia es floja, tanto para el maíz disponible como á plazo, por lo cual los compradores se muestran reservados.

La importacion total fué 253.165 hectólitros, de los cuales 49.961 procedentes del Plata. Se cotiza el de América «mixed» de frs. 11 3/4 á 11 1/2; el del Danubio de frs. 13 1/4 á 12 1/4 y el del Plata de frs. 11 3/4 á 12 por 100 kilos.

Sebos.—El tono general del mercado ha mejorado sensiblemente. Habiéndose producido una demarda bastante regular en estos últimos dias, unida á la subida del precios en los mercados vecinos, se han podido concluir algunas transacciones á precios superiores de frs. 2 á 2 1/2 sobre los mas altos del mes anterior.

A la vela se han vendido dos cargamentos sebo vacuno del Plata, uno á frs. 63 coste, flete y seguro, y otro á frs. 63 3/4 id. id. id. Del disponible se vendieron:

25	pipas	á frs. 63 1/2
286	id.	á id. 65
12	id.	á id. 65 1/2
62	id.	y 14 medias á frs. 65 3/4.

Los tenedores piden actualmente frs. 66 á 67 por sebo vacuno del Plata, pero los compradores no están dispuestos á pagar esos precios. De sebo de carnero no hay existencias.

La importacion de sebo vacuno del Plata fué durante el mes, de 175 pipas y 14 medias, mas 65 pipas en tránsito, y la existencia hoy, es de 753 pipas y 39 medias pipas.

Ganado en pié.—En el mercado público de ganados de esta ciudad, se han vendido durante el mes de Agosto 1.536 reses vivas, cuyo detalle y precios se expresan á continuacion:

		Calidad 1.ª	2.ª	3.ª
455 bueyes.	frs. á	95/90	085/80	075/70
509 vacas.	« «	85/82	075/70	065/60
114 terneras.	« «	90/85	080/75	070/65
107 toros	« «	80/75	070/65	060/55
351 becerros.	« «	1/05	—0/95	0/85

Todo por kilógramo de res viva.

Los precios mas altos se pagaron al empezar el mes, y los mas bajos en la última semana, excepto los becerros, que no sufrieron alteracion.

Saludo á V. E. con la mayor consideracion.

Alberto de Bary, Cónsul

Octubre 9 de 1889.—Publíquese en el Boletin Mensual del Ministerio.—Zeballos.

Consulado en el Havre.

INFORME MENSUAL.

Havre, Setiembre 9 de 1889.

Señor Ministro:—Tengo el alto honor de elevar á manos de V. E. el informe mensual de este Consulado, correspondiente al pasado mes de Agosto.

Exportacion.

Con fecha 3 de Agosto, se despachó el vapor francés «San Martin» de 1.778 19/100 toneladas de registro y 40 hombres de tripulacion.

Salió con destino á Buenos Aires al mando del señor comandante Dupendans, llevando lo siguiente:

Para Buenos Aires	602	bultos
Id Rosario	2.000	«
Id otros puertos	29	«
Con opcion á Montevideo	2.020	«
	4.651	bultos

El 10 se despachó el vapor francés «Dom Pedro» de un tonelaje de registro de 1.957 47/100 toneladas y 51 tripulantes.

Salió con destino á Buenos al mando del señor comandante Segond, llevando lo siguiente:

Para Buenos Aires	10.467	bultos
Id Santa Fé	41	«
Id San Nicolás	12	
Id otros puertos	19	
Con opcion á Montevideo	3.650	«
	14.189	bultos

Con fecha 10 se despachó el vapor francés «Córdoba» de un tonelaje de registro de 2.202 67/100 toneladas y 36 tripulantes.

Salió con destino á Buenos Aires y Rosario al mando del comandante señor Duret, llevando lo siguiente:

Para Buenos Aires	11	bultos
Id Rosario	6.585	«
	6.596	bultos

El dia 20 se despachó el vapor inglés «Phoenician» de 1.552 29/100 toneladas de registro y 45 hombres de tripulacion.

Salió con destino á Buenos Aires al mando del señor comandante Kerr, llevando lo siguiente:

Para Buenos Aires.................	3.939	bultos
Con opcion á Montevideo.............	1.000	«
	4.939	bultos

Con fecha 27 se despachó el vapor francés «Paraná» de un tonelaje de registro de 2.53724./100 toneladas y 60 hombres de equipaje.

Salió con destino á Buenos Aires al mando del señor comandante Simonet.

Llevó lo siguiente:

Para Buenos Aires....	7.126	bultos
Id Santa Fé	128	«
Id La Plata..........	58	
Id Formosa................ .	1	
Con opcion á Montevideo...........	4.198	«
	11.511	bultos

Resúmen de la exportacion.

Cinco vapores con un tonelaje total de registro de 10.027 86/100 toneladas y una tripulacion de 232 hombres.

Dichos vapores llevaron con destino á la República la cantidad de 42.186 bultos, cuyos destinos fueron los siguientes:

Para Buenos Aires..................	22.145	bultos
Id Rosario.......	8.885	«
Id San Nicolás.	12	
Id Santa Fé......................	41	
Id otros puertos.............. ...	235	«
Con opcion á Montevideo............	11.868	«
	42.186	bultos

Resúmen de la exportacion del mismo mes del año 1888.

Cuatro vapores con un tonelaje total de registro de 7.481 49/100 toneladas y 180 hombres de tripulacion.

Llevaron con destino á la República la cantidad de 21.665 bultos mercaderías generales, cuyos destinos fueron los siguientes:

Para Buenos Aires.................	14.626	bultos
Id Rosario......................	3.229	«
Id San Nicolás..	50	«
Id La Plata...........	30	«
Id Paraná.......................	3	
Id Corrientes...	3	
Id Santa Fé.................. ...	3	
Con opcion á Montevideo...........	3.300	«
Por vias inglesas..	421	«
	21.665	bultos

Importacion.

Con fecha 3 de Agosto llegó á este puerto procedente de la República el vapor holandés «Leerdam», con los frutos siguientes:

8 010 cueros vacunos salados.
647 bolsas lino
650 id maíz.

El 5 llegó el vapor francés «Paraná» con:

1 069 cueros vacunos salados.
6 fardos cueros de ternero.
3 303 bolsas maíz.
5 cajones goma.

El 27 llegó el vapor francés «Pampa» con:

1 400 bolsas lino.
7 670 id maiz.
20 bultos varios.

Resúmen de la importacion.

12 079 cueros vacunos salados.
960 id id secos.
2 052 bolsas lino.
11 623 id maíz
5 cajonas goma.
20 bultos varios.
6 fardos cueros de ternero.

Resúmen de la importacion del mismo mes del año 1888.

412 fardos lana.
4 id cerda.
8 cajones esencias.
3 id plumas de avestruz.
2 id libros.
1 050 cueros vacunos salados.
16 zurrones plata.
563 sacos mineral de plata.
595 barras plata.
1 cajon valores.
1 id artículos de cigarrería.
1 grl. quebracho.

Lanas.—La importacion general de lanas, ascendió durante el mes de que nos ocupa en el presente informe á 2.075 fardos, cuyas procedencias fueron las siguientes:

De Buenos Aires	573	fardos via indirecta
« Chile.....................	935	«
Del Perú	35	«
De Algeria	256	«
« España....................	276	«
Total......................	2075	fardos

Las ventas ascendieron durante el mismo período de tiempo á 1.293 fardos, cuyas procedencias fueron las que siguen:

			Precios.	
1.293 fds.	131 fds.	Bs. Aires, sucia.........	f. 1.32 ½	á 2.05
	143 «	Montevideo.............	« 2.25	á 2.35
	757 «	Chile..........	« —	—
	45 «	Perú, lavada............	« 1.02 ½	á 1.10
	176 «	Algeria, sucia.....	« 0.80	á 0 84
	41 «	España................	—	—

El 31 de Agosto quedó un stock disponible de 5.936 fardos de los cuales 1.197 fardos de procedencia argentina.

Movimiento del mercado durante los ocho primeros meses de los años 1889 y 1888.

Lanas.	Importacion. 1889.	1888.	Ventas. 1889.	1888.	Expedicion. 1889.	1888.	Stock 31 Ag'to 1889	1888.
Buenos Aires	10735	23908	5903	6245	7431	8305	1197	11514
Montevideo y Rio Grande	2306	2423	2238	3018	—	192	117	472
Perú y Chile	4829	3136	4231	3124	63	27	783	616
Rusia	—	1373	2012	492	117	507	1344	5997
Diversas	3815	2153	6723	3019	296	656	2495	7557
	21685	32993	21107	15898	7907	9687	5936	26156

Ventas á plazo.—Tipo 1.ª Buenos Aires buena calidad.— Rendimiento 36 %.

El mercado no presenta gran animacion y los precios acusan una baja de 4 á 5 francos.

Las ventas ascendieron á 4.000 fardos.

Las últimas cotizaciones fueron las siguientes:

Para	Setiembre......................		188
«	Octubre		188
«	Noviembre............		186
«	Diciembre.....		183
«	Enero..	1890	174 ½
«	Febrero.............	«	176

Para Marzo.......................... 1890 175
« Abril :.............. .... « 174
« Mayo......... .... « 174
« Junio.......................... « 174

Precios de lanas el 31 de Agosto de 1889 (el kilo).

Lanas.		Superior.	Buena.	Mediana.	Inferior.
Merinos.	Frs.	2.10 á 2.20	1.95 á 2.05	1.80 á 1.90	1.55 á 1 70
1.a	«	2.05 á 2.15	1.90 á 2.00	1.75 á 1.85	1.50 á 1.65
2.a	«	2.00 á 2.10	1.85 á 1.95	1.70 á 1.80	1.45 á 1.60
3.a	«	1.95 á 2.05	1.80 á 1.90	1.65 á 1.75	1.40 á 1.55
Corderos	«	1 75 á 1.95	1.60 á 1.70	1.45 á 1.55	1.15 á 1.35
Vientres y pedazos	«	1.05 á 1.45	1.00 á 1.30	0.90 á 1.20	0.60 á 1.05
Lincoln	«	1.95 á 2.15	1.75 á 1.90	1.55 á 1.70	1 35 á 1.45

Cueros vacunos secos y salados.

La importacion general de cueros vacunos secos y salados ascendió durante el mes de Agosto á 112.382 cueros, de los cuales 85.691 de procedencia Rio de la Plata.

Las ventas se elevaron á 78.808 cueros de los cuales 22.484 cueros de procedencia Rio de la Plata.

El 31 de Agosto quedó un stock disponible de 216.262 cueros de los cuales 10.706 cueros vacunos secos y 128.342 cueros vacunos salados de procedencia Rio de la Plata.

Movimiento del mercado durante los ocho primeros meses de los años 1889 y 1888.

Cueros.	Importacion. 1889.	1888.	Ventas. 1889.	1888.	Stock 31 de Agosto. 1889.	1888.
Plata y Rio G., secos	4 908	12 341	19 326	21 256	11 696	31 814
Plata, salados	294 159	173 876	217 799	207 640	128 342	39 325
Rio Grande, salados	48 323	24 435	68 748	86 543	20 816	13 336
Diversas	207 876	259 707	190 234	238 552	55 408	96 952
Varios	555 266	470 360	496 137	573 996	216 262	181 427

65

Precios corrientes de los productos argentinos en este mercado durante el mes de Agosto de 1889, comparados con los del mismo mes del año 1888.

Frutos.	*Por*	*Agosto 1889.*	*Agosto 1888.*
Lanas.............	1 k.	1.60 á 2.15	1 á 1.95
Cueros lanares.....	«	1.30 « 1.50	0.60 « 1.45
« vacunos secos..	50	60 « 85	60 « 100
« « salados....	«	45 « 52 50	40 « 60
« potro secos.....	pieza.	6 « 9	5 « 10
« « salados.....	100 k.	115 « 120	115 « 120
« nutria...... .	1 k.	2.50 « 3.50	2.50 « 3
« cabra....... .	doc'na	30 « 45	10 « 30
« cabrito........	«	20 « 26.50	8 « 23
Cerda.............	50 k.	125 « 165	110 « 165
Sebo..............	100	62 « 66	62 « 66
Aceite............	50	45 « 50	45 « 50
Plumas avestruz....	1/2	5 « 6	4.50 « 14
Astas.............	100	32.50 « 35	28 « 35
Machos de astas....	1000	100 « 120	100 « 120
Trigo.............	100	20 « 21	24 « 25
Lino..............	«	26 « 27	22 « 23
Colza..........	«	30 « 33	25 « 30
Maíz..............	«	11 « 12	13 25 « 13.50
Huesos............	«	14 « 20	7 « 26
Quebracho.........	«	10 « 12	9.60 « 10

Precios el 31 de Agosto 1889.

		Los 50 kilógramos.		
Plata secos bueyes 1.ª calidad 13 á 16 kilos....	frs.	84	á	85
« « « « 11 á 12 «....	«	80	á	84
« « « 10 á 11 «....	«	78	á	80
« 2.ª «	«	70	á	75
« inferiores................	«	60	á	65
« vacas 1.ª calidad 10 á 11 kilos....	«	84	á	85
« « « 9 á 10 «....	«	80	á	84
« 2.ª «	«	70	á	80
« inferiores..............	«	60	á	65

Plata terneros	....	frs.	60	á	65
Plata salados bueyes nuevos de	30 á 31 «	«	54	á	57
« «	23 á 24 «	«	50	á	51
vacas	19 á 20 « ...	«	46	á	50
« «	21 á 22 «	«	50	á	54
Plata matadero bueyes de	26 á 28 «	«	45	á	53
« vacas	20 á 22 «	«	45	á	53
Plata terneros livianos	cada uno	«	50	á	2

Emigracion.—La emigracion de este puerto para los de la República, se efectuó por intermedio de dos vapores de la compañía «Chargeurs Reunis» que llevaron entre pasajeros y emigrantes 721 personas, cuya clasificacion es la siguiente:

1.ª clase	55	personas
2.ª "	45	"
Emigrantes	621	
	721	personas

Nacionalidad de los 621 emigrantes.

Franceses......	405	personas
Alsacianos................	67	"
Italianos..	55	
Suizos	50	
Españoles.................	14	
Ingleses..	9	
Rusos................ ...	9	
Belgas....................	6	
Austriacos.......	2	
Rumanos	3	
Griegos..................	1	
	621	personas

Durante el mismo mes del año pasado se embarcaron en este puerto con destino á la República 1.230 personas.

1.ª clase	43	personas
2.ª "	24	"
Emigrantes	1163	"
	1230	personas

Con este motivo me es grato reiterar á V. E. las seguridades de mi mayor consideracion y respeto.

Lorenzo G. Balcarce, Cónsul.

Octubre 7 de 1889.—Publíquese en el Boletin Mensual del Ministerio.—Zeballos.

Consulado en Cartagena.

INFORME MENSUAL.

Cartagena, Setiembre 12 de 1889.

Señor Ministro:—La salud pública ha mejorado notablemente en esta ciudad desde la segunda quincena del mes de Agosto que empezó á notarse extraordinario descenso en la epidemia de fiebres palúdicas, tan arraigadas en esta poblacion.

A continuacion tengo el gusto de informar á V. E. del movimiento marítimo de exportacion é importacion ocurrido en este puerto durante el mes de Agosto próximo pasado.

Exportacion.

Nombre de la mercancía.	Procedencia y cantidad.				Total.
Almendra para....	Marsella	kilógr.	11 100		
Esparto "	Lóndres	"	450 000		
Ganado mular.....	Oran	cabezas	4		
Galera argentífera..	Marsella	kilógr.	70 000		
"	Liverpool	"	30 000	kg.	100 00
Mineral de hierro.	Amsterdan	"	1 500 000	"	
"	Baltimore	"	6 100 000	"	
	Cette	"	2 800 000	"	
	Garston	"	1 000 000	"	
	Maryport	"	4 050 000	"	
	Mostyn	"	1 650 000	"	
	Midelesbro	"	4 200 000	"	
	Marsella	"	21 700	"	
	Newport	"	1 770 000	kg.	23 111 70
Plomo pobre......	Marsella	"	552 789	"	
"	Lóndres	"	1 358 842	"	1 911 631
Plomo argentífero.	Marsella	"	1 038 834	"	
"	Lóndres	"	659 019	"	
"	Amberes	"	1 408 888	"	
	Havre	"	500 408	"	3 607 14
Plata............	Lóndres				1 675
Pimiento molido..	Oran	"	16 915	"	
"	Hamburgo	"	23 600	"	40 515
Uva............	Marsella	"			12 039

Importacion.

Nombre de la mercancía.	Procedencia y cantidad.			Total.
Azúcar...	Manila		kg.	73 425
Alcohol	Hamburgo		"	143 754
Bacalao	Cristiansuud	150 000		
"	Hamburgo	5 070	"	155 070
Carbon vegetal	Murcavera		"	110 000
Carbon hulla	Newcastle	5 351 140		
" "	Blyk	1 248 450	"	6 599 590
" coke.	Newcastle		"	1 755 950
Cal y cemento	Marsella		"	68 000
Café	Manila		"	3 336
Garbanzos	Marsella	133 198		
"	Oran	14 700		
	Mazagán	160 000	"	307 898
Ganado vacuno	Oran		cabezas	73
Hariua de trigo	Marsella		kg.	785 100
Habichuelas	Marsella		"	8 900
Pimiento y clavillo	Lóndres		"	19 089
Trigo	Marsella		"	30 000

Saluda á V. E. con la mas distinguida consideracion.

Juan Sanchez Domenech, Cónsul.

Setiembre 12 de 1889.—Publíquese en el Boletin Mensual del Miuisterio.—ZEBALLOS

Vice Consulado en Menaggio.

INFORME MENSUAL.

Menaggio, Setiembre 5 de 1889.

Señor Ministro:—Remito á V. E. el informe mensual de este Vice Consulado, correspondiente al mes de Agosto próximo pasado.

Uvas.—En este año la vendimia en esta parte de la Provincia como en la de Sondrio se presenta bajo un aspecto tristísimo.

Las malas estaciones, las piedras, la enfermedad, han devastado los viñedos y la cosecha considérase totalmente perdida, con excepcion de algunas plantas llamadas aquí uvas americanas.

En las últimas férias que tuvieron lugar en diferentes pueblos de esta ribera, los animales vacunos experimentaron un aumento de precio de alguna consideracion, debido este á la mucha abundancia de pasto cosechado en este año; pagándose de 250 á 300 francos lo que valia antes 150 á 200 francos.

Se ha recibido directamente de Paris 25 números del Boletin Oficial de la Exposicion, número consagrado especialmente á la República Argentina; se distribuyeron convenientemente llenando á todos de admiracion por los maravillosos resultados conseguidos en pocos años por esa nueva y laboriosa Nacion.

Tambien se recibieron varios periódicos que son solicitados con mucho interés, para informarse de los nuevos progresos que contínuamente vienen sucediéndose en ese país progresista.

Precios obtenidos en este mercado por los siguientes artículos:

Artículos				Precio mínimo.		Precio máximo.	
Trigo	por los	100	kilos	frs.	24.50	frs.	25.50
Maiz	" "	"	"	"	18.25	"	19.50
Arroz	" "	"	"	"	38.00	"	40.50
Avena	" "	"	"	"	16.00	"	17.25
Centeno	" "	"	"	"	15.00	"	16.00
Harina de trigo		"	"	"	34.00	"	39.00
Manteca	" "	1	"	"	2.00	"	2.50
Queso	" "	"	"	"	1.20	"	4.50
Carne fresca	"	"	"	"	1.00	"	1.40

Saludo á V. E. con mi mas distinguida consideracion.

Angel Massuchi, Vice Cónsul.

Octubre 15 de 1889.—Publíquese en el Boletin Mensual del Ministerio.—Zeballos.

Consulado General en Escocia.

INFORME MENSUAL.

Glasgow, Setiembre 18 de 1889.

Señor Ministro:—Tengo el honor de acompañar á V. E. el estado del movimiento de buques en este Consulado General y lista de precios de frutos, correspondiente al mes ppdo.

Me es grato comunicar á V. E. que el estado vital y sanitario de esta ciudad, puerto y sus inmediaciones, asi como el de las ocho ciudades principales de este reino es satisfactorio. Las estadísticas por el mes pasado nos dan las cifras de mortalidad por mil de los habitantes como sigue:

	1a. sem.	2a. sem.	3a. sem.	4a. sem.	Término medio mensual-anual
Glasgow	21	21	20.7	20.9	20.9
8 cdes. pples	18.3	18.6	17.8	18.9	18.4

La enfermedad del ganado ovino conocida por «pleuropneumonía» existe todavía en varios distritos de este reino.

Lista de precios corrientes (término medio) cotizados durante el mes de Agosto de 1889.

Artículos.		*Precios.*		
Cueros vacunos secos, pesada......	lb.	—	—	6 1/2
Id id salados, de buey, pesada.....	id.	—	—	5 1/4
Id yeguarizos secos.............	c/u	—	6	—
Id id salados.....	id.	—	12	—
Id lanares......................	lb.	—	—	6 1/2
Astas de buey, pesada...........	100	1	16	9
Cerda..............	lb.	—	2	8
Huesos.........................	ton.	5	6	3
Ceniza de huesos, con 70 °/。 fosfatos.	id.	4	12	6
Sebo de vaca....	qq.	1	7	6
Id carnero........	id.	1	7	9
Grasa de potro.................	id.	—	—	—
Aceite de patas, mil...	gln.	—	2	7 1/2
Lanas sucias, mil......	lb.	—	—	—

Bonos Argentinos.

Empréstito de	1868.....	—	°/。
Id	1871 (Obras Públicas)........	—	«
Id	1872 and 1874 (pesos fuertes).	66 3/4	«
Id	1881 (ferrocarriles) :........	101	«
Id	1882......................	—	«

Movimiento de buques habido en este Consulado General durante el mes de Agosto.

Destino.	Cargamento.	Peso.	Valores.
		Toneladas	**Libras ester**
Glasgow á Bs. As.	cargamento general...........................	208 6 2 7	£ 7931 « «
Grenock id id	carbon de piedra.....	1208 « « «	« 498 « «
Glasgow id id	id id	622 19 « «	« 240 « «
id Rosario id	id	596 16 « «	« 205 « «
Greenock Bs. As. id	id	870 « « «	« 370 « «
	Totales....	3406 1 2 7	« 9244 6 «

Reitero á V. E. las seguridades de mi mayor consideracion.

Tomas F. Agar, Cónsul.

Octubre 4 de 1889.—Publíquese en el Boletin Mensual del Ministerio.—Zeballos.

Consulado en Almería.

INFORME MENSUAL.

Almería, 16 de Setiembre de 1889.

Señor Ministro:—Tengo el honor de elevar á manos de V. E. el informe mensual de este Consulado correspondiente al pasado mes de Agosto.

Sigue inmejorable el estado sanitario de esta jurisdiccion Consular.

Precios de los productos del país para la exportacion.

Trigo, fanega de 45 á 50 kilos	pesetas	11 50
Cebada, id de 30 á 35 id	«	5 25
Maíz, id sin existencia	«	
Esparto en rama, quintal de 46 kilos	«	4 75
Azufre fundido en terron	«	4 25
Id molido	«	7
Id sublimado	«	8
Lana sucia	«	37 50
Plomo desplatado, tonelada de 1000 kilos	«	262 á 265
Sal grano blanca	«	10 25
Sal menuda	«	1

Artículos de importacion.

Alpiste, fanega de 50 kilos................	pesetas	17 50
Habichuelas cortas, sacos de 50 kilos	«	14 á 16
Id largas......................	«	22 á 24
Arroz, sacos de 23 kilos, segun clase......	«	28 á 35
Harina de trigo, id de 100 id	«	24 á 28

Consumo y precio de carnes frescas en esta Capital.

Vaca y ternera 140 reses, pesando limpio 22350 k. pesetas 2 k.
Ovejas, carneros y cabras, 780 id, id id 7800 « « 1 25 «

Precios de cueros y pieles.

Cueros vacunos secos....................	pesetas	1 70	k.
Id de cabra y macho..............	«	2 50	«
Pieles con lana de carnero...............	«	2 50	«
Id id de cordero	«	1 50	«

Inaugurada á mediados de Agosto la cosecha de esta comarca se han exportado para los mercados de Inglaterra y América hasta el 11 del presente mes.

70607 barriles de 2 arrobas (23 «
2955 medios barriles de 1 arroba (11 kilos.)

Aunque estamos en el principio de la recoleccion de este fruto, la produccion de este año es considerada muy mediana, calculándose que no pasará de 600.000 barriles.

Los precios medios obtenidos hasta ahora en Liverpool, Lóndres y Glasgow han sido por término medio 12 á 20 chelines por barril. Algun fruto, cortado aun algo verde.

Durante el expresado mes no ha habido en este puerto movimiento comercial ni emigratorio en relacion á los de la República.

Saludo respetuosamente al Señor Ministro.

Santiago Peydro, Cónsul.

Octubre 4 de 1889.—Publíquese en el Boletin Mensual del Ministerio.—ZEBALLOS.

Consulado en Marsella.

INFORME MENSUAL.

Marsella, Setiembre 16 de 1889.

Señor Ministro:—Tengo el honor de adjuntar á V. E. el Resúmen de importacion y de los precios obtenidos en este mercado por los productos argentinos durante el pasado mes de Agosto, así como una Re ista general del mercado de Marsella.

REVISTA GENERAL DEL MERCADO.

Manteca.—*Los 100 kilos.*

Milan.........	frs. 280 á 300	Montaña......	frs. 270 « 280
Lyon..........	« 260 « 280	Facticio......	« 100 « 110

Queso.—*Los 100 kilos.*

Gruyéres, de 1.ª..	frs.	135	Holanda.......	frs.	160 á 190
« « 2.ª..	«	120	Roquefort.....	«	185 « 200
« « 3.ª..	«	110	Parmesano....	«	2?0 « 290

Tejas y Ladrillos.

	Peso del mil		precio del mil	
Teja chata Arnaud, Etienne y C.ª...	kilos	2550	frs.	70
« acanalada..........	«	2500	«	80
« hueca gran modelo mecánico.	«	2200	«	60
« « pequeño « «	«	1600	«	40
Ladrillo ordinario de 0.20 cuadrado	«	1100	«	24
Baldoza hechura Havre..........	«	1100	»	47

Cemento.—Mismos precios.

Cereales.

Trigo.—Mercado en calma.—*Los 100 kilos,* descuento 1 %.

Tucena Prov.............. .. .	frs.	25.50	á	26
« Africa.............. ..	«	22	«	23
« Oran...............	«	24.50	«	25
Irka Berdiansk.....	«	19	«	19.25
« Taganrok................	«	18	«	18.25
« Sebastopol...............	«	18.75		
« Odesa....................	«	18		
Azimo Azoff.................	«	17.50	«	18
« Berdianska........... .	«	18.50	«	19
« Odesa............... .	«	18		
Polonia..........	«	18		
Danubio	«	17	«	19
California..................	«	20		

Semillas.—*Los 100 kilos.*

Maíz del Danubio........ ...	frs.	11.75	á	12
« Cincuantini..	«	13		
« Rojo...........	«	13.50		
Habas de Africa...............	«	15.50	«	15.75
Avena « «	«	18		
Cebada de Rusia....	«	11.25		

Crines y pelos.

Crines de América.—Caballo... .. frs. 125 los 50 kilos. descuento 3 por 100.

Pelos de cabra.—Salónica.........	«	90 á 95	«	100	«
Descuento 3 por 100, Marruecos..	«	70 « 75	«	«	«

Semillas oleaginosas.

Sésamo Jaffa...	francos	38
« blanco Bombay.........	«	33.50
« abigar « «	«	32
« negro «	«	30.50
« « Calcutta....... ..	«	29
Maní descortezado Mozambica...	«	32
« « Bombay.....	«	29
« en coca Gambia... ..	«	25.50
Lino abigar Bombay.......... .	«	30

Aceite de semillas.

Comestibles.—Pocos negocios.—Precios sostenidos.

Sésamo. de Levante...............	frs.	90	á	92
« « Bombay...............	«	84	«	86
« « Kurrachee..............	«	83	«	85
Maní « Rufisque	«	105	«	110
« « Gambia........	«	80	«	85
« « Mozambica.............	«	74	«	76
Adormidera de la India....	«	74	»	76
« del Levante...........	«	78	«	80

Lampantes.—En alza.

Sesamo	frs.	67	á	68
Maní	«	64	«	66
Colza purificado	-	73		
Lino Bombay	-	65		

Para fábrica.

Sésamo	frs.	64	á	65
Lino	«	60	«	61
Maní	«	59.50	«	60
Adormidera	«	64	«	65

Aceite de Algodon.

Aceite francés 1.ª calidad	francos	115		
" " 2.ª "	"	100	á	105
" " 3.ª "	"	85	"	87.50
" americano	"	100	"	105
" 2.ª "	"	85	"	90
inglés	"	80	"	82

Aceite de oliva comestible.—*Los 100 kilos.*

Aix	1.ª calidad	frs.	160	á	170
«	2.ª «	«	125	«	130
Bari ó Nápoles	1.ª calidad	-	150		
« «	2.ª «	«	142	«	147
«	3.ª «	«	125	«	130
« «	4.ª «	«	115	«	120
Toscana	1.ª «	«	195	«	200
«	2.ª «		falta		
Sicilia		«	105	«	110
Var	1.ª «	«	115	«	125
«	2.ª «	«	100	«	110
«	3.ª «	«	85		
España	1.ª «	«	105	«	115
«	2.ª «	«	90	«	95

España 3.ª		frs.	85
« 4.ª			falta
Bougie		«	105 á 110
Tunis		«	85 « 115

Lana.—El movimiento comercial del mes se resume como sigue: 7 890 bultos vendidos. 11 101 bultos llegados para nuestra plaza. La existencia asciende á 16 515 bultos.

Huesos.—*Los 100 kilos francos 9.*

Sebo. - Mercado firme.

Del país	francos	60
Buey Plata	«	64
Carnero	«	63
América del Norte	«	62 á 93

Sal.—*Los 1 000 kilos.*

Marsella	francos	23 50
Hyéres	«	20
Port dit Bouc	«	20
S. Louis du Rhone Cette	«	20
Cette		20

Resúmen de la importacion y de los precios obtenidos por los productos argentinos en el mercado de Marsella, durante el mes de Agosto.

Cueros vacunos secos	piezas	1.400	frs.	de tránsito
Cueros lanares	fardos	524	«	de id
Pieles de cabra	«	26	«	de id
Maíz	bolsas	17.983	«	11

Astas	bolsas	209	frs.	de tránsito
Nervios	bultos	109	«	de id

Tengo el honor de saludar á V. E. con mi mas alta y distinguida consideracion.

Casto Martinez Ituño, Cónsul.

Octubre 7 de 1889.—Publíquese en el Boletin Mensual del Ministerio.—Zeballos.

Consulado General en el Brasil.

INFORME MENSUAL.

Rio de Janeiro, Octubre 8 de 1889.

Señor Ministro:—Tengo el honor de elevar á V. E. la planilla del consumo y precios obtenidos en este mercado por los productos argentinos y algunos de este imperio en el mes de Setiembre de 1889.

Consumo y precios de los productos argentinos y de algunos del Brasil en el mes de Setiembre de 1889.

Tasajo—Existencia en Agosto 31 k.......... 1828.000
Entraron en Setiembre.................... 4525.650

Kilos 327,150 son de Rio Grande... ..... 6353.650
Se exportaron kilos.. 408.350
Se consumieron.... .3314.880 3723.230

Existencia 1.° de Octubre kilos 2630.420: Precios—280 á 360 mantas especiales 300 á 460.

Tasajo de Rio Grande—200 á 280 el kilo.
Harina del Plata—No hay entradas
« Brasileras—12$500 á 14$500.
Afrecho-2500 á 2600 el saco de 42 kilos.
Maiz—de 2800 á 3500 « de 62. «
Alfalfa—90 Reis—Grasa en pipa 400.
Sebo del Rio de la Plata—$ 340
Aceite de potro—320 id.—de patas 360.
Azúcar—de 240 á 280 segun clase
Café—segun clase de 450 á 630 kilo.
Caña—115$00 por pipa despachada.
Ganado vacuno en pié—60 á 70$000 rs. segun las carnes.
Carneros—5000, abordo; y pagos derechos de introduccion 8000.

Entre ganado mayor y menor el consumo diario de esta plaza es de quinientas reses.

Saludo á V. E. con la más alta consideracion y respeto.

M. Berdier, Cónsul General.

Octubre 16 de 1889.—Publíquese en el Boletin Mensual del Ministerio.—Zeballos.

Consulado en Santos.

INFORME MENSUAL.

Santos, Octubre 4 de 1889.

Señor Ministro:—Tengo el honor de adjuntar las relaciones del consumo y precios de este mercado durante el mes de Setiembre pasado.

Relacion del consumo y precios obtenidos en este mercado por los productos de la República en el mes de Setiembre de 1889.

Alfalfa	3 000	fardos á	100 reis	kilo
Salvado.........	300	bolsas á	5 000	uno.
Maíz............	4 000	« «	5 000 á 6 000	«
Carneros........	100		10 000 «	uno

Me es grato presentar á V. E. las protestas de mi mas distinguida consideracion.

Ceferino Barbosa, Cónsul.

Octubre 15 de 1889.—Publíquese en el Boletin Mensual del Ministerio.—ZEBALLOS.

Consulado en Paranaguá.

INFORME MENSUAL.

Paranaguá, Octubre 1.° de 1889.

Señor Ministro:—Tengo el honor de remitir á V. E. la nota de los precios corrientes de los artículos de exportacion é importacion durante el mes de Setiembre ppdo.

Precios corrientes obtenidos en esta plaza por los productos de importacion y exportacion para la República durante el mes de Setiembre del corriente año.

Mercaderías.	*Reis.*	*Mercaderías.*	*Reis.*
Yerba mate fina, kilo..	186	Arroz nacional, saco...	12 500
» gruesa, id......	200	Porotos, 40 litros.....	7 500
» en hoja, id	220	Maíz, bolsa...........	5 200
» en rama, id ...	095	Harina de mandioca id.	5 000
Cueros vacunos, uno..	5 000	« trigo, bar...	16 000
Garras de cueros, kilo.	060	« de la República, bolsas de 4 @.	7 600
Astas, el 100........ ...	8 500	Aguardiente caña, pipa	85 000
Ganado en pié, uno...	35 000	Papas, bolsa..........	3 500
Carne fresca, el kilo...	320	Pino de la Prov. planchones de 14 piés d..	22 000
Tasajo en fardos, id...	300	» tablas, id......	9 000
Id pedazos (sueltos).	240		
Café de 2.° 15 kilos,..	10 500		

Tengo el honor de saludar á V. E. con mi mas distinguida consideracion.

Rodolfo Muzzio.

Octubre 7 de 1889. — Publíquese en el Boletin Mensual de Ministerio. — ZEBALLOS.

Correspondencia Diplomática

Y

ACTOS OFICIALES.

Decreto disponiendo la venta del Pabellon Argentino en la Exposicion de París.

Departamento
de
Relaciones Exteriores

Buenos Aires, Octubre 7 de 1889.

CONSIDERANDO:

1°. Que de los estudios preliminares hechos por las Comisiones encargadas en Buenos Aires y París. sobre el desarme y trasporte del Pabellon Argentino construido en la Exposicion Universal, resultó que el gasto de desarme, trasporte y reconstruccion en Buenos Aires, variará al rededor de un millon de francos.

2°. Que segun las observaciones de las mismas Comisiones el Pabellon ofrece deficiencias que la práctica ha revelado, que reclaman retoques, perfeccionamientos y ensanches que hacen suponer costarán mayor cantidad, una vez empezada la obra de reedificacion en esta Capital en cuya oportunidad seguirán sin duda nuevas exigencias.

3°. Que además sería necesario realizar un gasto crecido para adaptar su interior á las nuevas aplicaciones á que se le destine.

4°. Que su especialísima construccion lo ha reducido al menos resistente de los Pabellones levantados en aquella Exposicion, siendo por consiguiente el más difícil de remover sin destruirse.

5°. Que el Comisionado Especial del Gobierno para su traslacion á Buenos Aires, informa lo siguiente: «Que siendo el Pabellon Argentino una construccion de estilo, á la vez que original, especial, en desarme y reconstruccion, orijinaria mayores gastos de los que á primera vista se puede calcular, debiendo tenerse presente que muchas de sus piezas componentes deben llevarse en duplicado para reponer las que forzosamente se inutilizarán en el desarme y embalaje »

6°. Que no es posible fijar con exactitud el presupuesto de este gasto, pero que de los antecedentes oficiales que se tienen resultaría mayor que lo invertido en su construccion y decoracion.

7°. Que los fondos destinados al servicio de la Exposicion están agotados, y no estima conveniente el Poder Ejecutivo recargar al Erario con erogaciones que no sean indispensables ó reproductivas;

El Presidente de la República

DECRETA:

Artículo 1°.—Dejar sin efecto el decreto de 4 de Julio del corriente año, que disponía la traslacion á esta Capital del Pabellon Argentino de la Exposicion Universal de París.

Artículo 2°.—Autorizar á la Comision Directiva de la Exposicion para que proceda á vender dicho Pabellon en la oportunidad y forma que juzge conveniente.

Artículo 3°.—Acordar una indemnizacion al Comisionado del Gobierno, que se encuentra en París, cuyo valor será fijado por la Comision Argentina de la Exposicion, residente en aquella Capital.

Artículo 4°.—El producto de la venta será puesto á disposicion del Ministerio de Relaciones Exteriores para los efectos que corresponda.

Artículo 5°. —Comuníquese y dése al R. N.

JUAREZ CELMAN.
ESTANISLAO S. ZEBALLOS.

Circular á los Agentes de Compañías de Navegacion sobre obligaciones de los Capitanes de buques conductores de inmigrantes.

Ministerio
de
Relaciones Exteriores

Buenos Aires, Octubre 10 de 1889.

Señor Agente:—Las leyes relativas á la conduccion de inmigrantes de Europa y Estados Unidos, han reglamentado de una manera enérgica las obligaciones de las empresas, respecto de las personas. Entre aquellas las de Inglaterra y Norte América, son de las mas humanitarias y severamente aplicadas.

La República Argentina, país de inmigracion, no podía olvidar este punto de tanta importancia para el fomento de su poblacion y la ley de 19 de Octubre de 1876, contiene el capítulo VI con las obligaciones correspondientes á los buques conductores de inmigrantes.

Estas obligaciones son de dos naturalezas.

Establecen el número de personas que es permitido á cada buque conducir, el espacio á que ellas tienen derecho, las dimensiones que en consecuencia corresponden á los buques, y todas las demás reglas que se refieren al alojamiento, alimentacion, higiene y bienestar de los viajeros.

La omision de estas obligaciones ha sido penada por el artículo 35 con multa y retiro de los privilegios de paquetes concedidos á los vapores. Á pesar de estas disposiciones y de su aplicacion, algunos vapores violan la ley con reincidencia, convirtiendo el trasporte de inmigrantes en repugnante negocio de cargamentos humanos.

Estos hechos son atentatorios contra los principios universales de humanidad que rigen esta materia y perjudican por otra parte los intereses de la República, por el desaliento que producen en los centros de inmigracion europea las noticias de los viajes penosos, comunicados por los que llegan á los que quedan esperando su éxito, para seguir sus pasos.

La segunda naturaleza de obligaciones que la ley impone á los capitanes de buques, les impide embarcar enfermos, de mal contagioso, procedente de países infestados con vicio orgánico que los haga inútiles para el trabajo, ni dementes, mendigos, presidarios, mayores de 60 años que no sean jefes de familia, etc.

La infraccion de estas obligaciones es penada con multas y reconduccion, á expensas de los capitanes, de los inmigrantes rechazados.

La circunstancia de que las multas son reducidas, explica sin duda la reincidencia de algunos vapores, en las infracciones que motivan esta nota, pues los pasajes subsidiarios que cobran alcanzan á sumas de la mayor consideracion proporcionalmente al número de personas que conducen.

El P. E., aprobando decididamente el celo con que procede el Departamento General de Inmigracion, y para robustecer su autoridad, ha creido oportuno dirijirse á Vd., cuya buena voluntad hácia el progreso del país le es notoria, rogándole quiera recordar á los capitanes de buques de su dependencia la gravedad de las responsabilidades en que incurrirán violando las leyes á que me he referido.

La circunstancia de que los inmigrantes que deben rechazarse con arreglo á la ley se presenten con pasajes subsidiarios, no excusará á los capitanes.

El P. Ejecutivo solicitará oportunamente del H. Congreso Nacional la reforma de la ley de inmigracion, y esa será la oportunidad de establecer multas mas severas.

Mientras tanto, el P. Ejecutivo tiene la resolucion de retirar los privilegios de paquete á todo buque cuyo capitan haya reincidido en las faltas enumeradas.

Esperando que las empresas de navegacion se apresurarán á tomar medidas que eviten ese desagradable extremo, tengo el honor de saludar á Vd. con la consideracion mas distinguida.

ESTANISLAO S. ZEBALLOS.

Resolucion sobre pasajes subsidiarios.

Ministerio
de
Relaciones Exteriores

Buenos Aires, Octubre 3 de 1889.

Vista esta solicitud y teniendo presente: 1°. que los treinta mil pasajes subsidiarios cuya reserva se dispone por decreto de 15 de setiembre último para distribuirlos en la República, son destinados á las sociedades agricultoras industriales, empresas colonizadoras, etc., y á los extranjeros aquí establecidos con explotaciones agrícolas ó industriales, á fin de que éstos hagan venir al país sus mismas familias y los brazos que necesiten para el desenvolvimiento de sus respectivas labores; 2°. Que no entra en el propósito del Gobierno conceder pasajes subsidiarios con fines comerciales y de lucro, es decir, á personas que lo soliciten como intermediarios, cuando dichas asociaciones y personas pueden solicitarlos directamente; 3°. Que el establecimiento industrial de propiedad del recurrente, no puede dar colocacion á los tres mil inmigrantes que propone traer; 4°. Que en vista de lo expuesto, esta peticion no puede considerarse comprendida dentro de los términos del decreto citado. Por tales razones, no ha lugar y archívese, prévia reposicion de sellos.

Estanislao S. Zeballos.

Circular pasada á los solicitantes de pasajes subsidiarios.

Ministerio
de
Relaciones Exteriores

Buenos Aires, Octubre de 1889.

Comunico á usted que por resolucion de la fecha se concede los.... pasajes subsidiarios solicitados (en blanco), y para ser llenados oportunamente.

Debo prevenir á usted para su conocimiento y efectos, que este Ministerio tiene informes exactos que algunas de las personas que se ocupan en Europa de buscar inmigrantes que hagan uso de dichos pasajes, no son escrupulosas y los negocian en unos casos y en otras aceptan á toda clase de individuos, siendo algunos de estos completamente inservibles para el trabajo y mas bien una carga que un beneficio para el país.

En este concepto y á fin de que tome las precauciones debidas, se le previene que todo inmigrante llegado en virtud de los pasajes que se le conceden, será rechazado á costa de usted, siempre que no llene las condiciones exigidas por su contrato y las leyes y decretos vigentes, ó si se comprobase que ha comprado el pasaje en Europa.

Saludo á usted atentamente

ESTANISLAO S. ZEBALLOS.

Emigracion inglesa á la República Argentina.

Interpelacion en la Cámara de los Comunes.

Sesion de Agosto de 12 de 1889.

El Señor S. Acaly preguntó al subsecretario de Estado en el Departamento de Negocios Extranjeros, si pondría en conocimiento de la Cámara la correspondencia con el Gobierno Argentino relativa á la pérdida irrogada á muchos centenares de familias irlandesas, á causa de haber dejado en repetidas ocasiones la República de cumplir sus compromisos para el transporte de las que pensaban emigrar; y si el Gobierno de S. M. pensaba exijir compensacion por la ruina que habían sufrido tantos súbditos británicos á causa de los informes poco fieles de los agentes de un Estado extranjero; y en caso contrario, si querría el Gobierno tomar en consideracion la conveniencia de hacer que sea un delito el que ajentes extranjeros induzcan con falsos pretextos á los inmigrantes á que emigren.

Señor J. Fergusson dijo: No habrá dificultad alguna en someter á la consideracion de la Cámara la correspondencia que se refiere á la emigracion irlandesa á la República Argentina, siempre que la pida el señor Diputado. Al decir esto, cúmpleme manifestar que los diarios no evidencian que el Gobierno Argentino haya dejado, en sentido alguno, de llenar sus compromisos. Es verdad que personas poco idóneas han sido inducidas á emigrar á ese país, y que no ha dejado de producir cierto malestar á causa de la falta de puntualidad en el arribo de vapores para embarco de emigrantes. Si se pusiera en conocimiento del Gobierno de S. M. un caso cualquiera en el que personas de este país hubieran sido engañadas ó defraudadas, ese caso se tomaría debidamente en consideracion, adoptándose al propio tiempo aquellas medidas que parecieran necesarias.

El señor S. Acaly preguntó si el Subsecretario no había recibido una carta de él en la que le demostraba que unos dos mil individuos habían sido demorados mas de tres meses. Que un buque de la República Argentina no había hecho escala, como se había prometido, á tomar emigrantes, los que habían vendido cuanto tenían. El resultado habia sido una séria pérdida para esa gente.

El Señor J. Fergusson dijo: que se habían hecho averiguaciones acerca del caso á que se refiere el señor diputado.

El señor F. Acaly preguntó si estaba al dia la correspondencia con la República Argentina.

El Señor J. Fergusson dijo: que el Gobierno no tenía datos completos al respecto.

El señor Acaly preguntó si el señor Subsecretario pondría la correspondencia en conocimiento de la Cámara.

El Señor J. Fergusson dijo: que lo haría saber al señor diputado estando aquella concluida.

Resultado del segundo ensayo de exportacion de ganado en pié. (*)

Ministerio
de
Relaciones Exteriores

Buenos Aires, Julio 24 de 1889.

Señor D. P. S. Lamas, Inspector General de las Oficinas de Informacion.

Don Gerardo España conduce 41 animales vacunos, que forman la segunda expedicion que bajo los auspicios del Gobierno Nacional realiza la Sociedad Rural Argentina.

Sírvase el Señor Inspector proceder con estos animales del mismo modo que con los anteriores.

Adjunto á usted una lista del peso que tienen los animales en el momento de ser embarcados en el vapor «Santa Fe» que los conduce.

Saluda al Señor Inspector.

N. QUIRNO COSTA.

Ministerio
de
Relaciones Exteriores.

Buenos Aires, Julio 24 de 1889.

Señor Cónsul Argentino en el Havre:

El portador, Don Gerardo España, va encargado por el Gobierno con la expedicion de 41 animales vacunos, que

(*) Véase BOLETIN de Junio próximo pasado, página 1516.

desembarcará en el Havre, para ser vendidos por el Señor Lamas, Inspector de las Oficinas de Informacion, como lo fueron la de la anterior remesa por el vapor «Entre Rios.»

Preste V. S. toda su cooperacion á este asunto, haciendo que el desembarque se haga en las mejores condiciones así como la remision á París, é informe por telégrafo á este Ministerio de la llegada de dichos animales y su estado.

Los dos peones que van con España en el mismo vapor «Santa Fe» regresarán á esta capital en dicho buque ó en otro de la Compañía que salga antes.

Saludo á V. S.

N. Quirno Costa.

Inspeccion de las
Oficinas de Informacion.

París, 4 de Setiembre de 1889.

Señor Ministro:—Tengo el honor de acusar recibo de la nota que V. E. se sirvió dirigirme con fecha 24 de Julio, relativa á la segunda remesa de animales vacunos que, bajo los auspicios del Gobierno Nacional, realiza la Sociedad Rural.

Los 41 animales traidos por el vapor «Santa Fe» llegaron recien ayer tarde á París, de lo que resulta que de Buenos Aires á esta capital han puesto cuarenta días, demora extraordinaria que en parte es debida á la escala de Dunkerque, donde el vapor se demora cuatro dias.—No obstante esta larguísima travesía, los cuarenta y un animales embarcados en la dársena sud de Buenos Aires, han llegado en perfecto estado y, segun la apariencia, poco peso han perdido; mañana lo sabré y me apresuraré á comunicar á V. E. el peso de cada animal cotejándolo con el de la salida.

Mañana se venderán los animales en el mercado público de la Villete, esperando que el resultado de la venta será bastante superior al de la primera remesa, no solamente porque en general los animales son superiores, sino porque, como tuve el honor de comunicarle á V. E. por telégrafo, los precios han mejorado en el mercado con relacion á los que regían cuando llegó á París la primera expedicion.

Habiendo invitado á visitar los animales á su llegada á la Villete á algunas personas del país que se hallan actualmente en esta capital, ocurrieron en gran número esta mañana, al depósito en que se encuentran. Entre las personas invitadas recordaré las siguientes: Doctor Pellegrini, Doctor Paz, Señores Anasagasti, Ramos Mejía, Casares, Arteaga, Correa Morales, Barreneches, Cobo, Giraldez, Balcarce, Diaz Velez, etc. Además, un gran número de especuladores franceses, belgas y alemanes ocurren á visitar los animales, proponiéndose algunos enviar compradores á la República; esta es una faz muy práctica para el país de la evolucion que se está operando, al que se consagra definitivamente el éxito alcanzado por los ensayos hechos bajo los auspicios del Gobierno con el contingente ilustrado y práctico de la Sociedad Rural.

Tengo el honor de renovar á V. E. las seguridades de mi mas alta y distinguida consideracion.

P. S. Lamas.

Inspeccion de las
Oficinas de Informacion

París, 5 de Setiembre de 1889.

Señor Ministro:—Confirmando mi nota de ayer relativa á la segunda expedicion de animales en pié, tengo el honor de adjuntar á la presente, 1.° planilla del peso de los animales á la salida de Buenos Aires y á la llegada á París, y 2.° la lista de los precios de venta obtenidos hoy en la Villete.

Respecto al peso, podrá observar V. E. que algunos animales han ganado durante el viaje, pero que en término medio han perdido 5: 07 °/₀; los de la primera expedicion habían perdido 5: 50 °/₀. Tenemos, pues, ya precedentes suficientes para contar con una diminucion de peso tan solo de 5 °/₀, lo que es insignificante.

En cuanto á precios, se han conseguido ahora 441 $^1/_4$ francos por animal contra 379 $^3/_4$ de la primera remesa, debiendo observarse que los animales traidos por el «Entre Rios» pesaban al llegar 593 kilos en término medio, mientras que los del «Santa Fe» solo han dado 553 kilos.

El aumento de precio ahora obtenido proviene de que los animales en general eran mas finos y de que en plaza los precios habían subido de 8 á 10 °/₀ con relacion al mes de Mayo.

Escribo á V. E. á última hora para alcanzar al vapor de las Mensajerías via Lisboa, limitándome á trasmitirle estos datos sucintos, pero suficientes para afirmar el éxito ya antes obtenido, quedando comprobado que animales regulares pueden contar con precios de cien pesos oro para arriba, y que el viaje aun siendo de 40 dias como el del Santa Fe, solo hacen perder á los animales 5 °/₀ de peso si á estos hechos se agrega el que *todos los gastos* pueden ser facilmente reducidos á un máximum de 40 pesos oro, resulta que animales de $^1/_2$ sangre, pesando de 580 á 600 kilos, dejarán un líquido producto de 60 $ oro por lo menos.

V. E. sabrá apreciar la significacion de estos hechos para el porvenir económico de la Nacion.

El primer vapor llevará á V. E. las cuentas originales y el giro por el líquido producto de la expedicion.

Tengo el honor de renovar á V. E. las seguridades de mi mas alta y distinguida consideracion.

P. S. Lamas.

Peso al embarque en Buenos Aires y á la llegada á París de los animales vacunos traidos por el vapor "Santa Fe".

PROPIETARIO SR. FRIAS.

Núm.	Peso á la salida	Peso á la llegada.	Núm.	Peso á la salida	Peso á la llegada
1	660	612	4	670	646
2	660	620	5	565	617
3	610	559			
				3105	3054

PROPIETARIO SR. ERRECABORDE.

Núm.	Peso á la salida	Peso á la llegada.	Núm.	Peso á la salida	Peso á la llegada.
6	605	585	15	545	518
7	580	562	16	630	602
8	525	509	17	560	545
9	590	564	18	500	505
10	540	533	19	590	576
11	545	505	20	480	477
12	520	486			
13	525	492		8330	8005
14	595	546			

PROPIETARIO SR. ACEVEDO.

Núm.	Peso á la salida	Peso á la llegada.	Núm.	Peso á la salida	Peso á la llegada.
21	570	539	37	505	464
22	600	513	39	605	612
23	620	565	43	580	548
27	510	481	44	560	580
30	595	593	45	645	605
31	605	544	47	555	538
33	490	479	49	600	489
34	670	633			
35	585	589		[illegible]	

PROPIETARIO SR. SENILLOSA.

Núm.	Peso á la salida	Peso á la llegada.	Núm.	Peso á la salida	Peso á la llegada.
24	640	589	26	630	562
25	640	587	28	590	540
				2500	2278

RESÚMEN:

Propietarios.	Núm. de animales.	Peso á salida.	Peso á llegada.	Diminucion por cabeza.
Sr. Frias	5	3105	3054	1020
Sr. Errecaborde	15	8330	8005	2166
Sr. Acevedo	17	9955	9341	3612
Sr. Senillosa	4	2500	2278	5550
Total	41	23890	22678	
Diferencia en menos			1212	29.57 kilos ó sea 5.07 %

Inspeccion
de las
Oficinas de Informacion.

París, Setiembre 10 de 1889.

Señor Ministro:—Tengo el honor de confirmar á V. E. mis notas de 4 y 5 del corriente relativas á la expedicion de 41 animales vacunos venidos por el vapor «Santa Fe».—Me cabe ahora adjuntar las cuentas originales y una letra por siete mil doscientos sesenta y cuatro francos cincuenta y un centésimos (frs. 7.264 [51]), á la órden de V. E. y á la vista, sobre el Banco de Londres y Rio de la Plata.—Todos los detalles de esta operacion los encontrará V. E. en la cuenta que tengo el honor de adjuntar á la presente nota.

V. E. me permitirá que llame su atencion sobre el hecho importantísimo de haber logrado asegurar los animales en viaje al tipo ínfimo de 6 %, incluyéndose en éste seguro no solamente todos los riesgos marítimos propiamente dichos, pero aun la mortalidad natural ó accidental y á mas las fracturas, de manera que todo animal que al desembarcar no camine libremente, será abonado por el seguro. Como verá V. E., solo aseguré los animales por 250 francos, teniendo en vista salvar el flete y el costo de los novillos embarcados, pero las Compañías aceptarían asegurar cualquier valor declarado hasta 500 francos por cabeza.

Este asunto del seguro, mediante una prima de 6 % y que tal vez pueda reducirse en lo sucesivo á 5 y quizá á 4 %, coloca á las expediciones de ganado en pié en las condiciones corrientes del comercio internacional eliminando la parte aleatoria de la operacion.

No considero indispensable que acompañe á cada expedicion un capataz; basta un cuidador por cada 20 animales, á los cuales pudiera ofrecerse una prima por cada animal que llegase en buen estado.

De la cuenta de gastos adjunta á la presente nota, podrán deducirse organizándose la operacion mercantilmente, algunas partidas, además podrá reducirse con vapores especiales á 100 francos y quizás á 75 el flete marítimo, lo que importaría en la cuenta de gastos en la expedicion por «Santa Fe» una reduccion general de cerca de 14 pesos oro por cabeza en el primer caso y de 19 en el segundo (flete á 75 francos).

Tengo el honor de renovar á V. E. las seguridades de mi mas alta y distinguida consideracion.

P. S. Lamas.

Ministerio
de
Relaciones Exteriores.

Buenos Aires, Octubre 7 de 1889.

Señor Vice Presidente de la Sociedad Rural Argentina:

Tengo el honor de poner en conocimiento de Vd. los datos definitivos que se refieren á la segunda remesa de ganado en pié con destino á Francia, hecha por el vapor «Santa Fe» y vendida en París inmediatamente de llegar.

Cinco animales de propiedad del Dr. Domingo Frias pesaban 3.105 kilos á la salida y 3.054 á la llegada.

Peso medio el dia de la venta, por cabeza 610 kilos.

Quince novillos del Sr. Martin Errecaborde pesaban á la salida 8.330 kilos y á la llegada, 8.005 kilos, dando un medio de 534 kilos.

Diez y siete novillos del Sr. Honorio Acevedo pesaban al salir 9.955 kilos y á la llegada 9.341, dando una media de 555 kilos.

Cuatro novillos del Sr. Senillosa con 2.500 kilos á la salida, dieron 2.278 á la llegada ó sea término medio 569 kilos.

Resulta que los animales mas mansos, pertenecientes al Doctor Frias, son los que han perdido menos peso en el viaje ó sea 10 kilos y 20 kilos por cabeza, y que los otros mas ariscos, con pocos dias de establo bajaron desde 21 hasta 55 kilos por cabeza, lo que equivale á un término medio de 29 kilos de merma para toda la remesa ó sea un 5 k. 07 por ciento, proporcion mas favorable que las del primer ensayo, cuya diminucion media de peso fué de 5 k. 50 por ciento.

Los precios obtenidos fueron los siguientes:

PROPIETARIO DR. FRIAS.

Núm.	1 vendido por frs.	510	Núm.	4 vendido por frs.	510
«	2 « « «	440	«	5 « « «	510
«	3 « « «	510			
				Francos	2.480
				Término medio «	496

PROPIETARIO SR. ERRECABORDE.

Núm.	6 vendido por frs.	510	Núm.	14 vendido por frs.	440
«	7 « « «	510	«	15 « « «	420
«	8 « « «	420	«	16 « « «	450
«	9 « « «	510	«	17 « « «	420
«	10 « « «	420	«	18 « « «	420
«	11 « « «	440	«	19 « « «	440
«	12 « « «	440	«	20 « « «	420
«	13 « « «	340			
				Francos	6.600
				Término medio «	440

PROPIETARIO SR. ACEVEDO.

Núm.	21 vendido por frs.	420	Núm.	36 vendido por frs.	400
«	22 « « «	450	«	37 « « «	340
«	23 « « «	450	«	39 « « «	450
«	27 « « «	340	«	43 « « «	440
«	30 « « «	440	«	44 « « «	450
«	31 « « «	450	«	45 « « «	450
«	33 « « «	420	«	47 « « «	440
«	34 « « «	450	«	49 « « «	340
«	35 « « «	510			
				frs.	7240
				Término medio «	425.88

PROPIETARIO SR. SENILLOSA.

Núm.	24 vendido por frs.	440	Núm.	26 vendido por frs.	450
«	25 « « «	440	«	28 « « «	440
				frs.	1770
				Término medio «	442.59

El resúmen de precios es este:

8	novillos á	510	c/u	4080	frs.
9	« «	450	«	4050	«
11	« «	440	«	4840	«
8	« «	420	«	3360	«
1	« «	400	«	400	«
4	« «	340	«	1360	«
		Total frs.		18090	«

Los gastos de flete, trasporte del Havre á Paris, comision de venta en la Villete, estadía en el mercado, forrajes, etc., desarme de los boxes y su limpieza, seguros y sellos................	frs. 9666.29
Comision de giro...	« 36.70
Total....	« 9702.99

Que deducidos de 18090 frs. valor bruto en el mercado de venta, da un líquido producto de frs. 8387.01 cts. de los que corresponde á cada exportador (con deduccion de la comision de giro) la suma expresada á continuacion:

Sr.	Frias	frs.	1290 32	ó	sea	ps.	oro	258.06
«	Errecaborde	«	3035 15	«	«	«	«	607.03
«	Acevedo	«	3201 04	«	«	«	«	640.21
«	Senillosa	«	819 32	«	«	«	«	163.85
		frs.	8345 83				«	1669.16

Por estas cifras parciales se ve que la utilidad líquida de esta remesa es de 40 ps. 70 cts. oro por animal, resultado mucho mas satisfactorio que el del primer ensayo.

Debe observarse que se ha pagado de flete marítimo 140 frs., suma que será reducida cuando los vapores sean construidos especialmente y el negocio se haga en forma.

Es conveniente tener en cuenta para juzgar de estos resultados la clasificacion de los animales y su alimentacion segun el perito Dr. José Suarez, miembro de la Sociedad Rural Argentina, comisionado de este Ministerio.

Raza: Durham, media sangre, cuarterones, criollos.

Carnadura: carne gorda y gordos.

Edad: de 4 á 8 años.

Mansedumbre: pocos bueyes casi todos redomones, con un mes de pesebre.

Manutencion para el viaje: 12,823 kilos alfalfa picada y mezclada con maíz y afrecho, 5117 kilos maíz pisado.

Término medio de racion diaria 12 $^{1}/_{2}$ kilos por animal.

Comparando la remesa del vapor «Santa Fe» con la del «Entre Rios», que fué la primera, resulta lo siguiente:

	Peso medio de los animales.	Producto medio en francos.
Primer ensayo	593	378.75
Segundo ensayo	553	441.25

Segun los informes de este Ministerio, animales de 600 kilos de peso para arriba tienen segura colocacion á 100 pesos oro sellado, dejando un líquido producto de 60 pesos oro, despues de cubiertos los gastos.

Debe advertirse que los gastos de viaje son recargados, porque los ensayos se hacen en vapores inadecuados para este negocio, que demoran hasta 40 dias en el viaje, como ha sucedido con el «Santa Fe», que llevaba la segunda remesa

Adjunto al señor Vice-Presidente un cheque contra el Banco Nacional por pesos oro 1,669.16 centavos que se servirá distribuir entre los señores Frias, Errecaborde, Acevedo y Senillosa, de acuerdo con la liquidacion que precede.

Me es grato saludar al señor Vice-Presidente con la expresion de mi consideracion mas distinguida.

ESTANISLAO S. ZEBALLOS.

La Soja Híspida.

Informes del Director de la Oficina de Informacion en Niza.

Niza, Abril 2 de 1889.

Señor Ministro:—Las plantas forrajeras que se cultivan en grande me parecen las mas útiles y las mas prácticas para las inmensas tierras de la República Argentina. Me apresuro á comunicar á V. E. un informe acerca de una planta poco conocida aun en Europa por los agricultores; me refiero al Soja hispida ó guisante oleaginoso cuyas mayores ventajas son las siguientes:

1.° Excelente para el alimento del ganado, esté verde ó seco.

2.° Desembaraza el suelo de las malas yerbas como ninguna otra planta puede hacerlo; y sabiéndose lo difícil que es combatir ciertas yerbas por la rapidez de su desarrollo, se comprende fácilmente la ventaja de una planta que al mismo tiempo que produce hace desaparecer las plantas nocivas. La Soja híspida se siembra en Europa, en Abril, que corresponde á Octubre en la República Argentina, en líneas poco separadas, los terrenos lijeros le son favorables, en las tierras un poco agotadas de Europa exige un poco de abono, que se puede economizar en las fértiles llanuras de la República Argentina. Hay varias especies de esta planta y en los países un poco menos templados y un poco mas cálidos que el centro de Europa, es preferible escoger las que sean mas precoces. Los insectos no atacan esta planta á causa de los principios oleaginosos que contiene.

Cuando el Soja está verde es un forraje excelente muy abundante y que gusta mucho á los animales, se corta cuando el grano está medio formado, tambien se puede ensilar como el maíz, solo ó con pulpas de remolacha; tambien su cultiva á causa de sus granos; entonces es menester que las lineas estén separadas de 35 á 40 centímetros; despues que está maduro, lo que sucede á fines de Agosto ó principios de Setiembre en Europa, ó á principios de Marzo ó fines de Febrero en la República Argentina, se pone á secar y se trilla con mazorcador ó con máquina. De esta manera el tallo y las hojas pueden servir aun; pero lo que mas vale es el grano, pues es tan rico en nitrógeno y en materias grasas que supera á los de las demás forrajeras tales como las de las habas, algarrobas, judías, guisantes secos, etc. Por consiguiente esta planta es un alimento muy fortificante, sobre todo para los animales destinados á trabajos rudos.

Concluyo este corto bosquejo sobre un forraje tan estimado, haciendo mencion de una especie de Soja llamada el Soja de Etampes, el cual por sus granos se cultiva como las legumbres, aunque es menester convenir que las habichuelas y las lentejas le son tanto mas superiores cuanto que el mencionado soja es muy difícil de cocer.

Aprovecho esta ocasion para reiterar á V. E. las seguridades de mi mas distinguida consideracion.

Cárlos E. Vigoureux.

Niza, 16 de Setiembre de 1889.

Señor Ministro:—En un corto informe de fecha 2 de Abril último he tenido el honor de ocupar á V. E. sobre la Soja Híspida, esa planta notable que muchos creen llamada á un gran porvenir y que algunos atacan, aunque con reserva, pretendiendo que los ensayos son insuficientes.

Esta planta recibió de Linneo el nombre de «Dolichos Soja»; en el Japon se cultiva en gran cantidad, de la que hacen bizcochos y quesos que constituyen una parte muy importante de la alimentacion de las clases trabajadoras del Japon. En Cochinchina los granos de Soja sirven tambien, como las habas y las judías para el alimento de los animales de tiro y de los animales vacunos; su forraje verde y seco es muy apetecido de los animales. Los habitantes de dicho país comen hasta los granos cocidos ó ligeramente torrados, de donde sacan esa célebre salmuera que en muchas comarcas de Asia sirve para realzar el sabor de los manjares y para estimular el apetito. En China la Soja ocupa un lugar privilegiado entre las plantas alimenticias. Se le aplica generalmente la misma especie de cultivo que á las judías; sirve para el alimento del hombre del mismo modo que los demás comestibles leguminosos; se exceptúa sin embargo la especie negra que se usa poco para la mesa, aunque en las épocas de hambre basta un puñado de esos granos para sostener la vida de un desgraciado hambriento.

En China hay seis especies de Soja:

Houang-teon................	Soja amarilla.
Houang-ta-teon............ .	Gran Soja amarilla.
Ile-teon................	Soja blanca.
Pe-teon....................	Soja negra.
Ho-teon....................	Soja gris.
Chsing pan teon............	Soja salpicado de blanco.

La Soja se come acomodada con grasa ó carne de puerco, ó simplemente tostada.

La Soja negra es el principal alimento de los animales en la China septentrional y en toda la Mandchourie.

Los caballos y las mulas, que son muy numerosas la toman entera ó triturada, mezclada con paja de mijo pilada y un poco de agua. Nunca se vé á esos animales flacos ó enfermos. Es el pienso mas precioso y mas fortificante.

Se da tambien á los carneros. La Soja verde tiene algunas veces el mismo empleo.

En las provincias del Sur, los animales no toman granos de Soja, pero se les alimenta con las tortas producidas por la extraccion del aceite y de las que una parte se emplea igualmente como abono. El comercio de esas tortas es muy considerable. En muchos puertos constituyen el cargamento de numerosos juncos y dan una idea del lugar que la planta ocupa en los cultivos. El Pe-teon ó Soja blanca se emplea mas particularmente en la fabricacion del aceite.

El producto de esta especie es muy notable. Se calcula en 40 hectólitros por hectárea.

A este propósito haré una observacion que tal vez tendré ocasion de repetir, y es que las sojas se apropian á todos los usos. Seguramente los chinos no han escogido sin algun motivo una especie de sojas para la mesa, otra para alimentar los animales, otra para los usos industriales, como extraccion del aceite, fabricacion de un queso especial, de la levadura de los espirituosos y de los vinos artificiales, etc.; pero hay motivos para creer que la composicion química de todas las Sojas es casi idéntica y que pueden utilizarse de todas maneras.

Sin duda es sensible que la especie negra sea tardera y exija mas calor que el que les ofrece nuestro clima; pero esta consideracion no debe detener á los agricultores. A falta de Soja negra cultivarán las especies amarilla y oscura que vendrán muy bien á sus animales.

Ese aceite origina un tráfico enorme. Ocupa el primer rango entre las quince ó veinte especies de aceite que poseen los chinos. Los europeos le encuentran un sabor de judía cruda que no es muy agradable. Fuera de esto es de excelente calidad. La Sociedad de aclimatacion de París ha recibido varias veces este artículo.

El Señor Fremy ha analizado los granos de Soja y ha encontrado en ellos 18 °/₀ de aceite.

Tres muestras que ha analizado el químico aleman Seuff han dado por término medio 18, 17 °/₀ de materias grasas.

Los análisis del Señor Pellet, de tres muestras de Soja amarilla procedentes de la China, de Hungría y de Etampes han dado casi los mismos resultados.

El Señor Fremy cree que por la cantidad de aceite que produce, la Soja puede ofrecer al consumo un alimento nuevo, y á las artes industriales un producto útil.

Esa planta se importó formalmente en Europa en la Exposicion Universal de Austria-Hungría de 1873. El Japon, la China y el Nogol enviaron á ella muestras de veinte variedades de Soja que inmediatamente se experimentaron en aquel Imperio.

En 1875, el profesor F. Haberlandt experimentó su cultivo. En 1878, dió cuenta de sus experimentos en un estudio: « Le Soja, Vienne, Carl Gerold's Sohn, Impresor editor, 1878 » que fué acogido con un favor extraordinario y aceleró el movimiento que se observaba ya en todo el Imperio.

Dejo hablar al autor un instante.

« No conozco, dice, en la historia del cultivo ningun ejemplo « de planta que haya excitado en tan pocos años y á tan alto « grado, el interés general ».

« En 1875 las primeras Sojas se sembraron en Austria-Hun- « gría en el jardin de ensayos de la Escuela Imperial y Real « de Agricultura de Viena ».

« En 1876, el número de ensayadores no pasaba de siete. En « 1877, se elevaba ya á ciento sesenta y la cantidad de simiente « disponible era ya tan considerable, que millares de cultivado- « res podían continuar las experiencias.

« Cómo ha podido adquirir esta planta extrangera, apenas co- « nocida de nombre, en tan poco tiempo tanta importancia¿ « Como se puede establecer desde hoy la opinion de que un « gran porvenir se abre para ella en Europa, especialmente en « Austria-Hungría ».

« Es porque desde luego se ha comprobado de una manera « cierta el hecho de que su cultivo puede extenderse hácia el « Norte bastante mas allá que el del maíz. »

« Es tambien porque su gran importancia nutritiva y en es- « pecial la de su grano, aventaja en mucho la importancia de « los demás frutos y granos que podemos cultivar ».

« Y en fin, por su buen gusto y por su sorpendente y cons- « tante fecundidad en los puntos en que sus granos pueden « madurar; por su resistencia á las heladas ligeras y á las lar- « gas y fuertes sequias; por su completa inmunidad de insec-

« tos parásitos y su extraordinaria adaptacion á todos los ter-
« renos y á todos los climas. »

« Las expresiones que preceden son muy entusiastas que « conviene no aceptar enteramete sin una prueba convincente. « Sin embargo, es necesario tener en cuenta una cosa esencial, « que es que el gran mérito de la Soja consiste en la riqueza « de sus principios nutritivos.

El primer análisis de la composicion de sus granos, que se haya conocido en Alemania, lo hizo Seuff, de una parte de las simientes que el Señor Berndt habia sacado directamente del Japon.

Este análixis daba por cada cien partes de sustancia secada al aíre, la composicion siguiente:

	Primera muestra.	Segunda muestra.	Media.
Agua	6.69	7.14	6.91
Proteina	38.54	38.04	38.29
Grasa	20.53	16.88	18.71
Materias orgánicas no azoadas	24.61	27.79	26.20
Celulosa	5.13	5.53	5.33
Cenizas	4.50	4.62	4.36

Sorprende á primera vista la gran cantidad de materias grasas que aventaja en mucho la de las demas leguminosas. En estas el máximo de la grasa pasa apenas del 3 °/。 y solo en el altramuz llega al 60 7 °/。. La proporcion de proteina en los guisantes y en las lentejas no pasa del 26 °/。. Solo en el altramuz llega al máximun que se ha encontiado en la Soja. La proporcion de celulosa en la Soja es mucho menor que en las demas leguminosas, lo que milita aun en su favor.

De la composicion de las tortas de Soja resulta que producen un pasto excelente para los animales domésticos, porque segun Wfelker, contienen por cada cien partes de sustancia secada al aire.

Agua	12.82
Proteina	45.93
Grasa	5.32
Materias no azoadas y extrativas	24.52
Celulosa	5.71
Ceniza	5.70
	100.00

Cuando sucede que la proporcion del aceite en la Soja no llega á la de los granos oleaginosos puede decirse que su extraccion ha sido imperfecta.

Si las Sojas aventajan á todas las demas leguminosas en elementos aceitosos, y aventajan tambien en mucho á la mayor parte de ellas bajo el punto de vista de las materias azoadas, habrá un interés particular en saber que las Sojas re producidas, comparadas con las Sojas originarias, no le ceden en nada por lo que hace á sus preciosas cualidades, sino que al contrario la reproduccion las ha mejorado aun.

Esto resulta de la comparacion de los análisis hechos en el laboratorio de la cátedra de tecnología química, en la alta Escuela Imperial y Real de agricultura con granos de orígen y con granos reproducidos durante los dos años de ensayos.

El siguiente cuadro presenta las proporciones de agua, de proteína, grasa, materias orgánicas no azoadas, celulosa y cenizas que encierran estos granos.

En cien partes de sustancia secada al aire se halla.

Clase amarilla del Mogol.

	Semilla de origen.	1.ª reproduccion.
Agua	7.84	9.36
Proteina	32.15	32.07
Grasa	17.10	17.59
Materias orgánicas no azoadas	32.91	31.50
Celulosa	4.58	4.48
Cenizas	5.42	4.91

Clase amarilla de la China.

Agua	7.96	8.62
Proteina	31.26	34.81
Grasa	16.21	18.53
Materias orgánicas no azoadas	34.59	28.84
Celulosa	4.57	4.37
Cenizas	5.23	4.83

Clase encarnada oscura de la China.

Agua	7.16	9.78
Proteina	32.26	33.17
Grasa	17.45	18 42
Materias orgánicas no azoadas	31.78	27.62
Celulosa	5.31	4.02
Cenizas	4.46	4.99

Segun las experiencias practicadas en 1877 en la huerta de ensayos de la Escuela Superior Imperial y Real de Austria, las siembras deben hacerse siempre en los primeros dias de Mayo y aun en la segunda quincena de Abril en la Europa central pues los retoños jóvenes son poco sensibles á las heladas ligeras. Los sembrados deben estar bastante separados como á unos treinta centímetros unos de otros; la Soja sombrea bien el suelo y generalmete impide que crezcan las malas yerbas.

El «Universo Agrícola» de Ragusa, en Dalmacia, ofrece el mayor testimonio de la resistencia de la Soja á una contínua sequia durante el verano, haciendo al fin de su informe la observacion siguiente:

Que en cualquier parte en que se haya cultivado la Soja ha sostenido con éxito la prueba que se ha hecho de su resistencia á una sequia no interrumpida.

Época de las cosechas y observaciones generales sobre el estado de la atsmósfera durante el año de ensayo 1877.

Mientras que la cosecha de la Soja podia hacerse ya en Dalmacia á fines de Julio; en Istria en la primera quincena de Agosto; en el Condado de Gœrtz á fines de Agosto; en el

Sur de la Hungría y de la Croacia, en el Sur de la Styria, en la primera quincena de Setiembre, no tuvo lugar la mayor parte de las veces, en los límites del cultivo del maíz y de la viña sino entre el 15 y el 30 de Setiembre.

En muchos sitios se dejó la Soja en los tallos aún mas tiempo, como se hizo tambien mas allá de los límites setentrionales del maiz. Esto se hizo á causa de la madurez tardía de la Soja, que parece no interrumpirse cuando la helada quema sus hojas superiores.

Pero la madurez completa se realiza perfectamente cuando despues de arrancar ó cortar los pies se hacen paquetes de la planta que se dejan en el suelo, ó cuando se las pone á secar en farneros de trébol.

A pesar de una estacion muy desfavorable, sobre 144 ensayos solo han fallado 12 á causa de la falta del calor suficiente. Se han sembrado 5 kil. 873 de granos y se han cosechado 400 kil. 360.

En Schlang, cerca de Breslau, 4 granos produjeron 680 veces la simiente En Munchendorf 17 piés rindieron 670 veces la simiente. En Rabensbourg (Moravia) una siembra de 700 granos dió 450 por pié. Este producto al que no se acerca ninguna otra leguminosa, iguala al del maíz, si no lo aventaja.

Las cosechas de las mermas se han mostrado siempre dobles de las de los granos; sin embargo, sucede tambien que cuando la cosecha de grano es considerable, el peso de la de las mermas es inferior. Allí, alcontrario, donde la cosecha tarda y donde una siembra tardía y un verano húmedo producen un vigoroso desarrollo de los órganos de la vegetacion, la cosecha de las mermas es mucho más fuerte que la de los granos.

En las propiedades del Príncipe de Schwartzenberg en Zittohieb, la cosecha de granos, sobre 100 metros cuadrados no se elevó mas que á 1 kil. 32, mientras que la cosecha de las mermas fué de 81 kil. 4. Esto significaría que en el cultivo de la Soja debe contarse, no solamente con una cosecha de granos considerable, sino tambien con una cosecha considerable de mermas, y que este cultivo puede adquirir una gran importancia como forraje verde, porque ciertamente ninguna otra planta, sin exceptuar el trébol encarnado ni la alfalfa, puede compararse con la Soja, en el estado verde, bajo el punto de vista del valor nutritivo.

La Soja tiene bien algunas parásitas y algunos enemigos, pero es cierto que ni la brucha de los guisantes (Bruchus-pisi) ni los insectos de la misma familia destruyen la simiente.

Su gran ventaja puesta en evidencia desde hace tres años, es que no está expuesta á los ataques de los dermeanos entophytes, que perjudican en tan alto grado á las demas leguminosas (Hongos. Uredineos, Nigelas, Honguillos), y anonadan frecuentemente los más bellos cultivos.

He aquí brevemente segun el conde Enrique Attems algunos datos acerca del cultivo de esta planta.

Cultivo.—Las especies precoces prosperan en todas partes en que maduran los granos del maíz. En un clima meridional (Goritz por ejemplo) la especie negra de la China es la mejor y la mas productiva. En las regiones de la Viña y del Mais conviene igualmente, y aun esta última se obtiene tambien en los puntos más elevados y más frios, mientras que la negra no madura.

El cultivo de la Soja en general es semejante al de la judia pequeña. Se cultiva en campo raso y sin varillas. Lo que mejor le conviene es un suelo profundo, compuesto de inmis, de avena y de lino, expuesto al calor y en segundo ó tercer año de labranza. Es menester que no sea muy fino, y sobre todo que el abono no sea nuevo.

Por lo demás, la Soja no es exigente y sufre poco cuando las condiciones del suelo no realizan completamente ese ideal. Reclama luz y sol, y por consiguiente no puede cultivarse entre hileras, en las viñas ó en los campos del maíz. Tampoco se la debe dar sombra con cultivos contiguos.

Épocas de las siembras.—En el Sud de Austria es á principios de Mayo y aún á fines de Abril. La Soja es más rústica que muchas judias y hasta resiste mejor una pequeña helada. Sin embargo es menester evitar confiarla á un suelo muy frio, pues se sabe que todas las legumbres de vainilla se pudren en él.

Separacion.—La separacion debe calcularse según la fertilidad del suelo. En un suelo rico debe ser de 70 centímetros, 4 piés por metro cuadrado; en un suelo pobre, de 35, 30 ó 25 céntimos; esto solamente en un suelo unido porque nada perjudica mas á la madurez y al rendimiento, que una disposicion muy unida. No hay duda que pueden alejarse las líneas, ponerlas por ejemplo á 60 centímetros de distancia, y aproximar los pies poniéndolos por ejemplo á 40 ó 30 centímetros. Es menester sembrar dos granos por hoyo y no dejar que se desarrolle mas que un solo pie.

Cantidad de simiente.—De 20 á 50 kil. por hectar; se puede calcular un rendimiento de 70 á 200 veces la simiente, y de 100 veces por término medio. A la Soja le conviene una humedad moderada, sin embargo soporta bastante bien la sequía. Si se atrasa durante la canícula, compensa bien pronto el tiempo perdido, si la temperatura baja y si la lluvia viene á ser más abundante.

Cosecha.—En el Sur, en el mes de Agosto; en las regiones del vino á principios de Setiembre; en los límites del maíz, á fines de dicho mes; en el Norte aun mas tarde. Se deja que la Soja madure enteramente en tierra, y si la parte superior herbácea experimenta una helada ligera, el grano no sufre nada.

Despues se guarece en un sitio aereado y seco, y se la deja acabar de madurar en los tallos y en las vainillas. Este es un punto capital para obtener granos maduros, duros y aptos á la germificacion.

Usos.—Se engañan tanto los que piensan que la Soja no es mas que un pasto ventajoso que los que creen que solo constituye un manjar delicado de la mesa de los ricos; es una manera de ver que hoy se propaga mucho, al hacer de ella tanto elogio.

La Soja se ha descubierto tambien para la clase numerosa de los consumidores menos acomodados, para los campesinos y los trabajadores, y aunque sea una planta antigua del Asia, las generaciones venideras la apreciarán mucho y la llamarán sin duda por agradecimiento «Judia Haberland».

Preparacion.—Para el alimento del hombre la Soja se prepara como sigue: se la cuece simplemente, despues se sazona como las judias secas, ó bien se hace de ellas una ensalada. Es menester observar que las Sojas son duras y difíciles de ablandar, por eso es menester empezar por remojarlas durante veinte y cuatro ó cuarenta y ocho horas. Entónces son tan buenas, como cualesquiera clase de judías.

Diferentes personas y especialmente la Sociedad de Agricultura de Czernovitz, se ha hecho observar que no se podían ablandar con el cocimiento. Se ha hecho abandono de la resolucion de este problema á las cocineras, y se puede asegurar que no se presentan en las mesas sino Sojas tiernas.

Se prestan particularmente á la preparacion de una puré semejante á la puré de guisantes.

Segun algunas experiencias se podría tambien mezclar este puré (miso de los japoneses) con otros ingredientes, como conserva para el invierno, y guardarla mucho tiempo en barriles para la provision de los buques, etc.

Una vez conocidos esos secretos de cocina, esa conserva podría desempeñar un gran papel en la alimentacion de los trabajadores de los campos y de los bosques, para el ejército, para la marina, etc.

Se puede decir que á la Soja le está reservado un gran porvenir, como pasto para los animales, cuando se multiplique bastante para que la simiente no sea muy cara y pueda emplearse á ese fin.

Ninguna otra legumbre de vainillas es tan productiva ni tan rica en proteina y en grasa, y no es por consiguiente tan alimenticia; ni el Altramuz, ni la Habichuela seca, ni la algarroba. No se puede recomendar su uso como forraje verde porque existen otros mejores, sin embargo puede emplearse de esa manera. Los tallos secos se pueden utilizar para los carneros ó como pajaza.

En resúmen, esto es lo que hay que decir de esencial, acerca de la Judia Ilabeland, la célebre Soja.

Pueda esta preciosa conquista extenderse cada vez mas para provecho de la humanidad. Semejantes novedades son una bendicion para la agricultura y para los pueblos.

Habría mucho que decir sobre el cultivo de ese grano en Austria-Hungría; pero habiéndome impuesto sólo una rápida ojeada sobre esa planta, paso inmediatamente al cultivo de esa planta en Francia. Por otra parte dejo la palabra á D. A. Pailkieux, miembro de la Sociedad de Aclimatacion del Sena, á quien debo la mayor parte de estos datos.

« *Variedades.*—En 1878, en Japon, la China y las Indias, presentaron en nuestra Exposicion Universal todas las variedades de la Soja, y no nos aventuramos mucho al decir que llenaban « con sus granos mas de 100 toneles».

« Si no hubiéramos dejado dispersarse estos granos; si hubié« ramos aprovechado la única ocasion que se nos presentaba, « habríamos podido ensayar todas las Sojas y escoger las « que hubieran dado mejores resultados. Lo que no hemos « sabido hacer, los Austro-Húngaros lo habían hecho al terminar « su Exposicion Universal de 1873, y así es como han podido « aventajarnos de muchos años. »

« Es menester al menos que sus experiencias nos sirvan. »

« No dejemos nada á la casualidad, no habiendo habido con« tratiempos no hay motivos para desanimarse. No sembremos « mas que las variedades cuyo éxito es seguro: bajo el clima « de París, las variedades amarillas de la China y del Mogol; « mas allá del Loira las mismas especies y la encarnada oscu« ra de la China. Dejemos á la Provenza, al Languedoc y á la « Argelia; la especie negra. »

« Creemos que existen mas 30 de variedades de Soja. Que la « Sociedad de Aclimatacion que los Señores Vilmorin, Andrieux

« y C.ª nos faciliten las simientes, nosotros los sembraremos todos « y tal vez encontraremos entre ellas algunas especies precoces « que se podrán añadir á las que acabamos de designar. »

« *Cultivo.*—El cultivo de la planta es fácil y no difiere casi del « de la judia pequeña. Creemos que todos los terrenos la con- « vienen, sino igualmente, al menos de una manera suficiente. « La separacion de las plantaciones es un punto capital. Cuando « las plantaciones se hallan muy unidas, la madurez se retarda « y precisamente es en eso en que se puede cometer un error. « Si el suelo es rico es menester mas espacio que en el caso « contrario; pero cuál es el cultivador que no sepa equilibrar « la fertivilidad de la tierra con el desarrollo de las plantas? Es « el A. B. C. del Oficio. »

« Por otra parte diremos del cultivo lo que hemos dicho de « la eleccion de los especies. Debemos aprovecharnos de la « experiencia adquirida en Austria Hungría y no exponernos á « ningun contratiempo. »

« Comunicaremos solamente algunas observaciones que nos « son personales. Creemos que es menetser que los granos bro- « ten con mucha prontitud pues de otro modo podrian podrirse. « Por lo tanto conviene escoger para siembra del 15 de Abril al « 1.º de Mayo (que corresponde al 15 de Octubre á 1.º de Noviem- « bre) época en que el tiempo no es muy frío ni muy seco. Tam- « bien pensamos que la simiente no debe cubrirse mucho. »

« Creemos que la siembra podria retardarse sin inconveniente « hasta el 15 de Mayo (11 de Noviembre), si el tiempo que ha « precedido ha sido decididamente contrario. Laespecie que fi- « guraba en 1880 en el Catálogo del Sres. Vilmorin, Andrieux « y C.ª, nos parece se presta á simientes tardías. Hemos sembra- « do granosde Etampes el 3 de Mayo (3 de Noviembre) y gra- « nos de los Sres. Vilmorin el 10 de Junio (10 de Diciem- « bre); estos han alcanzado á aquellos. »

« *Empleo.*—Tenemos por demostrado que el cultivo de la Soja « es fácil, que su fecundidad es grande, que su composicion « química es superior. »

« Entonces, ¿por qué no la cultivamos sino desde hace cien « años? Lo hemos dicho mas arriba; porque han faltado los « análisis porque se la ha preconizado, no como planta oleagi- « nosa ó forragera, sino como legumbre, como planta hortaliza, « etc., que se ha empezado por donde se debia concluir. Si « se persiste en esta via se sucumbirá. La Soja caerá en el « olvido mientras que la Alemania del Sur, las provincias del « Danubio, la Rusia meridional hallaran en su cultivo un « manantial de riqueza. »

« En nuestra opinion es menester que la Soja entre en el « gran cultivo, que sus vainillas vacias se den á los carneros, « sus tallos y sus hojas á los animales grandes, sus granos á « los fabricantes de aceite, y que sus tortas, ricas de un 45 % de « materia azoada, engorden los animales destinados á la car- « nicería. »

« Tambien es necesaaio que forme parte del pienso que se « dá á los caballos, mezclándola con la paja picada, como se « emplea en la China Setentrional y en el Mogol. »

« Entonces sus granos abundarán en todas partes, y la Soja, que « es la mas nutritiva de las legumbres, será apreciada como tal. »

« Sus usos accesorios vendrán á su vez. Se fabricará el Shoyn « del Japon, que es excelente y que suple al jugo de la carne. « Se hará «teou-fou» queso cuyo sabor no gusta á los europeos, « pero que los niños aceptan y que la comerán cuando sean « hombres. »

« El objeto de los cultivadores hoy dia debe ser hacer aceite, « tortas y raciones de granos para los caballos. »

Del Soja como alimentacion de los animales.—A este punto de vista losunos a firman que es solo el porvenir de esta planta y o- tros que será el mas brillante; creo que es necesario no afirmar nada como absoluto y prefiero citar los resultados de las expe. riencias hechas por un propietario inteligente y observador.

« En 1879 en una propiedad de D. Julio Robert la Soja en « estado de madurez ha dado 1870 kilog. de grano por hectárea « y 400 kil. de paja. En otra parte del terreno cortada antes

« de la madurez ha dado 10500 kilog. por hectárea de heno « medio seco en disposicion de ensilarlo. »

Como alimento para los animales es excelente mezclado con alfalfa y con maíz, pues dado solo podria irritar á los animales, siendo un alimento muy concentrado.

Despues de haber hecho conocer la Soja como grano comestible y como forraje muy nutritivo, como productora de un excelente aceite y de quesos y de tortas que constituyen la base de la alimentacion en Asia, donde en el Japon el producto anual de la Soja es de cien millones de francos, me queda que decir que la Soja se cultiva en el Tyrol; en la Dalmacia y en la Istria, bajo el nombre de haba de café. Parece que las granos tostados producen un perfume que es exactamente como el del café; y estos granos tostados, preparados con agua producen un cafe que aunque inferior todo el mundo toma.

No quiero terminar el capítulo acerca de la utilidad de la Soja sin hablar de su preparacion para la mesa.

Se han preparados los granos secos como la judía blanca ordinaria. Cualesquiera que fuesen los cuidados y el tiempo que se empleasen en el cocimiento; han salido no mas duros pero mas consistentes que la judía.

Su sabor es dulce y muy agradable. No presentan los mismos inconvenientes que la judía. Son excelentes en ensalada, en puré para la sopa etc,. mezclados con granos feculentos, los completarán con su azoe y su grasa.

Conviene empapar la Soja durante veinticuatro horas en agua destilada, es decir, en agua de lluvia ó de condensacion de máquina de vapor. Se suple el agua destilada echando por la noche en agua 3 gramos por litro, á lo mas, de sosa cristalizada. Si el agua es calcarea blanca y trasvasando desaparece el precipitado.

Según el Señor Blavet, la manera de cocer es la siguiente:

Se echan los granos en el agua hirviendo, en la que se dejan durante dos ó tres minutos, se retiran, y después se cuecen en otra agua.

El Señor Conde Enrique Altems, que no se presenta en su mesa mas que Soja tierna, asegura, refiriéndose á lo que dice su cocinera.

He aquí algunas cartas dirigidas á la Sociedad de aclimatacion de Francia que prueban, mejor que pueden hacerlo las más bellas frases, lo que es la Soja.

« Señor Olivier Lecg—Templeure (Nord) 30 Octubre 1880.

« Es cierto, he hecho mal de sembrar Soja en mi huerta, entre « grandes árboles al medio día y una pared al Norte. Hoy me « apercibo de ello al ver el volúmen del grano que es menor « de una tercera parte. Creo tambien que por la misma razon « las plantas se alargaban.

« Las de la llanura eran más fuertes, los tallos mas derechos « las vainillas más apretadas, y como lo he dicho mas gruesas « y mas llenas. Han soportado una helada muy fuerte; siento « no poder decir cuanto ha bajado el termómetro. Si el agua « de los estanques no se ha helado es á causa del viento; pero « un lebrillo lleno de agua que se encontraba cerca de un « invernadero de viñas tenía un hielo de 8 milímetros de espe- « sor.

« Las hojas de las Soja se han helado accidentalmenté; una « vainilla que no estaba cubierta por las hojas se ha helado « tambien, pero el daño ha sido insignificante: tal vez una vai- « nilla por cada cinco plantas, lo que casi vale la pena de men- « cionar. Por lo tanto es ventajoso que la hoja cubra la vai- « nilla.

« Lo que milita aún en favor de la planta es que las vainillas « pueden permanecer en el suelo húmedo, pues no se en- « moese.

« Las plantas trasplantadas pierden de su fuerza, pero relativa- « mente á su peso dan mas vainillas.

« He notado que los roedores no desdeñan la Soja. Encuentro « esta planta muy ventajosa y mi intencion es cultivarla en « grande. El ensayo que he hecho este año es terminante. Su « cultivo es fácil, poco costoso y permite limpiar bien las tierras

« La Soja se siembra, cuando se han terminado todas las siem-
« bras de avena. Esto bajo toda reserva porque conviene sem-
« brarla antes del 10 de Mayo (10 Noviembre).

« Acabo de inventar una máquina que me ayudará mucho
« para las siembras. (Sigue la descripcion de una máquina cuyo
« dibujo puede pedirse al autor)».

« M. H. en Montpellier (Hérault)—15 Noviembre 1880.

« El cultivo de esta planta es de los más fáciles. Lo he hecho
« en campo raso, sin mas cuidados que vinages repetidos, sin
« abono y sin riego. La ventaja que presenta esta leguminosa
« es de no tener necesidad de tenternozo puesto que no crece
« mucho, lo que no la impide ser extremadamente fértil en
« estas condiciones».

« Monsieur C. en Manlgarny (Meuse) 16 Noviembre 1880.

« De la experiencia que he hecho de concierto con el Señor N
« cultivador y Teniente Alcalde de Kavicourt sobre la Soja,
« resulta que esta planta se puede cultivar ventajosamente, pues-
« to que conviene á los caballos y á las vacas, y pienso que
« tambien á los carneros, pues á una cabra le gustaba mucho.

« Hemos tenido dos inconvenientes que han disminuido mucho
« la cosecha, desde luego la sequía de la primavera que la ha
« impedido crecer en tiempo útil, y enseguida un tiempo llu-
« vioso y húmedo en el momento de la madurez.

« Tenemos la íntima conviccion de que está planta alcanzará
« un lugar ventajoso en el gran cultivo, y que dará tanto pro-
« ducto como los guisantes y las habichuelas secas, porque los
« granos y la paja podrán emplearse con igual ventaja.»

« M. B. en la Chaise por Barbeziena (Charente) 17 Noviembre 1880.

« El producto que he obtenido de la Soja que me ha expe-
« dido V. ha sido superior al de todas las demás cosechas. Es
« muy difícil de cocer; y ese es su único defecto, con el de ser
« amarga.

« Es verdad que cuando está verde es un regalo para los
« animales».

« M. de S. á Saint Sulpice sur Léze par Noë (Hante Garonne) 16 de Noviembre de 1880.

« He aquí algunos datos incompletos á cerca de la Soja.

« Terreno sembrado: arcillo-silicoso fértil y bastante bien « preparado.

« Superficie sembrada: 156 metros cuadrados.

« Epoca de la siembra, probablemente á fines de Abril (Octubre.)

« Cantidad de simiente empleada: 900 gramos.

« Separacion de las líneas: 50 centímetros.

« Separacion de los granos en las líneas: cerca de 10 centi« metros.

« Producto: 24 kil. 400 ó 34 kil. 500.

« Por hectar. 1748 kilóg. ó 24 kectólitros.

Una parte del mismo terreno sembrado de judias blancas ordinarias, en condiciones semejantes ha dado un producto « por hectárea de 1498 kilóg. ó 19 hectólitros.

« Diferencia en favor de la Soja: 5 hectólitros.

« El peso del hectólitro de la Soja sería 72 kil. 835.

« El de la judía 78 kilos.

« Algunos días de gran calor y de sequía, que han perjudicado « sensiblemente á las judías, no han tenido ninguna influencia « sobre la Soja híspida».

«M. B. en San Riquier, por Abbeville (Sonune) 18 Noviembre 1880.

« La Soja que he sembrado en una porcion de terreno me ha « dado un resultado que me parece confirmar las indicaciones « formuladas en su Catálogo.

« Puede V. sin temor dar impulso á la introduccion de ese « cultivo en Francia; en mi opinion es susceptible de prestar « grandes servicios para la alimentacion de los ganados. Es « un alimento excelente para los animales de las raza vacuna « y lanar, y puede servir igualmente para su engorde.

« Esa planta, sembrada en buena tierra, alcanza á la altura « de 1 metro, y en una tierra mediana á la de 0 m. 50; por lo

« demas todo depende de las condiciones de abono en que se « halla el terreno.

« Las vainillas son muy pequeñas y no producen casi mas « que tres granos, pero son muy numerosos, asi es que he « contado hasta 150 vainillas en un pié.»

« M. D. en Courtirron (Cóte d'Or) 18 de Noviembre de 1889.

« He plantado los granos de "Soja" hispida que me ha en- « viado V. Estoy muy satisfecho de esa planta, dá muchos gra- « nos; solamente, es menerter no hacer plantaciones muy es- « pesas; 2 ó 3 'granos por pié y bastante separados; prefiere « una tierra ligera á una tierra fuerte, se debe sembrar en « cuanto han pasado los grandes frios, es decir á principios de « Marzo (Setiembre).

« Todo lo que he plantado ha salido perfectamente, sin em- « bargo habito en un país relativamente frio, en las montañas « de la "Côte d'Or". Muchas personas á quienes he dado de « los granos de V. se proponen sembrarlos el año entrante á « causa de su gran rendimiento.

« En una palabra, es una planta útil que se debe tratar de « fomentar.»

« M. P. en Merville (Haute Garonne) 19 de Noviembre de1880.

« He sembrado, cultivado y cosechado la "Soja hispida" co- « mo la Judía.

« Esa planta me ha dado, bajo el punto de vista de la can- « tidad, el resultado extraordinario de 100 por 1 á lo menos· « Solamente, no puedo hacer nada de ella; he ensayado la "So- « ja» como legumbre; es muy difícil de cocer é incomible; la « he dado á los animales; ninguno ha querido tocarla, de lo « que deduzco que es una planta inútil.»

« M. G. en Donneloye (Suiza) 18 Noviembre de 1880.

« He sembrado cerca de 3 kilogramos de Soja el 18 de « Abril (Octubre) en cerca de 9 areas de terreno, despues de « una labor de 25 centímetros de profundidad en un suelo sano « fértil, sin abono, sucediendo á un cereal de primavera de abo-

« no. La siembra se hizo en líneas á 50 centímetros una de « otra, y los granos de dos en dos á 20 centímetros de distancia « en la línea, cubiertos con 2 ó 3 centímetros de tierra.

« La germinacion empezó del 5 al 10 de Mayo (Noviembre), « irregularmente, y no se completó hasta 1.° de Junio (Diciem- « bre); sin embargo algunos granos no brotaron, lo que se debe « atribuir al tiempo frio y húmedo de ese periodo. Desde en- « tonces, la vegetacion, aunque lenta, pero regular, sin embar- « go, alcanzó su completo desarrollo con las flores á principios « de Agosto (Febrero) á la altura de 40 ó 50 centímetros. Las « vainillas se forman bien con 2 ó 3 granos solamente cada « una, y he contado en la misma planta 80 vainillas bien confor- « madas; el término medio seria de 20 á 40, con 4/0'6 granos « por vainilla. La madurez se hace esperar un poco á fines de « Setiembre (Marzo) lo que podrá con frecuencia presentar in- « convenientes para encerrar la cosecha en esa estacion hú- « meda.

« No estando aun seca la Soja, no la he trillado aun y por « lo tanto no puedo decir aun cual será el rendimiento total, « pero estoy cierto de que es bastante elevado para que el « cultivo de esta planta sea mas remunerador que el de los « guisantes ó el de las judías pequeñas, que la Soja está « llamada á reemplazar.

« Sembrada en terreno muy graso, su vegetacion es muy « vigorosa y dá menos granos. »

Llego al fin, al término de este trabajo que ciertamente á muchos parecerá muy largo, mi escusa es que no soy el solo que insiste de una manera especial sobre la utilidad de esta planta, todos los Cónsules de Francia y de Austria y los Misioneros católicos en el Asia insisten desde hace treinta años de un modo particular por la propagacion de esa planta en Europa. He tenido el honor de dirigir el mes último un saquito de granos de Soja al honorable Señor Sundblad, Director del Museo de Productos Argentinos de Buenos Aires. Al mismo tiempo que le dirijía esos granos, plantaba cierta cantidad de otros de su especie en varios campos de altitud diferente, á fin de hacer un estudio comparativo de su desarrollo y rendimiento y de componer un herbario al que seria muy dichoso se le concediese la hospitalidad en ese Museo de Productos Argentinos.

Como conclusion citaré los análisis franceses de la Soja acompañados del cuadro de la composicion química de las leguminosas francesas, segun Boussingault.

« A principios del año 1880 el Sr. H. Pellet, químico de la « Compañía de Fives Lille, dirigió á la Academia de Ciencias, « los análisis siguientes de los granos de Soja" que le habíamos facilitado.

« Estos granos se habian cosechado en condiciones absoluta « mente diferentes.

« El núm. 1 de los análisis recibido directamente de la China, « nos lo remitió el Dr. Adriano Sicar, primer Vice Presidente « de la Sociedad de Horticultura de Marsella.

« El núm. 2 era de orígen Austro Húngaro.

« El núm. 3 cosechado en Etampes lo habia dado el Señor « Blavet Presidente de la Sociedad de Horticultura del distrito « de Etampes.»

	Número 1	Número 2	Número 3
Agua	9.000	10.100	9.740
Materias grasas	16.400	16.600	14.120
Materias proteicas	35.500	27.750	31.750
Almidon, dextrina y principios azucaradas	8.210	8.210	8.210
Celulosa	11.650	11.650	11.650
Amoniaco	200	274	304
Acido sulfúrico	65	234	141
Acido fosfórico	1.415	1.554	1.631
Cloro	36	35	37
Potasio	2.187	2.204	2.317
Calcio	432	316	230
Magnesio	307	315	435
Substancias insolubles en los ácidos	52	55	61

Partículas de sodio, de hierro y de substancias minerales no apreciadas...........	77	104	247
Materias orgánicas diversas........... ..	19 289	25.539	24.127
Total.......	100.00	100.00	100.00

He aquí ahora el análisis de las cenizas.

	Número 1	Número 2	Número 3
Acido carbónico....	4.10	1.20	1.00
Acido fosfórico....	29.13	31.92	31.68
Acido sulfúrico.........................	1.37	4.80	2.74
Cloro.................	75	75	75
Potasio..............................	45.02	45.27	45.02
Calcio..............................	8.92	6.50	4.48
Magnesio.....................	8.19	6.48	8.47
Insolubles	1.10	1.10	1.20
Partículas de sodio, de hierro, etc.........	1.59	2.15	4.83
	100.17	100.17	100.17
Deduccion del oxígeno por el cloro.......	17	17	17
Total.................	100.00	100.00	100.00

«Análisis hecho en el Laboratorio de química agrícola de D. M. P. Oliver, Lecg, en Templeuve (Nord.)

«Grano de Soja, cosechado en Setiembre en la propiedad de D. Julio Robert, en Seclowitz (Moravia). Peso del hectólitro 71 kilos 500.

Humedad de 100 á 110°......	8.15
Esencia volátil á 125°......................	3.13
Materias proéticas......	27.13
Materias orgánicas no azoadas..	27.60
Materias grasas...........	19.70
Sales solubles en el agua....	2.93
Sales insolubles.....	1.37
Total.	100.00

Composicion de algunas leguminosas, segun Benssingauts.

	Leguminosa	Temidong dextrina	Mateiias grasas	Ligoso y celulosa	sales	Agua
Judia blanca	26.9	48.8	3.0	2.8	3.5	15.0
Guisante amarillo...	23.9	59.6	2.6	3.6	2.0	8.9
Lenteja...........	25.0	55.7	2.5	2.2	2.5	12.5
Haba de huerta....	24.4	51.5	1.5	3.0	3.6	16.0
Habichuela seca...	31.9	47.7	2.0	2.9	3.0	12.5
Algarroba.........	27.3	48.7	3.5	3.5	3.0	14.6

No sabria terminar mejor que citando el final de la Obra del Sr. Paillieux.

« Si fuéramos agricultor, dariamos el ejemplo, cultivando la Soja en grande.

« Si fuéramos químicos, demostraríamos científicamente la « superioridad de sus granos y de su forrage para la alimen- « tacion del hombre y de los animales. Pero no somos un « agricultor ni químicos, y no sabemos mas que lo que nos en- « seña la práctica y la ciencia de otros.

« No somos mas que un simple colector de documentos y de « datos; pero esos documentos y esos datos, unidos á mis modes- « tas esperiencias personales, han formado y fortalecido nues- « tra opinion.

« Tenemos fé en la «Soja».

Reitero á V. E. la expresion de mi distinguida consideración.

Cárlos Emilio Vigoureux.

Legacion en los Estados Unidos.

Nota relativa á la Exposicion de productos de ganadería y agricultura á celebrarse en esta Capital el 20 de Abril de 1890.

Departamento
de
Agricultura

Washington D. C.—Agosto 21 de 1889.

Señor:—Por intermedio del Secretario Interino de Estado, hemos recibido su comunicacion de Julio 17, participando á este Gobierno que la Sociedad Rural Argentina organiza actualmente una Exposicion de productos de ganadería y agricultura que se inaugurará en Buenos Aires el 20 de Abril de 1890 bajo el patrocinio del Gobierno Nacional, é invitando al Gobierno de los Estados Unidos á tomar parte en esa Exposicion.

En vista de la naturaleza de la proyectada exposicion, su comunicacion junto con el programa y reglamento fueron trasmitidos á este departamento.

En consecuencia, debo manifestar á S. S. que apreciamos debidamente las muchas y excelentes razones tan bien expresadas en su nota, que despertarán el deseo en los ciudadanos de este país, de aprovechar la oportunidad que se les ofrece, para hacer conocer sus productos en la República Argentina; y con este fin, tendremos el gusto de dar la mayor publicidad á la proyectada exposicion, su naturaleza y época de apertura.

He observado con el mayor interés los rápidos progresos

que en el desenvolvimiento agrícola, han distinguido en los últimos años al país que S. S. tiene el honor de representar. He notado particularmente, y no sin interés egoista, la gran atencion prestada por los inteligentes criadores de su país al perfeccionamiento de las crias.

Hasta ahora la Gran Bretaña ha sido el país en que los criadores de su país han buscado principalmente animales de raza para mejorar sus haciendas; la época parece especialmente oportuna, para que nuestros criadores aprovechen de la oportunidad ofrecida por la iniciativa de su Gobierno y sus conciudadanos, para convencer á los agricultores y criadores argentinos, que aquí en los Estados Unidos en su propio continente, pueden encontrar animales de raza iguales á los mejores de Europa, y aun severamente protegidos contra la introduccion del mas ligero tinte de sangre impura por las bien organizadas sociedades de *Herd Books*.

De acuerdo con la legislacion de este país, la participacion oficial del Gobierno de los Estados Unidos dependerá naturalmente de la resolucion que al respecto adopte el Congreso.

Con las seguridades de mi mas alta consideracion tengo el honor señor, de repetirme S. A. S.

E. Willits.

Al Señor Dr. Ernesto Bosch, Encargado de Negocios de la República Argentina.

Consulado en Guayaquil.

Nota del Ministerio de R. E. del Ecuador comunicando la expedicion del exequatur á la Patente que acredita como Cónsul argentino al señor Gonzalez Baso.

Quito, Agosto 28 de 1889.

Señor Ministro: Tengo la satisfaccion de contestar la apreciable nota de V. E. fechada el 10 del pasado, comunicando á V. E. que en cuanto se recibió en este Despacho la Patente que acredita á don Vicente Gonzalez Baso en el carácter de Cónsul de la República Argentina en Guayaquil, se expidió el correspondiente *exequatur* y se dió conocimiento de este hecho al señor Gobernador de la Provincia del Guayas, con el fin de que haga que se presten al señor Gonzalez Baso, las consideraciones anexas á su cargo.

Esta oportunidad me presente la muy grata de ofrecer á V. E. la expresión de mis consideraciones.

J. F. Noboa.

Al Exmo, Sr. Ministro de Relaciones Exteriores de la República Argentina.

Octubre 15 de 1889.—Publíquese en el Boletin Mensual del Ministerio.— Zeballos.

Exposicion Internacional de artículos alimenticios y caseros en Colonia. (*)

Informe del Delegado Argentino.

Berlin, Setiembre 16 de 1889.

Señor Ministro:—Conforme á las instrucciones recibidas oportunamente de ese Ministerio, cumplo hoy con el deber de informar á V. E. sobre la participacion que esta Oficina ha tomado en la Exposicion Internacional de artículos alimenticios y caseros, celebrada en Colonia, dando cuenta tambien de los resultados obtenidos en ella.

Como V. E. sabe, la referida Exposicion se abrió el dia 18 de Mayo, con toda solemnidad y con la asistencia de las mas altas autoridades locales, de los delegados especiales de Austria Hungría, Italia, Bélgica y de la República Argentina, cabiéndome el insigne é inmerecido honor de representar á nuestro país en esta ocasion.

Es indudable que la Exposicion no se hallaba entonces ni siquiera por la mitad concluida, pero este mismo hecho vino á favorecer los trabajos de instalacion en la seccion reservada á esta Oficina.

El infrascripto que á principios del mes de Mayo se había trasladado personalmente á Colonia para dirigir los trabajos de decoracion, contrató la obra de tapicería y de alfombrado con el señor C. G. Vogel, y la de carpinteria, barnizado de las maderas, etc., con la muy renombrada casa del señor H. Pallemberg, ambos de Colonia.

(*) Véase Boletin del mes de Febrero pág. 469.

Aunque los medios de que disponía no permitían desplegar lujo, creo poder decir que la seccion argentina, presentó bien pronto un aspecto elegante y sério á la vez, siendo indudablemente una de las mejor decoradas de la Exposicion.

Situada muy favorablemente, entre el salon imperial y el de bellas artes, su fachada ostenta entre un rico cortinado azul y blanco un gran escudo de la República y un mapa de la misma. El interior, todo tapizado con género azul, forma un retángulo abierto en cuya pared de fondo se destaca con grandes letras blancas esta inscripcion:

Argentinische Republik.—República Argentina
vertreten durch das
Amtliche Informacions Bureau in Berlin W.
Kaiserin Augusta Strasse 74.
(República Argentina
representada por la Oficina de Informaciones en Berlin.)

Un poco mas abajo se hallan agrupados sobre estantes decorados tambien en los colores pátrios los muestrarios que poseia ya esta Oficina y los demás productos que me fueron remitidos para figurar en la Exposicion, ocupando el centro la coleccion de lanas súcias. Al lado inmediato de ella y con el objeto de demostrar la transformacion que sufren estas lanas por el lavado, he hecho colocar en grandes frascos de vidrio diversas muestras de lana argentina, lavadas y peinadas en el gran lavadero de lanas que existe en Leipzig bajo la direccion del señor Cónsul argentino don L. Offermann, y que este señor habia puesto á mi disposicion con su amabilidad acostumbrada.

Siguen á ambos lados de las lanas sobre gradas en forma de anfiteatro las muestras de cereales y oleaginosos que forman el muestrario permanente de esta Oficina, las diversas especies de vinos, licores, cervezas, frutas, conservas, harinas, etc., que me fueron remitidas por el Museo de Productos Argentinos y por fin la magnífica coleccion de maderas, que sin disputa forma el gran atractivo de la Exposicion.

Los espacios entre los productos expuestos están ocupados por los catálogos de la exposicion, impresos especialmente al efecto, por los mapas Latzina, folletos sobre el país, diarios y periódicos argentinos y demás publicaciones destinadas al reparto gratuito. Este se hace por un empleado de la oficina, el señor Enrique Sittarz, que se halla permanentemente en la Exposicion dando los informes que le son pedidos.

La vigilancia superior la ejerce el digno Cónsul de la República en Colonia, señor don L. F. Osterrieth, quien desde el primer momento hasta hoy me ha prestado gustoso su eficaz y valiosa cooperacion

Las vistas fotográficas de la seccion argentina que acompañan este informe darán á V. E. una idea de su aspecto exterior é interior, en los catálogos impresos que tengo el honor de adjuntar igualmente consta su contenido, y el hecho que no solamente la prensa alemana se ha ocupado de un modo muy favorable de la seccion argentina, sinó, que esta ha sido premiada tambien oficialmente con los tres mas altos premios, es decir, con la estrella de oro, la medalla de oro y el diploma de honor (como ya tuve el honor de comunicar telegráficamente á V. E.) me parece prueba suficiente que no quedará infructuoso este nuevo esfuerzo del Superior Gobierno para hacer conocer y apreciar los productos del país. Creo que con tanta mayor razón se puede expresar esta esperanza, cuanto la Exposicion en general ha tenido un éxito completo, habiendo sido visitada diariamente por millares de personas.

Esperando tener el honor de completar este informe en breve por referencias verbales, me aprovecho de esta grata ocasion para saludar á V. E. con mi mayor respeto y mi mas alta consideracion.

Ernesto Bachmann.

Congreso Internacional Monetario, reunido en Paris.

Comunicacion del Inspector de las Oficinas de Informacion.

Paris, Setiembre 17 de 1889.

Señor Ministro:—Tengo el honor de comunicar á V. E. que se reunió en Paris, en el palacio del Trocadero, el dia 11 del corriente el anunciado Congreso Internacional Monetario, clausurándose el dia 14. El Congreso se reunía dos veces al dia, á las 9 $^1/_2$ de la mañana y á las 2 $^1/_2$ de la tarde, componiéndose próximamente de 150 miembros. Fué nombrado Presidente el señor Magnin, Vice-Presidente del Senado y Gobernador del Banco de Francia; al doctor Pellegrini, Vice-Presidente de la República, se le confirió la presidencia de honor.

Las principales naciones habían acreditado delegados, que tomaron parte en las discusiones; el Congreso no votó resoluciones, limitándose á oir las comunicaciones de su miembros, cuyos textos que se hallan en prensa, se recopilarán en un volúmen que tendré el honor de remitir á V. E. tan luego como salga á luz.

Invitado á tomar parte en los trabajos del Congreso, no podía dejar de prevalecerme de esta oportunidad para explicar á los representantes de la ciencia europea, cual era la situacion peculiar de la casi totalidad de los países americanos en materia de circulacion.

En el programa del Congreso solo se daba cabida especial á la gran controversía empeñada entre los bi-metalistas y los monometalistas-oro, como si á la par de esos dos sistemas de circulacion no existiera el papel moneda y el monometalismo plata, que son igualmente medios circulantes permanentes ó casi constantes en países cuya extension y cuya poblacion son muy superiores á los de aquellos en que impera la moneda de oro ó simultáneamente la de plata y oro.

Tuve pues, señor Ministro, que reivindicar el derecho de tratar la cuestion monetaria americana bajo su faz propia y, al hacerlo aproveché la oportunidad para poner de relieve los inmensos progresos realizados por la República bajo el régimen de las circulaciones de papel. Sin embargo no convenía hacer alarde de las ventajas del sistema ni pregonar con este propósito las doctrinas de Parnell y de Ricardo; por el contrario declaré que tanto Chile como la República Argentina no hacía mas que aceptar una situacion que se imponía pues buscaban por el medio radical del aumento de la produccion que sería la consecuencia del aumento de la poblacion y de la construccion de vías férras, el restablecimiento del equilibrio de las transacciones internacionales.

Traté de demostrar, sosteniendo esta tésis como de aplicacion general para todos los países sometidos al régimen del papel de curso forzoso, que entre el papel moneda despreciado y la circulacion sobre la base del padron de oro ó del doble padron, existía un término medio transitorio y era este el monometalismo plata. Economistas eminentes como Lavelege, Hottinguer Passy, Allard, y basta citar estos nombres para que se comprenda cuan exacta era la tésis que sostenía, adhirieron plenamente á las conclusiones de la exposicion que distribuí á todos los miembros del Congreso.

En la situacion actual de la República, la adopcion inmediata del bimetalismo sería una utopía, lo único que podemos hacer, si queremos fijar poco mas ó menos el valor de la moneda, limitando proximamente á 25 °/ₒ la depreciacion del medio circulante con relacion al oro, es decretar *la acuñacion libre de la plata,* derogando al efecto los artículos 4 y 6 de la ley monetaria argentina de 5 de Noviembre de 1881 y la correlativa conversion del papel circulante en monedas de plata nacional.

La acuñacion libre de la plata en la relacion de 15 $^1/_2$ pcr 1 y la propiedad chancelatoria que debería decretarse en favor de esta moneda, daría por resultado la invasion del país por sumas considerabilísimas en barras de plata, pues esta mercancía se halla almacenada en cantidades enormes, principalmente en Lóndres, Hamburgo y Nueva York, sin producir el menor interés; y es obvio que le sería mas ventajoso á los propietarios de estos stokes hacer acuñar ese metal y emplearlo en transacciones en la República Argentina.

Independientemente de esta tésis, sostenida por el infrascripto bajo su responsabilidad personal, traté de hacer comprender á los miembros del Congreso que de la solucion del problema monetario de la República Argentina, por muy conveniente que fuese, no dependía la prosperidad del país, cuyo progreso es extraordinario, no obstante las contrariedades inherentes á la instabilidad del medio circulante: por la traduccion adjunta de mi exposicion, podrá V. E. imponerse de los términos textuales con que creí deber sostener en esta oportunidad los intereses de la República, tales como los comprendo.

Respecto á los principios generales debatidos en el seno del Congreso, debo comunicar á V. E. que no parece cercano el dia en que triunfe el bimetalismo en Europa no obstante el movimiento de opinion que en su favor se ha iniciado en la Gran Bretaña; en cuanto á los delegados alemanes, declararon que la Confederacion Germana no tomará la iniciativa de semejante medida, esperando para pronunciarse que la Inglaterra repudie el padron exclusivo de oro.

El movimiento de opinion que se extiende en la Gran Bretaña, confirmado por las categóricas declaraciones de sus delegados, se funda principalmente en la dificultad que resulta para las transacciones entre la metrópoli y las Indias Orientales del hecho de que la circulacion en dichas Indias es exclusivamente de plata.

Visitamos en corporacion, los miembros del Congreso, el Banco de Francia y la Casa de Moneda; en el dia de nuestra visita al Banco existían en sus subterráneos que recorrimos 1 430 millones de francos de oro acuñado y en barras y 1 260 millones en plata.

Tengo el honor de renovar á V. E. las seguridades de mi mas alta y distinguida consideracion.

P. S. Lamas.

Congreso Monetario Internacional de París.

SETIEMBRE DE 1888.

Presidencia del Señor Magnin, Gobernador del Banco de Francia.

COMUNICACION DEL SEÑOR PEDRO S. LAMAS.

(Traduccion.)

SEÑOR PRESIDENTE:

SEÑORES:

Aunque desempeño en Europa funciones oficiales, empiezo por declarar que asumo personalmente la responsabilidad de las ideas y de los principios que me voy á permitir desarrollar en esta tribuna. Cumplido este deber, me hallo mas en libertad para intervenir en este grande y útil debate «abierto con el mundo monetario y con el político todo entero», segun la frase del marqués de Salisbury, pronunciada el dia 28 de Mayo próximo pasado.

Sin embargo, tengo la conviccion de que mis ideas reflejan la opinion de casi todos los Estados de la América Meridicnal que son, en principio, partidarios del bi-metalismo, pero que no son por la fuerza de las cosas y por el momento, sino de una manera completamente platónica.

Los bimestalistas y los monometalistas se disputan el triunfo de sus sistemas, nada mas legítimo, nada mas útil, nada mas necesario.

Nada mas justificado, en efecto, que la reunion de un Congreso Monetario internacional, pues se trata de toda una ciencia, cuya influencia sobre la riqueza de las naciones, sobre las relaciones comerciales entre los pueblos, sobre los salarios y los precios nadie pone en duda; de ahí la necesidad de un acuerdo universal ó casi universal.

Pero cuando se reune un Congreso internacional para tratar las cuestiones monetarias, no es posible limitar sus trabajos al estudio exclusivo de los sistemas mono y bi-metálico. El papel moneda constituye igualmente un sistema de circulacion; él desempeña un papel importante con las transacciones de regiones enteras; existen fuera de Europa pueblos civilizados cuya poblacion no baja de 50 millones, que han vivido casi siempre y que han prosperado desde hace medio siglo bajo el régimen del papel moneda; y en Europa mismo existen países cuya poblacion es próximamente de 150 millones, que viven del mismo modo bajo igual régimen desde casi un siglo ha, sin contar con otras potencias que se hallan quizá á la víspera de volver á los pagos en papel.

Sin embargo, en el programa de este Congreso monetario internacional, no se trata sino de circulaciones metálicas.

¿Pero acaso los sabios no consideran el régimen del papel moneda sino como un régimen transitorio y como tal creen deber excluirlo del cuadro de sus deliberaciones?

¿Pero trátase en realidad de un régimen exclusivamente transitorio cuando se comprueba que durante 40, 50, 100 años sirve las transacciones de naciones populosas, cuyos desarrollo de la riqueza suele adquirir proporciones superiores al del término medio de las naciones mas prósperas, ejemplo la República Argentina?

Aún admitiéndolo como sistema transitorio de circulacion interior, el papel moneda tiene derecho de ser tomado en consideracion por un Congreso Monetario Internacional.

Dia vendrá en que se discutirán á fondo las ideas del Sir Henry Parnell, que decía que «el progreso del mundo traerá la sustitucion de la moneda metálica por la moneda de papel,» de Ricardo, que afirmaba que «la circulacion la mas perfecta es la que se compone exclusivamente de papel;» pero mientras esta reforma radical no sea puesta á la órden del dia por la ciencia monetaria, los metalistas de todos los matices no conseguirán desentenderse de una realidad que se impone, que salta á los ojos, á saber: que existen naciones cuya circulacion se compone exclusivamente de papel, cuyas poblaciones rehusan recibir el oro y la plata, que mantienen sin embargo con las otras naciones relaciones comerciales que se desarrollan extraordinariamente, cuyos progresos económicos no tienen ejemplo, cuyo crédito financiero, por fin, se cotiza en Europa arriba del de varios Estados cuya circulacion es bi-metálica ó monometálica oro.

La República Argentina ha vivido siempre, salvo dos ó tres intervalos pasajeros, bajo el régimen del papel meneda; ha sucedido lo mismo al Brasil y, respecto á Chile, cuyo papel es uno de los mas depreciados, es notoria su prosperidad interior y la brillante situacion de su crédito en Europa.

Leía hace ocho dias en la revista financiera del periódico «Le Temps,» el siguiente párrafo sobre la República Argentina: «Así pues, desde 1878, la poblacion ha aumentado de 60 °/₀, la inmigracion ha cuadruplicado, el comercio exterior se ha duplicado con exceso, la extension de las tierras cultivadas ha aumentado en mas de 70 °/₀, la produccion de los cereales ha casi cuadruplicado, su exportacion es mas de 30 veces superior en 1888 que en 1878, la extension de los ferro-carriles han cuadruplicado y la deuda pública..... no ha duplicado.»

Yo agregaré, Señores, que todo ese progreso es obra del papel moneda; que sin el papel moneda, este país que no tiene oro, pues el que poseía ha tenido que exportarlo para dotar su vasto territorio de ferro-carriles, de puertos, de puentes, para medir las tierras que entrega hoy al colono, etc, y este país, digo, hubiera vegetado como tantos otros por falta de este grande y poderoso instrumento, la moneda, una moneda cualquiera, sin el crédito, sin la comandita del capital necesario, indispensable para los trabajadores, crédito y comandita imposibles cuando las cajas de los Bancos están vacías por falta de moneda.

No comprendo las intransigencias científicas. Los monometalistas-oro nos dicen: «No tengan mas que oro en la circulacion;» á su turno los bi-metalistas nos aconsejan: «Organizen la circulacion sobre la base de los dos metales preciosos,» sin descender del capitolio de sus creencias, sin dignarse examinar en sus detalles las situaciones peculiares de ciertos países como Chile y la República Argentina.

Estos dos Estados, para no referirme sino á ellos, que bastan por otra parte para la confirmacion de nuestra tésis no han adherido á las creencias de Parnell y de Ricardo, quiero decir, no han dado su *preferencia* á las circulaciones de papel sobre las de los metales preciosos; ellos no hacen mas que someterse á una situacion que se impone, situacion creada por hechos múltiples, de todos conocidos, consecuencia fatal del progreso económico, del desarrollo de la riqueza en proporciones mucho mas considerables que las de los elementos de circulaciones metálicas disponibles.

Nos dicen: «Es vuestra la culpa, no andeis tan aprisa,» esto es, se nos aconseja que sofrenemos nuestró progreso, que amordacemos nuestras poblaciones que gritan: *Adelante* el *Go ahead* de nuestros hermanos del Norte, que demos dos pasos en vez de dar cien, que construyamos 50 kilómetros de ferro carril por mes en lugar de entregar cada semana igual número al servicio público, que recibamos cien emigrantes por dia en vez de recibir mil!

Pero esto sería una locura!

Encadenar nuestro progreso con el fin..... ¿con qué fin? con el de conseguir una circulacion interior sobre base metálica!

Por otra parte toda la fuerza de legislacion se estrellaría contra una fuerza mucho mas poderosa aún, á saber, la del impulso adquirido por un progreso que está lejos de ser ficticio pues tiene por base, por razon de ser, por motor, planicies inmensas de una fertilidad fabulosa, minas riquísimas, un clima delicioso y, sobre todo, organizaciones civiles y políticas que brindan á propios y á extraños el ejercicio de todas las libertades y el goce de sodas las garantías.

Fuerza es pues aceptar las situaciones tales como son, haciendo lo posible por mejorarlas en vez de pretender lo que en este caso sería el imposible, á saber: detener el curso del progreso económico, del progreso social, del progreso financiero de Estados que viven, que se desarrollan, que prosperan y que no tienen en su sol mas que una mancha: el curso forzoso. Pretender, para hacer desaparecer esa mancha, apagar ese sol, sería, lo repetimos cometer una imperdonable locura.

Tanto Chile como la República Argentina hacen todos sus esfuerzos para salir del curso forzoso, del régimen del papel moneda, y para conseguirlo, salvo paliativos pasajeros y por lo general ineficaces han recurrido á un solo y grande medio: el del aumento de la produccion nacional: y es precisamente para realizar este desideratum que se empeñan en multiplicar los brazos disponibles por el aumento de la corriente inmigratoria y en favorecer el tránsito de los productos por medio de la construccion de ferrocarriles.

La verdadera moneda internacional son los productos; y es por su exportacion que la República Argentina y Chile conseguirán su objeto, esto es, atraer el oro, despues de haber llenado el déficit de la exportacion.

Entre tanto es menester vivir bajo el yugo del papel moneda, yugo que hay que tener en cuenta, por mucho que de él hagan caso omiso los intransigentes de la ciencia monetaria.

Entre el papel de curso forzoso, materialmente expuesto á las fluctuaciones de valor con relacion á las monedas metálicas, entre esta situccion y la de la Inglaterra, la de Alemania y la de los paises de la union latina, no existe acaso un término medio?

Creemos que sí.

Y este término medio es la *conversion transitoria en plata.*

Hasta tanto que se llegue á producir y á exportar mas que lo que se consume y que lo que se importa, esto es, hasta tanto que el oro afluyendo al país sea posible restablecer la circulacion bi-metálica ó monometálica oro, cuestion que por el momento no podríamos abordar y resolver sino de una manera platónica, hasta que eso suceda, repetimos, podríamos recurrir á un régimen transitorio: al de la circulacion de plata.

El señor don Andrés Lamas, en un proyecto que se ha distribuido á los miembros de este Congreso, referente á la situacion de la República Argentina, ha condensado todo su pensamiento en una fórmula completamente inédita, á saber: conversion obligatoria en plata y facultativa (de parte de los Bancos) en oro. Es obvio que por el momento la conversion solo se haria en plata, hasta tanto que el aumento de la produccion permita la conversion indistinta en oro ó en plata.

Este proyecto tiene por base la acuñacion libre de la plata en la relacion establecida por la ley de germinal del año XI.

La acuñacion libre atrae la plata, que invade al país y que se sustituye al curso forzoso; la depreciacion de la moneda de plata, que se hace representar, para facilitar la circulacion, por papel convertible en plata, tendrá por límite la diferencia entre el valor mercantil del metal blanco y del metal amarillo. Entre tanto las clases trabajadoras continuarán á ser estimuladas por los capitales, activarán la produccion destinada, una vez que resulte de la balanza comercial saldos á favor del país, á atraer el oro y á permitir la conversion en este metal, conversion facultativa de parte de los Bancos, lo que equivaldría al establecimiento del bi-metalismo.

Además, la depreciacion de la circulacion interior hallándose limitada á la diferencia entre el valor mercantil de los dos metales, la fijeza relativa y en todo caso suficiente de la moneda hallándose restablecida, los capitales europeos que se dirigian espontáneamente hácia la República, movimiento que ha cesado casi por completo debido á las fluctuaciones rápidas é inesperadas del valor del medio circulante del país, para invertirse en operaciones industriales y de comercio ó en la compra de títulos y acciones de empresas locales, volverían á contribuir como antes al progreso general de la nacion, llevándole el contingente de masas considerables de numerario extranjero.

He ahí una cuestion digna de llamar la atencion de este Congreso, tanto mas que ella se refiere á todos los países sometidos al régimen del papel moneda y que hacen esfuerzos para salir de situacion tan anormal.

No se puede negar que la circulacion de plata, ó de papel convertible en plata, es preferible al régimen del papel de curso forzoso, sea que esta situacion se encare del punto de vista de la facilidad de relaciones con los países cuya circulacion es metálica, sea que se tengan en vista las vertajas para las transacciones interiores de la estabilidad relativa de la moneda; no es tampoco contestable que es mas fácil atraer plata que atraer oro tratándose de un país que no posée ni uno ni otro de estos metales; por ejemplo bien pudiera recordar Chile y la República Argentina que el oro es admitido á la acuñacion sin límites en sus Casas de Moneda: el oro no afluiría por eso á dichos países: ¿porqué? pero, porque se trata del metal mas raro y cuya acuñacion ilimitada rige en todas partes, mientras que la acuñacion libre de la plata, metal que ha sido excluido totalmente ó casi totalmente de la circulacion por la Inglaterra, por la Alemania y por la Union Latina europea, llevaría al Plata cantidades enormes del metal blanco.

La acuñacion libre de la plata existía en Francia, en Bélgica y en los demás paises de la Union desde 1865, en la proporcion de 15 1/2 por uno, cuando la Alemania, en 1873, adoptó el monometalismo oro; todos tienen presente lo que sucedió entonces: la plata invadió la Francia y los otros paises de la Union, lo que obligó en 1874, á los firmantes del pacto de 1865, á cesar ó á limitar la acuñacion de la plata.

Este precedente prueba que la acuñacion libre de la plata, en la relacion de la ley del año XI, atraería á la República Argentina y á Chile cantidades enormes de dicho metal, suficientes por lo menos para llenar las necesidades de la circulacion.

Es cierto que cuando se produjo en 1873-74, la invasion de Francia y de Bélgica por la plata demonetizada por la Alemania, la especulacion tuvo en vista redondear en seguida la operacion cambiando la plata amonedada por oro acuñado; pero no es menos cierto que la plata en barras valía aun entonces de 53 á 55 peniques por onza, mientras que hoy su precio poco supera á 42 peniques, lo que ofrece á la especulacion un márgen mucho mas considerable de utilidad, pues la relacion de 15 1/2 por uno subsiste siempre y no se halla lejano el dia en que el aumento de la produccion permitirá á Chile y á la República Argentina la conversion indistinta en oro ó en plata.

Por otra parte si bien es cierto que la especulacion no encontraría inmediatamente en la República Argentina oro acuñado para cambiarlo, en la relacion referida, por escudos de plata, como sucedió en Bélgica y en Francia en 1873, 1874, no es menos exacto que las barras de plata, inmobilizadas hoy en los stocks de Lóndres, de Hamburgo, etc., convertidas, á presentacion, en pesos por la casa de Moneda de Buenos Aires, podrían cambiarse contra cueros, lanas, cereales (y otros productos con oro), á menos que ella no prefiriese emplear sus capitales á 8, 10, 12 °/₀ en operaciones de Banco en la República Argentina.

Al decretar la acuñacion libre de la plata, los Gobiernos de

Chlie y de la República Argentina deberían sinembargo reservarse el derecho de suspender esta facultad, mediante un aviso de tres meses, por ejemplo, salvo á restablecerla en el caso de una diminucion de numerario, proviniente ya sea del aumento de las transaciones ó de la exportacion temporaria ó pasajera de cantidades importantes de plata sellada.

Se puede objetar que la acuñacion de sumas considerables de plata ó, en otros términos, la *nacionalizacion* de cantidades relativamente importantes de dicho metal, en la relacion de 15 $^1/_2$ por uno, constituiría una pesada carga para el porvenir. Fácil sería destruir esta objecion: en efecto la República Argentina podría suspender la acuñacion de plata cuando ella llegase á la cifra de cien millones de pesos equivalente, poco más ó menos, de los 150 millones actuales de emisiones de papel de curso forzoso, salvo á aumentarla en la proporcion de las exportaciones que pudieran producirse á fin de mantener en la circulacion la cantidad necesaria de plata acuñada.

Y bien, tal es el desarrollo de la riqueza, la rapidez con que aumenta la poblacion del país, que esos 500 millones de francos de plata, en la hipótesis del establecimiento de la circulacion bi-metalica dentro de algunos años, desaparecería en medio de una cantidad cuadruple por lo menos de oro circulante; y es asi que la plata solo llenaría las necesidades de las transacciones menudas de la poblacion.

Se trata de resolver el problema monetario de Chile y de la República Argentina así como de otras naciones que se hallan en situacion análoga, en pleno desarrollo de sus riquezas naturales. Habiendo inmobilizado sus capitales metálicos monetarios en las construcciones de ferro-carriles, de puentes, de puertos, en preparar el país para la colonizacion, etc.; un déficit contra el país habiendo resultado entre los compromisos contraídos en Europa (importaciones de mercancías, servicios de empréstitos y comanditas diversas, etc.) y el valor de los productos exportados (lanas, cueros, cereales, minerales, etc.) el papel moneda ha sido la consecuencia forzosa de esta situacion, el drenage del oro, esto es de la moneda internacional habiendo agotado las existencias de los Bancos y de los demás establecimientos de Crédito, la política económica de los países referidos tiende á buscar la solucion del problema de la circulacion en el aumento de la produccion y dentro de cierta medida, en la proteccion á las industrias nacionales que, utilizando las materias primas que abundan en el país, harían que la nacion fuera menos tributaria del extranjero; pero mientras no se restablece el equilibrio y no les es posible, por consiguiente á los Estados á que me refiero establecer la circulacion bi-metálica, ¿no habría un medio de que echar mano para organizar una situacion transitoria que presentase menos inconvenientes que las que se derivan del régimen papel moneda de curso forzoso?

Este término medio puede encontrarse fuera del proyecto del doctor Andrés Lamas?

Es á lo que yo quisiera que contestase este Congreso, con la autoridad de los sábios al lado de los cuales tengo el honor de sentarme.

Y es en la víspera de la reunion del Congreso continental de Washington, cuya tendencia, cuyos fines son conocidos que hago este llamamiento á la ciencia europea.

Empezaré por declarar al hablar del Congreso americano, que no me cuento entre los partidarios de la doctrina Monroe, sea ella considerada del punto de vista político ó económico.

El inventor de esta doctrina no fué, en el Nuevo Mundo, el presidente Monroe: fué Bolivar. Es la politica del *pro domo mea* que el célebre general quizo hacer triunfar en el Congreso de Panamá de 1824, invocando para ello los peligros que la Santa Alianza creaba para la libertad del nuevo continente recientemente emancipado del yugo español.

El soñaba con la hegemomía continental, bajo su espada ó su cetro omnipotente.

El continente repudió entonces aquella pretension y, lo espero firmemente, repudiará hoy la hegemomia de diversa índole que se le ofrece bajo el predominio de los negociantes de Nueva York, de San Francisco, de Boston y de Chicago.

Los americanos del norte pretenden alucinarnos con la circulacion monetaria continental de plata, saben que tenemos necesidad de regularizar nuestra circulacion interior y hacen brillar á nuestros ojos los mirajes de la internacionalidad de la moneda.

Yo no soy partidario de la internacionalidad de la moneda sino con grandes restricciones y en todo caso, no la concibo sino entre Estados que mantienen recíprocamente relaciones seguidas y de cierta importancia.

La mayor parte de los países invitados á tomar parte en el Congreso de Washington tienen diez veces mas intereses con la Europa que con los Estados Unidos.

Yo no admito la circulacion de plata sino como una medida transitoria, que prepararía el advenimiento del régimen bimetálico. La circulacion continental de plata propuesta por los Estados Unidos alejaría la República Argentina y Chile del fin que se proponen, pues estas naciones se comprometerían á mantener, por tratados, el monometalismo plata propuesto por la Confederacion del Norte como un medio de atraer hácia su territorio el comercio de los diez y ocho estados que realizan ya hoy con la Europa un comercio anual de algunos millares de francos.

Ni Chile, ni la República Argentina, ni ningun otro Estado de la América Meridional debe á mi modo de ver, enajenar, á ningun precio su libertad de accion, ni en materia monetaria ni en materia comercial.

El interés de esos Estados consiste en conservar la libertad de sus resoluciones futuras; en pleno progreso, en pleno desarrollo, en plena transformacion, ellos ignoran cuales serán mañana sus intereses.

Cortejados en su calidad de países consumidores de productos manufacturados, por las diferentes potencias europeas de su lado y por los Estados Unidos del otro, pueden sacar partido de la situacion.

Conservando su libertad de accion, podrían muy bien esos Estados contestar con represalias aduaneras á ciertos derechos prohibitivos ó que pudieran ser considerados como tales, ó á las trabas puestas á la emigracion que va á poblar los vastos territorios de que disponen, que es para ellos cuestion de máxima importancia; y es así como, siempre al acecho para defender sus derechos económicos, desarrollarán la produccion nacional, base futura de la regularizacion de la circulacion monetaria.

Instrucciones del Departamento de Agricultura de Suiza, para combatir las epizootias.

Comunicacion de la Oficina de Informacion.

Ginebra, Agosto 31 de 1889.

Señor Ministro:—En el momento en que V. E. se preocupa tan justamente de la importante cuestion de la exportacion del ganado en pié, y que parece llamada á tomar incremento considerable; y por otra parte como consecuencia de la concentracion sobre un mismo punto de un gran número de reses aguardando el embarque ó reexpedicion podrian desarrollarse ciertas enfermedades contagiosas ó infecciosas, creo útil remitir á V. E. la adjunta traduccion de las Instrucciones que el Departamento Suizo de la Agricultura acaba de publicar con fecha 1.° de Agosto corriente, concernientes á las medidas que han de tomarse para combatir las epizootias.

Añado tambien las disposiciones preventivas edictadas para la desinfeccion de los wagones de ferrocarrilos; barcos, etc., que hubiesen servido para el traspoıte de los animales, y cuya aplicacion es de rigor en todos los ferrocarriles.

Tengo el honor de renovar á V. E. las seguridades de mi mas alta y distinguida consideracion.

E. Weber.

A S. E. el Señor Ministro de Relaciones Exteriores, Doctor Don N. Quirno Costa.

TRADUCCION.

Instrucciones tocante á los modos de desinfeccion y á las sustancias que han de usarse en los casos de enfermedades contagiosas é infecciosas de los animales.

(Del 1.° de Agosto de 1889.)

I.—CUANDO APAREZCAN ENFERMEDADES DE LOS ANIMALES DOMÉSTICOS.

A.—*Peste vacuna.*

Art. 1.°—Comprobada la enfermedad, empezará inmediatamente la desinfeccion.

a.—Se hará la desinfeccion de los wagones de ferrocarriles (respectivamente los buques) y los caminos que desde aquellos hubieren recorrido los animales hasta sus respectivos pesebres, siempre que se haya reconocido que en el momento de su llegada hubieran podido sembrar los gérmenes de la enfermedad.

b.—Se desinfecta un camino, un corral, un pasto, mandando recoger cuidadosamente las deyecciones y rociando el lugar con una solucion concentrada de cloruro de cal ó de sulfato de fierro al 5 °/ₒ. Si fuese posible se lavarán los caminos sospechosos mediante la bomba de incendios, y solamente despues de hecha esta operacion quedarán abiertos á la circulacion. Los objetos que hubiesen servido para recoger ó trasportar las deyecciones serán inmediatamente desinfectados ó destruidos.

c.—Los estiércoles y hoyos para sus aguas, así como los caños de derramamiento, serán desinfectados sin demora, tratándolos con una solucion de sulfato de fierro al 5 °/ₒ, ó de sulfato de zinc al 3 °/ₒ. La cantidad de esta solucion representará las tres centésimas partes de la cabida de los hoyos. Se puede igualmente, usar el ácido sulfúrico extendido en la proporcion de veinte gramos por cada litro de agua.

d.—Despues de la desinfeccion, los estiércoles, aguas menores y las otras deyecciones serán conducidos á una distancia de 500 metros á lo menos de toda quinta ó de todo pesebre, para ser inmediatamente enterrados desnaturalizados ó destruidos.

e.—Los carros de trasporte serán dispuestos de tal modo que nada pueda derramarse en el trayecto. Además hay que cuidar que las materias que pudiesen escaparse sean recogidas inmediatamente y que el lugar ensuciado sea desinfectado; despues de lo cual las extremidades y sobre todo los cascos de los caballos utilizados para el trasporte, así como los carros, carretones, palas y otros utensilios serán raspados, lavados y desinfectados, mediante una de las mencionadas soluciones, ó una solucion de sublimado corrosivo al 1 °/ₒ, á la que se agregará un poco de sal comun.

f.—Los objetos de fierro serán llevados al fuego y calentados suficientemente para que los gérmenes de la enfermedad queden aniquilados. Los productos de poco valor serán quemados, por ejemplo la litera, la paja y el heno de los astilleros.

g.—Todo lo que los animales enfermos hubiesen podido ensuciar de una manera directa ó indirecta, como son cabestros, ligas, frazadas, cinchas, cuerdas, sillas, cubas, escobas, palos, linternas, será desinfectado ó destruido.

Art. 2.°—Cada persona que hubiere cuidado ó estado en contacto, sea con animales enfermos, sea con los cadáveres de los mismos, sea con sus restos ó sus estiércoles y cuyos vestidos, zapatos y manos hubiesen podido ensuciarse con materias contagiosas, estará obligada á someterse á las medidas de desinfeccion siguientes:

a.—Limpieza y jabonadura inmediata de las manos y de los brazos.

b.—Limpieza de los zapatos mediante agua hirviendo. (Las aguas de limpieza serán echadas en los hoyos, para estiércol con objeto de ser allí desinfectados).

Despues de ambas operaciones, se usará como desinfectante una solucion de ácido fénico al 3 °/ₒ y además se untarán los zapatos, con grasa caliente.

c.—Limpieza y lavadura de los vestidos de lino y de algodon.

Fumigacion al cloro durante 24 horas, en un lugar cerrado, de los vestidos de lana y otros objetos que no pudieran soportar la lavadura, sin ser alterados.

Art. 3.° Antes de efectuarse el trasporte, en el lugar de enterramiento, se desinfecturán los cadáveres con una de las soluciones mencionadas en el art. 1.° *b, c, e,* y se taparán los orificios naturales, boca, cavidades nasales, ojos, ano, órganos genitales, para evitar el derramamiento de las materias líquidas y sólidas.

Art. 4.° Las localidades, los pesebres ó galpones en que hubieren permanecido animales muertos, enfermos, sospechosos ó contaminados, é inmediatamente despues de la salida de aquellos animales, serán *limpiados, lavados* y *desinfectados.*

1.°—La limpieza empezará por la mudanza de los pesebres, astilleros, paredes, separaciones, ventanas, puertas, etc., etc., (todo lo que sea de poco valor, deberá ser destruido por el fuego); se continuará con el raspado de aquellos objetos, así como de las paredes, cielos rasos, vigas y tabiques. El suelo cimentado ó embetunado será fuertemente rasparado, cada rendija cuidadosamente abierta para que pueda penetrar fácilmente adentro el desinfectante.

2.°—En seguida se lavará el local con grandes aguas, por medio de una poderosa bomba y se barrerá á fondo. Las aguas y materias sólidas procedentes de esta operacion serán desinfectadas y trasportadas á lo lejos de conformidad con las disposiciones del art. 1.° *c*, *d*, *e*. Los pisos y empedrados serán levantados, el suelo abierto á una profundidad de 20 á 30 centímetros, y en seguida se tratará como el estiércol la tierra que se hubiere sacado.

3.°—Un dia despues de la lavadura, empezará la desinfeccion de las localidades y de todo aquello que se hubiere conservado de su contenido. Esto consistirá en un riego de las paredes, vigas, tabiques, puertas, ventanas y del suelo, con una solucion de bi-cloruro de mercurio al 5 °/₀; 24 horas despues el suelo será fuertemente espolvoreado con cloruro de cal, y el local cerrado durante 3 dias.

Pasado aquel plazo, se ventilará y saneará durante unos quince dias.

Las paredes exteriores de los pesebres, corrales y galpones serán limpiadas, lavadas y desinfectadas; se usarán las mismas soluciones y sustancias que para el interior.

Art. 5.° El heno, la paja y otros alimentos que hubiesen podido ensuciarse por animales enfermos ó por sus deyecciones, serán destruidos ó consumidos en el mismo lugar por caballos.

Las pieles, pelos, pezuñas, huesos, etc. de los animales contaminados y matados, no podrán ser alejados del matadero sin que préviamente hayan sido esmeradamente desinfectados, (solucion de sublimado corrosivo al 1 °/₀₀; reglamento de ejecucion art. 43, cifra 6.)

Para ejecutar la desinfeccion, se emplearán, cuanto sea posible personas desprovistas de ganado.

Los pesebres, corrales y galpones no podrán utilizarse de nuevo, sino despues de alzado el secuestro, sea seis semanas despues de la desaparicion del último caso de enfermedad, (art. 23, cifra 9 de la ley federal de 8 de Febrero de 1872).

B.—*Pleuroneumonía.*

Art. 6. En los casos de pleuroneumonía contagiosa, la desinfeccion de los vagones de ferrocarriles, de los buques, caminos, pesebres, corrales, pastos, estiércoles, etc., se hará del mismo modo y mediante los mismos procedimientos que en los casos de peste vacuna; sin embargo, solo se levantará el empedrado cuando estuviese en mal estado.

Despues de la pleuroneumonía no será necesario de cavar el suelo, sino cuando el área no encerrase mas que tierra; en este caso se sacará la tierra hasta una profundidad de 20 á 30 centímetros.

Los vestidos y zapatos de las personas que se hubiesen hallado en contacto con animales muertos, enfermos ó sospechosos de pleuroneumonía habrán de lavarse y desinfectarse con arreglo á las disposiciones del art. 2°.

Se lavarán con lejía caliente y se desinfectarán en seguida con la solucion de ácido fénico al 3 °/₀ ó de sublimado corrosivo al 1 °/₀₀, los miembros y los cascos de los caballos que hubieren estado en contacto ó se hubieren utilizado para el trasporte de los cadáveres, del estiércol ú otros restos susceptibles de encerrar un virus pereneumónico.

Las pieles procedentes de los animales matados, antes de su aprovechamiento, habrán de remojarse y en su mismo lugar, durante 12 horas, en una solucion desinfectante (de sulfato de zinc al 2 °/₀, ó de sublimado al 1 °/₀₀, reglamento de ejecucion, art. 46).

Se procederá del mismo modo á la desinfeccion, y si hay

lugar, á la destruccion de los utensilios y de todos los objetos que se hallaren en las caballerizas, pesebres y demás locales infectados.

Art. 7.° Cuatro semanas despues de su desinfeccion y ventilacion podrán utilizarse de nuevo los establos, galpones, etc., (ley art. 24, párrafo 4). No podrán utilizarse los pastos para la especie vacuna sino 12 semanas despues de comprobado el último caso.

El heno, la paja y otros forrajes que hubiesen podido ser infectados de manera directa ó indirecta por animales atacados ó sospechosos de pleuroneumonía contagiosa, habrán de ponerse cuidadosamente aparte, para ser consumidos por animales de la especie caballar.

G.—Fiebre aftea.

Art. 8.° Para verificar la desinfeccion despues de uno ó mas casos de fiebre aftea, se empleará la solucion de sulfato de zinc ó de ácido fénico al 3 °/₀, ó la de sulfato de hierro ó de cobre al 5 °/₀. La lejía hirviendo podrá emplearse igualmente, así como el cloruro de cal.

Se procederá de la manera siguiente:

1.°—Los estiércoles, la litera, el heno y la paja encerrados en el establo, serán rociados en su mismo lugar, con una de las soluciones mencionadas arriba y enseguida se mudarán.

2.°—Los pesebres, astilleros, paredes, ventanas, puertas, murallas y tabiques, han de ser lavados con el mismo líquido desinfectante.

3.°— El suelo será limpiado y lavado con cuidado y con grandes aguas, y enseguida espolvoreado con cloruro de cal, ó rociado con uno de los susodichos desinfectantes.

Se tratará del mismo modo la parte del mercado, sitio ó plaza que hubiera sido ensuciada con el virus contagioso.

4.°—Todos los objetos ó utensilios que hubiesen podido ser ensuciados por animales enfermos, habrán de lavarse y desinfectarse con cuidado, tales són: cabestros, cuerdas, cinchas frazadas, cubas, esponjas, horquillas, escobas, sillas, almohazas, cepillos, linternas, etc.

5.°—Los miembros, así como las partes del cuerpo de los animales lo mas expuestos á ocultar el virus afteo, han de ser lavados y desinfectados.

6.°—Los vestidos ó ropas de las personas que se hallaren en contacto con los animales enfermos serán lavados; sus zapatos serán, además, desinfectados y engrasados.

7.°—Las pieles, pezuñas y la lana habrán de ser desinfectadas con cuidado, ante de llevarse del matadero (solucion de sulfato de zinc al 2 °/₀, de sublimado corrosivo al 1 °/₀₀, reglamento de ejecucion art. 52 f. 3).

En la medida de lo posible, se mandará secar despues de la desinfeccion y mediante una ventilacion contínua, los pesebres y otros locales en que se hubiesen albergado animales infectatados. En seguida se podrán utilizar de nuevo.

D.—Muermo y lamparones.

Art. 9.°—La desinfecion de las caballerizas, cuadras y locales que hubieren contenido un animal muermoso ó padeciendo de lamparones, se verificará del modo siguiente:

a.—El heno, la paja y el estiércol serán recogidos con cuidado é inmediatamente enterrados.

b.—Se rasparán las paredes, las separaciones de madera, el astillero, etc.

c.—Se lavarán aquellos objetos así como las murallas, tabiques, puertas, ventanas, etc., con lejía hirviendo.

d.—Luego despues de secarse ó enjugarse al aire, se desinfectarán con una solucion de bicloruro de mercurio al 1 °/₀₀, ó de sulfato de hierro al 20 °/₀.

e.—El suelo será fuertemente raspado, el entarimado levantado y destruído; si hay empedrado se desjuntarán las piedras para hacer penetrar el desinfectante, ó se quitarán si lo conceptúa necesario el veterinario delegado.

f.—Despues de una lavadura con grandes aguas y un secamiento al aire, reconocido suficiente, se rociará el suelo de la caballeriza con una solucion de sublimado corrosivo ó de sulfato de hierro.

g.– Igualmente se lavarán y desinfectarán todos los objetos ó utensilios que hubiesen podido estar en contacto directo ó indirecto con el animal muermoso, como son: cinchas, frazadas, esponjas cepillos, palas, cubas, etc.

h.—Los collares, correas, sillas, cabestros de cuero, etc., serán pasados á la lejía caliente, y despues engrasados.

i.—Los objetos de poco valor, (astilleros, escobas, cuerdas, etc.) han de ser destruidos por el fuego; mediante este elemento se desinfectarán los utensilios de hierro.

k.—Las pieles y cerda no podrán ser utilizados sino despues de haber estado en remojo durante 12 horas en una solucion de sublimado corrosivo al 1 °/₀₀.

Esta operacion se verificará en el lugar mismo (reglamento de ejecucion, art. 56).

Art. 10.—La caballeriza podrá volver á utilizarse para albergue de caballos, burros y mulas, despues de haberse secado mediante una larga ventilacion.

Las fuentes y sus cercanías habiendo servido al abrevadero de caballos, burros ó mulas atacados de muermo ó de lamparones, habrán de ser lavados con cuidado.

Se procederá del mismo módo respecto de los vestidos de las personas que hubieren estado con semejantes animales.

E.—Rábia.

Art. 11.—La carne de los animales enfermos ó sospechosos de rábia será deteriorada y enterrada. No podrán aprovecharse las pieles de animales atacados de rábia, sino despues de haber estado en remojo durante 24 horas y en el mismo lugar, con una solucion de ácido fénico al 3 °/₀₀.

Art. 12.—Las perreras, caballerizas y locales en que hubiesen muerto animales atacados de la rábia serán inmediatamente desinfectados por un soflamaramiento ó una lavadura de lejía hirviendo, así como todos los objetos y utensilios que hubiesen podido estar ensuciados por el virus de la enfermedad. En seguida se hará una segunda lavadura con una solucion de ácido fénico al 3 °/₀₀.

Los alimentos, líteras, etc. serán humecidos con kerosene y enterrados.

Los objetos de hierro serán desinfectados por el fuego, y quemados los de poco valor.

F.—Carbunclo, sangre de bazo.

Art. 13.—Cuando habrá sido comprobada esta enfermedad, habrá de procederse sin demora, á la desinfeccion y esto como sigue:

a.—Se taparán los orificios naturales de los animales muertos para que ningun líquido pueda derramarse; en seguida se lavarán los cadáveres con una solucion de bi-cloruro de mercurio al 1 por 1000 ó de esencia de trementina al 25 por °/₀ (250 gramos para un litro). Podrá emplearse, igualmente, el ácido sulfúrico.

b.—Se tomarán las medidas conducentes á impedir el uso de las partes de los pastos en que se hubieren enterrado animales carbunclosos. Se humedecerán sus despojos con kerosene ó se cubrirán con cal y despues con 1 metro 25 centímetros de tierra; se apelmazará esta última fuertemente.

El sitio en donde hubiera permanecido un animal muerto, ó en el que es hubiera practicado eventualmente una auptosia, será cubierto de paja, de leña y rociado con kerosene, poniéndoles fuego.

En caso de que presentase peligros aquella operacion, se rociará abundantemente el lugar con la solucion de bicloruro de mercurio.

Art. 14. Los objetos y utensilios de poco valor que hubieren podido ensuciar los animales enfermos serán destruidos. Los otros objetos y utensilios así como los pesebres y todo el contenido de los mismos serán raspados, lavados con agua clorurada, y desinfectados, despues con la solucion de sublimado al 1 °/₀₀.

La litera, la paja y el heno contenidos en el establo ó en el astillero serán destruidos por medio del fuego.

Despues de una fuerte raspadura y barredura, se lavará el suelo con la solucion de sublimado corrosivo, asi como el vehículo que hubiere servido al trasporte de los cadáveres.

Limpiados y desinfectados los locales, serán copiosamente ventilados y secados en la medida de lo posible; en seguida podrán utilizarse de nuevo, previo dictámen del veterinario.

Las personas encargadas de retirar los cadáveres de los animales muertos de la fiebre carbunclosa, deberán estar prevenidas del peligro que corren y de la facilidad, con que se inocula á los hombres aquella enfermedad. Se pondrá un desinfectante á su disposicion durante la operacion.

Concluida esta, se procederá cuidadosamente al lavado y à la desinfeccion de sus vestidos y zapatos.

G.—Carbunclo sintomático.

Art. 15.—Esta enfermedad afecta á los animales de la especie vacuna y raras veces á la de las ovejas. El modo de trasmision de un enfermo á sus vecinos es el contacto directo, no siendo de temer la contagion llamada volátil. El hombre no parece susceptible de contraerla. Sin embargo es de la mayor importancia el tomar medidas de desinfeccion inmediatas y enérgicas para hacer desaparecer el foco de carbunclo sintomático é impedir así las considerables pérdidas que cada año hace sufrir al país.

Es tanto mas de recomendar una minuciosa desinfeccion cuanto que los gérmenes del carbunclo enfisematoso son susceptibles de conservarse durante muy largo tiempo, y ofrecen una gran resistencia á la putrefaccion y á los agentes desinfectantes.

Art. 16.—Los líquidos desinfectantes que se han de usar en el caso de carbunclo sintomático son: la solucion de bicloruro de mercurio al 1 °/₀₀, ó la de sulfato de cobre ó de ácido fénico al 5 °/₀.

El bi-cloruro de mercurio está considerado como un agente desinfectante superior á los otros, en los casos de carbunclo enfisematoso, pero en vista de sus enérgicas propiedades tóxicas, no ha de usarse sino bajo la direccion de un veterinario.

Art. 17.—Los animales muertos del carbunclo sintomático han de ser destruidos, si es posible, quemándolos ó por medio del ácido sulfúrico. Si estos procedimientos no pueden efectuarse, se enterrarán los cadáveres, observándose las mismas disposiciones que para la sangre de bazo. (art. 13 y 14).

Los sitios ó lugares que contengan animales muertos del carbunclo sintomático, han de ser encerrados dentro de arcas, de piedras ó de enrejados, etc., etc.

La yerba procedente de los mismos no habrá de usarse para la alimentacion del ganado vacuno ni de las ovejas.

Destruiránse por el fuego las literas, los estiércoles, paja, heno que hubiesen podido ser ensuciados por el vírus carbuncloso.

Los pesebres, los locales y las partes del suelo en que hubiere muerto y eventualmente sido abierto ó despojado de su piel un animal atacado del carbunclo sintomático, ha de ser copiosamente raspado y desinfectado tan cuidadosamente como si se tratase de un caso de fiebre carbunclosa. La piel ha de desinfectarse en el lugar mismo, mediante una de las susodichas soluciones.

Se procederá del mismo modo para los carros, enjaezamientos, frazadas y otros objetos ó utensilios que hubieren estado en contacto con el vírus del carbunclo sintomático.

I.—Sarna de las ovejas y cabras.

Art. 20.—Se desinfectarán los animales atacados de esta enfermedad parasitoria sometiéndolos á un tratamiento curativo aprobado por un veterinario diplomado.

Las ovejas y cabras, tratadas así, no se introducirán de nuevo en los locales, pesebres ó apriscos infectados antes de que estos hayan sido limpiados y desinfectados

Se procederá como sigue:

El heno, la paja, la litera y el estiércol serán sacados y trasportados con cuidado, á una distancia suficiente de los apriscos y caminos, y despues inmediatamente enterrado ó puestos en montones y cubiertos de tierra.

El suelo, las murallas, y los tabiques, las puertas, paredes, zarzos, astilleros y otros objetos ó utensilios susceptibles de encerrar el acarus de la sarna ó de sus huevos, serán raspados y copiosamente lavados con lejía hirviendo, enseguida desinfectados con una solucion consentrada de cloruro de cal ó de ácido fénico al 2 °/₀.

Art. 21.—Despues de la limpieza de los animales, evitará su arriero durante 15 ó 20 dias de conducirlos á los parques, corrales y pastos á donde hubieren permanecido cuando se infectaron. La autoridad local y los agentes sanitarios cuidarán muy particularmente de la ejecucion de aquella medida y eventualmente de la interdiccion de los pastos infectados.

Los apriscos y otros locales serán secados por medio de una ventilacion contínua antes de volver á utilizarse.

K.—Morriña.

Art. 22.—Despues de la curacion los animales bajo secuestro serán lavados y desinfectados inmediatamente, así como los apriscos y otros locales en que hubieren permanecido.

Se procederá como en los casos de sarna, usándose como desinfectante la solucion de sulfato de zinc al 2 °/₀.

Se desinfectarán igualmente, con cuidado, los objetos, utensilios, astilleros, zarzos, puertas, etc., que hubiesen podido ser ensuciados por el vírus morriñanoso. Las pieles procedentes de animales muertos ó matados por efecto ó con motivo de moriña serán lavados y desinfectados en el lugar mismo, con una solucion de sulfato de zinc al 2 °/₀. Los estiércoles, literas, y forrajes infectados serán tratados con la misma solucion desinfectante, enseguida traportados á una suficiente distancia de los caminos, locales ó pastos por donde puedan pasar ó pastar animales pertenecientes á las especies ovina y capriña. Si no estuviesen enterrados inmediatamente, habrán de hacinarse en filas y cubrirse de tierra.

Los vestidos y zapatos de las personas, habiendo estado en contacto con animales enmorriñados ó de los productos ensuciados por ellos, han de ser lavados y limpiados cuidadosamente.

Art. 23.—Recuérdase que la desinfeccion se hará bajo la vigilancia de un veterinario para los casos de enfermedades contagiosas que á continuacion se expresan: (art. 40 inciso 2.° del reglamento federal del 14 Octubre 1887).

1.° peste vacuna.

2.° pleuro neumonía contagiosa.

3.° fiebre aftca.

4.° muerma y lamparones.

5.° rábia.

6.° fiebre carbunclosa. (sangre de bazo).

2.ª PARTE.

Cuando hay tráfico por ferrocarril.

Art. 24.—Quedan ordenadas las siguientes disposiciones para la *desinfeccion de los wagones.*

Todos los wagones de ferrocarril, buques, etc., en que hubiesen sido trasportados animales de las especies caballar, vacuna, ovina, caprina, y de cerda, así como todos los utensilios y objetos habiendo servido durante el trasporte de aquellos animales para forragear, abrevar, ligar á los mismos, ó á cualquiera otra operacion, y antes de usarse nuevamente para el trasporte habrán de ser sometidos á una desinfeccion suficiente para destruir completamente las materias contagiosas que pudiesen existir.

Los utensilios y útiles que hubieren servido á la desinfeccion, tendrán que desinfectarse igualmente cada vez. En caso de aparicion de la peste, vacuna habrán de ser sometidas á una desinfeccion las personas empleadas, á desinfectar los utensilios de trasporte. (art. 2.°).

Los declives, ramblas, malecones de donde los animales hubieren sido trasladados á los wagones, tendrán que limpiarse cuidadosamente despues de cada operacion.

No solo habrá de practicarse la desinfeccion en los casos en que el material de ferrocarril hubiera sido ensuciado por animales atacados de una enfermedad contagiosa, sino tambien cada vez que hubiera servido al trasporte de animales de las especies arriba mencionadas.

2.°—Cada wagon que hubiere servido al trasporte de ganado, é inmediatamente despues de su descarga, se designará mediante un rótulo blanco colocado sobre uno de los lados longitudinales del wagon; aquel rótulo llevará en letras grandes las palabras «para desinfectar» mencionándose, además, la fecha y hora de la descarga, y será provisto del sello de la estacion.

Despues de la desinfeccion se pegará abajo del rótulo blanco, otro amarillo, llevando en letras gruesas, la palabra «desinfectado» y mencionando tambien, con el sello de la estacion el dia y hora de la desinfeccion.

Siempre que sea posible, la desinfeccion se verificará en la estacion de descarga, ó en su defecto, en la estacion principal mas cercana, y á una conveniente distancia del punto de descarga.

Queda prohibido el uso de los wagones desinfectados antes de que hayan sido secados y ventilados completamente.

3.°—Una copiosa limpieza ha de proceder á la desinfeccion de los wagones, y de los barcos de vapor, usados para el trasporte de ganado. Los desperdicios, litera y deyecciones, habrán de retirarse y mezclarse con la mitad de su peso, de cal viva ó rociarse con ácido sulfúrico, extendido de agua (una parte de ácido sulfúrico por 20 partes de agua). El piso, las paredes, y las puertas habrán de limpiarse con cepillos rudos ó con escobas anchas, en su extremidad, enjuagándose despues con agua los utensilios que hubieren servido al trasporte, tendrán que lavarse, igualmente con grandes aguas. En caso de helada, se usará agua hirviendo para mejor quitar las impurezas congeladas.

4.°—La desinfeccion de los wagones y de los barcos de vapor ha de verificarse mediante uno de los modos siguientes:

a.—Con vapor de agua recalentada á lo menos á 110 grados centíg. y conducida sobre todas las partes interiores del wagon.

b.—Con agua caliente, á una temperatura mínima de 70 grados centíg. á lo que se agregará uno por ciento de sosa ó de potaza cáustica, con lo que se lavarán todas las partes del wagon ó del barco á vapor, para hacer desaparecer las basuras procedentes del ganado.

c.—Mediante un lavado á fondo con agua (caliente en tiempo de helada) en la que se habrá hecho disolver 3 °/₀ de ácido féuico, ó 10 °/₀ de cloruro de cal.

5.°—Los utensilios que hubieren servido durante el trasporte de los animales, para dárselos á comer y beber, han de ser desinfectados exclusivamente pasándolos al vapor de agua caliente (como queda dicho mas arriba, letra *a*) ó tratándolos con una lejía caliente (como mas arriba letra *b*).

6.°—Si hubiese estado en contacto con ganado sospechoso, ó infectado, el material de trasporte, habrá de verificarse la desinfeccion bajo la vigilancia de un veterinario ó mediante una solucion de sublimado corrosivo al 1 °/₀₀.

Art. 25. - Las autoridades sanitarias de los cantones, así como las compañías de ferrocarriles y de navegacion, están invitadas á tomar las medidas necesarias para la ejecucion de las disposiciones contenidas en la presente instruccion.

Berna, 1.° de Agosto de 1889.—Departamento Federal de Agricultura.—DEUCHER.—Es traduccion.—*E. Weber.*

Fallecimiento de S. M. el Rey de Portugal

Decreto de honras fúnebres.

Ministerio
de
Relaciones Exteriores

Buenos Aires, Octubre 22 de 1889.

Habiendo comunicado oficialmente el señor E. E. y Ministro Plenipotenciario de Portugal el sensible fallecimiento de S. M. el Rey Don Luis y correspondiendo al Gobierno Argentino demostrar su profundo dolor por tan lamentable suceso.

El Presidente de la República en Consejo General de Ministros

ACUERDA Y DECRETA:

Artículo 1.° En testimonio de duelo por la irreparable pérdida que ha sufrido el Reino de Portugal en la persona de Su Soberano, las oficinas públicas nacionales de la capital en las provincias y territorios federales enarbolarán el pabellon nacional á media asta el dia 23 del corriente.

Art. 2.° Igual manifestacion harán en el mismo dia los buques de la Armada Nacional.

Art. 3.° El presente acuerdo se pondrá en conocimiento de la Legacion de Portugal, manifestándole el sincero pesar del Gobierno Argentino por el infausto suceso que ha enlutado al Pueblo Portugués.

Art. 4.° Comuníquese, publíquese y dése al R. N.

JUAREZ CELMAN.
ESTANISLAO S. ZEBALLOS.—N. QUIRNO COSTA.
W. PACHECO.—F. POSSE.
E. RACEDO.

Fallecimiento del E. E. y M. P. en Austria-Hungría, Dr. Héctor Alvarez.

Decreto de honras fúnebres.

Departamento de Relaciones Exteriores

Buenos Aires, Octubre 15 de 1889.

Habiéndose comunicado oficialmente el fallecimiento de S. E. el Sr. Enviado Extraordinario y Ministro Plenipotenciario de la República Argentina en Austria-Hungría, Dr. Héctor Alvarez, y teniendo presente su alta jerarquía diplomática y los servicios prestados al país en los distintos puestos públicos que ha desempeñado;

El Presidente de la República

DECRETA:

Artículo 1.° Durante el dia 18 del corriente se mantendrá la bandera á media asta en señal de duelo en todos los edificios públicos, fortalezas y buques de la Armada.

Ar. 2.° El Ministerio de la Guerra dispondrá se haga una salva de veinte y un cañonazos en el mismo dia en honor del ilustre finado.

Art. 3.° Comuníquese á sus efectos y dése al R. N.

JUAREZ CELMAN.
ESTANISLAO S. ZEBALLOS.

Ley autorizando á la Sociedad General de Obras Públicas para realizar una Exposicion Universal en esta Capital.

Departamento del Interior.

Por cuanto:—*El Senado y Cámara de Diputados de la Nacion Argentina, reunidos en Congreso, etc., sancionan con fuerza de:*

LEY:

Artículo 1.°—Autorízase á la Sociedad General de Obras Públicas para realizar en la Capital de la República, bajo los auspicios del Gobierno de la Nacion, una Exposicion Universal dentro de los tres años siguientes de promulgada esta ley.

Art. 2.°—Todos los gastos que ocasione la celebracion de esta Exposicion, serán á cargo exclusivo de la «Sociedad General de Obras Públicas». El producido de la misma pertenecerá á dicha Asociacion.

Art. 3.°—A los fines de esta ley, el Gobierno Nacional patrocinará la Exposicion en el exterior dirijiendo invitaciones á los Gobiernos de los demás países para que concurran á ellas y á los de las Provincias Argentinas exhortándolas á prestar todo su concurso para el mejor resultado de este certámen.

Art. 4.°—Corresponderá al P. E. la aprobacion de los planos de las obras á construirse, el nombramiento de los juris y la fijacion del lugar donde deberá levantarse el palacio de la Exposicion.

Art. 5.°—Declárase libres de derechos de aduana los mate

riales destinados á las instalaciones del palacio de la Exposicion, así como los productos que concurran al certámen.

Art. 6.°—El P. E. nombrará una Comision que asociada al Directorio de la Sociedad General de Obras Públicas, como iniciadora de este pensamiento, formule los programas, reglamentos y demás trabajos complementarios.

Art. 7.°—El Gobierno podrá mandar levantar á sus expensas, los pabellones y obras que juzgue conveniente para el mejor éxito de la Exposicion.

Art. 8.°—Los premios llevarán grabado el escudo nacional con la fecha del certámen y la leyenda que se acuerde colocar, y serán adjudicados por el P. E. á propuesta de los juris respectivos.

Art. 9.°—Queda facultado el P. E. para reglamentar las disposiciones de esta ley.

Art. 10.°—Comuníquese al Poder Ejecutivo.

Dada en la Sala de Sesiones del Congreso Argentino, en Buenos Aires á veinte y ocho de Setiembre de mil ochocientos ochenta y nueve.

JULIO A. ROCA.	T. A MALBRAN.
Adolfo J. Labougle,	*Uladislao S. Frias,*
Secretario del Senado.	Secretario de la Cámara de Diputados.

POR TANTO:—Téngase por ley de la Nacion Argentina, cúmplase, comuníquese, publíquese é insértese en el R. N.

JUAREZ CELMAN.
N. QUIRNO COSTA.

Museo de Productos Argentinos.

Se acuerda la suma de 1.700 pesos para adquirir elementos necesarios para un laboratorio de analisis de minerales.

Departamento
de
Relaciones Exteriores.

Buenos Aires, Octubre 21 de 1889.

Atendiendo al pedido que hace la Comision Directiva del Museo de Productos Argentinos de la suma de (1.700) mil setecientos pesos moneda nacional, para la instalacion de un Laboratorio químico para análisis de minerales, y visto el precedente informe de la Contaduría General de la Nacion

El Presidente de la República en acuerdo general de Ministros,

DECRETA:

Artículo 1.° — Apruébase los presupuestos presentados por la Comision Directiva para la adquisicion de los materiales.

Art. 2.°—Entréguese al Vocal-Tesorero la suma de (1.700) mil setecientos pesos moneda nacional, que se imputará á la Partida de Eventuales de este Ministerio.

Art. 3.°—Comuníquese, publíquese y dése al R. N.

JUAREZ CELMAN.
ESTANISLAO S. ZEBALLOS.
N. QUIRNO COSTA.
WENCESLAO PACHECO.
FILEMON POSSE.
EDUARDO RACEDO.

Promociones en el Cuerpo Diplomático Argentino.

Departamento
de
Relaciones Exteriores.

Buenos Aires, Setiembre 26 de 1889.

El Presidente de la República,

DECRETA:

Artículo 1.°—Nómbrase Segundo Secretario de la Legacion en España al oficial 1.° del Archivo y Biblioteca del Ministerio de Relaciones Exteriores señor Gabriel Martinez Campos en reemplazo del Sr. Arturo De Leon que ha sido nombrado Primer Secretario de la Legacion en el Paraguay.

Art. 2.° Comuníquese y dése al R. N.

JUAREZ CELMAN.
ESTANISLAO S. ZEBALLOS.

Departamento
de
Relaciones Exteriores.

Buenos Aires, Setiembre 26 de 1889.

El Presidente de la República,

DECRETA:

Artículo 1.°—Nómbrase Primer Secretario de la Legacion Argentina en el Paraguay al actual Segundo Secretario de la Legacion en España Don Arturo De Leon.

Art. 2.° Comuníquese y dése al R. N.

JUAREZ CELMAN.
ESTANISLAO S. ZEBALLOS.

Conocimientos á la órden.

Se deja sin efecto la resolucion de 17 de Junio del corriente año.

Ministerio de Hacienda
de la
República Argentina.

Buenos Aires, Octubre 23 de 1889.

Al Exmo. Sr. Ministro de R. E. Doctor Don E. S. Zeballos.

Tengo el honor de dirijirme á V. E. manifestándole que el señor Cónsul Argentino en Hamburgo, don Cárlos Vega Belgrano, ha publicado el siguiente aviso:

« Consulado General de la República Argentina.—Por la « presente pongo en conocimiento de los Sres. que embarcan « mercancías para la República Argentina que de acuerdo con « la resolucion del Gobierno fecha 17 de Junio del corriente año, « las prescripciones del artículo 838 de las Ordenanzas de « Aduana relativamente á los manifiestos de los buques, deben « ser observados con exactitud por los Sres. Corredores marítimos; espresándose en ellos las marcas, números envases y « jénero de las mercancías y tambien los nombres de los recibidores (consignatario) Por consigniente no se admitirán « mas conocimientos á la órden.—Hamburgo, Agosto 6 de « 1889.—*Cárlos Vega Belgrano.*»

Si en realidad existe la resolucion gubernativa de 17 de Junio del corriente año á que se refiere el señor Cónsul Argentino en Hamburgo, ella sería en absoluto contraria á las disposiciones terminantes de la ley; pues que, la prescripcion establecida en el artículo 838 de las Ordenanzas de Aduana disponiendo que los manifiestos contengan el nombre del consignatario de la mercadería, reconoce la excepcion establecida por el artículo 880, por el cual es permitido extender los conoci mientos no solo á la órden sino tambien al portador.

El Código de Comercio establece por otra parte, la facultad de expedir conocimientos á la órden y como el manifiesto ge. neral de todo buque no es otra cosa que el resúmen de los conocimientos del cargamento que tiene á su bordo, es claro que dicho manifiesto general no puede contener otras declaraciones ó especificaciones que las consignadas en los conocimientos.

Este Ministerio en virtud de las consideraciones aducidas precedentemente cree que debe ese Departamento dejar sin efecto alguno la resolucion antes citada por ser ella improcedente y perjudicial al comercio, en consecuencia se ha de servir V. E. resolver si lo estima conveniente, en el sentido indicado.

Reitero á V. E. las seguridades de mi distinguida consideracion.

W. Pacheco.

Ministerio
de
Relaciones Exteriores.

Buenos Aires, Octubre 23 de 1889.—Publíquese en el Boletin Mensual del Ministerio y circúlese á los Consulados para su conocimiento y efecto.—Zeballos.

Decreto sobre emolumentos de los Vice Consulados en Conchillas, Carmelo, Rosario Oriental, Riachuelo y Sauce (R. O. del Uruguay).

Departamento
de
Relaciones Exteriores.

Buenos Aires, Octubre 10 de 1889.

No siendo equitativo que los Vice Cónsules en el Carmelo, en el Rosario Oriental, Conchillas, Riachuelo y el Sauce en la República del Uruguay, gocen de mayores emolumentos que los Cónsules Generales acreditados en los principales puertos de Europa y América, por lo limitado de sus funciones reducidas del despacho de buques de cabotaje conductores de piedra y arena, y hasta tanto que sea sometido al H. Congreso el proyecto de ley reglamentando este servicio.

El Presidente de la República

DECRETA:

Artículo 1.° Desde el 1.° de Noviembre próximo los Vice Cónsules en el Carmelo, Rosario Oriental, Conchillas, Riachuelo, y el Sauce, retendrán, de los emolumentos que perciban, para sí y gastos de oficina la cantidad de ciento veinte pesos moneda nacional oro, debiendo remitir mensualmente lo que exceda de esta suma al Consulado General á los efectos de la ley.

Art. 2.° Comuníquese, publíquese en el Boletin del Ministerio y dése al R. N.

JUAREZ CELMAN.
ESTANISLAO S. ZEBALLOS.

Mensaje del P. E. al H. Congreso pidiendo autorizacion para la compra de un terreno en Saavedra (Belgrano) para construir en él el Departamento Central de Inmigracion.

El Poder Ejecutivo Nacional.

Buenos Aires, Octubre 22 de 1889.

Al Honorable Congreso de la Nacion:

Cumpliendo la promesa que hice en el mensaje de apertura del Congreso del corriente año, vengo ahora á proponeros construir el Departamento Central de Inmigracion de la capital de la República y he resuelto incluir el asunto en las tareas de la prórroga, por la insuficiencia de los medios actuales para llenar los servicios de este ramo administrativo.

La barraca de madera que presta provisoriamente el servicio de hospedaje tiene capacidad escasa para dos mil quinientas personas y el número de inmigrantes que llega nos obligará á hospedar de seis á ocho mil, con todas las dificultades, gastos excesivos y privaciones que el mas estricto servicio no puede evitar y con graves peligros para la higiene de la casa y de la ciudad.

Este servicio de la mayor trascendencia para el porvenir de la Nacion como teatro inmigratorio, se ha hecho siempre provisoriamente en locales estrechos y mal sanos como resulta de la siguiente reseña:

1855, se estableció el hospedaje de inmigrantes en los sótanos de la casa situada en la esquina de las calles de Corrientes y 25 de Mayo.

1874, se abandona los sótanos á causa del cólera y se traslada el asilo á Palermo construyéndose barracas de madera á la vez que se alquilaba con el mismo objeto las quintas de Bollini, Chapéaurrouge y otra.

1875, el asilo es concentrado en un terreno provisoriamente habilitado en la plaza del Retiro.

1882, el asilo es trasladado à los galpones de madera que sirvieron para la primera Exposicion italiana en la calle de Cerrito.

1884, el peligro del cólera obliga á abandonar este local y los inmigrantes se dispersan en las cuadras de la Exposicion Rural y en varios cuarteles, improvisando de nuevo el servicio. En el mismo año se resuelve construir el asilo definitivo sobre las ruinas del hospital de hombres en San Telmo y se desiste de este error, pues, el escaso terreno y su mala situacion impedian un resultado definitivo.

En 1887 nombrada la Comision de Inmigracion que cesó en Setiembre próximo pasado, se puso nuevamente en debate el asunto y despues de dos años de discusiones se arribó á esta conclusion: gastar trescientos mil pesos moneda nacional en el ensanche de las barracas provisorias actuales; hecho que está en ejecucion, y aconsejar al P. E. la construccion de un gran hospedaje en los terrenos ganados al rio por el puerto Madero ó por el malecon Norte.

Este consejo era verdaderamente erróneo.

Desde luego, es necesario resolver el problema de un modo radical, es decir, para el presente y para el porvenir, ahorrando así las injentes sumas que cada año gasta el Tesoro en hospedajes provisorios y precipitados. Estas sumas, reunidas, podrían haber costeado ya la obra final que proyecta hoy el Poder Ejecutivo.

El presente con 250.000 inmigrantes al año, mas ó menos, exije un hospedaje de 8.000 personas.

El porvenir, con 500 000 inmigrantes anuales, reclamará hospedaje para 16.000 personas; y esto sucederá dentro de tres ó cuatro años probablemente, es decir cuando estén ya en servicio las nuevas construcciones á que se refiere este mensaje.

Un hospedaje para la inmigracion que nos llegue en los veinte y cinco años venideros, es decir para diez y seis mil personas, no es una construccion susceptible de ser ubicada en los terrenos ganados al rio, en el seno de la gran ciudad porque en vez de un hotel, se necesita construir un barrio de inmigrantes, con todos sus órganos propios, independientes de comodidad, hijiene y ornato.

No hay que pensar en un terreno menor de veinte á treinta hectáreas de extension y eso costaría al Estado en el malecon Norte ó en el puerto Madero alrededor de ocho millones de pesos oro sellado y acaso mas.

Por otra parte, si se cometiera el error de inmovilizar esta suma solamente en el terreno, la hijiene del municipio estaría permanentemente amenazada por la aglomeracion de un elemento desaseado, enfermizo, á veces, procedente de todos los climas y á menudo de países infestados, como es la inmigracion que llega hacinada en buques, que por cómodos que sean no pueden ofrecer al viajero de esta clase todo el desahogo necesario para largas travesías.

Si una amenaza de epidemia existiera, como con frecuencia ha sucedido ya, los Consejos de Hijiene reclamarían el inmediato desalojo de los doce ó quince mil asilados, como se exije el de las tropas, cuya buena hijiene es mas fácil de obtener que la de los inmigrantes.

El país habrá hecho así inmensos gastos, con dudoso provecho, obligado siempre á erogaciones extraordinarias, además de privar al comercio y las industrias de los terrenos mas adecuados para instalarse cómodamente.

El Poder Ejecutivo piensa sin vacilacion alguna que el hospedaje definitivo debe ser hecho fuera de la parte densa del municipio, en uno de sus extremos, consultando la hijiene, la comodidad para el acceso y la facilidad para la distribucion de los brazos en toda la República.

Piensa con la misma firmeza que se debe abandonar la idea de una simple casa de hospedaje, donde la mala condicion hijiénica en que llegan los inmigrantes, se agravaría por la aglomeracion sin aire ni luz, ni movilidad suficiente; y cree que debe construirse el barrio exclusivamente destinado á este servicio asegurando así los elementos necesarios para la hijiene y comodidad del hombre con la excelente impresion moral, que fortalecerá dignificando al recien llegado, impresion que es indispensable lograr pues ella trasmitida en cartas decide á emigrar á los millares de séres que quedan esperando el éxito de las colonias salidas por cada vapor.

Un parque copiosamente plantado es indispensable en el barrio de la inmigracion. Las cuadrillas de peones y de mujeres abigarradamente vestidas, que Buenos Aires vé con desagrado en su seno y que á veces se toma por mendigos, son los inmigrantes que, obligados á dejar sus moradas mientras en ellas se hace la policía y ventilacion diaria, se exparcen naturalmente en calles y plazas hasta la noche.

Cuando los hospedados suban á cifras tan altas, como las de nuestras próximas necesidades, la idea del parque aparecerá mas indispensable, pues, juntamente con los pequeños jardines que deben separar á los pabellones de dormitorios y de comedores, servirá de parada y para desahogo y ejercicio hijiénico de adultos y de niños, mientras se asea y ventilan los grandes alojamientos.

Estos serán pabellones construidos simétricamente de acuerdo con todos los adelantos modernos, y complementados con numerosos órganos indispensables para la regularidad del servicio, tales serían por ejemplo:

Estacion central de ferro-carriles para el uso del hospedaje é internacion á toda la República.

Hospital, con aislamiento provisorio para un caso dado, con botica y médicos permanentes, pues, la experiencia demuestra que la salud de los inmigrantes y sobre todo la de los niños sufre en el viaje por las incomodidades, mareo y alimentacion estraña á sus hábitos, reclamando la mas urjente y eficaz asistencia á su llegada.

Departamento de baños, desinfeccion y lavadero, para mejorar la situacion hijiénica de los recien llegados, pues debe recordarse que la época de mayor aglomeracion en el hospedaje es siempre el verano.

Departamento de policía y bomberos, para el servicio del establecimiento.

Departamento de administracion general complementada con las siguientes dependencias indispensables.

Oficina de cambio de monedas y remesas de fondos á Europa, donde una severa administracion hará el cambio y los jiros gratuitamente evitando las explotaciones y las comisiones. Allí podrán tener los recién llegados todos los datos seguros para el conocimiento y uso de la moneda nacional.

Oficina de correos y telégrafos, con sala de correspondencia, donde empleados extranjeros escribirán las cartas de los inmigrantes que no sepan hacerlo y se encargarán de recibir y enviar á su destino las cartas dirijidas al hospedaje.

Esta oficina es una de las mas eficaces en los asilos norte americanos.

Oficina de tierras y colonias donde los inmigrantes serán informados al respecto y donde podrán adquirir las tierras que los gobiernos y particulares presenten á la colonizacion de modo que puedan salir del asilo directamente para poblar sus propiedades.

Esta oficina será complementada con el servicio de precios corrientes de materiales de construccion y de explotacion agrícola, á fin de habilitar á los nuevos colonos para preparar sus instalaciones á precios corrientes. La oficina podrá adquirirlas si los colonos lo piden y por cuenta de ellos remitiéndolos á sus propiedades.

Departamento de recibo, entrega y remision de bagajes, que es uno de los órganos de mayor importancia, por los perjuicios que ocasiona al país y á los inmigrantes la confusion en esta materia.

Oficinas de rejistro civil, donde se reconquistará la nacionalidad de millares de seres que pasan por extranjeros.

Templo para el servicio católico.

Terreno reservado para los cultos disidentes que quieran levantar sala de conferencias ó de doctrinas y otras dependencias de servicio interno ó que la práctica exija.

El Poder Ejecutivo se detiene en estos detalles para que V. H. pueda apreciar la importancia de la nueva organizacion que lo preocupa en esta parte del servicio á su cargo.

Mientras que la Comision de Inmigracion, discutía el asunto, varias empresas y propietarios se presentaron, ofreciéndole tierras, para sacar el asilo de la parte densa del municipio.

Esas propuestas á título oneroso y una á título gratuito, de pequeña área, han sido debidamente tramitidas y estudiadas por la Comision de Inmigracion, que aconsejó la debatida idea de construir estas obras, en los terrenos ganados al rio.

He aquí la lista y fecha en que han sido presentadas las propuestas.

Doctor Don Pedro Ballester, ofrece en venta, cien mil varas de terreno sin plantaciones, situado en el partido de San Martin (Provincia de Buenos Aires). Julio 17 de 1889. No fija precio.

Don Sebastian Casares ofrece en venta 134.000 varas cuadradas de terreno sin plantaciones al oeste del pueblo de Belgrano, en la prolongacion de la calle de Moreno. Pide 3 pesos y 70 centavos el metro cuadrado. (Agosto 22 de 1889.)

Los doctores Juan B. Gil y José Maria Astigueta, ofrecen en venta el parque de Saavedra en Belgrano de diez ó doce manzanas de diez mil varas, y doce manzanas mas de la misma superficie en las alturas situadas al oeste de dicho parque y linderas con uno de sus lados. No fija precio. (Marzo 18 de 1889.)

Don Julio Calvo por la *Sociedad General Pobladora*, ofrece en venta los terrenos necesarios en sus propiedades de Villa

Riachuelo, en la parte superior de este rio y al precio de 2 pesos vara cuadrada. (25 de Junio de 1889.)

Los señores doctor don Juan Agustin García y doctor don Miguel García Fernandez por la sociedad anónima *Nuevos Mataderos Públicos*, los Sres. Manuel Cadret y Rufino Basavilbaso por la sociedad anónima *Nueva Chicago*, y los señores Francisco Franzioni y Juan M. Burgos por la sociedad anónima *Compañía Nacional de Tranways*, ofrecen en donacion gratuita un terreno de una manzana cuadrada en el pueblo en formacion Nueva Chicago.

El P. E. ha estudiado estos terrenos y preferiría la adquisicion del ofrecido por los Dres. Gil y Astigueta en virtud de las siguientes razones:

1.ª Area suficiente para desarrollar el plan que se tiene á la vista.

2.ª Existencia del parque Saavedra, muy bien conservado, con mas de treinta y cinco mil árboles de mérito, como eucaliptus, acacias, etc., etc., lo que permitirá aprovechar inmediatamente de su servicio, mientras que la formacion del parque proyectado sería obra de seis años á lo menos.

3.ª Tres canales amurallados que dividen las aguas del arroyo de Medrano y facilitan la construccion de baños, lavaderos y desinfeccion con aguas corrientes.

4.ª Proximidad de todos los ferrocarriles que sirven á la internacion, algunos de los cuales pasan rozando el terreno, á saber: del Norte que lleva inmigrantes para los vapores del litoral y para el ferrocarril Central Argentino, sirviendo á la internacion para las regiones centrales de la República. De Campana que interna brazos al litoral y region Nordeste, hasta Tucuman, Salta y Jujuy. Del Pacífico que atiende á la Pampa y á Cuyo. De los ferrocarriles de Buenos Aires por medio de cualquiera de las líneas anteriores que los empalman en la estacion central ó en otras. De los Ferrocarriles Pobladores que pasan muy cerca, de los señores Nouguier y C.ª, cuya línea está ya sobre esta propiedad.

Además los tranvías de Belgrano y Rural que pasan de tres á cinco cuadras.

Todas estas líneas estarían unidas por un ramal á la estacion Central del hospedaje de inmigrantes, sin gastos para el Estado.

5.ª Cuando las obras estén terminadas el arroyo de Medrano habrá sido canalizado por empresas ya constituidas al efecto y buques de 14 piés de calado navegarán á 50 metros del parque.

De esta suerte los inmigrantes sadrán de los buques de ultramar y llegarán cómodamente con sus equipages al asilo. El desembarco de inmigrantes cuesta cada año sumas muy elevadas. Construyendo entonces tres trasportes de rio, para mil hombres y sus bagages cada uno, la marina nacional recibirá un refuerzo necesario y el Departamento de Inmigracion haría el servicio por menos de la mitad de lo que hoy gasta, inclusive el costo de los trasportes.

Todos los terrenos ofrecidos vienen acompañados de planos y descripciones y el Poder Ejecutivo remite los expedientes originales á V. H. á fin de que pueda formar un juicio ámplio sobre el adjunto proyecto de ley cuya sancion solicita.

El Poder Ejecutivo pide tambien las autorizaciones necesarias para empezar las obras en vuestro receso, porque la situacion actual es angustiosa y no debe perderse tiempo en salvarla.

Tiene el propósito una vez obtenidas las necesarias autorizaciones legislativas de construir una comision de personas respetables la cual vigilará y dirigirá la formacion del barrio de inmigrantes, cooperando así con evidente provecho del servicio público, á la tarea del Departamento Central de Inmigracion.

Dios guarde á V. H.

JUÁREZ CELMAN.
ESTANISLAO S. ZEBALLOS.

PROYECTO DE LEY.

El Senado y Cámara de Diputados etc., etc.

Artículo 1.°—Autorízase al P. E. para adquirir la propiedad que ofrecen en venta los doctores Juan B. Gil y José Maria Astigueta, en el pueblo de Saavedra con destino á la construccion del Departamento Central de Inmigracion.

Art. 2.°—El precio será fijado por peritos nombrados, uno por cada parte. Aquellos nombrarán un tercero para el caso de disconformidad y si los peritos no se pusieran de acuerdo sobre el terreno, lo nombrará el juez federal.

Art. 3.°—El P. E. sacará inmediatamente á concurso los planos de las obras, pudiendo adjudicar diez mil pesos nacionales de premio al mejor plano y cinco mil al segundo, en órden de mérito, con reserva de la propiedad de los planos premiados y sin las obligaciones ulteriores respecto de sus autores.

Art. 4.°—Autorízase al P. E., á invertir hasta la suma de un millon de pesos m/n., en dar comienzo á las obras, una vez aprobados administrativamente los planos.

Ar. 5.°—El P. E., presentará las propuestas definitivas, en las primeras sesiones del Congreso del año próximo.

Art. 6.°—El gasto que demande la ejecucion de la presente ley, será cubierto con fondos provenientes de la venta de tierras nacionales, imputándose á la misma.

Art. 7.°—Comuníquese, etc.

ZEBALLOS.

Oficinas de Informacion.

I.—Informe de la Oficina en Madrid, por Agosto.

Madrid, Setiembre 6 de 1889.

Señor Ministro:—Tengo el honor de elevar á V. E., con las copias de práctica, el resultado general del movimiento habido en esta oficina durante el mes de Agosto próximo pasado, y que asciende á la cifra de tres mil setecientos noventa y dos, operaciones los cuales se descomponen como sigue:

Notas y telegramas oficiales recibidos 129, id. id. id. enviados 148, cartas particulares recibidas 1839, telegramas id. recibidos 71, cartas id. enviadas 1273, telegramas id. id. 43, informes verbales 289.

Unido este movimiento á los de los meses anteriores del corriente año, resulta lo siguiente:

Notas y telegramas oficiales recibidos 492, id. id. id enviadas 571, cartas particulares recibidas 11675, telegramas id. id. 346, cartas id. enviadas 9909, telegramas id. id. 274, informes verbales 2836.

El movimiento de impresos ha sido el siguiente:

Publicaciones recibidas 98, folletos distribuidos en Madrid y Provincias 1731.

El que unido al habido desde 1.° del corriente año, resulta:

Publicaciones recibidas 4852, impresos per la oficina, 30000, distribuidos eu toda España 26,731.

El movimiento de inmigrantes con pasajes subsidiarios aprobados por esta oficina, se ha elevado, desde su comienzo en Octubre de 1888 hasta la fecha, á las cifras siguientes:

Pasajes concedidos: 27602 personas con 20932 pasajes, id. embarcadas: 22956 id., con 17614 ½ id.

Faltando en los embarcados la relacion de los que lo verifiquen en Santa Cruz de Tenerife el dia 5 y en Coruña el 17 de Setiembre.

Hay ademas disponibles en espera de vapor: por Barcelona (inclusos los 274 ¼ que no han embarcado, por falta de vapor el 2 de Setiembre) 822 ½, por Valencia 30 ½, por Málaga 1672 ¼, por Gibraltar 127 ¾, por Tenerife 3, por Cádiz 673 ½, por Coruña 460 ¼.

Debiendo hacer presente que los de Cádiz y Coruña se preparan por los vapores que ha de haber por ambos puertos para fines de Setiembre.

Tengo el honor de renovar á V. E. las seguridades de mi mas respetuosa consideracion.

M. S. Olleros.

II.—Oficina en Dublin.—Informe de Agosto.

Dublin, Setiembre 2 de 1889.

Señor Ministro:—Tengo el honor de elevar á V. E. á continuacion el cuadro demostrativo de las operaciones y resultados de esta Oficina durante el pasado mes de Agosto. Adjunto la planilla del movimiento diario en conformidad al libro respectivo.

Resúmen del movimiento:

	Recibidas.	*Expedidas.*
Notas del M. R. E.	4	1
Id. de Inspeccion y otras Oficinas	6	5
Cartas de particulares	138	90
Despacho de folletos correo y mano.		216
Informes personales		130
Visaciones		44

Total de personas informadas 249.

Las informaciones se reparten en emigracion 237, finanzas 5, Comercio 7. Total 249.

Resúmen del movimiento desde 1.° de Enero hasta 31 de Agosto:

	Recibidas.	*Expedidas.*
Notas del M. R. E.	17	16
Id. de Inspeccion y otras Oficinas.	63	74
Id. particulares	2 805	2 686
Folletos expedidos		5 139

Visitas....................	2 214
Visaciones...	1 282

Tengo el honor de saludar á V. E. con mis altos respetos y distinguida consideracion.

E. Bulkeley O'Meara

III.—Informe de la Oficina en Ginebra, por Agosto.

Ginebra, Setiembre 4 de 1889.

Señor Ministro:—Tengo el honor de elevar á V. E. el informe mensual sobre las operaciones realizadas durante el mes de Agosto próximo pasado, en la Oficina de mi cargo.

El movimiento general correspondiente á los 26 dias hábiles del trascurrido mes, comprobado por el adjunto resúmen de las cifras de las operaciones cotidianas, y la copia textual del Libro Diario, se subdivide como sigue:

Notas recibidas del Ministerio de R. E. 2, id. id. de la Legacion y de los Cónsules 5, id. id. de la Inspeccion 4, cartas recibidas del público en general 94.

Notas expedidas al Ministerio de R. E. 6, id. id. á la Legacion y á los Cónsules 12, id. id. á la Inspeccion 5, cartas expedidas al público en general 103, visaciones 6, informes personales 132.

Las preguntas del público se reparten en cuestiones sobre Comercio, Industria, Finanzas, por id. 19, id. 29; Emigracion, Agricultura, id. id. 68, id. 86; varios asuntos, id. id. 7, id. 17.

Resulta que el número de las operaciones principales asciende á 369 contra 459 de la misma clase durante el correspondiente mes del año pasado. El de las operaciones accesorias ha sido como sigue:

Publicaciones recibidas 1.795; distribuidas 1.253.

Tengo el honor de renovar á V. E. las seguridades de mi mas alta y distinguida consideracion.

E. Weber.

IV.—Oficina en Bruselas.—Informe de Agosto.

Bruselas, Setiembre 1.° de 1889.

Señor Ministro: — Tengo el honor de llevar á conocimiento de V. E. el resúmen del movimiento habido en esta Oficina, durante el mes de Agosto próximo pasado, que ha sido el siguiente:—Correspondencia recibida: cartas 107, notas 34, telegramas 10. — Correspondencia enviada: cartas 153, notas 19, telegramas 12, visaciones de documentos 153 é informes personales 257.

Como he tenido la honra de hacerlo saber á V. E. oportunamente, háse establecido en la Oficina á mi cargo la direccion del servicio de pasajes subsidiarios á cuya organizacion se ha dedicado la mayor parte de la tarea.

Desde el 10 de Agosto último todos los comisionados de pasajes subsidiarios para inmigrantes que se dirijen á la República, de este Reino, la Holanda y Gran Ducado de Luxemburgo se expiden en ésta, y en su despacho no ha ocurrido el mas mínimo tropiezo, á pesar del recargo de trabajo consiguiente.

El registro y numeracion general de las solicitudes es llevado en esta reparticion, quedando constancia de cada una de ellas con todos los detalles precisos, así como tambien de los pasajes (y sus fracciones) que son utilizados por los interesados, á cuyo efecto las respectivas compañías de vapores envían inmediatamente despues de cada partida una lista prolija y detallada de las personas que se han embarcado en las condiciones expresadas.

De esta manera queda establecido el control que reclamaba la importancia de dicho servicio, desapareciendo tambien los inconvenientes que presentaba en la práctica el antiguo sistema.

En cumplimiento de las órdenes de ese Ministerio relativas á los medios de propender al éxito de la Exposicion Internacional rural y agrícola que debe tener lugar en el año próximo en la República, he celebrado dos conferencias con los representantes de varias compañías de navegacion á fin de obtener de ellas una rebaja en los precios de trasporte de Amberes á Buenos Aires para los productos de los expositores de este Reino que se decidieran á concurrir á dicho torneo.

Aquellos señores esperan tener en su poder las comunicaciones oficiales que he ofrecido enviarles para tomar cuenta del pedido interpuesto y dadas las buenas disposiciones manifestadas, me es aventurado asegurar que la resolucion será satisfactoria.

El número de emigrantes que han salido del puerto de Amberes para Buenos Aires alcanzó en la primera quincena de Agosto á 109 y en los últimos quince del mismo á 78.

Del informe enviado por el Consulado General de la República en Rotterdam, resulta que durante el mismo mes han salido de Holanda con el mismo destino 626 personas con pasaje anticipado.

Aprovecho esta oportunidad para reiterar á V. E. las seguridades de mi mas alta y distinguida consideracion.

Dario Beccar.

V.—Oficina en Lóndres.—Informe de Agosto.

Lóndres, Setiembre 3 de 1889.

Señor Ministro:—Tengo el honor de elevar á conocimiento de V. E. el cuadro siguiente demostrando las operaciones en que esta oficina ha intervenido durante el mes de Agosto ppdo.

Cartas recibidas 107, despachos recibidos 12, cartas expedidas 90, despachos expedidos 8, informes personales 18, visaciones 9.

El número de 125 informes, se descomponen del modo siguiente:

Emigracion 94, comercio 3, industria 5, agricultura 11, informacion general 12.

Desde el 1.° Enero actual hasta el 1.° del actual, esta oficina ha intervenido en las operaciones siguientes:

Cartas recibidas 1961, despachos recibidos 121, cartas expedidas 1382, decpachos expedidos 82, informes personales 451, visaciones 224.

Adjunto hallará V. E. el cuadro indicando el movimiento diario de esta oficina correspondiente al mes de Agosto próximo pasado.

Durante el mismo mes ha distribuido esta oficina las p blicaciones siguientes:

Folletos enviados ó entregados personalmente á particu res 212, Mapas grandes 49, idem pequeños 193, Manual Inmigrante por Pelliza 96.

Desde el 1.° de Enero último hasta el 1.° de Setiem actual se han distribuido:

Folletos 5861, Mapas grandes 1980, Idem pequeños 61 Ejemplares de la ley N° 2252 1900, Idem Manual Pelliza 30

Tengo el honor de renovar á V. E. las seguridades de mas alta y distinguida consideracion.

Ch. Hartley.

VI.—Precios corrientes en Copenhague, en Agosto.

Copenhague, Setiembre 7 de 1889.

Señor Ministro:—Tengo el honor de elevar á V. E. algun precios corrientes habidos en este mercado, durante el mes Agosto próximo pasado.

Trigo..................	por	50	kilos	%	1.61/ 1.69	or
Centeno..............	«	«	«	«	1.32/ 1.35	«
Cebada de 2 filas.....	«	«	«	«	1.41/ 1.50	«
Id « 6 «	«	«	«	«	1.56/ 1.62	«
Avena............	«	«	«	«	1.50/ 1.59	«
Maíz................	«	«	«		$1.22^{2}/_{3}$	«
Harina de trigo.......	«	«	«		2.55	«

Id de centeno.....	«	«	«		1.95	«
Salvado de trigo......	«	«	«		1.30	«
Id de centeno....	«	«	«	«	1.30	«
Novillo 1.ª...........	«	«	«	«	11.11/12.77	«
Toro 1.ª.............	«	«	«	«	8.88/10.55	«
Ternero 1.ª.....	«	«	«	«	11.11/12.77	«
Vaca 1.ª.... ...	«	«	«	«	8.88/10.00	«
Cerdo 1.ª...........	«	«	½	«	0.08	«
Manteca de 1.ª... ...	«	«	50	«	26.28/27.77	«
Id de 2.ª.......	«	«	«	«	25.00/26.11	«
Id de 3.ª.......	«	«	«	«	22.77/23.88	«
Id de 4.ª.......	«	«	«	«	20.55/21.66	«
Lana................	«	«	½	«	0.32/ 0.33	«
Huevos.............	«	«	cajon (mil)	«	18.33/18.88	«
Sebo...........	«	½	kilo	«	0.05½/ 0.06	«
Bacalao....	«	50	«	«	6.90/ 8.30	«
Cueros vacunos salados	«	½	«		0.06	«
Id salados de becerro.	«	«	«		0.08	«
Id id de potro.......	«	«	«	«	3.04/ 3.32	«

Saludo á V. E. con mi mas distinguida consideracion.

Godofredo Huss.

VII.—Precios corrientes de los mercados suecos en Agosto.

Copenhague, Setiembre 7 de 1889.

Señor Ministro:—Tengo el honor de elevar á V. E. algunos precios corrientes habidos en los mercados suecos durante el mes de Agosto próximo pasado.

Alquitran	por	barril	m/n	4.98/5.17	oro.
Anchoa de Noruega	«	medio	«	4.16/5.50	«
Arenque salado	«	barril	«	4.40/6.10	«
Aceite de ballena	«	100 kilos	«	11.66	«
Trigo	«	« «	«	3.20/4.20	«
Centeno	«	« «	«	3.10/3.25	«
Cebada 2 filas	«	« «	«	3.05/3.20	«
Id 6 id	«	« «	«	2.55/2.84	«
Avena	«	« «	«	2.44/2.58	«
Harina de trigo	«	« «	«	6.60/6.88	«
Id de centeno	«	« «	«	3.80/3.90	«
Salvado de trigo	«	50 «	«	1.25/1.32	«
Id de centeno	«	« «	«	1.18/1.25	«
Arvejas	«	100 «	«	3.60/4.40	«
Semilla de lino	«	« «	«	4.80	«
Torta de lino	«	« «	«	3.58/3.72	«
Sebo	«	« «	«	16.94	«
Lana	«	medio kilo	«	0.33/0.38	«
Aguardiente	«	100 litros	«	40.16	«
Fósforos en cápsula	«	mil	«	1.85	«
Id de seguridad	«	«	«	3.26	«

Cueros y pieles......	«	cada kilo.....	0.12 «
Cueros salados de Buenos Aires.	«	« « ... «	0.25/0.28 «
Cueros secos de Buenos Aires..........	«	« «	0.48 «

Saludo á V. E. con mi mas alta y distinguida consideracion

Godofredo Huss.

VIII.—Cambios en Copenhague, durante Agosto.

Copenhague, Setiembre 7 de 1889.

Señor Ministro:—Tengo el honor de elevar á V. E. los precios corrientes en este mercado sobre los cambios el último del mes de Agosto próximo pasado.

100 M.	sobre	Hamburgo	á vista	88	koronas	75	oro	88	koronas	85	oro
1 £ est.	«	Londres	«	18	«	19	«	18	«	21	«
100 F.	«	Paris	«	71	«	90	«	72	«	15	«
100 «	«	Amberes	«	71	«	85	«	72	«	10	«
100 «	«	Buenos Aires	«	71	«	75	«	72	«	00	«

Saludo á V. E con mi mas alta y distinguida consideracion.

Godofredo Huss.

IX.—Informe de la Oficina en Copenhague, por Agosto.

Copenhague, Setiembre 2 de 1889.

Señor Ministro:—Tengo el honor de elevar á V. E. el informe del movimiento general que ha tenido lugar en la Oficina á mi cargo durante el mes de Agosto próximo pasado.

Las operaciones efectuadas durante la mencionada época se dividen en:

Cartas recibidas 30, id. enviadas 100, notas recibidas 9, id. enviadas 21, informes personales 196, Visaciones 29.—Total 385.

Movimiento de impresos.—Diarios y periódicos recibidos 449, id. id. distribuidos 223, Libros y folletos recibidos 24, Id. id. distribuidos 288.—Total 984.—Total general 1.369

El resúmen de las operaciones efectuadas desde el 1.° de Enero próximo pasado hasta el 31 de Agosto último es el siguiente:

Cartas recibidas 231, id. enviadas 480, notas recibidas 80, id. enviadas 195, informes personales 1.233, visaciones 162.—Total 2.381.

Movimiento de impresos.—Diarios y periódicos recibidos 3.050 id. id distribuidos 1.559, libros y folletos recibidos 20.200, id. id distribuidos 1.758.—Total 26.567. Total general durante los 8 meses 28.948.

Anexo elevo á V. E. un resúmen del movimiento parcial de cartas, notas, informes, etc., y una copia del diario numérico, en la cual hallará V. E. el nombre, profesion y nacionalidad de las personas que han visitado la Oficina durante el mes de Agosto.

En el informe que hoy tengo el honor de elevar á V. E., creo necesario mencionar la fomentacion comercial que dia á dia trasluce viene vinculandose directamente entre estos reinos y nuestro floreciente país.

Se ha exportado durante el mes que concluyó artículos de primera necesidad desde aquí; el comercio ha principiado á comprender que ya es necesario una directa navegacion con nuestra República.—Ha salido de esta el Sr. Reus con ese fin para esa, segun he tenido el honor de manifestar á V. E. en mi nota núm. 4189.

La prensa local apoya esta nueva vinculacion, y en casi todos los diarios tengo el gusto de ver que prohijan al gran adelanto industrial que tenemos y que asombra á todos én este continente.

El muestrario ha sido recibido, en su mayor parte en buena condicion.

Él será una de las palancas mas útiles para el fin de coaligar las relaciones comerciales con los reinos escandinavios, y es, segun estoy observando, aquella que sin ninguna duda comprueba nuestra riqueza natural, enseñando al que desee buscar nuestras fértiles playas, de que aquella madre patria posee un suelo generoso y una riqueza natural poco comun.

Saludo á V. E. con mi mas alta y distinguida consideracion.

Godofredo Huss.

X.—Informe de la Oficina en Berlin, por Agosto.

Berlin, Setiembre 2 de 1889.

Señor Ministro:—Tengo el honor de elevar á conocimiento de V. E. el informe mensual correspondiente al mes de Agosto próximo pasado, cuyo movimiento ha sido como sigue:

Telegramas oficiales expedidos 1, notas oficiales recibidas 6, id id expedidas 6, cartas recibidas de particulares 80, id expedidas á id 78, informes verbales 45, impresos recibidos 55, id expedidos 563.—Total del movimiento mensual, 834.

Agregadas estas cifras á las presentadas en mi anterior informe mensual resulta que el movimiento total durante los primeros ocho meses del corriente año ha sido el siguiente:

Telegramas oficiales recibidos 2, id id expedidos 1, notas oficiales recibidas 34, id id expedidas 38, cartas recibidas de particulares 454, id expedidas á id 382, informes verbales 345, impresos recibidos 672, id expedidos 6448.—Total 8376.

Los detalles del movimiento del último mes constan en la copia textual del libro de movimiento que acompaño.

Saludo á V. E. con mi mas alta y respetuosa consideracion.

Ernesto Bachmann.

XI.—Informe de la Oficina en Niza, por Setiembre.

Niza, Octubre 2 de 1889.

Señor Ministro:—Tengo el honor de remitir á V. E, adjunta cópia del libro de movimiento de esta Oficina de Informacion de mi cargo, durante el mes de Setiembre ppdo, cuyo resúmen es el siguiente:

Cartas recibidas 7, cartas enviadas 614, notas oficiales recibidas 2, notas enviadas 8, telegramas recibidos 2, telegramas enviados 1, informes personales 58, visaciones 25.—Total 717.

Aprovecho esta ocasion para reiterar á V. E. las seguridades de mi mas alta y distinguida consideracion y respeto con que soy de V. E. atento y seguro servidor.

Cárlos Emilio Vigoureux.

XII.—Informe de la Oficina en Santa Cruz de Tenerife, por Setiembre.

Santa Cruz de Tenerife, Octubre 1.° de 1889.

Señor Ministro:—Me cabe la honra de dar cuenta á V. E. del movimiento habido en esta oficina á mi cargo durante el mes de Setiembre ppdo., adjuntando el cuadro demostrativo de las operaciones diarias extractado del libro correspondiente.

Cartas recibidas de particulares, 5; Notas recibidas del Gobierno, Inspeccion y otras autoridades, 11; Cartas expedidas á particulares, 3. Notas expedidas al Gobierno, Inspeccion y otras autoridades, 13; Informes personales, 34; Visaciones de certificados, 12.

El movimiento habido desde Enero hasta la fecha es como sigue.

Cartas recibidas de particulares, 58; Notas recibidas del Gobierno, Inspeccion y otras autoridades, 63; Cartas expedidas á particulares, 51; Notas expedidas al Gobierno, Inspeccion y otras autoridades, 98; Informes personales, 375; Visaciones de certificados, 77.

Tengo el honor de reiterar á V. E. las seguridades de mi mas alta y distinguida consideracion.

Ventura Castro.

XIII.—Precios corrientes de artículos de exportacion é importacion en Santa Cruz de Tenerife, durante Setiembre.

Santa Cruz de Tenerife, Setiembre 30 de 1889.

Señor Ministro:—Tengo la honra de elevar al superior conocimiento de V. E. la siguiente nota de precios corrientes de los artículos de importacion y exportacion en esta plaza, durante el mes de la fecha:

Aceite linaza............	botija de 5 litros	5.50	pesetas	oro.
Alpiste............. ...	100 kilos.	38.	"	"
Cochinilla...............	1 "	de 1.50 á 2.		
Cebollas................	100 "	10.		
Filtros de piedra del país..	1 filtro	5.		
Harina de Marsella.......	bolsa de 122 kilos	47.		
Lozas para veredas.......	4 en varas cuad.	1.75	"	"
Maíz..............	100 kilos.	22.		
Pescado salpreso....	barril de 25 kilos	20.		
Patatas...........	100 kilos.	8.50	"	"
Trigo....................	100 "	26.		
Tabaco.................	46 "	de 25 á 175.	"	
Vinos............	pipa 450 litros	de 100 á 375	"	"

Las operaciones de compra y venta se sostienen en buen pié, con pequeñas variantes en los precios corrientes de los artículos de importacion y exportacion; solamente la cochinilla que es el único artículo que ha tenido una exportacion sumamente marcada entre los demás, hoy no merece mencion especial.

Tengo el honor de reiterar á V. E. las seguridades de mi mas alta y distinguida consideracion.

Ventura Castro.

XIV.—Informe de la Oficina en Lisboa, por Agosto.

Lisboa, Setiembre 2 de 1889.

Señor Ministro:—Tengo la houra de dirigirme á V. E. para informarle que durante el mes de Agosto ppdo., se han practicado en esta dependencia de mi cargo las siguientes operaciones:

Recibidas.—Cartas de particulares 65, id. notas del Gobierno 3, id. de la Inspeccion y otras autoridades 7.

Expedidas.—Cartas á particulares 115, id. notas al Gobiern- 5, id. á la Inspeccion y otras autoridades 9, informes personales 147, artículos publicados en la prensa 1, telegramas recibidos 2, id. expedidos 2. Total de operaciones 356.

Movimiento de impresos:

Mapas de Latzina remitidos por correo 8, id. entregados personalmente 18, folletos y otros impresos remitidos por correo 58, id. id. entregados personalmente 102.

Asuntos á que se refieren los informes personales y por escrito.

Emigracion 121, comercio 18, industria 23, agricultura 7, generales 93.

Reitero á V. E. las seguridades de mi respectuosa consideracion.

José da Cunha Porto.

XV.—Informe de la Oficina en Berlin, por Setiembre.

Berlin, Octubre 1.° de 1889.

Señor Ministro:—Tengo el honor de elevar á V. E. el informe mensual del movimiento habido en esta Oficina durante el mes de Setiembre próximo pasado, cuyo resúmen es el siguiente:

Notas oficiales recibidas 6, id id. expedidas 9, cartas recibidas de particulares 46, Id. expedidas á id. 59, informes verbales 65, impresos recibidos 57, id. expedidos 560.—Total del movimiento mensual 802.

Agregadas estas cifras á las presentadas en mi anterior informe mensual, resulta que el movimiento total durante los pasados nueve meses del corriente año ha sido el siguiente:

Telegramas oficiales recibidos 2, id. id. expedidos 1, notas oficiales recibidas 40, id. id. expedidas 47, Cartas recibidas de particulares 500, id. expedidas á id. 441, informes verbales 410, impresos recibidos 729, id. expedidos 7008.—Total 9178.

Los detalles del movimiento del último mes, constan en la copia textual del libro del movimiento que acompaño.

Tengo el honor de reiterar á V. E. las seguridades de mi mas alta y distinguida consideracion.

Herman Meyer.

XVI.—Informe de la Oficina en Lisboa por Setiembre.

Lisboa, 2 de Octubre de 1889.

Señor Ministro:—Tengo la honra de dirigirme á V. E. para informarle que durante el mes de Setiembre próximo pasado se han practicado en esta dependencia de mi cargo las siguientes operaciones:

Recibidas. — Cartas á particulares 82, notas del gobierno 2, id á la inspeccion y otras autoridades 7.

Expedidas.—Cartas á particulares 123, notas al gobierno 6, id á la inspeccion y otras autoridades 27, informes personales 152, visacion de documentos 13, noticias publicadas en la prensa 4, anuncios publicados 50, telegramas recibidos 4, id expedidos 5.—Total 475.

Movimiento de impresos.—Mapas de Latzina remitidos por correo 18, id entregados personalmente 42, folletos y otros impresos remitidos por correo 5.878, id entregados personalmente 120.

Asuntos á que se refieren los informes personales y por escrito:

Emigracion 136, comercio 17, industria 24, agricultura 5, generales 93.

Reitero á V. E. las protestas de mi consideracion muy distinguida.

José da Cunha Porto,

XVII.—Informe de la Oficina en Lóndres, por Setiembre

Lóndres, Octubre 2 de 1889.

Señor Ministro:—Tengo el honor de elevar á conocimiento de V. E. el cuadro siguiente demostrando las operaciones en que esta Oficina ha intervenido durante el mes de Setiembre ppdo.

Cartas recibidas, 126; despachos recibidos, 17; cartas expedidas, 91; despachos id., 15; informes personales, 59; visaciones, 14.

El número de 185 informes se descompone del modo siguiente:

Emigracion, 122; comercio, 5; industria, 7; agricultura, 18; informacion General, 33.

Desde el 1.° de Enero último hasta el 1.° del actual esta Oficina ha intervenido en las operaciones siguientes:

Cartas recibidas, 2 087; despachos id., 138; cartas expedidas, 1 473; despachos id., 97; informes personales, 510; visaciones, 238.

Adjunto hallará V. E. el cuadro indicando el movimiento diario de esta Oficina correspondiente al mes de Setiembre ppdo.

Durante el mismo mes ha distribuido esta Oficina las publicaciones siguientes:

Folletos enviados ó entregados personalmente á particulares, 150; mapas grandes, 53; id. pequeños, 151; manual del inmigrante por Pelliza, 40.

Desde el 1.° de Enero último hasta el 1.° del actual se han distribuido:

Folletos, 6011; mapas grandes, 2033; id pequeños, 6270, ejemplares de la Ley número 2252, 1900; id manual de Pelliza, 3081.

Tengo el honor de renovar á V. E. las seguridades de mi mas alta y distinguida consideracion.

Ch. Hartley.

XVIII.—Informe de la Oficina en Montpellier, por Setiembre.

Montpellier, Octubre 3 de 1889.

Señor Ministro:—Me hago la honra de llevar á conocimiento de V. E. en 31 hojas útiles el resúmen del movimiento de esta Oficina correspondiente al mes de Setiembre; es como sigue:

Cartas informatorias recibidas 78, cartas informatorias enviadas 125, notas oficiales recibidas 10, notas oficiales enviadas 19, telegramas oficiales enviados 1, telegramas particulares recibidos 3, telegramas particulares enviados 1, informes personales 203, visaciones 34.—Suma total de operaciones 474.

Me hago la honra de renovar á V. E. las seguridades de mi mas alta y distinguida consideracion.

Emilio Castro Boedo.

XIX.—Informe de la Oficina en Niza, por Setiembre.

París, Octubre 4 de 1889.

Señor Ministro:—Tengo el honor de remitir á V. E. por separado la cópia legalizada del libro de movimiento de esta Oficina, correspondiente al mes de Setiembre próximo pasado.

Dicho movimiento se descompone como sigue:

Cartas recibidas 723, cartas enviadas 871, despachos oficiales recibidos 149, despachos oficiales enviados 73, telégramas recibidos 30, telégramas enviados 15, visaciones de documentos 690.—Total de operaciones 2 557.

Las solicitudes de adelanto de pasages ascendieron en dicho mes á 798 familias.

El movimiento de la Oficina de París desde el 1.° de Enero del corriente año hasta el 30 de Setiembre último ha sido el siguiente:

Cartas recibidas 9 780, cartas contestadas 9 926, notas oficiales recibidas 1 309, notas oficiales enviadas 600, telégramas recibidos 317, telégramas enviados 155, informes personales 1 280, visaciones de documentos 4 838, total de operaciones 28 205.

Las solicitudes de pasages subsidiarios ascendieron en dicho periodo á 5 106 familias.

Tengo el honor de renovar á V. E. las seguridades de mi mas alta y distinguida consideracion.

P. S. Lamas.

XX.—Informe de la Oficina en Dublin, por Setiembre.

Dublin, Octubre 1.° de 1889.

Señor Ministro:—Tengo el honor de elevar á V. E. el cuadro á continuacion demostrativo de las operaciones y resultados de esta Oficina durante el pasado mes de Setiembre. Adjunto la planilla del movimiento diario en conformidad al libro respectivo.

Resúmen del movimiento:

Recibidas.—Notas del M. R. E. 1, notas de Inspeccion y otras oficinas 2, cartas de particulares 92, informes personales 100.

Expedidas.—Notas del M. R. E. 2, notas de Inspeccion y otras oficinas 3, cartas de particulares 67, despacho de folletos, correo y mano 167, informes personales 100, visaciones 1.

Total de personas informadas 194.

Las informaciones se reparten en emigracion 170, financias 6, comercio 9.

Resúmen del movimiento desde 1.° de Enero hasta 30 de Setiembre.

Recibidas.—Notas del M. R. E. 18, notas de Inspeccion y otras oficinas 65, cartas de particulares 2797, visitas 2314.

Expedidas.—Notas del M. R. E. 16, notas de Inspeccion y otras oficinas 75, cartas de particulares 2753, folletos expedidos 5306, visitas 2314, visaciones 1283.

Tengo el honor de saludar á V. E. con mis altos respetos y distinguida consideracion.

E. Bulkeley O'Meara.

XXI.—Informe de la Oficina en Madrid, por Setiembre.

Madrid, Octubre 4 de 1889.

Señor Ministro:—Cumpliendo los preceptos reglamentarios, tengo el honor de elevar á V. E., con las copias de práctica, el resultado general del movimiento habido en esta Oficina durante el mes de Setiembre último, y que asciende á la cifra de cuatro mil novecientas treinta y seis, las cuales se descomponen como sigue:

Notas y telegramas oficiales recibidos 85, id. id. id. enviados 106, cartas particulares recibidas 2267, telegramas id. id. 84, cartas idem. enviadas 2113, telegramas id. id. 53, informes verbales 228.

Unido este movimiento á los de los meses anteriores del año corriente, resulta lo siguiente:

Notas y telegramas oficiales recibidos 577, id. id. id. enviados 677, cartas particulares recibidas 13942, telegramas id. id. 430, cartas particulares enviadas 12022, telegramas id. id. 327, informes verbales 3064.

El movimiento de impresos ha sido el siguiente:

Publicaciones recibidas 49, folletos distribuidos en Madrid y Provincias 725.

El que unido al habido desde primero del corriente año, dá el siguiente resultado:

Publicaciones recibidas 4901, impresos por la oficina 30000, distribuidos en toda España 27456.

El movimiento de emigrantes con pasajes subsidiarios aprobados por esta Oficina, que ha tenido á su cuidado este servicio especial para toda España y sus Islas, será objeto de una memoria que en breve tendré el honor de elevar á V. E.

Con este motivo, tengo el honor de renovar á V. E las seguridades de mi mas alta y respetuosa consideracion.

M. L. Olleros.

XXII.—Informe de la Oficina en Ginebra sobre la emigracion Suiza, para los países de Ultramar, durante el año 1888.

Ginebra, Setiembre 28 de 1889.

Señor Ministro:—Tengo el honor de elevar á V. E. el adjunto cuadro del movimiento de la emigracion de Suiza para los países de Ultramar, durante el año 1888, que acaba de dar á luz la Oficina federal de Estadística y en el que se dá cuenta del aumento de los emigrantes por canton de salida y país de destino.

Las cifras de aquel cuadro, son las comprobadas oficialmente por las declaraciones que están obligados á suministrar al Departamento Federal de Negocios Extranjeros, los agentes de emigracion puesto bajo el control de este ramo de la Administracion y eso en virtud de la ley sobre el particular.

Las disposiciones de estas últimas así como tuve ya el honor de participárselo á V. E., son muy severas y llevan el propósito de aminorar, sino impedir completamente la emigracion de los ciudadanos suizos para Ultramar. Sin embargo y á pesar de los obstáculos administrativos, no ha dejado de seguir una marcha ascendente durante los tres últimos años; pues de 6342 emigrantes de Suiza en 1886, subió su número á 7558 en 1887, para alcanzar el de 8346 en 1888.

De estos, se dirijieron: á los Estados Unidos 6759 contra 6445 en 1887—*á la República Argentina 1334 contra 732 en 1887*—

á los otros paises 253 contra 381 en 1887, Brasil, Chile, Australia, etc.

Se vé pues, que el mayor número de emigrantes elijen los Estados Unidos como punto de destino, pero que la proporcion que en 1887 era el 85, $^{27}/_{100}$ % del total, descendió al 81 %, que para los otros países (Brasil, Chile, etc.) bajó del 5 $^{07}/_{100}$ por % al 3 %, mientras que aprovechó esas diferencias la República Argentina, habiendo subido la proporcion de 9 $^{66}/_{100}$ % en 1887 hasta el 16 % en 1888.

Comparando las respectivas cifras de ambos años, no es menos interesante el hacer constar que en el próximo pasado ha retrogradado en un 33 % la emigracion de la Suiza para el Brasil, Chile, Australia etc., aumentando sinó en un 4 $^{3}/_{4}$ % para los Estados Unidos, *mientras que para la República Argentina aumentó en 82 %*.

Mas, hubiera sido muchísimo mas importante aun, aquel incremento, si el Departamento Federal de Negocios Extranjeros no hubiese prohibido á los agentes de emigracion el despachar á las personas á quienes se les abone ó anticipe el precio de pasaje, de modo que centenares de jefes de familias cuya solicitud de adelanto subsidiario de pasaje había recibido la Oficina de mi cargo, no pudieron gozar del beneficio de la medida liberal instituida por el Decreto del 8 de Abril de 1888.

No obstante el notable aumento de la emigracion espontánea, que acabo de mencionar, prueba elocuentemente que, en mayor escala que cualquier otro país, el nuestro lo atrae cada vez mas, merced al mejor conocimiento de los recursos, de las ventajas, de la proteccion de las personas y de los bienes que encuentran allí los inmigrantes laboriosos, todo lo que ha estado esforzándose en hacer apreciar el infrascrito, siguiendo en ello su propaganda.

Para concluir agregaré que en cuanto á la procedencia de los emigrantes, son los cantones de la Suiza de lengua francesa y el de Ticino que, en relacion con su respectiva poblacion, suministran á la República Argentina el mayor número de brazos, pues durante el año 1888 la emigracion procedente de los 17 cantones alemanes ha sido de 614 individuos; del canton italiano, 615; ascendiendo á la cifra de 605 la de los cuatro cantones franceses ó sea casi la mitad de la suma total.

Emigracion de la Suiza para los países de ultramar, durante el año 1888 (segun los datos de la Oficina Federal de Estadística).

Canton de procedencia	*Países de destino*			Total.
	Estados Unidos N A.	República Argentina	Brasil, Chile y otros países	
Zurich	735	185	41	961
Berna........ ...	1 893	197	76	2166
Lucerne...... ..	87	11	1	99
Uri	78	—	—	78
Schwyz	126	1	—	127
Obwalden.......	27	—	—	27
Niedwald.......	20	—	-	20
Glaris..........	161	6	—	167
Zaug	36	—	—	36
Friburgo.... ..	43	49	6	98
Soleure.........	150	22	6	178
Basilea ciudad...	386	41	9	436
Id campaña....	215	19	2	236
Shaffhausen......	150	2	—	152
Appenzell extr..	155	13	—	168
Id inter.	4	8	—	12
St. Gall	360	59	19	438
Grisons.... ...	236	6	2	244
Argovia	388	34	2	424
Turgovia	133	11	4	148
Ticino........	661	115	18	794
Vaud..	201	190	6	397
Valais..........	74	191	9	274
Neuchatel..... .	334	56	30	420
Ginebra...	56	168	22	246
Total	6 759	1 334	253	8 346

Tengo el honor de renovar á V. E. las seguridades de mi mas alta y distinguida consideracion.

Ed. Weber.

Muestrario para la Oficina de Informacion en Birmingham.

Museo
de
Productos Argentinos.

Buenos Aires, Octubre 22 de 1889.

Señor Ministro:—Tengo el honor de dirigirme á V. E. participándole que en el vapor «Spencer» zarpado del puerto de La Plata el 15 del corriente, salieron veinte y ocho bultos con cuatrocientos diez y ocho muestras de productos Argentinos, con destino á la Oficina de Informacion en Birmingham.

Estas muestras como las que anteriormente dí cuenta á V. E. eran de productos de los tres reinos, dividiéndose en tierras, cereales, farináceos, maderas, licores, vinos y pieles.

Me es agradable saludar al Señor Ministro con mi mas alta consideracion y respeto.

E. Sundblad.

A S. E. el Señor Ministro de Relaciones Exteriores, Dr. Don Estanislao S. Zeballos.

Estadística de Inmigracion.

Enero á Setiembre de 1889.

Bandera de los vapores de Ultramar.

Inglesa	289
Francesa	107
Italiana	96
Alemana	70
Española	20
Belga	16
Holandesa	7
Austriaca	4
Argentina	3
Brasilera	2
Total	614

Puertos de embarque.

Génova	49 355
Burdeos	16.550
Barcelona	11.756
Amberes	10.979
Havre	10.219
Málaga	9.693
Cádiz	8.290
Coruña	8.242
Marsella	6.078

Nápoles	3.026
Southampton	2.424
Gibraltar	1.689
Bremen	1.654
Amsterdan	1.623
Quenstowon	1.524
Vigo	1.381
Rotterdam	1.302
Hamburgo	967
Valencia	776
Marin	774
Rio Janeiro	706
Canarias	700
Santos	572
Villa García	429
Carril	395
Pasajes	352
Lisboa	203
Antequera	193
Montevideo	169
Bahia	81
Tánger	58
Dakar	20
San Vicente	14
Madeira	8
Venecia	7
Pernambuco	7
Liverpool	6
Lóndres	5
Bari	5
Tarragona	4
Toronto	1
Maceió	1
Total	152.238

Desembarcados por cuenta del Estado.

Adultos	98.948
Niños	20.355
Párvulos	6.739
Total	126.042

Entrada al Hotel.

Hombres	48.416
Mujeres	21.436
Niños	26.399
Total	96.251

Bultos de equipajes descargados.

Por sus dueños	100.812
Por el Departamento General	100.518
Total	201.330

Clasificacion de los inmigrantes de Ultramar.

Italianos	53.033	35.80 °/₀
Españoles	47.775	32.25 «
Franceses	20.804	14 «
Belgas	8.051	5.44 «
Ingleses	5.353	3.00 «
Austriacos	3.498	2.36 «
Holandeses	2 721	1.91 «
Alemanes	1.920	1.38 «
Turcos	1.862	1.25 «
Rusos	1.168	0.78 «
Suizos	1.104	0.70 «

Dinamarqueses	193	0.13 «
Suecos	164	0.11 «
Argentinos	140	
Portugueses	108	
Norte-Americanos	97	
Griegos	44	
Rumanos	42	
Marroquíes	17	
Orientales	12	0.29 «
Brasileros	11	
Peruanos	7	
Arabes	3	
Chilenos	3	
Bolivianos	1	
Paraguayos	1	
Total	148.132	

Pasajeros de 1.ª clase	4.106
Por via de Montevideo, sin clasificacion	14.838
Total	18.944

Inmigrantes de ultramar	148.132
Por via de Montevideo	31.505
De varias procedencias	103
Total	179.740

Sexo masculino

Hombres	81.563
Niños	18.864

Sexo femenino.

Mujeres	32.394
Niñas	15.311

Estado.

Solteros	99.701
Casados	47.361
Viudos	1.070

Religion.

Católicos	137.362
Varias	10.770

Instruccion.

Saber leer y escribir	80.527
No saber leer ni èscribir	67.605

Colocados por la Oficina de Trabajo.

Capital de la Nacion	6.180
Buenos Aires	29.309
Entre Rios	3.698
Corrientes	1.408
Santa Fe	14.219
Córdoba	7.845
Tucuman	1.456
Santiago	534
Salta	868
Jujuy	141
Catamarca	502
La Rioja	106
San Luis	273
Mendoza	3.226
San Juan	2.339
Gobernacion del Chaco	431
Idem de Misiones	191
Idem del Rio Negro	41
Idem del Chubut	9

Idem	del Neuquen	8
Idem	de Formosa	40
Idem	de la Pampa Central	12
	Total	72.836

Profesiones.

Agricultores	79.938	Litógrafos	62
Albañiles	5.817	Ladrilleros	419
Arquitectos	34	Marineros	1.122
Ajustadores	186	Mecánicos	238
Aserradores	229	Mineros	521
Barberos	93	Médicos	5
Carpinteros	4.187	Molineros	192
Carniceros	241	Músicos	64
Caldereros	83	Maquinistas	83
Cerrajeros	74	Panaderos	386
Cocheros	131	Picapedreros	722
Cocineros-Cocineras	397	Profesores	58
Costureras	621	Pintores	168
Curtidores	194	Quinteros	374
Dependientes	527	Sastres	421
Ebanistas	381	Sirvientes	5.384
Escultores	69	Sin profesion	14 027
Encuadernadores	121	Talabarteros	95
Foguistas	213	Tapiceros	64
Fundidores	79	Tejedores	119
Fotógrafos	26	Tipógrafos	48
Herreros	784	Toneleros	86
Horneros	305	Torneros	74
Hojalateros	114	Vinicultores	52
Yeseros	23	Viticultores	136
Ingenieros	21	Varias profesiones	9.819
Jornaleros	16.853	Zapateros	903
Jardineros	749		
		Total	148.132

Recepcion del Enviado Extraordinario y Ministro Plenipotenciario de los Estados Unidos, Señor Don Juan R. G. Pitkin.

Discursos cambiados y Decreto de reconocimiento.

Señor Presidente:

Cométeme el Presidente de los Estados Unidos el honroso deber de ser portador para V. E. de una Carta de retiro y de una Credencial, relacionada la una con el Ministro anterior que hubo de regresar á causa de enfermedad, y acreditándome la otra como sucesor suyo cerca de V. E.

Me permito acompañarlas con la expresion de la cordial amistad y admiracion que animan á mi país hácia un pueblo escepcionalmente favorecido en su sistema constitucional, en su sábia administracion y en la fenomenal realizacion de su adelanto nacional.

La respuesta que ha dado esta República con el nombramiento de distinguidos Delegados al Congreso de Washington, al que invitara los Estados Unidos á las Potencias hermanas americanas, es para mi país motivo de profunda satisfaccion, pues que lo acentuado de esta colaboracion, por parte de una nacion tan conspicuamente adelantada, en una Conferencia de tanta oportunidad, significa una buena disposicion propia de hombres de Estado para cooperar á una afirmacion comun de lealtad en lo que toca al continente, que solo cederá á lo que inspira á cada pueblo americano, la integridad de sus fronteras. Esta República y la mia, Señor Presidente, en su franco reconocimiento del honrado esfuerzo individual, han abierto de par en par al inmigrante las puertas de las grandes ciudades atlánticas, Buenos Aires y Nueva York, y brindádole la hospitalidad americana en condiciones favorables, que la labor del mismo ha desarrollado con beneficios aún mas ámplios para mútuo provecho de estas Potencias. Ha confirmado con nuevas razones americanas esa afinidad intelectual que la semejanza de nuestras instituciones republicanas, nuestro lato sistema de educacion, nuestras interpretaciones históricas y nuestra ámplia tolerancia, proclaman ante el mundo civilizado. Y considerando nuestras dos Repúblicas, cada una de ella se siente animada de una firme aspiracion por la libertad y el progreso y de una idoneidad que crece sin cesar para grandes y recíprocas funciones, esperando el océano comun como un tapete sobre el cual puedan á la par de otras Potencias, ratificar una prenda de íntimo compañerismo continental, del que sería expresion duradera una cuidadosa deferencia en el intercambio, por los hábitos y demanda de sus mercados, una libra, medida y moneda comunes en órden á aduanas, y un código comun de arbitraje para diferencias internacionales.

El pueblo á quien represento, Exmo, Señor, no olvida ni los tres dias de silencio profundo en el recinto de vuestro Congreso con motivo de la nueva de haber cerrado sus ojos para siempre nuestro gran Lincoln, ni los buenos oficios de vuestro Gobierno al iniciarse nuestra guerra civil. Á un pueblo cuya mano ofrece así ferviente abrazo hasta por debajo del paño mortuorio, que brinda un intercambio de preciosos productos, y cuyo credo republicano está inscrito en una carta nacional como la nuestra, no puede serle indiferente los Estados Unidos, ni tampoco la comunicacion de su mensaje comercial por enviados cuyo móvil sea mantener incólume el espíritu de americanismo de ese mensaje. Mi país quisiera extender su suelc en la cubierta de la nave sobre la cual vuestros ciudadanos y los nuestros, puedan siempre hallar una frontera donde acercarse mejor como vecinos que tienen una singular identidad de intereses y una singular capacidad para comunicarse en aquel idioma cuyo alfabeto lo forman los productos.

Otras potencias principales, que dependen mas del tráfico extranjero, han encontrado en los mares una invitacion al comercio que los Estados Unidos durante mucho tiempo hallaron dentro de su propio territorio, en toda su extension de uno á otro océano. Esta persuacion no indicaba indiferencia alguna para con las Repúblicas hermanas de América, por la perpetuidad de cuyas instituciones queda declarada por precepto su solicitud, sino que aseguraba mejores aptitudes para servir á aquellas en una época que ya ha llegado. Despues de penetrar á las vastas comarcas de su área, de someterlas y de poblarlas, despues de descubrir en su seno un acopio sin precedentes para su conversion y distribucion, mi país quisiera entregar al vapor que así ha explorado y realizado maravillas en él, el mástil que cual asta bandera partiendo de sus costas bulliciosas lleve en perenne bienvenida mensajes de paz á sus hermanas de América.

El comercio extranjero que los Estados Unidos cerraron por un tiempo, como un paraguas, hasta tanto respondiese á grandes tareas é incentivos domésticos, está per reabrirse á través de los mares, si no interpreto mal la explotacion que, desde que se recibiera el actual primer magistrado, se hace de minas y bosques donde esperan cascos de hierro y mástiles de grandes flotas comerciales.

Y á magistrado tan ilustrado como V. E., está de más que diga que en esta época de progreso, los recursos para el mantenimiento de las alianzas mas firmes se hallan mas bien en la bodega de un vapor mercante que no en la tronera de un buque de guerra. Una constante correspondencia entre nuestros dos países por medio de facturas, que consulten bien las condiciones del mercado, traería aparejado una comunidad de sentimientos mediante el cual cada país podría encontrar en cada etapa del desarrollo del otro, un nuevo motivo para su propio júbilo republicano; y con especialidad cuando el patriotismo de cada país no ha prescindido de ninguna aspiracion ni de gusto alguno en favor de los mismos principios de libertad constitucional.

Permítame V. E. le manifieste que la benévola disposicion evidenciada por este Gobierno para con los Estados Unidos desde la llegada de su Ministro, ha producido en mí una honda impresion que muy en breve será comunicada al respectivo Departamento de Estado.

En el desempeño de las funciones que me están encargadas, me esforzaré durante mi residencia oficial, cerca de este Gobierno, en ilustrar de la manera mas eficaz los sentimientos de confianza y buena voluntad á que V. E. me ha permitido aludir. La República de los Estados Unidos abriga una firme consideracion por la libertad y el adelanto americano, ya sean que estos bienes prevalezcan dentro ó fuera de su propio territorio.

Señor Ministro:

Al recibir la Carta de Retiro de vuestro honorable antecesor que una enfermedad ha separado de la Mision que desempeñaba cérca de mi Gobierno, cúmpleme declararos que fué un representante sincero de los sentimientos amistosos de vuestra patria hácia esta República, en la cual deja honrosos recuerdos.

Habeis sido designado para sucederle y acabais de demostrar con ardientes y espontáneos conceptos que vuestra gran nacion reconoce la importancia política y económica que corresponde á la República Argentina en la vida internacional del nuevo mundo.

Habeis recordado la participacion que mi Gobierno se ha apresurado á tomar en el Congreso de Washington al cual ha concurrido para ofrecer nuevo testimonio de admiracion y simpatía hacia la gran República del siglo. Cualquiera que sea el éxito de la Conferencia, en cuyos debates intervendrán los intereses y sistemas legales y financieros no siempre armónicos de varios Estados, ella habrá servido para acercar á los miembros de la grande y noble familia de las naciones de ambas Américas, distanciadas moral y materialmente de ordinario y á veces incomunicadas entre sí.

Aquel Congreso dejará por lo menos preparado el espíritu de cordialidad y abiertas las sendas para cultivar relaciones de recíproco y positivo provecho entre nuestra República y las demás naciones invitadas y principalmente entre los Estados Unidos de Norte América y las Provincias Unidas del Rio de la Plata, cuya semejanza de instituciones, de ideales y de progresos en la obra redentora de la dignificacion del hombre que á ellas se acoje, habeis recordado en términos elocuentes, como un augurio lisongero de comunidad de vistas y de unidad de accion sobre los destinos civilizadores del nuevo mundo.

Sois, pues, el bienvenido mensajero de estos ideales altos y previsores, encaminados á asegurar el porvenir de las nuevas razas y de los nuevos sistemas políticos y económicos que contempla el mundo en el vasto escenario de las dos Repúblicas Federales del Norte y del Sud América.

Sois el bienvenido á la República Argentina, cuyos Gobiernos se han preocupado siempre de crear vínculos sólidos y duraderos con vuestra patria, no solamente cultivando su sistema constitucional y asociándose á sus dolores y regocijos nacionales, sino tambien promoviendo las relaciones del comercio por medio de leyes protectoras de la navegacion á vapor entre vuestros puertos y los nuestros, donde los pro uctos de vuestras fábricas son ya conocidos y estimados, deplorándose solamente que sea escaso su número y lento el intercambio.

Los argentinos recibirán con señalado interés la noticia de que el comercio de los Estados Unidos, cerrado por cierto tiempo y por razones protectoras de la propia industria, se reabrirá pronto bajo los auspicios de la sabia política que inicia la nueva administraccion, inaugurada en Marzo de este año. Entónces nuestros copiosos productos de exportacion solicitados por la Europa tendrán un nuevo y grande mercado á donde llegarán como flete de retorno, de las naves que cruzan el océano que baña las inmensas y fecundas costas de ambas Repúblicas, devolviendo los Estados Unidos los mensajes de paz que nos envía con sus ingeniosas y variadas producciones industriales.

Habeis llegado en momentos en que mi Gobierno se preocupa de obtener para la produccion argentina las mayores ventajas de los principios de libertad de comercio que profesa, y cuya práctica ha sido prestigiada por las grandes trasformaciones y adelantos que tendreis oportunidad de juzgar, y he recomendado á mis Secretarios de Estado en los Departamentos de Relaciones Exteriores y de Hacienda, el estudio maduro de los medios de ensanchar el vasto teatro de la accion exterior del comercio argentino, sin herir susceptibilidades ni perjudicar los intereses legítimos de los mercados europeos, á los cuales nos unen viejas y robustas vinculaciones.

La República Argentina no puede ser indiferente al engrandecimiento pacífico de las naciones del Nuevo Mundo alcanzado por el ejercicio sereno de la libertad y de la justicia. Pueblo fuerte y con tradiciones heróicas ha concurrido sin embargo á ha afianzar la paz de Sud América, en momentos solemnes, sometiendo al arbitraje grandes cuestiones. Sostiene así, una política americana fundada en aquellos altos principios tutelares de la estabilidad de las naciones, y me congratulo de que el noble y efusivo mensaje internacional de que sois conductor, me haya proporcionado la oportunidad de proclamarlo una vez mas, respondiendo á propósito análogos de los Estados Unidos.

El movimiento amistoso que notais á vuestro alrededor y que os dignais agradecer noblemente en este acto, es justa prenda de lealtad á la vieja simpatía que inspira vuestra patria á esta República y á la noticia de vuestros distinguidos méritos personales que os ha precedido.

Con estos sentimientos os aseguro que hallareis en mi Gobierno la cordialidad y facilidades necesarias para el éxito de vuestra mision y me complazco en anunciaros que quedais reconocido en el alto rango de Enviado Extraordinario y Ministro Plenipotenciario de la República de los Estados Unidos de América.

Departamento
de
Relaciones Exteriores

DECRETO DE RECONOCIMIENTO.

En vista de la Carta Credencial que ha presentado el Señor Don Juan R. G. Pitkin, por la cual S. E. el Presidente de los Estados Unidos lo acredita en el carácter de Enviado Extraordinario y Ministro Plenipotenciario cerca del Gobierno Argentino

El Presidente de la República

DECRETA:

Artículo 1.° Queda reconocido el señor don Juan R. G. Pitkin en el carácter de Enviado Extraordinario y Ministro Plenipotenciario de los Estados Unidos cerca del Gobierno Argentino.

Art. 2.° Comuníquese, publíquese y dése al R. N.

JUAREZ CELMAN.
ESTANISLAO S. ZEBALLOS.

Celebracion del Centenario del General Don Cárlos de Alvear.

Departamento del Interior.

Buenos Aires, Octubre 30 de 1889.

CONSIDERANDO: Que el General Don Cárlos de Alvear fué Presidente de la primera Asamblea General Constituyente de las Provincias Unidas del Rio de la Plata, elegida directamente por el pueblo con el propósito de «proceder con entera libertad é independencia á fijar sus destinos en el gran teatro de las naciones»;

Que en ella y á su iniciativa se declaró la libertad de todo el que pisare el territorio nacional;

Que en la misma se declaró la inviolabilidad de los Representantes del Pueblo, se abolió la mita y la servidumbre de los indios, se creó el escudo, la bandera y el himno nacional, se abolió la nobleza y se mandó quemar por mano del verdugo los instrumentos de tortura;

Que al *benemérito en grado heróico* General Alvear le cupo la la gloria de rendir la plaza de Montevideo tomando mas de 5 000 prisioneros, destruyendo la escuadra enemiga y apoderándose de mas de 500 cañones, que con otro material de guerra sirvieron para la defensa nacional en aquella época memorable;

Que nombrado mas tarde General en Jefe del ejército republicano en el Estado Oriental dió nuevos dias de gloria á la patria, revelando su génio y pericia militar;

Que estos y otros grandes hechos del General Alvear bastan para colocarlo entre los próceres de nuestra independencia que mas han merecido y merecen la gratitud de sus conciudadanos;

Y teniéndose presente que el 4 de Noviembre próximo se cumplen cien años del nacimiento del ilustre patricio;

El Presidente de la República en Acuerdo General de Ministros

DECRETA:

Artículo 1.° Declárase feriado el 4 de Noviembre próximo en celebracion del centenario del General Don Cárlos de Alvear.

Art. 2.° La bandera nacional se izará en todos los edificios públicos y buques de la armada, debiendo éstos empavezarse de gala.

Art. 3.° Se harán tres salvas por la batería de tierra y buques de la armada, al salir y ponerse el sol y á medio dia.

Art. 4.° Las tropas de la guarnicion formarán de gran parada en la plaza del Cementerio del Norte y presentarán las armas en el acto que una comision de generales que designará el Ministerio de la Guerra, deposite una corona marcial en el sepulcro del héroe.

Art. 5.° Los Ministerios respectivos invitarán á las Reparticiones de su dependencia á concurrir al Cementerio del Norte en el dia indicado.

Art. 6.° La Intendencia Municipal invitará al pueblo de la capital á asociarse á esta manifestacion de justo homenaje á la memoria del benemérito General Don Cárlos de Alvear.

Art. 7.° Remítase en cópia el presente decreto con la nota acordada á la familia del ilustre muerto.

Art. 8.° El Ministerio de la Guerra mandará construir una placa de bronce en la que se inscribirá el presente acuerdo y la que oportunamente será colocada en el sepulcro del héroe.

Art. 9.° Comuníquese, publíquese é insértese en el R. N.

JUAREZ CELMAN.
NORBERTO QUIRNO COSTA.—ESTANISLAO S. ZEBALLOS.
WENCESLAO PACHECO.—FILEMON POSSE.
EDUARDO RACEDO.

Concesiones de Exequatur.

Octubre 12.—Se expidió exequatur á la Patente que acredita al Sr. Mariano Sarratea Pinto en el carácter de CONSUL GENERAL de CHILE en la República Argentina, con residencia en Buenos Aires.

Id 14.—Se expidió exequatur á la Patente que acredita al Sr. J. A. Boorda Smit en el carácter de VICE-CONSUL DE LOS PAÍSES BAJOS en Córdoba.

Revista de Octubre.

(Circular á las Legaciones y Consulados Argentinos).

El Congreso Nacional ha sancionado la siguiente ley, para la venta de tierras nacionales en Europa, conforme al proyecto presentado por el Poder Ejecutivo.

Artículo 1.° Autorízase al P. E. para proceder à la venta en Europa de tierras públicas de propiedad de la Nacion, hasta la extension de veinte y cuatro mil leguas kilométricas, prévia mensura de ellas.

Art. 2.° La venta se hará en las ciudades que el P. E. considere mas conveniente, en licitacion y sobre la base de dos pesos oro sellado por hectárea.

Art. 3.° Queda autorizado el P. E. para establecer las condiciones del pago y demás que estime convenientes, exijiendo la mitad al contado y concediendo plazos para el resto, que no excedan de dos años.

Art. 4.° La protocolizacion de las escrituras de venta que se hagan en el extranjero de acuerdo con esta ley y la escrituracion de los boletos que se extiendan para escriturar en la República estarán exentas del impuesto de sellos.

Art. 5.° El producido de la venta queda destinado en su totalidad al fondo de conversion de las emisiones de billetes de los Bancos garantidos.

Art. 6.° Se autoriza al P. E. para hacer los gastos que demande la ejecucion de esta ley con imputacion á la misma.

Art. 7.° Comuníquese al P. E.

Terminados los trabajos de contabilidad de la Comision en cargada de censar y avaluar los bienes de propiedad nacional, han dado el resultado siguiente: valor total: setecientos cinco millones, setecientos noventa y tres mil, ciento setenta y dos pesos m/n. con noventa y cuatro centavos.

Esta suma se distribuye así:

Bienes dependientes del Ministerio de la Guerra	$	21.923.224 58
Id del de Marina	«	8.718.595 52
Id de Relaciones Exteriores	«	2.095.733 62
Id de Justicia Culto é Instruccion Pública	«	272.691 622 05
Id del Interior..................... .	«	372.190.474 73
Total	$	705.793.162 94

Los bienes no avaluados, se estiman poco mas ó menos en la suma de 25.000.000 de pesos m/n.

Entre los proyectos de nueva organizacion del ejército en servicio activo estudiados por el Sr. Ministro de la Guerra, figura la remonta del arma de artillería hasta seis regimientos con dotacion de 24 piezas Krupp, calibre de 7-5, cada uno.

Actualmente solo cuenta el ejército con dos regimientos de artillería lijera, número que no está en proporcion con la cantidad de cuerpos de infantería y caballería.

El batallon de costa, será aumentado á 500 plazas, dándose el comando de él á un coronel. Dividido por partes iguales guarnecerá el puerto de Zárate y la Isla de Martin García.

La fuerza efectiva de los cuerpos de infantería y caballería, es muy probable tambien que sea aumentada, aun que se supriman algunos números de unos y otros.

Fueron aprobados por el P. E. N. prévio los trámites del caso, los estatutos de las siguientes sociedades anónimas de reciente creacion:

«La Central», con 600,000 pesos de capital para negociar al por mayor en artículos de confitería.

«Industrial Tipográfica» con 100,000 pesos, para establecer una tipo litografía, con fabricacion de libros de comercio y otros trabajos análogos.

«Progreso del Caballito» con 1.000,000 para negociar en la construccion de edificios y compra de terrenos.

«Compañía Nacional de Industrias Unidas» con 1.000,000 para la explotacion de una fábrica de calzado.

«La Constructora de Moron» con 1.000,000 para negociar en tierras, edificios y vías férreas.

«Taller nacional de encuadernacion» con 300,000 pesos para un establecimiento de la clase que indica su título.

Segun comunicacion del Departamento de Obras Públicas al Ministerio del Interior, existen actualmente en explotacion 7851 kilómetros de vías ferreas en todo el territorio de la República, y 5067 en construccion.

La Comision Directiva de la Sociedad Rural Argentina, ha dirijido una circular á los hacendados de la provincia de Buenos Aires, en la que recuerda la importancia de la exportacion de ganado en pié, y que teniendo la provincia, como en efecto tiene una produccion anual de dos millones de animales vacunos, se preparen todos á aprovechar del 2.° viaje y los posteriores del vapor *Bretagne*, expresamente construido para ese objeto ó alguno otro análogo, á fin de hacer honor á la ganadería argentina, é iniciar el movimiento comercial que en ese ramo se desea.

La exportacion que ha hecho la provincia de San Juan en los meses trascurridos de Enero á Setiembre del año corriente á las demás provincias argentinas y los estados limítrofes, es la siguiente:

Alcanza á la suma de tres millones ochenta y un mil ochocientos cuarenta y un pesos, repartida en las especies que anotamos: 13.147 cabezas de ganado de distinta especie, 17.787 cueros, 28.939 bordadesas de vino, 2.058 bordalesas de alcóhol, 158.138 cajones de pasas, 31.199 cajones de descarozados, 5.500 cajones de pasas de higos, 10.977 bolsas de alfalfa, 3.813 bolsas, 92 kilógramos de minerales de distintas clases. Como se ve, en estos datos no entran muchos otros productos conocidos en esta provincia.

Revista de la Bolsa de Comercio de Buenos Aires.

PRECIOS CORRIENTES DESDE EL 5 HASTA EL 20 DE OCTUBRE DE 1889.

FECHAS	*Metálico al contado*	CÉDULAS HIPOTECARIAS PROVINCIALES										CÉDULAS HIPOTECARIAS NACIONALES						Acciones del Banco Nacional
		Série A oro 6 0/0 renta	*Série F* m|n 6 0|0 renta	*Série G* m|n 7 0|0 renta	*Série I* m|n 8 0|0 renta	*Série J* m|n 8 0|0 renta	*Série K* m|n 8 0|0 renta	*Série L* m|n 8 0|0 renta	*Série M* m|n 8 0|0 renta	*Série N* m|n 8 0|0 renta	*Série O* m|n 8 0|0 renta	*Série A* oro 5 0|0 renta	*Série A* m|n 7 0|0 renta	*Série B* m|n 7 0|0 renta	*Série C* m|n 7 0|0 renta	*Série D* 7 m|n r 0|0 enta	*Serie E* m|n 7 0|0 renta	
	último	último	último	último	último	último	último	último	último	último	último	último	último	último	último	último	último.	último
Ocutbre. 5	223.50	—	—	—	—	—	73.60	—	71	71	70.[illegible]0	—	102	101	—	92	89	307
« 6	—	—	Fiesta	—	—	—	—	—	—	—	—	—	—	—	—	—	—	—
« 7.	219.50	—	70	—	—	—	73.40	73.50	71	70.80	70.40	80	—	—	—	92	88	—
« 8	217 50	—	66	—	—	—	74	74.50	71	71	70.60	78	—	—	—	92	87.50	—
« 9	212.00	—	—	—	—	—	75	74.80	71.40	71.50	70.80	—	—	—	92	92.50	88.50	—
« 10	211.50	—	—	69	98	—	75.50	75.50	71 50	71	71	—	—	—	—	93.50	89	—
« 11	208.50	—	—	69.20	100	100	75	75.50	71.50	71.10	71	—	—	—	93	94.50	92	—
« 12	200 00	—	—	—	100	100	75.80	75	71.50	71.20	71	—	—	—	—	—	-	—
« 13	—	—	Fiesta	—	—	—	—	--	—	—	—	—	—	—	—	—	—	—
« 14	200.50	—	60	67	100	100	75.70	75	71 50	71 40	71.40	77.50	—	—	—	93	90	—
« 15	204.50	—	—	69	101.50	100	75.[illegible]0	—	71.70	71.20	71.40	77.50	—	—	—	—	92	300
« 16	202.80	—	—	—	101	—	76.60	75.40	71.60	71.50	71.40	—	—	—	93.50	93.50	—	—
« 17	201.00	—	—	—	—	—	78	76	72.70	73	72.20	—	—	—	—	94.50	94	300
« 18	205.00	—	—	—	—	100	83	78	74.20	73.80	73.50	—	—	—	—	92	—	—
« 19	204.70	—	—	—	—	—	83	78 50	74.10	74	73.30	78	—	—	—	—	91.50	—
« 20	—	—	Fiesta	—	—	—	—	—	—	—	--	—	—	—	—	—	—	

CAMBIOS DESDE EL 5 HASTA EL 20 DE OCUTBRE DE 1889

Cotizaciones por un peso moneda nacional oro.

FECHAS	*Inglaterra* 90 d|v.	*Francia* 90 d|v.	*Bélgica* 90 d|v.	*Italia* 90 d|v.	*Alemania* 90 d|v.	*Esp'ña* 90 d|v.	*E. U.* 90 d|v.	*Rio Janeiro* 15 d|v.	*Montevideo* v.
	peniques	francos	francos	francos	R. m.	$	dollars	£ Reis	
Setbre. 5	47$\frac{3}{4}$ 47$\frac{7}{8}$	5.02 5.05	5.03 5.06	—	4.05 4.07	"	"	—	—
" 6	Fiesta	—	—	—	—	"	"	—	—
" 7	74$\frac{3}{4}$ 47$\frac{7}{8}$	5.02 5.04	5.03 5.05	—	4.05	"	"	—	—
" 8	47$\frac{3}{4}$	5.02 5.04	5.03 5.06	—	4.05	"	"	—	—
" 9	47$\frac{3}{4}$	5.02 5.03	5.03 5.06	5.09 5·10	4.06	"	"	—	$\frac{1}{8}$ p
" 10	47$\frac{3}{4}$ 47$\frac{7}{8}$	5.02 5.03	5.03 5.06	5.06	4.06	"	"	8.800	$\frac{1}{8}$
" 11	47$\frac{3}{4}$	5.02 5.03	5.03$\frac{1}{2}$ 5.05	—	4.06	"	"	—	—
" 12	47$\frac{3}{4}$ 48	5.02 5.03	5.03 5.06	—	4.06	"	"	—	—
" 13	Fiesta	—	—	—	—	"	"	—	—
" 14	47$\frac{3}{4}$ 47$\frac{7}{8}$	5.02 5.03	5.04 5.05	5.09	4.06	"	"	—	—
" 15	—	—	—	—	—	"	"	—	—
" 16	—	—	—	—	—	"	"	—	—
" 17	47$\frac{3}{4}$ 47$\frac{7}{8}$	5.02 5.04	5.03 5.05	5.00	4.05 4.07	"	"	—	—
" 18	—	—	—	—	—	"	"	—	—
" 19	—	—	—	—	—	"	"	—	—
" 20	Fiesta	—	—	—	—	"	"	—	—

FLETES EN LA QUINCENA. *Desde el 5 hasta el 20 de Octubre de 1889.*

PUERTOS.	Por.	C's salads.	C's secos.	Sebo en p.	Fardos.	Granos.	Tasajo.	Capa.
Inglaterra puerto directo	Vapor.	30 sh.	40 sh.	20 sh.	10 sh.	15 sh.		
Bremen y Hamburgo	"	30 Rm.	40 Rm.	20 Rm.	12.50 Rm.	15 Rm.	—	%
Amberes	"	30 f.	40 f.	20 f.	12.50 fs.	20 f.	—	—
Dunkerque	"	— "	— "	30 "	20 "	20.50 "	—	—
Havre	"	35 "	50 "	30 "	20 fs.	20.50	—	—
Burdeos	"	— "	60 "	— s	15 "	15 "	20	—
Marsella	"	30 "	50 "	15 "	10 "	12.50 "	—	—
Vigo y Coruña	"	— $	100 $	35 $	35 $	25 "	6 oro.	—
Barcelona	"	— f.	60 f.	12 f.	15 f.	12.50 f.	—	—
Rio Janeiro	"	— $	— $	5 ½ $	— $	4 oro.	4 oro.	—
Valparaiso	"	— sh.	— sh.	33 sh.	33 sh.	12 ½ sh.	33 ps.	—
Génova	"	— f.	60 f.	12 f.	5 f.	10 fs.	—	—
Falmouth por órdenes	"	30 "	— "	— "	— "	— "	—	—
Id	Velero.	30 sh.	— "	25 fs.	— "	Nominal.	—	—
Amberes	"	— "	— "	— "	16 "	—	—	—
Dunkerque	"	— "	— "	— "	— "	—	—	—
Havre	"	— "	— "	— "	— "	—	—	—
Marsella	"	— "	— "	— "	— "	—	—	—
Génova	"	— "	— "	— "	— "	—	—	—
Estados Unidos	"	— "	3/8 cts.	— "	3 ½ "	—	—	5
Rio, Bahía y Pernambuco	"	— "	— "	— "	— "	4	2-2 ½ 3	—
Habana	"	— "	— "	— "	— "	—	6 r.	—
Valparaiso	"	— "	— "	— "	— "	—	—	—

LOS FLETES SON ENTENDIDOS Á PUERTOS: Alemanes, franceses, italianos y españoles, por metros cúbicos y 1000 kilos. Inglaterra, por 40 piés cúbicos y 2 240 libras. Brasil, por 1 000 kilos por vapor y por quintales por velero. Estados

FRUTOS DEL PAIS

		MERCADOS			
		CONSTITUCION		11 DE SETIEMBRE	
		Ps. cts.	Ps. cts.	Ps. cts.	Ps. cts.
Lana madre, mestiza fina........	10 ks.	no	hay	no	hay
» » » Lincoln.....	»	—	—	—	—
» » mezcla............	»	—	—	4.70	—
» borrega mestiza fina.......	»	—	—	4.50	—
» » » Lincoln...	»	—	—	—	—
» » mezcla............	»	—	—	4.50	—
» negra »	»	—	—	3.00	—
» barriga	»	—	—	—	—
» corral....	»	—	—	—	—
		milésimos		milésimos	
Cueros lanares, m'dero. lana entera	1 k.	— á	—	400 á	500
» » » estacion.....	»	450 "	650	—	—
» » » pelados.....	»	—	—	—	—
» » consumo, lana entera	»	—	—	370 "	480
» » » estacion.....	»	400 "	600	—	—
» » » pelados.....	»	120 "	280	240 "	270
» » ep'mia. y des. lana ent.	»	—	—	360 "	450
» » » estacion.......	»	380 "	560	—	—
» » » pelados.......	»	—	—	100 "	150
» » b'ga. cord'nes y cord.	»	320 "	380	320 "	400
» » capachos..........	»	120 "	200	100 "	150
		Ps. cts.	Ps. cts.	Ps. cts.	Ps. cts.
» » corderitos.	doc.	2.00 á	3.20	1.80 á	2.20
» » »	»	—	—	—	—
Cueros vacunos secos, matadero.	10 ks.	3.70 "	4.80	3.60 "	4 20
» » » campo....	»	3.80 "	5.20	3.70 "	4.60
» becerros...	»	3.00 "	3.20	2.80 "	3.20
» nonatos	»	2.00 "	2.30	1.80 "	2.10
» potros secos, matadero...	uno	—	—	—	—
» » » campo.....	»	2.30 "	3.50	2.50 "	3.20
» potrancas..............	»	1.60 "	1.75	1.25 "	1.60
» nútrias.......	1 kilo	4.20 "	5.00	— "	—
» » abierta por el lomo	»	—	—	—	—
» venados..	doc.	—	—	—	—
Cerda de potro...............	10 ks.	6.00 "	12.00	7.30 "	8.50
Cerda de vaca, sin maslo.......	»	6.00 "	7.00	6.00 "	7.00
Sebo, estilo embarque...	»	2.50 "	2.70	2.10 "	2.25
» » campo, pipas y bord'sas.	»	2.50 "	2.70	2.00 "	2.20
» » » cascos chicos, panzas &	»	2.00 "	2.20	1.80 "	2.00
» en rama ó pisado..........	»	0.70 "	1.40	1.00 "	1.20
Aceite de potro................	»	2.60 "	2.80	2.10 "	2.40
Plumas de avestruz...........	1 kilo	1.80 "	4.00	3.50 "	3.60

CEREALES

		CONSUMO Estilo plaza.		EXPORTACION C. ó Riachuelo.	
		Ps. cts.	Ps. cts.	Ps. cts.	Ps. cts.
Trigo de pan, de la Costa........	100 k.	6.00 á	10.50	—	—
» » » del Salado........	»	4.00 "	10.50	—	—
» » » de los Rios.......	»	—	—	—	—

CEREALES

		CONSUMO Estilo plaza.		EXPORTACION C. ó Riachuelo.	
		Ps. cts.	Ps. cts.	Ps. cts.	Ps. cts.
Trigo del Sud	100 k.	5.00 á	11.00	—	—
Trigo candeal	»	3.50 "	11.00	—	—
Harina de cilindro	10 k.	1.00 "	2.20	—	—
Afrecho	100 k.	2.00 "	2.50	—	—
Maiz morocho desg'do. viejo	»	2.00 "	2.50	2.40	2.45
» amarillo » nuevo dispon.	»	1.50 "	2.20	2.45	2.50
Cebada	»	1.00 "	6.00	—	—
Semilla de colza	10 k.	— "	—	—	—
» de lino	»	0.60 "	0.80	—	—
» de nabó	»	0.60 "	0.90	—	—
» de alfalfa	»	— "	—	—	—
Alfalfa en fardos	1000 k.	15.00 "	35.00	—	—

Productos de Saladeros, Carnes conservadas y Mataderos.

		$ cts.	$ cts.
Cueros salados de saladero, novillos	100 kilos	de sin	ventas
» » » » vacas	»	id. id.	id.
» » » » potros	uno	— á	—
» » » matadero, novillos	100 kilos	12.00 oro	
» » » » vacas	»	12.00 »	—
» secos » » novillos	10 kilos	2.50 »	—
» » » » vacas	»	2.50 »	—
Tasajo para el Brasil	46 kilos	5.50 »	—
» » la Habana	»	3.88 32 rls oro	
Sebo, estilo de embarque	100 kilos	—	—
Aceite de potro	»	2.50	2.60
» de patas	»	3.00 °/ₒ	—
Cerda de potro	»	5.00 »	6.00
» de vaca	»	7.00 »	8.00
Astas de saladero, y matadero, novillos	millar	60.00 oro	—
» » » » vacas	»	25.00 á	—
Nervios y vergas	100 kilos	20.00 »	—
Huesos	1000 kilos	16.00 »	—
Cenizas	»	14.00 »	—
Lenguas saladas	docena	2.00 »	—

Ganados.

		$ cts.	$ cts.
Hacienda vacuna, mestiza, al corte	c/u	6.50 á	7.50
" " criolla "	"	5.00 "	7.00
" ovina, mestiza Lincoln, al corte	"	no	hay
" " " general "	"	1.00 "	1.80
" yeguariza, mestiza "	"	no	hay
" " criolla, "	"	5.00 "	6.00
Novillos para invernar	"	11.00 "	13.00
Vacas " "	"	5.00 "	6.00
Novillos para saladero	"	16 00 "	18.00
Vacas " "	"	7.00 "	9.00
Yeguas " "	"	5.00 "	6.00
Capones para matadero	"	3.50 "	4.50

De los Rios.

		$ cts.		$ cts.
Cueros vacunos secos de Buenos Aires clasificados para Norte América	10 kilos	3.00	á	3.05
Cueros vacunos de Córdoba, pelo de invierno	" oro	2.70	"	2.80
" " " " verano	"	—	"	—
" " Entre Rios	"	2.05	"	2.10
" " Concordia	"	2.10	"	2.15
" " Corrientes, matadero	"	1.75	"	1.80
" campo	"	1.70	"	1.75
" " Misiones	"	1.80	"	1.85
" " Santa Fé	"	1.80	"	1.90
" " Mendoza	"	1.80	"	1.90
" " San Juan	"	—	"	—
" " Cuyabá	"	2.00	"	2.05
" " del Paraguay	"	1.95	"	2.00
" becerros de la Provincia	"	1.50	"	1.60
" nonatos	"	2.00	"	2.10
potros	uno.	c/11.80	"	1.90
cabras	docena.	7.00	"	8.50
" cabritos	1 kilo.	0.60	"	0.70
" ciervos anchos	" oro	1.00	"	1.10
" " angostos	"	—	"	—
" venados	"	0.90	"	0.95
" nútrias del Chaco	1 kilo.	1.50	"	1.60
" " de Entre Rios	"	1.40	"	1.50
" " de Santa Fé	"	1.20	"	1.25
" carpinchos	uno.	1.30	"	1.40
" lanares de Entre Rios	1 kilo.	1.70	"	1.80
" " de Santa Fé	"	0.42	"	0.45
" " de otras procedencias	"	0.38	"	0.40
" corderitos	docena.	—	"	—
Aceite de pescado	10 kilos.	3.00	"	3.30
Garras de ojal	100 kilos.	1.80	"	2.00
Lana madre de Gualeguaychú	10 kilos.	3.50	"	4.00
" " Gualeguay	"	nominal	"	nominal
" " Nogoyá	"		"	
" " Victoria, Diamante y Paraná	"		"	
" " Córdoba	"		"	
" " Mendoza	"		"	
" " Corrientes (criolla)	"		"	
" " Colon	"			
" " La Paz	"			
" " Patagones y Bahía Blanca	"			
" " Concordia	"		"	
" " " (lavada)	"		"	
" borrega de Gualeguaychú	"		"	
" " Gualeguay	"		"	
" " otras procedencias	"		"	
" " criolla	"		"	
Pluma de avestruz	"	2.50	"	3.00

HACIENDAS—*(Corrales de abasto).*

		$ cts.	$ cts.
Carne y sebo, novillos y vacas especiales en puntas....	c/u	30.00 á	50.00
» » » primera clase	"	20.00 "	26.00
» » segunda id..	"	15.00 "	18.00
» buena carne.	"	10.00 "	12.00
» » para chanchería......	"	6.00 "	8.00
» » bueyes.................. ..	"	50.00 "	60.00
» » siñueleros.................	"	40.00 "	50.00
Cueros frescos, novillos.................	c/c	5.00 "	7.00
» » vacas....................	"	4.00 "	6.50
» » bueyes...................	"	3.00 "	4.00
» » siñueleros...............	"	5.00 "	8.00
Terneros de ocho meses á un año en pié...	c/u	7.00 "	0.00
» de la paricion..................	"	— "	6.00
Novillos para invernada..................	"	12.00 "	0.00
Vacas id id	"	4.00 "	0.00
Novillos para saladero, carnes gordas......	"	0.00 "	0.00
Vacas id id id id	"	0.00 "	0.00
Yeguas id id id id	"	0.00 "	0.00
Capones para matadero, mestizos Lincoln..	"	4.00 "	4.50
" " " " generales.	"	3.00 "	3.50

Varios títulos y acciones.

FONDOS Y TÍTULOS PÚBLICOS.

	CONTADO
Bonos Municipales de 1882—6 por ciento renta........	70
Fondos Públicos Nacionales de 1863 de 6 por ciento.....	par
Id id id de 1876..............	90
Fondos Públicos Nacionales de 1882 de 6 por ciento......	74
Id id id de 1884 de 5 por ciento......	70
Puentes y Caminos 1884....................	90

ACCIONES	CONTADO
Banco Nacional........................	300
Banco Francés.........................	105
Banco Constructor de La Plata............	123
Banco de Italia........................	oro 320
Banco Nacional del Uruguay..............	nominal
Banco Español..........................	100
Banco del Comercio.....................	102

Banco Comercial de La Plata.	108
Banco Sud-Americano	84
Banco Mercantil.	175
Banco Buenos Aires.	98
Banco Industrial y Constructor.	104
Banco Agrícola Comercial del Rio de la Plata.	82
Bolsa de Comercio (Empresa del edificio).	300
Crédito Real	128
Constructora Argentina.	110
Constructora de Flores.	138
Caja de descuentos.	90
Compañía general reaseguradora.	134
Crédito Nacional.	109
Compañía de impresores y litógrafos de Kidd y C.ª	nominal
Compañía General de Crédito.	106
Compañía Nacional de Trasportes.	115
Edificadora de la Floresta.	23
Ferro carril Central.	nominal
Ferro carril del Sud.	nominal
Compañia Billetes de Banco Sud-Americana.	95
Compañia Argentina del Riachuelo.	106
Doc Sud de la Capital.	—
La industrial Minera.	140
La Argentina fábrica de papel.	110
Mercado Central de frutos.	110
Mercado y Embarcadero del Rosario.	115
Mataderos Públicos de la Capital.	185
Nuevo Banco Italiano.	108
Ferro carril del Norte.	nominal
Ferro carril de Campana.	id
Ferro carriles pobladores.	135
Fábrica Nacional de calzado.	160
Gas primitivo.	195
Gas Argentino.	210
La Edificadora	100
La «Curramalan» de 1000 cada una.	nominal
La Previsora.	170
Lloyd Argentino.	nominal
Muelles y Aduana de las Catalinas.	82
Muelles La Plata.	168
Mercado de frutos de La Plata.	118
Nueva Compañía Gas Buenos Aires.	nominal
Propiedad de la higiene (nueva).	—
Puerto Madero.	—
Sociedad General Pobladora.	275
Sociedad telegráfica telefónica.	250

Tramway Ciudad Buenos Aires.	nominal
«La Buenos Aires» Compañía Nacional de Seguros.	160

Los precios de las cédulas están marcados en la página 875

CERTIFICADOS	CONTADO
Banco Inmobiliario 75 por ciento, pago	195
Mercado de frutos La Plata. 50 por ciento pago.	64
Puerto Madero 40 por ciento pago.	84
Banco de la Bolsa, 75 por ciento pago.	80
Ferro carriles pobladores 30 por ciento, pago.	65
Banco Hipotecario de la Capital oro 40 por ciento, pago . . .	38
Compañía de Impresores y Litografos de Kidd y C.ª 40 °/₀ p.	70
Malecon y Puerto Norte de Buenos Aires 25 por ciento, pago.	38
Banco Territorial y Agrícola de Santa Fé 50 por ciento, pago.	90
Nuevo Banco Italiano 40 por ciento pago.	48
Compañía Argentina del Riachuelo 25 por ciento, pago.	21
Mataderos Públicos de la Capital, 20 por ciento pago	43

OBLIGACIONES	CONTADO
Bonos Banco Hipotecario de la Capital (oro)	65
Obligaciones Banco Constructor de La Plata	12

Descuentos.

Interés en plaza.	11½
En el Banco Nacional. . .	Préstamos hasta 180 dias 7 °/₀.
» » . .	Especiales con amortizacion menor de 25 °/₀, 8 °/₀
El Banco de la Provincia.	Papel comercial 7 °/₀ y particular 8 °/₀.
» »	Pagarés á oro 7 °/₀ anual.

Federico Leinau, Remi Dumais, Jorge Pratje.

Alfredo Alonso.—M. G. Llamazares.—José E. de Souza Martinez.—Juan Bordoy.—Luis Celasco.—Alfonso Ayerza.— Calixto Almeyra.— Vicente Fortunato.— Bartolomé Roca.— P. Christophersen.—B. Maumus.—T. S. Roadle.

V.° B°.

Ed. B. Legarreta,
Presidente.

Manuel Dolz,
Gerente ecretario.

ÍNDICE.

PARTE I.

Informes Consulares.

PARTE II.

Correspondencia Diplomática y Actos Oficiales.

PAG.

REPUBLICA ARGENTINA.

MINISTERIO DE RELACIONES EXTERIORES.

BOLETIN MENSUAL.

(Año Sexto).

NOVIEMBRE DE 1889.

PUBLICACION OFICIAL.

BUENOS AIRES.

Imprenta de Juan A. Alsina, México, 1422 (antes 634.)

1889.

Informes Consulares.

Consulado en Coruña.

INFORME MENSUAL.

Coruña, Setiembre 6 de 1889.

Señor Ministro:—Tengo el honor de elevar á conocimiento de V. E., el informe mensual correspondiente á Agosto último, adjuntando estados de revista mercantil, importacion y exportacion, y relacion del número de inmigrantes embarcados en este puerto.

Las transacciones de cueros secos de ganado vacuno de esas Provincias han sido de poca importancia y se cotiza el kilo en plaza de 34 á 40 centavos.

Precio de reses en pié.

	Máximo		*Mínimo*	
	pesos	cent.	pesos	cent.
Un buey cebado para embarcar.........	80	«	70	«
Una vaca para muerte..................	31	«	28	«
Una id de leche.........................	37	«	34	«
Una ternera de muerte............ ...	18	«	16	«

	Pesos	Cent.	Pesos	Cent.
Un novillo de muerte	15	«	12	«
Un carnero " "	2	40	2	«
Un cordero " "	1	30	1	«
Un cabrito " "	1	«	1	«
Una cabra " "	2	40	2	20
Una " " "	3	80	3	40

Cuadro demostrativo de reses sacrificadas en el Macelo público de esta Capital en el mes de Agosto anterior.

	Número.
Bueyes..........	66
Vacas..........	28
Terneras....	1054
Novillos	18
Corderos....	226
Cueros..........................	92
Cabritos......................... ..	21

Cuadro demostrativo del precio máximo y mínimo que ha tenido el ganado de cerda en el mes de Agosto anterior.

	Máximo		*Mínimo*	
	pesos	cent.	pesos	cent.
Un cerdo cebado, su peso de 10 á 12 @..	38	«	36	«
Uno id. de 1/2 ceba, de 7 á 8 « ..	22	«	19	«
Uno id. de cria mayor..................	9	«	7	«
Uno id. de cria menor..................	3	«	2	«

Cuadro demostrativo de los precios corrientes que han tenido las carnes muertas del ganado de cerda en el mes de Agosto anterior.

	Máximo.		*Mínimo.*	
	pesos	cent.	pesos	cent.
Un kilo de jamon curado...............		64	«	60
Uno id. de lacon......................		«	«	«

	Pesos	Cent.	Pesos	Cent.
Uno id. de rafo fresco...............	«	64	«	60
Uno id. de manteca fresca de cerdo.....	«	«	«	«
Uno id. de id. de vaca en vejiga........	«	«	«	«
Uno id. de grasa ó unto............. ...	«	«	«	«

Cuadro demostrativo del precio máximo y mínimo que han tenido los cereales en esta plaza y mercados de las Provincias en el mes de Agosto último.

	Máximo		*Mínimo*	
	pesos	cent	pesos	cent.
Trigo ferrado de Avíla.....	"	70	"	66
Maíz.......	"	62	"	56
Centeno............................	"	42	"	38
Mijo menudo.........................	"	—	"	—
Cebada.	"	52	'	46
Habas blancas.	"	76	"	72
Id de color..........................	"	64	"	60

Cuadro demostrativo de los precios corrientes que ha tenido el ganado caballar, mular y asnal, en las férias de esta Provincia en el mes de Agosto último.

	Máximo		*Mínimo*	
	pesos	cent.	pesos	cent.
Un caballo del pais de 7 cuartas alzada....	90	"	84	"
Una jaca de 6 id...............	48	"	44	"
Una yegua sin cria...	28	"	26	"
Una id con cria	36	"	32	"
Una mula de tiro........	114	"	106	"
Una muleta de 3 años..................	72	"	66	"
Un asno....	16	"	12	"
Una burra con cria.....................	20	"	18	"

Importacion de cueros secos descargados en este Puerto procedentes del de Buenos Aires, durante el mes de Agosto anterior.

Dia	Vapor		Cueros.
1.°	«Cabo Quejo»	consignados á D. Narciso Obanza.	1500

Exportacion.

Sardinas°.........................	tabales	150
Mantequilla.........................	cajas	12
Embutidos....	caja	1
Chocolates...............	cajas	2
Dulce....................... ...	caja	1
Conservas.......	cajas	50

Este puerto y Provincia se hallan libres de toda peste y enfermedad contagiosa.

Saludo á V. E. con la mas alta consideracion y respeto.

Antonio Herrera, Vice Cónsul.

Noviembre 2 de 1889.—Publíquese en el Boletin Mensual del Ministerio.—ZEBALLOS.

Consulado en Calais.

INFORME MENSUAL.

Calais, Setiembre, 1.° de 1889.

Señor Ministro:—Tengo el honor de elevar al conocimiento de V. E. el manifiesto de las mercaderías expedidas durante el mes de Agosto ppdo. con destino á la República Argentina, las que se hanefectuado en este Consulado durante el mes mencionado.

Estado demostrativo de las mercaderías expedidas por este Consulado á los puertos de la República Argentina.

400 bultos artículos de lencería.

13 cajones conteniendo quincallería, cuchillería y varios.

2 bultos varios.

1 cajon repuestos de acero.

1 cajon zapatos de goma.

330 cajones de vino.

Saluda al Señor Ministro con la mas alta consideracion.

S. Leroy.

Noviembre 2 de 1889.—Publíquese en el Boletin Mensual del Ministerio.—ZEBALLOS.

Consulado en Mollendo.

INFORME ANUAL.

Mollendo, Febrero 30 de 1889.

Señor Cónsul General:—Tengo el honor de remitir adjunto á S. S. la nota de Exportaciones de este puerto durante el año pasado de 1888.

El estado sanitario de este puerto ha sido bueno durante el año pasado, y continúa siendo satisfactorio.

La Circular del 3 de Abril próximo pasado, de Buenos Aires, y la de S. S. de 19 de Octubre próximo pasado, trascribiendo la de 30 de Octubre de 1882 del Departamento de Relaciones Exteriores, he recibido y las instrucciones serán debidamente atendidas.

Exportacion del Puerto de Mollendo durante el año de 1888.

Clase.	Peso, etc.	
Lana de Vicuña	203.10	lbs.
« « Alpaca 1.ª	24.058.45	«
« « « 2.ª	15.887.59	«
« « Oveja	21.560.02	«
Cueros de Res secos	2.827.66	«
« « « Salados	676.60	«
« « Carnero	10.02	
« « Vicuña	4.53	
« « Alpaca	2.15	
Barrilla de Cobre	23.990.16	«

Clase.	Peso, etc.	
Barrilla de Estaño............	3.236.15	lbs.
Barras « «	1.402.78	«
Metales de Plata............	2.906.82	«
« « Cobre............	866.03	«
« « Estaño	65.28	
Bronce......................	10.60	
Cascarilla.....	12.377.36	«
Coca......................	2.144.22	«
Tártaro......................	112 58	«
Ratania...............	36.60	
Café......................	78.61	
Chocolate......................	3.68	
Máltico......................	15.06	
Crin de Caballo.............	1.12	
Plata Piña, Plata en planchas y barras, Oro en pepita y polvo, Chafalonia de Oro y Plata y otros valores....	£ 21.392	

Tengo el honor de saludar á S. S. con mi mas distinguida consideracion.

Juan Jefferson, Cónsul.

Noviembre 2 de 1889.—Publíquese en el Boletin Mensual del Ministerio.—Zeballos.

Vice Consulado en Antonina.

INFORME MENSUAL.

Antonina, Octubre 1.° de 1889.

Señor Ministro:—Cumplo con el deber de poner en conocimiento de V. E. los precios alcanzados en esta plaza por los productos de esa República y esta Provincia en el mes próximo pasado:

Mercaderías.	*Reis.*	*Mercaderías.*	*Reis.*
Carne seca de 1.ª kilo.	400	Harina de trigo, bar..	18 000
« 2.ª » .	300	Harina de trigo, bols..	9 500
« fresca	280	Harina mandioca bar..	6 500
Cueros vaca, kilo.....	6.000	Aguardiente caña, p..	80 000
Garras de cueros, kilo.	100	Yerba mate fina, kilo..	146
Astas..............	10 000	« ordinaria, id.....	146
Arroz limpio, bolsas...	13 000	« en hoja, id.....	150
Mijo, 40 litros........	5 000	« en rama........	110
Frijoles 40 litros......	18 000		

Saludo á V. E. con mi mas alta y distinguida consideracion.

Policarpo José Pinheiro,
Encargado del Vice Consulado.

Noviembre 2 de 1889.—Publíquese en el Boletin Mensual del Ministerio.—Zeballos

Consulado en Tupiza.

INFORME MENSUAL.

Tupiza, Octubre 4 de 1889.

Señor Ministro:—Durante el mes que ha pasado, el precio de las compra-ventas sobre artículos de general consumo en esta provincia, ha sido el que se anota en seguida:

Ganado en pié, buey, de	70	á	80	$
« « vaca, "	60	"	70	"
Carne fresca, la arroba..........		"	3	4 rs.
Charqui, el quintal		"	32	"
Sebo, el quintal		"	38	"
Manteca, la arroba..................		"	10	"
Cueros de buey..........		"	10	"
" " vaca		"	8	"
Harina de trigo, el quintal...........		"	20	"
Harina de maíz, la fanega.		"	7	"
Maíz, la carga....			6	"
Papas, la carga....		"	7	"
Chuño, el quintal..................		"	18	"
Café, la arroba......................		"	20	"
Coca, el tambor......		"	40	"
Azúcar, la arroba...........		"	10	"
Arroz, la arroba		"	8	"

Con este motivo, tengo el agrado de saludar á V. E. atentamente.

Ceferino Valverde, Cónsul.

Noviembre 2 de 1889.—Publíquese en el Boletin Mensual del Ministerio.—ZEBALLOS.

Consulado en Bahía.

INFORME MENSUAL.

Bahía, Agosto 31 de 1889.

Señor Ministro: - Tengo el honor de presentar á V. E. un resúmen circunstanciado de las mercaderías importadas con procedencia de la República, á esta plaza, demostrando los precios de venta, condiciones y existencias durante el mes de Agosto ppdo., cumpliendo así á lo ordenado por ese Ministerio segun las circulares de 19 de Noviembre de 1881 y 1.° de Agosto de 1883 trasmitidos por el señor Cónsul General de la República en este Imperio.

Precios corrientes.

Alfalfa.—No ha habido entradas en este mercado durante el presente mes, con procedencia de la República Argentina, se cotiza por grandes partidas de 130 á 140 reis el kilo.

Cueros.—No hay alteracion en esta plaza. Se cotizó nominalmente los secos salados á 2.95 reis por kilo y los secos á 3.10. De la República Argentina no hubo entradas.

Harina de trigo.—Sin entradas y sin existencias en primera mano, se cotiza cada dos bolsas de 92 kilos á razon de 13 $ 000 á 14 $ 500, por ventas al bulto. Obtienen tambien á 19 $ 000 y 20 $ 000 los barriles proveniente este artículo de Austria y Norte América.

Mijo.—Entraron durante el mes 8178 bolsas de Buenos Aires. Se encuentran los precios en el mercado á 4.60 y 4.80. En partidas grandes regularmente, existiendo en depósito cerca de 7000 bolsas.

Charque.—No ha entrado de la República Argentina y no hay en depósito. Hace falta este artículo superior del Rio de la Plata.

Se cotizan de 300 á 360 reis el kilo.

Lanas.—Confirmamos lo que dijimos en nuestro número anterior, el mes de Julio

Observaciones.—Los precios indicados son por artículos despachados para el consumo.

Tengo el honor de saludar á V. E. con toda consideracion y respeto.

Fernando A. Luz, Cónsul.

Noviembre 2 de 1889.—Publíquese en el Boletin Mensual del Ministerio.—Zeballos.

Consulado General en Alemania.

INFORME MENSUAL.

Hamburgo, Octubre 3 de 1889.

Señor Ministro:—Tengo el honor de poner en manos de V. E. el informe mensual de este Consulado General correspondiente al pasado mes de Setiembre.

Importaciones.

10.222 cueros de potro, 23.554 cueros vacunos, 12.000 astas, 43 fardos diversas pieles, 388 fardos cueros lanares, 555 toneladas quebracho y 1290 trozos id., 1142 toneladas ceniza de hueso, 10 fardos de cerda, 253 bolsas y 12 zurrones minerales, 61 toneladas y 4500 pedazos tuétano de asta, 31 fardos nutria, 1180 bolsas lino, 4320 bolsas maiz.

Cotizaciones.

Cueros vacunos pesados secos de 57 á 63 pfg. el $^1/_2$ kilóg.
Cueros vacunos secos livianos 52 á 61 pfg. el $^1/_2$ kilógramo.
Cueros vacunos salados pesados 48 á 50 id. id.
Cueros vacunos (vaca) 44 á 46 id. id.
Cueros de potro salados m. 12 $^1/_2$ á m. 15 cuero.
Astas de buey m. 10 á m. 24 las 100 astas.
Id de vaca m. 10 á m. 12 id.
Cerda m. 1.15 á m. 1.50 el $^1/_2$ kilógramo.
Harina de carne m. 14 á m. 18 los 100 kilógramos.
Hueso molido m. 11 $^1/_2$ á m. 14 id.
Miel de abeja m. 32 los 50 kilógramos.

Hueso, precio nominal.

Ceniza de hueso m. 9.75 á m. 10.50 los 100 kilógramos.

Harina de trigo m. 27 á m. 29 id id.

Sebo m. 45 los 50 kilógramos.

Cera m. 110 los 50 id.

Lana sucia de Buenos Aires de 70 á 75 pfg. el $^1/_2$ kilógramo.

Quebracho m. 4 los 50 kilógramos.

Cereales.

Trigo..............	m.	184	á	m.	155	los	1000	kilos
Centeno.............	«	103	«	«	105	«	«	«
Cebada..............	«	95	«	«	105	«	«	«
Avena...............	«	120	«	«	130	«	«	«
Maíz................	«	112	«	«	120	«	«	«
Colza...............	«	310	«	«	315	«	«	«
Lino................	«	200	«	«	210	«	«	«

Dios guarde á V. E. muchos años.

Cárlos Vega Belgrano, Cónsul.

Noviembre 2 de 1889.—Publíquese en el Boletin Mensual del Ministerio.—Zeballos.

Consulado en Brunswick.

INFORME MENSUAL.

Brunswick, Setiembre 1.° de 1889.

Señor Ministro:—El movimiento de exportacion de este puerto para los de la República durante el próximo pasado mes de Agosto ha sido el siguiente:

Seis buques de la capacidad total de 2.907 toneladas han cargado 2.103.776 piés superficiales de madera pino tea avaluados en 28.113 dollars.

Tengo la honra de acompañar la cotizacion actual de estos artículos de exportacion aparentes para esos mercados.

Sigue siendo buena la salud pública de esta poblacion.

Madera de pino tea: Aserrada á vapor de dimensiones ordinarias y aparente para los mercados del Rio de la Plata de $ 14.50 @ 16.50 por M. de piés superficiales puesta encima del muelle al costado del buque, sin ningun otro gasto.

En estos muelles hay de 16 á 18 1/2 piés de agua. Los buques que excedan de este calado pueden completar su carga á cosa de una milla de distancia de la poblacion, siendo de su cuenta los gastos que en este concepto se originen.

Piezas de arboladura: El precio de estas está en proporcion á sus dimensiones y en relacion á la demás clase de madera; las hay cuadradas y ochavadas labradas al hacha.

Resina: Clases B $ 0.92 1/2 C $ 0.92 1/2 D $ 0.92 1/2 E $ 0.97 1/2 E $ 1.02 1/2 G $ 1.07 1/2 H $ 1.27 1/2 I $ 1.50 K $ 1.55 M $ 1.75 N $ 1.90 W G $ 2.20 el barril en bruto de 280 lb.

Aguarrás: A 38 1/2 cts. el galon envasado en barriles de unos 44 galones.

Algodon: Good Middling á 11 $^1/_8$ cts. lb., Middling á 10 $^5/_8$ cts. lb., y Low Middling á 9 $^7/_8$ cts. lb.

Fletes; Se cotizan para Buenos Aires y puertos contiguos de $ 19 $^1/_2$ @ $ 20 por M de piés de madera, y para Rosario de Santa Fe de $ 21 @ $ 22 por M.

Total de buques en puerto: 38.

Reitero á V. E. las seguridades de mi mayor consideracion y respeto.

Rosendo Torras, Cónsul.

Noviembre 2 de 1889.—Publíquese en el Boletin Mensual del Ministerio.—Zeballos.

Consulado en Barcelona.

INFORME MENSUAL.

Barcelona, Octubre 4 de 1889.

Señor Ministro:—Tengo el honor de remitir á V. E. el informe de esta Oficina correspondiente al mes de Setiembre último.

Han zarpado durante ese mes nueve buques á vapor y uno á vela, que suman en total 17497 toneladas, con 860 tripulantes y 1535 emigrantes.

Los principales artículos exportados en esos buques para Buenos Aires y Rosario, han sido 3579 pipas de vino, 377 cajas de aceite, 650 do aguardiente, 150 de pimenton, 380 barriles de aceitunas, 40 cajas de garbanzos y algunos de fardos de tejidos de punto.

Emigrantes.

De los 1514 emigrantes que han partido, 1296 lo han efectuado con pasajes subsidiarios despachados en Madrid por la Direccion de Informacion y en Barcelona por la casa de Acebal y Diaz, Consulado General, y por este Consulado 19 con pasajes enviados de la República y 218 se los han costeado con sus propios recursos,

Precios del ganado en pié.

Un buey..................	de	60	á	80	duros
Una vaca................	«	60	á	80	«
Un ternero..............	«	20	á	30	«
Un carnero........	«	5	á	10	«
Un cordero.....	«	3	á	5	«
Un cabrito............. ..	«	3	á	5	«

Los artículos argentinos conservan los mismos precios que tuve el honor de participar á V. E. en el mes anterior.

Saludo á V. E. con mi mayor consideracion.

A. Peralta Iramain.

Noviembre 2 de 1889.—Publíquese en el Boletin Mensual del Ministerio.—ZEBALLOS.

Consulado en Santander.

INFORME MENSUAL.

Santander, Octubre 1.° de 1889.

Señor Ministro:—Tengo el honor de manifestar á V. E. que durante el próximo pasado mes de Setiembre se han descargado en los muelles de este puerto las mercancías siguientes:

777.800	kilógramos	de	azúcar.
18.400	«	«	aceite de oliva.
277.870		«	bacalao.
17.680		«	cueros de vaca secos.
350.560		«	cacao.
6.603.235		«	carbon mineral.
226.900	«	«	maiz.
80.000	litros	«	alcohol industrial.
203.200	«	«	aguardiente de caña.

La exportacion de harinas de trigo, fué de:

1.772.300 kilógramos para las Antillas españolas, y
919.400 « « otros puertos de España.

Las férias de ganado vacuno, se iniciaron este otoño con una pequeña alza: en la celebrada á fines del mes pasado se vendieron próximamente mil cabezas, fluctuando sus precios segun clase y condiciones, en la pareja de bueyes de 400 á 600 ptas., en vaca para vida de 125 á 250, en vacas para muerte de 150 á 200 y en terneras de 50 á 100.

Para el consumo en esta localidad se degollaron durante Setiembre las reses siguientes:

Vacunas..	mayores	619	con kilos	124.199
	menores	509		
Lanares y cabritos......		515	« «	1.970
De cerda.............		103	« «	3.231

Sigue siendo satisfactoria la salud pública en todo este distrito consular.

Saludo á V. E. con la mayor consideracion á la vez que me complazco en ofrecerle el testimonio de toda mi consideracion y respeto.

Víctor Espina, Cónsul.

Noviembre 5 de 1889.—Publíquese en el Boletin Mensual del Ministerio.— ZEBALLOS.

Consulado en Montpellier.

INFORME TRIMESTRAL.

Montpellier, Octubre 1.° de 1889.

Señor Ministro:—Tengo el honor de remitir á V. E. el informe trimestral de este Consulado.

Precios de los artículos siguientes en los mercados de esta plaza.

Carnes.—*Los 100 kilos.*

Buey	de	frs.	120	á	130
Vaca	«	«	90	»	118
Carnero francés	«	«	155	«	170
Oveja	«	«	115	«	145
Cordero de campo	«	«	80	«	100
« « leche	«	«	117	«	125
Ternero	«	«	82	«	102
Cerdo	«	«	—	«	—

Conveniencia de la venta.

Los bueyes, carneros y corderos se venden muertos y al peso.

Los terneros y cerdos se venden vivos y al peso.

Cereales.—*Los 100 kilos.*

Trigo	de	frs.	19.50	á	22
Maiz	«	«	17	«	18
Papas	«	«	9.50	«	10.50

Cebada..................	de	frs.	12	á	12.50
Avena..................	«	«	18	«	19.50
Centeno	«	«	20.50	«	21.50

Vinos.—*El hectólitro.*

Aramons ligeros..........	de	frs.	14	á	16
« de eleccion......	«	«	20	«	25
Montañas corrientes	«	«	17	«	19
Montañas superiores......	«	«	21	«	25
Petit Borvichel.........	«	«	19	«	24
Alicante id	«	«	24	«	30

Noticia suscinta.

Me parece oportuno, Sr. Ministro, de elevar á conocimiento de V. E. algunos datos sobre la cosecha principal de la época, indicios sacados de fuente oficial que le permitirán juzgar de la importancia del Departamento en donde tengo la honra de representar como Cónsul nuestro país, pues se trata de la cuestion vinícola, en lo que hay de comparar á la estadística de los años anteriores.

El Departamento del Hérault, semejante, sino superior á los otros Departamentos viñedos, ha sufrido demasiado con la crísis aguda ocasionada por los daños de la filoxera, y aunque la poblacion estuvo llena de esperanzas en el talento é investigaciones de los profesores de su escuela de agricultura y viticultura, nunca hubiese pensado ver en tiempo tan breve el hecho cumplido que es el coronamiento de sus esfuerzos y sacrificios pecuniarios.

Secundados durante el mes de Setiembre por unas temperaturas calientes y exentas de lluvia, los viñeros y propietarios han podido recoger los frutos para ser recompensados tanto por la calidad como en la cantidad, dejando atrás la vendimia del año pasado que alcanzó á mas de cuatro millones de hectólitros.

Sin embargo, hasta ahora, no he podido averiguar las cifras

oficiosas que se dan y que se estiman en la cantidad de siete millones de hectólitros. Dentro de unos dias, entonces se podrá asegurar la suma exacta de estos millones de hectólitros de vino; iré á visitar al Director del Boletin «Le Progrés Agricole el Piticole» periódico hebdomedario, redactado baja la alta direccion del Sr. D. L. Degrully, profesor en la escuela nacional de agricultura de Montpellier, en colaboracion de otros profesores de la misma, todos presidentes de sociedad agrícolas, profesores departamentales de agricultura y muchísimos viticultores idóneos de suministrar conocimientos exactos, los cuales el Ministerio de V. E. podrá comunicar á nuestros compatriotas de la República Argentina, quienes quizá verían en esos datos la ocasion de ligar relaciones comerciales lucrativas que favoreceré en toda la extension de mi competencia.

Concluyendo la noticia, tengo que comunicar á V. E. que tenemos en Montpellier una escuela nacional de agricultura y viticultura, en donde se enseña gratis las varias culturas del país de la zona templada. El número de estudiantes pasa de trescientos, cuya décima parte representa elemento extranjero repartidos en las nacionalidades siguientes: alemanes, españoles, argelinos, italianos, rusos y griegos; extrañando no haya ningun argentino, que, segun mi pobre opinion, creo sería un progreso para nuestra patria.

Saludo á V. E. con mi mas distinguida consideracion.

Santiago Rigal, Cónsul.

Noviembre 7 de 1889.—Publíquese en el Boletin Mensual del Ministerio.—Zeballos.

Consulado en Las Palmas (Gran Canaria.)

INFORME MENSUAL.

Las Palmas (Gran Canaria), Octubre 1.° de 1889.

Señor Ministro:—Tengo el honor de remitir á V. E. el informe mensual correspondientes al mes de Setiembre ppdo.

Precios de los artículos siguientes en los mercados de esta Ciudad en el mes de Setiembre último.

Carnes muertas:—De vaca ó buey, 1 peseta el kilógramo.
« « « carnero 1 « id.
« « « cerdo, no se expende en esta época.

Carnes en vivo:—Para provisiones de buques, de 0,45 á 0,50 pesetas el kilógramo.

Cochinillas:—Sigue la demanda para las *madres;* se ha cotizado de 1,12 á 1,25 pesetas la libra—*Negras* de la presente cosecha no han llegado aún al mercado.

Porotos:—Negros, de 18,75 á 20 pesetas los 69 kilos.
» Blancos, de 17,50 á 18,25 « los 69 «

Garbanzos:—Medianos, de 16 á 17,50 los 69 «

Trigo:—De 10 á 12,50 pesetas fanega de 116 libras.

Maiz:—De 11 á 12 « « 66 kilos.

Vinos:—*Tintos;* de 112,50 á 250 pesetas la pipa, segun clase.

Id. *Blancos;* de 175 á 750 pesetas la pipa, segun clase y edad. Embotellado superior, desde 25 hasta 60 pesetas caja de 12 botellas.

La antigua y acreditada bodega de Don José C. Quevedo, de esta ciudad, ha obtenido *medalla de oro* en la actual Exposicion de París, por los vinos que presentó.

Tabaco:—Lo hay en rama y elaborado del país, sin precios fijos.

Azúcar:—Produccion del país solo queda para este consumo.

Pescado salpreso:—En barriles de 50 libras, de 15 á 18,75 pesetas.

Bananas:—De 3 á 5 pesetas racimo, segun tamaño.

Cebollas:—Muy escasas, á 5 pesetas los 46 kilos.

Papas:—Está terminando la cosecha y sus precios varían de 3 á 4 pesetas quintal de 46 kilos.

Lozas de piedra:—Cuatro lozas en vara cuadrada, de 2,25 á 3,25 pesetas, segun clase.

Locetones:—De una vara largo por media ancho, de 2,25 á 2,50 pesetas uno.

Molinillos de piedra:—De 1,50 á 2,50 pesetas el juego de dos.

Piedras de filtros:—De 3 á 5 pesetas una, segun tamaño.

Exportacion.—Durante el mes de Setiembre último, no se ha hecho embarque alguno desde este puerto para los de la República Argentina.

Importacion.—Tampoco la ha habido de ese país.

Pasageros.—En el mencionado mes de Setiembre, se han embarcado desde este Puerto para Buenos Aires, *treinta y dos* pasageros.

Salud pública.—En este Distrito Consular es inmejorable, y se preserva rigurosamente de todo punto insalubre.

Me es muy grato reiterar á V. E. mi profundo respeto y consideracion mas distinguida.

Francisco Monzon y Castro, Cónsul.

Noviembre 7 de 1889.—Publíquese en el Boletin Mensual del Ministerio.—ZEBALLOS.

Consulado General en los Estados Unidos.

INFORME MENSUAL.

Nueva York, Setiembre 5 de 1889

Señor Ministro:—Tengo el honor de incluir á V. E. los cuadros demostrativos de costumbre.

Cargamento de los principales articulos de exportacion de los estados Unidos á la República Argentina durante el mes de Agosto de 1889.

Maderas, en piés	21.041.000
Sillas, en paquetes	3 035
Lona, en paquetes	744
Cohetes, en cajas	4.840
Kerosene, en latas	72.515
Sebo, en latas	875
Máquinas de segar	1.907
Arados	991
Resina en bbls	2.502
Máquinas de sembrar	608
Agarrás, en latas	1.870
Almidon, en latas	9.100
Tabaco en hojas, en libras	81.825
« « mfdo. « «	32.097

Precios corrientes á fin del mes de Agosto de 1889, de los articulos de consumo y otros de este mercado.

Cereales.—Harina de trigo para la exportacion	$ 4.35
« « centeno mezclado	« 4.00
« « maíz amarillo	« 0.95
« « del Sur	« 3.15

Maíz mezclado, por fanega	« 0.14 1/4
Frutas.—Pasas, por caja	« 2 00
Heno.—Por cien libras	« 0.90
Cáñamo de Manila	« 0.12

Cueros secos.

Buenos Aires, escojidos	20	á 23	lbs	$ 0.16
Montevideo	20 1/2	« 22	«	0. 0.16
Corrientes	21	« 22	«	« 0.12 1/2
Veracruz	18	« 19	«	« 0.09 1/2
Laguayra	23	« 25	«	« 0.10 1/2
América Central	20	« 22	«	« 0.15
Del Oeste	18	« 24	«	« 0.10
« Sur	12	« 18	«	0. 0 08

Cueros salados.

Buenos Aires, de vaca	46	á 50	lbs	$ 0.08
Rio Grande, de vaca	44	« 48	«	« 0.08
B. A. y R. G. de buey	45	á 60	lbs.	$ 0.08 1/2
New Orleans, buey y vaca	45	« 75	«	« 0.06

Cueros de Buenos Aires curtidos en cicuta, para suela.

Ligeros de primera	$	0.18 1/2
Medianos id.	«	0.19
Pesados id.	«	0.19
Ligeros de segunda	«	0.17
Medianos id.	«	0.17
Pesados id.	«	0.17
Dañados	«	0.15
Mieles.—De New-Orleans	«	0.23
Provisiones Navales.—Aguarrás	«	0.44 1/2
Resina en barriles	«	1.02 1/2
Provisiones.—Tocino en barriles	«	11.50

Jamones de vaca..................	$	16.25
Azúcar.—Refinada...............	«	0.05 $^3/_4$
Centrífuga...............	«	0.06 $^1/_2$

Sin otro motivo, me es grato reiterar á V. E. las seguridades de mi consideracion mas distinguida.

A. G. Calvo, Cónsul.

Noviembre 9 de 1889.—Publíquese en el Boletin Mensual del Ministerio.—ZEBALLOS.

Consulado General en Bélgica.

INFORME MENSUAL.

Amberes, Octubre 3 de 1889.

Señor Ministro:—Tengo el honor de remitir á V. E. adjunto el informe comercial de la plaza de Amberes correspondiente al mes de Setiembre ppdo.

Informe comercial sobre la plaza de Amberes, correspondiente al mes de Setiembre de 1889.

Lanas.—La cuarta serie de remates de lanas terminó el dia 4 del actual.

He aquí las cantidades expuestas en venta y adjudicadas durante esos remates:

				Vendidos
Presentados	9.773	fardos,	Buenos Aires......	á 6.217
	5.466	«	Montevideo........	« 3.815
	85	«	Entre Rios...	«
	57	«	Rio Grande........	« 34
	15.381 fardos		....	« 10.066

810	de Melbourne...........................	793
211	« Sydney..........	211
1277	« del Cabo	1055
154	« Africa................................	154
11	« Curaçao.....	11
69	« lavadas y otras....	18
2 532	fardos................................	2242

Los precios se mantuvieron hasta el fin de los remates á los tipos indicados en mi anterior revista, es decir, en alza de 5 á 10 céntimos por lanas buenas á superiores, sin variacion las medianas, y flojos é irregulares para todas las defectuosas, tanto lanas madres como borregas, adjudicándose estas últimas á veces con baja de 5 á 10 céntimos sobre el curso de los anteriores remates.

De mano á mano, fuera de remates, se trataron además 298 fardos de Buenos Aires, 325 de Montevideo y 16 de Australia.

Terminados los remates, la demanda ha continuado bastante activa á precios firmes, y aún con alguna mejora por ciertos lotes.

En Lóndres principió la venta pública el 24 del actual con muchos compradores, buéna animacion en las transacciones y precios 5 °/₀ mas altos que en los remates de Julio por las buenas calidades, y sin variacion las demás. Estos avisos contribuyen naturalmerte á la firmeza del artículo en nuestro mercado.

El movimiento de lanas del Plata durante el mes de Setiembre, fué como sigue:

Entradas.

Existencias el 4 del corriente... .. fardos 5.349

Llegadas

De Buenos Aires..................	fardos	721
« Montevideo..................	«	647
« Rosario........	«	69
Via indirecta.............	«	105
Total....	«	6.891

Salidas.

Ventas.—De Buenos Aires......	657	fardos
« Montevideo...............	622	«
« Entre Rios.....	63	«
« Rio Grande........	1	«
« Tránsito......	1.389	«
Existencias.—Buenos Aires...............	2.904	«
Montevideo...............	1.233	«
Rio Grande	22	«
Total....	6.891	«

El movimiento general de lanas del Plata durante las dos últimas campañas fué el siguiente, durante el período comprendido entre el 1.° de Diciembre y 30 de Setiembre de 1888 y 1889, que constituye aquí la campaña para este artículo:

Importacion.

Destino.	Años	
	1888	1889
Buenos Aires..................	78984	92912
Montevideo....................	28088	32924
Entre Rios....................	994	994
Rio Grande....................	787	1258

Ventas.

Destino.	Años	
	1888	1889.
Buenos Aires..................	37664	29530
Montevideo....................	19460	20940
Entre Rios....................	845	972
Rio Grande....................	773	1098

Tránsito.

Destino.	Años	
	1888	1889.
Buenos Aires..................	44400	62596
Montevideo....................	7378	10836
Entre Rios....................	149	22
Rio Grande....................	9	141

Las pieles lanares dieron lugar al movimiento siguiente:

Entradas.

Existencias en 1.° del corriente ..	2	fardos
Llegadas del Plata	225	«
Australia........................	43	«
Rusia............................	3056	«
Total....	3326	«

Salidas.

Ventas..........................	41	fardos
Tránsito del Plata...............	174	«
Australia................	43	«
Rusia	3056	«
Total....	3287	«

En transacciones á plazo, se han verificado durante el mes de Setiembre 50,000 kilos peine francés Plata sobre Octubre-Diciembre á francos 5,87 1/2, y 3.210,000 kilos peine aleman Plata sobre Setiembre-Julio, de francos 5,75 á 6,05 francos kilo.

Cueros.—Bajo la influencia de abundantes arribos, este artículo ha estado algo mas flojo durante el mes en revista, si bien la posicion es mas firme para los buenos cueros de verano. Los cueros de procedencias poco estimadas, como lo son principalmente los de Buenos Aires, se han vendido con concesiones notables en los precios. Hasta ahora se han recibido en Amberes 150,800 cueros mas que en igual época de 1888.

Los cueros secos tienen una demanda bastante limitada, excepto los novillos mataderos de buena calidad que son muy escasos.

La importacion general fué como sigue: 5741 cueros secos y 181,522 salados del Plata: ventas 96 700 cueros y existencia hoy 271,800 cueros.

El 17 del actual se vendieron en pública subasta 21,800 cueros, de 37,400 que comprendia el catálogo, procedentes de antiguas existencias en almacenes, y mas ó menos averiados. Los precios fueron en general de francos 2 á 3 bajo las tasaciones por cueros de novillo 25/32 kilos, y hasta francos 5 mas bajos los mataderos de Buenos Aires secundarios.

Plata secos. Ventas 4.900. Stock 27,950. Los Buenos Aires novillos mataderos se pagaron de francos 87 á 90 por buenos lotes, y 85 calidades medias.

Vacas id. id. francos 91 á 95 por cueros de 11 3/4 á 12 1/3 el kilo.

Plata salados, Ventas, 90,550. Stock 241,200.

Novillos saladeros:

				Verano.		Invierno.
Buenos	Aires	15/20	kilos.	frs. 43 á 46	frs.	35 á 39
«	«	20/25	«	« 50 « 54	«	39 « 44
«	«	25/32	«	« 59 « 64	«	48 « 53
«	«	32/40	«	« 53 « 58	«	45 « 50

Novillos mataderos:

				Verano.		Invierno.
Buenos	Aires	15/20	kilos.	frs. 38 á 41	frs.	34 á 38
«	«	20/25	«	« 43 « 48	«	36 « 40
«	«	25/32	«	« 50 « 56	«	40 « 45
«	«	32/40	«	« 48 « 52	«	42 « 47

Los cueros de verano de primera calidad, ó de procedencias muy estimadas, se pagaron un franco mas que las cotizaciones que preceden.

Cereales.—Los trigos estuvieron muy encalmados durante la primera quincena del mes actual, á causa de la reserva de los compradores y de que los agricultores del país ofrecian los trigos indígenas á precios mas bajos que los exóticos. Las transacciones se limitaron, pues, á las necesidades extrictas del consumo. Durante la segunda quincena, los precios han ido afirmándose, y cierran en alza de 25 á 50 céntimos. Tanto en disponible como á plazo, se han realizado importantes transacciones Los demás cereales siguen encalmados, con venta difícil y limitada á las necesidades extrictas del consumo.

La importacion y ventas fueron las siguientes, en hectólitros:

	Trigo.	Centeno.	Cebada.	Avena.
Importacion.........	847.956	123.715	276.099	238.638
Ventas..............	576.000	74 000	72.000	40.000

El trigo rojo de invierno de América se cotiza de frs. 18 3/4 á 19 1/2: el del Danubio, Bulgaria y Rumania de frs. 15 3/4 á 19 1/2 y el de Bombay blanco de frs. 19 á 19 1/2 los 100 kilos.

Cebada de Odesa frs. 11 1/2 á 12 1/4.

Avena de Rusia frs. 13 á 14 1/2 los 100 kilos.

Maiz—Desde el principio del mes, el maiz de América se ha mantenido firme, pero con transacciones poco importantes á causa de la escasez del disponible, pero al finalizar el mes, los avisos de baja en los Estados Unidos, producen cierta flojedad y calma completa.

El maiz de otras procedencias ha seguido precisamente la marcha contraria. Los fuertes arribos de principios del mes, le produjeron una baja de 25 á 50 céntimos, baja que continuó hasta la última semana, en que reinó buena animacion y se llevaron á cabo transacciones importantes.

De procedencia del Plata se han hecho ofertas varias y se han realizado diferentes partidas de frs. 10 á 11 1/2 los 100 kilos, segun calidad.

En venta pública se realizaron unos 9120 sacos maiz del Plata de frs. 9 á 10 1/4 por 100 kilos.

El de los Estados Unidos se cotiza de frs. 10 á 11 1/2 y el del Danubio de frs. 12 1/2 á 11 1/2 los 100 kilos.

La importacion de maiz ascendió durante el mes á 168,549 hectólitros, de los cuales 64,655 de procedencia del Plata.

Semilla de lino—Hasta los últimos dias del mes este artículo ha estado enteramente encalmado con poca demanda, y á precios en baja de 50 céntimos.

Durante la última semana, el mercado presenta alguna mayor animacion por semillas de lino, cuyos precios en disponible quedan firmes, y á plazo han ganado rápidamente el terreno perdido en las semanas anteriores.

La del Mar Negro, disponible, se cotiza de frs. 26 3/8 á 26 3/4, la del Danubio frs. 26 3/4 por expedir, y San Petersburgo, disponible, frs. 25 1/2 los 100 kilos.

Se han importado en junto 54,601 hectólitros y se han vendido 45,900 hectólitros durante el mes. Las procedencias del Plata figuran en la importacion por 456 hectólitros.

Sebos—Demanda regular durante la primera quincena, tratándose algunos pequeños negocios á los precios del mes de Agosto. En la segunda quincena, calma completa sin transacciones dignas de mencionarse.

Sin embargo, aunque nominales, los precios se sostienen bien, y como las fábricas poseen bastantes existencias, se abstienen de comprar.

Las ventas durante el mes, fueron las siguientes.

80 pipas sebo vacuno á frs. 65 1/2
250 id. id. id á id. 65 3/4
35 id. y 36 medias pipas á frs. 66.

A última hora el mercado sigue encalmado, pero firme. El sebo vacuno se cotiza de frs. 65 á 65 1/2 los 100 kilos. De carnero no hay existencias.

Durante el mes se han recibido 633 pipas y 81 medias pipas, y quedan existentes en la plaza 1024 pipas y 84 medias, sebos vacunos del Plata.

Ganado en pié.—En el mercado público del Matadero de esta ciudad, se han vendido las reses vivas á los precios que á continuacion se expresan:

		Calidad.		
		1.ª	2.ª	3.ª
639 bueyes..............	frs. á	092/095	82/085	072/075
643 vacas................	« «	082/085	072/075	062/065
318 terneras........ .. .	« «	088/090	078/080	068/070
108 toros.....	« «	078/080	068/070	058/060
290 becerros...	« «	102/110	095/1—	085/009

Todo por kilo del peso del ganado vivo.

Los precios mas bajos se pagaron hácia mediados del mes, y los mas altos al terminar el mismo.

Saludo á V. E. atentamente.

Alberto de Bary, Cónsul

Octubre 7 de 1889.—Publíquese en el Boletin Mensual del Ministerio.—ZEBALLOS.

Consulado en Cádiz.

INFORME MENSUAL.

Cádiz, Octubre 4 de 1889.

Señor Ministro:—Tengo el honor de remitir á V. E. el informe mensual del pasado Setiembre, adjuntando así mismo la Revista Mercantil y precios corrientes del mercado.

Tres han sido los vapores despachados en el citado Setiembre «Ciudad de Santander» de la Compañía Trasatlántica Española, y «Nápoli» y «Europa» de la Veloce Italiana; no tomando carga mas que el primero, y limitándose las dos restantes á la conduccion de pasajeros.

9 559 fueron los bultos que tomó el citado vapor «Ciudad de Santander», en su mayor parte vinos, aceitunas y conserva de pescado valorizado aproximadamente en $ 27 803.

Siete han sido los veleros que han cargado sal para Buenos Aires.

				Toneladas.	
Barca	italiana	«Martino Cilento»	con	362	lastres
Id	id	«Camano»	«	396	«
Bric	austriaco	«Fuime E»	«	518	«
Id	italiana	«Teresa Madre»	«	348	«
Berg. goleta	id	«Ricordo»	«	391	«
Barca	id	«Angioletta R»	«	518	«
Id	austriaca	«Flora»	«	404	«
			Total....	2937	lastres

Valorizado aproximadamente en $ 16 153.50.

Para Montevideo han zarpado la

				Toneladas.	
Barca	italiana	«Silvia B»	con	594 1/2	lastres
Id	id	«Fedele»	«	340 1/2	«
Berg.	español	«Celia»	«	80	
Id	id	«Prim»	«	125	
Barca	id	«Pablo Sensat»	«	341	
Id	portuguesa	«Tentadora»	«	323 1/2	«

Continuando el precio del lastre en Bahía al costado del buque á $ 5.50 como en anteriores revistas.

441 han sido los pasajeros salidos en el pasado Setiembre; de ellos embarcaron 120 en el vapor español «Ciudad de Santander» y 321 en los italianos «Nápoli» y «Europa».

Procedente de Buenos Aires arribó á este puerto el vapor español «Conde de Wifredo» que condujo 1 700 sacos de maíz, los cuales se están detallando en Jerez de la Frontera, mercado mas apropósito que este para ese grano.

Los precios medios de los cereales, son:

Trigo....	hectólitro	$	3.85
Cebada....................	«	«	2.46
Maíz......................	«		1.80
Aceite.......	litro	«	0.15

Las reses sacrificadas en el matadero municipal para el consumo de la ciudad durante el mes:

Vacunas...............	1 078	con	kilos	131 559
Lanares.................	30	"	"	388

Sus precios en el mercado al por mayor:

Vaca..................	kilo	$	0.35 á 0.40
Carnero...............	"	"	0.20 á 0.25

Revista del Mercado.

Cádiz, Setiembre 29 de 1889.

Continúa el mercado con la misma animacion que lo dejamos en el mes anterior.

Los artículos todos siguen sin variacion, previniendo que los precios son sin derecho de consumo.

Aceite de olivo.—Regulares. entradas y demandas, en alza por ser corta la cosecha, cotizándose de 12 á 13 pesetas los 11 $^{1}/_{2}$ kilos del nuevo.

Aceite petróleo.—Muy regulares existencias y cortas demandas, cotizándose de 18.50 á 19 pesetas caja de los Estados Unidos, y de 18 á 18.50 el refinado nacional.

Aceitunas.—A consecuencia de lo malísima que se presenta la recoleccion de ese fruto, los precios son muy variados.

Achicoria.—Regulares existencias y cortas demandas, cotizándose de 8.75 á 10 pesetas los 11 $^1/_2$ kilos en cajas de 30.

Alcoholes.—Continúa la animacion de estos líquidos, realizándose todas las partidas que van llegando. Los precios son los siguientes, con el derecho nuevo especial ya satisfecho.

Berlin, 490 á 500 pesetas pesetas los 516 litros.

Hamburgo, 490 á 500 id.

Ruso, 460 id.

Sueco, de dos coronas 88 pesetas el hectólitro, de 3 id, 90 pesetas el id., y 4.92 id el id.

Aleman, Prusia superior, á 87 pesetas el id.

Español de Abarzuza y C.ª, á 95 id el id.

Idem de uvas, á 800 id los 516 litros.

Ginebra, cuarterolas, á 8 pesetas los 16 id.

Idem, caja de 12 tarros, á 12.50 pesetas.

Idem, en canastas de 50 tarros, á 100 id.

Almendras.—Cortas existencias de los mallorquines, á 85 pesetas los 46 kilos.

Almidon.—Regulares existencias y cortas demandas, cotizándose de 8 á 8.50 pesetas los 11 $^1/_2$ kilos del reino; de 7.50 á 8 pesetas los 11 $^1/_2$ kilos de 1.ª y de 8.25 á 8.75 los 11 $^1/_2$ kilos marca *Gato* ó *Remis*.

Alpiste.—Cortas existencias y demanda, de 11 á 12 pesetas fanega.

Alverjones.—Cortas existencias y regular demanda, de 9 á 10 pesetas fanega.

Anis.—Cortas existencias, cotizándose de 12.50 á 14 pesetas los 11 $^1/_2$ kilos, segun clase.

Añil.—Cortas existencias, de 7 á 8 ptas. kilo.

Arroz.—Regulares existencias y demanda, cotizándose á los precios siguientes:

Japonés de 4,25 á 4,50 pesetas los 11 $^1/_2$ kilos.

De dos pasadas á 4,25 id id.

De tres id., á 4,50 id id.

Florete, á 5,25 id id.

Azafrán.—Muy cortas existencias, cotizándose con tendencias al alza, de 174 á 180 pesetas kilo el bueno superior.

Azufre.—Cortas existencias sin demandas, cotizándose á 7 pesetas el de Italia y 9.50 el de Francia, en sacos de 46 kilos.

Azúcar.—Continúa encalmado este dulce y provisto los almacenistas con lo importado por el vapor *Reina Mercedes*, es difícil aventurar sobre la futura marcha de este artículo. Si se acentúa la competencia de las clases peninsulares, habrá en nuestro concepto que esperar la baja de los precios que anotamos.

En los de Manila y Habana se nota mas firmeza.

Cotizamos al detalle.

Manila, núm. 16 al 20, de 10,50 á 11 pesetas los 11 $^1/_2$ kilos.

Idem, Ilo-ilo de 7,50 á 8 pesetas los id id,

Holandesa con terron, no hay.

Id. cortadillo, de 11,50 á 12 pesetas los id id.

Habana quebrados, no hay.

Id. Florete, 2.° de 13 á 15 id los id id.

Puerto Rico, núms. 16 al 18, de 9,50 á 10,00 id los id id.

Cárdenas granulado, de 11,75 á 12 id id.

Id. cortadillo, á 13 id los id id.

Malagueña, de 11,50 á 12 id id.

Bacalao.—Regulares existencias del nuevo, cotizándose de 40 á 45 pesetas los 46 kilos, segun clase.

Cacao.—Cortas existencias, cotizándose á los precios siguientes:

Caracas superior, de 225 á 280 pesetas los 50 kilos.

Idem corriente, de 200 á 225 id id.

Guayaquil, de 135 á 137,50 id id.

Cubeño, de 145 á 160 id id.

Carúparo, no hay.

Café.—La reaccion de precios ccurrida en los puntos de orígen, ha influido en las reducidas existencias que había disponibles, habiéndose colocado unos 500 sacos del de Manila y otras pequeñas partidas del de Puerto Rico. En partidas debemos cotizar hoy pesetas 130 á 132 los 46 kilos de Manila y 145 á 148 el de Puerto Rico, despachados.

Canelas.—Muy corta existencia y sin demanda, cotizándose á los precios de 7 á 8 pesetas kilo la de Ceilan de 1.ª, de 5,50 á 6 de 2.ª, cortadillo de á 5, 5,50 y de 2,50 3 la de China, segun clase.

Carbon de piedra.—Regulares existencias y demanda, cotizándose á 1,75 pesetas los 46 kilos en el Trocadero y 1,87 puesto al costado de los vapores.

Cebada.—Regulares existencias y cortas demandas, cotizándose de 5 á 5,25 pesetas fanega del país y de 4,25 á 4,50 la de Canarias.

Cerveza.—Inglesa en barriles de 80 litros á 60 pesetas.

Chacina.—Regulares existencias y regular demanda, cotizándose á los precios siguientes:

Jamones serranos viejos á 2,12 los 920 gramos.

Id. gallegos, de á 1,82 id id.

Manteca de cerdo del país, á 1,40 id id.

Id. extranjera, á 1,25 id id.

Tocino á 1,25 id id.

Chorizos á 2,25 id los chicos y á 2,50 los largos.

Clavillos.—Cortas existencias, cotizándose á los precios 3,50 á 3,75 pesetas kilo, segun clase, en alza.

Comino.—Cortísimas existencias y cortas demandas, detallándose muy firme á los precios de 12,50 á 13,75 los 11 ½ kilos segun clase.

Cueros.—Cortas existencias y cortas demandas, detallándose á los precios siguientes:

Vacunos de Buenos Aires, á 2,3 pesetas kilo.

Caballar, no hay.

Becerros, de 2,28 á 2,58 id id.

Dátiles.—Regulares existencias y cortas demandas, cotizándose de 45 á 50 pesetas kilo.

Duelas.—Con los arribos que hemos tenido se han reforzado las existencias, las que se realizan á precios sostenidos.

Dulces.—Continúa el mercado encalmado á los precios siguientes:

Frutas cándidas á 3,50 pesetas kilo.

Idem en almibar á 2,75 id id.

Carne de membrillo á 2,50 id id.

Papel.—Regulares existencias y cortas demandas, cotizándose de 19 á 20 pesetas bala del estraza, y á 4,50 la resma del de manteca.

Pasas.—Se han recibido algunas partidas que se cotizan de 14 á 15 pesetas la caja de 10 kilos.

Plomo.—Regulares existencias y regular demanda, cotizándose muy firme á 19 pesetas los 46 kilos en perdigones.

Queso de bola.—Cortas existencias y cortas demandas, cotizándose de 28 á 30 pesetas los 11 $1/2$ kilos.

Sal.—La exportacion sigue en aumento y el precio el mismo de 27,50 pesetas en lastre.

Sardinas prensadas.—Sin existencias, últimas ventas, á 12,50 pesetas millar.

Sémola. Cortas existencias y cortas demandas, cotizándose á 5 pesetas los 11 $1/2$ kilos.

Suelas.—Regulares existencias y escasa demanda, cotizándose de 2,25 á 3 pesetas kilo.

Té.—Regulares existencias y cortas demandas, cotizándose á los precios siguientes:

Perla, corriente de 5 á 6 pesetas kilo.

Idem superior, no hay.

Negro, de 6 á 7 pesetas kilo.

Trigo.—Regulares existencias y regular demanda, de 10,50 á 12,50 fanega, segun clase.

Vinos de Jerez.—Muy regulares existencias y cortas demandas.

Las marcas acreditadas se cotizan de 300 á 2.000 ptas. bota á bordo en Cádiz: embotellado, en proporcion.

La caja de 12 botellas vinos á propósito para América, de 20 á 25 ptas. una.

Las marcas de L. Chorro, en cajas de una docena, premiadas en las Exposiciones de París y Madrid, proveedor de la Real Casa, de 25 á 40 ptas. una.

Idem tintos.—Cortas existencias y regular demanda, cotizándose de 180 á 190 ptas. bota.

Idem de Poniente.—Regulares existencias y cortas demandas, cotizándose de 4 á 5 ptas. los 16 litros, segun clase.

Cambios.

Cádiz, Setiembre 29 de 1889.

Londres.....	3 m/p	25.80		Bilbao......	8 d/v	$\frac{1}{4}$ d.
París	8 d/v	3.60		Santander...	idem	par
Madrid......	idem	$\frac{1}{4}$ d.		Coruña......	idem	$\frac{1}{2}$ d.
Barcelona....	idem	par.		Santiago.....	idem	$\frac{3}{8}$ d.
Málaga......	idem	$\frac{1}{4}$ d.		Vigo........	idem	$\frac{1}{2}$ d.
Almería.....	idem	$\frac{3}{8}$ d.		Gijon........	idem	$\frac{1}{2}$ d.
Alicante.....	idem	$\frac{1}{4}$ d.		Gibraltar....	idem	$\frac{1}{2}$ d.
Valencia.....	idem	$\frac{1}{4}$ d.		Algeciras....	idem	$\frac{3}{4}$ d.
Cartagena...	idem	$\frac{1}{4}$ d.		Sevilla.......	idem	par
Tarragona...	idem	$\frac{3}{8}$ d.		Descuento en el Banco		4%

La salud pública continúa siendo satisfactoria en toda la Andalucía.

Muy grato me es reiterar al Sr. Ministro mi mas respetuoso saludo.

Angel Blanco Gonzales, Cónsul

———

Noviembre 2 de 1889.—Publíquese en el Boletin Mensual del Ministerio.—ZEBALLOS.

Consulado General en el Brasil.

INFORME MENSUAL.

Rio de Janeiro, Octubre 17 de 1889.

Señor Ministro:—Elevo á conocimiento de V. E. una planilla del Vice Consulado en Destierro, Capital de Santa Catalina, la que corresponde al mes de Setiembre próximo pasado.

Informe Mensual sobre el consumo y los precios obtenidos en este Mercado por los artículos abajo especificados de produccion Argentina, y otros de exportacion de este país durante el mes de Setiembre de 1889.

Importacion.

Carne fresca.—400 rs. el kilo, no hay consumo del exterior, por haber en abundancia en el país.

Ganado en pié.—50.000 rs. Aun no hay consumo en el país por los motivos ya expuestos.

Cueros secos.—320 rs. el kilo, los cuales son exportados para Rio Janeiro en tránsito para Europa.

Cueros salados.—160 rs. el kilo, aquí se consume para las fábricas de media sola

Lanas.—Sin precio, no hay consumo, en el país no tenemos.

Trigo.—Id. id.

Alfalfa.—25.000 rs. fardo, se puede colocar fácilmente.

Maíz.—8.000 rs. la fanega, id. id.

Harina de trigo.—9.000 rs. y 10.000 bolsa de 46 kilos, muy procurada á este país, la de esa procedencia; por falta de traspor tes no tuvimos entradas, habiendo llegado de Montevideo, importantes cantidades.

Tasajo.—400 rs. el kilo, mucho consumo; no tenemos entradas por los mismos motivos aquí expuestos, por falta de trasportes directos, habiendo llegado de Montevideo cantidades importantes.

Lino.—Este artículo no tiene aquí consumo.

Exportacion.

Artículos de este país.

Harina de Mandioca.—6.000 rs. la bolsa de 50 kilos; vá en su mayor parte para Montevideo, así como los demás artículos aquí abajo especificados.

Café.—5.000 rs. los 15 kilos.

Aguardiente de caña.—60.000 rs. la pipa portuguesa.

Azúcar terciada.— 3.200 los 15 kilos.

Bananas.—Tenemos aquí el vapor «Fortuna» que hace dos viajes al mes directamente para Buenos Aires con bananas, aquí se venden 400 á 500 rs. el *Caxo.*

Los demás artículos son de tan poca importancia que no merece la pena mencionar.

Saludo á V. E. con mi mas distinguida consideracion.

José M. Demaría, Vice-Cónsul.

Noviembre 7 de 1889.—Publíquese en el Boletin Mensual del Ministerio.—Zeballos.

Consulado en Forli.

INFORME MENSUAL.

Forli, Octubre 1.° de 1889.

Señor Ministro:—Tengo el gusto de dirigir á V. E. la nota mensual de los precios relativos á artículos de consumo diario en esta Provincia. Es la siguiente:

Trigo	por hectólitros	Liras	17.50
Maíz	« «	«	8.00
Arroz del país		«	34.00
Afrecho	«	«	11.00
Vino	«	«	60.00
Aceite de olivo	« «	«	120.00
Harina de trigo	por kilógramo	«	0.27
Id. de maíz	« «	«	0.18
Pan de 1.ª calidad	«	«	0.35
Id. de 2.ª id	« «	«	0.30
Carne de vaca	« «	«	1.25
Id. de buey	«	«	1.40
Id de ternero	«	«	1.45
Id de oveja	«	«	1.15

Saludo atentamente al Señor Ministro.

Emilio Rosetti, Cónsul.

Noviembre 7 de 1889.—Publíquese en el Boletin Mensual del Ministerio.—ZEBALLOS.

Consulado en Liorna.

I.—INFORME MENSUAL.

Liorna, 4 de Octubre de 1889.

Señor Ministro:—Adjunto tengo el honor de remitir á V. E. la relacion de los precios corrientes en este mercado, por algunos productos coloniales y por los indígenas de las Provincias representadas por este Consulado, durante el mes de Setiembre del corriente año.

Precios corrientes en este mercado durante el mes de Setiembre 1889.

Artículos			Por cada 100 kilos	
Carne fresca	de liras	85	á liras	120
Bueyes en pié... ...	“	65	“	75
Terneras	“	120	“	160
Cueros frescos	“	105	“	108
Manteca de cerdo....	“	124	“	126
Embutidos	“	223	“	230
Trigo	“	23	“	25
Harina de trigo	“	32	“	34
Maíz.........	“	16	“	18
Cebada	“	13	“	15
Altramuces	“	10	“	12
Habas......		11		13
Garbanzos....	“	23	“	30
Habichuelas	“	19	“	26

Artículos		Por cada 100 kilos		
Aceite de olivo......	de liras	110	á liras	130
Vino para pasto.....	"	19	"	34
Cidras azucaradas. .	"	140	"	141
Carbon vegetal......	"	7	"	8.50
Café Puerto Rico....		"		240
Id Guatemala.....	"	"	"	209
Id S. Domingo....	"	"	"	200
Id Maracaibo......	"	"	"	190

El precio de estos cafées, se entiende franco, todo Liorna Dios guarde á V. E., muchos años

E. Toccafond, Cónsul.

Noviembre 2 de 1889. Publíquese en el Boletin Mensual del Ministerio.—ZEBALLOS.

II.—RESÚMEN TRIMESTRAL.

Liorna, 4 de Octubre de 1889.

Señor Ministro:—Tengo el honor de pasar á manos de V. E. los estados de comercio, de navegacion y de los buques que han entrado y salido de este puerto durante el tercer trimestre corriente año.

Relacion de los buques que han entrado en el puerto de Liorna durante el tercer trimestre de 1889.

2569 buques con 439635 toneladas

Relacion de los buques que han salido del puerto de Liorna durante el tercer trimestre de 1889.

2587 buques con 453644 toneladas

Dios guarde á V. E. muchos años.

E. Toccafondi, Cónsul.

Noviembre 2 de 1889.—Publíquese en el Boletin Mensual del Ministerio.—ZEBALLOS

Consulado en Burdeos.

INFORME MENSUAL.

Burdeos, Octubre 1.° de 1889.

Señor Ministro:—Tengo el honor de remitir á V. E. adjuntos á esta nota el estado conteniendo el resúmen de la Importacion y precios obtenidos por los productos Argentinos en esta plaza y mercado de Burdeos durante el mes de Setiembre próximo pasado.

Resúmen de la importacion y precios obtenidos por los productos Argentinos en el mercado de Burdeos durante el mes de Setiembre de 1889.

Cueros vacunos secos, piezas 7000, 52/77.50 los 50 kilos. Id. lanares, fardos 839 85/120 135/155 los 100 id. Maíz, bolsas 10.000, los 50 kilos, id. cerda, fardos 47 90/135 los 58 kilos.

Estado de las existencias y precios de los productos argentinos en este mercado de Burdeos, durante el mes de Setiembre de 1889.

Pieles de carnero, en 1888 se vendieron 1033 fardos y en 1889 839 al precio de 80/110 115/145 en 1888, y en 1889 85/120 135/155 los 100 kilos.

Cueros secos se vendieron en 1888, 15100 piezas y en 1889, 7000 al precio de 80/95 en 1888 y en 1889 52/77.50 los 50 kilos.

Cerda, en 1880 se vendieron 47 fardos al precio de 70/90 en 1888 y en 1889 90/135 los 50 kilos.

Maíz, en 1889 se vendieron 8650 bolsas y en 1889 10.000, al precio de 14/14.50 en 1888 los 50 kilos.

Pieles de Carnero.—En el remate de este mes se ha vendido la mitad de las existencias con cinco centésimos sobre el remate de Febrero último. Los detentores mantienen los precios firmes con motivo de los avisos venidos de la Plata. Existencia el 30 de Setiembre de 1889, 1224 fardos.

Cueros secos.—Las entradas han sido muy reducidas, los precios mas firmes que el mes anterior. Existencia el 30 de Setiembre de 1888, 10711 piezas y el 30 de Setiembre de 1889, 18250 piezas.

Saludo al Señor Ministro con mi mas alta y distinguida consideracion.

Felipe Augusto Picot, Cónsul.

Noviembre 7 de 1889 —Publíquese en el Boletin Mensual del Ministerio.—ZEBALLOS.

Consulado en Lisboa.

INFORME MENSUAL.

Lisboa, Setiembre 30 de 1889.

Señor Ministro:—Tengo la honra de dirijirme á V. E. informándole de los precios que han obtenido en esta plaza, durante del presente mes, los artículos similares de los de la Repúblia Argentina.

Caballos regulares de 90 á 135.000 reis.

Carneros y ovejas de 1.800 á 2.700 reis, siendo el consumo mensual de 950 á 1.000 cabezas.

Terneras de 9 á 12.000 reis, siendo el consumo mensual de 950 á 1.000.

Carne fresca de 3.000 á 3.200 reis por 15 kilógramos, siendo el consumo mensual 2.500 bueyes.

Sebo 1.600 reis, por 15 kilógramos despachado.

Cueros secos salados 400 reis el kilógramo.

Lanas sucias 380 reis el kilógramo

Trigo de 680 á 710 reis por 14 litros, despachado.

Maiz de 350 á 360 id id id id.

Un peso nacional oro, corresponde á 900 reis moneda portuguesa.

En el mes de la fecha se han despachado en este Consulado General de mi cargo, los siguientes buques con destino á la República:

Dia 2, vapor inglés «Tagus», procedente de Southampton
No recibió carga.

Dia 8 Vapor francés «La Plata», procedente de Burdeos. No recibió carga.

« 16 « inglés «Trent», procedente de Southampton. Recibió carga.

« 23 « « «Magdalena», procedente de id. Recibió carga.

« 23 « francés «Equateur», procedente de Burdeos. No recibió carga.

« 30 « inglés «Elbe», procedente de Southampton. No recibió carga.

La exportacion fué la siguiente:—Por el «Trent» 200 cajas cebollas, 1 id vino, 8 id paja de maíz.—Por el «Magdalena», 101 cajas vino, 8 id palitos, 1 id piedra, 1 id escobas, 2 sacas alubias, 1 baul ropa.

Reitero á V. E. las seguridades de mi consideracion mas distinguida.

José da Cunha Porto, Cónsul.

Octubre 29 de 1889.—Publíquese en el Boletin Mensual del Ministerio.—ZEBALLOS.

Consulado en Savona.

INFORME MENSUAL.

Savona, Octubre 2 de 1889.

Señor Ministro:—Tengo el honor de elevar al conocimiento de V. E. el adjunto cuadro, que informa sobre el consumo y precios de la carne en esta ciudad, el precio de los cueros frescos, trigo, maíz y harina, relativos al mes de Setiembre del corriente año.

Cuadro que demuestra el consumo y precios de la carne en la ciudad, el precio de los cueros frescos, harina, trigo y maíz, relativos al mes de Setiembre de 1889.

Terneras...........	N.° 262	á fr.	1.85	por	kilógramo
Bueyes..............	« 11	á «	1.45	«	«
Toros...............	« 7	á «	1.25	«	
Vacas...............	« 92	á «	1.25	«	
Cerdos..............	« 23	á «	1.50	«	
Corderos...	« 9	á «	1.40	«	
Motones.............	« 76	á «	1.30	«	«
Ovejas..............	« 241	á «	1.30	«	«
Cabras..............	« 5	á «	1.25	«	
Cueros de bueyes, toros y vacas		á «	—70	«	
Id id terneras..........		á «	1.50	«	
Id id motones y ovejas.		á «	1.60	«	«
Id id corderos...............		á «	2.—	«	cada uno

Harina calidad superior.......	á fs. 34.—	por	cada	quintal
Trigo duro.................	á « 25.—	«	«	«
Id tierno de las cercanías.....	á « 24.—	«	«	«
Id Lombardía...............	á « 23.½	«	«	«
Id Rusia...........	á « 20.—	«	«	«
Maíz de las cercanías........	á « 24.—	«	«	«
Id amarillo.................	á « 24.—	«	«	«
Id extranjero......	á « 19.—	«	«	«

Saludo atentamente á V. E.

Juan B. Gazzolo, Cónsul.

Octubre 9 de 1889.—Publíquese en el Boletin Mensual del Ministerio— Zeballos.

Vice-Consulado en Cannes.

INFORME MENSUAL.

Cannes, Octubre 4 de 1889.

Señor Ministro:—Tengo el honor de elevar á V. E. el informe mensual correspondiente al mes de Setiembre próximo pasado.

Precios corrientes en el Mercado de Cannes de los artículos siguientes.

Trigo	1.ª	calidad	los	160	litros	francos	34.00
Id.	2.ª	Id.	"	"	"	"	31.00
Cebada	1.ª	Id.	"	"	"	"	15.00
Id.	2.ª	Id.	"	"	"	"	14.00
Porotos	1.ª	Id.	"	100	kilos	"	50.00
Id.	2.ª	Id.	"	"	"	"	45.00
Papas	1.ª	Id.	"	"	"	"	12.00
Id.	2.ª	Id.	"	"	"	"	10.00
Maíz	1.ª	Id.	"	"	"	"	16.00
Id.	2.ª	Id.	"	"	"	"	14.50
Arroz	1.ª	Id.	"	"	"	"	45.00
Id.	2.ª	Id.	"	"	"	"	40.00
Aceite de oliva	1.ª	Id.	"	"	"	"	132.00
Id.	2.ª	Id.	"	"	"	"	123.00
Azúcar	1.ª	Id.	"	"	"	"	135.80
Id.	2.ª	Id.	"	"	"	"	120.00
Queso Gruyere	1.ª	Id.	"	"	"	"	150.09
Id.	2.ª	Id.	"	"	"	"	140.00

Queso Holanda	1.ª	calidad	los	100	kilos	francos	182.00
Id.	2.ª	Id.	"	"	"	"	167.00
Queso Roquefort	1.ª	Id.	"	"	"	"	220.00
Id.	2.ª	Id.	"	"	"	"	206.00
Sal	1.ª	Id.	"	"	"	"	16.00
Bacalao			"	"	"	"	75.00
Alfalfa seca			"	"	"	"	11.00
Paja			"	"	"		7.00
Jubon	1.ª	Id.	cada	1	kilo	"	1.10
Id.	2.ª	Id.	"	"	"	"	0.80
Vaca	1.ª	Id.	"	"	"		2.50
Id.	2.ª	Id.	"	"	"	"	2.00
Id.	3.ª	Id.	"	"	"		1.40
Carnero	1.ª	Id.	"	"	"		2.50
Id.	2.ª	Id.	"	"	"		2.00
Id.	3.ª	Id.	"	"	"		1.40
Cordero	1.ª	Id.	"	"	"		2.50
Id.	2.ª	Id.	"	"	"	"	1.75
Café Torrado	1.ª	Id.	"	"	"		6.00
Id.	2.ª	Id.	"	"	"		5.00
Id.	3.ª	Id.	"	"	"		4.50
Pan	1.ª	Id.	"	"	"		0.50
Id.	2.ª	Id.	"	"	"		0.40
Id.	3.ª	Id.	"	"	"		0.35
Tomates			"	"	"		0.30
Huevos la docena			"	"	"		2.00
Vino	1.ª	Id.	"	"	"	"	60.50
Id.	2.ª	Id.	"	"	"	"	50.00

Sigue siendo muy satisfactoria la salud pública.

Tengo el honor de renovar á V. E. las seguridades de mi mas alta y distinguida consideracion.

Enrique Sauvaire, Vice Cónsul.

Octubre 29 de 1889.—Publíquese en el Boletin Mensual del Ministerio.—ZEBALLOS.

Consulado en Amberes.

RESÚMEN TRIMESTRAL.

Amberes, Octubre 1.° de 1889.

Señor Ministro:—Segun costumbre, me es grato remitir á V. E. adjuntos los estados demostrativos de la importacion por este puerto de los principales artículos de comercio procedentes de la República Argentina, durante el tercer trimestre del año actual.

Resúmen comparativo de la importacion de los principales artículos procedentes de la República Argentina por el puerto de Amberes, durante los meses de Julio, Agosto y Setiembre de 1888 y 1889.

JULIO.

	Importaciones.		Diferencias.	
	Julio de 1 88.	Julio de 1889.	Mas en 1889.	Menos en 1889.
Lanas, fardos.........	3 839	12 031	8 192	—
Cueros secos, piezas......	12 259	3 188	—	9 071
Cueros salados "	44 273	103 616	59 343	—
Pieles lanares, fardos....	—	20	20	—
Sebo, pipas.....	—	267	267	—
Simiente de lino, sacos...	7 981	1 135	—	6 846
Maíz "	12 093	—	—	12 093
Trigo "	181 593	—	—	181 543

Cargamentos de los buques procedentes de la República Argentina entrados en Amberes durante el mes de Julio de 1889.

Buques 17, con cargamento de: lana fardos 12.031, cueros secos 3.188, cueros salados 103.616, sebo pipas 267, pieles lanares fardos 20, garras fardos 27, crin fardos 38, simiente de lino sacos 1135.

Mercancías varias, 11.270 kilg. huesos, 21.750 astas, 4.300 machos de astas, 15.00 machos de astas, 42 barricas glicerina, 2.488 astas, 8.588 machos de astas, 36.300 astas, 16.700 astas, 2.500 machos de astas, 6.000 machos de astas, 6.600 id. id., 102 fardos mercancias, 5.484 extracto de carne, 55 bultos metal, 11.000 machos de astas y 947 sacos tortas de linaza.

AGOSTO.

	Importaciones.		Diferencias.	
	Agosto de 1888.	Agosto de 1889.	Mas en 1889.	Menos en 1889.
Lanas, fardos..........	1 312	2 233	921	—
Cueros secos, piezas.....	14 676	2 080	—	12 596
Cueros salados "	95 263	85 551	—	9 712
Pieles lanares, fardos....	89	35	—	54
Sebo, pipas......	—	65	65	—
Simiente de lino, sacos...	4 226	1 978	—	2 248
Maíz, " ..	1 370	49 961	48 591	—
Trigo, " ..	19 152	—	—	19 152

Cargamentos de los buques procedentes de la República Argentina entrados en Amberes durante el mes de Agosto de 1889.

Buques 13, con cargamento de: lana fardos, 2.233, cueros secos 2.080, cueros salados 85.551, sebo pipas 65, pieles lanares fardos 35, garras fardos 16, crin fardos 133, simiente de lino sacos, 1.978 y maiz sacos 49 961.

Mercancías varias, 2.000 astas, 7.000 machos de astas, 1.748 sacos afrecho, 1.000 harina de carne, 10.204 carne, 10.000 astas, 6.000 machos de astas, 24 cigarros, 35 barricas glicerina, 16.700 astas, 8.843 kilgs. machos de astas, 335.500 kilgs. quebracho 7.000 astas, 9.987 kilgs. machos de astas, 8.004 carne y 15.000 astas.

SETIEMBRE.

	Importaciones.		Diferencias.	
	Setiembre de 1888.	Setiembre de 1889.	Mas en 1889.	Menos en 1889.
Lanas, fardos..	287	892	605	—
Cueros secos, piezas......	6 938	2 350	—	4 588
Cueros salados, "	78 265	89 790	11 525	—
Pieles lanares, fardos.....	—	100	100	—
Sebo, pipas......	—	61	61	—
Simiente de lino, sacos...	5 633	456	—	5 177
Maiz, " ..	4 730	64 555	59 825	—
Trigo, " ..	39 509	—	—	39 509

Cargamentos de los buques procedentes de la República Argentina entrados en Amberes durante el mes de Setiembre de 1889.

Buques 15, con cargamento de: lana fardos 892, cueros secos 1.350, cueros salados 89.790, sebo pipas 61, pieles lanares fardos 100, garras fardos 320, crin fardos 221, simiente de lino sacos 556 y maíz sacos 64.555.

Mercancías varias, 11.000 machos de astas, 184 marchandises, 283 bultos mineral, 588 sacos harina de carne, 33.184 extracto de carne, 7.300 astas, 35 fardos mercancías, 174 bultos mineral 8.000 machos de astas, 14.965 astas, 8.160 machos de astas, 15.000 machos de astas, 15.000 astas, 8.462 machos de astas y 43 toneladas hierro viejo.

Saludo á V. E. atentamente.

Teodoro Brauss, Cónsul.

Noviembre 7 de 1889.—Publíquese en el Boletin Mensual del Ministerio.—Zeballos.

Vice Consulado en Isla de Madeira.

INFORME MENSUAL.

Isla de Madeira, Octubre 1.° de 1889.

Señor Cónsul General:—Pongo en manos de S. S. el informe mensual de este Vice Consulado correspondiente al mes de Setiembre, y precios corrientes de los similares de esa República, en esta plaza.

Maíz amarillo de Marruecos....	17 000	850 litros
Id blanco americano.............	22 000	»
Trigo americano...................	44 000	850 litros
Id nacional......................	39 000	»

Ganado en pié, carne fresca, lanas y cueros conservan el mismo precio de mi último informe.

Han hecho escala por este puerto, con destino á Buenos Aires, nueve vapores que legalizaron sus patentes en este Vice Consulado.

El estado sanitario es bueno.

Saludo á S. S. atentamente.

A. Athias, Canciller.

Noviembre 8 de 1889.—Publíquese en el Boletin Mensual del Ministerio.—ZEBALLOS

Consulado en San Sebastian y Pasajes.

I.—INFORME ESPECIAL.

San Sebastian, Octubre 6 de 1889.

Señor Ministro:—Independientemente de los informes mensuales que periódicamente y segun lo ordenado se remiten por este Consulado al Departamento de su digno cargo, remito á V. E. la presente relacion ó informe especial, segun lo prevenido por los artículos 9 y 21 del Reglamento Consular vigente, y en lo que se refiere á mi jurisdiccion.

Movimiento marítimo desde Octubre 1888 á fin de Setiembre de 1889.

Buques nacionales.—No ha entrado ni salido ninguno.

Buques extrangeros con destino á puertos de la República:—Despachados en 1888: Octubre 1.°, vapor francés «Cordouan» con carga y pasajeros.

Id id, vapor aleman «Ohio» en iguales condiciones.

Id 11, vapor francés «Medoc» id id id.

Noviembre 5, vapor aleman «Hannover» con carga y pasajeros.

Id 15, vapor francés «Ortegal» id id id.

Id 30, vapor aleman «Koln» con pasajeros.

Diciembre 1.°, vapor francés «Matapan» con carga y pasajeros.

Id 30, vapor francés «Medoc» con pasajeros.

Despachado en 1889: Enero 31, vapor francés «Cordouan» con carga y pasajeros.

Febrero, no ha habido ningun despacho de buques.

Marzo 3, vapor francés «Ortegal» con carga y pasajeros.

Abril 1.°, vapor francés «Dordogne» con carga y pasajeros.
Id 30, id id «Matapan» id id id.
Mayo 14, id id «Medoc» id id id.
Id 30, id id «Charente» id id id.
Junio 30, id id «Cordouan» id id id.
Julio 30, vapor francés «Ortegal» con pasajeros.
Agosto 21, id id «Matapan» con carga y pasajeros.
Id 30, id id «Charente» id id id.
Setiembre 30, id id «Medoc» id id id.

Buques extrangeros procedentes de la República con destino á los Puertos de mi distrito, ninguno en el tiempo expresado.

Como puede verse por los datos expuestos, durante el período de Marzo á fines de Setiembre del corriente año, el movimiento marítimo es superior al ocurrido el año pasado en el mismo tiempo * no pudiendo establecerse paralelo, desde Octubre de 1887-88 y Octubre 1888-89, puesto que la exportacion á la República se inició y comenzó en Marzo del año pasado.

Sin embargo, puede decirse que va en aumento y progresion constante, y se extendería mucho mas si hubiese viaje del retorno importando lanas, cueros, sebos y otros artículos que tendrían salida si hubiera relaciones comerciales directas entre esta region y el Rio de la Plata.

Por ahora, desgraciadamente y contra mis deseos y esfuerzos, nada puedo constar de importacion directa.

Los vapores que he despachado en lo que va del año, son de bandera francesa, pertenecientes á las «Mensajerias Marítimas», y han zarpado de este puerto de Pasajes como punto de escala.

Los alemanes que verificaron durante el último trimestre de 1888, tres viajes, no han continuado.

* Para su confrontacion referirse al Informe de este Consulado fecha 3 de Octubre 1888 y que se publicó en el Boletin Mensual del Ministerio, Noviembre de 1888 y página 820.

Saludo al Señor Ministro con mi mas alta y distinguida consideracion.

Cándido de Soraluce, Cónsul.

II.—INFORME MENSUAL.

San Sebastian, Octubre 5 de 1889.

Señor Ministro:—Tengo el honor de elevar á manos de V. E. el presente informe correspondiente al mes de Setiembre último así como el cuadro de operaciones verificadas durante el mismo período de tiempo.

Los precios en el mercado se sostienen los mismos de los meses anteriores, sin que haya bajado el precio de la carne al detalle.

San Sebastian, residencia de la Corte durante el verano ha sido visitado en la temporada de este año por mas de 96000 viajeros ó transeuntes. Esta afluencia de gente hace que indudablemente se sostengan altos los precios, pero al mismo tiempo es mucho el dinero que dejan los veraneantes y que se reparte entre las diferentes industrias, comercio, etc.

Durante la pasada estacion de verano he tenido ocasion de poder saludar á distinguidas familias argentinas, que de paso para París, se han detenido en esta Capital de Guipuzcoa poniéndome á sus órdenes ofreciéndoles mis sinceros aunque limitados servicios.

Reses sacrificadas.

San Sebastian.—976 vacunas, con peso total 119,401 $^1/_2$ kilos.

158 carneros, con peso total de 2,408 kilos.

197 cerdos con peso total de 14,544 kilos.

Pasajes.—13 vacunas con peso total de 1,993 kilos.

Precio de la res vacuna en pie el ralde (5 kilos). 5,50 á 6,00 ptas.
Precio del cuero .... 0,78 »

Exportacion.—El vapor francés «Medoc» despachado el dia 30 en Pasajes embarcó para Buenos Aires: 211 fardos suelas para alpargatas, 185 barriles y 12 cajas vino, 6 cajas aguardiente, 8 cajas cidra, 240 cajas conservas, 6 cajas habichuela, 1 caja quesos, 1 caja odres, 1 caja arneses para bueyes, 2 cajas puntilla, 2 cajas cestos y pelotas, 1 contador para cancha y 236 pasajeros.

Publicaciones recibidas.—Algunos Diarios de Sesiones de la Cámara de Senadores y el Boletin Mensual del Ministerio correspondiente á Julio último.

Durante gran parte de Setiembre y aprovechando la licencia que me fué concedida por el ilustrado Señor Cónsul General, estuve en París y visité la Exposicion Universal, teniendo ocasion de admirar el Palacio Argentino, notable no tan solo por su elegancia y constructura, sino tambien por la manera como están dispuestos los productos y demás artículos expuestos por la República.

Dicha instalacion acredita una vez mas el estado próspero y floreciente del pais argentino y su elevado rango de cultura, demostrado ya en otras muchas ocasiones por sus mismos hechos.

Me enorgullezco cada vez mas de representar á la gran República Argentina por la que hago fervientes votos y trabajaré en las medidas de mis escasas fuerzas por su engrandecimiento.

Tuve tambien en París la alta honra de ser recibido en audiencia particular, por S. E. el Señor Doctor Pellegrini, Vice-Presidente de la Republica, quien me distinguió con la amabilidad que le es habitual.

Excuso decir á V. E, que el despacho del Consulado del que se encargó durante mi ausencia el Canciller Dr. Ramon de Soraluce, se ha verificado con toda regularidad.

La salud es perfecta.

Saludo al Señor Ministro con mi mas alta y distinguida consideracion.

Cándido de Soraluce, Cónsul.

Noviembre 8 de 1889.—Publíquese en el Boletin Mensual del Ministerio.—ZEBALLOS.

Vice Consulado en Rivadeo.

INFORME MENSUAL.

Rivadeo, Octubre 1.° de 1889.

Señor Ministro:—Tengo la honra de elevar á V. E. el informe correspondiente al mes próximo pasado, con los precios de los efectos que se expresan á contínuacion.

Los granos se vendieron en esta localidad del modo siguiente:

Trigo	fanega	de	60	kilos	$	2.90
Centeno	"	"	"	"	"	2.15
Cebada	"	"	"	"	"	2.00
Maíz		"	"	"	"	2.00
Habas	"	"	"	"	"	2.95
Alpiste	"	"	"	"	"	3.00

Líquidos.

Vino	litro	$	0.12
Aguardiente	"	"	0.25
Aceite	"	"	0.26

En el matadero municipal para el consumo de la poblacion se han sacrificado las siguientes reses vacunas:

Mayores	75
Menores	143
Total	218

Las carnes, tocino y corambre se han vendido á los precios siguientes:

					Pesetas.
Carne fresca		1.ª clase	por	kilos	1.60
«	«	2.ª «	«	«	1.00
«	«	3.ª «		«	0.80
Tocino				«	1.50
Jamon				«	2.25
Cueros del país			«	«	1.50
«	de la República Argentina.			«	2.00

En todo el referido mes salieron para esa República 283 inmigrantes de ambos sexos, que procedentes del término municipal de esta villa y de la inmediata provincia de Oviedo, embarcaron por el puerto de la Coruña, habiendo recogido informes en esta oficina 27.

El estado sanitario de esta demarcacion continúa siendo satisfactorio.

Saludo á V. E. con mi mas alta y distinguida consideracion.

Manuel Garcia Barrera, Vice Cónsul.

Noviembre 8 de 1889.—Publíquese en el Boletin Mensual del Ministerio.—Zeballos.

Consulado en Marsella.

INFORME MENSUAL.

Marsella, Octubre 5 de 1889.

Señor Ministro:—Tengo el honor de adjuntar á V. E. el resúmen de importacion y de los precios obtenidos en este mercado por los productos argentinos durante el pasado mes de Setiembre, así como una revista general del mercado de Marsella.

REVISTA GENERAL DEL MERCADO.

Manteca.—*Los 100 kilos.*

Milan......	frs. 280 á 300		Montaña	frs. 270 á 280
Lyon.........	« 260 « 280		Facticio... ..	« 100 « 110

Queso.—*Los 100 kilos.*

Gruyére,	de 1.ª..	frs. 135	Holanda.......	frs. 160 á 190
«	« 2.ª..	« 120	Roquefort.....	« 185 « 200
«	« 3.ª..	« 110	Parmesano....	« 200 « 290

Tejas y ladrillos.

		Peso del mil		precio del mil
Teja chata Arnaud, Etienne y C.ª...	kilos	2550	frs.	70
« acanalada..................	«	2500	«	80
« hueca gran modelo mecánico.	«	2200	«	60
« « pequeño « «	«	1600	«	28
Baldosa ordinaria de 0.20.........	«	1100	«	24
« grande de 0.325...........	«	5500	«	200
« hechura Havre............	«	1100	»	47

Cemento.—Mismos precios.

Cereales.

Trigo.—Mercado en calma.—*Los 100 kilos,* descuento 1 °/₀.

Tucena Prov................	frs.	25	á	25.50
« Africa...............	«	22	«	23
« Oran.................	«	24.50	«	25
Irka Berdiansk...............	«	19	«	19.25
« Sebastopol...............	«	18.50		
« Odesa..................	«	17.25	«	17.50
Azimo Azoff...............	«	17.25	«	18
« Odesa...............	«	18	«	18.75
Polonia.....................	«	18	«	19
Danubio....................	«	16	«	18
Sandomirca.................	«	19		
Australia....................	«	20		
Burgos....................	«	16	«	17
Rediventer..................	«	18.50	«	19.50
Bombay.....................	«	18.25	«	19

Semillas.—*Los 100 hilos.*

Maíz de Odesa viejo.........	frs.	11.25		
« Cincuantini.............	«	12.25		
« Danubio...............	«	11	«	11.25
« Samsum...............	«	11		
« Potí..................	«	11		
« Rojo.................	«	13		
Habas de Africa...............	«	14	«	14.50
Avena del Danubio............	«	13		
« Africa...............	«	16.50		
« Rodosto.............	«	13		
Cebada de Mersina............	«	9	«	9.50
« Rusia...............	«	10.75	«	11

Crines y pelos.

Crines de América.—Caballo frs. 120 á 125 los 50 kilos, descuento 3 %.

Pelos de cabra.

Salónica frs. 85 á 90 los 100 kilos, descuento 3 %; Marruecos 70 á 75 los 100 kilos.

Cueros y pieles.

Buenos Aires, cueros salados	frs.	50
Rosario, secos de 10 á 17 kil	«	65
Rio Grande, id. id. 13 á 14 id	«	90
Bahia, id. id. 10 id	«	65 á 70
Rio Janeiro, pieles, 13 á 14 id	«	70
Nueva York, cueros toros salados, 36/40 id	«	38 « 40
« « vacas « 26 id	«	45
Argelia, id. salados secos de 7 kil	«	38 « 40

Semillas oleaginosas.

Sésamo Jaffa	francos	40
" Alexandreth	"	35 á 36
" blanco Bombay		33
" abigar "	"	31.50
" negro "		30
Maní descortezado Mozambica.	"	32
" " Bombay	"	29.50
" en coco Gambia	"	25.25
Lino abigarrado, Bombay		30

Aceite de semillas.

Sésamo 1.ª calidad Levante	francos	90 á 92
" Bombay	"	84 " 86
2.ª Levante	"	75 " 76
" 2.ª Bombay	"	66 " 68
Maní Rufisque 1.ª presion	"	105 " 110

Adormidera del Levante.........	francos	85 á	86
" de la India..........	"	78 "	80
Lino Bombay......		66	

Aceites de oliva comestibles.

A [illegible]		lidad............	francos	160 á	170
«	2.ª	«	«	125 «	130
Bari	1.ª	«	«	145 «	155
«	2.ª	«	«	125 «	130
Toscana	1.ª	«	«	190 «	200
Var	«	«	«	125 «	135
«	2.ª	«	«	110 «	120
España	2.ª	«	«	105 «	115
Tunis	1.ª	«	«	105 «	115
«	2.ª	«	«	95 «	100
«	3.ª	«	«	85 «	90

Huesos.—*Los 100 kilos francos 9.*

Sal.—*Los 1 000 kilos.*

Marsella....................	francos	23 50 á 24.50
Hyéres....................	«	20

Resúmen de la importacion y de los precios obtenidos por los productos argentinos en el mercado de Marsella durante el mes de Setiembre de 1889.

Lana, 238 fardos de tránsito.

Cueros vacunos secos, 1376 piezas, francos 65.

« lanares 1092 fardos, de tránsito

« de becerro, 5 id. id.

Maíz, 39 231 bolsas, 11 francos.

Saludo á V. E. atentamente.

Casto Martinez Ituño, Cónsul.

Noviembre 7 de 1889.—Publíquese en el Boletin Mensual del Ministerio.—ZEBALLOS.

Consulado General en el Paraguay.

INFORME MENSUAL.

Asuncion, Noviembre 4 de 1889.

Señor Ministro:—Tengo el honor de dirijirme á V. E. remitiéndole adjunta una planilla de los precios corrientes de nuestros productos en este mercado durante el corriente mes de Octubre pasado.

Precios de los productos Argentinos en el mercado de la Asuncion del Paraguay durante el mes de Octubre de 1889.

PRODUCTOS.	PRECIO MÍNIMO.	PRECIO MAXIMO
Ganado al corte...............	$ 13	$ 15
Bueyes para matadero.........	« 40	« 45
Novillos « «	« 25	« 30
Vacas « «	« 20	« 24
Harina de trigo.............arb	« 2	« 2.40
Quesos de Corrientes........ «	« 5	« 5.40
Grasa de vaca............. «	« 4	« 4.50
Cebada.................. «	« 1	« 1.25
Maíz duro................ «	« 1	« 1.20
Cal .... «	« 60	« 80
Alfalfa seca............... «	« 1	« 1.20
Fideos.................... «	« 3	« 3.60
Galletitas............ .... «	« 5.50	« 6

Con este motivo, me es satisfactorio saludar á V. E. con mi consideracion mas distinguida.

Julian del Molino Torres, Cónsul General.

Noviembre 4 de 1889.—Publíquese en el Boletin Mensual del Ministerio.—ZEBALLOS

Consulado en Coruña.

INFORME MENSUAL.

Coruña, Octubre 8 de 1889.

Señor Ministro:—Tengo el honor de elevar al superior conocimiento de V. E. el informe mensual correspondiente á Setiembre último, adjuntando estados de revista mercantil, importacion y exportacion, y relacion del número de emigrantes embarcados en este puerto.

Las transacciones de cueros secos de ganado vacuno de esas Provincias han sido de regular importancia y los precios á que se cotiza el kilo de 36 á 40 centavos, segun su clase y calidad.

No ha tenido ingreso en esta Oficina el Boletin Oficial correspondiente al mes de Agosto último; y como pudiera contener disposiciones esenciales me atrevo sobre ello á llamar la atencion de V. E.

Este puerto y Provincia se hallan libres de toda peste y enfermedad contagiosa.

Precio de reses en pié.

	Máximo		*Mínimo*	
	pesos	cent.	pesos	cent.
Un buey cebado para embarcar.........	78	«	74	«
Una vaca para muerte................	29	«	27	«
Una id de leche......................	33	«	30	«
Una ternera de muerte............ ...	16	«	14	«
Un novillo " "	«	«	«	«

	Máximo		*Mínimo*	
	pesos	cent	pesos	cent.
Un carnero de muerte	2	«	2	«
Un cordero " "	1	20	1	«
Un cabrito " "	1	«	1	«
Una cabra " "	2	50	2	30
Una " de leche	3	80	3	40

Cuadro de reses sacrificadas en el Macelo público de esta Capital durante el mes de Setiembre anterior.

	Número.
Bueyes...........	54
Vacas...........	32
Terneros....	942
Novillos	12
Carneros...........	176
Corderos...........................	78
Cabritos......................... ..	31

Cuadro demostrativo del precio máximo y minímo que ha tenido el ganado de cerda en el mes de Setiembre anterior

	Máximo		*Mínimo*	
	pesos	cent.	pesos	cent.
Un cerdo cebado, su peso de 10 á 12 @..	36	«	34	«
Uno id. de 1/2 ceba, de 7 á 8 « .	20	«	18	«
Uno id. de cria mayor..................	8	«	7	«
Uno id. de cria menor........	3	«	2	50

Cuadro demostrativo de los precios corrientes que han tenido las carnes muertas del ganado de cerda en el mes de Setiembre anterior.

	Máximo.		*Mínimo.*	
	pesos	cent.	pesos	cent.
Un kilo de jamon curado...............		70	«	64
Uno id. de lacon................		«	«	«

	Máximo		Mínimo	
	pesos	cent.	pesos	cent.
Uno id. de rafo fresco..............	«	50	«	40
Uno id. de manteca fresca de cerdo.....	«	«	«	«
Uno id. de id. de vaca en vejiga........	«	64	«	56
Uno id. de grasa ó unto.....	«	50	«	46

Cuadro demostrativo del precio máximo y mínimo que han tenido los cereales en esta Plaza y mercados de la Provincia en el mes de Setiembre anterior.

	Máximo		Mínimo	
	pesos	cent	pesos	cent.
Trigo ferrado de Avila.....	"	65	"	60
Maíz........	"	70	"	64
Centeno.......................... ...	"	55	"	50
Mijo menudo...........................	"	44	"	40
Cebada.	"	60	'	56
Habas blancas.	"	84	"	80
Id de color..........	"	66	"	64

Cuadro demostrativo de los precios corrientes que ha tenido el ganado caballar, mular y asnal en las ferias verificadas en esta Provincia en el mes de Setiembre anterior.

	Máximo		Mínimo	
	pesos	cent.	pesos	cent.
Un caballo del pais de 7 cuartas alzada....	74	"	70	"
Una jaca de 6 id..................	45	"	40	"
Una yegua sin cria...	30	"	28	"
Una id con cria	34	"	32	"
Una muleta de 3 años....................	64	"	58	"
Una mula de tiro........	94	"	88	"
Un asno....	15	"	13	"
Una burra con cria.......................	17	"	15	"

Importacion de secos descargados en este Puerto del de Buenos Aires en el mes de Setiembre anterior.

Dia 9, vapor «Conde Wifredo» consignado á D. Narciso Obauza, cueros 1.500. Dia 9, vapor «Conde Wifredo» consignado á D. Ramon Picos, cueros 3.002. Dia 17, vapor «Cabo Creus» consignado á D. Narciso Obauza, cueros 2.645. Dia 18, vapor «Ibaizabal» consignado á la viuda de Carbajal, cueros 2.903.—Total cueros 10.050.

Exportacion.

Conservas, cajas......	240
Percebes, id.......	3
Chorizos, id..........................	3
Sidra, id.............................	210
Chocolate, id.........................	20
Libros, id.	3
Café id............	3

Saluda á V. E. con la mas alta consideracion y respeto.

Antonio Herrera, Vice Cónsul.

Noviembre 7 de 1889.—Publíquese en el Boletin Mensual del Ministerio.—Zeballos.

Consulado en Bremen.

INFORME MENSUAL.

Bremen, Setiembre 30 de 1889.

Señor Ministro:—Me cabe el honor de ofrecer á V. E. el informe mensual de Setiembre.

Importacion.—Un vapory un buque de vela han descargado:

891 fardos de lana.

8.800 cueros vacunos salados.

8.600 puntas de astas.

Exportacion.—Cuatro vapores alemanes se despacharon con 24.041 bultos de carga representando 1.391 toneladas.

Emigracion.—161 emigrantes han partido con estos vapores con destino á Buenos Aires.

Noticias del Mercado.—*Lana.*—La buena posicion de este artículo continúa y no hayduda que durará algun tiempo mas, en provecho de la próxima esquila.

De diferentes procedencias se vendieron 2.371 fardos, entre ellos 400 del Rio de la Plata á precios firmes de m. 1.90 á m. 2 el $^1/_2$ kilo, lavada la de Buenos Aires, m. 60 á m. 90 la sucia y m. 2.50 á $^1/_2$ kilo de peine.

Cueros vacunos.—No ha habido ventas. Los precios se sostienen.

Id. secos.—m. 55 á m. 65.

Id. salados.—m. 45 á m. 55.

Id. de potro.—m. 13.50 cada uno.

Alpiste.—m. 1 P. 50 kilos.

Colza.—m. 300 por 1.000 kilos.

Lino.—m. 200 á 210 id. id.

Tortas de lino.—m. 150 por 1.000 kilos.

Tortas de maní.—m. 135 á 140 id. id.

Trigo.—m. 140 á 150 por 1000 kilos.

Centeno.—m. 103 á 110 id. id.

Cebada ordinaria.—m. 95 á 100 ℔ 700 kilos.

Maíz de Buenos Aires.—m. 80 á 90 id. id.

En los Mataderos.

Carne de novillo.—m. 50 á 60. por mayor los 50 kilos

Carne de ternero.—m. 60 á 75.

Carne de carnero.—m. 45 á 50.

Carne de chancho.—m. 55 á 70.

Saludo á V. E. con toda mi consideracion.

Henr. A. Clausen, Cónsul.

Noviembre 7 de 1889.—Publíquese en el Boletin Mensual del Ministerio.—ZEBALLOS.

Consulado en Almería.

INFORME MENSUAL.

Almería, Octubre 10 de 1889.

Señor Ministro:—Tengo el honor de remitir á V. E. el informe mensual de este Consulado correspondiente al pasado mes de Setiembre.

Continúa inmejorable el estado sanitario de esta jurisdiccion Consular

Precios de los productos del país para la exportacion.

Trigo, fanega de 45 á 50 kilos..............	Pesetas	11.25
Cebada, id. id. 30 á 35 id.	«	5.50
Maíz, id. id. 39 á 40 id...		6
Esparto en rama quintal de 46 kilos........		4.50
Azufre fundido en terron « « «		4.50
Id. molido « « « « «		7
Id. sublimado « « « «		8
Lana en sucio « « « « «	«	40
Plomo desplatado tonelada de 1.000 kilos...	«	262 á 265
Sal grano blanca « « « «	«	10.25
Sal menuda « « « «		11

Artículos de importacion.

Alpiste, fanega de 50 kilos................	Pesetas	18
Habichuelas cortas, sacos de 50 kilos... ...	«	12 á 15
Id. largas « « «	«	20 á 22
Arroz, sacos de 93 kilos, segun clase........	«	28 á 35
Harina de trigo, sacos de 100 kilos..........	«	24 á 28

Consumo y precio de carnes frescas en esta Capital.

Vaca y ternera 114 reses, pesando limpio 17100 kls. Pts. 2 kilos.
Ovejas, carneros y cabras 769 reses « 7690 « « 1.25 «

Precios de cueros y pieles.

Cueros vacunos secos....................	Pesetas	1.70	kilo
Id. de cabra y macho....	«	2.50	«
Pieles con lana de carnero........ ...	«	2.50	«
Id. id. id. de cordero..................	«	1.50	«

Exportacion de uva durante el mes referido.

Barriles de 2 arrobas.............		130.328
Medios barriles..........................		11.452
Total..		141.780
Embarcado el mes de Agosto último.		
Barriles	70.607	
Medios........	2.955	73.562
Total exportacion hasta 30 de Setiembre		215.342

Los últimos precios obtenidos en Nueva York han sido desde 5 hasta 19.50 duros por barriles de 50 á 55 libras.

Sin movimiento comercial ni emigratorio en este puerto con relacion á los de la República.

Saludo á V. E. con mi mas distinguida consideracion y respeto.

Santiago Peydro, Cónsul.

Noviembre 8 de 1889.—Publíquese en el Boletin Mensual del Ministerio.—Zeballos.

Consulado en el Havre.

INFORME MENSUAL.

Havre, Octubre 8 de 1889.

Señor Ministro:—Tengo el alto honor de elevar á manos de V. E. el Informe mensual de este Consulado correspondiente al mes de Setiembre, que acaba de espirar.

Por él verá V. E. el movimiento de exportacion, importacion y emigracion, habido entre este puerto en sus relaciones comerciales con la República.

Exportacion.

Con fecha 4 de Setiembre, se despachó en este Consulado el vapor francés «Parahyba» de 2.022 toneladas de registro y 34 hombres de equipaje.

Salió con destino á Buenos Aires, al mando de su comandante Breans, llevando lo siguiente:

Para Buenos Aires..................	6.940	bultos.
Con opcion á Montevideo...........	3.000	"
Total..........	9.940	"

Con fecha 10, se despachó el vapor francés «Pampa» de 1.977 toneladas de registro y 56 tripulantes,

Salió con destino á Buenos Aires al mando de su comandante Fontaine.

Llevó lo siguiente:

Para Buenos Aires.....	7.728	bultos
" Rosario	199	"
" otros puertos..................	8	
Con opcion á Montevideo.	1.000	"
Total..........	8.935	"

El 11 se despachó el vapor francés «Santa Fe», de un tonelaje de registro de 1.134 68/100 y 35 tripulantes.

Salió con destino á Buenos Aires y Rosario, al mando de su comandante Sr. Panchevre.

Llevó lo siguiente:

Para Buenos Aires..............	10	bultos
" Rosario	6.936	"
Total...	6.946	"

Con fecha 18 se despachó el vapor inglés «Rosarian» de un tonelaje de registro de 2.007 toneladas y 44 tripulantes.

Salió con destino á Buenos Aires al mando de su comandante el señor Killop, llevando lo siguiente:

Para Buenos Aires...........	3.184	bultos
Con opcion á Montevideo.............	3.500	"
	6.684	bultos

Con fecha 24 se despachó el vapor francés «Porteña» de 1.766.81 toneladas de registro y 35 hombres de equipaje.

Salió con destino á Buenos Aires al mando de su comandante Chancerel.

Llevó lo siguiente:

Para Buenos Aires.....	4.962	bultos
Id Rosario.......................	6	«
Id otros puertos.................	61	-
Con opcion á Montevideo...........	1.000	«
	6.029	bultos

Resúmen de la exportacion.

Se despacharon con destino á la República, cinco vapores con un tonelaje total de registro de 9.908 18/100 toneladas y una tripulacion de 204 hombres.

Dichos vapores llevaron con destino á la República la cantidad de 38.534 bultos mercaderías generales, cuyos destinos fueron los siguientes:

Para Buenos Aires..................	22.824	bultos
Id Rosario..................	7.141	«
Id otros puertos..................	69	«
Con opcion á Montevideo............	8.500	«
	38.534	bultos

Resúmen de la exportacion del mismo mes del año 1889.

Cinco vapores con un tonelaje total de registro de 10.484 16/100 toneladas y una tripulacion de 231 hombres.

Llevaron con destino á la República la cantidad de 26.517 bultos mercaderías generales, cuyos destinos fueron los siguientes.

Para Buenos Aires...............	16.743	bultos
Id Rosario..................	5.589	«
Id San Nicolás..................	551	«
Id otros puertos..................	34	
Con opcion á Montevideo............	3.680	«
	26.517	«

Importacion.

Con fecha 1.° de Setiembre, llegó á este puerto, procedente de la República, el vapor francés "Santa Fe", con:

166 fardos lana, 1 000 cueros vacunos secos, 5 547 cueros vacunos salados, 1 cajon plumas de avestruz, 48 500 astas, 434 bolsas de lino, 400 bolsas harina de carne, 8 sacos mineral, 3 zurrones mineral plata, 41 bueyes vivos, 59 barriles glicerina, 153 bultos cera, 1 cajon muebles, 5 cajones tabaco, 73 fardos cueros lanares, 9 bultos varios.

El 3 llegó el vapor francér "Paraguay", con:

3653 cueros vacunos salados, 4 814 bolzas maiz.

Con fecha 5, llegó el vapor holandés "Schiedam", con:

2 358 cueros vacunos salados, 9 000 bolsas maiz, 1 373 bolsas alpiste.

El dia 15 llegó el vapor francés "Entre Rios", con:

6 841 bolsas maiz, 607 barras estaño, 25 zurrones mineral plata 10 cajones varios.

El 16 llegó el vapor francés "Porteña", con:

133 cueros vacunos salados, 1 fardo cerda, 1 cajon plumas de avestruz, 7 906 bolsas maiz, 295 zurrones mineral de plata, 566 cuartos carneros congelados, 4 994 carneros congelados, 6 bultos varios, 12 fardos cueros lanares.

El 18 llegó el vapor francés "Uruguay", con:

109 fardos lana, 1 000 cueros vacunos salados, 11 cajas muebles, 1 caja valores.

Resúmen de la importacion.

275 fardos lana, 85 id cueros lanares, 1 000 cueros vacunos secos, 12 691 cueros vacunos salados, 1 fardo cerda, 2 cajones plumas de avestruz, 48 500 astas, 434 bolsas lino, 28 561 id maiz, 1 373 id alpiste, 400 id harina de carne, 8 sacos mineral, 323 zurrones mineral de plata, 41 bueyes vivos, 566 cuartos carneros congelados, 4 994 carneros congelados, 59 barriles glicerina, 153 bultos cera, 5 id tabaco, 12 id muebles, 1 id valores, 25 id varios.

Resúmen de la importacion del mismo mes del año 1888.

135 fardos lana, 954 barras estaño, 195 sacos mineral de plata, 5 zurrones mineral plata, 1 cajon valores, 6 fardos cueros de cabra, 25 id pieles, 1 603 bolsas tortas, 8 180 id maiz, 88 003 astas, 4 cajones plumas de avestruz, 20 barriles glicerina.

Lanas.—La importacion general de lanas durante el mes de Setiembre, ascendió á 954 fardos, de los cuales:

275 fardos procedencia argentina (directa).
361 " " " (vía Amberes).
636 "

Las ventas ascendieron durante el mismo periodo de tiempo á 1 551 fardos, de los cuales 197 fardos de procedencia Argentina, que obtuvieron los precios siguientes:

173 fardos................ á frs, 1.20 á 2.05
24 id .... á precios reservados
197 id.

El 30 de Setiembre quedó un stock disponible de 5.339 fardos, siendo de ellos 1.371 fardos de procedencia argentina.

Movimiento del mercado durante los nueve primeros meses de 1889.—1888.

Lanas.	Importacion.		Ventas.		Expedicion.		Stock 31 Ag'to	
	1889.	1888.	1889.	1888.	1889.	1888.	1889.	1888.
Buenos Aires	11371	24089	6356	7516	7431	8 .64	1371	10165
Montevideo y Rio Grande	2455	2423	2394	3484	—	192	110	6
Perú y Chile	4963	3136	4733	3378	79	27	399	362
Rusia	—	1373	2012	1487	117	507	1344	5002
Diversas	3850	22 6	7138	3955	296	656	2115	6724
	22039	33277	22642	19820	7923	9946	5339	22295

El dia 26 de Setiembre tuvo lugar en esta ciudad un remate de lanas cuyos resultados se verán por el cuadro que vá á continuacion.

Resultado del remate de lanas del 26 de Setiembre.

PROCEDENCIA.	Presentadas.	CALIDAD.	Retiradas.	Vendidas.	PRECIOS.
Buenos Aires	538	Merino	64	56	1.55 á 1 75
		1.ª	185	148	1.50 á 1.95
		2.ª	9	10	1.60 á 1.65
		Corderos	15	35	1.20 á 1.35
		Pedazos	—	4	80 á 1 05
		Averiada	—	12	— á —
Montevideo	174	M.º/1.ª	93	31	2.10 á —
		1.ª/2.ª	28	—	— á —
		2.ª	9	8	1.85 á 2 —
		Pedazos	5	—	— á —
Chile	228		72	156	1.20 á 1.60
Perú	55		39	16	1.02 1/2 á 1.12 1/2
Rusia	222		222	—	— á —
España	1 076		883	193	1.15 á 1.25
Brasil	24		—	24	1.75 1/2 á 1.75
Smyrne	57		57	—	— á —
	2 374		1681	693	

Ventas á plazo tipo 1.ª Buenos Aires buena calidad rendimiento 36 por 100.

Las transacciones durante el mes que nos ocupa en el presente informe, han sido bastante activas.

Las ventas ascendieron á 7.325 fardos.

Las últimas cotizaciones fueron las siguientes:

Para Octubre		187
« Noviembre		183
« Diciembre		181 1/2
« Enero	1890	176

Para Febrero.......................... 1880 177
« Marzo.......................... « 176
« Abril.......................... « 176
« Mayo.......................... « 175
« Junio.......................... « 175
« Julio.......................... « 175
« Agosto.......................... « 175

Precios de lanas el 30 de Setiembre de 1889 (el kilo).

Lanas.		Superior.	Buena.	Mediana	Inferior.
Merinos.	Frs	2.10 á 2.20	1.95 á 2.05	1.75 á 1.85	1.45 á 1.65
1.a	«	2.05 á 2.15	1.90 á 2.00	1.70 á 1.80	1.40 á 1.60
2.a	«	2.00 á 2.10	1.85 á 1.95	1.65 á 1.75	1.35 á 1.55
3.a	«	1.95 á 2.05	1.80 á 1.90	1.60 á 1.70	1.30 á 1.50
Corderos	«	1.70 á 1.90	1.55 á 1.65	1.40 á 1.50	1.05 á 1.25
Vientres y pedazos	«	1.05 á 1.45	1.00 á 1.30	0.85 á 1.15	0.55 á 1.95
Lincoln	«	1.95 á 2.15	1.75 á 1.90	1.50 á 1.65	1.30 á 1.40

Cueros vacunos (secos y salados).

La importacion general de cueros vacunos secos y salados ascendió durante el mes de Setiembre á 99.186 cueros, de los cuales 13.691 de procedencia Argentina.

Las ventas y expediciones ascendieron á 86.452 cueros de los cuales 57.482 cueros de procedencia Rio de la Plata.

El 30 de Setiembre quedó un stock disponible de 224.496 cueros de los cuales 10.649 cueros vacunos secos y 127.336 cueros vacunos salados de procedencia Rio de la Plata.

Movimiento del mercado durante los nueve primeros meses de 1889 1888.

Cueros.	Importacion. 1889.	1888.	Ventas. 1889.	1888.	Stock 31 de Agosto. 1889.	1888.
Plata y Rio G., secos	7 211	13 341	21 736	22 530	11 589	31 540
Plata, salados	348 275	190 144	272 921	238 872	127 335	35 336
Rio Grande, salados	69 763	24 435	76 043	101 636	33 461	2 418
Diversas	229 203	269 736	211 889	340 267	47 110	26 766
Varios	654 452	497 657	582 589	703 305	224 490	96 060

Precios de cueros vacunos secos y salados procedentes del Rio de la Plata, el 30 de Setiembre de 1889.

		Los 50 kilógramos.		
Plata secos bueyes 1.ª calidad 13 á 16 kilos....	frs.	84	á	85
« « « « 11 á 12 «	«	80	á	84
« « « 10 á 11 «	«	78	á	80
« 2.ª «	«	70	á	75
« inferiores................	«	60	á	65
« vacas 1.ª calidad 10 á 11 kilos....	«	84	á	85
« « « 9 á 10 «	«	80	á	84
« 2.ª «	«	70	á	80
« « inferiores	«	60	á	65
Plata terneros	«	60	á	65
Plata salados bueyes nuevos de 30 á 31 « . .	«	54	á	57
« « 23 á 24 «	«	50	á	51
vacas 19 á 20 « ...	«	44	á	47
« « 21 á 22 «	«	47.50		50
Plata matadero bueyes de 26 á 28 «	«	45	á	50
« vacas 20 á 22 «	«	45	á	50
Plata terneros livianos cada uno	«	1.50	á	2

Precios corrientes de los productos argentinos, en este mercado el 30 de Setiembre de 1889, comparados con los del mismo mes del año 1887

Frutos.	*Por*	*Setiembre 1889.*			*Setiembre 1888.*		
Lanas..............	1 k.	1.40	á	2.10	1.35	á	1.85
Cueros lanares.....	«	1.30	«	1.50	1.20	«	1.40
« vacunos secos..	50	60	«	85	60	«	100
« « salados....	«	40	«	56	51	«	61
« potro secos.....	pieza.	6	«	9	6	«	9
« « salados.....	100 k.	115	«	120	130	«	135
« nutria	1 k.	2.50	«	3.50	2.50	«	3
« cabra........	doc'na	30	«	45	20	«	28
« cabrito........	«	20	«	26.50	10	«	26
Cerda..............	50 k.	125	«	165	123	«	127.50
Sebo...............	100	62	«	66	62	«	66
Aceite.............	50	45	«	50	45	«	50
Plumas avestruz....	1 2	5	«	6.50	4.50	«	14
Astas..............	100	32.50	«	35	26	«	35
Machos de astas....	1000	100	«	120	100	«	120
Trigo..............	100	20	«	21	24	«	25
Lino...............	«	26	«	27	24	«	25
Colza..........	«	30	«	33	26	«	31
Maíz...............	«	11	«	12	13	«	14.50
Huesos.............	«	14	«	20	7	«	18
Quebracho..........	«	10.30	«	10.50	8.50	«	9

Emigracion.—Cuatro vapores condujeron con destino á la República, entre pasajeros y emigrantes, 874 personas, cuyas clasificaciones fueron las siguientes:

1.ª clase	28	personas
2.ª "	25	"
Emigrantes	821	
Total................	874	

Nacionalidad de los 821 emigrantes.

Franceses........	566	personas
Italianos..................	90	"
Suizos	57	
Alemanes................	35	
Belgas....................	24	
Rusos....................	19	
Ingleses..	11	
Austriacos.......	7	
Holandeses................	6	
Argentinos................	3	
Americanos...............	2	
Españoles...............	1	
	821	personas

Durante el mismo mes del año pasado se embarcaron en este puerto, con destino á la República 1.523 personas.

Con este motivo tengo el alto honor de reiterar á V. E. las seguridades de mi mayor consideracion y respeto.

Rodolfo Balcarce, Vice Cónsul.

Noviembre 19 de 1889.—Publíquese en el Boletin Mensual del Ministerio.—Zeballos.

Consulado General en Escocia.

INFORME MENSUAL.

Glasgow, Octubre 10 de 1889.

Señor Ministro:—Tengo el honor de acompañar á V. E. un estado del movimiento de buques en este Consulado General y lista de precios de frutos, correspondiente al mes próximo pasado.

Me es grato comunicar á V. E. que el estado vital y sanitario de esta ciudad, puerto y sus inmediaciones, así como el de las ocho ciudades principales de este reino es satisfactorio

Precios corrientes cotizados durante el mes de Octubre.

Artículos.		*Precios.*		
Cueros vacunos secos, pesada......	lb.	—	—	6 7
Id id salados, de buey, pesada.....	id.	—	—	4 7/8
Id yeguarizos secos............	c/u	—	7	9
Id id salados....	id.	—	10	16 —
Id lanares.......................	lb.	—	—	5 3/4
Astas de buey, pesada............	100	1	15	—
Cerda..............	lb.	—	2	3
Huesos.....	ton.	5	10	—
Ceniza de huesos, con 70 % fosfatos.	id.	4	15	—
Sebo de vaca....	qq.	1	7	6
Id carnero........	id.	1	8	—
Grasa de potro.................	id.	—	—	—
Aceite de patas, mil...	gln.	—	2	6
Lanas sucias, mil......	lb.	—	—	7 á 8 1/2

Bonos Argentinos.

Empréstito de	1868....................	—	°/₀
Id	1871 (Obras Públicas)........	—	«
Id	1872 and 1874 (pesos fuertes).	64 1/2	«
Id	1881 (ferrocarriles)..........	103	«
Id	1882......................	95	«
Id	1886/7....................	52	«

Cedulas B.

Las estadísticas por el mes pasado nos dan las cifras de mortalidad por mil de los habitantes al año como sigue:

	1a. sem.	2a. sem.	3a. sem.	4a. sem.	Término medio mensual-anual
Glasgow	21.2	21	21	20.7	21
8 cdes. pples	16.5	19.1	16.4	18.8	17.7

Movimiento de buques habido en este Consulado General durante el mes de Setiembre.

Destino.	Cargamento.	Peso.	Valores.
		Toneladas	Libras ester
Ardrossan á Bs. As.	carbon de piedra..	700 « « «	£ 350 « «
Glasgow id. id.	cargamento general....	88 3 3 « «	7233 « «
Greenock id. id.	carbon de piedra.....	949 8 « « «	427 « «
Id. id. id.	carbon de piedra	727 5 « « «	290 18 «
Glasgow id. id.	carga general.........	327 16 « « «	5728 « «
Greenock id. id.	carbon de piedra.....	1229 11 « « «	584 « «

Glasgow id. id. carbon de piedra......	690 « « «	L 293 5 «
Id. id. id. carbon de piedra..	792 « « « «	351 8 «
Totales..........	5504 3 3 «	£1525711 «

Reitero á V. E. las seguridades de mi mayor consideracion.

Tomas F. Agar, Cónsul.

Noviembre 7 de 1889.—Publíquese en el Boletin Mensual del Ministerio.—ZEBALLOS.

Consulado General en Inglaterra.

INFORME MENSUAL.

Lóndres, 1.° Octubre de 1889.

Señor Ministro:—Tengo el honor de incluir á V. E. una nota de los precios corrientes en el mes de Setiembre próximo pasado de varios productos argentinos que se venden en este mercado.

Precios corrientes en el mercado de Lóndres de los artículos siguientes:

Astas	15	c 38/6	°/₀₀
Carne fresca, vaca..........	5 3/4	c 6	por libra
Id ternera........	7		por id.

Carne fresca carnero... ...	6 3/4 c	8	por libra
Cenizas y huesos..........	£ 4.10 c	5.10	por tonelada
Cerda, colas...............	10 1/2 c	2/	por libra
Cobre en barra......... ...	£ 43 c	£ 43 7.6	por tonelada
Cueros salados, novillo.....	4 1/2 c	5 1/2	por libra
Id vaca.......	4 1/2 c	4 3/4	id
Id potro.......	10 c	13	cada uno
Cueros secos..........	6 c	7	por libra
Id lanares............	4 1/4 c	6 1/4	id
Ganado en pié............	£ 11	£ 16 y £ 22	cada uno
Lino....	41 c	42	por 410 libras
Lana sucia.................	4 1/4 c	7 1/2	por libra
Id de Córdoba.. .	4 1/4 c	5 3/4	id
Id lavada.	8 c	9	id
Maíz......................	18 c	18/6	por 480 libras
Plata en barra....	42 11/16		por onza
Sebo saladero..............	27 c	27/6	por 112 libras
Trigo............	32 c	33/6	por 496 id

Saludo á V. E. atentamente

Alejandro Paz, Cónsul.

Noviembre 7 de 1889.—Publíquese en el Boletin Mensual del Ministerio.—ZEBALLOS.

Consulado en Brunswick.

INFORME MENSUAL.

Brunswick, Octubre 1.° de 1889.

Señor Ministro: —El movimiento de exportacion de este puerto durante el próximo pasado mes de Setiembre ha sido el siguiente: tres buques midiendo 1445 toneladas de registro han cargado 983126 pies superficiales de madera y 100 barriles de resina importando un total de 13651 dollars.

Remito á V. E. la adjunta cotizacion de los artículos de exportacion aparentes para esos mercados.

La salud pública de esta ciudad sigue satisfactoria.

Precios corrientes del mercado.

Madera de pino de tea:—Aserrada á vapor de dimensiones ordinarias y aparente para los mercados del Rio de la Plata de $ 14.50 á 16.50 por M. de pies superficiales puesta encima del muelle al costado del buque, sin ningun otro gasto.

En estos muelles hay de 16 á 18 ½ pies de agua. Los buques que excedan de ese calado pueden completar su carga á cosa de una milla de distancia de la poblacion, siendo de su cuenta los gastos que con este motivo se originen.

Piezas de arboladura:—El precio de estas está en proporcion á sus dimensiones y en relacion á la demás clase de madera; las hay cuadradas y ochavadas labradas al hacha.

Resina:—Clases B $ 0.95, C $ 0.95, D $ 0.95, E $ 1.02 ½,

E \$ 1.07 $^1/_2$, G \$ 1.12 $^1/_2$, H 1.22 $^1/_2$, I \$ 1.40, K \$ 1.65, M \$ 1.75, N \$ 1.97 $^1/_2$, W G 2.30 el barril en bruto de 280 lb.

Aguarras:—A 44 cts. el galon envasado en barriles de unos 44 galones.

Algodon:—Good Middling á 10 $^3/_8$ cts. lb., Middling á 10 cts lb., y low Middling á 9 $^5/_8$ cts. lb.

Fletes:—Se cotizan para Buenos Aires y puertos contiguos de \$ 99 $^1/_2$ á 20 $^1/_2$ por M de pies de madera, y para Rosario de Sta Fé de \$ 22 á 21 por M.

Total de buques en el puerto, 32.

Reitero V. E. las seguridades de mi mayor respeto y consideracion.

Rosendo Torras, Cónsul.

Noviembre 13 de 1889.—Publíquese en el Boletin Mensual del Ministerio.—Zeballos.

Consulado General en Estados Unidos.

INFORME MENSUAL.

Nueva York, Octubre 7 de 1889.

Señor Ministro:—Tengo el honor de dirigirme á V. E. para incluirle los cuadros de costumbre; como tambien copia, por duplicado del balance de estampillas, correspondiente al mes de Setiembre ppdo.

Precios corrientes á fin del mes de Setiembre de 1889 de los artículos de consumo y otros de este mercado.

Cereales.—Harina de trigo para la exportacion....	$	4.50
" " centeno mezclado..........	"	4.00
" maíz amarillo........................		4.65
Maíz mezclado, por fanega.........................	"	0.38 1/2
Frutas.—Pasas, Málaga, por caja........		2.20
Heno.—Por cien libras..................		0.85
Cáñamo de Manila...........................		0.12

Cueros secos.

Buenos Aires, escojidos, libras...	21 á 24	$	0.15 3/4
Montevideo, id..................... ..	20 " 22	"	0.15 3/4
Corrientes y Concordia, id............	20 " 23	"	0.12
Veracruz, id	18 " 20	"	0.09 1/2
Laguayra, id..........................	23 " 25	"	0.09
América Central, id.	18 " 22	"	0.12 1/2
Del Oeste, id.........................	25 " 30	"	0.10
Del Sur, id...........	13 " 16	"	0.08

Cueros salados.

Buenos Aires, de vaca, libras..........	50 á 55	$	0.08
Rio Grande, buey, id................	50 " 50	"	0.08
Buenos Aires, vaca, id...............	42 " 50	"	0.08
New-Orleans, buey y vaca, id.......	45 " 60	"	0.07

Cueros de Buenos Aires curtidos en cicuta para suela.

Ligeros de primera.	$	0.18
Medianos id....	"	0 19
Pesados id.........		0.19
Ligeros de segunda		0.19
Medianos id...........................		0.17
Pesados id..		0.17
Dañados....		0.15
Mieles.—De New Orleans...		0.23
Provisiones navales. – Aguarrás.............	"	0.48 ½
Resina, en barriles......	"	1.05
Provisiones.—Tocino en barriles	"	13.50
Jamones de vaca....	"	14.50
Azúcar Moscabado....	"	0.05 ⅝
Centrífuga	"	0 06 ⅜

Cargamento de los principales artículos de exportacion de los Estados Unidos á la República Argentina durante el mes de Setiembre de 1889.

Madera en piés.....	14 636 000
Sillas, en paquetes.............	803
Lona, id.......................	120
Kerosene, en latas..............	32 320
Sebo, en latas	400
Arados	19
Resina, en barriles...............	1 300
Máquinas de sembrar............	149

Aguarrás, en latas.............	1 300
Tabaco en ramas..............	18 425
Id manufacturado................	30 900
Pavilo de paquetes	6

Sin otro motivo, me es grato reiterar al señor Ministro las seguridades de mi consideracion mas distinguida.

Félix L. de Castro, Vice Cónsul.

Noviembre 18 de 1889.—Publíquese en el Boletin Mensual del Ministerio.—ZEBALLOS.

Consulado en Dunkerque.

INFORME MENSUAL.

Dunkerque, Octubre 1.° de 1889.

Señor Ministro:— Tengo el honor de remitir á V. E. á continuacion el Informe Mensual de este Consulado correspondiente el mes de Setiembre que acaba de terminar.

Exportacion.— Esta se ha efectuado por medio de cinco vapores y un velero como se verá en el Cuadro Estadistico que va á continuacion, en el cual figuran los detalles concernientes á dicho movimiento.

Cuadro Estadístico del movimiento de Exportacion de este puerto para los de la República Argentina durante el mes de Setiembre de 1889.

Tonelaje de registro.	Destinos.	CARGAMENTOS.
2673.72	Buenos Aires	769 cajas cerveza en botellas. 3797 bultos hierro.
543.16	id.	855000 kilógramos de carbon.
1441.24	id. Colastine	39 cajas bizcochos. 26 id. instalaciones de caballerizas. 4824 bultos railes y accesorios. 19 cajas provisiones oficinas.
2134.61	Rosario	200 id. achicoria. 741 barriles cimiento. 1 caja conservas alimenticias
2262.67	Buenos Aires	2370 bultos armazones y vigas hierro.
2548.96	id.	1 caja esponjas. 3 barriles colores. 800 cajas achicoria. 172 cajas / 199 barriles — Quincalleria. 20 cajas herreria. 6 id. barniz 50 id. chocolate. 100 id. masilla. 20 fardos / 1 caja — Jarcias 23 cajas / 28 barriles — Quincalleria. 200 cajas achicoria. 26 id. quincalleria. 115 id. pavimentos cerámicos. 10 id. pavimentos cerámicos. 375 hierros en vigas.

Resúmen de la exportacion.—Cinco vapores con 11031.20 toneladas de registro.—9141 bultos para Buenos Aires.—4843 bultos para Colastine.—942 bultos para Rosario.—Un velero con 543.16 toneladas de registro. — 855000 kilógramos de carbon para Buenos Aires.

Resúmen de la exportacion del mismo mes del año 1888.

Un vapor con 1555.92 toneladas de registro.—1432 bultos para Rosario.—15691 bultos para Buenos Aires.

Tonelaje de registro.	CARGAMENTOS.				
	Lanas. — Fardos.	Maíz. — Fardos.	Tortas. — Fardos.	Carneros congelados. — Piezas.	Dinero en cajas. — y plata en zurrones.
2273.72	371	—	—	—	—
2262.67	—	17.886	—	—	—
1408.00	—	39.268	—	—	—
2184.61	207	12.632	—	—	1 caja 21 zurrones.
1778.00	454	—	—	1.500	—
2548.96	689	13.744	1.672	—	—
1463.00	—	30.019	—	—	

Resúmen de la importacion.—Siete vapores con 14268 toneladas de registro—1721 fardos de lana.—113550 bolsas maíz.—1672 bolsas tortas.—1500 carneros congelados.—1 caja dinero.—21 zurrones plata.

Precios corrientes de los productos Argentinos en este mercado durante el mes de Setiembre de 1889.

Lanas.................. por 1 kilo 1.35 frs. á 2.45 frs.
Maíz .... « 100 « 11.25 « á 11.50 «
Tortas .... 12 50 «
Carnes congeladas.. .... por el interior.

Tengo el honor de reiterar á V. E. las seguridades de mi mayor consideracion y respeto.

A. Mine, Cónsul.

Noviembre 2 de 1889.—Publíquese en el Boletin Mensual del Ministerio.—ZEBALLOS.

Consulado en Liverpool.

INFORME MENSUAL.

Liverpool, Octubre 3 de 1889.

Señor Ministro:—Tengo el honor de acompañar el informe mensual de este Consulado demostrando el movimiento que ha tenido lugar en este mercado durante el mes de Setiembre ppdo.

Carne congelada.—Las llegadas durante el mes han sido sin importancia, 39.485 reses. Esto es muy sensible, pues debido á su calidad han mejorado, la demanda es mucho mayor que hasta ahora. Este ramo del comercio está en un estado floreciente. Precios termino medio, 4 1/2 por libra.

Cueros salados—El mercado está sostenido, pero no hay demanda activa. Se han vendido 5513 cueros á precios entre 4 1/4 @ 5 3/8 por libra.

Lanas.—Se está prestando mayor atencion á las lanas del Rio de la Plata y como las calidades en buena condicion tanto pura como cruzadas serán recomendadas es de esperar que las tempranas importaciones de las nuevas cosechas lleguen de mejor calidad que el año pasado. Entradas muy limitadas.

Lanares.—Unica venta durante el mes, 52 fardos de media lana á 5 3/4 p. lb. Se puede decir que no hay existencia de este artículo del Rio de la Plata, las nuevas llegadas se esperan con ansiedad y lograrán buenos precios.

Trigo.—Sin existencia.

Maiz.—Las llegadas ascienden á 52.289 bolsas, pero ha llegado ardido casi en su totalidad. Precios muy bajos 3/9 @ 4.

Lino.—El mercado ha estado firme y se han vendido 5.000 bolsas averiado á 40. De calidad superior no han existencia.

Cuadro mostrando el movimiento y precios corrientes en este mercado de los productos de la República durante el mes de Setiembre de 1889.

Artículos.	*Int'ducidos.*	*Vendidos.*	PRECIOS CORRIENTES. *Desde.*	*Hasta.*	*Observ'nes.*
Cueros de novillo salados...	10 044	5 513			
Id pesados.....			5 d. lb.	5 ⅜ d. lb.	
Id livianos.....			4 ¼ " "	4 ½ " "	
Cueros de potro salados......					
1.ª clase.......			13[6 d. cuero	14[6 d. cuero	nominal.
2.ª clase.......			10[6 " "	12[" "	
Sebo vacuno de vapor, pipas...	293	200	27[9 qq.	28[" qq.	
Cueros lanares, f.	309	52			
Sin lavar, lana entera...... ...			6 d. lb.	6 ½ d. lb.	
Id. media lana ..			4 ¼ " "	5 ½ " "	
Lana mestiza sin lavar, fardos..	7	7			
Clase buena á superior.........			7 ½ d. lb.	8 ½ d. lb.	
Clase mediana...			6 " "	7 " "	
Cerda de caballo.	7	7			
Buena mezcla...			12 d. lb.	12 ½ d. lb.	
Huesos, ton......			£5.10.0 ton.	£ 5.15.0 ton.	
Cenizas de id. id.			" 4.12.6 "	" 4.17.6 "	
Trigo, bolsas......					
Trillado para yeguas........ ...					no existe
Id. por máquina.					
Maíz desgranado	52 228	20 000			
Clase regular á buena.........			3[9 100 lbs.	4[100 lb.	
Clase superior. amarillo..			100 "	100 "	Id
Lino regular á bueno........	7 809	5 000	42[416 "	44[416 "	
Clase superior...			45[416 "	46[416 "	
Cebada.			2[8 60 "	3[10 60 "	nominal.
Carne congelada					
Carnero, reses..	39 485	40 000	4 ¼ d. "	4 ½ "	
Vaca, cuartos...			2 " "	3 ½ " "	

Importacion y precios corrientes de carne fresca, enfriada y animales en pié de Norte América.

	Tons.	Tons.			
Carne de vaca....	4 194	4 194	5 d. lb.	6 ½ d. lb.	
Carne de carnero			6 " "	7 " "	Nominal
Animales vacunos en pié...	16 994	16 994	£ 16 c[u	£ 23 " c[u.	
Ovejas.........	5 089	5 089	33["	43[" "	

Durante el 3.° trimestre del corriente año el movimiento comercial entre este puerto y los de la República ha sido como sigue:

Meses	Vapores despachados	Tonelaje	Tripulantes	Pasajeros	Buques de vela	Tonelaje	Trip'tes
Julio	17	24.785	504	20	9	5670	133
Agosto	12	17.940	402	1	11	5170	121
Set'bre	17	26.180	541	11	19	11943	251
Total	46	68.905	1447	32	39	22783	505

La exportacion en estos buques ha sido:

Cajones	*Julio*	*Agosto*	*Set'bre*	*Total*
Algodones...............	4371	3467	3855	11693
Lanas...............	298	46	67	411
Géneros de hilo ...	87	60	45	1921
Bebidas...............	8013	3662	6018	17693
Varios..................	24 68	24055	27906	76229
Fardos				
Algodones.............	1006	1085	833	2924
Lanas...................	224	16	6	246
Géneros de hilo......	118	44	31	193
Varios..................	1004	1991	1882	4877

Cajones	*Julio*	*Agosto*	*Set'bre*	*Total*
Hierro				
Barras	57993	54301	60647	172841
Planchas	2196	9270	9767	21333
Ollas	—	4123	4617	8740
Estufas	—	890	1657	2547

Atados	*Julio*	*Agosto*	*Set'bre*	*Total*
Hierro	61113	53837	54614	169564
Alambre	10111	5318	869	16198
Palas	24	70	114	208
Varios	6581	3122	18981	28684
Materiales para ferrocarril	48130	34667	38427	121224
Bultos y piezas máquinas	1703	1145	1775	4623
Caños de hierro	26222	14672	26483	67377
Caños de loza	52097	12016	25222	89335
Rollos de jarcia	2438	7894	5183	15515
Toneladas sal de roca	528	50	50	628
Toneladas de carbon	6868	4364	11916	23148

	Julio	*Agosto*	*Set'bre*	*Total*
Ladrillos	98530	100000	149690	348220
Canastos	1182	816	798	2797
Cascos	5567	10652	11709	27928
Cuñetes	2261	2343	3634	8238
Travesaños	—	—	10500	10500
Durmientes	13990	19723	—	33713
Rieles de acero	32681	27204	67242	127127
Animales en pié				
Caballos	47	205	204	456
Vacunos	127	261	102	490
Carneros	195	272	476	943
Varios	94188	10192	30865	135245

La importacion de la República á este puerto ha sido:

Carne helada	*Julio*	*Agosto*	*Set'bre*	*Total*
Cuartos de carne........	—	394	—	394
Ovejas..............	70327	105558	39485	215370
Piernas de carnero.......	2116	419	—	2535
Cueros vacunos				
Salados...	9500	5967	10044	25511
Secos..	—	—	550	550
Cueros de potro				
Salados....	—	—	—	—
Secos	—	—	973	973
Fardos				
Lana	—	—	7	7
Lanares.....	177	307	309	793
Cerda.	—	8	7	15
Cascos				
Sebo................ ...	2290	331	293	2914
Toneladas				
Huesos....	29	—	—	29
Ceniza..................	—	—	—	—
Astas..	79444	11304	15000	105748
Machos de asta..........	—	3338	—	3338
Sangre disecada ...	—	—	—	—
Fardos				
Carne tasajo............	—	—	—	..
Metales				
Barras de cobre	—	—	166	166
Baras estaño	307	—	1613	1920
Bultos................ .	1128	575	290	1993

Bolsas cereales	*Julio*	*Agosto*	*Set'bre*	*Total*
Trigo...................	—	—	—	—
Maíz....................	18582	130096	52228	200906
Lino..........	9462	205	7809	17476
Varios................	32	1574	709	2315

Saludo al Sr. Ministro con mi consideracion distinguida.

G. M. Brydges, Cónsul.

Noviembre 8 de 1889.—Publíquese en el Boletin Mensual del Ministerio.—ZEBALLOS.

Consulado en Lucca.

INFORME MENSUAL.

Lucca, Octubre 2 de 1889

Señor Ministro:—Tengo el honor de remitir á V. E. la relacion de precios corrientes obtenidos en este mercado en el mes de Setiembre último.

Relacion de precios corrientes obtenidos en este mercado en el mes de Setiembre del año 1889.

Carne fresca.......	1ª calidad	los	100 kilos	142
" "	2.ª	"	"	"	123
" "	3.ª	"	"	"	100
Cueros frescos......		"	"	"	70
Aceite de oliva.....	1.ª	"	"	"	156
" "	2.ª	"	"	"	128
"	3.ª	"	"	"	120
Lana.............		"	"	"	258.50
Lino........... ..		"	"	"	68.50
Porotos......		"	"	"	23
Trigo.............		"	"	"	19.41
Maíz.............		"	"	"	11.63

Sin más, me es grato reiterar á V. E. las seguridades de mi más distinguida consideracion.

Enrique Sani, Vice Cónsul.

Noviembre 15 de 1889.—Publíquese en el Boletin Mensual del Ministerio.—Zeballos.

Consulado en Uruguayana.

INFORME MENSUAL.

Uruguayana, Setiembre 30 de 1889.

Nota de precios corrientes de artículos de la República y similares de otras provincias.

Harina de trigo....	el kilógramo.	0.15	cts.
Galleta comun regular........	«	0.18	«
Id. id. buena.........		0.26	«
Galletitas dulces surtidas......		0.60	«
Fideos surtidos en cajon.......		0.37	«
Id. id. barricas...........		0.35	«
Afrecho.............		0.06	«
Maíz colorado desgranado en bolsa		0.05	«
Alfalfa seca..................		0.11	«
Id. verde.....		0.09	«
Papas......................		0.12	«
Grasa refinada de vaca	«	0.28	«
Huevos..	la docena	0.30	«
Anís.........................	el litro	0.20	«

Carnes y haciendas en pié.

Bueyes grandes y gordos para abasto.....................	uno	0.19	«
Novillos id. id. id. id.....	«	0.17	«
Vacas id. id. id. id.....	«	0.15	«

Ovejas para abasto.......... ..	una	2 00 cts.
Capones............	uno	2.30 «
Carne fresca.......	el kilógramo	0.15 «
Charque, clase regular........	«	0.16 «

Ganado para invernar.

Ganado de cria, 30 °/₀ de vacas y 10 °/₀ de toros..............	uno	5.50 «
Toros de 4 años............ .	«	7.50 «
Vacas....		6.50 «
Novillos		9.00 «
Bueyes mansos.......... .		15.00 «

Productos del pais.

Cueros secos al barrer.........	el kilógramo.	0.16 «
Id. lanares....	«	0.16 «
Cerda.......		0.45 «
Yerba misionera..............		0.12 «
Fariña de mandioca		0.10 «
Tabaco en cuerda y en rollo..	«	0.40 «
Caballos criollos regulares......	uno	9.50 «
Mulas de 3 años..............	«	14.00 «

Saludo á V. E. con mi mas distinguida consideracion.

A. Bergallo, Encargado del Consulado.

Noviembre 15 de 1889.—Publíquese en el Boletin Mensual del Ministerio.—Zeballos.

Vice Consulado en Chiavari.

INFORME MENSUAL.

Chiavari, 2 de Octubre de 1889.

Señor Ministro:—Me cabe la honra de llenar mi encargo, informando á V. E. acerca del movimiento comercial que se ha ejercitado en esta plaza, durante el mes anterior, siendo de la manera siguiente, los precios de los artículos principales, que son los que van señalados á continuacion:

Trigo para pan..............	los 100 kilos	frs.	23.50	á	25.50
Id. duro................	« «	«	23.00	á	25.00
Harina........	« «	«	35.00	á	37 00
Maíz..	« «	«	17.50	á	18.00
Avena.....................	« «	«	17.50	á	18.50
Arroz...........	« «	«	36.00	á	46.00
Aceite de oliva 1.ª calidad sup.	« «	«	181.00	á	186.00
Id. « « 1.ª calidad...	« «	«	136 00	á	141.00
Id « « 2.ª calidad....	« «	«	128.00	á	132.00
Papas	« «	«	08.00	á	10.00
Queso de la Valle de Aveto..	« «	«	203.00	á	305.00
Jabon	« «	«	43.00	á	48.00
Vino blanco buena calidad..	el hectólitro	«	36.00	á	40.00
Ladrillos...............	el mil	«	43 00	á	44.00
Pizarras para tejados........	el cien	«	23.00	á	25 00

En este mes de Setiembre último, fueron sacrificados en el matadero público de esta ciudad, para el consumo de la misma, las reses vacunas siguientes:

Reses mayores..................	43
Reses menores..................	189
Total...........	232

El precio de las carnes frescas, tocino y corambre han sido, en dicho mes, el siguiente:

Ternera....................	los	100	kilos	frs.	130 á 190
Vaca.....................	«	«	«	«	120 á 160
Bueyes.....................	«	«	«	«	120 á 160
Cabra.....................	«	«	«	«	80 á 90
Cueros frescos de ternera.....	«	«	«	«	98 á 108
Id. Id. « vaca......	«	«	«	«	68 á 78
Tocino.....................	«	«	«	«	145 á 155

Sigue siempre, el estado sanitario, de esta ciudad y sus contornos, el mas satisfactorio, que se pueda desear.

Tengo el honor de saludar á V. E. con la mayor consideracion y respeto.

José Rivarola, Vice Cónsul.

Noviembre 15 de 1889.—Publíquese en el Boletin Mensual del Ministerio.—ZEBALLOS.

Consulado en Cartagena.

INFORME MENSUAL.

Cartagena, Octubre 12 de 1889.

Señor Ministro:—A continuacion tengo el gusto de informar V. E. del movimiento de exportacion é importacion de los principales artículos, ocurrido en este puerto durante el pasado mes de Setiembre.

Exportacion.

Nombre de la mercancía	Producto de destino y cantidad.				Total
Almendra	Marsella			kgr.	76.885
Galena Argentífera..	id			"	252.764
Mineral de zinc ...	Ternensen			"	1.000 000
Mineral de hierro...	Newport	kgr.	1.400.000		
"	Amberes	"	500.000		
	Baltimore	"	9.900.000		
	Workington	"	1.700.000		
	Filadelfia	"	12.850.000		
	Midelesbro	"	4.500.000		
	Maryport	"	4.150.000		
	Mostyn	"	1.100.000		
	Garston	"	3.000 000		
	Fletwood	"	2.200.000		
	New-York	"	2.900.000	"	44.200.000
Pimiento molido....	Oran			"	10.439

Nombre de la mercancía	Producto de destino y cantidad.				Total.
Pieles.	Marsella			kg.	2.600
Plomo Argentífero..	id.	"	1.013.868		
"	Newcastle	"	119.698		
	Amberes	"	1.071.650		
	Havre	"	250.185	"	2.455.401
Plomo pobre	Marsella	"	46.091		
"	Lóndres	"	1.776.250	"	2.243.243
Uva	Marsella			"	46.652
Seda..............	id.				7.568

Importacion.

Nombre de la mercancía.	Procedencia y cantidad.				Total.
Azúcar.......	Manila.			kg.	36.439
Aceito de palma....	Liverpool			"	3.663
" Copa......	Marsella			"	10.048
Alcohol...	Hamburgo	kg.	69.531		
"	Fiume	"	130.637		
	Suecia	"	88.822	"	228.990
Canela........... .	Marsella	"		"	1 750
Carbon vegetal.....	Muravera	"		"	150.000
" coke.......	Newcastle	"		"	1.756.815
" hulla.......	id.	"	4.706980		
"	Glasgow	"	903.350	"	5.640.330
Cemento.....	Marsella	"	54.855		
"	Newcastle	"	1.775	"	56.630

Nombre de la mercancía.	Procedencia y cantidad.				Total.
Ganado vacuno.....	Oran	cabezas		kg.	24
Garbanzos..........	id.	kg.	1.170		
"	Marsella	"	9.900		
	Casa-Blanca	"	534.424		
	Mazagan	"	154.053		
	Saffi	"	153.000	"	853.077
Guano.............	Marsella			"	700
Harina...........	id.			"	523.075
Madera de pino.....	Baumo		14.261	piezas	
"	Hekingfors	"	21.350	"	
	Harlsham	"	12.612	"	
	Port Royal	"	18.871	"	
	Upotad	"	13.050	"	72.144
Maiz...............	Mazagan			kg.	13.700
Pimienta...........	Marsella			"	2.017
Salvado	id.			"	8.225
Silicato de Sosa.....	Liverpool			"	6.753
Tocino	id.			"	18.177

Publicaciones recibidas.

El Boletin del Ministerio correspondiente al mes de Agosto —El tomo primero de la preciosa publicacion "Censo Municipal de Buenos Aires" y varios folletos y periódicos.

Saluda á V. E. atentamente.

Juan S. Domenech, Cónsul.

Noviembre 15 de 1889.—Publíquese en el Boletin Mensual del Ministerio.—ZEBALLOS.

Consulado en Tupiza.

INFORME MENSUAL.

Tupiza, Noviembre 1.° de 1889.

Señor Ministro:—Cumplo con el deber de dar conocimiento á V. E. que los artículos de consumo general, en esta Provincia, durante el mes anterior, se han expendido por los precios anotados á continuacion:

Ganado en pié, buey de.....	70 á 80 $
Id. Id. Id. vaca de.....	60 á 70 «
Carne fresca la arroba.......	" 3 « 4 @
Charqui el quintal...........	" 32 «
Sebo, el quintal.............	" 38 «
Manteca la arroba............	" 10 «
Cueros de buey..............	" 10 «
Id. Id. vaca...............	" 8 «
Harina de trigo, el quintal.....	" 20 «
Harina de maíz fanega.... ...	" 9 «
Maíz, la carga.	" 7 «
Papas la carga.........	" 10 «
Chuño el quintal....	" 18 «
Café la arroba.....	" 20 «
Coca el tambor.......	" 40 «
Azúcar la arroba............	" 12 «
Arroz la arroba..............	" 10 «

Con toda consideracion, me es grato saludar á V. E. atentamente.

Ceferino Valverde, Cónsul.

Noviembre 16 de 1889.—Publíquese en el Boletin Mensual del Ministerio.—ZEBALLOS.

Consulado General en el Brasil.

I.—INFORME SOBRE PRECIOS CORRIENTES DE PRODUCTOS ARGENTINOS.

Rio Janeiro, 8 de Noviembre de 1889.

Señor Ministro:—Tengo el honor de elevar á V. E. la planilla del consumo y precios corrientes obtenidos en este mercado por los productos argentinos y algunos de este país en el mes de Octubre pasado.

Consumos y Precios obtenidos en este mercado por los productos argentinos y algunos del país en Octubre.

Tasajo—Existencia en Setiembre 30 k.......	2 630 400
Entraron en Octubre......	5 407 450
Kilos 346 140 son de Rio Grande.........	8 037 850
Se exportaron kilos.. 847 800	
Se consumieron. ... 3 032 050	3 879 880

Existencia 1.° en Noviembre 4 158 000

Afrecho, 2000 á 2100 el saco de 42 kilos.

Harinas del Plata sin entradas,

Existencias de harinas extranjeras 15.000 Barricas, mercado en calma.

Maiz, de 2800 á 3800 saco de 62 kilos.

Alfalfa, 60 á 70 Reis el kilogramo.

Grasa en pipa y en bejiga, 400 Reis.

Sebo derretido, 360 del Plata 340 reis.

Aceite de patas 380 de potro 340 reis.

Café, segun clase de 420 á 640.
Azúcar, de 240 á 280.
Caña, 115$000 por pipa despachada
Carne fresca, 400 á 500 reis kilo.
Ganado vacuno en pié 60 á 80$000 reis, segun las carnes.
Carneros del Plata, 5000 reis abordo, y 8000 despacados.

Saludo á V. E.

M. Berdier, Cónsul General.

II.—Buques despachados para la República.

Rio Janeiro, Noviembre 8 de 1889.

Señor Ministro:—Elevo á V. E. una lista de los Buques despachados y carga tomada en esta plaza con destino á la República Argentina.

Buques despachados y carga tomada en esta plaza con destino á la República Argentina en el mes de Octubre.

Vapor Ingles «Trent» con tabaco, vino, dulce, mariscos, plantas, frutas y varias mercaderias.

Vapor Ingles «Buffon» con 11 caballos, dulce, y fruta fresca.

Lugre Sueco «Anna Maria» con la misma carga con que llegó de arribada.

Vapor Frances «Equateur» con toda la carga del vapor «Orénoque».

Vapor Ingles «Elbe» con café, cigarros mariscos, dulce, plantas y verduras.

Vapor Frances «Bearn» con plantas, frutas y varias mercaderias.

Vapor Frances «Bresit» con café, tabaco, cacao, plantas, frutas frescas, dulce y varias mercaderias.

M. Berdier, Cónsul General.

Noviembre 16 de 1889.—Publíquese en el Boletin Mensual del Ministerio.—Zeballos.

Consulado en Santos.

INFORME MENSUAL.

Santos, Noviembre 5 de 1889.

Señor Ministro:—Tengo el honor de adjuntar las relaciones del consumo y precios de este mercado para los productos de la República, en el mes de Octubre pasado.

Relacion del consumo y precios obtenidos en esta plaza, por los productos de la República en el mes de Octubre.

Alfalfa	5 000 fardos á	100 reis	kilo
Maíz..............	8 000 bolsas á	4 500 á 5 000	una
Carneros..........	150	10 000	una

Me es sumamente satisfactorio reiterar las protestas de mi mas distinguida consideracion.

Ceferino Barbosa, Cónsul

Noviembre 15 de 1889.—Publíquese en el Boletin Mensual del Ministerio.—Zeballos.

Consulado General en Italia.

INFORME SOBRE LA IMPORTACION Y EXPORTACION DEL PUERTO DE GENOVA PARA LA REPUBLICA.

Génova, Octubre 14 de 1889.

Señor Ministro:—Tengc el honor de acompañar á V. E. los cuadros demostrativos del movimiento de importacion y exportacion entre este puerto y la República durante el mes de Agosto pasado.

Cuadro demostrativo de los precios obtenidos en este mercado por los principales artículos de la República, comparados con los similares de otras precedencias.

Cueros secos de buey.—*Los 100 kilógramos.*

	Liras.		
República Argentina (B. A) kilógr's 14/18	70	á	75
República Oriental, id 14/18...........	70	á	75
Paraguay id 12/14..................	60	á	61
Brasil (Rio Grande) id 13/14...........	70	á	74
" (Bahia) id 9/10	65	á	70
Centro América, México é India id 12/14..	60	á	70

Maiz.—*Los 100 kilógramos.*

	Liras.		
República Argentina....................	10.50	á	11
Rusia y Estados Danubianos.............	12	á	13

Semilla de Lino.—*Los 100 kilógramos.*

	Liras.		
República Argentina..................	24	á	25
Diferentes procedencias.................	28	á	30

Movimiento inmigratorio habido en el puerto de Génova durante el mes de Agosto.

Numero de buques 15 con 28 509 toneladas de registro.

Numero de tripulantes 1 035 y de pasajeros 4397, cuya Nacionalidad se compone del modo siguiente:

Italianos, 3570 Austriaccs, 372 Suizos, 164 Franceses, 33 Españoles 52, Otras nacionalidades 206.

Sexo:—3 301 hombres y 1096 mujeres.

Clase:—de primera 110, de segunda 160, de tercera 4 127.

Destino:—Para la República Argentina 3.750; para la República Oriental 604, para otres puertos 43.

Profesiones:—Agricultores 1650, jornaleros 610, marmolistas y picapedreros 301, artesanos y obreros varios 623, comerciantes é industriales 128, profesiones liberales 61, profesiones varias 233.

Edad:—De 12 años arriba 3.795, de uno á 12 años 530, menores de un año 72.

Cuadro demostrativo del movimiento y precios obtenidos por los artículos de la República, importados en Génova durante el mes de Agosto de 1889.

Artículos.	*Cantidad.*	*Medida.*	*Precios de los artículos de la República.*		*Precios de los mismos artículos del Reino.*		*Diferencia sobre el precio máximo en*		*Existencia de los artículos en estos depósitos.*
			Mínimo.	Máximo.	Mínimo.	Máximo.	Menos.	Mas.	
Cueros ses núm. (1)	11570	Los 50 klógs.	—	—	—	—	—	—	—
Id Bues B's A's. 1.a calidad.		« 14/18	70	75	61	67	8	—	
Id id id 2.a id		« «	65	70	—	—	—	—	1950
Id id E. Rios (Gia).		« 10/12	60	65	—	—	—	—	—
Id id Gba, Mza.		« «	60	62	—	—	—	—	2500
Id id Th man.		« 12. 13	60	62	—	—	—	—	450
Id vacunos B's A's. 1.a calidad.		« 9/10	80	85	70	75	10	—	10000
Id id id 2.a id		« «	72	75	—	—	—	—	4000
Id id id 3.a id		« «	60	65	—	—	—	—	2000
Id id id 4.a id		« «	56	58	—	—	—	—	6000
Id id E. Rios (Concordia).		« «	72	75	—	—	—	—	1600
Id id Corrientes.		« «	60	64	—	—	—	—	4500
Id id Gba, Mza.		« «	55	60	—	—	—	—	2500
Id id Tucuman.		« «	58	62	—	—	—	—	400
Id te mas B's. A's. 1.a lidad.		« 3/5	68	70	60	65	—	5	4000
Id id id id id.		« $1\frac{1}{2}$ $2\frac{1}{2}$	70	72	—	—	—	—	4000
Id id id nes.		« 1	40	30	—	—	—	—	—
Id caballos		« 5/8	30	35	30	32	3	—	—
Goma	2600	bolsas	—	—	—	—	—	—	—
Pieles lanares, fardos (2)	708	El kilógramo.							
id con lana entera		—	170	180	—	—	—	—	Ninguna
id con $\frac{1}{2}$ á $\frac{3}{4}$ de lana		—	150	160	—	—	—	—	—
id con $\frac{1}{4}$ á $\frac{1}{2}$ lana		—	1	120	—	—	—	—	—

Maiz, bolsas.....................(3)	10174	-	—	—	—	—	—	—	
id amarillo, sano y seco..........		—	1050	11	16	18	—	7	Ninguna.
id deteriorado.....		—	950	10	—	—	—	—	—
Uñas bolsas.....................(4)	888	Los 100 kilógrs.	- -	—	—	—	—	—	—
Mataderos y saladeros crudos......		—	14	15	—	—	—	—	Ninguna.
Astas de buey, bolsas..........(5)	236	La tonelada	—	—	—	—	—	—	—
Id de bueyes mataderos y saladeros		—	370	400	—	—	—		
Id id y vacas del campo.... .		—	150	200	—	—	—	—	—
Semilla de lino, bolsas ....(6)	2298	Los 100 kilógrs.	14	25	31	35	—	7	200 bols.
Sebo de buey, bordalesas.......(7)	821	—	63	65	62	63	2	—	Ninguna.
Crines, fardos... ....(8)	31	Los 50 kilógrs.	100	115	—	—	—	—	4 fardos.
Tabaco fardos....................	100	—	—	—	—	—	—	—	—
Cigarros, cajas....................	2	—	—	—	—	—	—	—	—
Yerba, cajas.	9		—	—	—	—	—	—	
Valores, id..	4	—	—	—	—	—	—	—	—
Mercaderias varias, cajas...........	29	—	—	—	—	—	—	—	—

(1) A pesar que haya disminuido el deposito existente en este mercado, las transaciones comerciales sobre este artículo son muy escasas, y los precios tenden á bajar.
Los unicos que se sostienen firmes son los cueros vacunos del peso de 9/10 kilógramos y de la Provincia de Buenos Aires.
(2) En este artículo se hacen muchos pedidos. No se ha verificado importacion de lana durante este mes.
(3) Es may buscado y sus precios aumentan.
(4) Se venden con facilidad.
(5) Se hacen muchos pedidos en las astas de bueyes saladeros y mataderos.
(6) Se venderian con mas facilidad si llegasen en buena condicion.
(7) De venta facil, muy pedido y con aumento en los precios.
(8) En calma.

Cuadro demostrativo del movimiento de buques entre este puerto y los de la República, y de esta á Génova, durante el mes de Agosto.

Buques salidos:—15, con 28 509 toneladas, 1035 tripulantes y 4 397 inmigrantes.—Mercaderias embarcadas.—Metros cúbicos 10 552 de los cuales 7222 para la República Argentina y 3 330 para la República Oriental

Buques entrados:— 13, con 22 878 toneladas, 957 tripulantes y 2 953 pasajeros.

Renuevo á V. E. las seguridades de mi mayor consideracion.

Estéban Colombi, Canciller.

Noviembre 15 de 1889.—Publíquese en el Boletin Mensual del Ministerio.—ZEBALLOS.

Consulado General en Portugal.

INFORME ANUAL.

Lisboa, Octubre 10 de 1889.

Señor Ministro:—Tengo la honra de elevar á manos de V. E. la adjunta reseña comercial y económica correspondiente al año 1888-89, y al cumplir con este deber reglamentario me permito encarecerle para mi humilde trabajo su benevolente acojida.

La nacion portuguesa ha venido realizando, sin la menor interrupcion, en el trascurso del último quinquenio comercial y económico, progresos materiales de consideracion.

Los valores públicos de este país durante 1888-1889 se han conservado en cotizacion elevada; la industria ha mejorado notoriamente, la agricultura obtiene de los poderes públicos señalada proteccion para vencer la crísis que se deja sentir asi en este país como en otras naciones de Europa; las obras públicas, los asuntos coloniales, y finalmente, la produccion vinícola viene mereciendo notoria atencion como lo exigia imperiosamente la paralizacion sensible de este ramo que constituye la primera riqueza exportativa de Portugal.

Un año, es indudablemente un periodo muy limitado para que se puedan apreciar los adelantos de una nacion en su capacidad productora, y mucho menos, cuando en esta parte no puedo referirme á trabajo alguno de oportunidad en Portugal considerado como estudio comparativo del comercio exterior de este país con las principales naciones mercantiles, asi de Europa como de la América latina, entre las cuales alcanza nuestra opulenta República tan brillante categoría por su riqueza y grado de civilizacion.

Mal puede, por tanto, el Cónsul que suscribe, llenar con éxito feliz y con puntualidad reglamentaria esta grata mision, para cuyo complemento se opone la deficiencia de la estadística oficial en la que ha predominado hasta hoy su sensible retraso.

Sin embargo, me corresponde consignar refiriéndome á datos generales, que la situacion del mercado financiero y comercial ha sido bueno en el periodo mencionado. Los capitales portugueses abundan y los extranjeros se muestran confiados para todas las operaciones que le son propuestas, no habiéndose dado el caso tan frecuente en otras épocas de la historia económica de esta nacion, que haya fracasado ninguna operacion confiada á las plazas del exterior.

Entre las naciones de segundo órden, forzoso es reconocer que goza Portugal un excelente concepto en los principales mercados de Europa.

Los fondos españoles, franceses, italianos, alemanes y rusos, han sufrido oscilaciones considerables en el periodo del último año económico, por causa del sobresalto que por diferentes veces han ocasionado en el mundo político ó en el campo de las relaciones internacionales los recelos de una guerra continental, dándole mayores proporciones las reiteradas visitas entre los soberanos de las grandes potencias interesadas en triple alianza europea.

La Exposicion Universal de París ha venido, por otro lado, á entretener los espíritus alarmados, concurriendo á tornar poco animadas las especulaciones de las bolsas extranjeras; pero esta influencia no solo es en sí pasajera, sino que proporcionará grandes ventajas á las potencias que se han hecho representar en aquel importante certámen de la industria universal, siendo de esperar que el comercio de ambos mundos saque en conclusion de él, los mas provechosos resultados.

Portugal ha atravesado en este último año una situacion un

tanto difícil en política, derivada de las divergencias de los partidos que disputan el poder y notoriamente por la oposicion sistemática con que han sido recibidas algunas medidas financieras y económicas del Gobierno.

No ha sido ciertamente limitado el número de estas cuestiones; pero tambien es verdad que sus iniciadores han salido victoriosos de ellas por mas que hayan tenido necesidad de modificarlas ante el derecho de peticion.

Me refiero á la creacion de compañías vinícolas, á una nueva ley de cereales, á las negociaciones sobre tabacos, al ferrocarril internacional desde Porto á Salamanca, á la Sociedad Agrícola creada para el cultivo de la remolacha, y á otra serie de asuntos de mayor ó menor interés que serán mas adelante objeto de mi apreciacion bajo el punto de vista esencialmente económico.

Situacion financiera.

Los valores del Estado han tenido en el último año económico una alza considerable y se conservan firmes. Los capitalistas han concurrido con indiscutible confianza á llevar su dinero al tesoro á pesar de la remuneracion limitada que les ofrece.

Pero estos hechos no son suficientes para caracterizar una situacion financiera verdaderamente próspera. El aumento de los gastos públicos ha sido tan rápido y se pensó tan poco en los ingresos, que la deuda flotante de la nacion es hoy el punto negro, ó mejor dicho el caso alarmante de la hacienda portuguesa.

La relacion oficial publicada en 30 de Abril último demuestra que el Estado tenía en aquella fecha contraidos compromisos por valor de 12 602 contos de reis, y desde entonces, efecto de nuevas operaciones, asciende esta deuda á 14.500 contos que habrán de extinguirse en el año próximo futuro, como se viene haciendo por medio de empréstitos sucesivos de cinco en cinco años.

El presupuesto de la Nacion para 1889-1890 ha sido calculado en 40.692 contos de reis los gastos, y 40.736 los ingresos. El desequilibrio es como se ve limitadísimo y el mas auspicioso que hasta ahora ha aparecido en las leyes generales de presupuestos de esta nacion.

Produccion vinícola.

No puede analizarse este ramo de la riqueza de exportacion portuguesa sin encarar á traves de él la crísis agrícola que tan sérios cuidados ha inspirado al gobierno lusitano. La representacion de los últimos congresos agrícolas celebrados en el país, ha hecho tomar deliberaciones importantes al Poder Ejecutivo para hacer frente al malestar de esta clase productora, y segun se afirmó en dichos Congresos y señaladamente en el de Braga, los compradores franceses habian adquirido en principio mas de 30.000 pipas de vino á los precios de 13.000 á 22.500 reis cada una; pero posteriormente han desaparecido del mercado y el vino se halla reducido á 9.000 reis pipa poco mas ó menos.

En otros distritos se sienten tambien análogos efectos.

Es posible que esta baja tan considerable é importante en las negociaciones portuguesas, vuelva á atraer compradores extranjeros, pero no puede contar el vendedor con que rápidamente sea compensado de los perjuicios ya sufridos, y que aumentan la paralizacion creciente en el comercio de vinos.

La actual Exposicion de París donde este producto agrícola está siendo lisonjeramente apreciado, y la que el año último se celebró en Alemania, hacen esperar sea transitorio el mal que se deja sentir, agravado por las recientes greves de los comerciantes vinícolas de la ciudad de Porto, en oposicion al sistema de privilegio concedido por el Gobierno á dos grandes compañias creadas últimamente.

Sin embargo, la organizacion de las mismas ha sido modificada á satisfaccion de todos, y los negociantes de este ramo en la segunda ciudad del reino han vuelto de nuevo á entrar en sus pacíficas negociaciones.

Esta cuestion ha sido ciertamente el hecho mas importante de estos últimos meses y el que mas ha preocupado al Gobierno.

En principio, debiendo ser encaminada para un rápido y fácil desenlace, lo agravó la influencia de la política partidaria acarreando gravísimos trastornos á la economia portuguesa.

Habíase proyectado la creacion de dos compañias privilegiadas con determinado auxilio pecuniario del Estado y con derecho á establecer depósitos en el extranjero con una marca oficial de fábrica para la exportacion de sus vinos.

El Gobierno recapacitó, cediendo por último á los clamores de la opinion pública, y excluyó el privilegio generalizando el principio de concesion á cuantas empresas de esta índole se propongan establecerse en Portugal.

Ley sobre importacion de cereales.

El Gobierno ha publicado en 5 de Julio último una ley estableciendo un nuevo régimen, casi prohibitivo, para la importacion de cereales extranjeros.

Segun las opiniones mas autorizadas de la prensa, esta medida proteccionista no pasará de una experiencia oficial con pretensiones á impulsar el perfeccionamiento del trabajo cerealífero.

Cuando las deliberaciones legislativas tocan los extremos de prohibir la importacion de harinas, excepto en casos extraordinarios, es seguramente, porque se considera el cultivo de este cereal entre los portugueses en condiciones de nuestra inferioridad relativamente á otros países.

Uniendo á este hecho la baja considerable de la exportacion del vino y el aumento de la invasion de la filóxera en los principales centros vinícolas del país, se tendrá una idea de las causas suficientes á constituir la crísis agrícola que el Gobierno ha pretendido combatir con sus medidas mas recientes.

El vino y los cereales son los dos recursos mas importantes de la agricultura portuguesa y las fuentes mas abundantes de su riqueza.

Pero en la cuestion de los cereales como en la de los vinos, ocurren causas difíciles de remediar.

La produccion del trigo en Portugal no alcanza para el consumo, y su cultivo denuncia lamentable atraso agrícola, agravado por la falta de instituciones de crédito.

Respecto del vino, conocida es la auspiciosa condicion natural de este país para producir; pero la crísis previene como queda dicho del desequilibrio entre las cantitades recogidas por el agricultor y las vendidas.

Comercio de Portugal en 1888 y 1889.

Importacion.

Obsérvase notable aumento en las recaudaciones de aduanas correspondiente al año último, cuya demostracion en contos de reis es la siguiente:

	1887.	*1888.*
Animales y sus productos............ ...	1.883.112	2.322.673
Lanas y cueros	1.768.950	1.903.663
Seda............	1.163.478	1.222.352
Lino y sus relativos.........	856.880	880.663
Algodon............................	3.335.590	3.491.187
Madera	1.110.032	1.326.117
Sustancias alimenticias...............	11.676.634	10.729.658

Instrumentos, máquinas, aparejos y utensilios para la agricultura y la industria	1.154.430	2.537.825
Manufacturas diversas	964.525	1.040.726
Mercancias libres de derechos pero sujetas al 20 °/₀ ad valorem para puertos y barras	4.084.179	4.189.340
Mercancias libres de derechos y de otro cualquiera impuesto	5.032.453	6.684.908
Tabaco en rama	681.184	706.989
Taras	.163.568	8.175

Resúmen de la importacion.

	1887.	*1888.*
Valor de la moneda	4.770.805	6.298.463
Valor de diversas mercancias incluso las lanas	37.188.478	38.342.480
Total del valor importado.	42.188.478	44.640.943

Exportacion.

	887.	*1888.*
Animales y sus productos	177.633	256.006
Lanas y cueros	231.844	266.961
Seda	29.072	25.743
Algodon	15.026	25.741
Lino	95.690	116.467
Madera	116.919	122.237
Sustancias minerales, vidrios, cristal y productos cerámicos	525.024	515.751

Metales	115.803	175.368
Sustancias alimenticias	14.542.076	16.095.513
Instrumentos maquinas, etc	90.262	152.366
Sustancias diversas y productos	2.467.445	2.149 643
Manufacturas diversas	236.721	234.279
Mercancias libres de derechos	2.561.454	3.931.317

Resúmen de la exportacion.

	1887.	*1888.*
Valor de la moneda	4.854	621.228
Valor de diversas mercancias	21.239.815	23.446.264
Total de valores exportados	21.244.669	24.067.492

La demostracion por cifras que precede, es suficiente á evitar comentarios, debiendo no obstante fijarse la atencion entre la considerable diferencia que existe cada vez creciente entre los productos de importacion y exportacion, hecho que bien merece preocupar á los economistas de esta nacion.

La partida que se refiere á las sustancias alimenticias de exportacion por valor de 16.095.613 reis es un dato consolador especialmente para la industria de pesca y conservas establecida en esta nacion y siempre en considerable aumento.

Los derechos de importacion de trigos han venido á cubrir en grande parte el déficit del tabaco libremente introducido para la fabricacion que se efectúa por cuenta del Estado.

En resúmen, como dejo consignado, la situacion comercial es satisfactoria y el aumento de la recaudacion de aduanas un hecho comprobado.

Movimiento marítimo.

De dia para dia aumenta en Portugal el movimiento de cabotaje debido á los puertos de escala de que se sirve en esta nacion el comercio marítimo de Europa sino tambien en sus comunicaciones con la América.

Lisboa, que es el puerto occidental de la península ibérica mas visitado por embarcaciones de todos los paises, está llamado, despues de terminadas las importantes obras de su había, á ser un emporio de la navegacion inter-continental siempre como puerto de escala, mas bien que centro comercial.

Iniciado por el ex-Ministro de Hacienda Mariano de Carvalho el establecimiento de puertos francos en la embocadura del Tajo y en las islas Acores y Madeira, fácilmente se comprende la importancia de esta medida, al ojear las estadísticas crecientes del movimiento marítimo de Portugal durante estos últimos años.

En 1888-1889 han entrado y salido de los puertos de esta nacion las siguientes embarcaciones:

Entradas.

A vapor	4.836
De vela	6.888
Total	11.724

Salidas.

A vapor	4.801
De vela	6.888
Total	11.689

Cereales.

Esta cuestion de relativo interés para la exportacion argentina es de primera importancia para Portugal, por lo mismo que esta nacion cubre sus alcances de consumo con los trigos que importa de los Estados Unidos, con cuyo país no puede competir ningun otro por la modicidad de precios.

Hasta una época determinada los agricultores portugueses suponian que en América la recoleccion de trigo era espontánea, y algunos creían que era cosa corriente la recoleccion de dos cosechas anuales; pero esa época ya pasó y con ella la creencia mencionado, comprendiendo perfectamente los importadores de dicho artículo en esta nacion, que el precio limitado de los cereales americanos es debido á causas muy diversas de la produccion.

El arriendo de las tierras y su espontaneidad agrícola, el exceso de la produccion sobre el consumo y la ausencia ó modicidad de impuestos, la máquina sustituyendo al brazo del hombre, son positivamente los principales agentes de este comercio sin competencia.

Por eso, al estudiar el medio de introducir en Portugal los trigos de la República Argentina, de cuyo análisis tal vez resulte la superioridad de clase, no ha sido posible por ahora, resolver el difícil problema del momento, en interés de fomentar relaciones comerciales entre los dos países.

Viticultura y vinicultura.

Puede decirse que el año actual no ha tenido verano, careciendo de esos dias ardientes tan necesarios para la madurez del fruto de la viña y para su normal vegetacion; por tanto la cosecha debe considerarse limitada y de calidad muy mediana.

La exportacion de vinos en los dos últimos años ha sido la siguiente:

	1887.	1888.
	Hectólitros.	*Hectólitros.*
Vino de Porto.............	281.270	268.029
Id. Madeira...............	21.117	24.138
Id. comun blanco .... / Id. id tinto.............	1.164.848	1.438.701
Total.............	1.467.235	1.780.868

No es posible hacer la comparacion de los numeros precedentes con la de la produccion por que no existen todavía coordinados elementos estadísticos para efectuarlo.

Se ve, pues, por la demostracion antecedente que durante el año de 1888 fué mas considerable que el anterior la exportacion de vinos para el extranjero.

La exportacion como queda dicho no aumenta, porque, conforme á las leyes económicas los mercados extranjeros no piden por ahora mas vino á Portugal, y por consiguiente, resulta de esto una baja considerable en los precios agravada por las grandes existencias en las bodegas y en los depositos exportadores de la nacion.

Alcoholes.

Parece evidente la necesidad de dar consumo, vista la exportacion paralizada, á una gran cantidad de vinos blancos y de poca fuerza, para lo cual se ha pensado por algunos comerciantes de este país en el establecimiento de fábricas de cognacs portugueses, aprovechando así la produccion que obtiene poca demanda en el mercado.

De esta industria se esperan lucrativos resultados.

La fabricacion de alcohol es ya bastante considerable en Portugal, calculándose que siendo fabricados únicamente aguardientes de vino se daría consumo á mas de 150.000 pipas de vinos inferiores, senciblemente depreciados.

En medio de todo esto hay opiniones opuestas respecto de este ramo industrial, considerándose como importante medida económica la prohibicion de fabricar alcoholes industriales, indemnizándose á las fábricas existentes para permitirse la destilacion del vino convenientemente tributada; con esto ganaría ademas á un tiempo la salud pública y la viticultura.

Situacion bancaria de Portugal en 1888-1889.

	CAPITAL REALIZADO Contos de reis	PAPEL EN CIRCULACION Contos de reis	GANANCIAS Y PÉRDIDAS Contos de reis
Banco de Portugal	13.500.000.000	9.508.356.006	812.356.000
Id Comercial	2.000.000.000	»	242.045.179
Id Lisboa y Açores	2.000.000.000	»	200.264.657
Id Ultramarino	3.600.000.000	»	202.688.614
Id [illegible]cial de [illegible]rto	2.000.000.000	225.120.000	110.630.192
Id Mercantil Portuense	1.359.600.000	111.934.000	82.970.757
Id Industrial de [illegible]rto	884.200.000	»	25.734.667
Id Union de id	3.000.000.000	483.000.000	102.061.752
Id [illegible]za	2.400.000.000	755.000.000	159.526.133
Id Portugués	2.000.000.000	»	62.152.635
Id de Comercio é [illegible]ia	2.000.000.000	»	51.576.630
Id del Miño	600.000.000	10.260.000	119.428.070
Id Mercantil de Braga	600.000.000	»	11.192.497
Id de Braganza	500.000.000	»	12.806.025
Id de Chaves	600.000.000	»	18.565.251
Id del Duero	900.000.000	»	35.810.117
Id Comercial de Guimaraes	60.000.000	»	18.752.574
id [illegible]cial y Agrícola de Villa Real	800.000.000	»	27.973.766
Id Mercantil dè Viana	250.000.000	»	7.945.486
Id de Guimaraes	400.000.000	50.000.000	24.347.366
Id de [illegible]es	116.000.000	»	6.396.125
Id de Cavilhã	750.000.000	»	31.950.938
Id Evorense	550.000.000	»	33.071.719
Id do Povo	360.000.000	»	43.417.958
[illegible]	2.812.509.000	»	»
[illegible] Utilidad Pública de Porto	1.813.700.000	»	171.004.336
Totales	46.396.000.000	11.143.670.000	2.010.669.444

Agencia financiera de Portugal en el Brasil.

El Gobierno de esta nacion ha creado por ley de 29 de Diciembre de 1887 una Agencia financiera en Rio Janeiro, la cual va á comenzar á ejercer sus funciones en todo el mes de Octubre próximo. Esta delegacion del Tesoro portugués, tiene por objeto principalmente, dar facilidades á las importantes operaciones de la numerosa colonia portuguesa en el imperio brasilero, proporcionándoles garantías para realizar transacciones financieras, y ejerciendo al mismo tiempo, fiscalizacion en el servicio de los Consulados respecto de la incautacion y administracion de espolios.

Centralizará al mismo tiempo toda la recaudacion en dicha Agencia.

Los fines principales de esta delegacion financiera, son los siguientes:

1.° Recojer por trasferencia todos los fondos públicos, existentes en los Consulados de Portugal en el Brasil, Rio de la Plata y Repúblicas sud americanas.

2.° Fiscalizar directamente los servicios de contabilidad y de administracion financiera á cargo de los mismos Consulados.

3.° Realizar con los fondos á su disposicion las operaciones de cobranza y pagos que fuesen autorizados por los diferentes Ministerios con fundamento en la ley de presupuestos, incluyendo el pago de intereses de la deuda portuguesa.

4.° Empleará los fondos disponibles en operaciones que sean autorizadas por el respectivo reglamento.

Los saldos disponibles en caja serán consagrados á las siguientes operaciones:

1.° A la adquisicion de billetes del Tesoro brasilero.

2.° A empréstitos sobre títulos de la deuda portuguesa y del Brasil.

3.° Al descuento del interés de la deuda del Brasil y Portugal.

4.° A la compra de títulos de la deuda brasilera en Rio Janeiro, ó de la deuda portuguesa en Lisboa, ó en los demás países de Europa en que una y otra sean cotizadas.

Para el pago de los intereses de la deuda portuguesa, se ha fijado el cambio de 4.480 reis por 4.500, lo que equivale al valor legal de la libra esterlina en 8.850 reis brasileros.

Esta medida tiene gran importancia para Portugal, por que los títulos de la deuda de esta nacion tendrán un nuevo é importante mercado donde puedan ser cotizados.

Industria.

Es evidente que si se considera en la generalidad el progreso de la industria portuguesa, se observará un aumento notable de año por año.

Los mas característicos recaen en el ganado vacuno para engordar y en algodones. La primera de aquellas sumas se eleva á 349 contos de reis, y la última á 100, representando uno de estos datos el incontestable renacimiento de las industrias agrícolas subsidiarias y el otro el sucesivo progreso de la industria algodonera.

Las industrias metalúrgicas revelan tambien el aumento que se observa en la importacion de metales en bruto, hierro, cobre, estaño y zinc, el cual asciende en estas especies reunidas á 221 contos de reis.

Por el contrario, en otras especies se notan diferencias para menos, demostrando que algunos ramos fabriles sufren paralizacion considerable. Así bajaron paralelamente los cueros de todas clases cuya materia prima es auxiliar de un importante ramo fabril.

Las sustancias, cuyo consumo es uno de los barómetros mas seguros para conocer las condiciones de la economía de un país, revelan con abstraccion de los cereales un aumento de 180 contos de reis.

Combinados, pues, estos elementos diversos, debe deducirse que el año á que me refiero, ofrece un auspicioso resultado para los rendimientos públicos de esta nacion.

La industria de conservas alimenticias y de cerámica ha tenido tambien el gradual aumento que se observa hace algunos años en este ramo de la produccion portuguesa, siendo considerable la exportacion de la sardina, el atun y otros artículos para varios puntos de Europa y de América, constituyendo ya un verdadero elemento de riqueza industrial para los portugueses.

Ferrocarriles portugueses.

Portugal cuenta actualmente con 2090 kilómetros de líneas férreas á saber:

Norte, este y oeste	531	kilómetros
Minho y Douro	343	"
Sud y sudeste	475	
Beira Alta	253	
Guimaraes	34	
Porto y Jamalicão	57	
Foz y Tua á Mirandila	55	
Torres Novas á Altcanena	22	"
Total	2.090	

El Gobierno explota por su cuenta 818 kilómetros, los restantes son explotados por compañías particulares.

Conservas alimenticias.

Esta industria portuguesa, segun ya dejamos anteriormente ndicado, constituye una verdadera riqueza exportativa de esta nacion. El aumento anual de fábricas y los precios limitados del producto, le facilitan ventajosa competencia en los mercados del extranjero, sobre todo en el Brasil é Inglaterra, siendo ya preferida la sardina y demás pescados de la costa de Portugal á la exportada de los centros fabriles de Francia.

En anteriores revistas he hecho referencia con datos estadísticos á esta industria portuguesa y ahora me corresponde consignar que ella sigue en considerable aumento.

Comercio entre la República Argentina y Portugal.

Debido á causas ya citadas en anteriores informes consulares, el comercio entre esta nacion y la República Argentina todavía no ha llegado á adquirir la importancia que le corresponde, bajo el punto de vista del cambio de produccion entre uno y otro país; pero en el período de que me ocupo se observa algun aumento en la exportacion portuguesa para Buenos Aires, segun va demostrado en el respectivo cuadro estadístico, publicado á continuacion.

Las relaciones comerciales entre países lejanos no se improvisan ni se consiguen sin acuerdos ni estipulaciones de recíproco interés.

Exijen tiempo y detenido estudio para promover su fomento; imponen mucha perseverancia y una propaganda activa y acertada, así en la prensa, ya por medio de minuciosas demostraciones acerca de la riqueza exportativa de cada país, ya concurriendo á los mercados para la exhibicion de los productos con que pretenda ensanchar el comerciante ó el industrial sus especulativas empresas.

La propaganda que este Consulado viene haciendo, hace algunos años, en los diarios de esta nacion para llevar á la República, emigrantes portugueses, produce tambien, á no dudarlo, benéficos resultados en la esfera comercial, y de su prosecucion es hacedero esperarse que el cambio mercantil siga en aumento satisfactorio sobre todo cuando se hallen establecidas algunas de las nuevas líneas de navegacion proyectadas y cuando los establecimientos bancarios lleguen á establecer sucursales que faciliten en Lisboa y en Buenos Aires operaciones recíprocas de giro y descuento.

Sin este medio eficaz que pone en relacion directa las casas comerciales de un pueblo con otro, estableciendo una especie de garantía para las operaciones de consignacion y venta, siempre serán limitados y expuestos á muchas eventualidades los negocios mercantiles que se emprendan en la esfera de relaciones como las que bajo este concepto actualmente existen entre Portugal y la República Argentina. El deseo de mejorarlas constituye uno de los propósitos mas sinceros del Cónsul que suscribe.

Sería, pues, muy conveniente que algunas de las casas bancarias de esa nacion estableciesen sucursales en Lisboa y Porto, las cuales proporcionasen á los comerciantes facilidades para sus operaciones de descuento y consignacion tan difíciles hoy de llevar á cabo entre las dos plazas citadas.

A esta innovacion se seguirán, sin duda alguna, los resultados apetecidos.

Carnes de procedencia argentina.

Es un hecho ya reconocido y suficientemente estudiado que mientras el precio de las conservas alimenticias de la República Argentina no pueda competir con el de las carnes frescas, es infructuoso todo esfuerzo empleado para introducir en este país el variado y bien confeccionado artículo á que me refiero.

Las muestras de carnes conservadas en gelatina, que me han sido enviadas por algunas fábricas de la República ofrecen al consumidor un doble del precio porque adquiere aquí la carne fresca. Al ser solicitadas dichas muestras para darlas á conocer en esta nacion concíliase el propósito de introducirlas en el consumo de la Marina y del Ejército portugués, para lo cual se han efectuado las debidas gestiones; pero la cuestion de precios en paralelo no solo con las conservas portuguesas sino con las carnes frescas, ha hecho perder, al menos por ahora, toda esperanza de éxito favorable.

Si los fabricantes consiguiesen obtener la conserva de sus productos por otro medio menos dispendioso que la gelatina, como por ejemplo la salazon, extraccion del aire, aparatos frigoríficos, ó cualquier procedimiento mas económico, sería fácil obtener la aceptacion de dicho artículo en este país, con incontestable satisfaccion para mí.

Lanas.

No es tan insignificante como se supone, el consumo de lanas que se hace en los mercados portugueses para el abastecimiento de un considerable número de fábricas de lanificios existentes en Covilhã, Santarem, Lisboa, Porto.

Los exportadores españoles pueden testimoniar de esta asercion, puesto que la mayor parte de la produccion de Extremadura, punto principal de España, donde se recolecta este artículo con excesiva abundancia, es consumido en Portugal.

Sabido es que las lanas argentinas son superiores á las españolas, pero la falta absoluta de vapores que quieran recibirla en Buenos Aires para traerla directamente al puerto de Lisboa, es causa de que el comercio no haya adquirido las proporciones que era de esperar.

Como comprobante de esta afirmacion, debo significar que algunos fabricantes van á surtirse de lanas argentinas al mercado de Amberes, constándome, qué tal es su deseo y predileccion por esta clase de lanas, que ya están en camino de la República algunos representantes de fábricas portuguesas al objeto de efectuar sus compras ese país.

Exportación portuguesa para la República Argentina, hecha directamente por el puerto de Lisboa, desde 1.° de Julio de 1888 á fin de Junio de 1889.

CLASE DE LAS MERCANCIAS	PIPAS	1/2 PIPAS	BARRILES	CAJAS	MALAS	PAQUETES	OTROS VOLÚMENES
Aguas minerales....				44			
Aceitunas..........				100			
Cebollas...........				1285			
Conservas..........				581			
Cogñac.				4			
Cuadros...........			1	20			
Camas.............				2			
Comestibles........				3			
Champagne				6			
Equipaje..........							16
Fósforos de cera...				1			
Impresos...........				18			
Libros.....				9			
Licores............				2			
Muebles.....				47			
Muestras..... ..						1	
Palitos para dientes.				20			
Papel de fumar.....				15			
Papel comun..... .					1		
Porcelana..			5				
Productos químicos.				1			
Pasas.............				4			
Ropa....				3			1
Sardinas...........				275			
Vestidos...........				1			
Vino..............	7	19	442	497			
Total....	7	19	448	2887	1	1	17

Cueros.

Si bien es de menos importancia el consumo de ellos en Portugal, tambien debía estudiarse este asunto y atajar los mismos inconvenientes que existen con el comercio de lanas respecto á falta de comunicaciones directas.

Este articulo tambien es reexportado de los mercados extranjeros.

Antes de terminar me refiero lijeramente á la propaganda que con la mas prudente insistencia y actividad, viene haciendo segun ya dejo indicado, este Consulado General de mi cargo, así por medio de la prensa como de sus agentes subalternos, para llevar emigrantes útiles á la República Argentina, aprovechando para ello todas las oportunidades que se presentan, en las cuales se pretende contribuir á hacer conocida la hospitalidad que la nacion otorga al extranjero, la opulenta riqueza de su suelo, y las favorables condiciones que ofrece al colono é industrial honrado y laboricso que desee obtener proteccion y trabajo en un país llamado á realizar grandes destinos.

Tengo el honor de saludar á V. E. atentamente.

José da Cunha Porto, Cónsul General.

Noviembre 17 de 1889.—Publíquese en el Boletin Mensual del Ministerio.—ZEBALLOS.

Consulado en Lucca.

INFORME MENSUAL.

Lucca, Octubre 2 de 1889

Señor Ministro:—Tengo el honor de remitir á V. E. la relacion de precios corrientes obtenidos en este mercado en el mes de Setiembre último.

Relacion de precios corrientes obtenidos en este mercado en el mes de Octubre del año 1889.

Carne fresca.......	1ª calidad	los 100 kilos	145
" "	2.ª "	" "	124
" "	3.ª	" "	100
Cueros frescos......		" "	70
Aceite de oliva.....	1.ª	" "	158
" "	2.ª	" "	134
"	3.ª	" "	120
Lana.............		" "	260
Lino........... ..		" "	69
Porotos.......		" "	23.94
Trigo.............		" "	19.95
Maíz.............		" "	12.30

Sin más, me es grato reiterar á V. E. las seguridades de mi más distinguida consideracion.

Enrique Sani, Vice Cónsul.

Noviembre 20 de 1889.—Publíquese en el Boletin Mensual del Ministerio.—ZEBALLOS.

Vice Consulado en Chiavari.

INFORME MENSUAL.

Chiavari, 2 de Noviembre de 1889.

Señor Ministro:—Tengo el honor de elevar á V. E. el Informe Mensual de este Vice, Consulado, perteneciente al de Octubre último, con los precios obtenidos en esta plaza de los cereales, y otros artículos de censumo, reses sacrificadas, carnes y corambres.

Trigo para pan	los 100 kilos	frs.	23 00	á	24.00
Id. duro	« «	«	22.50	á	24.50
Harina	« «	«	34.50	á	36.50
Maíz	« «	«	18.00	á	19.00
Avena	« «	«	17.50	á	18.50
Arroz	« «	«	36.00	á	46.00
Aceite de oliva 1.ª calidad sup.	« «	«	181.00	á	186.00
Id. « « 1.ª calidad	« «	«	136.00	á	141.00
Id « « 2.ª calidad	« «	«	128.00	á	133.00
Papas	« «	«	7.00	á	9.00
Castañas verdes	« «	«	12 00	á	14 00
Avellanas	« «	«	75.00	á	80 00
Queso de la Valle de Aveto	« «	«	204.00	á	306.00
Jabon	« «	«	43.00	á	47.00
Vino blanco buena calidad	el hectólitro	«	36.00	á	40.00

En este mes de Octubre último, fueron sacrificadas en el matadero público de esta ciudad, para el consumo de la misma, las reses vacunas siguientes:

Reses mayores..................	51
Reses menores..................	148
Total...........	199

El precio de las carnes frescas, tocino y corambre han sido, en dicho mes, el siguiente:

Ternera....................	los	100	kilos	frs.	150 á 190
Vaca.	«	«	«	«	120 á 160
Bueyes.....................	«	«	«	«	120 á 160
Cabra......................	«	«	«	«	80 á 90
Cueros frescos de ternera.....	«	«	«	«	140 á 150
Id. Id. « vaca.	«	«	«	«	100 á 110
Tocino.....................	«	«	«	«	70 á 80

Sigue siempre, el estado sanitario, de esta ciudad y sus contornos, el mas satisfactorio, que se pueda desear.

Tengo el honor de saludar á V. E. con la mayor consideracion y respeto.

José Rivarola, Vice Cónsul.

Noviembre 20 de 1889.—Publíquese en el Boletin Mensual del Ministerio.—ZEBALLOS.

Consulado en Málaga.

INFORME TRIMESTRAL.

Málaga, Octubre 1.° de 1889.

Señor Ministro:—Tengo el honor de remitir á V. E. un estado trimestral del movimiento comercial y emigratorio de este Consulado.

Exportacion.—Vinos, 20.477 kilos. Pimenton, 1.150 id. Garbanzos, 26.502 id. Jabon, 5.200 id. Aceite, 8.150 id. Varios, 38.508.

Importacion.—Ninguna directa.

Emigracion.—Vapor Solferino, 788; id Adria, 939; id San Martino, 767; id Montebello, 972; id Matteo Bruzzo, 791; id Nápoli, 505; id Pacífico, 702.—Total 5.464.

Renuevo á V. E. las seguridades de mi mas alta y distinguida consideracion.

E. Martinez Ituño, Cónsul.

Noviembre 27 de 1889.—Publíquese en el Boletin Mensual del Ministerio.—ZEBALLOS.

Consulado en Las Palmas (Gran Canaria).

INFORME MENSUAL.

Las Palmas, Noviembre 2 de 1889.

Señor Ministro:—Tengo el honor de elevar á V. E. el informe mensual correspondiente á Octubre ppdo.

Precios de los artículos siguientes en los mercados de esta ciudad en el mes de Octubre.

Carnes.—En vivo de vaca ó buey, de 0.40 á 0.45 pesetas el kilógramo. Muertas, de 1 á 1.10 pesetas el kilógramo.

Cochinilla.—Sigue la demanda para las madres. Unos 200 sacos se vendieron en la quincena de 1.12 á 1.25 pesetas libra.

Garbanzos.—Medianos, de 15.50 á 17.50 pesetas los 69 kilos.

Almendras.—Dulces, de 75 á 77 pesetas los 46 kilos. Amargas, de 57.50 á 60 pesetas los 46 kilos.—Cosecha abundante.

Maiz.—De 10 á 11 pesetas fanega de 66 kilos.—Las existencias del país disminuyen.

Trigo.—De 10 á 12.50 pesetas fanega de 53 $^1/_2$ kilos—Regular existencia.

Cebada.—No hay para exportacion.

Vinos.—Tintos de 112 á 250 pesetas segun clase. Blancos, de 175 á 750 pesetas, segun clase y edad. Embotellado, desde 25 á 60 pesetas docena.

Azúcar.—Del país no hay para embarque.

Pescado salpreso.—En barriles de 50 libras, de 15 á 18.75 pesetas barril.

Bananas—De 3 á 5 pesetas racimo, segun tamaño.

Barrilla.—De 1.25 á 1.75 pesetas los 46 kilos.

Cebollas.—A 5 pesetas los 46 kilos. Poca existencia.

Papas.—De 4.25 á 4.50 pesetas los 46 kilos.

Lozas de piedra.—Cuatro en vara cuadrada de 2.25 á 3 pesetas segun clase.

Losetones.—De 1 vara largo por 1/2 de ancho, de 2.25 á 2.50 pesetas una.

Molinillos de piedra.—De 2 en juego, de 1.50 á 2.50 pesetas juego.

Piedras de filtro.—De 3 á 5 pesetas, segun tamaño.

Emigracion—Se han embarcado por este puerto para el de Buenos Aires 73 pasajeros.

Salud pública.—El estado higiénico de este país es completamente satisfactorio.

Impresos.—Se han recibido en este Consulado los siguientes: Sesiones del H. Congreso Nacional. Memoria de Relaciones Exteriores presentada al H. Congreso Nacional en 1889. Boletin Mensual, Agosto y Setiembre. Censo Municipal de Buenos Aires, 1887—Tomo segundo. Noventa ejemplares del Manual de Inmigrantes por don M. A. Pelliza. El Economista Argentino y otros diarios de Buenos Aires y Córdoba.

Saludo á V. E. con mi mas alta y respetuosa consideracion.

Francisco Monzon y Castro, Cónsul.

Noviembre 27 de 1889.—Publíquese en el Boletin Mensual del Ministerio.—ZEBALLOS.

Correspondencia Diplomática

ACTOS OFICIALES.

Tratado de Arbitraje
Celebrado entre la República Argentina.
Y el Imperio del Brasil.

LEY DE APROBACION.

Departamento de Relaciones Exteriores.

Buenos Aires, Octubre 23 de 1889.

POR CUANTO:—*El Senado y Cámara de Diputados de la Nacion Argentina, reunidos en Congreso etc. Sancionan con fuerza de*

LEY.

Artículo 1.° Apruébase el Tratado de Arbitraje para solucionar la cuestion de límites entre la República y el Imperio del Brasil, firmado en Buenos Aires el siete de Setiembre del corriente año, por los Plenipotenciarios de sus respectivos Gobiernos, Dr. D. Norberto Quirno Costa y Señor Baron de Alencar.

Artículo 2.° Comuníquese al Poder Ejecutivo.

Dada en la Sala de Sesiones del Congreso Argentino, á veinte y dos de Octubre de mil ochocientos ochenta y nueve.

Julio A. Roca.	T. A. Malbran.
Adolfo J. Labougle.	*Juan Ovando.*
Secretario del Senado.	Secretario de la C. de D. D.

Registrada bajo el núm. 2.646.

Por tanto:—Téngase por Ley de la Nacion, comuníquese y dése al R. N.

JUÁREZ CELMAN.
Estanislao S. Zeballos.

MIGUEL JUÁREZ CELMAN,
Presidente Constitucional de la República Argentina.
A todos los que el presente vieren.

SALUD!

Por cuanto: Entre la República Argentina y el Imperio del Brasil se negoció, concluyó y firmó en la ciudad de Buenos Aires el 7 de Setiembre del corriente año, por los Señores Plenipotenciarios, debidamente autorizados al efecto, un Tratado de Arbitraje, cuyo tenor es el siguiente:

Su Excelencia el Presidente de la República Argentina y Su Majestad el Emperador del Brasil, deseando resolver con la mayor brevedad posible la cuestion de límites pendiente entre los dos Estados, acordaron, sin perjucio del Tratado de 28 de Setiembre de 1885, en fijar plazo para concluir la discusion de derecho, y, no consiguiendo entenderse, en someter la misma cuestion al arbitraje de un Gobierno Amigo, y, siendo necesario para esto un Tratado, nombraron sus Plenipotenciarios, á saber:

Su Excelencia el Presidente de la República Argentina al Doctor Don Norberto Quirno Costa, Su Ministro Secretario en el Departamento del Interior é Interino en el de Relaciones Exteriores

Su Majestad el Emperador del Brasil al Baron de Alencar, de Su Consejo, y Su Enviado Extraordinario y Ministro Plenipotenciario en la República Argentina.

Los cuales, habiéndose canjeado sus Plenos Poderes, que fueron hallados en buena y debida forma, convinieron en los artículos siguientes:

Artículo 1.°

La discusion del derecho que cada una de las Altas Partes Contratantes juzga tener al territorio en litijio entre ellas, quedará cerrada en el plazo de noventa dias contados desde la conclusion del reconocimiento del terreno en que se encuentran las cabeceras de los rios Chapecó ó Pequirí-Guazú y Yangada ó San Antonio-Guazú.

Entiéndese concluido ese reconocimiento el dia en que las Comisiones nombradas en virtud del Tratado de 28 de Setiembre de 1885 presentasen á sus Gobiernos las memorias y los planos á que se refiere el artículo 4.° del mismo Tratado.

Artículo 2.°

Terminado el plazo del artículo precedente, sin solucion amigable, la cuestion será sometida al arbitraje del Presidente de los Estados Unidos de América, á quien dentro de los sesenta dias siguientes se dirijirán las Altas Partes Contratantes pidiéndole que acepte ese encargo.

Artículo 3.°

Si el Presidente de los Estados Unidos de América se escusase, las Altas Partes Contratantes elejirán otro Arbitro, en Europa ó en América, dentro de los sesenta dias siguientes al recibo de la escusacion, y en el caso de cualquiera otra, procederán del mismo modo.

Artículo 4.°

Aceptado el nombramiento, en el término de doce meses contados desde la fecha en que fuese recibida la respectiva comunicacion, presentará cada una de las Altas Partes Contratantes al Arbitro, su exposicion con los documentos y títulos que convinieren á la defensa de su derecho. Presentada ella, ninguna agregacion podrá ser hecha, salvo por exigencia del Arbitro, el cual tendrá la facultad de mandar que se le presten los esclarecimientos necesarios.

Artículo 5.°

La frontera ha de ser constituida por los rios que la República Argentina ó el Brasil han designado, y el Arbitro será invitado á pronunciarse por una de la Partes, como juzgase justo, en vista de las razones y de los documentos que produjeren.

Artículo 6.°

El laudo será pronunciado en el plazo de doce meses contados desde la fecha en que fueren presentadas las exposiciones, ó desde la mas reciente si la presentacion no fuere hecha al mismo tiempo por ambas Partes.

Será definitivo y obligatorio y ninguna razon podrá alegarse para dificultar su cumplimiento.

Artículo 7.°

El presente Tratado será ratificado y las Ratificaciones serán canjeadas en la ciudad de Rio de Janeiro en el menor plazo posible.

En testimonio de lo cual, los Plenipotenciarios de la República Argentina y del Imperio del Brasil firman el mismo Tratado y le ponen sus sellos en la ciudad de Buenos Aires á los siete dias del mes de Setiembre de 1889.

N. Quirno Costa.

Sua Excellencia o Presidente da Republica Argentina e Sua Magestade o Imperador do Brazil, desejando resolver com a maior brevidade possivel a questão de limites pendente entre os dous Estados, concordárão, sem prejuizo do Tratado de 28 de Setembro de 1885, em marcar prazo para se concluir a discussão de direito, e, não conseguindo entender-se, em submetter a mesma questão ao arbitramento de um Governo Amigo, e, sendo para isto necessario um Tratado, nomearão seus Plenipotenciarios, a saber:

Sua Excellencia o Presidente da Republica Argentina ao Dr. D. Norberto Quirno Costa, Seu Ministro Secretario no Departamento do Interior e Interino no das Relações Exteriores.

Sua Magestade o Imperador do Brazil ac Barão de Alencar, de Seu Conselho, e Seu Enviado Extraordinario y Ministro Plenipotenciario na Republica Argentina.

Os quaes, trocados os seus Plenos Poderes, que forão achados em bõa e divida forma, convierão nos artigos seguintes:

Artigo 1.°

A discussão do direito que cada uma das Altas Partes Contractantes julga ter ao territorio em litigio entre ellas, ficará encerrada no prazo de noventa dias contados da conclusão do reconhecimento do terreno em que se achão as cabeceiras dos rios Chapecó ou Pequiri-guassú e Yangada ou Santo Antonio-guassú.

Entender—se há concluido aquelle reconhecimento no dia em que as Commissões nomeadas em virtude do Tratado de 28 de Setembro de 1885 apresentarem aos seus Governos os relatorios e as plantas a que se refere o artigo 4.° do mesmo Tratado.

Artigo 2.°

Terminado o prazo do artigo antecedente sem solução amigavel, será a questão submettida ao arbitramento do Presidente dos Estados Unidos da America, a quem, dentro dos sessenta dias seguintes, se dirigirão as Altas Partes Contractantes pedindo que aceite esse encargo.

Artigo 3.°

Si o Presidente dos Estados Unidos da America se escusar, elegerão as Altas Partes Contractantes outro Arbitro, na Europa, ou na America, dentro dos sessenta dias seguintes a recepção da recusa, e no caso de cualquer outra procederão do mesmo modo.

Artigo 4.°

Aceita a nomeação, no termo de doze mezes contados da

data em que fôr recebida a respectiva communicação, apresentará cada uma das Alt s Partes Contractantes ao Arbitro a sua exposição com os documentos e titulos que convierem a defeza do seu direito. Apresentada ella, nenhum additamento poderá ser feito, salvo por exigencia do Arbitro, o qual terá a faculdade de mandar que se lhe prestem os esclarecimentos necessarios.

Artigo 5.°

A fronteira ha de ser constituida pelos rios que a Republica Argentina ou o Brazil teem designado, e o Arbitro será convidado a pronunciarse por uma das Partes, como julgar justo a vista das razões e documentos que produzirem.

Artigo 6.°

O laudo será dado no prazo de doze mezes contados da data em que forem apresentadas as exposições, ou da mais recente si a apresentação não fôr feita ao mesmo tempo por ambas as Partes. Será definitivo e obrigatorio e nenhuma razão poderá ser allegada para difficultar o seu cumprimento.

Artigo 7.°

O presente Tratado sera ratificado e as Ratificações serão trocadas na cidade do Rio de Janeiro no menor prazo possivel.

En testemunho do que os Plenipotenciarios da Republica Argentina e do Imperio do Brazil firmão o mesmo Tratado e lhe põem o seus sellos na cidade de Buenos Aires aos sete dias do mez de Setembro de 1889.

Barao de Alencar.

POR TANTO: Visto y examinado el Tratado preinserto y despues de haber sido aprobado por el Honorable Congreso Nacional el 22 de Octubre del corriente, lo acepto, confirmo y ratifico, comprometiendo y obligándome á nombre de la Nacion, á cumplirlo y hacerlo cumplir fielmente.

En fe de lo cual, firmo con mi mano el presente Instrumento de Ratificacion, sellado con el Gran Sello de las Armas de la República y refrendado por el Ministro Secretario de Estado en el Departamento de Relaciones Exteriores.

Dado en Buenos Aires, Capital de la República Argentina á los 24 dias del mes de Octubre del año de 1889.

M. JUÁREZ CELMAN.
ESTANISLAO S. ZEBALLOS.

Organizacion del Servicio Médico de la Inmigracion.

Departamento
de
Relaciones Exteriores.

Buenos Aires, Octubre 24 de 1889.

Visto lo propuesto por la Comisaria General de Inmigracion y el anterior informe del Departamento Nacional de Higiene

El Presidente de la República—

DECRETA:

Artículo 1.°—El servicio médico de la inmigracion en la Capital de la República se compondrá de tres médicos, tres practicantes y tres enfermeros.

Art. 2.°—Habrá un médico director que continuará atendiendo á todas las necesidades del servicio médico y asesorará al Departamento General de Inmigracion, sobre todas las cuestiones de órden sanitario.

Art. 3.°—El médico director asistirá diariamente al Hotel de Inmigrantes y tendrá á su cargo la direccion de la asistencia de los enfermos, de la enfermería ú hospital, del servicio sanitario, y vigilará por el cumplimiento de este Reglamento.

Art. 4.°—Los otros dos médicos desempeñarán por turno las funciones que les están asignadas por el decreto del P. E. de fecha 17 de Agosto del corriente año, para la visita de los buques, dando cuenta de ella al Departamento.

Art. 5.°—Los servicios dispuestos por el mismo superior decreto, que estos dos médicos deben prestar en el Hotel de Inmigrantes, son los de ayudar al médico-director en el servicio del hospital y asistencia de los enfermos, clasificar á éstos, dándoles la colocacion correspondiente.

Art. 6.°—Uno de estos dos médicos tendrá á su cuidado especial el consultorio externo de los inmigrantes enfermos pertenecientes al Hotel.

Art. 7.°—El mismo médico inspeccionará diariamente el hotel, á fin de cuidar que no haya enfermos en los dormitorios, aislando rigurosamente aquellos que padezcan de enfermedades contagiosas.

Art. 8.°—El otro médico cuidará especialmente de inspeccionar á los inmigrantes á su entrada al Hotel, para aislar aquellos que traigan alguna enfermedad contagiosa ó tomar nota de los que por enfermedad ó defecto físico, sean inhábiles para el trabajo, de acuerdo con el art. 32 de la Ley de Inmigracion.

Art. 9.°—Este mismo médico visitará diariamente todas las secciones del establecimiento dirigiendo y haciendo practicar la desinfeccion donde sea necesario.

Art. 10.—En esta misma inspeccion higiénica, se cerciorará de todo niño ó persona que no haya sido vacunada, inoculando el profiláctico á todas aquellas que lo necesiten.

Art. 11—Reconocerá tambien la alimentacion que reciben los inmigrantes.

Y dará cuenta al médico-director de toda observacion ó infraccion.

Art. 12.—Será el encargado del órden de los libros y de la estadística médica, debiendo pasar al médico-director un estado mensual.

DE LOS PRACTICANTES.

Art. 13.—Los practicantes desempeñarán las tareas que les asignen sus superiores y harán el servicio general correspondiente á sus funciones.

Art. 14.—Asistirán diariamente á la inspeccion y á la visita de los enfermos y á las curaciones. Escribirán las notas, llevarán con prolijidad los libros y cuidarán del mayor órden y aseo en el Hospital.

Art. 15.—Se turnarán en la guardia diaria sin faltar ningun dia sin permiso escrito del médico-director ó de quien lo reemplaze, lo que deberá constar en un libro abierto al efecto.

Art. 16.—Toda ausencia de mas de dos dias será solicitada por escrito, del Departamento General, por intermedio del médico-director.

Art. 17.—Este mismo trámite regirá para las médicos y el Administrador del Hotel está obligado á dar cuenta al médico director de las faltas no autorizadas que ocurran en los médicos y practicantes.

Art. 18.—Por ningun motivo podrán ausentarse simultáneamente del H tel los tres practicantes, estando el de guardia obligado á permanecer todo el dia ó dejar otro en su reemplazo.

La infraccion de este artículo valdrá la destitucion inmediata del practicante de guardia.

Art. 19.—Toda sustitucion de guardia deberá ser autorizada préviamente por escrito en el libro respectivo, con el visto bueno del médico-director.

Art. 20.—Durante la noche deberán permanecer en el Hotel, á lo ménos dos de los practicantes: el de guardia y el de turno al dia siguiente.

Art. 21.—A los efectos del artículo anterior, el dia de guardia está comprendido desde la seis de la mañana á las seis de la mañana siguiente.

Art. 22.—Con las funciones generales correspondientes á los practicantes, le son estas mismas distribuidas especialmente en esta forma:

Art. 23.—El practicante 1.° (que será el mas antiguo ó el de estudios superiores) está directamente encargado del cuidado de los enfermos, de las curaciones y de la conservacion de los instrumentos.

Art. 24.—El practicante 2.° tendrá á su cargo especial la farmacia, atenderá á la preparacion de las medicinas, y dará cuenta al médico-director de sus necesidades. Ayudará y reemplazará en sus funciones al practicante 1°.

Art. 25.—El practicante 3.° desempeñará las mismas funciones del practicante 2.° y podrá acompañar á los médicos en sus funciones de inspeccion, de vacunacion y de desinfeccion.

Art. 26.—El practicante de guardia atenderá todas las necesidades del servicio en las horas que no sean de visita, de curacion, de vacunacion, de inspeccion, de preparacion de medicinas ó de oficina.

Art. 27.—En las horas designadas á cada uno de los trabajos mencionados en el artículo anterior, deberán estar en sus puestos todos los médicos y practicantes.

Art. 28.—Las curaciones empezadas por un practicante sobre un enfermo, deberán ser continuadas por el mismo hasta su fin, segun la distribucion que haga el médico-director.

Art. 29.—Los enfermeros en número de tres (dos hombres y una mujer) cumplirán sus tareas bajo la vigilancia de los practicantes, segun las disposiciones del médico-director.

DISPOSICIONES GENERALES.

Art. 30.—Los médicos al servicio de la inmigracion formarán un Cuerpo Consultivo, cuando la gravedad de un asunto, de una informacion, de una resolucion ó de un enfermo así lo requiera.

Art. 31.—La falta de asistencia motivada ó autorizada de uno de los médicos, será reemplazada por su inmediato en órden.

Art. 32.—El médico-director pasará anualmente al Departamento General una memoria sobre el servicio que dirije y recabará en cualquier momento las medidas que sean necesarias para el mejor servicio.

Art. 33.—El Administrador del Hotel de Inmigrantes dará aviso por escrito al médico-director de toda infraccion á este Reglamento ó falta de disciplina que llegue á su conocimiento.

Art. 34.—Este Reglamento será colocado en paraje adecuado y en número suficiente para su mas exacto cumplimiento.

Art. 35.- Comuníquese y dése al R. N.

JUÁREZ CELMAN.
ESTANISLAO S. ZEBALLOS.

Exportacion de productos Belgas para la República Argentina.

(Nota de la Legacion en Bruselas).

Bruselas, Octubre 2 de 1889.

Señor Ministro:—En el cuadro del movimiento comercial de Bélgica con las naciones extrangeras durante los ocho primeros meses de 1889 comparados con los de 1887 y 1888, encuentro para la República Argentina las siguientes exportaciones de productos belgas que trasmito á continuacion.

Exportaciones de productos belgas para la República Argentina durante los ocho primeros meses de

		1889.	*1888.*	*1887.*
Almidon	kilóg.	598.685	153.158	134.598
Armas	frs.	196.425	106.839	209.285
Velas	kilog.	148.182	215.380	134.784
Alcoholes	hectól.	5	262	76
Máquinas	kilóg.	11.713.599	588.532	233.956
Mercería y quincaller.	«	288.540	151.515	165.373
Metales	«	29.749.053	20.828.102	12.308.655
Papel............ ...	«	710.314	256.615	800.163
Porcelana	-	65 463	49.324	82.881
Azúcar....... .	«	969.744	338.909	82.386
Piedra bruta y tallada	«	1.849.046	403.909	185.594

Tejidos de algodon, lana y seda..........	«	541.029	582.853	599.374
Vidrios........	«	4.012.001	2.908.389	2.817.344
Tejidos de hilo. . .	frs.	68.294	56.200	128.100

En cuanto á las importaciones de productos argentinos en Bélgica en igual tiempo, han sido las siguientes:

		1889.	1888.	1887.
Productos alimenticios	kilóg.	7.217.390	39.553.247	43.805.042
Materias animales brutas....	«	849.823	193.662	865.164
Cueros.......	«	12.832.510	10.557.814	8.925.041
Sustancias vegetales..	«	837.853	3.659.327	2.961.736

En estas cantidades no entran las exportaciones de productos belgas por las vias de Inglaterra y Francia y las importaciones de productos argentinos en Bélgica por las mismas vias.

Saludo á V. E. con mi mayor consideracion.

Aureliano Garcia.

Octubre 30 de 1889.—Avísese recibo y publíquese en el Boletin Mensual del Ministerio.—ZEBALLOS.

Retiro del E. E. y M. P. de Bolivia Dr. D. Santiago Vaca-Guzman.

Legacion de Bolivia
en la
República Argentina.

Buenos Aires, Noviembre 12 de 1889.

Señor Ministro:—Cábeme la honra de dirigirme á V. E. poniendo en su conocimiento que el Exmo. Gobierno de la República de Bolivia, al cual me cupo la honra de representar cerca del Exmo. Gobierno de V. E. en el carácter de Enviado Extraordinario y Ministro Plenipotenciario, ha tenido á bien aceptar la renuncia que de dicho puesto elevé á su decision, con cuyo motivo debo cesar bien pronto en el ejercicio de las elevadas funciones que se me tenian encomendadas.

Al separarme del alto cargo que desempeñaba, no puedo silenciar los sentimientos de respeto, de afecto y alta estimacion que he consagrado y consagro al Exmo. Señor Presidente de la República y á sus dignísimos colaboradores en las tareas del gobierno.

Durante el desempeño del cargo que ejercía, mis propósitos se encaminaron á vincular estrechamente á la República de Bolivia con este gran pueblo que, por la nobleza de sus sentimientos, por la generosidad de su carácter, por la grandiosidad de sus concepciones, por la honradez, el poder creador y la laboriosidad de sus hijos ocupa tan prominente rango entre las naciones americanas á las cuales sirve de guia y de estímulo.

Mis propósitos encontraron siempre la mas benévola y decidida acogida en todos los ilustrados estadistas con quienes me cupo el honor de cultivar relaciones diplomáticas, habiendo su decision reveládome cuán grande y espontáneo es el afecto que el Pueblo Argentino consagra al Pueblo Boliviano y cuán sinceros son sus anhelos por la prosperidad y engrandecimiento de aquel.

Por lo que á mi persona atañe, recordaré siempre con la mas íntima satisfaccion este período de mi vida, lleno de tan gratos recuerdos, por las consideraciones con que, tanto el Exmo. Presidente de la República cuánto sus ilustrados colaboradores en su progresista y fecunda administracion, se sirvieron honrarme y favorecerme.

Al terminar por mi parte las relaciones diplomáticas que con V. E. tuve la satisfaccion de cultivar, séame permitido manifestarle en nombre del Exmo. Gobierno cuya representacion ejerzo, así como del Pueblo Boliviano los votos fervientes que uno y otro hacen por la dicha y creciente prosperidad de esta nacion gloriosa, hermana tutelar de las jóvenes naciones que forman la familia americana.

Dígnese V. E. trasmitir al Exmo. Señor Presidente de la República y sus ilustrados secretarios de Estado la expresion de estos votos, á la vez que la manifestacion de mi profunda gratitud y obligado reconocimiento.

Quiera V. E. aceptar igualmente el testimonio de mi distinguida consideracion y particular estima.

SGO. VACA-GUZMAN.

Exmo. Señor Doctor Estanislao S. Zeballos, Ministro Secretario de Estado en el Departamento de Relaciones Exteriores.

Ministerio de Relaciones Exteriores.

Buenos Aires, Noviembre 19 de 1889.

Señor Ministro:—He tenido el honor de recibir la comunicacion de V. E. fecha 12 del corriente, participándome que el Exmo. Gobierno de Bolivia se ha servido aceptar su renuncia del elevado cargo de E. E. y Ministro Plenipotenciario en esta República.

Con tal motivo expresa V. E. los elevados sentimientos, y el espíritu amistoso con que durante el desempeño de su mision ha procedido en las relaciones internacionales, cumpliendo las instrucciones de su gobierno y sus propias inspiraciones.

Aunque es breve el tiempo transcurrido desde que fuí llamado á ponerme al frente del Ministerio de Relaciones Exteriores, mi posicion en el Congreso me ha permitido conocer los anhelos de V. E. por vincular solidamente las dos repúblicas, con lazos de sincera amistad, y por medio de relaciones económicas, contribuyendo á encaminar el tráfico y comercio de una parte de Bolivia hácia los puertos argentinos.

Puedo asegurar tambien á V. E. que el Gobierno Nacional no olvidará la elevacion de miras con que V. E. ha tratado todas las cuestiones relacionadas con su país, y muy en especial la de límites á cuyo debate concurrió V. E. con propósitos conciliadores y vasta ilustracion.

De este modo el nombre de V. E. quedará honrosamente asociado á uno de los actos mas importantes en que reposarán siempre nuestras cordiales relaciones con la República de Bolivia, y el Pueblo Argentino y su Gobierno recordarán siempre con satisfaccion al negociador prudente y al diplomático bien inspirado que ha concurrido á solucionar las delicadas controversias que por tantos años mantuvieron inseguros los vínculos tradicionales con su patria.

Deplorando las causas que hayan influido en la dimision de V. E. del puesto que tan dignamente desempeñaba, me es honroso reiterar á V. E. las seguridades de mi alta y distinguida consideracion.

ESTANISLAO S. ZEBALLOS.

A S. E. el Señor Doctor Don Santiago Vaca-Guzman, Enviado Extraordinario y Ministro Plenipotenciario de Bolivia.

Gobierno Provisorio del Brasil.

(TELÉGRAMAS)

Rio de Janeiro, 18 de Noviembre de 1889.

Al Exmo. Señor Ministro de Relaciones Exteriores, doctor don Estanislao S. Zeballos.

Acabo de recibir la siguiente nota: Rio de Janeiro, Noviembre 18.—*Circular:*—Solo hoy me es posible hacer así la comunicacion que le debo, sobre los acontecimientos políticos de los tres últimos dias, los cuales se resumen en esto:

El ejército, la armada y el pueblo decretaron la deposicion de la dinastía imperial y consecuentemente la extincion del sistema monárquico representativo.

Fué constituido un Gobierno Provisorio, que ya entró en ejercicio de sus funciones y que las desempeñará en tanto que la nacion soberana no proceda á la eleccion del gobierno definitivo. Por sus órganos competentes, este gobierno manifestó al señor don Pedro de Alcántara la esperanza de que él hiciese el sacrificio de dejar con su familia el territorio del Brasil y fué atendido; pero proclamada provisoriamente y decretada como forma de gobierno de la nacion brasilera la república federativa, constituyendo las provincias, los Estados Unidos del Brasil.

El gobierno provisorio como lo declaró en su proclama del 15 del corriente, reconoce y acata todos los compromisos nacionales contraidos durante el régimen anterior, los tratados subsistentes con las potencias extranjeras, la deuda pública externa é interna, los contratos vigentes y demas obligaciones legalmente estatuidas. En el Gobierno Provisorio, de que es gefe el mariscal Manuel Deodoro da Fonseca tengo á mi cargo el Ministerio de Relaciones Exteriores y es por esto, que me cabe el honor de dirijirme al Señor Moreno, asegurándole en conclusion, que el Gobierno Provisorio desea vivamente mantener las relaciones de amistad, que han existido entre la República Argentina y el Brasil.

Aprovecho esta primera ocasion para tener el honor de ofrecer al Señor Ministro las seguridades de mi alta consideracion.—QUINTINO BOCAYUVA.

Saludo á V. E.

ENRIQUE B. MORENO.

Buenos Aires, Noviembre 19 de 1889.

Al Ministro Argentino en Rio de Janeiro D. Enrique B. Moreno.

Contestando á la nota que V. E. ha trasmitido por telégrafo, comunique al Señor Bocayuva que este Gobierno se encuentra animado de los mismos sentimientos de amistad que siempre ha manifestado á la Nacion Brasilera, por cuya felicidad renueva sus votos.

ESTANISLAO S. ZEBALLOS.

Rescision del Contrato Acebal, Diaz y Compañía.

Departamento
de
Relaciones Exteriores.

Buenos Aires, Noviembre 8 de 1889.

En virtud de lo alegado por los Señores Acebal, Diaz y C.ª, de lo manifestado al Ministerio en sus conferencias sobre las sérias dificultades que encuentran, á pesar de su celo y buena fe, para que la totalidad de los inmigrantes que importan con pasajes subsidiarios sean elegidos y aptos para el trabajo; y finalmente por lo que informa la comisaria general de inmigracion, se declara rescindido el contrato, sin que esto importe reconocer derecho alguno á favor de la empresa con motivo de dicha rescision, ni por otro género de reclamos que no estén ya en tramitacion.

Comuníquese y publíquese.

JUÁREZ CELMAN.
ESTANISLAO S. ZEBALLOS.

La industria minera en Bélgica en 1888.

(Nota de la Legacion Argentina.)

Bruselas, Octubre 5 de 1889.

Señor Ministro:—La Memoria del Director de la primera Division de Minas dá, sobre la situacion de la industria minera de Bélgica durante el año 1888, algunos datos interesantes que me apresuro á trasmitir á V. E.

Hablando del crecimiento de la produccion carbonífera, el citado Director dice que en la Memoria del año pasado constaba un aumento comercial, aun cuando el precio medio de venta, del año, era menos elevado que el de los años anteriores.

El crecimiento importante de la produccion ya señalado entonces, ha persistido en el año 1888, dando una entera satisfaccion en todos sus resultados.

La produccion total de las minas de la provincia de Hainaut se ha elevado en 1888, á 13.993.140 toneladas.

Esta es la mayor produccion que se ha obtenido hasta el presente y es superior á la del año anterior, de 523.080 toneladas.

La actividad que se manifiesta desde hace dos años en los pedidos de combustibles no toma su orígen del aumento de la exportacion que mas bien decrece; todo el crecimiento de produccion ha sido consumido en el país, de esto se puede deducir que la situacion se mejora de una manera general, en todas las industrias.

Debido á una sabia prevision en la direccion de los trabajos preparatorios, la industria carbonífera ha podido satisfacer sin esfuerzo á los nuevos pedidos. Estos se han producido progresivamente, los precios de los carbones han reaccionado lentamente, sin traer consigo ninguna perturbacion en el equilibrio industrial.

Hay que notar tambien que el crecimiento de la produccion no ha disminuido los precios; la produccion representa un valor de 117.577.235 francos ó sean 9.356.464 francos mas que en 1887, es decir, un aumento de 8 y 1/2 por ciento.

El precio medio de venta de la tonelada de carbon ha sido de 8 francos 40 céntimos, lo que indica un aumento de 37 cént. ó 4, 4 p. c. sobre el año anterior. El precio de costo en los diferentes yacimientos carboníferos ha sido respectivamente de 8 francos 19 céntimos, 7-81 y 7-35. Así pues, el precio medio de costo, siendo de 7-77, la diferencia es de 63 céntimos ó sean 14 céntimos mas que el de 1887.

En cuanto á la estadística de la poblacion obrera que ha sido ocupada en estos trabajos y sus salarios, encuentro los siguientes datos que no son menos interesantes:

El número total de obreros mineros ha sido de 76.635, cifra superior de 1313 á la del año anterior; este aumento se refiere enteramente á los obreros que trabajan en el interior.

El salario medio del obrero ha sido 816 francos ó sean 59 francos ó 7 p. c. al año mas que en 1887. Con relacion al año 1886, el aumento ha sido de 11 p. c.

El efecto útil anual del obrero, tanto en el interior como al exterior, ha sido de 182 toneladas. Comparado al de 1887, es superior á este de 3 toneladas.

La proporcion de las mujeres y niñas en el número total de obreros, que fué de 5,4 p. c. en 1887, ha sido la misma en 1888.

Hay en explotacion 72 minas y 49 que no lo están; comparado esto á 1887, ha habido 5 minas menos en explotacion.

El número de yacimientos en explotacion ha sido de 248, de los cuales 184 en actividad de extraccion, 57 en reserva y 7 en construccion. El número de yacimientos en actividad es superior de 4 al de 1887.

La profundidad media de los yacimientos en actividad es de 558 metros ó sean 12 metros mas que la de 1887.

Entre los beneficios y las pérdidas que han habido, encuentro cincuenta minas que han realizado 10.801.500 francos, cifra superior de 2.838.850 francos á la del año 1887. Ha habido entre ellos 23 que ha dado un déficit de 2.010.955 francos ó sea 736.300 francos mas que el año anterior. El beneficio general, deduccion hecha de las pérdidas, es pues de 8.790.550 francos, cifra superior de 2.102.550 francos á la de 1887.

Las exportaciones han disminuido de 33.574 toneladas, pero el consumo interior ha aumentado de 631.092 toneladas, comparadas con las de 1887.

En cuanto á los accidentes ocasionados por el trabajo de las minas, han sido 147 y han resultado de ellos 140 muertos y 51 heridos graves.

Tengo el honor de renovar al Señor Ministro las seguridades de mi mayor consideracion.

Aureliano Garcia

A. S. E. el Señor Ministro de Relaciones Exteriores de la República Argentina.

Noviembre, 5 de 1889.—Avísese recibo y publíquese en el Boletin Mensual del Ministerio.—ZEBALLOS.

Pésame del Gobierno Argentino por el fallecimiento del S. M. El Rey de Portugal.

Legacion
de la
República Argentina

Lisboa, Octubre 23 de 1889.

Señor Ministro:—He tenido el honor de recibir el telegrama de V. E. ordenando á esta Legacion expresase al Gobierno de S. M. Fidelísima, el pesar que ha causado en el ánimo del Pueblo y del Gobierno Argentino el fallecimiento de S. M. el Rey.

Ya me habia adelantado á manifestar á este Gobierno esos mismos sentimientos, creyendo así interpretar una órden de V. E. que no debía esperar llegase para cumplirla.

En cuanto recibí el telegrama, sin pérdida de tiempo, me trasladé al Ministerio y leí al señor Ministro Barros Gomez el despacho de V. E. El señor Ministro me lo pidió para conservarlo y tuvo á bien responderme que hasta tanto pudiera contestar por escrito á la Legacion, agradecía de la manera mas íntima los términos espontáneos en que el Pueblo y el Gobierno Argentino deploraban la pérdida del monarca portugués y que se apresuraría á mostrar dicho telegrama á S. M. el Rey Don Cárlos.

Saludo á V. E. con mi mayor respeto y consideracion.

Alejandro Guesalaga.

A S. E. el Señor Ministro de Relaciones Exteriores de la República Argentina, Dr. D. Estanislao S. Zeballos.

Decreto declarando infestado el puerto de Corumbá y sospechosos los demás del Brasil situados al Norte del Paraguay.

Departamento
de
Relaciones Exteriores.

Buenos Aires, 1.° de Noviembre de 1889.

Habiendo comunicado el Ministro de la República en el Paraguay, que ha aparecido la fiebre amarilla en Curumbá y visto lo que informa al respecto el Departamento Nacional de Higiene, el Presidente de la República

DECRETA:

Art. 1.° Declárase puerto infestado el de Curumbá y sospechosos todos los puertos del Imperio del Brasil, situados al Norte de Paraguay, de acuerdo con lo establecido por el art. 1.° de la Convencion Sanitaria en vigencia.

Art. 2.° Remítase copia de este decreto y demas documenmentos de su referencia al Departamento Nacional de Higiene para que adopte las medidas eficaces á fin de preservar la salud pública y de acuerdo con la expresada Convencion.

Art. 3.° Comuníquese etc.

JUAREZ CELMAN.
ESTANISLAO S. ZEBALLOS.

Asistencia de la República Oriental del Uruguay á la Exposicion Internacional de Ganaderia de 1890.

Ministerio
de
Relaciones Exteriores.

Montevideo, 6 de Noviembre de 1889.

Señor Ministro:—Tengo el honor de participar á V. E. para que se sirva llevarlo á conocimiento de su gobierno, que el de la República, aceptando complacido la invitacion que al efecto le fué dirigida en 20 de Mayo último, concurrirá á la Exposicion Internacional de Ganadería y Agricultura que se celebrará en la ciudad de Buenos Aires en Abril de 1890.

Renuevo á V. E. con tal motivo las seguridades de mi distinguida consideracion.

Ild. Garcia Lagos.

A S. E. el Señor Ministro Residente de la Republica Argentina, Don José Guido.

Leyes de impuestos para 1890.

(Circular á las Legaciones, Consulados y Oficinas de Informacion).

I. Ley núm. 2677, poniendo en vigencia para 1890, varias leyes de 1888.—II. Ley de Faros y avalices.—III. Ley de Derechos del Puerto del Riachuelo.—IV. Ley de visita de Sanidad.—V. Ley de Derechos de Muelles del Estado.—VI. Ley de Contribucion Directa.—VII Ley de papel sellado.—VIII. Ley núm. 2678, de almacenaje y eslingaje.—IX. Ley núm. 2879 de Tarifas Postales y Telegráficas.—X. Ley núm. 2682, de Patentes.—XI. Ley núm. 2683, de Aduana.

I.—Ley núm. 2677, del 9 de Noviembre, poniendo en vigencia para 1890 varias leyes de 1888.

Artículo 1.°—Las leyes de faros y avalices, de derechos del puerto del Riachuelo, de visita de sanidad, de muelles del Estado, de contribucion directa y de papel sellado vigentes en el presente año, continuarán rigiendo en el próximo de 1890.

Art. 2.°—Comuníquese al P. E.

Dada en la Sala de Sesiones del Congreso Argentino, en Buenos Aires, á 7 de Noviembre de 1889.

II.—Ley de Faros y Avalices, vigente para 1890.

Artículo 1.°—El derecho de Faros y Avalices se cobrará en la República por la siguiente tarifa:

1.° Los buques que vengan de cabos afuera pagarán á su entrada un derecho de siete centavos por tonelada de registro correspondiendo tres y medio centavos por su entrada, y tres y medio por su salida.

2.° Los buques mayores de cinco toneladas que naveguen dentro de cabos, pagarán á su entrada á puertos del Rio de la Plata, un centavo por tonelada de registro, y ocho centavos por la salida de dichos puertos.

3.° Las embarcaciones playeras pagarán 2 centavos mensuales por tonelada de registro.

Art. 2.°—Quedan exceptuadas del impuesto las embarcaciones de cinco toneladas para abajo, y los buques de arribada forzosa, siempre que no efectúen operaciones de carga ó descarga.

Art. 3.°—Pagarán la mitad de la tarifa las embarcaciones que entren ó salgan en lastre.

Art. 4.°—La presente ley regirá durante el año 1888.

Art. 5.°—Comuníquese al P. E.

III.—Ley de Derechos del Puerto del Riachuelo vigente, para 1890.

Artículo 1.°—Los buques mercantes que entren cargados al puerto del Riachuelo, pagarán un derecho con arreglo á la siguiente tarifa:

1.° Los buques menores de tres toneladas de registro pagarán por cada tonelada $ 0.05.

2.° Los de cincuenta á cien (50 á 100) $ 0.07.

3.° Los de ciento uno á ciento cincuenta (101 á 150) $ 0.15.

4.° Los de ciento cincuenta en adelante (150) $ 0.30.

Los buques á vapor, y los en lastre, pagarán la mitad de lo establecido en la escala anterior.

Art. 2.°—Exceptúanse de la tarifa precedente, las embarcaciones playeras destinadas á la carga ó descarga de los buques mayores, las cuales pagarán cinco centavos por tonelada cualquiera que sea su tonelaje, siempre que se ocupen de dicha operacion.

Art. 3.°—La presente ley regirá durante el año de 1888.
Art. 4.°—Comuníquese al P. E.

IV.—Ley de Visita de Sanidad vigente para 1890.

Art. 1.° Todo buque mercante procedente del extranjero que entrare á puerto de la República, abonará como derecho de visita de sanidad un impuesto de dos centavos por tonelada.

Art. 2.° Los buques que procedan de puertos infestados, ó que no presenten patente de sanidad, abonarán el doble del impuesto fijado en el artículo precedente.

Art. 3.° El derecho de sanidad se abonará por mitad cuando los buques entrasen en lastre y sin pasajeros.

Art. 4.° La presente ley rejirá durante el año de 1890.

Art. 5.° Comuníquese al P. E.

V.—Ley de Derechos de Muelles del Estado, vigente para 1890.

Art. 1.° Los buques que hiciesen operaciones de carga ó descarga en el puerto de la Boca del Riachuelo y demás muelles del Estado, pagarán un derecho de dos (0.02) centavos diarios por tonelada de rejistro, hasta cien, y un centavo (0.01) por cada tonelada excedente.

Art. 2.° Para el cobro de dicho impuesto en el puerto de la Boca del Riachuelo se computará el tiempo en dias hábiles, dado el en que el buque principiase sus operaciones, sea por turno ó sin él, hasta el de su salida del puerto, cualquiera que sea el puerto en que hubiese permanecido.

Art. 3.° Los buques cargados ó en lastre que ocupen los muelles sin hacer operaciones, pagarán tres (0.03) centavos diarios por tonelada de rejistro, hasta cien, y un (0.01) centavo por cada tonelada excedente.

Art. 4.° Quedan exceptuados del pago de impuesto de muelles, los buques que hubiesen concluido la descarga y estuviesen fondeados en la banda opuesta del muelle, por un término que no exceda de treinta dias, los que entren á los astilleros para carenarse, por el tiempo que dure la carena y los de arribada forzosa mientras dure la tempestad en la bahía.

Art. 5.° Queda autorizado el P. E. para establecer tarifa provisoria para la ocupacion de la dársena y diques del puerto de Buenos Aires que se entreguen al servicio público por la empresa constructora.

Art. 6.° La presente ley rejirá durante el año 1890.

Art. 7.° Comuníquese al P. E.

VI.—Ley de Contribucion Directa, vigente, para 1890.

Art. 1.° Todos los terrenos y edificios de propiedad particular en la capital de la República y territorios sujetos á la jurisdiccion nacional, pagarán al año por Contribucion Directa el *cinco* por mil de su avaluacion.

Art. 2.° La avaluacion de las propiedades se hará en la época y forma que designe el Poder Ejecutivo por los empleados de la Direccion General, debiendo pasarse aviso al contribuyente, en el que se le hará saber el importe de la avaluacion de su propiedad y la cuota que le corresponde pagar.

El contribuyente que no recibiere aviso deberá reclamarlo á la oficina del ramo.

Art. 3.° De las avaluaciones hechas por los encargados del Poder Ejecutivo, podrá reclamarse ante los Jurados que se establecen por la presente ley.

Art. 4.° El Poder Ejecutivo determinará el número de Jurados que se haya de establecer en la Capital dividiéndola al efecto, en las circunscripciones que convenga, para que entiendan en las reclamaciones que se susciten por los contribuyentes contra las clasificaciones ó avaluaciones de los encargados oficiales.

Art. 5.° Los Jurados se compondrán de un Presidente nombrado por el Poder Ejecutivo, y de cuatro Vocales que designará á la suerte la Direccion General de Rentas, de una lista que formará para el año, de veinte mayores contribuyentes de cada circunscripcion que no hubiesen sido designados para otros cargos públicos gratuitos del Municipio.

Art. 6.° El cargo de Jurado es obligatorio y gratuito.

Art. 7.° Los Jurados entenderán tambien de los reclamos que se interpongan por los propietarios de Territorios Nacionales cuya avaluacion se hubiese hecho por la Direccion General de Rentas.

Art. 8.° Los Jurados abrirán sus sesiones en las fechas que designe el Poder Ejecutivo, y funcionarán durante treinta dias hábiles consecutivos, dos horas diarias por lo ménos.

Art. 9.° Los reclamos serán deducidos dentro del término de que habla el artículo anterior.

El procedimiento será puramente verbal, y solo dejará constancia escrita de la resolucion en el Rejistro respectivo. Los reclamantes deberán manifestar cual sea el verdadero valor de sus propiedades, y la cuota que les corresponderia abonar segun ley; los Jurados oirán al administrador y á los avaluadores, y podrán tomar las informaciones que crean del caso, no pudiendo fijar menos avaluacion que la declarada. Sus resoluciones serán inapelables.

Art. 10. Quedan exceptuados del pago de Contribucion Directa, los templos consagrados á los cultos religiosos, los conventos, las propiedades del Gobierno Nacional, las de las Municipalidades y Consejos Escolares de la Capital y Territorios federales, las propiedades actuales de la Provincia de Buenos Aires, las casas de correccion y de beneficencia y las de particulares ó compañias que se hallen exceptuadas por leyes especiales del Congreso.

Art. 11. El Poder Ejecutivo señalará las fechas en las que

ha de procederse á la avaluacion general ó parcial de las propiedades y las en que deba hacerse el pago de Contribucion dentro del año del ejercicio corriente.

Art. 12. Los contribuyentes que no pagasen el impuesto dentro del término fijado por el Poder Ejecutivo, incurrirán en una multa igual al cincuenta por ciento de la cuota.

Art. 13. El cobro á los deudores morosos se verificará por procedimiento de apremio, por los cobradores oficiales, sirviendo de suficiente título la boleta certificada por la Direccion General, y no se admitirá otras excepciones que las de falta de personería, falsedad de título y pago.

Art. 14. No podrá extenderse escritura de permuta, venta ú otras que importen transmision de dominio ó que establezcan gravámen sobre la propiedad, sin el certificado de la Oficina de Contribucion Directa, de estar pago el impuesto de plazo vencido.

Art. 15. Los escribanos deberán manifestar á dicha oficina la ubicacion, extension, linderos, valor por el cual se transfiere la propiedad ó el de la obligacion que sobre ella quiere establecerse, el nombre de los contratantes, ú otorgantes. *Y si es venta condicional, cual es la condicion.*

Art. 16. El escribano que no diere cumplimiento á lo dispuesto en los artículos precedentes, ó altere los hechos al hacerlo, sufrirá una multa de diez veces el valor de lo que la propiedad adeude, y será además suspendido en sus funciones por seis meses.

Art. 17. El cobro del impuesto en los Territorios Nacionales será reglamentado por el P. E.

Art. 18. La presente ley rejirá durante el año de 1890.

Art. 19. Comuníquese al P. E.

VII.—Ley de Papel Sellado, vigente, para 1890.

Art. 1.° Se extenderán en papel sellado con sujecion á las disposiciones de esta ley á la siguiente escala de valores, los actos, contratos, documentos y obligaciones que versaren sobre asuntos ó negocios sujetos á la jurisdiccion nacional por razon de lugar ó de la naturaleza del acto.

Escala de valores					Obligaciones de 1 á 90 dias
De	$	20	á	100	$ 0.10
»	»	101	»	250	» 0.25
»	»	251	»	500	» 0.50
»	»	501	»	750	» 0.75
»	»	751	»	1000	» 1.00
»	»	1001	»	1500	» 1.50
»	»	1501	»	2000	» 2.00
»	»	2001	»	2500	» 2.50
»	»	2501	»	3000	» 3.00
»	»	3001	»	3500	» 3.50
»	»	3501	»	4000	» 4.00
»	»	4001	»	4500	» 4.50
»	»	4501	»	5000	» 5.00
»	»	5001	»	6000	» 6.00
»	»	6001	»	7000	» 7.00
»	»	7001	»	8000	» 8.00
»	»	8001	»	9000	» 9.00
»	»	9001	»	10000	» 10.00
»	»	10001	»	15000	» 15.00
»	»	15001	»	20000	» 20.00
»	»	20001	»	25000	» 25.00
»	»	25001	»	30000	» 30.00
»	»	30001	»	40000	» 40.00
»	»	40001	»	50000	» 50.00
»	»	50001	»	60000	» 60.00
»	»	60001	»	70000	» 70.00
»	»	70001	»	80000	» 80.00
»	»	80001	»	90000	» 90.00
»	»	90001	»	100000	» 100.00

Art. 2.° De cien mil pesos para arriba se usará el sello que le corresponda al valor de la obligacion, computándose á razon de uno por mil y debiendo considerarse como enteras las fracciones de esta suma.

Cuando el término de la obligacion excediese de noventa dias, se computará y pagará tantas veces el valor de la escala cuantos noventa dias hubiere en aquel término, contándose las fracciones de noventa dias por entero; pero en ningun caso podrá exceder el importe del sello de uno por ciento sobre el valor de la obligacion.

Si no se designa plazo en la obligacion, deberá usarse el papel sellado que represente el medio por ciento sobre el valor total de aquella. Cuando no se exprese cantidad en los documentos ó no deban contenerla por su naturaleza, se usará el sello de diez pesos por cada foja con las excepciones que establezca la presente ley.

Art. 3.° En los actos ó contratos sujetos á pagos ó prestaciones periódicas se usará el sello correspondiente á la mitad del valor total de aquellos, con prescindencia del tiempo; y si no se expresase plazo, se graduará el sello computándose las entregas por el término de dos años, de 360 dias, siempre con sujecion á la escala de valores.

En las escrituras por préstamos del Banco Hipotecario Nacional en la Capital y Territorios Federales se agregará el sello correspondiente al valor nominal de las cédulas prestadas, con sujecion á la escala de valores, prescindiendo del tiempo.

En los contratos de proveeduría ú otros análogos con los poderes públicos, se repondrán con sellos, al liquidarse, los documentos respectivos.

Art. 4.° Las letras de cambio, pagarés, cartas de crédito y órdenes de pago sobre el exterior, están tambien sujetos al impuesto de sellos en cualquier punto del territorio en que se extiendan, computándose el impuesto á razon de un cuarto por mil sobre el valor de la obligacion, considerándose como enteras las fracciones de mil. Los mismos documentos procedentes del extranjero deberán ser sellados con arreglo á la escala, antes de ser negociados, aceptados ó pagados.

Art. 5.° Se extenderán en el papel sellado que corresponda segun las prescripciones de esta ley:

1.° Los actos, documentos ó contratos que deban negociarse ó cumplirse fuera del país no comprendidos entre los que habla el artículo 4.°

2.° Los otorgados en países extranjeros que deban ejecutarse, pagarse ó producir efectos legales dentro del territorio de la Nacion, deberán ser sellados ó repuestos los sellos segun las prescripciones de la presente ley, antes de ser presentados, ejecutados ó pagados, á menos que versaren sobre bienes raíces situados en el territorio de las provincias.

Art. 6.° Todo cheque por giro de dinero y todo recibo de dinero, cuyo importe alcance á cuarenta pesos, deberá llevar una estampilla de cinco centavos que será inutilizada con la fecha de su otorgamiento. Se exceptúa de este impuesto los cheques, giros, recibos de las oficinas públicas nacionales, y los recibos de los empleados civiles, militares y pensionistas por sus haberes.

Art. 7.° Todo comprobante de cuenta que se presente á cobro del Poder Ejecutivo ú oficinas de su dependencia, deberá llevar una estampilla de cinco centavos colocada por el interesado en el cobro, aunque fuera otorgado por empleados públicos. Quedan exceptuados los comprobantes que manifiestamente representen valor inferior de cuarenta pesos.

Art. 8.° *Corresponde al sello de diez centavos:*

1.° Los certificados de depósitos de papeles de navegacion de los buques de cabotaje.

2.° La estampilla que deben colocar los procuradores ó agentes judiciales en los escritos que presenten ante los juzgados de seccion, tribunales de la Capital y territorios nacionales.

3.° La que igualmente deben usar los apoderados en los escritos que presenten ante las oficinas de la administracion general y del Congreso, exceptuándose solamente en las pólizas de aduana.

Art. 9.° *Corresponde al sello de veinticinco centavos:*

1.° Todo boleto de compra-venta de bienes muebles y semovientes, de transacciones á plazo, por productos, artículos de comercio, plata ú oro amonedados, títulos de renta y moneda de curso legal, que tengan lugar en la Capital y territorios federales, con intervencion de corredor ó sin ella.

En dichos documentos podrá habilitarse el sello con una estampilla de igual valor sobre la cual se escribirá la fecha.

Toda venta á plazo de moneda metálica, de curso legal ó de títulos de renta, hecha en la Bolsa de Comercio, pagará un medio por mil sobre el importe de la liquidacion.

Este impuesto será percibido por un empleado del Poder Ejecutivo y será exijido al liquidador de la Bolsa ó encargado de esta operacion.

Los infractores á esta disposicion pagarán una multa de mil pesos mensuales.

2.° Cada foja de demanda, peticion, escritos ó diligencias que se dirijan ó presenten á las curias eclesiásticas; las proclamas matrimoniales y los testimonios de expedientes ó actuaciones seguidos ante las mismas y sus reposiciones.

3.° Cada foja de laudos, actuaciones, tasaciones y reposiciones en los juicios arbitrales del fuero federal.

4.° Cada foja de uno de los ejemplares de los manifiestos de carga de los buques que hagan el comercio entre puertos de cabotaje y que no exceda de diez toneladas, y las solicitudes para abrir y cerrar registro de los mismos.

5.° El manifiesto de los buques en lastre procedentes de puerto de cabotaje.

6.° Los contratos entre los patrones y marineros de los buques mercantes.

7.° La estampilla que deben usar los abogados, los calígrafos y traductores en cada escrito, informe ó traduccion que presenten.

8.° La estam [illegible] es á los

Bancos de la Capital y Bancos Nacionales garantidos cualquiera que sea su ubicacion.

9.° La estampilla que deberán poner bajo su firma los actores y demandados ante la justicia de Paz en la Capital y Territorios Federales en el acto de sentencia definitiva; y en las Provincias en iguales actos sobre asuntos del fuero federal en todo juicio en que se demande una cantidad mayor de diez pesos.

Art. 10. *Corresponde al sello de cincuenta centavos*:

1.° Cada foja de demanda, peticion, escrito, diligencias y cuentas á cobro de un valor mayor de cuarenta pesos que se dirijan ó presenten á las Oficinas de la Administracion general y del Congreso, á los Juzgados de Seccion, Jueces Letrados, Tribunales de Apelacion de la Capital, á la Suprema Corte, á la Municipalidad de la Capital y Territorios Nacionales.

2.° Los certificados de excepciones del servicio activo de la Guardia Nacional.

3.° Los pasavantes que expidan á los buques las Prefecturas ó Sub-Prefecturas Marítimas.

4.° Los certificados de arqueo por cada diez toneladas que el buque mida de capacidad bruta, computándose las fracciones de decena como decena entera.

5.° Los certificados de nacimiento, casamiento ó defuncion, expedidos en los curatos de la Capital de la República y en los Territorios sujetos á la jurisdiccion nacional.

6.° Los certificados de estudios en los Colegios ó Universidades de la Nacion.

7.° La estampilla anual que debe ponerse en las libretas de depósito en los Bancos de la Capital y Bancos Nacionales garantidos, cuando los depósitos excedan de cuarenta pesos.

Art. 11. *Corresponde al sello de setenta y cinco centavos.*

1.° La relacion de la carga de los buques que se despachen para puertos que no sean de cabotaje.

2.° Los conocimientos de efectos trasportados por agua ó por tierra.

3.° Los protocolos en que los Escribanos Nacionales extiendan las escrituras matrices; pero debiendo agregarse á cada una de estas un sello correspondiente al acto ó valor de la obligacion escriturada segun la escala y disposiciones de esta ley. Dicha agregacion no tendrá lugar en las protocolizaciones de documentos privados que hubiesen sido extendidos en el papel sellado correspondiente y las escrituras de trasmision de dominio de bienes raíces ubicados fuera del territorio de la Capital ó territorios nacionales.

4.° Las guias para la extraccion de ganados ó frutos de la Capital y Territorios sujetos á la jurisdiccion nacional.

Art. 12. *Corresponde al sello de un peso:*

1.° Las guias, permisos ó pólizas y trasferencias para el despacho de efectos en las aduanas.

2.° La primera foja de uno de los ejemplares de los manifiestos de carga de los buques mayores de diez toneladas de carga que hagan el comercio de cabotaje, y las solicitudes para abrir y cerrar registro de los mismos.

3.° Las solicitudes que hagan los patrones de los buques, que despachados para puertos de cabotaje, quieran recibir mas carga en los puertos intermedios.

4.° El sello que deberá agregarse en las escrituras de poderes especiales y los testimonios de escrituras públicas y de documentos archivados en oficinas nacionales á los que no corresponda un sello especial con arreglo á las disposiciones de esta ley.

5.° Las cartas de sanidad que se soliciten para embarcaciones de una á cuatro toneladas de registro.

6.° Las solicitudes de exoneracion de derechos.

7.° Los permisos mensuales para el uso accidental de riberas nacionales, por cada veinte y cinco metros cuadrados ó fraccion.

8.° Los certificados que se expidan en los Ministerios Nacionales, por legalizacion de actos ó documentos para el extranjero, y los que procediendo del exterior, deban ejecutarse ó diligenciarse en la República, y las legalizaciones ó autentica- ciones administrativas ó judiciales de documentos para ó de las provincias.

9.° Los boletos de reduccion de medidas que expida el Departamento de Ingenieros de la Nacion.

10. Las solicitudes á las Aduanas para rejistro de firma de los comerciantes importadores y exportadores, corredores marítimos consignatarios de buques y despachantes de Aduana. Estos últimos prestarán fianzas por errores de cálculos ó difeferencias, de que trata el art. 433 de las Ordenanzas de Aduana.

Art. 13. *Corresponde al sello de dos pesos:*

1.° Los certificados de depósito de los papeles de navegacion de los buques de ultramar.

2.° La primera foja de los manifiestos de descarga de los vapores con privilegio de paquete que naveguen dentro de cabos. Este impuesto será pagado en el primer puerto argentino en que toquen dichos vapores; y en los puertos de escala, dicha primera foja se escribirá en sello de un peso.

3. Cada foja de los testimonios de disposiciones testamentarias en la Capital y Territorios Federales, debiendo agregarse en el protocolo, tantos sellos de igual valor, cuantas hojas ocupe la disposicion testamentaria en el protocolo.

4.° Las carátulas de los testamentos cerrados otorgados en la República y en los buques y puertos sujetos á la jurisdiccion nacional.

5.° En la protocolizacion de testamentos ológrafos, se agregarán en la escritura tantos sellos de dos pesos, cuantas hojas tengan aquellos.

6.° Cada foja de los discernimientos de tutela ó curatela, no pudiendo admitirse en juicio á los tutores ó curadores que no lo presenten.

Art. 14. *Corresponde al sello de cinco pesos:*

1.° Las cartas de sanidad que se soliciten para los buques que excedan de cuatro toneladas de registro.

2.° La primera foja del manifiesto de descarga de los buques procedentes de puertos que no sean de cabotaje, y cada foja de guia de referencia para los que salgan con destino á los mismos puertos, y que no pasen de cincuenta toneladas, asi como las solicitudes para abrir y cerrar registro de los mismos.

3.° La primera foja de las escrituras y testimonios de poderes generales.

4.° La primera foja de las propuestas en licitaciones escritas.

5.° Las peticiones de mensuras de tierras sujetas á la jurisdiccion nacional que se hagan al Poder Ejecutivo ó á los jueces, por cada veinte y cinco kilómetros cuadrados, considerándose como entera la fraccion de aquella superficie.

Art. 15. *Corresponde al sello de seis pesos:*

Las solicitudes de dispensas de proclamas para matrimonio.

Art. 16.° *Corresponde al sello de diez pesos:*

1.° Cada foja de guia de referencia que lleven los buques de cincuenta y una á cien toneladas de registro, cuando fuesen despachados con carga para puertos que no sean de cabotaje.

2.° La primera foja de los manifiestos y solicitudes para abrir y cerrar registro de los mismos.

3.° Las solicitudes que se presenten al Congreso directamente ó por intermedio del P. E. pidiendo excepcion ó un privilegio.

Art. 17. *Corresponde al sello de veinte pesos:*

1.° Cada foja de guia de la referencia que lleven los buques de ciento una á quinientas toneladas de registro, cuando fuesen despachados para puertos que no sean de cabotaje.

2.° La primera foja de los manifiestos de descarga y solicitudes para abrir y cerrar registro de los mismos buques.

3.° La foja en que se otorguen y revaliden grados, diplomas de profesorado, títulos científicos ú otros periciales de carácter nacional.

4.° Los boletos de registro de marcas de ganados en los territorios sujetos á la jurisdiccion nacional, los que serán expedidos por la oficina respectiva de cada gobernacion, de Patentes de Invencion y marcas de Fábrica.

Art. 18. *Corresponde al sello de veinte y cinco pesos:*

1.° Cada foja de guia de referencia que lleven los buques que pasen de quinientas toneladas de registro, cuando fuesen despachados para puertos que no sean de cabotaje.

2.° La primera foja de los manifiestos de descarga y las solicitudes para abrir y cerrar registro de los mismos buques.

Art. 19. Los buques con privilegio de paquete, cuando naveguen fuera de cabos, usarán en el primer puerto argentino, sellos de doble valor á los fijados para los sin privilegio en la presente ley; y en los demás puertos, usarán los sellos señalados para los vapores de cabotaje.

Art. 20. Todo buque en lastre procedente del extranjero, manifestará su entrada en un sello igual á la mitad del que, segun su tonelaje, usan los que contienen carga.

Art. 21. *Corresponde al sello de cuarenta pesos:*

1.° Las peticiones de inscripcion en las matrículas de los comerciantes, corredores, rematadores ú otras profesiones en la Capital, que con arreglo á las leyes deban registrarse, siempre que no hayan de pagar el diploma.

2.° La foja que con arreglo á lo dispuesto en el inciso 4.° del artículo 11, debe agregarse en la escritura pública de los particulares con el Gobierno Nacional, cuando sea indeterminado el valor de la obligacion, y la primera foja de los testimonios de las mismas.

Art. 22. *Corresponde al sello de cincuenta pesos:*

1.° Los títulos de concesiones de tierras nacionales ú otros que importen merced ó privilegio, con excepcion de las tierras acordadas á colonos que pagarán segun la escala, con prescindencia del tiempo.

2.° Las concesiones para explotacion de bosques nacionales, sin perjuicio del sello que, en la escritura y su testimonio, debe usarse, de conformidad al artículo 20 inciso 2.° de esta ley.

Art. 23. *Corresponde al sello de quinientos pesos:*

La primera foja de las solicitudes referentes á compra de tierras fiscales ó donacion de las mismas para colonizar.

Art. 24. *Corresponde al sello de mil pesos:*

La primera foja de las propuestas sobre construccion de ferro-carriles con garantía que se presenten á los poderes públicos; y el *sello de quinientos pesos (500 $)* la de iguales propuestas en que no se pida garantía.

Art. 25. Se usará el papel sellado correspondiente en toda division ó adjudicacion de bienes sucesorios, sea judicial ó extrajudicial, por testamento ó ab-intestato, agregándose dicho sello, en el primer caso, en el espediente, y en el segundo, al Registro del Escribano ante quien se haga la participacion. El sello agregado al espediente será inutilizado por el actuario con la nota respectiva.

Art. 26. Están sujetos al impuesto de sellos los depósitos de moneda metálica, de curso legal ó de títulos de renta de los Bancos de la Capital con excepcion de los Bancos Nacionales garantidos que solo pagarán el impuesto sobre los depósitos que no sean en cuenta corriente. El pago se hará por semestres, en Enero y Julio, sobre la cantidad que en declaracion jurada prestarán á la Direccion de Rentas, en un sello que represente el uno por mil de aquella.

Art. 27. Las casas de seguros de cualquier clase que sean en la Capital, y las de seguros marítimos y fluviales ó de mercaderías en los depósitos de las Aduanas de la República, abonarán un impuesto de sellos de uno por ciento sobre el importe de las primas estipuladas.

Este pago se hará en la forma que establece el artículo anterior.

Art. 28. Las casas que ejerzan el comercio de importacion y exportacion de mercaderías, haciendas, frutos y productos de cualquier clase que sean, y las que se ocupen de operaciones de tránsito para el exterior, estarán obligadas á registrar sus firmas, ya sean individuales ó sociales ó las de los gerentes ó representantes, cuando se trate de sociedades anónimas, en las respectivas Administraciones de Rentas, y abonarán un derecho de sellos y estadística de uno por mil sobre los valores que representen sus operaciones, estén ó nó los efectos sujetos á derechos de Aduana.

Las Aduanas de la República comprenderán este impuesto en las liquidaciones de los documentos de los diversos ramos de la renta y se cobrarán conjuntamente con estos. La cuenta de su producido se llevará en la forma establecida para cada uno de los ramos de la renta.

Art. 29. En el mes de Enero de cada año ocurrirán á las respectivas Administraciones de Rentas, las personas á que se refiere el inciso 9.° del art. 12, pidiendo el registro de su firma y las de sus dependientes de Aduana.

Art. 30. Cuando hubieren de hacer alguna alteracion en la firma ó razon social registrada, ó se cambiase de agente deberán manifestarlo con el sello de un peso á la Administracion, solicitando se practiquen las anotaciones que fueren necesarias.

Art. 31. En cualquier tiempo que se establezca una casa de negocio ó agentes de comercio de los expresados en el inciso 9.° del artículo 12, deberá pedirse el registro de la firma en el sello correspondiente.

Art. 32. El valor de los sellos será pagado siempre por quien presente los documentos ú origine las actuaciones.

Art. 33. Los Jueces no harán declaratoria de herederos, ni adjudicacion de bienes hereditarios, sin que préviamente se haya garantido el impuesto de sellos establecido en los artículos 11, inciso 4.°, 20, inciso 2.° y 22.

Art. 34. Los escribanos públicos no extenderán escrituras por compra-venta de bienes raíces, ubicados en el municipio de la Capital y territorios nacionales, sin que se les presente un certificado de que la propiedad no adeuda contribucion directa, extendido por el jefe de oficina del ramo en la Direccion General de Rentas en el sello correspondiente segun la escala y disposicion de la presente ley. Este certificado es el sello que debe agregarse en los protocolos á que se refiere el inciso 4.° del artículo 11.

Art. 35. Los que otorguen, admitan, presenten ó tramiten documentos en papel comun, pagarán cada uno la multa de diez veces el valor del sello correspondiente.

Los que otorguen, admitan, presenten ó tramiten documentos en papel sellado de menos valor del que corresponda, pagarán la misma multa, calculada sobre la diferencia de valores entre el sello legal y el sello usado.

Art. 36. Los buques que despachados con cargamentos con destino á puertos de cabotaje, siguieran viaje para puertos que no lo sean, abonarán la misma multa por las diferencias de sellos, sin perjuicio de las acciones criminales á que hubiere lugar.

Art. 37. El que otorgue recibo ó gire cheque, y el que acepte uno y otro sin la estamqilla ó sello correspondiente, pagará una multa de diez pesos.

Art. 38. Los establecimientos ó personas designadas en los artículos 24 y 25 de esta ley, á quienes se pruebe que han defraudado el impuesto de sellos, pagarán una multa del décuplo de la diferencia de impuesto debido y declarado.

Art. 39. Todo empleado público ante quien se presente una solicitud ó documento que deba dilijenciarse y no esté en papel sellado correspondiente, le pondrá la nota rubricada «de no corresponde». En este caso no se dará curso á la solicitud mientras no se reponga el sello correspondiente, con excepcion de las que se dirijan en telegramas colacionados, á los que se les dará curso, sin perjuicio de la reposicion del sello que corresponda.

Art. 40. Todas las multas por infracciones á la presente ley impuestas por jueces, autoridades y empleados de la Nacion, serán pagadas en papel sellado del valor de la misma, extendiéndose en él, el certificado correspondiente, con excepcion de la Contribucion Directa y patentes que se cobrarán en dinero.

Art. 41. Los jueces y funcionarios públicos de la Nacion podrán actuar en papel comun con cargo de reposicion. El papel de reposicion se inutilizará con la firma ó sello de actuario ó de la oficina donde se haga la reposicion.

Art. 42. Quedan exceptuados del uso del papel sellado:

1.° Las gestiones de empleados civiles, solicitando sus sueldos y toda la de empleados de las escuelas públicas.

2.° Las de los militares por sus haberes devengados ó solicitudes de baja.

3.° Las gestiones por cobros de pension y las personas declaradas pobres de solemnidad por autoridad competente nacional ó provincial.

4.° Las peticiones á los poderes públicos que importen solamente el ejercicio de un derecho público.

Art. 43. El recurso de *habeas corpus* y las peticiones de excepcion de enrolamiento ó servicio de Guardia Nacional, serán presentadas y tramitadas en papel comun; pero se exijirá su reposicion cuando no se hiciere lugar á lo solicitado.

Art. 44. Serán aceptados y tramitados sin exijirse reposicion de sellos, todos los documentos ó actuaciones provinciales que se presenten ante los Tribunales Federales, á los de la Capital que hayan debido extenderse ú otorgarse y se hayan extendido ú otorgado en los sellos provinciales correspondientes.

Art. 45. Cuando se suscite duda sobre la clase de papel sellado que corresponda á un acto ó documento, la Direccion General de Rentas la resolverá en la Capital, con audiencia, verbal ó escrita por el Procurador del Tesoro, si lo creyera necesario, y fuera de ella, la autoridad á quien correspondiera atender en el asunto en caso de juicio.

Art. 46. En el primer mes del año podrá cambiarse el papel sellado del año anterior que no estuviera escrito.

Art. 47. El papel sellado que se inutilice sin haberse firmado podrá cambiarse dentro del año á que pertenece y en el primer mes del año siguiente por otro ú otros de igual valor, pagando cinco centavos por cada sello inutilizado; pero en ningun caso podrán cambiarse las estampillas, hayan ó no servido á los interesados.

Art. 48. La Direccion General de Rentas, vigilará el cumplimiento de la presente ley, para lo cual podrá inspeccionar todas las Oficinas Públicas en que deba usarse papel sellado, teniendo el deber de pedir á las autoridades correspondientes segun los casos, la aplicacion de las penas por las infracciones que descubra.

Art. 49. La presente ley regirá desde el 1° de Enero hasta 31 de Diciembre de 1888.

Art. 50. Comuníquese al P. E.

Dada en la Sala de Sesiones del Senado Argentino, en Buenos Aires, á 7 Noviembre de 1889.

VIII.—Ley número 2678 de Almacenaje y Eslingaje para 1890.

Art. 1.° El almacenaje y eslingaje de las Aduanas de la República, se abonará desde el 1° de Enero de 1890 con arreglo á las disposiciones siguientes:

1.° Los artículos que deben abonar en razon de su peso (10) diez centavos al mes por cada (100) cien kilos de peso bruto.

2.° Los que deban abonar en razon al volúmen (6) seis centavos al mes por cada (100) cien decimetros cúbicos.

3.° Los que deben abonar en razon al litraje (10) diez centavos al mes por cada (100) cien litros segun la capacidad del envase.

4.° Los que deban abonar en razon al valor de (50) cincuenta centavos al mes por cada (100) cien pesos de valor.

5,° La pólvora y artículos explosivos abonarán (30) treinta centavos por cada (100) cien kilos de peso bruto.

Art. 2.° Las fracciones de peso, volúmen, litraje ó valor abonarán como entero.

Art. 3.° El Poder Ejecutivo determinará los artículos que deben abonar por peso, volúmen litraje ó valor.

Art. 4.° Todas las mercaderías pagarán Almacenaje y Eslingaje cuando entren en depósito.

Art. 5.° El eslingaje será equivalente á dos meses de almacenaje para las mercaderias que se extraigan de depósito y á tres cuartas partes del depósito para las que no entran á depósito.

Art. 6.° Acuérdase la exoneracion del pago de seis meses de Almacenaje, para las mercaderías que salieren de tránsito de los depósitos fiscales á otras Aduanas de la República ó para el exterior.

Art. 7.° La presente ley rejirá durante el año 1890.

Art. 8.° Comuníquese al P. E.

Dada en la Sala de Sesiones del Congreso Argentino en Buenos Aires, á 7 de Noviembre de 1839.

IX.—Ley número 2679 de Tarifas Postales y Telegráficas para 1890.

Art. 1.° La correspondencia interna abonará la siguiente tarifa:

1.° Las cartas y piezas cerradas cuyo contenido no debe ser inspeccionado, cinco centavos por cada quince gramos.

2.° Las cartas postales cuatro centavos.

3.° Los diarios y periódicos no encuadernados, medio centavo por cada cincuenta gramos.

4.° Los papeles de comercio seis centavos por cada doscientos cincuenta gramos, aumentándose un centavo por cada cincuenta gramos.

5.° Las muestras de mercaderias y semillas, tres centavos los primeros, cien gramos, y un centavo por cada cincuenta gramos adicionales.

6.° Las piezas certificadas tienen un derecho fijo de diez centavos ademas del franqueo correspondiente. En los casos en que de conformidad á lo dispuesto en el Código de Comercio se exija el recibo de retorno ó un comprobante especial, quince centavos.

7.° La correspondencia por expreso además del franqueo, un derecho fijo de seis centavos.

8.° Los valores declarados en carta ó en objetos enviados por correo, veinte centavos por cada cien pesos nacionales, y el franqueo correspondiente; el aviso de recepcion, cinco centavos

9.° Los giros postales, un centavo por cada peso nacional. El aviso de pago, cinco centavos.

Los giros telegráficos ademas de la tarifa anterior, el valor. del telegrama siendo obligatorio colacionarlo.

10. Los giros ó pagarés que no estén concebidos, á la órden, y que la Administracion de Correos se encargue de cobrar, un centavo por cada peso nacional.

11. Las encomiendas postales, un derecho fijo de veinte y cinco centayos y el flete correspondiente.

12. La adquisicion de libros y la suscricion á diarios, revistas y demas publicaciones, un derecho fijo de diez centavos por cada adquisicion ó suscricion ademas del franqueo correspondiente.

13. El abono á domicilio, setenta y cinco centavos mensuales con exclusion de la correspondencia por expreso.

14. El abono al aparte, cinco pesos nacionales al año.

15. El abono á libreta, ocho pesos nacionales al año.

16. La correspondencia que se deposita á última hora, abonará á más del franqueo respectivo, el valor de un porte sencillo de carta, cualquiera que sea su clase ó peso.

Art. 2.° La correspondencia urbana, abonará la mitad de la tarifa impuesta para el servicio nacional, interno. En caso de que la mitad tenga fracciones se adoptará el número entero inferior, cualquiera que sea su clase ó peso.

Art. 3.° Los despachos telegráficos que se expidan por las líneas nacionales abonarán la siguiente tarifa:

1.° Un derecho fijo de treinta centavos por cada despacho, cualquiera que sea su extension y dos centavos por cada palabra de texto.

2.° Los telegramas con acuse de recibo, un derecho fijo de cuarenta centavos.

Los urgentes, triple tarifa en las palabras de texto.

Los colacionados, cuadruple, y los multiples un derecho fijo de veinte centavos por cada copia.

3.° En las conferencias telegráficas se abonará cinco pesos por los primeros quince minutos y un peso por cada cinco minutos subsiguientes. Pasando una hora se doblará la tarifa y ninguna conferencia podrá durar mas de dos horas.

Art. 4.° Los telegramas de Código se admitirán bajo las siguientes condiciones:

1.° Cobrar veinte centavos por cada palabra, contándose además la direccion y firma.

2.° Tasar como una palabra el punto de destino, ciudad ó pueblo.

3.° Aceptar diez letras por una palabra y estas siempre que se presenten escritas en los siguientes idiomas: español, inglés, italiano, francés, aleman, latín ó portugués.

Art. 5.° Los telegramas urbanos abonarán la mitad de la tarifa interna.

Art. 6.° Los telegramas para la prensa tienen un cincuenta por ciento de rebaja sobre la tarifa ordinaria.

Art. 7.° La responsabilidad del Correo, salvo fuerza mayor ó caso fortuito, por los valores declarados, alcanzará solo hasta diez mil pesos.

Art. 8.° La declaracion de valores superiores al valor realmente enviado por correo, hará quedar á beneficio de este último, la diferencia entre el valor declarado y el valor efectivo como pena al fraude cometido.

Art. 9.° Cuando el Correo reembolse la pérdida de valores declarados, se subrogará en los derechos del propietario por la cantidad reembolsada.

Art. 10. El límite de los giros á pagar por la administracion será de cien pesos y de mil pesos el de los giros á cobrar á particulares.

Art. 11. La pérdida de valores cobrados por el Correo le obliga á la restitucion íntegra.

Art. 12. Las encomiendas postales tendrán un peso máximo

de cinco kilógramos, sesenta centímetros de dimension y veinte centímetros cúbicos de volúmen.

Art. 13. En caso de pérdida de una encomienda postal, el Correo abonará una indemnizacion fija de cinco pesos.

Art. 14. La tarifa que rige para las unidades de peso, medida y valor adoptados en esta Ley, se aplican tambien á las fracciones de ellas.

Art. 15. Las cartas y demás objetos de correspondencia cuyo peso no exceda de un kilógramo, serán distribuidos gratis á domicilio, por todas las oficinas que tengan servicio de carteros.

Art. 16. En los casos en que la administracion de correos incurra en las responsabilidades señaladas en la presente ley, el pago de las sumas correspondientes se hará de los fondos de recaudacion, sirviendo los comprobantes correspondientes como descargo para la rendicion de cuentas, y sin perjuicio de las acciones personales á que el hecho diese lugar.

Art. 17. Los telegramas con carácter oficial podrán únicamente ser dirigidos por el Presidente de la República, y sus Ministros.

Art. 18. En las combinaciones del telégrafo nacional con las demás líneas existentes en el país, regirán los acuerdos celebrados al efecto.

Art. 19. La presente Ley rejirá desde el 1.° de Enero hasta el 31 de Diciembre de 1890.

Art. 20. Comuníquese al P. E.

Dada en la Sala de Sesiones del Congreso Argentino en Buenos Aires, á 7 de Noviembre de 1889

X.—Ley núm. 2682 de Patentes para 1890.

Art. 1.° La ley de Patentes vigente, continuará rigiendo en el año próximo de 1890, con excepcion de la Patente fijada en el inciso 9 del artículo 2.° que se le eleva á la cantidad de

50 000 pesos; y de la fijada en el inciso 5.° del artículo 1.° «Casas exportadoras de moneda metálica», que se eleva á 20 000 pesos.

Art. 2.° Comuníquese al P. E.

Dada en la Sala de Sesiones del Congreso Argentino, en Buenos Aires á 8 de Noviembre de 1889.

Ley de Patentes, vigente, para 1890.

Art. 1.° Los que ejerzan cualquier ramo de comercio, industria ó profesion de las que se enumeran en la presente ley en la Capital de la República y en los territorios nacionales, pagarán patente anual con arreglo á la siguiente escala de graduacion y categorías:

1.....	$	20.000	21.....	»	460
2.....	»	16.000	22.....	»	400
3.....	»	13.000	23.....	»	360
4.....	»	10.000	24.....	»	320
5.....	»	8.000	25.....	»	280
6.....	»	6.000	26.....	$	240
7.....	»	4.000	27.....	»	200
8.....	»	3.500	28.....	»	180
9.....	»	3.000	29.		160
10.....	»	2.500	30.....	»	140
11.....	»	2.000	31.....	»	120
12.....	»	1.750	32.....	»	100
13.....	»	1.500	33. .	»	90
14....	»	1.250	34.....	»	80
15.....	»	1.000	35.....	»	70
16.....	»	850	36	»	60
17.....	»	700	37...	»	50
18. ...	»	640	38.....	»	45
19.....	»	580	39.....	»	40
20.....	»	520	40.....	»	35

41..... »	30	46..... »	8
42..... »	25	47..... »	6
43.... »	20	48..... »	4
44..... »	15	49..... »	2
45... »	10	50..... »	1

1.° Bancos de depósito y descuento de primera categoría $ 20.000.

Segunda categoria $ 13 000.

Tercera categoría $ 6.000.

2.° Bancos de otra clase y casas de Descuento de $ 580 á 4.000.

3.° Empresas de gas con usina dentro del territorio de la Capital de 8.000 á 16.000.

4.° Importadores, Exportadores, ó uno y otro ramo conjuntamente, de mercaderías en general con excepcion de alhajas, de 250 á 1.500.

5.° Casas exportadoras de moneda metálica de 2.500 á 20.000.

6.° Importadores de alhajas de 460 á 4.000.

7.° Depósitos particulares de Aduana para mercaderías generales de 1.000 á 6.000.

8.° Id. id. de materias inflamables de 240 á 1.000.

9.° Casas de giros al extranjero de 200 á 700.

10. Seguros generales de dos ó mas riesgos de 1.000 á 3.000.

11. Seguros especiales ó sobre un solo riesgo de 500 á 1.500.

12. Casas de negocio por mayor y menor que no introducen de 240 á 640.

13. Joyerías por mayor y menor que no introducen de 400 á 850.

14 Casas de negocio por mayor que no introducen de 200 á 520.

15. Casas de negocio por mayor que no introducen de 8 á 520.

16. Fábricas de todas clases de artículos con motores á vapor, ó gas, ó agua, molinos de trigos en general de 60 á 640.

17. Fábricas, sin motores de los expresados en el inciso anterior, talleres de artes ó manufacturas en general sin casa para la venta de 8 á 200.

18. Hoteles de 200 á 2.000.

19. Casas amuebladas de hospedajes de 80 á 360.

20. Café, restaurant, de 80 á 700.

21. Confiterías con ó sin restaurant, de 80 á 1.000.

22. Fondas, cafés, de no mas de dos habitaciones y bodegones con ó sin hospedajes de 15 á 90.

23. Casas de baños naturales ó hidroterápicos de 100 á 240.

24. Peluquerías con venta de artículos de 40 á 200.

25. Peluquerías sin venta de artículos de 10 á 35.

26. Casas de cambio de moneda ó títulos de 120 á 400.

27. Casas de remate de 60 á 520.

28. Consignatarios de frutos del país y de ganados y agentes de compra y remesa de mercaderías al interior ó de tránsito de 80 á 500.

29. Consignatarios de buques de 51 á 320.

30. Barracas con prensa, donde se trabaja para el público de 80 á 200.

31. Depósito de carbon en la Capital. en las riberas y flotantes 25 á 120.

32. Cocherías de alquiler de 40 á 500.

33. Caballerizas y depósitos de carruages, lavaderos de ropa, corralones de carros de tráfico de 10 á 50.

34. Jardines públicos con venta de bebidas de 60 á 100.

35. Jardines solamente de 20 á 50.

36. Imprentas litográficas y grabados, fotografías, tintorerías de 40 á 100.

37. Agencias de mensajerías, de conchavos y gabinetes ópticos de 15 á 60.

38. Salas de limpia-botas de 15 á 30.

39. Corredores en general, despachantes de Aduana, rematadores sin casa de martillo, empresarios de obras, de 50 á 200.

40. Tiros al blanco, limpiadores de ropa y colocadores de campanas elèctricas de 8 á 15.

41. Los importadores de mercaderías generales, que introduzcan alhajas, pagarán además de la patente principal, la cuarta parte de las que les corresponda como importadores de este último artículo.

Patentes figas.

Art. 2.° Pagarán patentes fijas las siguientes industrias:

1.° Los muelles fijos ó flotantes que estén situados en el Rio de la Plata pagarán una patente $ 640; los que estando sobre otros rios ó en las costas del mar permitan atracar buques de ultramar, abonarán una patente de 320, y los que no estén en el Rio de la Plata, y no permitan atracar buques de ultramar, pagarán 120. Las canaletas para embarque y desembarque 60.

2.° Las empresas telefónicas: 560, sucursales, 40.

3.° Los joyeros ambulantes 200.

4.° Prácticos lemanes y de puertos, baqueanos, astilleros 30.

5.° Peritos tasadores, pintores, estivadores, reconocedores de mercaderías en las aduanas, bretes en la ribera, saladeros y graserías en las costas del mar y rios navegables 25.

6.° Empapeladores, tapiceros, afinadores de pianos, maestros de ribera, peritos navales, vendedores ambulantes, de mercaderías, músicos ambulantes, lustra-botas, vivanderos en los campamentos y territorios nacionales: 10.

7.° Pescadores de red: 6.

8.° Vendedores ambulantes de comestibles, bebidas, cigarros y fósforos; 2.

9.° Las casas de remates de carreras; de partidas de pelotas y apuestas mútuas (con excepcion del Jockey Club, Hipódromo Nacional y Cluc Hípico de Lomas de Zamora): 50.000 $ (1).

Art. 3.° Pagarán patente fija las siguientes profesiones:

1.° Corredores de Bolsa: 250.

2.° Los dentistas, agrimensores, medidores en las Aduanas y pedícuros: 100.

3.° Los médicos, ingenieros, arquitectos y escribanos de registro: 45.

4.° Los contadores públicos, flebotomistas y veterinarios: 25.

5.° Obstetrices: 15.

Patentes marítimas.

Art. 4.° Los buques que hagan el comercio de cabotaje, pagarán patente anual, segun su tonelaje, con arreglo á la siguiente escala:

1.°	Embarcaciones	de 1 á 4 toneladas.......	$	1
2.°	Id.	de mas de 4 á 20.......	»	4
3.°	Id.	de mas de 20 á 50......	»	8
4.°	Id.	de mas de 50 á 100......	»	10
5.°	Id.	de mas de 100 á 300.....	»	25
6.°	Id.	de mas de 300 adelante...	»	50

Art. 5.° Los buques nacionales de ultramar de menos de 500 toneladas pagarán una patente de $ 70. Los de 500 de $ 120.

Estas patentes durarán por el término de tres años.

Art. 6.° Los buques extranjeros de ultramar que naveguen con privilegio de paquete concedido por la República, abonarán patente de privilegio $ 600.

La concesion y la patente durarán solo por el término de tres años.

(1) En este inciso, como en el 5.° del art. 1.°, se han aumentado las cantidades de acuerdo con la ley.

Los buques que hagan la navegacion de cabotaje con el mismo privilegio pagarán patente de $ 140, y durará tambien tres años la concesion y la patente, sin perjuicio de la patente de navegacion de que habla el artículo 4°.

Los buques nacionales pagarán la mitad de este impuesto.

Art. 7.° La patente semestral de seguridad de máquinas de vapor será de $ 15.

Disposiciones generales.

Art. 8.° Las industrias y ramos de comercio radicados en las provincias, gravados con patente por esta ley, son los siguientes:

Casas de seguros marítimos y fluviales y de mercaderías en los depósitos de Aduana, empresas de depósitos particulares de Aduana, consignatarios de buques, corredores marítimos, despachantes de Aduana, depósitos flotantes ó en las riberas, estivadores, reconocedores de mercaderías, medidores de sólidos y líquidos á bordo ó en las Aduanas, muelles fijos flotantes, certificados de seguridad de los vapores, maestros de ribera, peritos navales, practicos lemanes de puertos y baqueanos de los rios, bretes en las riberas y en los astilleros.

Art. 9.° Cuando en un mismo edificio, existan dos ó mas almacenes, ó tiendas separadas, con puertas abiertas para la venta al público, aunque pertenezcan al mismo dueño y estén comunicadas interiormente, pagarán las patentes correspondientes cada uno de los negocios, como si estuviesen establecidos en distintos edificios.

Art. 10. El contribuyente no está obligado al pago de patentes por los depósitos en que se conserven los géneros ó frutos del negocio patentado, siempre que esos depósitos no sirvan para espendio al público.

Art. 11. Nadie podrá dar principio al ejercicio de una industria, profesion ó cualquier ramo de comercio, sin obtener préviamente la patente que le corresponda, bajo pena de ser obligado á pagarla por todo el año con la multa correspondiente, cualquiera que sea la época en que se haya dado principio al ejercicio del comercio, profesion ó industria.

Art. 12. Los que en el curso del año mudasen sus establecimientos en otro local, deberán comunicarlo á la Direccion General de Rentas en la Capital, y fuera de ella á la autoridad nacional que la misma designe, bajo pena de ser obligados á tomar nueva patente si asi no lo hicieren.

Art. 13. Los que durante el año emprendan un negocio, industria ó profesion de una clase ó categoría superior á la que ejercían cuando tomaron patente, están obligados á declararlo á la Direccion General de Rentas en la Capital, y fuera de ella á la autoridad nacional que designe la misma y pagar la diferencia entre una y otra patente.

Art. 14. Las patentes expedidas para el ejercicio de una profesion y las de ambulantes, son personales, y en ningun caso pueden transferirse; las que corresponden á ramos de comercio ó industrias, solo pueden ser cedidas, con conocimiento de la Direccion General de Rentas, á la persona á quien se ceda el establecimiento ó ramo de negocio patentado.

Art. 15. En el caso de transferencia de un negocio, el último adquirente será responsable del pago de la patente y de la multa en los casos que hubiese lugar.

Art. 16. Las industrias ó profesiones en la Capital, no enumeradas en la tarifa de patentes, serán clasificadas por analogía.

Art. 17. Los vendedores ambulantes de que habla el inciso 6.° del artículo 2.°, deben llevar una placa metálica visible, representativa de la patente que les corresponde, y en caso de no tenerla consigo, serán obligados á tomar nueva patente, cualquiera que sea la razon que aleguen.

Los demás vendedores ambulantes deben llevar la patente correspondiente, bajo las mismas penas establecidas para los anteriores.

Art. 18. Las patentes para vendedores ambulantes se expedirán para todo el año, cualquiera que sea la época en que se soliciten.

Art. 19. En caso de sociedad entre corredores, rematadores sin casa de martillo, agrimensores, maestros mayores, empresarios de obras, arquitectos, el impuesto de patentes se abonará pagándose tantas patentes cuantos sean los individuos que ejerzan las profesiones.

Art. 20. Quedan exceptuados del impuesto los lavaderos de lana ó pieles y las fundiciones ó fábricas de tipos de imprenta.

Art. 21. Las industrias radicadas en la Capital que hayan sido exceptuadas por tiempo determinado del impuesto de patentes en virtud de leyes especiales de la Provincia de Buenos Aires, continuarán gozando del mismo privilegio durante el tiempo de la excepcion.

Art. 22. La clasificacion general de las industrias, negocios y profesiones, se hará por los empleados de la Direccion General de Rentas, debiendo estos pasar al contribuyente aviso de la cuota que debe abonar.

Art. 23. El P. E. determinará el número de Jurados que hayan de establecérse en la Capital, dividiéndola al efecto en las circunscripciones que convenga, para que entienda en las reclamaciones que se suscitaren por los contribuyentes, contra la clasificacion de los avaluadores oficiales.

Art. 24. Los Jurados se compondrán de un Presidente nombrado por el P. E. y de cuatro vocales que designará á la suerte la Direccion General de Rentas de una lista, que formarán para el año, de veinte de los mas idóneos contribuyentes de cada circunscripcion.

Art. 25. El cargo de Jurado es obligatorio y gratuito.

Art. 26. Los Jurados abrirán sus sesiones cuando el P. E. lo designe y funcionarán durante treinta dias hábiles consecutivos, dos horas diarias por lo menos.

Art. 27. Los reclamos serán deducidos dentro del término de

que habla el artículo anterior. El procedimiento será puramente verbal, y solo se dejará constancia escrita de la resolucion en un registro especial. Los reclamantes deberán manifestar cual sea la cuota que les corresponderia abonar segun la ley, y los Jurados oirán al administrador y á los avaluadores y podrán tomar las informaciones que crean del caso, no pudiendo fijar menor cuota que la declarada. Sus resoluciones serán inapelables.

Art. 28. El P. E. señalará las fechas en que haya de procederse á la clasificacion general de patentes y en la que debe hacerse el pago dentro del año del ejercicio corriente.

Art. 29. Los contribuyentes que no pagasen el impuesto dentro del término fijado por el P. E., incurrirán en una multa igual 50 °/ₒ de la cuota que deben abonar.

Art. 30. El cobro á los deudores morosos, se verificará por procedimiento de apremio, por los cobradores que se nombre al efecto, sirviendo de suficiente título la boleta certificada por la Direccion de Rentas, y no se admitirá más excepcion que la de falta de personería, falsedad de título ó pago.

Art. 31. Los que despues de practicada la clasificacion empezaren á ejercer un ramo de comercio, profesion ó industria sujetas á patentes, pagarán proporcionalmente el impuesto desde el primero del mes en que hayan empezado su ejercicio.—Los negocios, industrias ó profesiones que solo pueden ejercer en una estacion del año abonarán patente por el año entero.—Los que antes de vencido el plazo para el pago y antes de haber pagado su patente cesasen en el ejercicio de su comercio, industria ó profesion, solo están obligados á pagarla por el tiempo trascurrido desde primero de Enero hasta el último dia del mes en que hubiese cesado.

Art. 32. Los negocios, industrias ó profesiones que se establezcan despues de terminados los Jurados, se clasificarán por los empleados respectivos con apelacion á la Direccion General de Rentas.

Art. 33. Serán considerados como defraudadores del impuesto de patentes:

1.° Los que ejerzan una profesion con patente expedida á otra persona.

2.° Los que igualmente ejerzan un ramo de comercio ó industria con patente expedida para otro ramo de comercio ó industria diferente.

3.° Los que ocultasen, con el objeto de defraudar al fisco, la verdadera industria, ramo de comercio ó profesion que ejerzan, declarando otra sujeta á menor impuesto.

4.° Los que contravengan á lo dispuesto en los artículos 10 y 14.

Art. 34. Los defraudadores serán penados con una multa equivalente al duplo del valor de la patente que les corresponda, la que será aplicada por la Direccion General de Rentas con apelacion ante el P. E.

Art. 35. Los escribanos no podrán autorizar contrato alguno celebrado por un contribuyente en el ramo de patente que se refiera á asunto de su comercio, industria ó profesion, sin que se acredite por certificado de la Direccion General de Rentas el pago de la patente respectiva.

Art. 36. La Cámara Sindical de la Bolsa ni el liquidador, no admitirán ninguna operacion ni liquidacion de corredor que no haya exhibido la patente prescrita por esta ley bajo la multa de cinco mil pesos por cada infraccion.

Art. 37. Los escribanos que contraviniesen á esta disposicion, serán penados con una multa igual al duplo de la patente.

Art. 38. Ningun Juez podrá ordenar el pago de comision de remate, ni honorarios de médicos, ingenieros, agrimensores, contadores, maestros mayores, empresarios de obras, sin que previamente se exhiba la patente ó un certificado de la oficina respectiva donde conste haber abonado el impuesto.

Art. 39. Los Jueces de la Capital darán aviso á la Direccion General de Rentas de toda casa de negocio que mandasen rematar, á fin de que se les comunique el impuesto que adeude para que ordenen el pago de la cantidad correspondiente

Art. 40. Los Jueces de los mercados de frutos de la Capital, deberán remitir á la Direccion de Rentas, en todo el mes de Enero, una relacion de los consignatarios y corredores de frutos del país, inscriptos como tales en los registros y sucesivamente los que vayan inscribiéndose.

Art. 41. Los Comisarios de policía en la Capital están obligados á exijir á todo vendedor ambulante la exhibicion de la patente ó placa, y remitir al que se encuentre sin alguna de ellas, segun el caso, á la Direccion General de Rentas para el pago de lo que corresponda con más la multa designada en esta ley.

Art. 42. Los Comisarios de los mercados 11 de Setiembre y Constitucion, no despacharán ninguna guia sin que el corredor ó consignatario haya justificado haber abonado la patente.

Art. 43. El Gefe del Departamento de Policía de la Capital dará aviso á la Direccion General de Rentas de todo negocio que se establezca ó que cambie de domicilio, despues de la clasificacion general que se haya practicado.

Art. 44. La Bolsa de Comercio de la Capital pasará á la Direccion General de Rentas, en el mes de Enero, una relacion de todos los corredores inscriptos como tales en sus registros y sucesivamente los que se inscribieren.

Art. 45. La presente ley regirá durante el año 1890.

Art. 46. Comuníquese al P. E.

XI.—Ley núm. 2683, de Aduana para el año de 1890.

Art. 1.° Toda mercadería de procedencia extranjera pagará á su importacion para el consumo el derecho de 25 °/o sobre su valor en depósito.

Exceptuánse los siguientes artículos que pagarán:

1.° El derecho de 60 %, los cigarros de toda clase, el rapé, objetos de arte y fantasía.

2.° El de 55 % los tabacos en general.

3.° El derecho de 50 %, las armas y sus adherencias, la pólvora de cazar, las municiones, inclusive los cartuchos sin cargar, perfumería en general, carruajes concluidos ó en piezas, arneses y arreos, ropa hecha, confecciones, sombreros y calzado en general, muebles concluidos ó en piezas, chocolate y quesos

4.° El derecho de 45 %, las tapas de libros, de carey, nácar, marfil, metales finos y cuero de Rusia, mosaicos, fósforos que no sean de cera, cohetes, yerba-mate elaborada, frutas en conserva, conservas de carnes y de legumbres, en aceite, en vinagre ó aguardiente.

5.° El derecho de 40 %, los tejidos de seda y mezcla en general, la pasamanería y cordones de las mismas materias y los encajes finos, las puntas de París y alambres bronceados.

6.° El derecho de 30 %, los adoquines, cordones de vereda, y trotadoras.

7.° El derecho de 15 %, lienzos, bramantes, oxford, gambronas, angolas, güinces, piel del diablo, cotín de algodon, zarazas y arroz.

8.° El derecho de 10 %, fierro y acero no galvanizado en planchas, lingotes, barras y flejes, pino blanco y spruce sin labrar, coigüe, papel de cualquier formato para escribir ó imprimir, tierra hidraúlica, oro y plata labrada.

9.° El derecho de 5 %, arpillera, alhajas, sedas para bordar y coser, todo instrumento ó utensilio con cabo ó adorno de plata ú oro, prensas, útiles ó materiales que sirvan exclusivamente para imprenta, con exclusion de tipos, prensas para litografía, máquinas de toda clase para establecimientos agrícolas é industriales, máquinas de coser, sal gruesa, motores á vapor, gas, aire comprimido ó electricidad, piezas de repuesto para las mismas máquinas, hilos y alambres en carreteles para engavillar, ácido sulfúrico y sulfato de cal, hoja de lata, estaño y plomo.

10. El derecho de 2 %, las piedras preciosas sueltas.

11. Los derechos de específicos que á continuacion se expresan:

Trigo por cada 100 kilógramos	$	1 65
Almidon por cada kilo.................................	»	0 07
Café por id. id........	»	0 08
Fideos por id. id.........................	»	0 07
Galletitas finas ú otras masas de harina por cada kilo.....	»	0 09
Harina de trigo ó maíz por id. id..................... ..	»	0 04
Maíz desgranado id. id.	»	0 04
Té de toda calidad por cada id. id................	»	0 30
Azúcar no refinada id. id.	»	0 07
Azúcar refinada id. id..................................	»	0 09
Vino comun en cascos, litro...........	»	0 08
Vino fino en cascos id........	»	0 25
Cada botella de vino de cualquier clase que sea de no mas de un litro..	»	0 25
Un litro ó una botella de cerveza ó cidra....	»	0 15
Aguardiente en cascos, que no exceda de treinta grados por litro.	»	0 15
Cognac, ginebra, anis, kirsch, ajenjo y otros semejantes en cascos y que no excedan de 25 grados...........	»	0 20
Aguardientes embotellados de no mas de 25 grados por botella de 501 mililitros á un litro............................	»	0 20
Cognac, ginebra anis, kirsch, ajenjo y otros semejantes hasta de 25 grados, en botellas de 501 mililitros á un litro....	»	0 25
Licores, dulces ó amargos, hasta de 25 grados, en botellas de 501 mililitros á un litro............	»	0 25
Los de mayor fuerza alcoholica pagarán en proporcion......	—	—
Kerosene, por litro...........	»	0 05
Velas de estearina ó parafina, kilo.......................	»	0 15
Estearina, kilo..	»	0 12
Naipes, por cada gruesa........................	»	20 00
Fósforos de cera, por kilo...................	»	0 50
Papel de paja, de estraza, de estracilla para bolsas, para forros de empapelar, bolsas de papel y papel de colores, kilo.......	»	0 12

Los artículos al peso que tengan dos ó mas envases, pagarán el derecho específico, teniéndose en cuenta el envase de cubierta inmediata al artículo, con excepcion del thé en plomo ó lata que se pagará segun el peso neto.

Art. 2.° Será libre de derechos la introduccion de los siguientes artículos:

Arena blanca de Fontainebleau.

Atados alambre de fierro ó de acero hasta el número 13.

Animales reproductores de las razas ovina, porcina y caballar de tiro pesado.

Azogue.

Azufre impuro para la industria.

Buques en general, armados ó desarmados.

Barrenos para minas hasta 75 centímetros de longitud.

Carbon de piedra y vegetal.

Caños de fierro sin baño ni galvanismo, de 75 milímetros de diámetro, por lo menos.

Combos de mas de dos kilógramos.

Cascos de madera ó fierro para envasar.

Dinamita.

Duelas para cascos.

Específicos para curar el ganado lanar.

Envases y materiales de envases para carnes conservadas, introducidas por las empresas importadoras de dichos productos.

Frutas frescas.

Guías ó mechas para minas.

Libros en pasta comun y á la rústica y los de enseñanza para las escuelas.

Locomotoras.

Ladrillos refractarios.

Máquinas con motor para buques.

Máquinas y materiales para instalaciones de alumbrado público á electricidad ó gas.

Muebles y herramientas de inmigrantes, que forman su equipaje.

Moneda metálica.

Materiales de fierro ó acero para ferrocarriles ó tramways.

Maquinarias para la preparacion de carnes conservadas por el sistema frigorífico ú otros sistemas modernos.

Oro en grano, en pasta ó en polvo.

Objetos para el culto pedidos por los prelados.

Pasta de fibra vegetal para la fabricacion de papel.

Pescados frescos.

Plata en barra ó en piñas.

Plantas, con sujecion á la ley de Octubre 26 de 1888.

Pólvora especial para minas.

Rodajes con ó sin ejes, para ferro-carriles ó tramways.

Semillas destinadas á la agricultura.

Tierra refractaria.

Tierras de brezo y castaño.

Utiles y muebles para escuelas, pedidos por los gobiernos de provincia ó los Consejos de Educacion.

Queda prohibida toda exoneracion de derechos de importacion que no esté expresamente determinada en la presente ley, excepto en los casos de concesiones por leyes especiales ó contratos procedentes de leyes del Congreso.

Art. 3.° Es libre de derechos de exportacion toda clase de productos, frutos ó manufacturas del país.

Art. 4.° Los derechos se liquidarán por una Tarifa de Avalúos formada sobre la base del precio de los artículos en depósito.

Los derechos de las mercaderías no incluidas en la tarifa se liquidarán sobre los valores declarados por los despachantes, en las condiciones señaladas en los artículos anteriores.

Art. 5.° Las Aduanas podrán retener en el término de 48 horas contadas desde la inspeccion del Vista, por cuenta del Tesoro Público, todas las mercaderías cuyo valor declarado consideren bajo, pagando inmediatamente á los interesados el valor declarado, con mas un diez por ciento de aumento, en letras expedidas por la Administracion de Rentas á noventa dias.

Art. 6.° El P. E. hará la designacion, y fijará los avalúos de las mercaderías y Productos que haya de incluirse en la tarifa de que habla el artículo 4°.

Art. 7.° Concédese á los vinos, aceites, aguardientes, cervezas y licores en cascos, una merma de cinco por ciento si proceden de puertos situados al otro lado del Ecuador, y de dos por ciento á los de este lado. Acuérdase un dos por ciento por rotura á los mismos líquidos, cuando vengan embotellados, cualquiera que sea su procedencia.

Las taras, mermas y roturas para los demás artículos, serán fijadas en la Tarifa de Avalúos.

Art. 8.° Los derechos de importacion serán satisfechos al contado antes de la entrega de las mercaderias, y cuando su importe exceda de doscientos pesos, el pago podrá hacerse en letras estendidas en el papel sellado correspondiente, giradas á noventa dias desde la fecha de la liquidacion de las mercaderías, con el interés de Banco, y garantidas con una segunda firma de comerciante importador ó exportador, á satisfaccion de los Administradores de Rentas respectivos.

Art. 9.° Queda prohibido el tránsito terrestre de mercaderías que no hubiesen abonado derechos de importacion en alguna aduana de la República.

Esceptúanse:

1.° Los que pasen de tránsito para puertos del Brasil ó del Paraguay por los de Concordia, Monte-Caseros, Paso de los Libres, Santo Tomé y Posadas.

2.° Las que de Chile se dirijan á las Aduanas de Salta y Jujuy ú otras habilitadas por la ley.

3.° Las que de las Aduanas de Buenos Aires y Rosario pasen

de tránsito á las de Mendoza, San Juan, Salta y Jujuy; y de estas á Chile ó Bolivia.

Art. 10. El P. E. podrá establecer el uso de tornaguías si arreglase convenciones aduaneras con los países limítrofes; y mientras tal hecho no tenga lugar, las mercaderías procedentes de los puertos de dichos países quedan sujetas á las disposiciones de los artículos 727 á 730 y 1017 de las ordenanzas de Aduana.

Art. 11. La presente ley rejirá durante el año 1890.

Art. 12. Comuníquese al P. E.

Dada en la Sala de Sesiones del Congreso Argentino, en Buenos Aires á 9 de Noviembre de 1889.

Situacion de inmigrantes rusos en Monigotes (Santa Fe).

Santa Fé, Octubre 27 de 1889.

Oficial. — Urgente.— Tengo noticias de que en Monigotes se encuentran como quinientos inmigrantes rusos venidos desde Buenos Aires por el tren de Sunchales, sin que la Comision de inmigracion de esta capital tenga conocimiento de ello. Esa jente se encuentra sin trabajo y sufriendo muchas necesidades, lo cual podria evitarse autorizando á esta Comision de inmigracion para que les atienda mientras los distribuye y coloca en diversos puntos de la provincia, de donde tiene muchos pedidos de inmigrantes.

Ruego á V. E. quiera dictar á este objeto las órdenes necesarias.

Saludo á V. E.

JOSE GALVEZ

A S. E. el Señor Ministro de Relaciones Exteriores.

Buenos Aires, Octubre 27 de 1889.

Autorízase á la Comision de inmigracion de Santa Fé á tomar las medidas del caso y averígüese por la Comisaria General lo ocurrido.

ZEBALLOS.

Departamento General
de Inmigracion.

Buenos Aires, Octubre 30 de 1889.

Tengo el honor de contestar la nota de V. E. de fecha 28 del presente, relativa á los quinientos inmigrantes que se encuentran en Monigotes sin trabajo y sufriendo muchas necesidades, segun los datos oficiales que dice V. E. haber recibido.

Permítame el Señor Ministro, cuyo celo por el buen servicio de este Departamento se demuestra una vez mas con la nota á que me refiero, manifestarle que como regla invariable de conducta no se hace jamás una espedicion de inmigrantes sin tener la seguridad de que van á tener trabajo inmediato. Dicha seguridad se obtiene, ya por contratos que los mismos inmigrantes celebran con los interesados, prévios los informes y datos que le suministra la oficina respectiva, ya porque las espediciones se hacen á pedido de ellos mismos y de las comisiones locales, ya, en fin, porque algunas veces el Departamento los distribuye á los puntos donde sabe que sus servicios son necesarios para que sean colocados por dichas comisiones.

Obedeciendo á este régimen es, pues, imposible, que se produzca el abandono de aquellos y mucho menos en número tan crecido como el que fija la nota de V. E.

Los inmigrantes de Monigotes á que se refiere V. E. entraron al hotel de la capital, trayendo algunos recursos el dia 14 de Agosto último, y permanecieron allí hasta el 30 del mismo, teniendo que suministrarles alimentos especiales y cuidados extraordinarios por las exigencias de su religion, relativas al alimento, ceremonias, etc., que requerian una paciencia y dedicacion constantes.

Una comision de ellos mismos se trasladó á Monigotes á examinar las conveniencias de su instalacion allí, á cuya vuelta y prévia la intervencion de conocidas personas de su secta establecidas en esta capital, celebraron un contrato con el Dr. D. Pedro Palacios, quien les vendió el terreno, animales y útiles necesarios para establecerse en colonia.

Es, pues, increible que esos inmigrantes se encuentren sin trabajo y pasando necesidades, y aun dado el caso de que tal sucediera no puede de ello hacerse un cargo á este Departamento.

En el vapor «Dresden» han llegado en iguales condiciones á los apuntados, cinco familias, tres de las cuales van á ser internadas á Monigotes.

Me permito poner en conocimiento de V. E. que he invitado al Dr. Palacios á una conferencia para darle conocimiento oficial de la nota de V. E. y requerir los informes y aclaraciones del caso.

Dejando asi contestada la nota de mi referencia, me es grato saludar al señor Ministro, de quien solicito quiera creer que los servicios de este Departamento se desenvuelven regularmente, poniendo para ello todo el celo y actividad necesaria.

Dios guarde á V. E.

E. SUNDBLAD.
E. H. Roqué.

Al Exmo. Sr. Ministro de R. E., Doctor Don E. S. Zeballos.

Buenos Aires, Octubre 31 de 1889.

No teniendo la nota que se contesta por objeto formular cargos contra la Comisaria General de Inmigracion, cuyo celo y ejemplar conducta estima debidamente el Ministerio, sino recomendarle que aclare, en uso de sus atribuciones, las denuncias hechas por el señor Gobernador de la provincia de Santa Fé, relativas á la mala situacion de los inmigrantes internados á Monigotes, vuelva á la Comisaria General de Inmigracion para que haga constar en un acta las explicaciones cambiadas con el doctor Palacios á que hace referencia, y fecho envie el espediente á este Ministerio para proveer lo que corresponda.

ZEBALLOS.

Departamento General
de Inmigracion.

Buenos Aires, Octubre 31 de 1889.

En mi nota de ayer relativa á los inmigrantes internados á Monigotes, daba cuenta á V. E. de que habia invitado al Dr. D. Pedro Palacios á una conferencia, á objeto de darle conocimiento oficial de la nota de V. E. y de requerir los informes y datos del caso.

Esa conferencia ha tenido lugar ayer mismo y en ella el Dr. Palacios que se encuentra animado de los mejores deseos, me ha puesto de manifiesto los contratos celebrados con aquellos y los documentos, cartas y telegramas que al asunto se refieren.

De ello resulta: que el 28 de Agosto último el Dr. Palacios celebró un convenio con la comision especial constituida por dichos colonos, prévia inspeccion de la tierra, que ella verificó declarándola de primera calidad, por el cual le vendia hasta cuatrocientas cincuenta concesiones de veinte y cinco hectáreas á precio y plazos estipulados, comprometiéndose asimismo á entregarles reses para el consumo, vacas con cria para leche, novillos para bueyes, á precios tambien estipulados. Estas eran las obligaciones del Dr. Palacios, debiendo los colonos proporcionarse todos los demás elementos de subsistencia y explotacion de la tierra.

Posteriormente, se introdujeron modificaciones y ampliaciones á ese contrato, celebrándose otro ante la autoridad local de Sunchales, por no haberla en Monigotes. De este segundo se desprende que á principios de Setiembre á consecuencia de la organizacion en que aquellos inmigrantes colonos se encontraban, el Dr. Palacios espontáneamente les suministró *ocho mil pesos moneda nacional*, para que se invirtieran en elementos de subsistencia y cultivo; que donó á cada familia un lote de tierra para edificar, y el terreno necesario para levantar su sinagoga, escuelas, cementerios, etc., etc., que suministró arados y caballos, y que, en una palabra, fué mas allá de donde se habia comprometido.

Con estas explicaciones, cuyos comprobantes he tenido en mi poder, se evidencia que es materialmente imposible que los inmigrantes aludidos sufran necesidades ó estén faltos de trabajo y alimentos, á no ser que por no cumplir su compromiso hayan abandonado la colonia.

Asi tambien lo ha manifestado el Dr. Palacios al declarar bajo su firma, como consta en el acta levantada con ese motivo, que es incierto que se encuentren abandonados ni faltos de trabajo y alimentacion.

Para dar cumplimiento á las órdenes de V. E. contenidas en su nota de la referencia, dirijí tambien un telegrama al secretario de la comision de Santa Fé, quien me contesta hoy comunicándome haber dado cumplimiento á las disposiciones que le fueron trasmitidas, agregando que de los informes obtenidos hasta este momento aparecen «exageradas las noticias que sobre el particular han circulado.»

Deseando que con mi nota de ayer y ésta que es su ampliacion, quede V. E. satisfecho, me es grato saludarlo con mi consideracion distinguida.

Dios guarde á V. E.

E. SUNDBLAD.
E. M. Roqué.

A S. E. el Señor Ministro de Relaciones Exteriores, Dr. Don Estanislao S. Zeballos.

Ministerio
de
Relaciones Exteriores.

Buenos Aires, Noviembre 5 de 1889.

Publíquese con sus antecedentes y diríjase copia de ellos al señor Gobernador de la provincia de Santa Fé, que avisó á este Ministerio la situacion difícil de aquellos inmigrantes.

ZEBALLOS.

Departamento General
de Inmigracion.

Buenos Aires, Noviembre 9 de 1889.

Antes de recibir la nota de V. E. de 6 del corriente, relativa á los inmigrantes internados á «Monigotes», me habia dirigido al señor Secretario de la Comision de Santa Fé, sometiéndole las averiguaciones necesarias para aclarar completamente las denuncias producidas é informar oportunamente á V. E.

Aquel empleado envió á la colonia «Palacios» al oficial expedicionario de la Comision, y este en el informe que pasa de vuelta de su inspeccion establece terminantemente que los colonos rusos están contentos y son perfectamente tratados, habiendo trabajo suficiente para todos y necesitándose aun mas brazos para las cosechas que han de empezar á fines de mes.

Hay efectivamente en la estacion Sunchales, como veinte familias sin colocacion, pero ellas mismas son culpables, pues faltando á los compromisos contraidos con el Dr. Palacios, abandonaron la colonia para seguir otra persona que los engañó, aconsejadas segun manifiestan por un señor Henri Lou, relojero de esta capital.

Espero nuevos datos, solicitados con posterioridad á la nota de V. E. y creo que ellos no harán mas que confirmar los anteriores y los trasmitiré inmediatamente á V. E.

Resulta, pues, que son falsos ó por lo menos exajerados los informes administrados á V. E. y que los inmigrantes rusos se encuentran en perfectas condiciones.

Saludo á V. E. con mi consideracion mas distinguida.

E. SUNDBLAD.
L. Alberto Ramayo.

Comercio de ganado en pié con la Gran Bretaña

Legacion de la
República Argentina.

Lóndres, Octubre 19 de 1889.

Señor Ministro:—Refiriéndome á mi nota núm. 43 fecha 23 de Julio, en que dí cuenta á V. E. de los obstáculos que se oponen á un comercio provechoso de ganado en pié con este país, tengo el honor de traducir los siguientes párrafos de una carta del Secretario de una asociacion inglesa fomentadora del Comercio de carne extranjera, que ha aparecido en el *Times* del 17 del corriente, en que se trata de un caso práctico y se confirma lo que expuse á V. E. en mi citada nota.

Dice así: «Durante los últimos 40 años que se ha permitido

lia mportacion en la Gran Bretaña de ganado vacuno y lanar procedente de Schlewig-Holstein, en Mayo del presente año ocurrieron algunos casos aislados de eczema epizoótica en Holstein, limitándose en Schlesurg á una vaca, que era el único animal que había en el lugar infestado.

«Todos los casos que se presentaron fueron de carácter muy benigno, y habiéndose muerto á los animales atacados, la peste desapareció inmediatamente. Los dos ducados de Holstein y Schlewirg fueron oficialmente declarados libres de enfermedad el 16 de Julio de 1889 y el Gobierno aleman lo comunicó á las autoridades británicas.

«Despues de esto el embajador aleman en Lóndres, fingiendo instrucciones de Berlin, solicitó de lord Salisbury, Ministro de Negocios Extranjeros, que se diera la acostumbrada órden para que se permitiera la importacion de animales de los dos ducados. Esta órden había sido siempre dada anualmente y nunca había sido rehusada.

«Despues de consultar el Consejo Privado, lord Salisbury informó al Emperador de Alemania que el permiso sería acordado, debiendo entrar en vigencia el 1.° de Octubre á condicion de que no ocurrirán nuevos casos en Schleswig Holestein.

«Pero al entrar Mr. Chaplin á ejercer las funciones de Ministro de Agricultura, rehusó conceder el permiso.

«Sin embargo no habían ocurrido nuevos casos desde que el Gobierno aleman hizo la declaracion el 16 de Julio último.

«Es por todos reconocido que estos animales son de los mas sanos entre los que se importan á la Gran Bretaña; tienen siempre que pasar por un ríjido exámen al desembarcar y se puede probar que en los últimos diez años ni un solo caso de enfermedad se ha encontrado en ellos.

«La ley del Parlamento por la cual Mr. Chaplin, prohibe la entrada de los animales en cuestion, solo establece que tomen precauciones razonables contra la importacion de animales atacados de eczema epizóotica.

«Pero siendo tan conocidas las opiniones proteccionistas de

este ministro, no creemos necesario buscar cuál sea la razon real de su negativa á conceder el permiso para la introduccion de animales en pié de Schlesbrg y Holstein.»

La publicacion de esta carta ha producido un efecto tal, que el nuevo Ministro de Agricultura Mr. Chaplin recibió en su Secretaria á una comision de la Municipalidad de Lóndres, á la que declaró que la prohibicion para la introduccion de ganado en pié de aquellos ducados alemanes, no era efecto de sus ideas proteccionistas que habian sido exajerados por los interesados; y sostuvo que esa medida era la única que podia salvar el pais del contagio que en otras ocásiones no habia podido impedir ni aminorar la muerte dada á algunos animales enfermos introducidos en Inglaterra. Agregó que la pérdida para el consumo de once mil bueyes y cincuenta mil carneros que se introducirían en un año de aquellos ducados era insignificante para este país donde se calcula que el consumo de carne puede ser de un millon y setecientas mil toneladas por año. Y que además, si por una parte disminuye la importancia de ganado en pié, está aumentando con provecho para los consumidores la introduccion de carne congelada, que es ya comparativamente mayor que la que podria dar el ganado vivo que se importase.

Concluyó diciendo que no puede equipararse al perjuicio que sufrirán los importadores, calculado por ellos mismos en cien mil libras esterlinas, con el que sufriría todo el país si se introdujese la peste en los ganados, que no podría calcularse sino por muchos millones de libras esterlinas.

Reitero á V. E. las seguridades de mi mayor consideracion.

LUIS L. DOMINGUEZ.

A S. E. el Sr. Ministro de Relaciones Exteriores, Dr. D. Estanislao S. Zeballos.

Cónsul en Bohemia.

Decreto dejando sin efecto el nombramiento de D. Angel Von Eisner Eisenhop.

Departamento
de
Relaciones Exteriores

Buenos Aires, Noviembre 19 de 1889.

En vista de lo expuesto en la precedente nota de la Legacion Argentina en Austria-Hungría, núm. 67, fecha 17 de Octubre último,

El Presidente de la República—

DECRETA:

Artículo 1.°—Déjase sin efecto el nombramiento de D. Angel von Eisner Eisenhop, como Cónsul en Bohemia.

Art. 2.° Comuníquese y dése al R. N.

JUAREZ CELMAN.
ESTANISLAO S. ZEBALLOS.

Creacion de dos Vice-Consulados en el Paraguay.

Departamento
de
Relaciones Exteriores.

Buenos Aires, Noviembre 19 de 1889.

Visto lo manifestado por la Legacion Argentina en el Paraguay por medio de su nota fecha 9 del corriente y considerando conveniente al mejor servicio consular la creacion de las oficinas propuestas.

El Presidente de la República—

DECRETA:

Artículo 1.° Créase los puestos de Vice-Cónsules en los Departamentos de Villa de San Pedro y Villa de San Estanislao, y nómbrase para desempeñarlos á D. José Geriati y D. José Urdapilleta, respectivamente.

Art. 2.° Extiéndase las patentes correspondientes, comuníquese, publíquese y dése al R. N.

JUAREZ CELMAN.
ESTANISLAO S. ZEBALLOS.

Promociones en el Cuerpo Diplomático Argentino.

Departamento
de
Relaciones Exteriores.

Buenos Aires, Noviembre 9 de 1889.

En vista del acuerdo prestado por el Honorable Senado en su sesion de 7 del corriente

El Presidente de la República

DECRETA:

Artículo 1.°—Promuévese al puesto de Ministro Residente en Bolivia al Primer Secretario de la Legacion en Italia, Don Belisario J. Montero.

Art. 2.°—Estiéndanse los documentos de estilo, comuníquese y dése al R. N.

JUÁREZ CELMAN.
ESTANISLAO S. ZEBALLOS.

Departamento
de
Relaciones Exteriores

Buenos Aires, Noviembre 9 de 1889.

En vista del acuerdo prestado por el Honorable Senado en su sesion del 7 del corriente

El Presidente de la República

DECRETA.

Artículo 1.°—El Enviado Extraordinario y Ministro Plenipotenciario en Bolivia Don Agustin Arroyo, pasará á ejercer iguales funciones en Austria Hungría, en reemplazo de Don Héctor Alvarez que falleció.

Art. 2.°—Estiéndanse los documentos de estilo, comuníquese y dése al R. N.

JUÁREZ CELMAN.
ESTANISLAO S. ZEBALLOS.

Uso indebido del Escudo Nacional.

Circular al Cuerpo Diplomático Argentino.

Buenos Aires, Noviembre 18 de 1889.

Señor Ministro:—Este Ministerio tiene conocimiento de que empleados de Legaciones usan el Escudo Nacional en sus tarjetas y cartas particulares.

Por circular de 16 de Enero de 1886 se prohibió á los Agentes Consulares de la República el uso de Escudo Nacional en sus cartas y tarjetas particulares y el Departamento á mi cargo ha resuelto en la fecha hacer estensiva la medida al Cuerpo Diplomático, á fin de prevenir la repeticion de casos como los que dejo mencionados.

En consecuencia el P. E. adoptará las medidas oportunas para que esta disposicion sea rigurosamente cumplida.

Saludo á V. E. con las seguridades de mi consideracion distinguida.

ESTANISLAO S. ZEBALLOS.

Proyecto de Union Comercial y Política Ibero-Americana.

Consulado
de la
República Argentina.

Barcelona, Octubre 10 de 1889.

Señor Ministro:—Tengo el honor de comunicar á V. E. que la Sociedad de «Fomento del Trabajo Nacional», de esta ciudad, celebró hace pocos dias una reunion á la que concurrieron los principales banqueros y comerciantes, con el objeto de aprobar y recomendar al gobierno español un proyecto de union comercial y político Ibero-americana.

Las bases que se propusieron y que pasaron á estudio de la comision nombrada al efecto, fueron las siguientes:

1.° Que se gestionara lo necesario para celebrar lo mas tarde en el mes de Abril del año próximo, una gran exposicion de productos y manufacturas españolas y portuguesas en Montevideo ó Buenos Aires, como puntos centrales de mayor importancia en la América del Sud, y para que, dicha exposicion diera resultados positivos inmediatos, la Sociedad debía procurar se inaugurase en el punto un gran depósito de manufacturas y productos españoles y portugueses, donde pudieran acudir á comprar los visitantes del certámen y donde se admitieran tambiem notas de pedidos.

2.° Que en el mismo punto y época que se inaugure la exposicion se reuna un gran Congreso mercantil ibero-americano, al que concurran representantes de España y de todos los Estados de la América Latina, para estudiar y acordar las bases de un concierto económico ó liga aduanera y comercial.

Respecto á la parte política no se expuso medio alguno para llevarlo á la práctica; pero se manifestó que ella consistirá en formar una gran Confederacion Ibero-lusitano americana.

Aunque en mi concepto estos proyectos no revisten importancia por lo difícil que sería conciliar tantos intereses y aspiraciones opuestas, considero un deber comunicarlos á V. E.

Saludo al señor ministro con mi mayor consideracion.

A. Peralta Iramain.

A S. E. el Señor Ministro de Relaciones Exteriores, Dr. Don Estanislao S. Zeballos.

Oficinas de Informacion.

I.—Informe de la Oficina en Bruselas por Setiembre.

Bruselas, Octubre 2 de 1889.

Señor Ministro:—Tengo el honor de llevar á conocimiento de V E. que, durante el mes de Setiembre que acaba de espirar, el movimiento de esta Oficina ha sido el siguiente:

Correspondencia recibida: cartas 93, notas 17, telégramas 5. Correspondencia enviada: cartas 108, notas 59, telégramas 6, informes personales 232, y visaciones 239.

Además de la distribucion que se hace profusamente de las publicaciones de la República, especialmente del Manual del Inmigrante por M. A. Pelliza, en las personas que acuden á esta Oficina, he enviado en el último mes una coleccion de libros interesantes, tales como nuestros códigos, constitucion, censos, estadísticas y obras descriptivas, á las Bibliotecas de Bruselas, Amberes, Lieja y Gand.

En una visita reciente hecha al Museo Comercial de Bruselas he podido convencerme del aprecio y distincion que merecen nuestras publicaciones, mapas, cuadros estadísticos, etc. que son estudiados y colocados en sitios preferentes, difundiendo su conocimiento entre las numerosas personas que acuden allí en demanda de datos sobre nuestro país.

Se ha recibido en esta Oficina un nuevo muestrario enviado

por la Comision Directiva del Museo de Productos Argentinos que viene á enriquecer la coleccion que ya existía en ella y que será de remarcable utilidad á su servicio.

Su instalacion ha comenzado, habiéndose preparado al efecto estantes y armazones apropiados.

Me es muy grato llamar la atencion de V. E. sobre elogios tan espontáneos como calurosos, tributados á las Oficinas de Informacion y á nuestro país por el señor Dr. J. Lemoine, Cónsul del Perú en Amberes, en el Informe elevado en Julio último á su Gobierno, y publicado en folleto, del que tengo el honor de remitir á V. E. un ejemplar.

No es la primera vez que este funcionario, sincero admirador de los progresos de nuestro país, se ocupa en sus trabajos de demostrar su importancia y creciente adelanto, atribuyendo á la institucion de las Oficinas una gran parte de él, por lo que me permito creer que será con complacencia que el señor Ministro se impondrá de esos conceptos tan favorables.

El servicio de pasajes subsidiarios ha sido debidamente regularizado y continúa su despacho haciéndose en condiciones satisfactorias.

En el mes de Setiembre han salido del puerto de Amberes con destino á Buenos Aires 239 pasageros de tercera clase, de los cuales corresponden á la primera quincena 121 y á la segunda 118.

De la Holanda han salido para la República, por el puerto de Rotterdan, en el mismo mes 424 emigrantes con pasajes subsidiarios.

El Museo de la Oficina ha sido visitado por interesados.

Con este motivo tengo el honor de reiterar á V. E. las seguridades de mi mas alta y distinguida consideracion.

Dario Beccar.

II.—Informe de la Oficina en Copenhague por Setiembre.

Copenhague, Octubre 1.° de 1889.

Señor Ministro: –Tengo el honor de elevar á V E. el informe del movimiento general que ha tenido lugar en la Oficina á mi cargo durante el mes de Setiembre ppdo.

Las operaciones efectuadas durante la mencionada época, se divide en:

Cartas recibidas 25, id. enviadas 86, notas recibidas 7, id. enviadas 15, informes personales 222, visaciones 75.

Movimiento de impresos: diarios y periódicos recibidos 568 id. id. distribuidos 171, libros y folletos recibidos 4040, id. id· distribuidos 67.

Total general: 5276.

El resúmen de las operaciones efectuadas desde el 1.° de Enero hasta el 30 de Setiembre incluso, es el siguiente:

Cartas recibidas 256, id. enviadas 566, notas recibidas 87, id. enviadas 210, informes personales 1455, visaciones 237.

Movimiento de impresos: diarios y periódicos recibidos 3618, id. id. distribuidos 1730, libros y folletos recibidos 24,240, id. id. distribuidos 1825.

Total general durante los nueve meses; 34,224.

Anexo elevo á V. E. un resúmen del movimiento parcial de cartas, notas, informes, etc., etc., y una copia del diario numérico, en la cual hallará V. E. el nombre, profesion y nacionalidad de las personas que han visitado la Oficina durante el mes de Setiembre.

Además de las 75 visaciones para emigrantes efectuadas para esta Oficina, existen 260 personas que han emigrado desde Suecia sin solicitar las mencionadas visaciones; y aún en la península de Dinamarca otros que directamente se han dirijido via Hamburgo.

Durante el mes de Setiembre ha sido exportado para esa dos mil cajones de cerveza Danesa; 400 cajones bacalao de Noruega, varios cargamentos de alquitran y pino de Suecia, asi como máquinas de varias clases tanto para la agricultura como para algunos establecimientos de otras industrias.

He tenido el honor de ver que los paises que á mi llegada no nos conocian sino embrionariamente, han principiado á vincular directamente su exportacion é importacion de los productos que vienen conociéndose necesitemos y podemos surtírseles.

Acaba de salir el vapor «Moscon» con una pequeña punta de ganado, raza pura Anglir, asi como tambien llevó el mencionado vapor otros animales daneses de reconocida utilidad para ser expuestos en el torneo industrial que se inaugura en esa el 20 de Abril próximo venidero.

En mi informe número 4331 tuve el honor de llamar la atencion de V. E. sobre algo de la nueva línea de navegacion á establecerse directamente entre estos países y la República; hoy tengo motivos para creer que sea un hecho no distante de efectuarse por haber tenido una entrevista con el directorio principal de la compañia; los que esperan la resolucion del Exmo. Gobierno y la vuelta del señor Ross para inmediatamente principiar aquella navegacion.

Reitero á V. E. las seguridades de mi mas alta y distinguida consideracion.

Godofredo Huss.

III.—Informe de la Oficina en Ginebra por Setiembre.

Ginebra, Octubre 3 de 1889.

Señor Ministro:—Tengo el honor de elevar á V. E. el resúmen de las operaciones realizadas durante el próximo pasado mes de Setiembre por la oficina de mi cargo. Dichas operaciones comprobadas por la adjunta cópia auténtica del libro diario se subdividen como sigue:

Notas recibidas del Ministerio de Relaciones Exteriores 1, id. id. de la Legacion 1, id. id. de la Inspeccion 1, cartas recibidas del público en general 130, notas expedidas al Ministerio de Relaciones Exteriores 4, id. id. á la Legacion y á los Cónsules 3, id. id. á la Inspeccion 6, cartas expedidas al público en general 141, visaciones 6, informes personales 142.

Las preguntas del público se reparten en *cuestiones*: sobre comercio, finanzas: 24 por escrito, 27 verbales; sobre emigracion, agricultura: 97 por escrito, 108 verbales; sobre varios asuntos, 9 por escrito, 7 verbales.

Resulta que el total de las operaciones principales asciende á 435 contra 456 durante el correspondiente mes del año pasado.

Las operaciones accesorias se descomponen en: 1462 publicaciones y periódicos recibidos, 742 distribuidos y 1671 folletos repartidos.

Tengo el honor de renovar á V. E. las seguridades de mi mas alta y distinguida consideracion.

E. Weber.

IV.—Nota del Director de la Oficina en Viena, sobre exportacion de ganado en pié.

Viena, Octubre 4 de 1889.

Señor Ministro:—La importancia que para el país tiene la solucion favorable de la cuestion exportacion de ganado en pié y el vivo interés que me inspira todo lo relacionado al fomento de la produccion y por lo tanto á la exportacion de la República, me animan á someter á V. E. los resultados de las observaciones que al respecto pude efectuar, las que son una continuacion de las ya elevadas en repetidas notas al Señor Ministro sobre la exportacion de carnes.

Habiéndose declarado varias clases de pestes en los ganados de Austria-Hungría, Rusia y Estados del Bajo Danúbio, los países que de ellos se proveen, y en especialidad Alemania y Suiza, se vieron inducidos á tomar medidas muy enérgicas contra la introduccion, no solo de ganado en pié sino tambien de carnes frescas de esas procedencias sospechosas, y, en su consecuencia, el precio de carne sufrió alza tan considerable, que los abastecedores se veian obligados á recurrir á importaciones de paises que hasta hoy no figuraban en la lista de proveedores.

En primer lugar se aprovecharon de esta carestia los Estados Unidos de Norte América, de donde hoy se introducen en Alemania y Suiza, diariamente centenares de cabezas de vacuno en pie; y ya no son solo los grandes centros de poblacion, cuyo consumo de carne se abastece con animales introducidos de Estados Unidos sino que hasta pueblos de 15 á 20,000 habitantes reciben remesas directas.

En estos últimos dias se realizaron con muy buen resultado,

ensayos relativos á la introduccion en Suiza y distritos limítrofes de Alemania, de ganado vacuno para el abasto, de Italia, país cuya produccion no suele bastar al propio consumo; y este hecho se debe tener muy presente, por ofrecer la mas acabada demostracion, de hallarnos en presencia de un caso excepcional de carestía y que, por lo tanto, los precios que hoy se consiguen en los paises mencionados por ganado de abasto, no podrán servir de base á un cálculo general.

Es por el contrario probable, que una vez desaparecida la peste, el precio de la carne caerá por algun tiempo aun mas abajo del término medio ordinario; porque la sequía en el pasado verano se hizo sentir muy fuerte, justamente en los paises ganaderos del continente, causando la pérdida de la cosecha de pasto y demás artículos de forraje, tanto que los ganaderos no podrán alimentar durante el invierno sino una pequeña parte de la cantidad acostumbrada de ganado, por cuya causa se verán indudablemente obligados á desprenderse á todo precio del exceso. Llegarán éstos á los mercados en mal estado y no podrán ser llevados directamente á los mataderos; serán comprados por invernadores, quienes al efecto se desharán de sus animales á media gordura. La consecuencia de ello, será un considerable aumento del stock de los países consumidores.

Y es sobre este punto, Exmo. Señor, es decir, sobre la importancia de la industria europea de invernar, que convendría en mi opinion, llamar la atencion de nuestros hacendados.

Sin duda, nosotros tambien podríamos preparar ganados adecuados para los mataderos en Europa, pero la cuestion es el monto del costo. Dudo que ya, ahora, pueda la ganadería argentina luchar á este respecto con sus competidores mas favorecidos, máxime en vista, de la mayor duracion de la travesía, en que, por mayor que sea el cuidado, los animales desmerecen mucho.

Mientras que se lleva el ganado à los mataderos europeos, de Estados Unidos, en siete ú ocho dias, se necesitan de la República unos 25 dias.

Entonces podría convenir mas, desistir por ahora del abasto directo, y dirigir mas bien las miras hácia una combinacion que permitiera exportar nuestro ganado sin prévia preparacion especial y pasarlo, no ya á los abastecedores, sino á los invernadores, sea que el exportador argentino venda sus ganados á estos ó que les haga invernar por su cuenta propia, no estando excluida la posibilidad de un arreglo en el sentido de que las dos partes interesadas trabajen á cuenta media.

Los distritos europeos que mas se dedican á la invernada de ganados, son la Holanda (puerto de Rotterdam), los bajos del Rio Elbe, incluida la provincia de Schleswig Holstein (puerto de Hamburgo), la Normandia y la Bretagne (Havre y Brest).

En cuanto al precio que se obtendria es poco menos que imposible dar cifras ni aún aproximadas, porque él depende exclusivamente del estado en que llegue al mercado el ganado. Sin embargo, he tratado de informarme al respecto y resulta que por un animal vacuno en regular estado, pesando unos 300 kil., peso vivo, se obtendría un precio de 200 á 250 francos en el puerto de desembarque.

Comparando este precio, término medio con el alcanzado por la remesa hecha hace algunos meses al Señor Inspector General D. Pedro S. Lamas, en Paris, se notará bastante diferencia en contra del primero, pero es de advertir que en la época de aquella venta ya se hacían sentir mucho en el mercado de Paris los efectos de la carestía general de carnes, mientras que por otra parte habria que descontar los gastos de la preparacion especial en Buenos Aires y los del trasporte terrestre á Paris, derecho de sisa, etc.

Tengo el honor de saludar al Señor Ministro con respetuosa consideracion.

R. Napp.

V.– Informe de la Oficina en Santa Cruz de Tenerife, por Octubre.

Santa Cruz de Tenerife, Noviembre 1.° de 1889.

Señor Ministro:—Tengo el honor de elevar al superior conocimiento de V. E. el movimiento habido en esta Oficina á mi cargo durante el mes que finalizó, adjuntando el cuadro demostrativo de las operaciones diarias extractado del libro correspondiente.

Cartas recibidas de particulares, 4; Notas recibidas del Gobierno, Inspeccion y otras autoridades, 9; Cartas expedidas á particulares, 3; Notas expedidas al Gobierno, Inspeccion y otras autoridades, 13; Informes personales, 44; Visaciones de certificados, 1.

El movimiento habido durante los meses trascurridos desde Enero á la fecha, es el siguiente:

Cartas recibidas de particulares, 62; Notas recibidas del Gobierno, Inspeccion y otras autoridades, 72; Cartas expedidas á particulares, 54; Notas expedidas al Gobierno, Inspeccion y otras autoridades, 111; Informes personales, 419; Visaciones de certificados, 78.

Creo oportuno comunicar á V. E. que debido á la propaganda del país haciendo constar públicamente sus leyes, industrias, comercio, costumbre, etc., y las ventajas que reportan á los capitales y brazos extranjeros que se establecen en ella se debe principalmente el aumento de la emigracion de Canarias á la República, tanto con pasajes pagos como con pasajes subsidiarios, observando con satisfaccion que cada dia mejora en condiciones y categoría de los emigrantes, puesto que la totalidad de los que han embarcado en estos últimos meses, se componen en su totalidad de familias agrícolas, jóvenes y numerosas propias para la colonizacion y fomento de la agricultura.

Se servirá V. E. imponerse como ya he tenido motivo de manifestar anteriormente la remision por esta oficina al Museo de Productos Argentinos por el vapor francés «Porteña», de trece bultos conteniendo una coleccion completa de vinos, patatas, café y otros artículos similares, notándose verdadera animacion entre comerciantes y cosecheros que se preparan á establecer una corriente comercial con los puertos de la República, lamentando desde hoy no tener suficiente y consecutiva escala de vapores conductos con los puertos argentinos.

Tengo el honor de reiterar á V. E. las seguridades de mi mas alta y distinguida consideracion.

Ventura Castro.

VI. Premio obtenido por el muestrario de la Oficina establecida en Paris.

Inspeccion General
de las
Oficinas de Informacion

Paris, 22 de Octubre de 1889.

Señor Ministro:—Tengo el honor de remitir á V. E. las comunicaciones originales, asi como sus traducciones, que el señor Presidente de la Academia Nacional Agrícola, Manufacturera y Comercial de Francia se ha servido dirijir al infrascripto, manifestándole que dicha Academia, de acuerdo con su comision de recompensas ha premiado con una *medalla de primera clase* la coleccion de muestras de productos agrícolas de la República presentada por esta Oficina.

Felicitándome con V. E. por esta nueva distincion alcanzada, tengo el honor de renovarle las seguridades de mi mas alta y distinguida consideracion.

P. S. Lamas,
Inspector General.

A S. E el Señor Doctor Don Estanislao S. Zeballos, Ministro de Relaciones Exteriores.

COPIA.—TRADUCCION.

Academia Nacional Agrícola, Manufacturera y Comercial.

Paris, 18 de Octubre de 1889.

Muy Señor Nuestro:—La Academia Nacional Agrícola, Manufacturera y Comercial, visto el informe de su Comité de Recompensas reunido en asamblea extraordinaria el 17 de Setiembre, acaba de atribuirle á Vd. una *medalla de primera clase* por sus muestras de productos agrícolas de la República Argentina.

Esta recompensa será proclamada en asamblea general el Mártes 29 de Octubre 1889 y entregada en nuestras Oficinas desde el 15 de Noviembre.

Ofrezco á Vd. con nuestras sinceras felicitaciones la seguridad de nuestra distinguida consideracion.

P. Ch. Joubert.

Es traduccion del original.

A. Aramburú,
Secretario.

TRADUCCION.

Academia Nacional Agrícola, Manufacturera y Comercial.

Paris, 18 de Octubre de 1889.

Muy Señor nuestro y estimado colega:—Nuestra asamblea general anual de 1889, tendrá lugar el 29 de Octubre próximo á las 2 de la tarde en la sala del Gran Oriente de Francia—16 Rue Cadet.

Se le ha reservado á Vd. un puesto en la estrada y nos consideraríamos satisfechos en verlo ocupado por Vd.

La sesion se dividira en dos partes:

1.° Discurso y proclamacion de las recompensas.

2.° Concierto en honor de los laureados.

Sírvase aceptar, señor y estimado colega, las seguridades de mi distinguida consideracion.

P. Ch. Joubert,
Director Gerente.

Es traduccion del original.

A. Aramburú,
Secretario.

VII.—Resúmen del movimiento de las Oficinas de Informacion desde Enero á Setiembre.

París, Octubre 19 de 1889.

Señor Ministro:—Tengo el honor de adjuntar á la presente la planilla del movimiento de las Oficinas de Informacion que han funcionado en Europa y Estados Unidos durante los nueve primeros meses del presente año (1.° de Enero á 30 deSetiembre).

Las operaciones se dividen de la siguiente manera:

Cartas recibidas................	38 136
Cartas enviadas................	38 105
Notas oficiales recibidas.........	2 909
Notas oficiales enviadas.........	2 889
Telégramas recibidos...........	1 189
Telégramas enviados...........	845
Informes personales..	23 514
Visaciones de documentos.......	11 113
Total de operaciones......	118 700

La correspondencia cambiada con el público y con las autoridades, por correo y por telégrafo, forma un conjunto, en los 9 meses de 84 073 piezas.

En este movimiento no se halla incluido ni la distribucion de impresos, ni las solicitudes de pasajes, ni la emision de boletos ó permisos de embarque con pasajes subsidiarios.

Se han dado informes *directos*, sobre comercio, industria, finanzas, inmigracion y colonizacion, etc., aproximadamente 200,000 personas (61,619 cartas escritas é informes personales, de los cuales la inmensa mayoría son dirigidos á familias ó á gefes de grupos ó sindicatos de obreros é industriales). Los informes *indirectos*, esto es, el número de personas que han recibido informes sobre el país por medio de la lectura de folletos, revistas, periódicos y hojas sueltas distribuidas por las oficinas de Informacion y redactados en todos los idiomas y aún en varios dialectos europeos, son incalculables, pudiendo afirmarse que millares de personas han adquirido nociones exactas y favorables aunque mas ó menos completas, sobre la República Argentina, en los tres primeros trimestres del corriente año, gracias á la accion de las referidas Oficinas.

Al terminarse el presente año tendré el honor de dirigir á V. E. la Memoria anual que contendrá el análisis de todos los trabajos realizados acompañado de las diferentes planillas par, ciales, habiendo creido sin embargo que era útil anticipar á V. E. el resúmen de esos trabajos hasta 30 de Setiembre último- como lo hago por medio de la presente nota.

Tengo el honor de renovar á V. E. las seguridades de mi mas alta y distinguida consideracion.

P. S. Lamas.

Inspeccion General de las Oficinas de Informacion de la República Argentina.

OFICINAS DE INFORMACION DE EUROPA Y ESTADOS UNIDOS

Resúmen del movimiento del 1.° de Enero al 30 de Setiembre del mismo año.

OFICINAS.	CARTAS.		NOTAS OFICIALES		TELEGRAMAS.		INFORMES		TOTALES.
	Recibidas	Enviadas.	Recibidas.	Enviadas.	Recibidos.	Enviados	Personales.	Visaciones.	
Paris	9780	9926	1309	690	317	155	1280	4838	28205
Barcelona	—	—	—	—	—	—	—	—	—
Brasilea, Ginebra	856	806	78	139	—	—	1028	37	2944
Birminghan	102	139	49	60	—	1	374	40	765
Bruselas	1565	1373	106	228	167	48	1970	644	6101
Cannes	44	77	26	37	1	—	597	74	856
Copenhague	256	566	87	210	—	—	1455	237	2811
Cork	1565	1157	38	57	3	1	1752	2351	6924

Dublin	2797	2753	79	92	87	73	2324	1283	9488
Glasgow	314	523	13	33	—	—	66	—	949
Jerez	890	1133	64	68	94	156	2797	542	5144
Lisboa	616	648	58	97	37	36	963	13	2668
Lóndres	2087	1473	137	95	1	2	455	197	4447
Lyon	49	36	34	20	—	—	260	37	436
Madrid	14345	12022	577	676	430	327	3002	—	31379
Montpellier } Toulouse	1403	1534	75	171	12	12	1846	538	5591
New-York	1154	925	45	108	—	—	1012	—	3244
Niza	170	2365	41	66	14	5	664	210	3535
Pontevedra	85	398	31	44	24	27	1719	—	2328
Tenerife	58	51	62	88	2	2	550	72	885
Viena	—	—	—	—	—	—	—	—	—
TOTAL	38136	38105	2909	2889	1189	845	23514	11113	118700

Paris, 30 de Setiembre de 1889.

A. Arámburu,
Secretario.

V.° B.°

P. S. Lamas,
Director.

VIII.—Precios corrientes en Santa Cruz de Tenerife, en Octubre

Santa Cruz de Tenerife, 31 de Octubre de 1889.

Señor Ministro:—Telgo el honor de dar cuenta á V. E. en la siguiente nota de los precios corrientes en este mercado de los artículos de importacion y exportacion similares á los productos argentinos:

Aceite linaza, colija de 5 litros..........	5.50	peset. oro.
Alpiste, los 100 kilos................	38	«
Cochinilla, 1 id........................	1.25 á 1.50	«
Carne, 1 id	2 « 2.50	«
Filtros de piedra del país, 1 filtro.......	5	«
Harina de Marsella, bolsa 122 kilos......	47	
Losas para veredas....................	2	
Maíz, 100 kilos.........................	22	
Pescado salpreso, barril 25.............	20	
Patatas, 100 id........................	8.50	
Trigo, 100 id..........................	25	«
Tabaco, 46 id..........................	25 « 1.75 50	«
Vinos, pipas 450 litros..................	1.00 á 3.75	«

Durante el mes que finaliza son muy escasas las variaciones habidas en este mercado á las anotadas en el mes anterior.

La exportacion de la cochinilla, primer alimento de riqueza del país, ha decrecido notablemente á causa de la anilina y otras sustancias que la sustituyen en las tintes en los mercados extrangeros, por esta causa este comercio y los agricultores buscan en compensacion el aumentar la exportacion de vinos y otros frutos.

Los puertos todos de la provincia son puertos francos.

Los artículos gravados para la provincia son los siguientes:

Trigo, paga los 100 kilos	3.00	peset.
Maíz, id. id. id	2.25	«
Cebada, id. id. id	2.25	«
Centeno, id. id. id.	2.25	«
Avena, id. id. id	2.25	«
Harina, id. id. id	4.50	«
Tabaco en hoja, id. 46 id	50.00	«
Tabaco elaborado, id. id. id	100.00	«

Los artículos gravados para el tesoro en forma de impuesto transitorio con el nombre de *recargo municipal* son los siguientes:

Thé, paga los 100 kilos	80	peset.
Pimienta, id. id. id	22.40	«
Clavo de especia, id. id. id	22.40	«
Canela, id. id. id	22.40	«
Café, id. id. id	27	
Cacao, id. id. id	16	
Bacalao, id. id. id	3	«
Azúcar nacional, id. id. id	8.88	«
Azúcar extrangero, id. id. id	13.50	«

Todos los demás artículos no indicados en las dos últimas notas satisfacen el impuesto de 1 por 1000 ad valorem.

Tengo el honor de reiterar á V. E. las seguridades de mi mas alta y distinguida consideracion.

Ventura Castro.

IX.—Precios corrientes de los mercados suecos durante Setiembre.

Copenhague, Octubre 7 de 1889.

Señor Ministro:—Tengo el honor de elevar á V. E. algunos precios corrientes habidos en los mercados suecos durante el mes de Setiembre próximo pasado.

Alquitran............	por	barril........	%	4.98/5.17	oro.
Anchoa de Noruega..	«	medio.........	«	4.16/5.50	«
Arenque salado.....	«	barril........	«	3.88/4.17	«
Aceite de ballena ..	«	100 kilos.....	«	11.66	«
Trigo...............	«	« «	«	3.98/4.25	«
Centeno.............	«	« «	«	3.07/3.27	«
Cebada 2 filas........	«	« «	«	3.10/3.27	«
Id 6 id ,.......	«	« «	«	3.00/3.10	«
Avena....	«	« «	«	2.38/2.55	«
Harina de trigo.......	«	« «	«	6.38/6.66	«
Id de centeno....	«	« «	«	3 88	«
Salvado de trigo	«	50 «	«	1.25/1.32	«
Id de centeno ...	«	« «	«	1.18/1.25	«
Arvejas..............	«	100 «	«	3.67/4.49	«
Semilla de lino.......	«	« «	«	4.70	«
Torta de lino.........	«	« «	«	4.07/4.17	«
Sebo.	«	« «	«	16.94	«
Lana.	«	medio kilo...	«	0.33/0.38	«
Aguardiente ....$^{100}/_{100}$	«	100 litros.....	«	40.20	«
Fósforos en cápsula...	«	mil..........	«	1.85	«
Id de seguridad....	«	«	«	3.26	«
Cueros y pieles.......	«	cada kilo.. .	«	0.12	«

Id salados de Bs. As.	«	«	«	«	0.25/0.29 «
Id secos id id	«	«	«	«	0.49 «

Saludo á V. E. con mi mas alta y distinguida consideracion.

G. Huss.

X.—Valor de los cambios en Copenhague, durante Setiembre.

Copenhague, Octubre 7 de 1889.

Señor Ministro:—Tengo el honor de elevar á V. E. los precios corrientes en este Mercado sobre los cambios, el último del mes de Setiembre próximo pasado.

			Compradores.			Vendedores.		
100 M.	sobre	Hamburgo á vista	88	koronas	85 oro	88	koronas	95 oro
1 £ est.	«	Londres «	18	«	20 «	18	«	22 «
100 F.	«	Paris «	71	«	95 «	72	«	20 «
100 «	«	Amberes «	71	«	90 «	72	«	15 «
100 «	«	Buenos Aires «	71	«	80 «	72	«	05 «

Saludo á V. E con mi mas alta y distinguida consideracion.

Godofredo Huss.

Informe de la Oficina en Lisboa, por Octubre.

Lisboa, Noviembre 2 de 1889.

Señor Ministro:—Tengo la honra de dirigirme á V. E. para informarle que durante el mes de Octubre próximo pasado se han practicado en esta dependencia de mi cargo las siguientes operaciones:

Cartas de particulares recibidas, 85; notas del gobierno id., 6; id de la inspeccion y otras autoridades, id. 6; cartas á particulares expedidas, 121; notas al gobierno id., 8; id á la inspeccion y otras autoridades id., 8; informes personales, 162; visacion de documentos, 5; noticias publicadas en la prensa, 1; anuncios id. id. id., 90; telegramas recibidos, 4; id. expedidos, 4.—Total de operaciones, 500.

Movimiento de impresos.—Mapas de Latzina remitidos por correo, 16; id entregados personalmente, 31; folletos y otros impresos remitidos por correo, 112; id entregados personalmente 162.

Asuntos á que se refieren los informes personales y por escrito: emigracion 115, comercio 23, industria 11, agricultura 12, generales 122.

Reitero á V. E. las seguridades de mi distinguida consideracion.

José da Cunha Porto.

Ley núm. 2681, de Reformas á la ley núm. 2393 sobre Matrimonio Civil del 12 de Noviembre de 1888.

Art. 1°. Quedan derogados los incisos 1° y 2° y el párrafo final del inciso 4° del artículo 19 y los artículos 20, 21, 22, 23, 24 y 25, 36, 51, 113 y 114 de la ley N° 2393, de fecha 12 de Noviembre de 1888.

Art. 2° En el inciso 5° del artículo 19 de la ley citada intercálese despues de la palabra «declaren» las siguientes: «Sobre la identidad y.»

Art. 3° Quedan suprimidas, la referencia al inciso 4° del artículo 9 en el artículo 89 y el artículo 92 de la misma ley.

Art. 4° El artículo 31 de la misma ley queda modificado en los siguientes términos:

«La oposicion debe deducirse ante el oficial público que intervenga en las diligencias prévias á la celebracion del matrimonio.»

Art. 5.° Agréguese al final del artículo 42 las palabras «incurriendo en las responsabilidades del caso cuando la denuncia fuese maliciosa.»

Art. 6.° El artículo 47 queda modificado como sigue: «Si de las diligencias prévias resultara á juicio del oficial público encargado del Registro Civil que los futuros esposos son hábiles para casarse, se procederá inmediatamente á la celebracion del matrimonio, de modo que todo conste en una sola acta en la que se consignará ademas:

1.° La declaracion de los contrayentes de que se toman por esposos y la hecha por el oficial público de que quedan unidos en nombre de la ley;

2.° El reconocimiento que los contrayentes hicieren de los hijos naturales, si los tuvieren, que lejitimen por su matrimonio;

3.° El nombre, apellido, edad, estado, profesion y domicilio de los testigos del acto, si fuesen distintos de los que declararon sobre la habilidad de los contrayentes.

4.° La mencion del poder, con determinacion de la fecha, lugar y escribano ú oficial público ante quien se hubiese otorgado, en caso que el matrimonio se celebre por medio de apoderado, cuyo instrumento habilitante se archivará en la oficina.»

Art. 7.° A continuacion del artículo 47 se incluirá el siguiente:

«Si de las diligencias prévias no resultara probada la habilidad de los contrayentes, ó si se dedujese oposicion, ó se hiciese denuncia, el oficial público suspenderá la celebracion del matrimonio hasta que se pruebe la habilidad, se rechace la oposicion ó se desestime la denuncia, haciéndolo constar en acta de que dará cópia á los interesados si la pidieran para que puedan ocurrir al Juez Letrado de lo Civil.»

Art. 8.° Agréguese como artículo nuevo á continuacion del anterior el siguiente:

«En el caso del artículo anterior el acta de la celebracion del matrimonio se hará por separado de la de las deligencias prévias y se hará constar:

1.° La fecha en que el acto tiene lugar;

2.° El nombre y apellido, edad profesion, domicilio y lugar del nacimiento de los comparecientes;

3.° El nombre y apellido, profesion, domicilio y nacionalidad de sus respectivos padres, si fueren conocidos;

4.° El nombre y apellido del cónyuge premuerto, cuando alguno de los cónyuges ha sido ya casado;

5.° Consentimiento de los padres, tutores ó curadores, ó el supletorio del Juez en los casos en que es requerido;

6.° La mencion de si hubo ó no oposicion y de su rechazo;

7.° La declaracion de los contrayentes de que se toman por

esposos y la hecha por el oficial público de que quedan unidos en nombre de la ley;

8.° El reconocimiento que los contrayentes hicieran de los hijos naturales, si los tuvieren, que lejitimen por su matrimonio;

9.° El nombre, apellido, edad, estado, profesion y domicilio de los testigos.

10. La mencion del poder con determinacion de la fecha, lugar y escribano ú oficial público ante quien se hubiere otorgado, en caso que el matrimonio se celebre por medio de apoderado, cuyo instrumento habilitante se archivará en la oficina.

Art. 9.° Modifícase igualmente el artículo 52 agregándose despues de la palabra «muerte» «y que manifestasen que quieren reconocer hijos naturales,» y el artículo 53 sustituyendo las palabras «en la forma establecida en el artículo 22» «por medio de avisos fijados en la puerta de la oficina»

Art. 10. El artículo 54 queda así mismo modificado como sigue: todas las actuaciones relativas á la celebracion del matrimonio con excepcion de lo que disponen los artículos 39 y 43 en lo que se refiere á sustanciar y decidir la oposicion, se seguirán ante el aficial público y serán extendidas en libros encuadernados y foliados, sin perjuicio de otras formalidades que establezcan las leyes del Registro Civil.»

«La copia del acta á que se refiere el artículo 50 se expedirá en papel comun, y tanto esta copia como todas las actuaciones, para las que no se exigirá papel sellado, serán gratuitas, sin que funcionario alguno pueda cobrar emolumentos.

Art. 11. *Disposicion Transitoria.* Esta ley comenzará á regir desde el 1.° de Diciembre del corriente año.

Art. 12 Comuníquese al P. E.

Dada en la Sala de Sesiones del Congreso Argentino en Buenos Aires á 7 de Noviembre de 1889.

Departamento de Justicia.

Buenos Aires, Noviembre 12 de 1889.

En ejecucion de la Ley N° 2681, promulgada el dia de hoy,

El Presidente de la República,

DECRETA:

Art. 1.° Procédase por el Ministerio de Justicia á hacer la impresion de la Ley de Matrimonio, introduciendo en la de 12 de Noviembre de 1888 las modificaciones ordenadas por la de 12 de Noviembre de 1889.

Art. 2.° Comuníquese, publíquese é insértese en el Rejistro Nacional.

JUÁREZ CELMAN.
FILEMON POSSE.

LEY DE MATRIMONIO (MODIFICADA)

Art. 1.° Queda modificado el Código Civil en la forma y con arreglo á lo que se establece en los artículos siguientes:

SECCION SEGUNDA.

De los derechos personales en las relaciones de familia.

TÍTULO PRIMERO.

DEL MATRIMONIO.

CAPÍTULO I.

Régimen del Matrimonio.

Art. 2.° La validez del matrimonio, no habiendo ninguno de los impedimentos establecidos en los incisos 1°, 2°, 3°, 5° y 6° del artículo 9°, será juzgada en la República por la ley del lugar en que sa haya celebrado, aunque los contrayentes hubiesen dejado su domicilio para no sujetarse á las formas y leyes que en él rigen.

Art. 3.° Los derechos y las obligaciones personales de los cónyuges son regidos por las leyes de la República, mientras permanezcan en ella, cualquiera que sea el país en que hubieran contraido matrimonio.

Art. 4.° El contrato nupcial rige los bienes del matrimonio, cualesquiera que sean las leyes del país en que el matrimonio se celebró.

Art. 5.° No habiendo convenciones nupciales, ni cambio del domicilio matrimonial, la ley del lugar donde el matrimonio se celebró rige los bienes muebles de los esposos, donde quiera que se encuentren ó donde quiera que se hayan sido adquiridos.

Si hubiese cambio de domicilio, los bienes adquiridos por los esposos antes de mudarlo son regidos por las leyes del primero. Los que hubiesen adquirido despues del cambio, son regidos por las leyes del nuevo domicilio.

Art. 6.° Los bienes raíces son regidos por la ley del lugar en que estén situados.

Art. 7.° La disolucion en país extranjero, de un matrimonio celebrado en la República Argentina, aunque sea de conformidad á las leyes de aquél, si no lo fuere á las de este Código, no habilita á ninguno de los cónyuges para casarse.

CAPÍTULO II.

De los esponsales.

Art. 8.° La ley no reconoce esponsales de futuro. Ningun tribunal admitirá demanda sobre la materia, ni por indemnizacion de perjuicios que ellos hubiesen causado.

CAPÍTULO III.

De los impedimentos.

Art. 9.° Son impedimentos para el matrimonio:

1.° La consanguinidad entre ascendientes y descendientes sin limitacion, sean legítimos ó ilegítimos.

2.° La consanguinidad entre hermanos ó medios hermanos, legítimos ó ilegítimos.

3.° La afinidad en línea recta en todos los grados.

4.° No tener la mujer doce años cumplidos y el hombre catorce.

5.° El matrimonio anterior mientras subsista.

6.° Haber sido autor voluntario ó cómplice de homicidio de uno de los cónyuges.

7.° La locura.

En los casos de los incisos 1.° y 2.°, la prueba del parentesco queda sujeta á lo prescripto en las disposiciones de este Código.

Art. 10. La mujer mayor de doce años y el hombre mayor de catorce, pero menores de edad, y los sordomudos que no saben darse á entender por escrito, no pueden casarse entre sí ni con otra persona, sin el consentimiento de su padre legítimo ó natural que lo hubiese reconocido, ó sin el de la madre á falta de padre, ó sin el del tutor ó curador á falta de ambos, ó en defecto de éstos sin el del Juez.

Art. 11. El juez de lo civil decidirá de las causas de disenso, en juicio privado y meramente informativo.

Art. 12. El tutor y sus descendientes legítimos que estén bajo su potestad, no podrán contraer matrimonio con el menor ó la menor que ha tenido ó tuviese aquel bajo su guarda hasta que fenecida la tutela, haya sido aprobada la cuenta de su administracion. Si lo hicieran el tutor perderá la asignacion que el habria correspondido sobre las rentas del menor, sin perjuicio de su responsabilidad penal.

Art. 13. Casándose los menores sin la autorizacion necesaria, les será negada la posesion y administracion de sus bienes hasta que sean mayores de edad; no habrá medio alguno de cubrir la falta de autorizacion.

CAPÍTULO IV.

Del consentimiento

Art. 14. Es indispensable para la existencia del matrimonio el consentimiento de los contrayentes, expresado ante el oficial público encargado del Rejistro Civil.

El acto que careciere de alguno de estos requisitos no producirá efectos civiles, aun cuando las partes tuviesen buena fe.

Art. 15. El consentimiento puede expresarse por medio de apoderado, con poder especial en que se designe expresamente la persona con quien el poderdante ha de contraer matrimonio.

Art. 16. La violencia, el dolo y el error sobre la identidad del individuo físico ó de la persona civil vician el consentimiento.

CAPÍTULO V.

De las diligencias previas á la celebracion del matrimonio.

Art. 17. Los que pretendan contraer matrimonio, se presentarán ante el oficial público encargado del Registro Civil, en el domicilio de cualquiera de ellos, y manifestarán verbalmente su intencion, que será consignada en un acta firmada por el oficial público, por los futuros esposos y por dos testigos; si los futuros esposos no supieren ó no pudieren firmar, firmará á su ruego otra persona.

Art. 18. En el acta debe expresarse:

1.° Los nombres y apellidos de los que quieran casarse.

2.° Su edad.

3.° Su nacionalidad, su domicilio y el lugar de su nacimiento.

4.° Su profesion.

5.° Los nombres y apellidos de sus padres, su nacionalidad, profesion y domicilio.

6.° Si antes han sido ó no casados, y en caso afirmativo el nombre y apellido de su anterior conyuge, el lugar del casamiento y la causa de su disolucion.

Art. 19. Los futuros esposos deberán presentar en el mismo acto:

1.° Copia, debidamente legalizada, de la sentencia ejecutoriada que hubiere declarando nulo el matrimonio anterior de uno ó de ambos futuros esposos en su caso.

2.° La declaracion auténtica de las personas cuyo consentimiento es exigido por la ley, si no la prestáran verbalmente en ese acto, ó la venia supletoria del juez cuando proceda. Los padres, tutores ó curadores, que presten su consentimiento ante el oficial público, firmarán el acta á que se refiere el art. 17, si no supieren ó no pudieren firmar, lo hará alguno de los testigos á su ruego.

3.° Dos testigos que, por el conocimiento que tengan de las partes, declaren sobre la identidad y que los creen hábiles para contraer matrimonio.

CAPÍTULO VI.

De la oposicion.

Art. 20. Solo pueden alegarse como motivos de oposicion los impedimentos establecidos en este Código.

La oposicion que no se funde en la existencia de alguno de esos impedimentos, será rechazada sin mas trámite.

Art. 21. El derecho de hacer oposicion á la celebracion del matrimonio por razon de los impedimentos establecidos en el artículo 9, compete:

1.° Al cónyuge de la persona que quiere contraer otro.
2.° A los parientes de cualquiera de los futuros esposos, dentro del cuarto grado de consanguinidad ó afinidad.
3.° A los tutores ó curadores.
4.° Al Ministerio público que deberá deducir oposicion, siempre que tenga conocimiento de esos impedimentos.

Art. 22. Si la mujer viuda quiere contraer matrimonio contrariando lo dispuesto en el artículo 93, los parientes del marido en grado sucesible tendrán derecho á deducir oposicion.

Art. 23. Los padres, los tutores y curadores podrán además deducir oposicion por falta de su consentimiento.

Art. 24. Los padres, tutores ó curadores deben expresar los motivos de la oposicion; pero los padres estarán exentos de esa obligacion cuando se trate de un hijo varon menor de 18 años ó mujer menor de 15 años, excepto el caso en que estén gozando del usufructo de sus bienes.

La oposicion solo puede fundarse:

1.° En la existencia de alguno de los impedimentos establecidos en el artículo 9°.
2.° En enfermedad contagiosa de la persona que pretenda casarse con el menor.
3.° En su conducta desarreglada ó inmoral.
4.° En que haya sido condenado por delito de robo, hurto, estafa, ó cualquiera otro que tenga pena mayor de un año de prision.
5.° Falta de medios de subsistencia y de aptitud para adquirirlos.

Art. 25. La oposicion debe deducirse ante el oficial público que intervenga en las diligencias prévias á la celebracion del matrimonio.

Art. 26. La oposicion puede deducirse desde que se hayan

iniciado las diligencias para el matrimonio hasta que éste se celebre.

Art. 27. La oposicion se hará verbalmente ó por escrito, expresando:

1.° El nombre, apellido, edad, estado, profesion y domicilio del oponente.

2.° El parentesco que lo ligue con alguno de los futuros esposos.

3.° El impedimento en que funda su oposicion.

4.° Los motivos que tenga para creer que existe el impedimento.

5.° Si tiene ó no documentos que prueben la existencia del impedimento y sus referencias.

Cuando la oposicion se deduzca verbalmente, el oficial público levantará acta circunstanciada que deberá firmar con el oponente y con dos testigos, si éste no supiere ó no pudiere firmar. Cuando la oposicion se deduzca por escrito, se trascribirá en el libro de actas con las mismas formalidades.

Art. 28. Si el oponente tuviere documentos debe presentarlos en el mismo acto. Si no los tuviere, expresará el lugar donde existen, y los detallará, si tuviere noticia de ellos.

Art. 29. Deducida en forma la oposicion, se dará conocimiento de ella á los futuros esposos por el oficial público que deba celebrar el matrimonio.

Si alguno de ellos ó ambos estuviesen conformes en la existencia del impedimento legal, el oficial público lo hará constar en el acta y no celebrará el matrimonio.

Art. 30. Si la oposicion no se fundase en alguno de los impedimentos legales, el oficial público ante quien se deduzca, la rechazará de oficio, levantando acta.

Art. 31. Si los futuros esposos no reconocieran la existencia del impedimento, deberán expresarlo ante el oficial público dentro de los tres dias siguientes al de la notificacion; éste levantará acta y remitirá al Juez letrado de lo civil copia autorizada de todo lo actuado con los documentos presentados, suspendiendo la celebracion del matrimonio.

Art. 32. Los Tribunales civiles sustanciarán y decidirán en juicio sumario con citacion fiscal la oposicion deducida, y remitirán copia legalizada de la sentencia al oficial público.

Art. 33. El oficial público no procederá á la celebracion del matrimonio mientras que la sentencia que desestime la oposicion no haya pasado en autoridad de cosa juzgada.

Si la sentencia declarase la existencia del impedimiento en que se funda la oposicion, no podrá celebrarse el matrimonio; tanto en uno, como en otro caso, el oficial público anotará al márgen del acta de oposicion la parte dispositiva de la sentencia.

Art. 34. Si la oposicion fuera rechazada, su autor, no siendo un ascendiente ó el ministerio público, pagará á los futuros esposos una indemnizacion prudencialmente fijada por los Tribunales que conozcan de ella.

Art. 35. Cualquier persona puede denunciar la existencia de alguno de los impedimentos establecidos en el artículo 9.°, incurriendo en las responsabilidades del caso cuando la denuncia fuese maliciosa.

Art. 36. Hecha en forma la denuncia, el oficial público la remitirá al Juez letrado de lo civil, quien dará vista de ella al Ministerio fiscal; éste dentro de tres dias, deducirá oposicion ó manifestará que considera infundada la denuncia.

CAPÍTULO VII.

De la celebracion del matrimonio.

Art. 37. El matrimonio debe celebrarse ante el oficial público encargado del Registro Civil, en su oficina, públicamente, compareciendo personalmente los futuros esposos ó sus apoderados en el caso previsto por el artículo 15, en presencia de dos testigos y con las formalidades que esta ley prescribe.

Si alguno de los futuros cónyuges estuviere imposibilitado para concurrir á la oficina, el matrimonio podrá celebrarse en su domicilio.

Art. 38. Si el matrimonio se celebra en la oficina, deberán concurrir dos testigos, y cuatro si se celebra en el domicilio de alguno de los cónyuges.

Art. 39. En el acto de la celebracion del matrimonio el oficial público dará lectura á los futuros esposos de los artículos 50, 51 y 53 de esta ley, recibirá de cada uno de ellos personalmente uno despues del otro, la declaracion de que quieren respectivamente tomarse por marido y mujer, y pronunciará en nombre de la ley que quedan unidos en matrimonio.

El oficial público no podrá oponerse á que los esposos, despues de prestar su consentimiento ante él, hagan bendecir su union en el mismo acto por un ministro de su culto.

Art. 40. Si de las diligencias prévias resultara, á juicio del oficial público encargado del Registro Civil, que los futuros esposos son hábiles para casarse, se procederá inmediatamente á la celebracion del matrimonio, de modo que todo conste en una sola acta en la que se consignará además:

1.° La declaracion de los contrayentes de que se toman por esposos, y la hecha por el oficial público, de que quedan unidos en nombre de la ley.

2.° El reconocimiento que los contrayentes hicieren de los hijos naturales, si los tuvieren, que legitimen por su matrimonio.

3.° El nombre, apellido, edad, estado, profesion y domicilio de los testigos del acto, si fuesen distintos de los que declararan sobre la habilidad de los contrayentes.

4.° La mencion del poder, con determinacion de la fecha, lugar y escribano ú oficial público ante quien se hubiese otorgado, en caso que el matrimonio se celebre por medio de apoderado, cuyo instrumento habilitante se archivará en la oficina.

Art. 41. Si de las diligencias prévias no resultara probada la habilidad de los contrayentes, ó si se dedujese oposicion ó se hiciese denuncia, el oficial público suspenderá la celebracion del matrimonio hasta que se pruebe la habilidad, se rechaze la oposicion ó se destine la denuncia, haciéndolo constar en acta de que dará copia á los interesados, si la pidieran, para que puedan ocurrir al Juez Letrado de lo Civil.

Art. 42. En el caso del artículo anterior el acta de la celebracion del matrimonio se hará por separado de la de las diligencias prévias, y se hará constar:

1.° La fecha en que el acto tiene lugar.

2.° El nombre y apellido, edad, profesion, domicilio y lugar del nacimiento de los comparecientes.

3.° El nombre y apellido, profesion, domicilio y nacionalidad de sus respectivos padres, si fueren conocidos.

4.° El nombre y apellido del cónyuge premuerto, cuando alguno de los cónyuges ha sido ya casado.

5.° Consentimiento de los padres, tutores ó curadores, ó el supletorio del Juez en los casos en que es requerido.

6.° La mencion de si hubo ó no oposicion y de su rechazo.

7.° La declaracion de los contrayentes de que se toman por esposos y la hecha por el oficial público de que quedan unidos en nombre de la ley.

8.° El reconocimiento que los contrayentes hicieran de los hijos naturales, si los tuvieren, que legitimen por su matrimonio.

9.° El nombre, apellido, edad, estado, profesion y domicilio de los testigos.

10. La mencion del poder, con determinacion de la fecha, lugar y escribano ú oficial público ante quien se hubiese otorgado en caso que el matrimonio se celebre por medio de apoderado, cuyo instrumento habilitante se archivará en la oficina.

Art. 43. El acta de matrimonio será redactada y firmada inmediatamente por todos los que intervienen en él ó por otros á ruego de los que no pudieren ó no supieren hacerlo.

Art. 44. La declaracion de los contrayentes de que se toman respectivamente por esposos, no puede someterse á término ni á condicion alguna.

Art. 45. El Jefe de la Oficina del Registro Civil entregará á los esposos copia legalizada del acta de matrimonio.

Art. 46. El oficial público procederá á la celebracion del matrimonio con prescindencia de todas ó de algunas de las formalidades que deben precederle, cuando se justificase con el certificado de un médico, y donde éste no existiere con el testimonio de dos vecinos, que alguno de los futuros esposos se encuentra en peligro de muerte, y que manifestasen que quieren reconocer hijos naturales, haciéndolo constar en el acta. Cuando hubiere peligro en la demora, el matrimonio, en artículo de muerte, podrá celebrarse ante cualquier funcionario judicial, el cual deberá levantar acta de la celebracion, haciendo constar las circunstancias mencionadas en los incisos 1, 2. 3, 4, 5, 7, 8, 9 y 10 del art. 42, y la remitirá al oficial público encargado del Registro Civil para que la protocolice.

Art. 47. En los casos del artículo anterior, el acta de la celebracion del matrimonio será publicada durante ocho dias por medio de avisos fijados en las puertas de la oficina.

Art. 48. Todas las actuaciones relativas á la celebracion del matrimonio con excepcion de lo que disponen los artículos 32 y 36, en lo que se refiere á sustanciar y decidir la oposicion, se seguirán ante el oficial público y serán extendidas en libros encuadernados y foliados, sin perjuicio de otras formalidades que establezcan las leyes del Registro Civil.

Art. 49. La copia del acta á que se refiere el artículo 45 se expedirá en papel comun y tanto esta copia como todas las actuaciones para las que no se exijirá papel sellado, serán gratuitas, sin que funcionario alguno pueda cobrar emolumentos.

CAPÍTULO VIII.

Derechos y obligaciones de los cónyuges.

Art. 50. Los esposos están obligados á guardarse fidelidad, sin que la infidelidad del uno autorize al otro á proceder del mismo modo. El que faltare á esta obligacion puede ser demaudado por el otro por accion de divorcio, sin perjuicio de la que le acuerde el Código Penal.

Art. 51. El marido está obligado á vivir en una misma casa con su mujer, á prestarle todos los recursos que le fueren necesarios y á ejercer todos los actos y acciones que á ella correspondan, haciendo los gastos judiciales necesarios, aun en el caso de que fuese acusada criminalmente. Faltando el marido á estas obligaciones, la mujer tiene derecho á pedir judicialmente que aquel le dé los alimentos necesarios y las expensas que les fuesen indispensables en los juicios.

Art. 52. Si no hubiere contrato nupcial, el marido es el administrador legítimo de todos los bienes del matrimonio incluso los de la mujer; tanto de los que llevó al matrimonio, como de los que adquiriese despues por títulos propios.

Art. 53. La mujer está obligada á habitar con su marido donde quiera que éste fije su residencia. Si faltase á esa obligacion, el marido puede pedir las medidas judiciales necesarias y tendrá derecho á negarle alimentos. Los tribunales, con conocimiento de causa, pueden eximir á la mujer de esta obligacion cuando de su ejecucion resulte peligro para su vida.

Art. 54. La mujer no puede estar en juicio, por sí ni por procurador, sin licencia especial del marido, dada por escrito, con excepcion de los casos en que este Código presume la autorizacion del marido ó no la exige, ó solo exige una autorizacion general, ó solo una autorizacion judicial.

Art. 55. Tampoco puede la mujer, sin licencia ó poder del marido, celebrar contrato alguno, ni desistir de un contrato anterior, ni adquirir bienes ó acciones por título oneroso ó lucrativo, ni enajenar ni obligar sus bienes, ni contraer obligacion alguna, ni remitir obligacion á su favor.

Art. 56. Se presume que la mujer está autorizada por el marido, si ejerce públicamente alguna profesion ó industria, como directora de un colegio, maestra de escuela, actriz, etc., y en tales casos se entiende que está autorizada por el marido para todos los actos ó contratos concernientes á su profesion ó industria, si no hubiese reclamacion por parte de él, anunciada al público ó judicialmente intimada á quien con ella hubiese de contratar.

Se presume tambien la autorizacion del marido en las compras al contado que la mujer hiciese, y en las compras al fiado de objetos destinados al consumo ordinario de la familia.

Art. 57. No es necesaria la autorizacion del marido en los pleitos entre él y su mujer, ni para defenderse cuando fuese criminalmente acusada, ni para hacer su testamento ó revocar el que hubiese hecho, ni para administrar los bienes que se hubiese reservado por el contrato de matrimonio.

Art. 58. La mujer, el marido y los herederos de ambos, son los únicos que pueden reclamar la nulidad de los actos y obligaciones de la mujer por falta de licencia del marido.

Art. 59. Bastará que la mujer sea solamente autorizada por el Juez del domicilio, cuando estuviese el marido loco ó en lugar no conocido, en los casos del artículo 135 de este Código en cuanto á los actos que los menores casados no pueden ejecutar.

Art. 60. Los Tribunales con conocimiento de causa, pueden suplir la autorizacion del marido, cuando éste se hallare ausente ó impedido para darla, y en los casos especiales previstos por este Código.

Art. 61. El marido puede revocar á su arbitrio la autorizacion que hubiere concedido á su mujer; pero la revocacion no tendrá efecto retroactivo en perjuicio de tercero.

Art. 62. El marido puede ratificar general ó especialmente los actos para los cuales no hubiere autorizado á su mujer. La ratificacion puede ser tácita por hechos del marido que manifiesten inequivocamente su aquiescencia.

Art. 63. Los actos y contratos de la mujer no autorizados por el marido, ó autorizados por el juez contra la voluntad del marido, obligarán solamente sus bienes propios, si no se pidiese su rescision en el primer caso; pero no obligarán el haber social ni los bienes del marido sino hasta la concurrencia del beneficio que la sociedad conyugal ó el marido hubiesen reportado del acto.

CAPÍTULO IX.

Del divorcio.

Art. 64. El divorcio que este Código autoriza consiste únicamente en la separacion personal de los esposos, sin que se disuelva el vínculo matrimonial.

Art. 65. No puede renunciarse en las convenciones matrimoniales la facultad de pedir el divorcio al Juez competente.

Art. 66. No hay divorcio por mútuo consentimiento de los esposos. Ellos no serán tenidos por divorciados sin sentencia de Juez competente.

Art. 67. Las causas del divorcio son las siguientes:

1ª Adulterio de la mujer ó del marido.

2ª Tentativa de uno de los cónyuges contra la vida del otro, sea como autor principal ó como cómplice.

3ª La provocacion de uno de los cónyuges al otro á cometer adulterios ú otros delitos.

4ª La sevicia.

5ª Las injurias graves; para apreciar la gravedad de la injuria, el juez deberá tomar en consideracion la educacion, posicion social y demás circunstancias de hecho que puedan presentarse.

6ª Los malos tratamientos, aunque no sean graves cuando sean tan frecuentes que hagan intolerable la vida conyugal.

7ª El abandono voluntario y malicioso.

Art. 68. Puesta la accion de divorcio, ó antes de ella en casos de urgencia, podrá el Juez á instancia de la parte, decretar la la separacion personal de los casados y el depósito de la mujer en casa honesta, dentro de los límites de su jurisdiccion; determinar el cuidado de los hijos con arreglo á las disposiciones de este Código y los alimentos que han de prestarse á la mujer y á los hijos que no quedasen en poder del padre, como tambien las expensas necesarias á la mujer para el juicio de divorcio.

Art. 69. Si alguno de los cónyuges fuese menor de edad, no podrá estar en juicio, como demandante ó demandado, sin la asistencia de un curador especial, que para este solo fin elegirá la parte, y en su defecto nombrará el juez.

Art. 70. Toda clase de prueba será admitida en este juicio, con excepcion de la confesion ó juramento de los cónyuges.

Art. 71. Se extingue la accion de divorcio y cesan los efectos del divorcio ya declarado, cuando los cónyuges se han reconciliado despues de los hechos que autorizaban la accion ó motivaron el divorcio. La ley presume la reconciliacion cuando el marido cohabita con la mujer, despues de haber dejado la habitacion comun. La reconciliacion restituye todo al estado anterior á la demanda de divorcio.

CAPÍTULO X.

Efectos del divorcio.

Art. 72. Separados por sentencia de divorcio, cada uno de los cónyuges puede fijar su domicilio ó residencia donde crea conveniente, aunque sea en el extranjero; pero si tuviese hijos á su cargo, no podrá trasportarlos fuera del pais sin licencia del juez del domicilio.

Art. 73. Si la mujer fuese mayor de edad, podrá ejercer todos los actos de la vida civil.

Cualquiera de los cónyuges que fuese menor de edad quedará sujeto á las disposiciones de este Código relativas á los menores emancipados.

Art. 74. Si durante el juicio de divorcio, la conducta del marido hiciese temer enajenaciones fraudulentas, ó disipacion de los bienes del matrimonio, la mujer podrá pedir al juez de la causa que se haga inventario de ellos y se pongan á cargo de otro administrador, ó que el marido dé fianza del importe de los bienes. Dada la sentencia de divorcio, los cónyuges pueden pedir la separacion de los bienes del matrimonio, con arreglo á lo dispuesto en el título de la «Sociedad Conyugal.»

Art. 75. El cónyuge inocente que no hubiese dado causa al divorcio, podrá revocar las donaciones ó ventajas que por el contrato del matrimonio hubiere hecho ó prometido al otro cónyuge, sea que hubiesen de tener efecto en vida ó despues de su fallecimiento.

Art. 76. Los hijos menores de cinco años quedarán á cargo de la madre. Los mayores de esta edad, se entregarán al esposo que, á juicio del juez, sea el mas á propósito para educarlos, sin que se pueda alegar por el marido ó por la mujer preferente derecho á tenerlos.

Art. 77. Si por acusacion criminal de alguno de los esposos contra el otro, hubiese condenacion á prision, reclusion ó destierro, ninguno de los hijos de cualquier edad que sea, podrá ir con el que deba cumplir alguna de estas penas, sin consentimiento del otro cónyuge.

Art. 78. El padre y la madre quedarán sujetos á todos los cargos y obligaciones que tienen para con sus hijos, cualquiera que sea el que hubiere dado causa al divorcio.

Art. 79. El marido que hubiere dado causa al divorcio debe contribuir á la subsistencia de la mujer, si ella no tuviera medios propios suficientes. El juez determinará la cantidad y forma, atendidas las circunstancias de ambos.

Art. 80. Cualquiera de los esposos que hubiere dado causa al divorcio, tendrá derecho á que el otro, si tiene medios, le provea de lo preciso para su subsistencia, si le fuese de toda necesidad.

CAPÍTULO XI.

De la disolucion del matrimonio.

Art. 81. El matrimonio válido no se disuelve sino por la muerte de uno de los esposos.

Art. 82. El matrimonio que puede disolverse segun las leyes del país en que se hubiere celebrado, no se disolverá en la República sino de conformidad al artículo anterior.

Art. 83. El fallecimiento presunto del cónyuge ausente ó desaparecido, no habilita al otro esposo para contraer nuevo matrimonio.

Mientras no se pruebe el fallecimiento del cónyuge ausente ó desaparecido, el matrimonio no se reputa disuelto.

CAPÍTULO XII.

De la nulidad del matrimonio.

Art. 84. Es absolutamente nulo el matrimonio celebrado con alguno de los impedimentos establecidos en los incisos 1.°, 2.°, 3.°, 5.° y 6.° del artículo 9.°, y su nulidad puede ser demandada por el cónyuge que ignoró la existencia del impedimento y por los que hubieran podido oponerse á la celebracion del matrimonio.

Art. 85. Es anulable el matrimonio:

1.° Cuando fuese celebrado con el impedimento establecido en el inciso 4.° del artículo 9.°

La nulidad puede ser demandada por el cónyuge incapaz y por los que en su representacion habrian podido oponerse á la celebracion del matrimonio.

No podrá demandarse la nulidad despues que el cónyuge ó los cónyuges incapaces hubieren llegado á la edad legal, ni cualquiera que fuese la edad, cuando la esposa hubiese concebido.

2.° Cuando fuese celebrado el matrimonio con el impedimento establecido en el inciso 7.° del artículo 9°.

La nulidad podrá ser demandada por los que hubieren podido oponerse al matrimonio.

El mismo incapaz podrá demandar la nulidad cuando recobrase la razon, si no hubiese continuado la vida marital, y el otro cónyuge si hubiese ignorado la incapacidad al tiempo de la celebracion del matrimonio y no hubiere hecho vida marital despues de conocida la incapacidad.

3.° Cuando el consentimiento adoleciera de alguno de los vicios á que se refiere el artículo 16.

En este caso la nulidad únicamente podrá ser demandada por el cónyuge que ha sufrido el error, el dolo ó la violencia. Esta accion se extingue para el marido si ha habido cohabitacion durante tres dias despues de conocido el error, ó el dolo, ó de suprimida la violencia, y para la mujer durante treinta dias despues.

4.° En el caso de impotencia absoluta y manifiesta de uno de los cónyuges, anterior de la celebracion del matrimonio.

La accion corresponde exclusivamente al otro cónyuge.

Art. 86. La accion de nulidad de un matrimonio no puede intentarse sino en vida de los dos esposos; uno de los cónyuges puede, sin embargo, deducir en todo tiempo la que le compete contra un segundo matrimonio contraido por su cónyuge; si se opusiere la nulidad del primero, se juzgará previamente esta oposicion.

CAPÍTULO XIII.

Efectos de la nulidad del matrimonio.

Art. 87. Si el matrimonio nulo hubiese sido contraido de buena fe por ambos cónyuges, producirá hasta el dia en que se declare su nulidad, todos los efectos del matrimonio válido, no solo con relacion á las personas y bienes de los cónyuges, sino tambien en relacion á los hijos.

En tal caso, la nulidad solo tendrá los efectos siguientes:

1.° En cuanto á los cónyuges, cesarán todos los derechos y obligaciones que produce el matrimonio, con la sola excepcion de la obligacion recíproca de prestarse alimentos en caso necesario.

2.° En cuanto á los bienes, los mismos efectos del fallecimiento de uno de los cónyuges; pero antes del fallecimiento de uno de ellos, el otro no tendrá derecho á las ventajas ó beneficios que en el contrato de matrimonio se hubiesen hecho al que de ellos sobreviviese.

3.° En cuanto á los hijos concebidos durante el matrimonio putativo, serán considerados como legítimos, con los derechos y obligaciones de los hijos de un matrimonio válido.

4.° En cuanto á los hijos naturales concebidos antes del matrimonio putativo entre el padre y la madre, y nacidos despues, quedarán legitimados en los mismos casos en que el subsiguiente matrimonio válido produce este efecto.

Art. 88. Si hubo buena fe solo de parte de uno de los cónyuges, el matrimonio hasta el dia de la sentencia que declare la nulidad, producirá tambien los efectos del matrimonio válido, pero solo respecto al esposo de buena fe y á los hijos y no respecto al cónyuge de mala fe.

La nulidad en este caso tendrá los efectos siguientes:

1.° El cónyuge de mala fe no podrá exigir que el de buena fe le preste alimentos.

2.° El cónyuge de mala fe no tendrá derecho á ninguna de las ventajas que se le hubiesen acordado en el contrato de matrimonio.

3.° El cónyuge de mala fe no tendrá los derechos de la patria potestad sobre los hijos; pero sí las obligaciones.

Art. 89. Si el matrimonio nulo fuese contraido de mala fe por ambos cónyuges, no producirá efecto civil alguno.

La nulidad tendrá los efectos siguientes:

1.° La union será reputada como concubinato.

2.° En relacion á los bienes, se procederá como en el caso

de la disolucion de una sociedad de hecho, quedando sin efecto alguno el contrato de matrimonio.

3.° En cuanto á los hijos, serán considerados como ilegítimos y en la clase en que los pusiese el impedimento que causare la nulidad.

Art. 90. Consiste la mala fe de los cónyuges en el conocimiento que hubiesen tenido, ó debido tener, el dia de la celebracion del matrimonio, del impedimento que causa la nulidad.

No habrá buena fe por ignorancia ó error de derecho.

Tampoco la habrá por ignorancia ó error de hecho que no sea excusable, á menos que el error fuese ocasionado por dolo.

Art. 91. El cónyuge de buena fe puede demandar al cónyuge de mala fe y á los terceros que hubiesen provocado en error, por indemnizacion de daños y perjuicios.

Art. 92. En todos los casos de los articulos precedentes, la nulidad no perjudica los derechos adquiridos por terceros, que de buena fe hubiesen contratado con los supuestos cónyuges.

CAPÍTULO XIV.

De las segundas ó ulteriores nupcias.

Art. 93. La mujer no podrá casarse hasta pasados diez meses de disuelto ó anulado el matrimonio, á menos de haber quedado en cinta, en cuyo caso podrá casarse despues del alumbramiento.

Art. 94. La mujer que se casase en contravencion del artículo anterior, perderá los legados, y cualquiera otra liberalidad ó beneficio que el marido le hubiese hecho en su testamento.

Art. 95. La viuda que teniendo bajo su potestad hijos menores de edad, contrajese matrimonio, debe pedir al Juez que les nombre tutor.

Si no lo hiciese, es responsable con todos sus bienes de los perjuicios que resultaren á los intereses de sus hijos.

La misma obligacion y responsabilidad tiene el marido de ella.

CAPÍTULO XV.

Disposiciones generales.

Art. 96. Los matrimonios celebrados con posterioridad á la vigencia de esta ley, se probarán con el acta de la celebracion del matrimonio ó su testimonio.

Art. 97. Si hubiere imposibilidad de presentar el acta ó su testimonio, se admitirán todos los medios de prueba; estas pruebas no se recibirán sin que préviamente se justifique la imposibilidad.

Art. 98. La disposicion del artículo anterior se aplica:

1.° Cuando el registro ha sido destruido ó perdido en todo ó en parte.

2.° Cuando estuviere incompleto ó hubiere sido llevado con irregularidad.

3.° Cuando el acta ha sido omitida por el oficial público.

Art. 99. La sentencia que decida que una acta ha sido destruida, perdida ú omitida, será comunicada inmediatamente al oficial público, el cual la trascribirá en un registro suplementario que será llevado con las formalidades que prescribe el artículo 48.

Art. 100. Cuando la destruccion, falsificacion ó pérdida de un acta de matrimonio dé lugar á una accion criminal, la sentencia que declare la existencia del matrimonio se inscribirá en el Registro de estado civil y suplirá al acta.

Art. 101. La posesion de estado no puede ser invocada por los esposos ni por los terceros como prueba bastante, cuando se trata de establecer el estado de casados ó de reclamar los efectos civiles del matrimonio. Cuando hay posesion de estado y existe el acta de la celebracion del matrimonio, la observancia de las formalidades prescriptas no podrá ser alegada contra su validez.

Art. 102. El conocimiento y decision de las causas sobre divorcio ó nulidad del matrimonio celebrado antes ó despues de la vigencia de esta ley, corresponde á la jurisdiccion civil.

Art. 103. Cuando se tratase de un matrimonio celebrado con anterioridad á esta ley y la accion de nulidad se fundare en un impedimento, se aplicarán las disposiciones de esta ley;—si la accion se fundare en defectos de forma se aplicarán las leyes canónicas.

Art. 104. Las acciones de divorcio y nulidad de matrimonio deben intentarse en el domicilio de los cónyuges. Si el marido no tuviere su domicilio en la República, la accion podrá ser intentada ante el Juez del último domicilio que hubiera tenido en ella, si el matrimonio se hubiese celebrado en la República.

Art. 105. Toda sentencia sobre divorcio ó nulidad de matrimonio será comunicada por el juez de la causa, inmediatamente despues de ejecutoriada, al oficial público encargado del Registro, para que la anote al márgen del acta del matrimonio, si éste hubiere sido celebrado con posterioridad á esta ley, ó en un registro especial si se tratase de matrimonios contraidos antes de su vigencia.

Art. 106. En la capital de la República y territorios nacionales, desempeñarán las funciones, que esta ley encomienda á los oficiales públicos, los jefes de las secciones del Registro del estado civil; las mismas funciones serán desempeñadas en las provincias donde hubiere Registro de estado civil por los encargados de llevarlo, y donde no los hubiere, por la autoridad judicial del distrito.

Art. 107. Será castigado con prision de uno á tres meses y con pérdida del oficio, el oficial público que casare á un menor sin el consentimiento de sus padres, tutores ó curadores ó del judicial en su defecto, y con prision de uno á dos años, y con multa de cien á quinientos pesos aquel que celebre un matrimonio, sabiendo que existe un impedimento que puede ser causa de la nulidad del acto.

Art. 108. Incurrirá en la multa de cien á quinientos pesos el oficial del Registro Civil que contravenga cualquiera de las otras disposiciones de la presente Ley.

Art. 109. El cónyuge que hubiere contraido matrimonio conociendo la existencia de algunos de los impedimentos establecidos en el art. 9.° y que haya producido su nulidad, responderá al otro de las pérdidas é intereses, sin perjuicio de la accion criminal que corresponda. Si el daño efectivo no pudiera ser fijado, el Juez apreciará el daño moral en una cantidad de dinero proporcionada á las circunstancias del caso.

Art. 110. Los ministros, pastores y sacerdotes de cualquiera religion ó secta, que procedieran á la celebracion de un matrimonio religioso, sin tener á la vista el acta de la celebracion del matrimonio, estarán sujetos á las responsabilidades establecidas por el artículo 147 del Código Penal, y si desempeñasen oficio público, serán separados de él.

Art. 111. La aplicacion de las penas establecidas en los artículos precedentes será pedida por el Ministerio Público ante el Juzgado competente.

Art. 112. Deróganse todas las disposiciones de este Código relativas á hijos sacrílegos. Los que atualmente son llamados hijos sacrílegos tendrán la filiacion que les corresponda segun las disposiciones civiles que quedan vigentes.

Art. 113. Los Registros públicos que debian ser creados por las municipalidades segun el artículo 80 de este Código deberán serlo por las Legislaturas respectivas.

Art. 114. El artículo 263 de este Código queda reformado como sigue. «La filiacion legítima se probará: por la inscripcion del nacimiento en el Registro Civil, donde exista, y á falta de éste por la inscripcion en el registro parroquial y por la inscripcion del matrimonio en el registro civil desde la vigencia de esta ley, y en los parroquiales antes de ella. Á falta de inscripcion ó cuando la inscripcion en los registros se ha hecho bajo falsos nombres ó como de padres no conocidos, la filiacion legítima puede probarse por todos los medios de prueba.»

Art. 115. El viudo ó viuda que teniendo hijos del precedente matrimonio, pase á ulteriores nupcias, está obligado á reservar á los hijos del primer matrimonio, ó á sus descendientes legítimos, la propiedad de los bienes que por testamento ó ab-intestato hubiese heredado de alguno de ellos, conservando solo durante su vida el usufructo de dichos bienes.

Art. 116. Cesa la obligacion de la reserva, si al morir el padre ó la madre que contrajo segundo matrimonio, no existen hijos ni descendientes legítimos de ellos aun cuando existan sus herederos.

CAPÍTULO XVI.

Disposiciones transitorias.

Art. 117. Esta Ley comenzará á regir desde el 1.° de Diciembre del año 1889.

Art. 118. En la primera edicion oficial que se haga del Código Civil, se incorporará esta ley en lugar del Título Primero, Seccion Segunda, Libro Primero, arreglando la numeracion que corresponda á los artículos.

Art. 119. Autorízase al Poder Ejecutivo para hacer de rentas generales los gastos que origine la presente ley, debiéndose imputar á la misma.

Art. 120. Comuníquese al Poder Ejecutivo.

Estadística de Inmigracion.

Buenos Aires, Noviembre 5 de 1889.

Señor Ministro:—Tengo el honor de acompañar el cuadro estadístico del movimiento inmigratorio correspondiente al mes de Octubrepasado que presenta la entrada total de 28.021 personas.

Por el expresado cuadro verá V. E. que la entrada en los 10 meses del corriente año ha sido de 226.715 individuos, superior en 101.313 á la de igual periodo del año 1888 ppdo. que ha alcanzado á 125.402.

Saludo al Sr. Ministro con toda consideracion y respeto.

E. SUNDBLAD.

A S. E. el Señor Ministro de Relaciones Exteriores, Doctor Don Estanislao S. Zeballos.

Bandera de los vapores de Ultramar.

Ingleses	29
Italianos	14
Franceses	13
Alemanes	11
Belgas	2
Holandeses	2
Españoles	1
Norte Americanos	1
Argentinos	1
Total	74 vapores,

siendo de estos 42 con 943 pasajeros y 21.456 inmigrantes Total: 22.399 personas embarcadas en los siguientes:

Puertos de embarque.

Génova	8 495
Coruña	1.733
Burdeos	1.621
Gibraltar	1.371
Havre	1.197
Barcelona	940
Málaga	704
Nápoles	666
Cádiz	856
Marsella	541
Amsterdan	478
Rotterdan	435
Canarias	404
Southampton	348
Valencia	333
Vigo	314
Marin	306
Rio de Janeiro	273
Hamburgo	248
Amberes	233
Pasajes	196
Carril	176
Villa Garcia	148
Bremen	109
Santos	99
Lisboa	55
Boulogne	31
Liverpool	26
Montevideo	26
Madeira	13
Tanger	8

Cherbourg........................... ...	8
San Vicente..........................	4
Dakar	2
Pernambuco....	1
Bahia...............................	1
Total........	22399

Desembarcados por cuenta del Estado.

Adultos.	14.679
Niños............	2512
Párvulos.......	624
Total....	17.815

Entrados al Hotel de la Capital.

Hombres........................... ..	6.200
Mujeres......	2.800
Niños...	1.540
Niñas.	1.431
Total......	11.971

Bultos de equipajes descargados.

Por sus dueños..	14.271
Por el Departamento General..........	15.103
Total.........	29.376

Clasificacion de los inmigrantes de Ultramar.

Italianos	9.507	44.30 °/。
Españoles	7.968	37.20 «
Franceses	1.849	8.61 «
Holandeses	857	4 «
Suizos	232	1.09 «
Ingleses	230	1.09 «
Alemanes	178	0.82 «
Austriacos	170	0.81 «
Belgas	164	0.80 «
Rusos	87	0.41 »
Dinamarqueses	68	0.32 «
Suecos	40	
Argentinos	35	
Turcos	27	
Brasileros	11	
Portugueses	9	0.55 «
Norte-Americanos	9	
Rumanos	5	
Griegos	3	
Bolivianos	1	
Total	21.456	100 °/。

Pasajeros de 1.ª clase	943
Entrada por via de Montevideo	1.940
Total	2.883

Inmigrantes de 2.ª y 3.ª clase	21.456
Entrada por via de Montevideo	3.681
Idem de varias procedencias	1
Total	25.138

Sexo masculino

Hombres	12.206
Niños	2.618

Sexo femenino.

Mujeres	4.662
Niñas	1.970

Estado.

Solteros	14.608
Casados	6.704
Viudos	144

Religion.

Católicos	20.061
Varias	1395

Colocados é internados por la Oficina de Trabajo.

Capital de la Nacion	1.182
Buenos Aires	3.751
Entre Rios	227
Corrientes	66
Santa Fe	3483
Córdoba	1171
Tucuman	340
Santiago	105
Salta	21
Jujuy	5
Catamarca	27
La Rioja	16
San Luis	81

Mendoza		443
San Juan		380
Gobernacion	del Chaco	8
Idem	de Misiones	4
Idem	del Rio Negro	12
Idem	de Formosa	3
	Total	11325

Profesiones.

Agricultores	5.063	Marinos	3
Albañiles	152	Mecánicos	33
Aserradores	1	Mineros	93
Barberos	15	Molineros	7
Caldereros	4	Panaderos	39
Carpinteros	160	Picapedreros	17
Costureras	187	Pintores	35
Cocheros	37	Profesores	5
Cocineros-cocineras	48	Relojeros	2
Dependientes	39	Sirvientes	367
Ebanistas	5	Sastres	34
Escultores	3	Sin profesion	1.901
Foguistas	9	Sombrereros	2
Fundidores	8	Talabarteros	6
Herreros	63	Tipógrafos	5
Hojalateros	12	Toneleros	8
Jornaleros	2.801	Torneros	6
Ladrilleros	12	Varias profesiones	55
Litógrafos	1	Zapateros	90
		Total	11.325

N. de órden.	Dia.	Vapores.	Pasajeros.	Imigrantes.
1	1	Paranaguá	«	16
2	2	Garrik	«	«
3	«	Vicenzo Florio	«	
4	3	Indio	«	

N. de órden.	dia.	Vapores.	Pasajeros	Inmigrantes.
5	«	Corrientes..............	11	39
6	«	Asiatic Prince..........	«	«
7	4	Benicarló...............	1	976
8	«	Duchesa de Genova.....	57	869
9	5	Pacifica	9	1519
10	6	Strait of Belle Isle... ..	«	«
11	«	Fortunato R............	«	«
12	7	Stamboul...............	11	471
13	8	Pampa..................	5	420
14	«	Leerdan	«	453
15	«	Carlo R................	«	118
16	9	Trent..	16	52
17	«	Bellena.................	«	«
18	10	Magdalena.............	126	165
19	«	Rosario...	«	944
20		Vedra..................	«	«
21	«	Hellenes.......... ...	«	«
22	11	Buffon	1	7
23	«	Wordsworth	45	52
24		Uruguay	15	20
25		Helleope...............	«	«
26		Adour	12	284
27	«	Regina Margherita......	25	868
28	14	Frankfurt...............	8	711
29	«	Negretia...............	«	«
30		Newton	«	
31	«	Cragzide	«	
32	15	Borghese...............	«	
33	16	Kehramvide......	«	«
34	«	Parahyba.....	«	195
35	17	Equateur..............	83	245
36	18	Zorate.................	«	«
37	19	Citá de Genova.........	«	1.004

	día.	Vapores.	Pasajeros	Inmigrantes.
38	20	Andalucia..............	«	555
39	«	Progreso..............	»	«
40		Europa................	1	693
41	«	Santa Fé..............	«	576
42	21	Montevideo............	42	77
43	«	Pó....................	7	605
44	22	Hogarth...............	«	«
45	«	Rosarian..............	«	
46	«	Mortlake..............	«	«
47	23	Elbe..................	27	164
48	«	Dresden...............	20	1.912
49	«	Porteña...............	«	257
50	24	Rios..................	«	«
51	«	Cassius...............	«	«
52		Béarn	15	939
53	«	Charlten..............	«	«
54	25	Currier	«	
55	«	Nerwewem..............	«	«
56		Duca de Galliera.......	22	1044
57	«	Sirio.	41	982
58	26	Cook..................	«	«
59	«	Cyanus.	«	«
60	«	Paraguay	44	338
61		Caffaro...............	«	«
62	«	Bellova...............	«	«
63	27	Cachar................	«	264
64	«	Medoé................	«	676
65		Adelaide Lavarello......	«	980
66	«	Galileo...............	27	18
67	27	Olimpo................	«	«
68	«	Dante	«	
69		Hidelgarde............	«	
70		Diolibah..............	«	

N. de órden.	dia.	Vapores.	Pasajeros	Inmigrantes.
71	«	Olinda................	12	30
72		Brésil............... .	217	414
73	«	Schiedan...............	13	506
74	31	Johnn Elder...........	20	374
Entrada directa de Ultramar..........			943	21.456
Idem por via de Montevideo........			1940	3.681
Idem de varias procedencias				1
		Total................	2.883	25.138

Estado comparativo entre la inmigracion de los 10 meses de 1889 con la entrada en igual periodo de 1888.

	Vapores	Pasageros	Inmigrantes	Total.
Enero........	78	3 320	22 100	25 420
Febrero......	71	3 244	23 595	26 839
Marzo........	69	2 866	18 965	21 831
Abril	74	1 176	20 479	21 655
Mayo........	59	1 063	20 889	21 952
Junio...... ..	68	1 886	20 205	22 091
Julio.........	63	1 324	16 569	17 893
Agosto.......	73	1 910	18 969	20 879
Setiembre....	59	2 165	17 969	20 134
Octubre......	74	2 883	25 138	28 021

Entrada en los 10 meses de 1889...............	226 715
Idem en los 10 meses de 1888......	125 402
A favor de la entrada de los 10 meses de 1889.	10 131

Tierras para inmigrantes del Norte de Europa.

Ministerio
de
Relaciones Exteriores.

Buenos Aires, Noviembre 18 de 1889.

Señor Ministro:—Habiendo adoptado este Ministerio las medidas necesarias para llevar la corriente de la inmigracion espontánea del Norte de Europa á una importancia si no igual por lo menos aproximada, á la que corresponde en nuestras estadísticas, á la poblacion que nos llega del Mediodia, he verificado el hecho de que el aliciente mas poderoso para obtener los resultados que persigo, es la adquisicion de la tierra en situacion topográfica conveniente y á precios reducidos con facilidades para el pago, cuyas circunstancias, por otra parte, están previstas en la ley de inmigracion de 1876.

Me referiré en esta nota solamente á la corriente de inmigracion de Suecia y Noruega que asciende de 50 á 60,000 almas por año.

De esta suma recibe la República Argentina anualmente una cantidad tan insignificante que no figura todavia en nuestras estadísticas con un renglon propio.

Sin embargo, el asunto merece una atencion especial porque la experiencia de los Estados Unidos revela que el inmigrante de Suecia y Noruega es sóbrio y vigoroso como lo reclama la lucha enérgica contra la naturaleza inculta y contra las dificultades de la instalacion en las colonias.

Los suecos emigran generalmente con un pequeño capital porque obedecen al propósito de adquirir propiedades en su nueva residencia.

Este hecho se verifica especialmente en los agricultores y pescadores, segun las estadísticas americanas.

En cuanto á la inmigracion simplemente obrera y destituida de recursos, será de la mayor utilidad para nuestras industrias.

Tengo la persuasion de que formados, uno ó dos grupos coloniales de importancia, en nuestro territorio, con todas las precauciones necesarias para garantizar el éxito, éste asegurará á nuestro país, el nuevo elemento de trabajo á que me refiero.

Una persona caracterizada ha recorrido algunos de los distritos de Suecia y Noruega mas propicios á la inmigracion y ha hecho saber á nuestro comisario general del ramo, que aquellos inmigrantes no aceptan pasages subsidiarios, no habiendo podido encontrar tomadores, para quinientos que llevaba.

Solamente con las seguridades de adquirir tierra en la forma á que me he referido se decidirán á tomar el camino de Buenos Aires aquellos inmigrantes, que siguen otros rumbos en la actualidad.

En presencia de estos hechos, he autorizado á avisar á 150 familias de agricultores de Suecia y Noruega, con pequeño capital cada familia y antecedentes perfectamente abonados, que pueden llegar á esta ciudad de Enero á Febrero próximo en la seguridad de que serán inmediatamente recibidos é instalados en las condiciones que ellos desean.

Ruego á V. E. se sirva ordenar sean reservadas cien concesiones de tierras en las colonias del Yeruá y cincuenta en algunas de las colonias de Litoral ó de la region templada del interior sobre una de las estaciones importantes de ferro-carril, con el objeto de escriturarlas por quien corresponda y en la oportunidad legal á los inmigrantes mencionados.

Me permitirá V. E. con este motivo rogarle quiera dedicar una preferente atencion á la idea de reservar las tierras últimamente compradas por la nacion y destinadas á colonias, para instalar en ellas millares de inmigrantes del Norte, que vendrán seducidos por el anhelo de la propiedad. Me induce á hacer á V. E. este pedido la circunstancia de encontrarse esas tierras en parajes centrales, rodeados de recursos donde los recien llegados encuentren mayores facilidades y alientos, asegurando así un éxito muy difícil en regiones apartadas.

Los extranjeros ya establecidos en el país, que conocen los recursos y las dificultades en la lucha de la colonizacion deben ser instalados cuando lo solicitan en las colonias lejanas, pues á ellos les será mas fácil dominar los inconvenientes, para lo cual tienen por otra parte mayores recursos, relaciones y conocimientos que los recien venidos.

Me permito tambien rogar á V. E. que á la brevedad posible ordene la ubicacion y division de tierras para una colonia de pescadores en paraje cuidadosamente elejido de la costa del Atlántico porque este Ministerio tiene adelantados los pasos necesarios para traer otro núcleo poderoso de inmigrantes suecos y noruegos de aquella profesion.

Al comunicar á este Ministerio los antecedentes de las tierras de que se puede disponer, V. E. se dignará enviar igualmente todos los detalles descriptivos y las condiciones en que se entregarán á cada familia.

Saludo á V. E. con las seguridades de mi mas distinguida consideracion.

ESTANISLAO S. ZEBALLOS.

A S. E. el Ministro del Interior Dr. Don Norberto Quirno Costa.

Suspension de la garantía al Ferro-carril Argentino del Este.

Departamento del Interior.

Buenos Aires, Noviembre 29 de 1889.

Visto este expediente iniciado por la Direccion de Ferro-Carriles con motivo del continuado mal servicio del ferro-carril Argentino del Este, y considerando:

Que las denuncias constantemente recibidas y las inspecciones practicadas por las oficinas públicas comprueban que el tráfico general de los ferro-carriles garantidos continúa haciéndose de una manera irregular, y que es ya tiempo de que el Gobierno, prescindiendo de la tolerancia con que ha esperado hasta ahora el cumplimiento de promesas frecuentemente repetidas, tome las medidas necesarias para que la cooperacion que el tesoro nacional presta á los capitales particulares con objetos de interés público, obtenga los fines con que ha sido establecida.

Que el buen servicio de los ferro-carriles, la satisfaccion de todas las necesidades que están llamados á llenar la regularidad en los gastos de exploracion y una contabilidad correcta, son entre otras las principales obligaciones contraidas por las empresas, y cuya ejecucion debe considerarse como una condicion indispensable para el pago de la garantía, no siendo admisible que en contratos bi laterales como son los relativos á la concesion y explotacion de las líneas férreas, sea solo una de las partes contratantes la que se vea obligada á cumplir sus compromisos, mientras que la otra prescinda por completo de los que tiene á su cargo;

Que si las garantías hubieran de pagarse forzosamente, cualquiera que fuera el desempeño de los servicios á que están aplicadas resultaría que lejos de responder á los objetos de progreso con que han sido concedidas, solo serían como un incentivo para que, contando los capitales particulares con una ganancia segura se hiciera abstraccion completa del interes general causa única y exclusiva de la garantía acordada;

Que el Gobierno se ve obligado á abonar casi en su totalidad la suma correspondiente al interes garantido á los ferro-carriles, resultando en consecuencia que los productos son de una exigüidad alarmante, lo que en presencia de los rendimientos de los ferrocarriles sin garantía y del movimiento creciente que se opera en los trasportes hasta en los puntos mas apartados de la República, no puede explicarse sino por la falta de buena administracion.

Que mientras que las empresas descuidan su propio crédito y no cumplen sus obligaciones, se muestran siempre exijentes en lo que toca á sus derechos pretendiendo de sus solicitudes y reclamos hasta hacer depender el crédito del país de las mas pequeñas y justificadas demoras en el pago de sus cuentas, cuando esa demora, en el caso de tener lugar, solo obedecen por lo general, á la falta de datos y documentos, que las empresas deben presentar y no presentan á tiempo;

Que si el Gobierno, en ejercicio de sus derechos y salvaguardia de los intereses públicos que le están confiados, llega á suspender el pago de una garantía que no ha sido legitimamente ganada, no puede sufrir por ello el crédito de la Nacion, que, hasta en las situaciones políticas y financieras mas difíciles, ha sido religiosamente mantenido con una buena fe y exactitud tradicionales y que reposa, por consiguiente, sobre fundamentos que no podrán destruir las renuncias parciales de intereses privados, que se reputen heridos;

Que en lo que especialmente toca al Ferro-carril Argentino del Este, de que trata este expediente, el decreto de 11 de Octubre de 1888 por el que se le suspendia al pago de la garantía mientras no mejorase su servicio, fué dejado sin efecto con motivo de la promesa formal que hiciera la empresa de colocar la línea en condiciones de regular funcionamiento dentro de un buen espacio de tiempo;

Que ha vencido con exceso el plazo acordado, sin que se hayan introducido las mejoras ordenadas por el Gobierno como indispensables para el movimiento diario de esa línea;

Que fué ademas una condicion esencial para el restablecimiento del pago, la de que la empresa facilitaría la intervencion de la Direccion General de Ferro-Carriles en las operaciones de la línea, y resulta que lejos de eso ella ha rechazado esa intervencion y desatiende las indicaciones que le dirige el Inspector y que se hallan de acuerdo con las leyes y disposiciones vigentes;

Que no solo es nulo é insuficiente el tren rodante y defectuosa la expedicion de carga lo que dificulta gravemente los trasportes, sinó que en la contabilidad de la línea hay sérias deficiencias que imposibilitan el exámen de las cuentas.

Que consta que en esa contabilidad se lleva tambien la de una empresa de vapores que nada tiene de comun con la del Ferro-carril;

Que consta igualmente que el personal de los tallores es ocupado de una manera casi permanente en trabajos de la flotilla de vapores y chatas de la empresa de navegacion mencionada, y en las de una fábrica de hielo y en otra de aceites vegetales, establecidas en la estacion de Concordia;

Que en presencia de todos estos hechos abusivos en que el desórden administrativo del Ferro-carril Argentino del Este, se revela en un grado comparable tan solo con la persistencia de la empresa en mantener esa línea sin los medios necesarios de trasporte, no debe el Tesoro Nacional seguir pagando una garantía que no puede justificarse y que continúa representando sumas considerables, no obstante los años de existencia que tiene el Ferro-carril y la riqueza del territorio que atraviesa:

Por estas consideraciones y siendo un deber del Gobierno cuidar que las sumas del Tesoro sean estricta y legítimamente aplicadas á los objetos á que han sido destinadas por las leyes,

El Presidente de la República

DECRETA:

Art. 1.° Queda suspendido el pago de la garantía del Ferrocarril Argentino del Este hasta que esa línea se coloque en las condiciones que de acuerdo con la legislacion vigente le han sido fijadas tanto en lo que respecta á la composicion del tren rodante, cuanto en lo que se refiere á los gastos de explotacion y á la contabilidad correspondiente.

Art. 2.° El inspector oficial hará efectiva su intervencion en la mencionada línea, pidiendo el auxilio de la fuerza pública si fuere necesario.

Art. 3.° La Direccion de Ferro-Carriles intervendrá en los libros de la Empresa á fin de examinar la legitimidad de los gastos de explotacion y el sistema de la contabilidad, de todo lo que se dará cuenta al Ministerio del Interior.

Art. 4.° La misma Direccion de Ferro-carriles hará saber á las empresas de los demás ferro-carriles garantidos que sí, en el término que les ha sido señalado no cumplen las indicaciones que se les ha hecho de conformidad con lo que establece la ley general de Ferro-carriles y las cláusulas de sus propios contratos, se les suspenderá igualmente el pago de la garantía.

Art. 5.° Comuníquese y publíquese, etc.

JUÁREZ CELMAN.
N. Quirno Costa.

Decreto creando una Comision Auxiliar de Inmigracion en Formosa.

Departamento
de
Relaciones Exteriores.

Buenos Aires, Noviembre 25 de 1889.

El Presidente de la República.

DECRETA:

Articulo 1°.—Creáse una Comision Auxiliar de Inmigracion, ad-honorem, en Formosa, quedando organizada de la siguiente manera. Presidente, Don Juan E. Robirosa, Vocales, Don Pablo Ramella y Don Luis Navarro, y Secretario Don Enrique Moiraghi.

Art. 2°. Comuníquese y dése al R. N.

JUÁREZ CELMAN.
ESTANISLAO S. ZEBALLOS.

Acta del Canje de Ratificaciones del Tratado de Arbitraje con el Brasil. (*)

Los abajo firmados, habiéndose reunido para proceder al canje de las ratificaciones de Su Excelencia el Presidente de la República Argentina y de Su Majestad el Emperador del Brasil sobre el Tratado celebrado el siete de Setiembre del corriente

(*) Véase pág. 1337 á 1344.

año para la pronta solucion de la cuestion de límites pendiente entre los dos países y habiendo examinado los instrumentos de dichas ratificaciones que hallaron exactos y conformes, efectuaron el canje.

En fe de lo cual firman la presente acta en dos ejemplares, redactados cada uno en el idioma respectivo, y los sellan con sus sellos.

Rio de Janeiro á cuatro de Noviembre de mil ochocientos ochenta y nueve.

(L. S.) ENRIQUE B. MORENO.
(L. S.) JOSE FRANCISCO DIANA.

Museo de Productos Argentinos.

Muestrario para la Oficina de Informacion en Niza.

Museo
de
Productos Argentinos.

Buenos Aires, Noviembre 13 de 1889.

Señor Ministro:—Tengo el honor de poner en conocimiento de V. E. que por el vapor «Stamboul» que salió de este puerto el 25 de Octubre último, he remitido al Señor Cónsul Argentino en Niza, una coleccion de productos compuesta de cuatrocientas diez y seis muestras diversas que será exhibida al público en los salones de dicho Consulado.

Saludo á V. E. con mi consideracion mas distinguida.

E. SUNDBLAD.
Juan M. Arregui,
Secretario.

A S. E. el señor Ministro de Relaciones Exteriores, Dr. Don Estanislao S. Zeballos.

Conferencia sobre pesas y medidas celebrada en Paris.

(Informe del Delegado Argentino)

Paris, Octubre 17 de 1889.

Señor Ministro: - Tengo el honor de dirigirme á V. E. para darle cuenta de lo ocurrido en la primera conferencia de pesas y medidas que acaba de celebrarse en esta capital y á la que he asistido en representacion de la República con los plenos poderes que el Exmo señor Presidente se sirvió confiarme.

La conferencia ha celebrado tres sesiones, en los dias 24, 26 y 28 de Setiembre, habiendo sido abierta bajo la presidencia del Señor Spuller, Ministro de Negocios Extranjeros y encontrándose representados en ella además de la República Argentina, Francia, Alemania, Austria-Hungria, Bélgica, España, Estados Unidos, Gran Bretaña, Italia, Rusia, Portugal, Suecia y Noruega, Suiza, Dinamarca, Japon y Rumania.

La principal de sus resoluciones ha sido, despues de escuchar el informe del Comité Internacional, constituido por la Convencion del metro de 20 de Mayo de 1875 y de aprobar la memoria presentada por la Oficina Internacional de pesas y medidas, la sancion de los prototipos del metro y del kilógramo, presentados por ésta, como resultado de un trabajo científico de cerca de quince años.

Esta sancion se ha hecho en la forma del documento que tengo el honor de acompañar, y el cual, aun cuando no ha sido firmado por los representantes de las diversas naciones, es considerado como suscrito por ellos, por su constancia en las actas de la conferencia.

Como consecuencia de la resolucion á que me refiero, una comision del seno de ella, procedió á depositar uno de los prototipos del metro y del kilógramo, en una caja de fierro de la Oficina Internacional instalada en Sevres, cuyas llaves fueron entregadas, la una al director de los archivos de Francia, la otra al presidente del Comité Internacional, y la tercera al director de la Oficina Internacional, segun lo dispuesto por el reglamento anexo á aquella convencion.

La conferencia procedió, en la segunda de sus sesiones, á hacer la entrega de los prototipos á los representantes de las naciones que habian hecho el pedido de ellos desde algunos años atrás, y son: Francia, Alemania, Austria-Hungria, Bélgica, España, Estados Unidos, Gran Bretaña, Italia, Japon, Portugal, Rusia, Suecia, Noruega, Suiza, quedando fuera de la distribucion Dinamarca, Rumania y la República Argentina, pues aun cuando nuestro gobierno hizo preguntar por una nota de la Legacion de Paris del 17 de Setiembre de 1882, que fué contestada, el precio de los prototipos, nunca los encargó á la Oficina Internacional.

En su última sesion la conferencia antes de disolverse, resolvió:

1.° Que el presupuesto de los gastos anuales de la Oficina Internacional, continuará siendo durante tres años más, el fijado en 75000 francos por el art. 6° del Reglamento anexo á la Convencion de 1875 debiendo mantenerse el mismo en el 2° período de los trabajos que empezará en 1893.

2.° Que el Comité Internacional hará la distribucion de la suma total, á pagarse anualmente, por todos los Estados signatarios de esa convencion, sin contar en el número, á aquellos que no lo pagan, por lo cual éstos perderán su derecho de copropiedad en los prototipos y en la Oficina Internacional sin poder hacer uso de los servicios de ésta.

3.° Que la Oficina Internacional se ocupará de un cierto número de investigaciones, teniendo especialmente por objeto establecer de una manera mas perfecta y mas segura el sistema métrico de pesas y medidas:

(*a*) por medio de estudios comparativos entre los prototipos actuales de metal y otros no metálicos, como las reglas de cuarzo, etc. etc.

(*b*) por medio de una comparacion de las actuales unidades con ciertos fenómenos naturales invariables ó sea la determinacion de la relacion de la unidad con el largo de ondulaciones de diversas clases, y una nueva apreciacion de la masa del decímetro cúbico de agua, es decir, de la relacion del litro con el volúmen del kilógramo de agua.

Así ha terminado, señor Ministro, esta conferencia que entre todas las que se han celebrado, con motivo de esta Exposicion Universal, es la que ha de tener mayor influencia en el progreso humano.

Ella ha sancionado una obra de ciencia comenzada por sabios como Laplace, Lavoissier, Borda, Delaubre y Mechain, en el siglo pasado y terminada en la época actual por otros como Dumas, Tresca, Fizeau, Saint-Clair, Deville, Cornu, Broche, Faester y Stasg, cuyos trabajos con este objeto en el curso de varios años, los han conducido á descubrimientos, que han venido á enriquecerla.

La conferencia deja depositados en la oficina de Sevres el prototipo de la unidad de medida, que sirve á paises que reunen en conjunto, una poblacion de cerca de 800 millones de habitantes y tal unidad es el resultado único de una imposicion de la ciencia, siendo totalmente agenos á estos pactos los intereses políticos ó económicos de las naciones en sus relaciones internacionales.

Al terminar esta nota me permito suplicar á V. E. que es un hombre de ciencia, de influir para que nuestro Gobierno dote á la República de los prototipos de la unidad de peso y medida, que ha adoptado, haciendo que nuestra Legacion en este país haga el pedido de ellos sin demora, pues por los trabajos de comparaciones á que su preparacion dá lugar no han de poderle ser entregados antes de dos años.

Tengo el honor de ofrecer al señor Ministro las seguridades de mi estimacion.

Santiago Alcorta.

A S. E. el Señor Ministro de R. E., Dr. D. Estanislao S. Zeballos.

SESION DEL 26 DE SETIEMBRE DE 1889.

Considerando la comunicacion presentada por el Presidente del «Comité Internacional» y la memoria de la «Oficina Internacional de pesas y medidas» de cuyos documentos resulta que, por los comunes cuidados de la seccion francesa, de la Comision Internacional del metro y del Comité Internacional de Pesas y Medidas, las determinaciones metrológicas fundamentales de los prototipos internacionales y nacionales del metro y del kilógramo han sido ejecutadas con todas las garantías de prevision que permite el estado actual de la ciencia.

Considerando que los prototipos internacionales y nacionales del metro y del kilógramo han sido formados con una liga de platino y de 10 °/₀ de iridium á 0,0001 poco mas ó menos;

Considerando la identidad de longitud del metro y la identidad de la masa del kilógramo, ambos internacionales, con la longitud del metro y la masa del kilógramo, depositados en los archivos de Francia;

Considerando que las ecuaciones de los metros nacionales, en relacion con el metro internacional, están contenidas en el límite de 0,01 milímetros y que las ecuaciones descansan en una escala termométrica á hidrógeno, que siempre puede reproducirse á causa del estado permanente de este cuerpo, poniéndose en condiciones idénticas;

Considerando que las ecuaciones de los kilógramos nacionales, en relacion con el kilógramo internacional, están encerradas en el límite de 1 milígramo;

Considerando que el metro y el kilógramo internacionales, y que los metros y kilógramos nacionales, llenan las condiciones exigidas por la convencion del metro;

Sanciona:

A...... en lo concerniente á los *prototipos internacionales:*

1° El prototipo del metro escogido por el Comité Internacional; este prototipo representará en adelante á una temperatura de hielo fundiéndose la unidad métrica de longitud.

2° El prototipo del kilógramo adoptado por el Comité Internacional; este prototipo será considerado en adelante como unidad de masa.

B...... en lo concerniente á los *prototipos nacionales:*

1° Los metros de platino iridiado cuyas ecuaciones, en la relacion con el prototipo internacional están encerradas en el límite de 0,01 milímetro;

2° Los kilógramos de platino iridiado, cuyas ecuaciones están encerradas en el límite de un miligramo.

C...... en lo concerniente á las ecuaciones de los *prototipos nacionales:*

Las ecuaciones de los prototipos nacionales tales como han sido determinados por la Oficina Internacional, bajo la direccion del Comité Internacional, é inscriptos en la memoria de este Comité y sobre los certificados que acompañan á estos prototipos.

Departamento de Relaciones Exteriores.

Buenos Aires, Noviembre 30 de 1889.

Visto el precedente informe en el cual el ciudadano don Santiago Alcorta dá cuenta de la comision que se le confiara para representar á la República en la primera Conferencia General de Pesas y Medidas que ha tenido lugar en Paris en el mes de Setiembre último, comunicando al propio tiempo las resoluciones adoptadas por dicha Conferencia, entre las cuales figura la sancion de los prototipos del metro y del kilógramo presentados por ella, como resultado de un trabajo científico de cerca de quince años;

Considerando, 1.° que es de evidente conveniencia que la República adquiera esos prototipos, siguiendo así el ejemplo de las naciones mas adelantadas,

El Presidente de la República en Consejo General de Ministros

ACUERDA Y DECRETA:

Artículo 1.° Que se dirijan instrucciones al Ministro Argentino en Francia á fin de que proceda á adquirir los prototipos del metro y del kilógramo.

Art. 2.° Que se comunique este Acuerdo con los documentos que lo han producido al Ministerio de Hacienda para su conocimiento y á los efectos de la resolucion de la Conferencia sobre el presupuesto de los gastos anuales de la Oficina Internacional de Pesos y Medidas.

Art. 3.° Que se agradezca al ciudadano don Santiago Alcorta los importantes y desinteresados servicios que ha prestado al país, representándolo en la referida Conferencia.

Art. 4.° Comuníquese, publíquese y dése con sus antecedentes al R. N.

JUÁREZ CELMAN.

Estanislao S. Zeballos.—N. Quirno Costa.

W. Pacheco.—Filemon Posse.

E. Racedo.

Medidas Sanitarias.

Nota del Departamento Nacional de Higiene.—Decreto.

Departamento
Nacional de Higiene.

Buenos Aires, Noviembre 29 de 1889.

A S. E. el Señor Ministro de Relaciones Exteriores:

Con fecha 8 de Febrero del corriente año, á pedido de este Departamento, el P. E. dictó un decreto disponiendo que todos los buques procedentes de los puertos del Paraguay y de los brasileros al Norte de aquella República que debieran internarse en nuestros rios, sufriesen el tratamiento sanitario que requiriese el estado de la salud á bordo en relacion á su condicion sanitaria.

El pedido de semejante medida que tuve yo tambien el honor de suscribir, estaba fundado en el caso supuesto de que un buque procedente de aquellos puertos se internase en nuestros rios con enfermos de fiebre amarilla á bordo y de que durante el viaje falleciesen éstos y fuesen arrojados al agua. Es evidente que estos cadáveres, cualesquiera que fuesen las precauciones que se tomasen, arrastrados por las corrientes tan impetuosas del Paraná, saldrian á poco andar á las costas, infestando las costas ribereñas.

Para casos semejantes, muy posibles en verdad, toda vigilancia de costas tan solitarias y extensas, es poco menos que imposible. Ahora mismo sucede que los buques que hacen la carrera entre los puertos brasileros situados al Norte del Paraguay y Rio Janeiro, so pretesto de que no tocan puertos argentinos, recorren el Paraná, como sucede con el vapor Ladario que viene con varios enfermos de fiebre amarilla á bordo, en condiciones que bien es posible que realicen el caso que dejo supuesto.

En tal concepto, creo que es indispensable que V. E. autorize á este Departamento á tomar las medidas que dejo enunciadas á fin de que solo puedan internarse al Paraná aquellos buques que por su condicion sanitaria de á bordo pueden ser puestos en libre plática al penetrar en aquel rio.

De esta medida solo podrian exceptuarse los que llevasen á bordo un inspector sanitario de navío y tuviesen las instalaciones y elementos suficientes al tratamiento sanitario del buque.

De lo contrario, el peligro de una epidemia, cada dia se hace mas inminente, máxime cuando ya háse encontrado esta ciudad por los grandes movimientos que se efectúan del subsuelo, en peores condiciones ventajosas á la realizacion de aquel temor.

Esperando que V. E. encontrará ajustado al interés general que las motivan, las consideraciones que dejo apuntadas, le saludo con mi mas alta consideracion y respeto.

J. M. Astigueta.
Ernesto Lozano.

Departamento
de
Relaciones Exteriores.

Buenos Aires, Noviembre 30 de 1889.

Siendo urjente adoptar las medidas sanitarias que aconseja lo avanzado de la estacion de verano y los principios de epidemia de fiebre amarilla que se nota en los puertos del Brasil al Norte del Paraguay, y teniendo en vista lo expuesto en la precedente nota del Departamento Nacional de Higiene

El Presidente de la República

DECRETA:

Artículo 1.°—Autorízase al Departamento Nacional de Higiene para que proceda á dictar las medidas defensivas que considere del caso, para preservar la salud pública y reglamentar el servicio sanitario en la navegacion de los rios y entradas á los puertos de la República de conformidad con lo establecido en la Convencion Sanitaria de Rio Janeiro y reglamento de la misma.

Art. 2.°—Comuníquese, publíquese con la nota de la referencia y dése al R. N.

JUÁREZ CELMAN.

ESTANISLAO S. ZEBALLOS.

Nombramientos en el Cuerpo Consular de la República.

Cónsules.

Octubre 29.—Adolfo Pons..........CARMELO.
« 31 Agustin Bergallo......URUGUAYANA.

Vice-Cónsules.

Noviembre 8—Santiago Dónovan...SWANSEA (Inglaterra.)
« 16—José F. Sanguinetti..DOLORES (R. O. del U.)
« 19—José Serrati..... ...DEPARTAMENTO DE VILLA DE SAN PEDRO. (Paraguay.)
« 19—José Urdapilleta......DEPARTAMENTO DE VILLA DE SAN ESTANISLAO. (Paraguay.)

Concesiones de Exequatur.

Noviembre 25.—Se concede el exequatur de estilo á la patente que acredita á don Bartolomé Bertorello como Agente Consular de Italia en Cármen de Patagones.

Noviembre 25.—Se concede el exequatur de estilo a la patente que acredita á D. V. A. Tattara como Vice-Cónsul de Italia en esta Capital.

Revista de Noviembre.

(Circular á las Legaciones, Consulados y Oficinas de Informacion.)

Los señores B. Villafañe y C.ª, en representacion de una empresa que se propone exportar carne bovina, se han presentado al Gobierno Nacional solicitando que sea acogida á la ley de 9 de Noviembre del año ppdo., que garantiza los capitales que se inviertan en la exportacion de carnes bovinas, con el cinco por ciento de interés anual durante diez años.

Dicha empresa tiene ya suscrito un capital de un millon de pesos oro y los solicitantes ofrecen instalar el establecimiento para la preparacion de las carnes, en el término que les fije el Gobierno. Se instalará en la Provincia de Buenos Aires en un punto que esté situado sobre el rio Paraná entre Campana y la embocadura del Arroyo del Medio.

El sistema empleado para la explotacion será el frigorífico, el mismo que emplean los exportadores Sansinena, Drable y otros, sin perjuicio de poder adoptar algun sistema que mas tarde se descubra, siempre que no sea nocivo á la salud.

Exportará tambien carne bovina conservada por los mismos procedimientos que emplean los fabricantes establecidos en Entre Rios, comprometiéndose á exportar como mínimun la cantidad de dos millones de kilos por año.

Tambien se ha presentado el señor J. Nelson, representante en esta capital de la Compañía Limitada de carnes conservadas del Rio de la Plata, haciendo saber que la sociedad ha resuelto establecer una nueva instalacion, á cuyo efecto pide acogerse á la ley de 7 de Noviembre de 1888.

El nuevo capital será de pesos 1.200,000, pero solicita la garantía solamente sobre pesos 1.000,000.

750,000 serán destinados para la compra de terrenos, maquinaria y gastos de instalacion, y los 450,000 pesos restantes serán empleados en giros.

La sociedad hará uso del sistema Liebig en sus preparaciones y está calculado en 60,000 el número de animales que consumirá por año.

Ha sido autorizado por el Gobierno el señor Juan Toncon, para establecer un servicio telefónico entre Concordia y el Salto Oriental, con arreglo á las disposiciones reglamentarias del caso.

Se previene en el decreto que el concesionario deberá suspender el servicio cuando así se le notifique, y sujetar las tarifas de precios á la aprobacion oficial.

Varios industriales de esta capital se proponen organizar una exposicion flotante, á semejanza de la que ha traido el «Conde de Vilana», y para el efecto ha nombardo una Comision de la que es presidente el señor A. B. Garzano.

Segun datos estadísticos sobre la cantidad de oro en lingotes y pepitas producida en las regiones mineras de la República é informes en las oficinas del ramo y en las casas que se ocupan de la exportacion de este importante producto, se han obtenido los siguientes resultados que no son mas que aproximados:

Cantidad total de oro producida desde Setiembre de 1887 hasta Setiembre de 1889.

Jujuy, 100 kilógramos; San Luis, C. Oeste Argentina, 150; varios 40 190; La Rioja, varios, 30; Compañía La Industrial, 10; Santa Cruz, Cabo Vírgenes y Zanja á Pique. 44; Tierra del Fuego, Compañía Lavaderos de oro del Sud, lingotes fundidos en la casa de moneda de Buenos Aires 117,225 gramos, casa de moneda de Hamburgo, 32,242 gramos. Participacion distribuida á varios trabajadores 25,412,175; Cármen Silva, 32; Arroyo Beta, 46; Cañadas al Norte del Rio Cullen, 52; Espíritu Santo, 35; Cabo Medio y San Pablo, 46; Bahia Llogget 52,311—360 kilógramos.

Del total de 486 kilógramos que corresponden á la Tierra del Fuego, 260 han sido exportados por Nechohalm y C^a., viuda de Meidell, y otros varios,

---

Se han clausurado el 19 del corriente las sesiones del Congreso Nacional.

Ha sancionado 257 leyes.

La Cámara de Diputados en el período indicado, ha celebrado 70 sesiones: 40 ordinarias, 28 de próroga, 1 preparatoria y 1 en asamblea.

La Cámara de Senadores ha celebrada 66 sesiones. 46 ordinarias, 18 de próroga, 1 preparatoria y 1 en asamblea.

Las leyes votadas son:

Sobre pensiones 62, id concesiones de ferrocarriles 39, id subvenciones 24, id créditos 15, id tierras públicas 15, id permisos 13, id jubilaciones 9, id puentes 9, id exoneracion de impuestos 9, id canales 7, id. bancos, 5, id impuestos 5, id caminos carreteros 4, id navegacion 4, id muelles 4 id, telégrafos 4, id remuneraciones 3, id código 1, id asuntos varios 27. Total 257.

Revista de la Bolsa de Comercio de Buenos Aires.

PRECIOS CORRIENTES DESDE EL 5 HASTA EL 20 DE NOVIEMBRE DE 1889.

FECHAS	Metálico al contado	CÉDULAS HIPOTECARIAS PROVINCIALES										CÉDULAS HIPOTECARIAS NACIONALES						Acciones del Banco Nacional
		Série F m|n 6 0|0 renta	Série G m|n 7 0|0 renta	Série I m|n 8 0|0 renta	Série J m|n 8 0|0 renta	Série K m|n 8 0|0 renta	Série L m|n 8 0|0 renta	Série M m|n 8 0|0 renta	Série N m|n 8 0|0 renta	Série O m|n 8 0|0 renta	Série P m|n 8 0/0 renta	Série A oro 5 0|0 renta	Série A m|n 7 0|0 renta	Série B m|n 7 0|0 renta	Série C m|n 7 0|0 renta	Série D m|n 7 0|0 renta	Serie E m|n 7 0|0 renta	
	último	último	último	último	último	último	último	último	último	último	último	último	último	último	último	último	último.	último
Novibre. 5	215.70	69	—	—	99	82	76	71.50	71.20	71	70.50	—	—	101	98	93	90.50	—
» 6	216.20	—	70.50	—	—	82	75.80	71 80	71.40	71.20	—	—	103	—	—	—	—	255
» 7	219 00	—	—	—	102	81.50	75.30	72	71	71	70	—	—	—	—	—	—	254
» 8	218.40	—	69.90	—	101	81.50	75 60	72.20	71.40	70.70	70	—	—	—	—	—	91.50	254
» 9	218.60	—	—	100.50	—	81	—	72 30	71.30	70.80	70	—	—	—	—	92	—	260
» 10	—	—	—	—	—	—	—	—	—	—	—	—	—	—	—	—	—	—
» 11	—	—	—	—	—	—	—	—	—	—	—	—	—	—	—	—	—	—
» 12	218.90	—	—	—	100	81.50	—	72	71.30	70.60	69.60	—	—	—	—	92.50	91	—
» 13	216 60	—	—	—	—	81	75 10	71.50	71.20	71	69.80	—	—	106	—	92. 0	90	262.50
» 14	216.20	—	—	—	100	—	—	71.60	71	70.80	69.60	—	—	—	—	92.80	90	—
» 15	216.80	—	—	—	—	80.70	75.40	—	71	70.30	69.80	—	106.50	108	94.50	—	90	—
» 16	217.80	—	—	—	—	81	—	71.50	70.60	69.50	68.50	—	—	—	93	—	90	264
» 17	—	—	—	—	—	—	—	—	—	—	—	—	—	—	—	—	—	—
» 18	218·20	—	—	99.50	99.50	80.20	75	71	70	68.50	68.30	—	—	—	—	—	—	262
» 19	220.50	66	—	99.50	100	—	75	70.30	68.50	68	67.30	—	—	—	—	—	89 50	—
» 20	225.50	—	—	—	—	80	—	69.50	69	67	—	—	—	—	—	—	88	—

CAMBIOS DESDE EL 5 HASTA EL 20 DE NOVIEMBRE DE 1889

Cotizaciones por un peso moneda nacional oro.

FECHAS	*Inglaterra* 90 d[v.	*Francia* 90 d[v.	*Bélgica* 90 d[v.	*Italia* 90 d[v.	*Alemania* 90 d[v.	*Esp'ña* 90 d[v.	*E. U.* 90 d[v.	*Rio Janeiro* 15 d[v.	*Montevideo* v.
	peniques	francos	francos	francos	R. m.	$	dollars	£ Reis	
Nobre. 5	—	—	—	—	—	"	"	—	¼ p
" 6	48 48¼	5.05 5.06	5.05 5.08	—	4.07 4.10	"	"	—	¼ p
" 7	48 48¼	5.05 5.08	5.07 5.08	—	4.07 4.09	"	"	—	—
" 8	—	—	—	—	—	"	"	—	½ p
" 9	48 48⅛	5.04 5.07	5.06 5.08	—	4.07 4.09	"	"	—	—
" 10	Fiesta	—	—	—	—	"	"	—	—
" 11	Fiesta	—	—	—	—	"	"	—	½ p
" 12	48 48¼	5.06 5.07	5.07 5.08	—	4.07 4.09	"	"	—	⅜ p
" 13	48 48⅛	5.05 5.06	5.07 5.09	—	4.08 4.10	"	"	—	½ p
" 14	48 48⅛	5.04 5.06	5.07 5.09	—	4.07 4.10	"	"	—	—
" 15	—	—	—	—	—	"	"	—	½ p
" 16	48 48¼	5.06 5.07	5.08 5.09	—	4.08 4.10	"	"	—	—
" 17	Fiesta	—	—	—	—	"	"	—	—
" 18	—	—	—	—	—	"	"	—	—
" 19	—	—	—	—	—	"	"	—	—
" 20	—	—	—	—	—	"	"	—	—

FLETES EN LA QUINCENA. *Desde el 5 hasta el 20 de Noviembre de 1889.*

PUERTOS.	Por.	C's salads.	C's secos.	Sebo en p.	Fardos.	Granos.	Tasajo.	Capa.
Inglaterra puerto directo	Vapor.	30 sh.	40 sh.	25 sh.	20 sh.	16 sh.		
Bremen y Hamburgo	"	30 Rm.	40 Rm.	20 Rm.	20 Rm.	16 Rm	—	°/o
Amberes	"	30 f.	50 f.	35 f.	25 fs.	20 f.	—	—
Dunkerque	"	35 "	60 "	30 "	25 "	25 "	—	—
Havre	"	35 "	60 "	30 "	25 fs.	25 "	—	—
Burdeos	"	— "	60 "	— s	15 "	15 "	20	—
Marsella	"	30 "	60 "	15 "	10 "	12.50 "	—	—
Vigo y Coruña	"	— $	90 $	35 $	35 $	25 "	6 oro.	—
Barcelona	"	— f.	70 f.	20 f.	25 f.	12.50 f.	—	—
Rio Janeiro	"	— $	— $	5 ½ $	— $	4 oro.	4 oro.	—
Valparaiso	"	— sh.	— sh.	33 sh.	33 sh.	12 ½ sh.	33 ps.	—
Génova	"	35 f.	60 f.	15 f.	8 f.	10 fs.	—	—
Falmouth por órdenes	"	30 "	— "	— "	— "	— "	—	—
Id	Velero.	30 sh.	— "	25 fs.	— "	Nominal.	—	—
Amberes	"	— "	— "	— "	16 "	—	—	—
Dunkerque	"	— "	— "	— "	— "	—	—	—
Havre	"	— "	— "	— "	— "	—	—	—
Marsella	"	— "	— "	— "	— "	—	—	—
Génova	"	— "	— "	— "	— "	—	—	—
Estados Unidos	"	— "	3/8 cts.	— "	3 ½ "	—	—	5
Rio, Bahía y Pernambuco	"	— "	— "	— "	— "	4	2-2 ½ 3	—
Habana	"	— "	— "	— "	— "	—	6 r.	—
Valparaiso	"	— "	— "	— "	— "	—	—	—

LOS FLETES SON ENTENDIDOS Á PUERTOS: Alemanes, franceses, italianos y españoles, por metros cúbicos y 1000 kilos. Inglaterra, por 40 piés cúbicos y 2 240 libras. Brasil, por 1 000 kilos por vapor y por quintales por velero. Estados Unidos, por libras, fardos y granos, 2 240 libras.

FRUTOS DEL PAIS

		MERCADOS			
		CONSTITUCION		11 DE SETIEMBRE	
		Ps. cts.	Ps. cts.	Ps. cts.	Ps. cts.
Lana madre, mestiza fina..	10 ks.	6.00 á	9.00	no	hay
» » » Lincoln.....	»	6.30 "	9.00	—	—
» » mezcla............	»	6.00 "	7.50	4.70	—
» borrega mestiza fina.......	»	5.00 "	7.00	4.50	—
» » » Lincoln...	»	5.00 "	7.50	—	—
» » mezcla............	»	4.80 "	6.20	4.50	—
» negra »	»	5.00 "	6.00	3.00	—
» barriga	»	3.00 "	4.00	—	—
» corral....	»	1.40 "	2.50	—	—
		milésimos		milésimos	
Cueros lanares, m'dero. lana entera	1 k.	— á	—	400 á	500
» » » estacion.....	»	4.30 "	6.50	—	—
» » » pelados.....	»	— "	—	—	—
» » consumo, lana entera	»	4.00 "	6.20	370 "	480
» » » estacion.....	»	— "	—	—	—
» » » pelados.....	»	1.20 "	2.50	240 "	270
» » ep'mia. y des. lana ent.	»	4.00 "	5.50	360 "	450
» » » estacion.......	»	— "	—	—	—
» » » pelados.......	»	— "	—	100 "	150
» » b'ga. cord'nes y cord.	»	3.20 "	4.00	320 "	400
» » capachos...........	»	1.20 "	1.50	100 "	150
		Ps. cts.	Ps. cts.	Ps. cts.	Ps. cts.
» » corderitos.	doc.	1.50 "	2.80	1.80 á	2.20
» » »	»	—	—	—	—
Cueros vacunos secos, matadero.	10 ks.	3.60 "	4.90	3.60 "	4 20
» » » campo....	»	3.80 "	5.00	3.70 "	4.60
» becerros...	»	3.00 "	3.20	2.80 "	3.20
» nonatos	»	2.00 "	2.30	1.80 "	2.10
» potros secos, matadero...	uno	—	—	—	—
» » » campo.....	»	2.00 "	3.30	2.50 "	3.20
» potrancas..............	»	1.00 "	1.60	1.25 "	1.60
» nútrias.......	1 kilo	0.90 "	2.00	— "	—
» » abierta por el lomo	»	3.50 "	4.00	—	—
» venados..	doc.	1.50 "	2.00	—	—
Cerda de potro................	10 ks.	6.00 "	10.00	7.30 "	8.50
Cerda de vaca, sin maslo.......	»	6.00 "	7.00	6.00 "	7.00
Sebo, estilo embarque...	»	2.20 "	2.40	2.10 "	2.25
» » campo, pipas y bord'sas.	»	2.20 "	2.40	2.00 "	2.20
» » » cascos chicos, panzas &	»	1.80 "	2.10	1.80 "	2.00
» en rama ó pisado..........	»	0.80 "	1.30	1.00 "	1.20
Aceite de potro................	»	2.40 á	2.65	2.10 "	2.40
Plumas de avestruz............	1 kilo	2.00 "	4.00	3.50 "	3.60

CEREALES

		CONSUMO Estilo plaza.		EXPORTACION C. ó Riachuelo.	
		Ps. cts.	Ps. cts.	Ps. cts.	Ps. cts.
Trigo de pan, de la Costa........	100 k.	4.50 á	9.00	—	—
» » » del Salado........	»	3.50 "	9.00	—	—
» » » de los Rios.......	»	4.50 "	9.00	—	—

CEREALES

		CONSUMO Estilo plaza.		EXPORTACION C. ó Riachuelo.	
		Ps. cts.	Ps. cts.	Ps. cts.	Ps. cts.
Trigo del Sud...............	100 k.	5.00 á	9.50	—	—
Trigo candeal...............	»	3.50 "	9.50	—	—
Harina de cilindro............	10 k.	0.85 "	2.00	—	—
Afrecho.....................	100 k.	1.80 "	2.30	—	—
Maiz morocho desg'do. viejo....	»	1.30 "	2.30	2.40	2.45
» amarillo » nuevo dispon.	»	1.50 "	2.00	2.45	2.50
Cebada....................	»	2.00 "	5.50	—	—
Semilla de colza..............	10 k.	— "	—	—	—
» de lino................	»	0.60 "	0.80	—	—
» de nabó...............	»	0.70 "	0.85	—	—
» de alfalfa.............	»	— "	—	—	—
Alfalfa en fardos..............	1000 k.	10.00 "	30.00	—	—

PRODUCTOS DE SALADEROS, CARNES CONSERVADAS Y MATADEROS.

		$ cts.	$ cts.
Cueros salados de saladero, novillos......	100 kilos	de sin	ventas.
» » » » vacas.......	»	id. id.	id.
» » » » potros......	uno	— á	—
» » » matadero, novillos......	100 kilos	12.00 1/2	13 oro
» » » » vacas........	»	12.00 »	—
» secos » » novillos......	10 kilos	2.60 »	—
» » » » vacas........	»	2.60 »	—
Tasajo para el Brasil.................	46 kilos	5.80 »	—
» » la Habana..................	»	3.88	32 rls oro
Sebo, estilo de embarque..............	100 kilos	—	—
Aceite de potro........................	»	2.60 °/ₒ	legal
» de patas.........................	»	3.00	—
Cerda de potro.........................	»	— »	—
» de vaca..........................	»	— »	—
Astas de saladero, y matadero, novillos..	millar	60.00 oro	—
» » » » vacas....	»	25.00 á	—
Nervios y vergas......................	100 kilos	— »	—
Huesos................................	1000 kilos	16.00 »	—
Cenizas...............................	»	15.00 »	—
Lenguas saladas......................	docena	2.00 1/2	—

GANADOS.

		$ cts.	$ cts.
Hacienda vacuna, mestiza, al corte.........	c/u	no	hay
" " criolla "	"	5.00 á	7.00
" ovina, mestiza Lincoln, al corte..	"	no	hay
" " " general " ..	"	1.00 "	1.80
" yeguariza, mestiza " ..	"	no	hay
" " criolla, " ..	"	5.00 "	6.00
Novillos para invernar..................	"	11.00 "	13.00
Vacas " "	"	5.00 "	6.00
Novillos para saladero..................	"	15.00 "	18.00
Vacas " "	"	7.00 "	9.00
Yeguas " "	"	5.00 "	6.00
Capones para matadero..................	"	3.00 "	4.00

De los Rios.

		$ cts.		$ cts.
Cueros vacunos secos de Buenos Aires clasificados para Norte América...........	10 kilos	2.60	á	2.65
Cueros vacunos de Córdoba, pelo de invierno	“ oro	2.70	“	2.80
“ “ “ “ verano..	“	—	“	—
“ “ Entre Rios.......... ..	“	2.00	“	—
“ “ Concordia.............	“	2.10	“	2.15
“ “ Corrientes, matadero....	“	1.85	“	1.95
“ campo......	“	1.75	“	1.85
“ “ Misiones............ ..	“	1.80	“	1.85
“ “ Santa Fé.............	“	1.75	“	1.85
“ “ Mendoza.....	“	1.70	“	1.80
“ “ San Juan........... ..	“	—	“	—
“ “ Cuyabá.	“	2.00	“	2.10
“ “ del Paraguay	“	1.95	“	2.00
“ becerros de la Provincia	“	1.50	“	1.60
“ nonatos.............	“	1.80	“	2.00
potros................	uno.	c/12.20	“	2.50
cabras	docena.	8.00	“	8.50
“ cabritos...............	1 kilo.	0.60	“	0.70
“ ciervos anchos.......	“ oro	1.00	“	1.10
“ “ angostos	“	0.90	“	1.00
“ venados.........................	“	1.40	“	0.60
“ nútrias del Chaco......	1 kilo.	4.50	“	5.00
“ “ de Entre Rios al barrer....	“	—	“	—
“ “ de Santa Fé..............	“	1.30	“	1.40
“ carpinchos......................	uno.	2.00	“	2.10
“ lanares de Entre Rios............	1 kilo.	0.38	“	0.42
“ “ de Santa Fé..............	“	0.30	“	0.35
“ “ de otras procedencias.......	“	0.38	“	3.40
“ corderitos.......................	docena.	1.50	“	1.70
Aceite de pescado......................	10 kilos.	2.30	“	2.50
Garras de ojal.........................	100 kilos.	3.50	“	4.00
Lana madre de Gualeguaychú...........	10 kilos.	nominal	“	nominal
“ “ Gualeguay...............	“		“	
“ “ Nogoyá.......	“		“	
“ “ Victoria, Diamante y Paraná	“		“	
“ “ Córdoba................	“		“	
“ “ Mendoza	“		“	
“ “ Corrientes (criolla).......	“			
“ “ Colon...................	“			
“ “ La Paz.	“			
“ “ Patagones y Bahía Blanca.	“			
“ “ Concordia	“		“	
“ “ “ (lavada).......	“		“	
“ borrega de Gualeguaychú............	“		“	
“ “ Gualeguay..............	“		“	
“ “ otras procedencias........	“		..	
“ “ criolla.................	“		“	
Pluma de avestruz...	“	2.80	“	3.00

HACIENDAS—*(Corrales de abasto).*

		$ cts.	$ cts.
Carne y sebo, novillos y vacas especiales en puntas....	c/u	30.00 á	50.00
» » » primera clase	"	20.00 "	26.00
» - » segunda id..	"	15.00 "	18.00
» buena carne.	"	10.00 "	12.00
» » para chanchería.....	"	6.00 "	8.00
» » bueyes................. ..	"	50 00 "	60.00
» » siñueleros.................	"	40.00 "	50.00
Cueros frescos, novillos................	c/c	5.00 "	7.00
» » vacas..................	"	4.00 "	6.50
» » bueyes..................	"	3.00 "	4.00
» » siñueleros................	"	5.00 "	8.00
Terneros de ocho meses á un año en pié...	c/u	7.00 "	—
» de la paricion.................	"	— "	6.00
Novillos para invernada................	"	12.00 "	—
Vacas id id	"	4.00 "	—
Novillos para saladero, carnes gordas......	"	— "	—
Vacas id id id id	"	— "	—
Yeguas id id id id	"	— "	—
Capones para matadero, mestizos Lincoln..	"	4.00 "	4.50
" " " " generales.	"	3.00 "	3.50

Varios títulos y acciones.

FONDOS Y TÍTULOS PÚBLICOS.

	CONTADO
Bonos Municipales de 1882—6 por ciento renta........	70
Fondos Públicos Nacionales de 1863 de 6 por ciento.....	101
Id id id de 1876..............	97
Fondos Públicos Nacionales de 1882 de 6 por ciento......	74
Id id id de 1884 de 5 por ciento......	70
Puentes y Caminos 1884......................	90

ACCIONES	CONTADO
Banco Nacional........................	262
Banco Francés del Rio de la Plata.............	100
Banco Constructor de La Plata...............	112
Banco de Italia del Rio de la Plata.............	oro 320
Banco Nacional del Uruguay................	nominal
Banco Español del Rio de la Plata.............	100
Banco del Comercio.....................	102

Banco Comercial de La Plata	90
Banco Sud-Americano	80
Banco Mercantil de la Plata	175
Banco Buenos Aires	98
Banco Industrial y Constructor	104
Banco Agrícola Comercial del Rio de la Plata	65
Bolsa de Comercio (Empresa del edificio)	370
Crédito Real	114
Constructora Argentina	110
Constructora de Flores	119
Caja de descuentos	95
Compañía general reaseguradora	134
Crédito Nacional	85
Compañía de impresores y litógrafos de Kidd y C.ª	nominal
Compañía General de Crédito	90
Compañía Nacional de Trasportes	116
Edificadora de la Floresta	19.50
Ferro carril Central	nominal
Ferro carril del Sud	nominal
Compañia Billetes de Banco Sud-Americana	95
Compañia Argentina del Riachuelo	116
Doc Sud de la Capital	—
La industrial Minera	140
La Argentina fábrica de papel	110
Mercado Central de frutos	95
Mercado y Embarcadero del Rosario	115
Banco de la Bolsa	98
Mataderos Públicos de la Capital	135
Nuevo Banco Italiano	108
Ferro carril del Norte	nominal
Ferro carril de Campana	id
Ferro carriles pobladores	135
Fábrica Nacional de calzado	160
Gas primitivo	190
Gas Argentino	210
La Edificadora	100
La «Currumalan» de $ 1000 cada una	nominal
La Previsora	170
Lloyd Argentino	nominal
Muelles y Aduana de las Catalinas	69
Muelles de La Plata	139
Mercado de frutos de La Plata	90
Nueva Compañía Gas Buenos Aires	nominal
Propiedad de la higiene (nueva)	—
Puerto Madero	—
Sociedad General Pobladora	275

Sociedad telegráfica telefónica del Plata.	250
Tramway Ciudad Buenos Aires.	nominal
«La Buenos Aires» Compañía Nacional de Seguros.	160

Los precios de las cédulas están marcados en la página 1498

CERTIFICADOS	CONTADO
Banco Inmobiliario 75 por ciento, pago	195
Mercado de frutos La Plata. 50 por ciento pago.	64
Puerto Madero 40 por ciento pago.	35
Banco de la Bolsa, 75 por ciento pago.	80
Ferro carriles pobladores 30 por ciento, pago.	65
Banco Hipotecario de la Capital oro 40 por ciento, pago . . .	38
Compañia de Impresores y Litografos de Kidd y C.ª 40 °/₀ p.	70
Malecon y Puerto Norte de Buenos Aires 25 por ciento, pago.	38
Banco Territorial y Agrícola de Santa Fé 50 por ciento, pago.	90
Nuevo Banco Italiano 40 por ciento pago....	48
Compañia Argentina del Riachuelo 25 por ciento, pago.....	21
Mataderos Públicos de la Capital, 20 por ciento pago	43

OBLIGACIONES	CONTADO
Bonos Banco Hipotecario de la Capital (oro)	50
Obligaciones Banco Constructor de La Plata	10.60

Descuentos.

Interés en plaza........	$11\frac{1}{2}$
En el Banco Nacional...	Préstamos hasta 180 dias 7 °/₀.
» » ..	Especiales con amortizacion menor de 25 °/₀, 8 °/₀
El Banco de la Provincia.	Papel comercial 7 °/₀ y particular 8 °/₀.
» »	Pagarés á oro 7 °/₀ anual.

Federico Leinau, Remi Dumais, Jorge Pratje.

Alfredo Alonso.—M. G. Llamazares.—José E. de Souza Martinez.—Juan Bordoy.—Luis Celasco.—Alfonso Ayerza. — Calixto Almeyra. — Vicente Portunato. — Bartolomé Roca. — P. Christophersen.—B. Maumus.—T. S. Roadle.

V.° B°.

Ed. B. Legarreta,
Presidente.

Manuel Dolz,
Gerente-secretario.

Comercio especial exterior de la República habido en los tres primeros semestres de los años 1888. 1889.

Nota.—Los valores de la importacion están basados en los aforos de la tarifa de avalúos, y los de la exportacion, correspondiente á 1889, en los precios corrientes que consignan los boletines quincenales de la Bolsa.

En el tercer trimestre hubo:

IMPORTACION		1888	1889
Sujeta á derechos (1)	$	24763396	33244287
Libre de «	"	4742306	11343668
Metálico	"	15824784	1804778
Total. . . .	$	45330486	46392733

EXPORTACION		1888	1889
Libre de derechos	$	13142922	25064013
Metálico	"	897600	1165025
Total. . . .	$	14010522	26229038

habiéndose liquidado derechos en todas las categorías (adicional inclusive), por $ 15086644.

Los tres primeros trimestres ofrecen en su comparacion con las análogas cifras del año pasado, los guarismos siguientes:

IMPORTACION		1888	1889
Sujeta á derechos.	$	74861111	90947870
Libre de «	"	14505809	25287564
Metálico.	"	19647367	5752040
Total. . . .	$	109014287	121987474

(1) Faltan los datos de las Aduanas del Chubut y Oran, por no haberse aún recibido

EXPORTACION		1888	1889
Libre de derechos	$	70923969	91453853
Metálico	"	4485472	25300224
Total.	$	75409441	116754077

La importacion se distingue por sus procedencias, como sigue:

Alemania	$	11400115
Antillas	"	910
Bélgica	"	10262228
Bolivia	"	65291
Brasil	"	1744151
Canadá		—
Chile	"	20049
España	"	8663087
Estados Unidos	"	10383659
Francia	"	21047162
Italia	"	7388633
Países Bajos	"	5733340
Paraguay	"	1359386
Portugal	"	40458
Reino Unido	"	40837231
Suecia y Noruega	"	163275
Suiza	"	—
Uruguay	"	10142879
Otras procedencias	"	2895620
Total	$	121987474

La exportacion tuvo los destinos siguientes:

Africa Austral	$	3332
Alemania	"	14673662
Antillas	"	772718
Bélgica	"	13050959

Bolivia..................	$	277518
Brasil..................	"	9558318
Chile..................	"	1921763
España..................	"	2022553
Estados Unidos.............	"	5562226
Francia..................	"	28712877
Italia..................	"	2452878
Países Bajos..............	"	43705
Paraguay................	"	557776
Portugal	"	147898
Reino Unido.............	"	21290637
Suecia y Noruega..........		—
Uruguay	"	13322322
Otros destinos............	"	2382940
Total	$	116754077

Exportacion libre.—I.—Productos de la ganadería.

ARTICULOS	Unidad peso ó medida	Cantidad	Valor oficial
Animales en pié:			
Burros..............	unidades	8780	87890
Caballos y yeguas........	"	4907	77665
Cerdos.............	"	—	—
Lanares............	"	14178	43817
Mulas	"	10033	200660
Vacunos...........	"	117573	2489325
Astas vacunas..........	kilos	1427191	226347
Cerda.............	"	1038983	633798
Cueros de cabra........	"	780710	612739
Id id cabrito.......	"	232753	377059
Id lanares sucios........	"	18185406	5440622
Id vacunos secos (becerros incluidos).........	unidades	1491353	5090562
Id vacunos salados (becerros incluidos).......	"	883610	4832314
Id yeguarizos secos......	"	24490	41625
Id id salados.....	"	128192	583275
Garras	kilos	1112134	55851
Lana sucia............	"	126806524	48820510
Total I......	—	—	69614159

II.—Productos agrícolas.

ARTÍCULOS	Unidad peso ó medida	Cantidad	Valor oficial
Afrecho	kilos	751375	20887
Alberjas	“	3309	99
Alpiste	“	1039764	62386
Cebada	“	2i4026	7598
Frutas frescas	—	—	11072
Lino	kilos	26216689	1434054
Maíz	“	213563015	7496064
Maní	“	200690	8027
Papas	“	230421	9217
Pasto seco	“	11688223	364674
Porotos	“	15944	797
Semilla de nabo	“	—	—
Semillas diversas	“	5970	239
Trigo	“	15455644	973705
Total II	—	—	10388819

III.—Productos industriales.

ARTÍCULOS	Unidad peso ó medida	Cantidad	Valor oficial
Aceite animal	kilos	88920	17783
Azúcar	“	123797	16090
Carne conservada n. m. e.	“	831237	74812
Carneros congelados	“	12107696	968624
Extracto de carne	“	52834	105668
Guano	“	550000	16500
Harina	“	2415962	347896
Id de carne	“	99970	21992
Lenguas saladas y conservadas	“	363561	54533
Negro animal		—	—
Pepsina	“	18797	18797
Queso		5309	1062
Sebo y grasa derretida		16326957	2596844
Tasajo		27664677	3873196
Vacas congeladas	“	559455	44755
Varias carnes congeladas	“	221619	177330
Total III	—	—	8179282

IV.—Productos forestales.

ARTÍCULOS	Unidad peso ó medida	Cantidad	Valor oficial
Carbon vegetal	hectólitro	84430	84430
Durmientes	unidades	1734	5202
Estacones de ñandubay	«	25524	3818

(Cntinúa).

IV.—*(Continuacion).*

ARTICULOS	Unidad peso ó medida	Cantidad	Valor oficial
Maderas diversas........	—	—	363901
Medios postes de ñandubay..	unidades	113924	34177
Postes de ñandubay.......	"	37019	18509
Total IV.....	—	—	509537

V.—**Productos de la minería.**

ARTICULOS	Unidad peso ó medida	Cantidad	Valor oficial
Arena aurífera	kilos	188490	32755
Bismuto...............	"	70824	271646
Cobre en barras	"	29890	11956
Estaño	"	304506	152250
Metales de plata.........	"	26840	268400
Minerales de cobre.......	"	147295	45260
Id id plata.......	"	133799	67399
Id id plomo......	"	96147	11444
Oro en pasta	"	7	4275
Plata piña	"	14810	547970
Total V.....	—	—	1403355

VI.—**Productos de la caza.**

ARTICULOS	Unidad peso ó medida	Cantidad	Valor oficial
Cueros de carpincho......	unidades	30590	41296
Id id nutria........	kilos	59804	44257
Id diversos..........	—	—	17440
Pluma de avestruz.......	kilos	17452	35260
Total VI.....	—	—	138253

VII.— Productos y artículos varios.

ARTICULOS	Unidad peso ó medida	Cantidad	Valor oficial
Ceniza y huesos..........	kilos	19092621	450585
Cera................	"	12423	8306
Hierro viejo...........	"	1569581	31391
Mieles diversas.........	"	76355	9163
Oro amonedado..........	—	—	24887560
Plata amonedada	—	—	412666
Sal comun	hectólitros	66451	41201
Sangre seca...........	kilos	366616	10998
Sebo pisado	"	—	—
Otros artículos de la produccion nacional.........	—	—	528051
Varias mercaderías nacionalizadas.............	—	—	145251
Total VII....	—	—	26520672
Total general...	—	—	116754077

La liquidacion de derechos durante los tres primeros trimestres del presente añofué la siguiente:

A.—Importacion.

Derechos específicos	$	13827613
Del 2 °/₀	"	4000
" 5 "	"	311408
" 10 "		749136
" 25 "		13068809
" 30 "		1546908
" 45 "		3645013
" 50 "		382979
" 55 "		562702
" 60 "		360748
Adicional del 1 °/₀.		909478
Total	$	35368794

B.—Demás liquidaciones.

Almacenaje y eslingaje. . .	$	833514
Intereses	"	238386
Multas.	"	71216
Muelle de Aduana.		2254
Faros		148939
Prácticos		3250
Visita y Sanidad.		53617
Sellos.		203977
Puerto del Riachuelo. . . .		278415
Muelle id id		343331
15 °/₀ aumento en los aforos de la importacion		5688921
Total.	$	7865820
Total general.	$	43234614

De aquí resulta, que la liquidacion total de derechos aduaneros, fué en los tres primeros trmestres del presente año de $ 43234614

La liquidacion de derechos, en las aduanas de la República, en los tres primeros trimestres del presente año, ofrece en su comparacion con las análogas cifras del año pasado, los siguientes guarismos:

		1888.		1889.
Derechos de importacion.	$	29024756	$	40148237
Adicional id id	"	748611	"	909478
Total..	$	29773367	$	41057715
		1888.		1889.
Demas liquidaciones.	$	1608364	$	2176899
		1888.		1889.
Total liquidacion de derechos. .	$	31381731	$	43234614

ÍNDICE.

PARTE I.

Informes Consulares.

PÁG.

PARTE II.

Correspondencia Diplomática y Actos Oficiales.

PAG.

REPÚBLICA ARGENTINA.

MINISTERIO DE RELACIONES EXTERIORES.

BOLETIN MENSUAL.

(Año Sexto).

DICIEMBRE DE 1889.

PUBLICACION OFICIAL.

Informes Consulares.

Consulado General en Italia.

INFORME MENSUAL.

Génova, Octubre 14 de 1889.

Señor Ministro:—Tengc el honor de acompañar á V. E. los cuadros demostrativos del movimiento de importacion y exportacion entre este puerto y la República durante el mes de Setiembre pasado.

Cuadro demostrativo de los precios obtenidos en este mercado por los principales artículos de la República, comparados con los similares de otras precedencias.

Cueros secos de buey.—*Los 100 kilógramos.*

	Liras.		
República Argentina (B. A) kilógr's 14/18	65	á	70
República Oriental, id 14/18............	65	á	70
Paraguay id 12/14.....................	60	á	61

	Liras.		
Brasil (Rio Grande) id 13/14............	70	á	72
" (Bahia) vacunos 9/10	70	á	75
Centro América, México é India id 12/14..	60	á	70

Maiz.—*Los 100 kilógramos.*

	Liras.		
República Argentina....................	10	á	10.75
Rusia y Estados Danubianos....	12	á	13.50

Semilla de Lino.—*Los 100 kilógramos.*

	Liras.		
República Argentina..................	24	á	25
Otras procedencias.....................	27	á	29

Sebo de buey.—*Los 100 kilogramos.*

	Liras.		
República Argentina...........	65	á	66
Demas procedencias de las Américas....	60	á	62

Cuadro demostrativo del movimiento de buques entre este puerto y los de la República, y de esta á Génova, durante el mes de Setiembre.

Buques salidos:—16, con 25 700 toneladas, 1191 tripulantes, y 9 378 pasajeros.

Buques entrados:— 11, con 17 699 toneladas, 754 tripulantes y 2 538 pasajeros.

Movimiento inmigratorio habido en el puerto de Génova durante el mes de Setiembre

Numero de buques 16 con 25 700 toneladas de registro. Mercaderías embarcadas, metros cúbicos 14675, de los cuales 10 970 con destino á la República Argentina y 3 705 á la República Oriental.

Pasajeros embarcados, número 9 378, repartidos de la manera siguiente:

Nacionalidad.—Italianos, 7 381; Austriaccs, 921; Suizos, 350; Franceses, 76; Españoles, 127; Otras nacionalidades, 523.

Profesiones:—Agricultores 3520, jornaleros 1746, marmolistas y picapedreros 728, artesanos y obreros varios 908, comerciantes é industriales 420, profesiones liberales 96, profesiones varias 405.

Edad:—De 12 años arriba 7.980, de uno á 12 años 1180, menores de un año 128.

Sexo:—Hombres 7 067 y mujeres 2 311.

Clase:—de primera 225, de segunda 383, de tercera 8 770.

Destino:—Para la República Argentina 8.724, para la República Oriental 597, para otros puertos 597.

Me es grato saludar al Señor Ministro con mi mas alta consideracion y respeto.

Estéban Colombi, Canciller.

Diciembre 7 de 1889.—Publíquese en el Boletin Mensual del Ministerio. -ZEBALLOS.

Cuadro demostrativo del movimiento y precios obtenidos por los artículos de la República, importados en Génova durante el mes de Setiembre de 1889.

Artículos.	*Cantidad.*	*Medida.*	*Precios de los artículos de la República.*		*Precios de los mismos artículos del Reino.*		*Diferencia sobre el precio máximo en*		*Existencia de los artículos en estos depósitos.*
			Mínimo.	Máximo.	Mínimo.	Máximo.	Menos.	Mas.	
Cueros es núm............(1)	20063	Los 50 klógs.	—	—	—	—	—	—	—
Id Bu yes B's A's. 1.a idd.		« 14/18	65	70	60	65	5	—	1750
Id id id 2.a id		« «	64	68	—	—	—	—	
Id id E. Rios edia).		« 10/12	63	65	—	—	—	—	—
Id id Córdoba, Mendoza.		« «	55	60	—	—	—	—	3700
Id id fian..........		« 12 13	60	62	—	—	—	—	450
Id vacunos B's A's. 1.a al idd.		« 9/10	80	85	70	75	10	—	6000
Id id id 2.a id		« «	72	75	—	—	—	—	4000
Id id id 3.a id		« «	60	65	—	—	—	—	2000
Id id id 4.a id		« «	53	56	—	—	—	—	15000
Id id E. Rios (Concordia).		« «	72	75	—	—	—	—	—
Id id Corrientes.........		« «	60	64	—	—	—	—	2500
Id id rfa, Md ea..		« «	50	55	—	—	—	—	2500
Id id Tucuman....		« «	58	62	—	—	—	—	700
Id tas B's. A's. 1.a idad.		« 3/5	64	68	60	65	3	—	4000
Id id id id d...		« $1^1/_2$ $2^1/_2$	65	70	—	—	—	—	4000
Id id id tas...		« 1	40	50	—	—	—	—	—
Id caballos		« 5/6	30	35	30	34	1	—	—
Harina bolsas...........	1741	Los 100 kilógs.	28	29	32	33	—	—	Ninguna
Pieles lanares, fardos...........(2)	1872	El kilógramo.	—	—	—	—	—	—	—
id con lana entera.............		—	170	180	—	—	—	—	
id con $^1/_2$ á $^3/_4$ de lana.........		—	150	160	—	—	—	—	Ninguna
id con [illegible]		—	1	120	...	—	—	—	—

Maiz, bolsas...................(3)	11286	Los 100 kilógrs.	—	—	—	—	—	—	—
id amarillo, sano y seco.........			10	10.75	16	17.75	—	7	—
id deteriorado.....			9	9.50	—	—	—	—	4000 bols
Uñas bolsas...................(4)	50000	Los 100 kilógrs.	14	15	—	—	—	—	Ninguna.
Mataderos y saladeros crudos......			—	—	—	—	—	—	—
Astas de buey, bolsas..........(5)	17200	La tonelada	—	—	—	—	—	—	—
« « « bolsas............	134		—	—	—	—	—	—	—
Id de bueyes mataderos y saladeros			370	400	—	—	—	—	—
Id id y vacas del campo.... .			150	200	—	—	—	—	—
Semilla de lino, bolsas ....(6)	2164	Los 100 kilógrs.	14	25	30	31	—	6	2000 bls.
Sebo de buey, bordalesas.......(7)	2150	Los 100 kilógrs.	65	66	62	64	2	—	Ninguna.
Crines, fardos... ....(8)	75	Los 50 kilógrs.	100	115	—	—	—	—	—
Duelas para barriles....	731		—	—	—	—	—	—	—

(1) Las transacciones comerciales sobre cueros son muy débiles. En los cueros vacunos de las Provincias, en los de buey y de caballo no se hacen pedidos. Por otra parte, son directamente buscados los cueros vacunos de la Provincia de Buenos Aires del peso de 9/10 kilógramos con pelo de invierno.

(2) Aunque este artículo no se cotiza en este mercado, sin embargo se hacen muchos pedidos por los fabricantes de géneros del interior de este Reino. Tambien en este mes no ha habido importacion de lanas

(3) Se hacen muchos pedidos de este producto y sus precios tienden á aumentar

(4) Son muy buscados y de venta fácil.

(5) Se hacen pedidos solamente en la clase de bueyes saladeros y mataderos, quedando las demas en calma.

(6) Se vende fácilmente la que llega en buen estado de limpieza, y sin mezcla de materias eterogéneas.

(7) Es muy buscado

(8) Este artículo continúa en calma.

Consulado en Paranaguá.

INFORME MENSUAL

Paranaguá, Octubre 3 de 1889.

Señor Ministro:—Tengo el honor de remitir á V. E. la nota de los precios corrientes de los géneros de exportacion é importacion durante el mes de Octubre proximo ppdo.

Precioe corrientes obtenidos en esta plaza por los productos de importacion y exportacion para la República durante el mes de Octubre del corriente año.

Mercaderías.	*Reis.*	*Mercaderías.*	*Reis.*
Yerba mate fina, kilo..	180	Arroz nacional, saco...	13 000
» gruesa, id......	300	Porotos, 40 litros.....	7 500
» en hoja, id	170	Maíz, bolsa...........	5 500
» en rama, id....	100	Harina de mandioca id.	7 000
Cueros vacunos, uno..	5 000	« trigo, bar...	16 000
Garras de cueros, kilo.	100	« de la República, bolsas	7 600
Astas, el 100..... ...	6 500	Aguardiente caña, pipa	80 000
Ganado en pié, uno...	40 000	Papas, bolsa..........	3 500
Carne fresca, el kilo...	360	Pino de la Prov. planchones de 14 piés d..	20 000
Tasajo en fardos, id...	280	» tablas, id......	12 000
Id pedazos (sueltos).	220		
Café de 2.ª 15 kilos,..	10 000		

Tengo el honor de saludar á V. E. con mi mas distinguida consideracion.

Claro Américo Guimaraez.

Diciembre 7 de 1889. – Publíquese en el Boletin Mensual del Ministerio. — ZEBALLOS.

Consulado en Cádiz

INFORME MENSUAL.

Cadiz, Noviembre 6 de 1889.

Señor Ministro:—Tengo el honor de pasar á V E. la memoria mensual, correspondiente al pasado Octubre adjuntando al propio tiempo, la Revista Mercantil del mercado.

Durante aquel, la exportacion de mercancías varias para la República, ha sumado la cantidad de 3349 bultos en su mayoría vinos y aceitunas, valorizados aproximadamente en $ m|n. 30.310 y conducidos por los vapores «Birmania» italiano y «Alfonso XIII» español. Seis han sido los buques á vela despachados, cuatro italianos y dos austro-húngaros, cargando en junto 1775 lastres sal, valorizados en $ 9,762.50.

Para Montevideo y Banda Oriental salieron 9, con 3.222 lastres, y en bahía quedan varios con registro abierto, para el Plata, conservando el artículo sin variacion, el precio de $ 5.50 lastre, al costado del buque cargador.

Sin importaciones directas nacionales, nada puede decirse se haya operado en frutos del país, verificándose solamente las transacciones en cueros, que tienen lugar á los mismos precios marcados en anteriores memorias.

A 1.704, se ha elevado el número de embarcados en este puerto, directamente para Buenos Aires, como sigue:

793 vapor aleman «Dresden»
114 « italiano «Solferino»
167 « español «Alfonso XIII.»

Las reses muertas en la ciudad, para el consumo público, como sigue:

Reses vacunas, lanares y de cerda, 962—kilos 100.990 — los precios medios de los artículos de consumo:

Trigo, hectólitro	$ m[n	.5 75
Cebada	«	2 70
Maiz	«	4 40
Garbanzos, kilo	«	20
Arroz	«	4 13
Aceite, litro	«	23
Carnero, kilo	«	30
Vaca	«	35

Revista del Mercado.

Cadiz, 29 de Octubre de 1889.

Continúa el mercado con la misma animacion que lo dejamos en el mes anterior.

Los artículos todos siguen sin variacion, previniendo que los precios son sin derechos de consumo.

Aceite de olivo.—Cortas entradas del nuevo, cotizándose de 8,75 á 9 ptas. los 11 1/2 kilos.

Aceite petróleo.—Muy regulares existencias y cortas demandas, cotizándose de 18,50 á 19 pesetas caja de los Estados Unidos, y de 18 á 18,50 el refinado nacional.

Aceitunas.—Regulares existencias y demandas, cotizándose las de la nueva cosecha á los precios siguientes:

Reina, barril de fanega, de 38 á 50 ptas.

Id. barril gaditano, de 3,50 á 4 id.

Id. cuñetes, de 2 á 2,25 id.

Manzanillas fanega, á 14,50 id.

Achicoria.—Regulares existencias y cortas demandas, cotizándose de 8,75 á 10 pesetas los 11 1/2 kilos en cajas de 30.

Alcoholes.—Continúa la animacion de estos líquidos, realizándose todas las partidas que van llegando. Los precios son los siguientes, con el derecho nuevo especial ya satisfecho.

Berlin, 490 á 500 ptas. los 516 litros.

Hamburgo, 490 á 500 los id. id.

Ruso, á 460 id. los id. id.

Sueco, de dos coronas 88 pesetas el hectólitro, de 3 id., 90 id. el id., y 4, 92 id. el id.

Aleman, Prusia superior, á 87 ptas. el id.

Español de Abarzuza y C.ª á 95 id. el id.

Idem de uvas, á 800 id. los 516 litros.

Ginebra, cuarterolas, á 8 ptas los 16 id.

Id. caja de 12 tarros, á 12,50 ptas.

Id. en canastas de 50 tarros, á 100 id.

Almendras.—Cortas existencias de los mallorquines, á 85 pesetas los 46 kilos.

Almidon.—Regulares existencias y cortas demandas, cotizándose de 8 á 8,50 ptas. los 11 1/2 kilos el del reino. de 7,50 á 8 ptas. los 11 1/2 kilos de 1.ª y de 8,25 á 8,75 los 11 1/2 kilos marca *Gato ó Remis*.

Alpiste.—Cortas existencias y demanda, de 11 á 12 ptas. fanega.

Alverjones.—Cortas existencias y regular demanda, de 9 á 10 ptas. fanega.

Anís.—Cortas existencias, cotizándose de 12,50 á 14 pesetas los 11 1/2 kilos, segun clase.

Añil.—Cortas existencias de 7 á 8 ptas. kilo.

Arroz—Regulares existencias y demanda cotizándose á los precios siguientes:

Japonés de 4,25 á 4,50 ptas. los 11 1/2 kilos.

De dos pasadas á 4,25 id. id.

De tres id., á 4,50 id. id.

Florete, á 5,25 id. id.

Azafran.—Muy cortas existencias. cotizándose con tendencias al alza, de 174 á 180 ptas. kilo el bueno superior.

Azufre. — Cortas existencias sin demandas, cotizándose á 7 pesetas el de Italia y 9,50 el de Francia en sacos de 46 kilos.

Azúcar.—Desde nuestra anterior *Revista* no sabemos se haya verificado mas venta al por mayor que la de 300 bayones Manila *R P*, á 9,75 ptas. los 11 1/2 kilos despachados. La baja de precios de algunas clases de azúcar peninsular y las competencias en esta plaza han producido bastante desanimacion en este dulce y los precios á que se cotizan al detalle son los siguientes:

Manila, números 16 al 20, de 10 á 10,75 pesetas los 11 1/2 kilos.

Idem, Ilo-ilo de 7 á 7,50 ptas. los id. id.

Holandesa con terron, no hay.

Id. cortadillo, de 11 á 11,50 ptas. los 11 1/2 kilos.

Habana quebrados, no hay.

Id. florete, 2.ª, no hay.

Puerto Rico, núms. 16 al 18, de 9,25 á 9,75 los 11 1/2 kilos.

Cárdenas granulado, de 11,25 á 11,75 los id. id.

Id. cortadillo, á 13 id. los id. id.

Malagueña, á 12,50 id. id.

Bacalao.—Regulares existencias del nuevo, cotizándose de 42,50 á 45 ptas. los 46 kilos, segun clase.

Cacao. — Cortas existencias, cotizándose á los precios siguientes:

Caracas superior, de 225 á 280 ptas. los 50 kilos.

Idem corriente, de 200 á 225 id. id.

Guayaquil, de 135 á 137,50 id. id.

Cubeño, de 145 á 160 id. id.

Carúparo, no hay

Café.—Los precios de este fruto han estado muy sostenidos, pero sin operaciones al por mayor entre casas de nuestra plaza, durante el presente mes. Al detalle se cotiza el Manila á pesetas 132,50 los 46 kilos y á 152,50 el de Puerto Rico.

Duelas.—Con los fuertes arribos que hemos tenido se han reforzado las existencias, las que se realizan á precios sostenidos.

Habichuelas.—Regulares existencias en alza, cotizándose las extranjeras de 450 á 5 y las del Pinet de 3,75 á 4 ptas. los 11 1/2 kilos.

Higos de Lepe.—Los arribos que hemos tenido no han sido grandes, los que se han realizado á los precios de 3,50 ptas. la caja de 11 1/2 kilos.

Manteca de Asturias.—Regulares existencias y demandas, cotizándose la marca *Gil*, á 2,04 ptas. kilo de 2.ª y á 2,18 la de 1.ª

Manteca de Hamburgo.—Cortas existencias y cortas demandas, cotizándose de 5,25 á 5,50 pesetas kilo, en latas.

Sal.—La exportacion sigue en aumento y el precio el mismo de 27,50 ptas. en lastre.

Trigo.—Regulares existencias y regular demanda de 10,50 á 12,30 ptas. fanega, segun clase.

Vinos de Jerez.—Muy regulares existencias y cortas demandas.

Las marcas acreditadas se cotizan de 300 á 2.000 ptas. bota á bordo en Cádiz: embotellado en proporcion.

La caja de 12 botellas vinos apropósito para América, de 20 á 25 ptas. una.

Las marcas de L. Chorro, en cajas de una docena, premiadas en las Exposiciones de Paris y Madrid, proveedor de la Real Casa, de 25 á 40 ptas. una.

Idem tintos.—Cortas existencias y regular demanda, cotizándose de 180 á 190 ptas. botas.

Idem de Poniente—Regulares existencias y cortas demandas, cotizándose de 4 á 5 ptas. los 16 litros, segun clase.

Cambios.

Cádiz, Octubre 29 de 1889.

Londres.....	3 m/f	25.80	Bilbao......	8 d/v	$\frac{1}{4}$	d.
París	8 d/v	2.90	Santander...	idem	$\frac{1}{4}$	d.
Madrid......	idem	$\frac{1}{4}$ d.	Coruña......	idem	$\frac{1}{8}$	d.
Barcelona....	idem	$\frac{1}{8}$ d.	Santiago.....	idem	$\frac{3}{8}$	d.
Málaga......	idem	$\frac{1}{4}$ d.	Vigo........	idem	$\frac{1}{2}$	d.
Almería.....	idem	$\frac{3}{8}$ d.	Gijon........	idem	$\frac{1}{2}$	d.
Alicante.....	idem	$\frac{1}{4}$ d.	Gibraltar....	idem	$\frac{1}{2}$	d.
Valencia.....	idem	$\frac{1}{4}$ d.	Algeciras....	idem	$\frac{3}{4}$	d.
Cartagena...	idem	$\frac{1}{4}$ d.	Sevilla.......	idem		par
Tarragona...	idem	$\frac{3}{8}$ d.	Descuento en el	Banco		4%

La salud pública, continúa siendo por completo satisfactoria en la ciudad y en la comarca.

Muy grato me es, aprovechar esta ocasion, para reiterar al Sr. Ministro mi muy respetuoso saludo.

Angel Blanco Gonzalez, Cónsul.

Diciembre 7 de 1887. — Publíquese en el Boletin Mensual del Ministerio.—Zeballos.

Consulado General en Bélgica.

INFORME MENSUAL.

Amberes, Noviembre 8 de **1889.**

Señor Ministro:—**Tengo** el honor de remitir á V. E. adjunto el informe comercial sobre la plaza de Amberes, correspondiente al mes de Octubre próximo pasado.

Informe comercial de la plaza de Amberes, correspondiente al mes de Octubre de 1889.

Lanas.—Durante el mes de Octubre la demanda ha continuado con actividad, y se han tratado negocios importantes, en proporcion de la reducida existencia que queda en la plaza.

Los precios han ido subiendo, y termina el mes á 10 céntimos mas altos que los últimos remates, y aún 15 céntimos en algunas clases.

El 14 de Noviembre próximo tendrá lugar un remate, último del año actual.

En lanas á plazo, las transacciones comprendieron 70,000 kilos, peine frances y 3,285,000 kilos peine aleman Plata.

El movimiento general de lanas del Plata durante el mes de Octubre, fué como sigue:

Existencia en fin de Setiembre........	4 159	fardos.
Entradas.		
Buenos Aires........................	319	»
Montevideo, San Nicolás y Rosario....	473	»
Via indirecta.......................	53	»
Total................	5 004	fardos.

Ventas.

Buenos Aires	1 242
Montevideo	471
Rio Grande	33
Total	1 746
Tránsito	876

Existencias.

Buenos Aires	1 942
Montevideo	429
Rio Grande	11
Total	5 004

He aquí los precios de lanas del Plata al finalizar el mes: (Buenos Aires.)

	Buena á ext'a.	Buena á mediana.	Mediana.	Buena á secundaria.	Secundaria á defectuosa.
Merinos francos	2.10 á 2,20	1.95 á 2.05	1.75 á 1.85	1.60 á 1.65	1.25 á 1.55
Mestiza 1.ª »	2.05 » 2.15	1.90 » 2.00	1.70 » 1.80	1.55 » 1.60	1 25 » 1.50
» 2.ª »	2.05 » 2.25	1.90 » 2.00	1.70 » 1 80	1.50 » 1 55	1 25 » 1.45
» 3.ª »	2.00 » 2.20	1.85 » 1.95	1.60 » 1.75	1.45 » 1 50	1.10 » 1.40
Borregas »	1.80 » 2 00	1.60 » 1 75	1.45 » 1.55	1.30 » 1 40	1.05 » 1.25
Pedazos »	1.35 » 1.45	1.20 » 1.30	1.05 » 1.15	0.90 » 1.00	0.80 » 0 85
Barrigas »	1 10 » 1.25	0.95 » 1.05	0.80 » 0 90	0.70 » 0.75	0.50 » 0.60

En cuanto á las lanas de otras procedencias, se vendieron durante el mes 203 fardos del Cabo de Buena Esperanza, y quedan de existencia en fin de Octubre, 268 fardos, á saber: 5 de Australia, 258 de España y 5 de Africa.

Las pieles lanares dieron lugar á las siguientes transacciones:

Existencia en fin de Setiembre....	fardos	12

Llegadas.

Plata..........................	«	259
Australia	«	33
Rusia................................	«	281
		585
Ventas..........................	fardos	12

Tránsito.

Plata................................	«	259
Australia..........................	«	33
Rusia..................................	«	281
Existencia hoy....................	«	—
		585

Cueros.—La importacion general durante el mes, fué como sigue:

Del Plata.............	8.292	secos y	44.824	salados.
Id Rio Grande	—	«	2.667	«
Id Nueva Caledonia ..	—	«	189	
En junto....	8.292	«	47.680	«

Además se importaron 869 cueros salados de potro.

La venta total fué de 154.200 cueros, y las existencias en fin de mes ascienden á 171.600 cueros, mas unos 15.000 en segunda mano.

Despues de principiar este artículo en gran calma, á fines de mes adquirió de pronto grande animacion, realizándose transacciones considerables, especialmente en novillos 25/32 kilos que subieron en precios de frs. 2 á 4. Los cueros de entre estaciones, de calidad media, tan difíciles de vender desde hace algun tiempo, son precisamente los que mas han participado en este movimiento. Los novillos de pesos menores, tambien en alza, aunque no tan fuerte.

Esta actividad debe atribuirse sobre todo á la escasez de las llegadas en Octubre y á las pocas existencias de novillos salados en los mercados vecinos.

Los cueros secos de novillos mataderos, tambien participan del movimiento, pero los de vaca secos no han llamado la atencion de los compradores á pesar de sus bajos precios.

Plata secos. Se vendieron 10.200 cueros y quedan existentes 26.100.

Los novillos mataderos se pagaron de frs. 92 1/2 á 97 por buenos cueros de 13 1/4 kilos y frs. 80 á 90 por inferiores.

Plata salados. Ventas 143.300: existencias 140.700.

Las calidades corrientes á buenas se cotizan como sigue:

Novillos saladeros.

					Verano.		Invierno.
Buenos	Aires	15/20	kilos	frs.	44 á 47	frs.	37 á 41
«	«	20/25	«	«	52 á 56	«	41 á 46
«	«	25/32	«	«	91 á 66	«	52 á 57
«	«	32/40	«	«	54 á 59	«	47 á 52

Novillos mataderos.

					Verano.		Invierno.
Buenos	Aires	15/20	kilos	frs.	39 á 42	frs.	36 á 40
«	«	20/25	«	«	45 á 50	«	39 á 43
«	«	25/32	«	«	52 á 58	«	43 á 48
«	«	32«50	«	«	50 á 54	«	45 á 50

Cereales.—Los trigos principiaron el mes con mucha firmeza y considerables transacciones, á precios en alza por calidades superiores. Este movimiento fué poco á poco encalmándose en la segunda mitad del mes, en que los avisos de baja en los Estados Unidos y las fuertes llegadas paralizaron totalmente las transacciones, á pesar de que los vendedores bajaron sus precios de 25 céntimos. Los trigos cierran con muy pocas transacciones y precios flojos por disponibles, excepto las buenas calidades que se sostienen relativamente bien. El centeno encalmado tambien, aunque con precios sostenidos por buenas calidades.

Cebada en buena demanda y avena con transacciones limitadas á las necesidades extrictas del consumo.

La importacion y ventas durante el mes de Octubre comprende las cantidades siguientes, en hectólitros:

	Trigo.	Centeno.	Cebada.	Avena.
Importacion..	1 030 634	73 852	261 277	103 834
Ventas.......	501 000	148 000	205 000	50 000

El trigo rojo de invierno de América se cotiza de frs. 18 1/4 á 18 3/4 Bombay, blanco frs. 19 1/2 á 19 1/4. Centeno de Odesa y Azoff frs. 13 3/4 á 14. Cebada de Odesa frs. 13 1/2 á 12 1/4 id. del Danubio, segun calidad, frs. 12 3/4 á 16, y Avena de Rusia, segun calidad, frs. 13 á 14 1/2, todo por 100 kilos.

Maiz.—Principió el mes en calma para los maices de América del Norte, con transacciones poco importantes, pero los de otras procedencias en buena demanda y con precios en alza de 25 céntimos. Este movimiento se ha ido acentuando durante todo el mes para maices de todas procedencias, llevándose á cabo transacciones importantes á precios en alza de 25 céntimos.

Del Plata se vendieron al principio del mes unos 20.500 sacos maíz amarillo, que se pagaron á frs. 10 y 10 1/2 y algunos lotes frs. 8 3/4 á 9 segun calidad: otros lotes fueron retirados de la venta.

Para el 21 del mes en revista se habia anunciado un remate de 200.000 kilos maíz del Plata mas ó menos averiado, pero no tuvo lugar por haberse vendido de mano á mano antes de esa fecha.

El maíz de América cierra muy firme con mucha demanda por disponible para la exportacion. El de otras procedencias goza igualmente buena demanda para el consumo. La cotizacion del Plata es bastante irregular, frs. 9 á 11, segun calidad: el del Danubio se cotiza de frs. 12 $^{3}/_{4}$ á 13 por 100 kilos.

La importacion comprendió 194.408 hectólitros, de los cuales 46.609 procedentes del Plata.

Semilla de lino.—La situacion de este artículo, que al principiar el mes disfrutaba de una demanda moderada, ha ido declinando durante el trascurso de Octubre, con baja de 25 céntimos en los precios. A pesar de esta baja, las transacciones son nulas y los precios por consiguiente nominales. La semilla de lino disponible del Mar Negro se cotiza á frs. 26 $^{1}/_{4}$ y la del Plata id. á frs. 25 los 100 kilos. Se han importado 112.881 hectólitros, y se han vendido 41.000 hectólitros. Entre las importaciones figuran 6.116 hectólitros del Plata.

Sebos.—Ha reinado calma completa durante todo el mes, y á pesar de que en los mercados vecinos se ha experimentado una lijera baja, no ha bastado para reanimar las transacciones, porque los tenedores no están dispuestos á hacer concesiones. Así es que durante el mes solo se han vendido 106 pipas y 30 medias vacuno, á frs. 65 $^{1}/_{2}$, 12 pipas y 30 medias vacuno á frs. 65 y una partida en viaje á frs. 63 cif.

El movimiento de sebos vacunos del Plata fué como sigue:

Existencia en fin de Setiembre.	1.024	pipas	84	medias.
Importacion..................	910	«	120	«
	1.934	«	204	«
Ventas......................	118	«	30	«
Existencia hoy...............	1.816	«	174	«

A última hora el artículo continúa encalmado. Los compradores siguen retraidos, y el precio de frs. 65 á 64 $^{1}/_{2}$ que se pide por sebo vacunos del Plata, es enteramente nominal.

Ganado en pié.—He aquí las cantidades de ganado en pié vendido en los mercados semanales de esta plaza, con sus precios por kilógramo del peso de la res viva.

			CALIDAD.				
			Primera.		Segunda.		Tercera.
582	bueyes	de francos	0.90 á 0.93	francos	0.80. á 0.85	francos	0.70 á 0.75
594	vacas	"	0.82 " 0 85	"	0.70 " 0.75	"	0.60 " 0.65
244	terneras	"	0.85 " 0.90	"	0 75 " 0 80	"	0.65 " 0.70
78	toros	"	0.75 " 0 80	"	0.65 " 0.70	"	0.55 " 0.60
202	becerros	"	1.07 " 1.10	"	1.00 " 0.97	"	0.85 " 0.90

Saludo á V. E. con la mayor consideracion.

Alberto de Bary, Cónsul.

Diciembre 7 de 1889.—Publíquese en el Boletin Mensual del Ministerio.—ZEBALLOS.

Consulado en Santander.

INFORME MENSUAL.

Santander, Noviembre 2 de 1889.

Señor Ministro:—Tengo el honor de manifestar á V. E. que durante el próximo pasado mes de Octubre se descargaron en los muelles de este puerto las mercancías siguientes:

972.200	kilógramos	de	azúcar
110.800	«	«	aceite de olivo
76.200		«	arroz extranjero
636.050		«	bacalao
20.350		«	cueros de vaca secos
34.100			café
390.320			cacao
4.862.084		«	carbon mineral
68.800	«	«	maíz americano
192.050	litros	«	alcohol industrial
78.080	«	«	aguardiente de caña.

La exportacion de harinas de trigo consistió en:

3.426.900 kilógramos para América y en 383.300 id para otros puertos de este país.

Las reses degolladas en este matadero para el consumo público fueron:

Vacunos	mayores	618	con 121.182 kilógramos
	menores	481	
Cabrío y de lana		316	1.156
De cerda		205	19.954

Continúan bastante animados los mercados de ganado vacuno en esta provincia, haciéndose buenas ventas á los siguientes precios:

Vacas para muerte	de	pts.	11.25	á	pts.	15	la @
Par de bueyes de labor	«	«	400	«	«	625	
Vacas con cria al pié	«	«	150	«	«	350	
Vacas para vida	«	«	125	«	«	250	
Terneros	«	«	50	«	«	100	

El maíz americano planchado, se importa de Liverpool y se vende á pesetas 8 las 87 libras; falta este año, casi en su totalidad, la pequeña cosecha que suele hacerse en esta provincia cuyo precio es hoy de pts. 9 á pts. 10 la fanega de 90 libras, por lo cual continuará este invierno la importacion, que otros años solo en el verano se verificaba.

Sigue siendo completamente satisfactoria la salud pública en todo este distrito consular.

Sírvase V. E. aceptar mi respetuoso saludo y el testimonio de mi mayor consideracion.

Victor Espina.

Diciembre 7 de 1889.—Publíquese en el Boletin Mensual del Ministerio.—Zeballos.

Consulado General en Alemania.

INFORME MENSUAL.

Hamburgo, Noviembre 2 de 1889.

Señor Ministro:—En el pasado mes de Octubre se han importado los siguientes productos procedentes de la República: 18.053 cueros de potro, 21.036 cueros vacunos, 621 fardos cueros lanares, 64 fardos diversas pieles, 6.220 trozos quebracho, 157 fardos lana, 55 fardos nutria, 31 fardos cerda, 51.458 bolsas maíz, 5.577 bolsas lino, 2.000 bolsas salvado, 880 pipas sebo, 567 bolsas borato de cal, 174 bolsas mineral de plata.

Cotizaciones.

Cueros vacunos pesados secos de 57 á 63 pfg. el $^1/_2$ kilo.

Cueros vacunos secos livianos 52 á 61 pfg. id.

Cueros vacunos salados pesados 45 á 46 id id.

Cueros vacunos salados (vaca) 40 á 42 id id.

Cueros de potro salados, marcos 13 á 16 cuero.

Existencia de cueros en plaza á fines de Diciembre de 1888: 42.000 cueros.

Importacion de todas procedencias desde principios de año hasta la fecha 1.177.000 cueros y 14.046 fardos.

Ventas durante igual período: 829.000 cueros.

De tránsito: 332.000 cueros y 14.046 fardos.

La tendencia del mercado de cueros es mas firme, con mayor animacion en los negocios de este producto.

Astas de buey m. 10 á m. 24 las 100 astas.

Id de vaca m. 10 á m. 12 id.

Cerda m. 1.15 á m. 1.50 el 1/2 kilógramo.
Cueros de venado m. 80 á m. 85 pfg. el 1/2 kilógramo.
Harina de carne m. 11.50 á 14 los 100 kilógramos.
Hueso molido m. 14 á 18 id.
Miel de abeja m. 30 á 31 los 50 id.
Hueso m. 90 á 100 los 1017 1/2 id.
Ceniza de hueso m. 10 á 11 los 100 id.
Harina de trigo m. 25 á 27 los 50 id.
Sebo m. 45 id.
Cera m. 110 id.
Lana sucia de Buenos Aires 70 á 75 pfg. el 1/2 kilógramo.
Quebracho m. 4 los 50 id.

Cotizaciones de cueros indígenas.

Cueros de novillos secos del Ducado de Holstein de 8 á 12 kilógramos de peso (sin carne ni hueso) 60 á 65 pfg. el 1/2 kilo.

Cueros de novillos beneficiados en plaza de 12 á 15 kilos de peso (sin carne ni hueso) 60 á 65 pfg. el 1/2 kilo.

Cueros de novillos salados de 32 1/2 á 35 kilos de peso (sin carne ni hueso) 28 á 29 pfg. el 1/2 kilo.

Cueros de novillos salados de 30 á 37 1/2 kilos de peso (sin carne ni hueso) 26 á 28 pfg. id id id.

Cueros de vaca salados de 16 á 22 1/2 kilos de peso (sin carne ni hueso) 26 á 27 id id.

Cueros de potro salados de los Ducados de Holstein y Mecklemburgo de 19 á 22 1/2 kilos de peso m. 12 1/2 á m. 14 cuero.

Ganado en pié.—Bovino, mejor especie 60 á 63 marcos.

Especie mediana 54 á 57 id., especie ordinaria 48 á 51 id los 50 kilos.

Carneros..—Mejor especie de Holstein 55 á 70 pfg., especie mediana 45 á 50 pfg., especie ordinaria 40 á 45 pfg. el 1/2 kilo.

Cotizaciones de cereales.

Trigo	m.	135	á	m.	152	los	1000	kilógramos
Centeno....	«	160	«	«	166	«	«	«
Cebada	«	95	«	«	105	«	«	
Avena.....	«	115	«	«	130	«	«	
Maíz.......	«	75	«	«	85	«	«	
Colza......	«	290	«	«	300	«	«	
Lino.......	«	185	«	«	200	«	«	

Me es grato saludar á V. E. con mi distinguida consideracion.

Carlos Vega Belgrano, Cónsul General.

Diciembre 7 de 1889.—Publíquese en el Boletin Mensual del Ministerio.—ZEBALLOS.

Vice Consulado en Isla de Madeira.

INFORME MENSUAL.

Lisboa, Noviembre 9 de 1889.

Señor Ministro:—Tengo la honra de enviar á V. E. el informe mensual del Vice-Consulado en la isla de la Madeira, correspondiente al mes de Octubre ppdo.

Reitero á V. E. las seguridades de mi consideracion muy distinguida.

José da Cunha Porto, Cónsul General.

Isla de Madeira, Noviembre 1.° de 1889.

Señor Cónsul General:—Cúmpleme elevar á S. S. el informe mensual de este Vice-Consulado correspondiente al mes de Octubre pasado.

Precios corrientes obtenidos en este mercado en el mes de Octubre.

Ganado en pié:

Bueyes	25	á	40	mil reis
Terneras	8	á	18	mil reis
Carneros	3	á	6	mil reis

Carne fresca.

Buey	160	y	180	el kilóg.
Ternera	200	y	280	«
Carnero	200	y	260	

Maiz.—(850 litros)

Blanco americano............	22500				reis
Amarillo, marruecos.........	17	y	18	mil	reis

Trigo.

Americano.................	43	á	44	mil reis	
Nacional.	38	á	40	mil reis	
Lanas sucias............. ..	4200	á	4800	reis 15 kilos	
Cueros verdes...............	170	á	280	reis	kilo.
Id secos..	360	á	390	reis	kilo.

Exportacion.—El vapor aleman «Pernambuco» embarcó para Buenos Aires 54 cajas y 2 barriles con vino de Madeira y una caja bordados de esta isla.

Han despachado sus papeles mas 7 vapores de escala por este puerto para el de Buenos Aires, sin tomar carga.

La salud pública es satisfactoria.

Mes es grato reiterar á S. S. las seguridades de mi mas distinguida consideracion.

Joaquin N. Gonçalvez, Vice Cónsul.

Diciembre 7 de 1889.—Publíquese en el Boletin Mensual del Ministerio.—ZEBALLOS.

Consulado General en Portugal.

INFORME MENSUAL.

Lisboa, Octubre 31 de 1889.

Señor Ministro:—Tengo la honra de dirigirme á V. E. informándole de los precios que han obtenido en esta plaza durante el presente mes, los artículos similares de los de la República Argentina.

Caballos regulares de 90 á 135,000 reis.

Carneros y ovejas de 1.800 á 2.700 reis, siendo el consumo mensual de 950 á 1.000 cabezas.

Terneras de 9 á 12.000 reis, siendo el consumo mensual de 950 á 1.000 id.

Carne fresca de 3.000 á 3.200 reis, por 15 kilógramos siendo el consumo mensual 2.500 bueyes.

Sebo 1.600 reis, por 15 kilóg., despachado.

Cueros secos salados, 400 reis el kilógramo.

Lanas sucias, 380 reis el kilógramo.

Trigo de 640 á 660 reis, por 14 litros despachado.

Maíz de 340 á 360 reis, por 14 litros despachado.

Un peso nacional oro, corresponde á 900 reis, moneda portuguesa.

En el mes de la fecha se han despachado en este Consulado General de mi cargo los siguientes buques con destino á la República.

Dia 2 vapor holandés «Schiedam», procedente de Rotterdam, recibió carga

« 8 « francés «Brézil» procedente de Burdeos, no recibió carga.

Dia 14 vapor inglés «Tamar» procedente de Southampton, no recibió carga.

« 22 « inglés «Atrato» procedente de Southampton, no recibió carga.

« 24 « francés «Nerthe» procedente de Burdeos, no recibió carga.

« 28 « inglés «La Plata» procedente de Southampton, no recibió carga.

« 30 « inglés «Santiago» procedente de Lóndres, no recibió carga.

La exportacion fué la siguiente: por el «Schiedam»—8 cajas ácido de fosfato, 8 id palitos, 650 id vino, 420 barriles vino, 110 fardos corcho.

Reitero á V. E. las seguridades de mi consideracion muy distinguida.

José da Cunha Porto, Cónsul General.

Diciembre 7 de 1889. —Publíquese en el Boletin Mensual del Ministerio.—ZEBALLOS.

Consulado en Liverpool.

INFORME MENSUAL.

Liverpool, Noviembre 5 de 1889.

Señor Ministro:—Tengo el honor de enviar á E. V. el informe mensual de este Consulado demostrando el movimiento que ha tenido lugar en este mercado durante el mes de Octubre próximo pasado.

Carne congelada.—Las llegadas durante el mes ascienden á 69.159 reses y algunos cuantos riñones etc., todas en buena condicion. La demanda continúa activa, y se vende á 4 $^{1}/_{2}$ d. p. lb.

Maiz.—Empieza á llegar de la nueva cosecha, y asciende á 90.367 bolsas durante el mes. La condicion de este maíz es superior á las llegadas anteriores y el que ha venido por el vapor «Heliades» está considerado como lo mejor que ha venido de la República. Mercado firme á 3/9 4/ por el amarillo. Del blanco no hay existencia.

Trigo.—Sin existencia y sin llegadas.

Cueros salados.—Mercado firme y precios $^{1}/_{8}$ d. de suba. Se han hecho operaciones importantes.

Cueros potro salados.—Se han vendido varios cargamentos al llegar, á buen precio.

Cueros lanares.—Debido á las pocas llegadas el remate anunciado para el 9 del corriente ha sido suspendido hasta el 20. Las ventas durante el mes incluyen 463 fardos á 6 $^{1}/_{8}$ d. p. lb.

Cuadro mostrando el movimiento y precios corrientes en este mercado de los productos de la República durante el mes de Octubre de 1889.

Artículos.	*Int'ducidos.*	*Vendidos.*	PRECIOS CORRIENTES. *Desde.*	*Hasta.*	*Observ'nes.*
Cueros de novillo salados...	14 175	10 416			
Id pesados.....			4 $\frac{3}{4}$ d. lb.	5 $\frac{1}{4}$ d. lb.	
Id livianos.....			4 $\frac{1}{8}$ " "	4 $\frac{1}{4}$ " "	
Cueros de potro salados					
1.a clase.......			12[6 d. cuero	13[3 d. cuero	nominal.
2.a clase.......			10[3 " "	11[6 " "	
Sebo vacuno de vapor, pipas...	246	246	27[6 qq.	27[9 " qq.	
Cueros lanares, f.	577	463			
Sin lavar, lana entera..... ...			6 d. lb.	6 $\frac{1}{2}$ d. lb.	
Id. media lana ..			4 $\frac{1}{4}$ " "	5 $\frac{1}{2}$ " "	
Lana mestiza sin lavar, fardos..	7				
Clase buena á superior			7 d. lb.	8 $\frac{1}{2}$ d. lb.	
Clase mediana...			6 " "	7 $\frac{1}{2}$ " "	
Cerda de caballo.	14	14			
Buena mezcla...			12 d. lb.	12 $\frac{1}{2}$ d. lb.	
Huesos, ton.....			£5.10.0 ton.	£ 5.15.0 ton.	
Cenizas de id. id.			" 4.12.6 "	" 4.17.6 "	
Trigo, bolsas......					
Trillado para yeguas...... ...					no existe
Id. por máquina.					
Maíz desgranado	90 367	70 000			
Clase regular á buena........			100 lbs.	100 lb.	
Clase superior. amarillo......			3[9 100 "	4[100 "	Id
Lino regular á bueno........		2 800	40[416 "	42[416 "	
Clase superior...			43[416 "	46[416 "	
Cebada.			2[8 60 "	3[9 60 "	nominal.
Carne congelada					
Carnero, reses..	69 159	50 700	4 d. "	4 $\frac{1}{2}$ "	
Vaca, cuartos...			3 " "	3 $\frac{1}{4}$ " "	

Importacion y precios corrientes de carne fresca, (enfriada) y animales en pié de Norte América.

	Tons.	Tons.			
Carne de vaca....	4 676	4 676	4 ½ d. lb.	5 ½ d. lb.	Nominal
Carne de carnero	60	60	5 " "	6 " "	
Animales vacunos en pié...	21 704	21 704	£ 15 c/u	£ 23 " c/u.	
Ovejas.........	6 636	6 636	33/ "	43/ " "	

Saludo al Señor Ministro con mi consideracion distinguida.

G. M. Brydges, Cónsul.

Diciembre 8 de 1889.—Publíquese en el Boletin Mensual de Ministerio.—Zeballos.

Consulado en Bahía.

INFORME MENSUAL.

Rio de Janeiro, 8 de Noviembre de 1889.

Señor Ministro:—Elevo á conocimiento de V. E. un oficio del Consulado Argentino en Bahia, acompañando la relacion comercial de los meses de Setiembre y Octubre ppdos.

Saludo á V. E.

M. Berdier, Cónsul.

Diciembre 9 de 1889.—Publíquese en el Boletin Mensual del Ministerio—Zeballos.

Bahia, Octubre 28 de 1889.

Señor Ministro: — Tengo el honor de presentar á V. E. dos resúmenes circunstanciados de las mercaderías importadas de la República para esta plaza, precios de las respectivas ventas y existencia durante el mes de Setiembre ppdo. y que termina en la fecha, cumpliendo así lo ordenado por ese Ministerio en las circulares de 19 de Noviembre de 1881 y 1° de Agosto de 1883, transmitidas por el Señor Cónsul General de la República en este Imperio.

Precio corriente de las mercaderías de la República Argentina en el mes de Setiembre

Alfalfa.—No hubo entradas este mes. Espérase 3 cargamentos y se tiene ya hechas algunas ventas al llegar á 100 reis el kilo.

Cueros.—Sin entradas, en cuanto á los precios sin alteracion.

Harina de taigo.—Sin entradas y sin existencias. Los precios para los sacos varían de 13/000 á 15/000 por 3 sacos para ventas de bulto, obteniéndose en el retajo de 18/000 á 30/000. Mercado suplido por el de Trieste y Fiume y Americano.

Trigo.—Hay un depósito de cerca de 4000 sacos, los precios varían par saco de 90 lib. de 2/000 á 3/500, estando el mercado desanimado.

Maiz.—Entraron durante este mes en diversos vapores 4511 sacos y espéranse grandes partidas. No hay existencias y ya se tienen hechas ventas al llegar á 4/300 el saco por buenas cantidades.

Charqui.—No hubieron entradas. Hay falta del de calidad superior del Rio de la Plata. Se cotiza de 300 á 400 reis.

Precio corriente de las mercaderías de la República Argentina en el mes de Octubre.

Alfalfa.—Entraron 150 fardos por el navío «Wilhelmina» no estando todavía el buque descargado. Se han hecho ventas de regulares partidas á 100 rs. el kilo dando por el retajo 120 rs.

Cueros.—Sin entradas. Se cotizan los secos salados de 270 á 380 rs. por kilo y los secos de 305 á 310 rs.

Harina de trigo.—Sin entradas y sin existencia. En cuanto á los precios, etc., nada tenemos que agregar al aviso anterior.

Trigo.—Sin entradas, habiendo en existencia cerca de 2500 sacos. Se cotiza por saco de 90 lib. de 3.600 á 3.700 rs.

Maiz.—Entraron este mes 8500 sacos, siendo hoy la existencia de cerca de 7000 sacos.

El mercado para esta mercadería mejoró, pues cotízase por saco de 80 litros, de 4600 á 4800 por partidas, obteniéndose por retajo hasta 5000.

Charqui—Sin entradas y sin existencia. De Montevideo han venido grandes suplementos por vapores, estando bueno el artículo, de 300 á 360 reis.

Aprovecho la oportunidad para significar á V. E., á quien Dios guarde por muchos años mis protestas de alto aprecio y consideracion.

Fernando A. Luz, Cónsul.

Diciembre 7 de 1889.—Publíquese en el Boletin Mensual del Ministerio.—ZEBALLOS.

Consulado en Neuchatel.

INFORME MENSUAL.

Neuchâtel, Noviembre 1.° de 1889.

Señor Ministro:—Tengo el honor de elevar á V. E. el informe mensual de este Consulado correspondiente al mes de Octubre que acaba de terminar.

Vinos.- La cosecha que acaba de hacerse ha dado como resultado general poca cantidad pero de una calidad superior á los años anteriores, lo que hace mantener los precios muy elevados; se venden de frs. 0.50 ct. á 0.60 el litro de vino nuevo.

En los remates de vinos de la Comuna de Vevey—98.000 litros de 0.58 ct. á 0.78 ct. segun la calidad.

Precios de los artículos siguientes en los mercados de esta ciudad en el mes de Octubre.

Trigo Superior............	frs.	20.50	á	21.00	los	100	kilg.
Centeno..................	"	16 00	"	17.00	"	"	"
Avena.....	"	16.00	"	18.00	"	"	"
Cebada...................	"	17.00	"	—	"	"	"
Harina 1.ª calidad.........	"	33.00	"	34.00	"	"	"
" 2.ª "	"	28.00	"	30.00	"	"	"
Afrecho..........	"	11.00	"	12.00	"	"	"
Papas	"	8.00	"	9.00	"	"	"
Alfalfa..................	"	6.00	"	6.50	"	"	"
Paja.....................	"	4.50	"	5.00	"	"	"
Carne de buey neto......	"	1.48	"	1.60	por	1	kilg.
" vaca............	"	1.30	"	1.40	"	"	"

Carne de carnero.........	fs.	1.25 á	1.50	por 1 kilo
" ternera 1.ª vivo..	"	0.82 "	0.92	" " "
" 2.ª "	"	0.76 "	0.80	" " "
" cerdo...........	"	1.08 "	1.14	" " "
Queso 1.ª calidad.......	"	1.40 "	2.10	" " "
" 2.ª " ...	"	0.90 "	1.30	" " "
Manteca...................	"	2.20 "	2.50	" " "
Pan 1.ª calidad............	"	0.35 "	0.40	" " "
Huevos	"	1.00 "	1.10	docena

Jornal de obreros de campaña con alimentos frs: 1 á 1.50.

Feria de Moudon del 21 de Octubre.—Se vendieron unas 30 vacas lecheras de frs. 300 á 450, las vaquillonas de frs. 300 á 350, 30 pares de bueyes de frs. 800 á 1,200, 45 carneros, de francos 30 á 40, 40 cabras, de frs. 25 á 40, 600 cerdos de 6 á 8 semanas de frs. 40 á 45 el par, y los de 3 á 4 meses, frs. 90 á 100 el par; en general los precios del ganado en alza.

La exportacion de quesos de Suiza en 1888, ha sido de 238,390 quintales métricos de un valor de 36,456,000 frs., y la exportacion de 13,872 quintales por valor de frs. 2,490,000.

Tengo el honor de saludar á V. E. con mi mas distinguida consideracion.

C. Wuille Bille.

Diciembre 7 de 1889.—Publíquese en el Boletin Mensual del Ministerio.—Zeballos.

Consulado General en la R. O. del Uruguay.

INFORME MENSUAL.

Montevideo, Noviembre 29 de 1889.

Señor Ministro:—Adjuntos tengo el honor de elevar á ese Ministerio, con los estados del movimiento habido en el Consulado en Paysandú y los Vice-Consulados en Carmelo, Rosario, Riachuelo, Mercedes y Conchillas, durante el mes de Octubre ppdo., los datos mensuales de esta Cancillería en igual lapso de tiempo.

Productos uruguayos exportados para la República Argentina por el puerto de Montevideo, durante el mes de Octubre de 1889.

650.000 kilos piedras en bruto, 1.900 metros cordon de vereda, 36.800 adoquines, 16.000 kilos arena, 90 cerdos en pié.

Estado demostrativo de los buques mercantes argentinos que han entrado en el puerto de Montevideo y salido del mismo durante el mes de Octubre de 1889.

Entrada.

Con carga.—21 buques con 5884 toneladas y 458 tripulantes.
En lastre.—7 buques con 1753 toneladas y 117 tripulantes.
Total.—28 buques con 7637 toneladas y 575 tripulantes.

Salida.

Con carga.—28 buques con 7637 toneladas y 575 tripulantes.

En lastre.— — — —

Total.—28 buques con 7637 toneladas y 575 tripulantes.

Navegacion directa é indirecta.—Entrada.

De puertos argentinos.—19 buques con 7026 toneladas y 510 tripulantes.

De puertos extranjeros.—9 buques con 611 toneladas y 65 tripulantes.

Total.—28 buques con 7637 toneladas y 575 tripulantes.

Salida.

Para puertos argentinos.—9 buques con 2014 toneladas y 141 tripulantes.

Para puertos extranjeros.—19 buques con 5623 toneladas y 434 tripulantes.

Total.—28 buques con 7637 toneladas y 575 tripulantes.

Sin novedades dignas de distraer la celosa atencion de V. E. aprovecho la oportunidad para reiterar al señor Ministro las seguridades de mi mayor consideracion y respeto.

José Guido.

Diciembre 9 de 1889.—Publíquese en el Boletin Mensual del Ministerio.—ZEBALLOS.

Vice Consulado en Rosario.

INFORME MENSUAL.

Rosario, Octubre 30 de 1889.

Señor Cónsul General:—Remito á S. S. un estado, que demuestra el movimiento de manifiestos en el mes que hoy concluye.

El total de buques es de once, así repartidos:

3 buqu s á Santa Fé con 610 toneladas piedra.

3 id. id. Buenos Aires con 208 id. arena.

2 id. id. id. id. 300 yuntas aves.

3 id. id. Montevideo con frutos del país.

A. Gamas.

Vice Consulado en Riachuelo.

INFORME MENSUAL.

Riachuelo, Noviembre 5 de 1889.

Señor Cónsul:—Tengo el agrado de adjuntar á S. S. los estados por duplicado del movimiento habido en esta oficina en el mes que acaba de fenecer.

La exportacion para puertos de nuestro país consiste en 7408 toneladas piedra bruta, 5228 id. arena y 1407 id. pedregullo.

Estado demostrativo del movimiento marítimo habido en este Vice Consulado en el mes de Octubre de 1889.

ENTRADA.

5 vapores, 171 toneladas y 42 tripulantes.

205 buques de vela, 10.193 toneladas y 792 tripulantes.

210 buques en lastre, 10 364 toneladas y 834 tripulantes.

210 de puertos argentinos, 10 364 toneladas y 834 tripulantes.

160 con bandera argentina, 9 405 toneladas y 679 tripulantes.

48 con bandera oriental, 867 toneladas y 144 tripulantes.

2 con bandera paraguaya, 92 toneladas y 11 tripulantes.

SALIDA.

5 vapores, 171 toneladas y 42 tripulantes.

205 buques de vela, 14 043 toneladas y 792 tripulantes.

205 buques con carga, 14 043 toneladas y 792 tripulantes.

5 buques en lastre, 171 toneladas y 42 tripulantes.

210 para puertos argentinos, 14 214 toneladas y 834 tripulantes.

160 con bandera argentina, 12 594 toneladas y 679 tripulantes.

48 con bandera oriental, 1 475 toneladas y 144 tripulantes.

2 con bandera paraguaya, 145 toneladas y 11 tripulantes.

Saludo al Señor Cónsul General atentamente.

Isaias Leguisamo.

Vice-Consulado en Mercedes.

INFORME MENSUAL.

Mercedes, Noviembre 3 de 1889.

Señor Cónsul:—Al dirigirme con el presente á S. S. es con el objeto de dar cuenta de las diligencias practicadas en esta oficina durante el mes que feneció.

El movimiento fluvial consta del estado que por duplicado acompaño.

Estado demostrativo de los buques mercantes argentinos que han entrado en el puerto de Mercedes y salido del mismo desde el 1.º al 31 de Octubre pasado.

Entrada:—Con carga, 4 buques, 94 toneladas y 14 tripulantes.
En lastre, 3 buques, 76 52/100 toneladas y 13 tripulantes.
Total, 7 buques, 170 52/100 toneladas y 27 tripulantes.
Salida:—Con carga, 3 buques, 98/40 toneladas y 16 tripulantes
En lastre, 4 buques, 72 /12 toneladas y 11 tripulantes.
Total, 7 buques, 170 52/100 toneladas y 27 tripulantes.

Navegacion directa é indirecta.

Entrada:—De puertos argentinos, 3 buques, 76 /32 toneladas y 13 tripulantes.

De puertos extranjeros, 4 buques, 94 toneladas y 14 tripulantes.

Total, 7 buques, 170 52/100 toneladas y 27 tripulantes.

Salida:—Para puertos argentinos, 5 buques, 113/ 32 toneladas y 19 tripulantes.

Para puertos extranjeros, 2 buques, 57 toneladas y 8 tripulantes.

Total, 7 buques, 170 52/100 toneladas y 27 tripulantes.

Tengo el honor de saludar á S. S. con mi mayor consideracion y respeto.

Luis Costa, Vice Consul Interino.

Diciembre 9 de 1889.—Publíquese en el Boletin Mensual del Ministerio.—ZEBALLOS

Consulado en Paysandú.

INFORME MENSUAL.

Paysandú, Octubre 31 de 1889.

Señor Cónsul General:—Tengo el honor de acompañar á S. S. seis cuadros demostrativos del movimiento de esta oficina y una planilla de precios corrientes de frutos del país y ganado en el presente mes.

Cuadro número 1, navegacion. Id id 2, mercaderías exportadas. Id id 3, productos exportados. Id id 4, importacion de productos. Id id 5, ganado en pié

Estado demostrativo de los buques mercantes argentinos que han entrado en el puerto de Paysandú y salidos del mismo durante el mes de Octubre pasado.

Entrada:—Con carga 12 buques, 594 toneladas y 48 tripulantes.

En lastre, 16 buques, 1631 toneladas y 107 tripulantes.

Total, 28 buques, 2225 toneladas y 155 tripulantes.

Salida:—Con carga, 14 buques, 1598 toneladas y 97 tripulantes.

En lastre, 14 buques, 627 toneladas y 58 tripulantes.

Total, 28 buques, 2225 toneladas y 155 tripulantes.

Navegacion directa é indirecta.

Entrada:—De puertos argentinos, 12 buques, 235 toneladas y 37 tripulantes.

De puertos extranjeros, 16 buques, 1990 toneladas y 118 tripulantes.

Total, 28 buques, 2225 toneladas y 155 tripulantes.

Salida:—Para puertos argentinos, 16 buques, 2017 toneladas y 122 tripulantes.

Para puertos extranjeros, 12 buques, 208 toneladas y 33 tripulantes.

Total, 28 buques, 2225 toneladas y 155 tripulantes.

Mercaderías exportadas para la República Argentina en el mes de Octubre pasado.

Reembarco:—950 piezas pino blanco con 1295 metros cuadrados, 888 id id tea con 2120 id id,

Exportacion:—55 bultos muebles usados, 11 carros usados con arreos y encerados.

Productos exportados para la República Argentina en el mes de Octubre pasado.

2.609 cueros vacunos secos con 66.245 kilos, 2.440 ladrillos de barro, 250 hectólitros cal apagada con 12.000 kilos, 82 hectólitros sal.

Productos importados de la República Argentina en el mes de Octubre pasado.

112.000 kilos carbon de piedra, 12.400 rajas leña, 4.143 kilos papas, 2.483 cueros vacunos, 650 medios postes ñandubay, 473 postes id., 341 atados cueros lanares, 241 bolsas trigo con 17.628 kilos, 200 estacones ñandubay, 30 atados cueros nonatos, 16 cueros de potro, 15 bolsas cerda.

Exportacion de ganado en pié para la República Argentina en el mes de Octubre pasado.

60 caballos, 4 bueyes, 2 vacas, 2 terneros.

Precios corrientes de frutos del país y ganado, en este Departamento, en el mes de Octubre pasado.

Cueros vacunos secos	$	4.20	40 libras
« « «	«	3.40	10 «
« lanares	ml.	100 105	— «
« yeguarizos	$	80	10 «
« corderitos	«	— 50	docena.
Cerda mezcla	«	17.00	quintal.
Huesos de campo	«	12.00	tonelada

Ganado para el abasto.

Novillos	$	13.00	abasto.
Vacas	«	10.00	«
Lanares	«	1.40	

Tengo el honor de saludar al Señor Cónsul General atentamente.

Aurelio Velazquez.

Diciembre 9 de 1889.—Publíquese en el Boletin Mensual del Ministerio.—ZEBALLOS.

Vice-Consulado en Carmelo.

INFORME MENSUAL.

Carmelo, Octubre 31 de 1889.

Señor Cónsul General:—Acompaño á la presente un estado demostrativo del movimiento habido en esta oficina en el mes de la fecha.

Ha tomado intervencion este Vice-Consulado en el despacho de setenta y tres buques, setenta de los cuales han conducido con destino á Buenos Aires, Rosario de Santa Fé, Corrientes, Paraná y Santa Fé, 585.400 adoquines, 465 toneladas piedra, 848 toneladas arena, 2.225 metros cordon de vereda, 75 toneladas pedregullo, 20 caballos en pié y 3.000 cabos de madera amarilla.

Saludo á S. S. con mi mas distinguida consideracion.

Adolfo Pons.

Diciembre 9 de 1889.—Publíquese en el Boletin Mensual del Ministerio.—ZEBALLOS.

Vice-Consulado en Conchillas.

INFORME MENSUAL.

Conchillas, Noviembre 8 de 1889.

Señor Cónsul General:—Tengo el honor de remitir á ese Consulado General los estados que resúmen el movimiento de buques durante el mes de Octubre último, así como tambien una planilla que expresa detalladamente su tonelaje de registro.

Estado demostrativo del número de buques despachados por el Resguardo de Conchillas durante el mes de Octubre de 1889, y en los cuales ha tomado la debida intervencion este Vice-Consulado.

Entrada:—41 buques á vapor, 118 id á vela, 110 argentinos 49 extranjeros, 6.249 toneladas á vapor y 12.654 id á vela, 1.067 tripulacion extranjera; en lastre.

Salida:—41 buques á vapor, 118, á vela, 110 argentinos, 49 extranjeros, 24.718 toneladas, 1067 tripulantes.

Cargamento: 9.871 toneladas arena, 230,700 adoquines, 12.540 toneladas piedra.

Saludo á S. S. con toda consideracion.

Alberto C. Jorge, Vice-Cónsul.

Diciembre 9 de 1889.—Publíquese en el Boletin Mensual del Ministerio.—ZEBALLOS.

Consulado General en Francia.

IMFORME TRIMESTRAL.

Paris, Octubre 21 de 1889.

Señor Ministro:—Adjunto tengo el honor de elevar á V. E. los estados relativos del Movimiento Comercial y Marítimo, habido entre los puertos argentinos y los del Havre, Burdeos y Marsella, durante el tercer trimestre del presente año.

I. COMERCIO POR EL PUERTO DEL HAVRE, EN EL TERCER TRIMESTRE DEL CORRIENTE AÑO.

EXPORTACION.

Cuadro Estadistico del movimiento de este Puerto para los de la República Argentina en el tercer trimestre del año 1889.

Quince vapores con: Tonelaje 30.778.99, tripulantes 682, pasajeros é inmigrantes 2.279, con bultos para Buenos Aires 60.067, para el Rosario 19.474, para San Nicolas 165, para otros puertos 388, Opcion para Montevideo 26.827 total 106.921. Además 370 bultos vias inglesas.

Cuadro Estadistico del movimiento de Importacion á este Puerto procedente de los de la República durante el tercer trimestre de este año.

14 vapores con 500 fardos lana, 1.060 cueros vacunos secos, 39.418 cueros vacunos salados, 147 fardos cueros cabrito, 16 bolsas quina, 5 barriles goma, 59 barriles glicerina, 153 barriles

cera, 5 bultos tablones, 147 barriles varios, 1 fardos, cerda, cajones plumas de avestruz, 48.500 astas, 3.263 bolsas lino 53.869 bolsas maíz, 1.378 bolsas alpiste, 400 bolsas harina de carne, 85 fardos, cueros lanares, 825 barras estaño, 30 sacos mineral, 79 zurrones mineral de plata, 4.994 carneros congelados, 566 cabritos id, 41 bueyes vivos.

Precios corrientes de los frutos argentinos, en este mercado en el tercer trimestre de este año.

Frutos	*Por*	*Julio.*	*Agosto.*	*Setiembre*
	kilo	frcs.		
Lanas..........	1	1.60 á 2.15	1.60 á 2.15	1.40 á 2.10
Cueros lanares..	«	1.30 « 1.50	1.30 « 1.50	1.30 « 1.50
« vacunos secos	50	60 « 85	60 « 85	60 « 85
« « salados	100 k	46 « 57	45 « 52.50	40 « 56
« potro secos	piezas	6 » 9	6 « 9	6 « 9
« » salados.	100 k	115 « 120	1.15 » 1.20	1.15 « 1.20
« nutria. ...	1	2.50 « 3.50	2.50 « 3.50	2.50 « 3.50
« cabra......	doc'na	30 » 45	30 « 45	30 « 45
« cabrito. ..	«	20 « 26.50	20 « 26.50	20 « 26.50
Cerda..........	50 k	125 « 165	125 « 165	125 « 165
Sebo..........	100	62 « 66	62 « 66	62 « 66
Aceite	50	45 « 50	45 « 50	45 « 50.50
Plumas avestruz	1/2	5 « 6	5 « 6	5 « 6.50
Astas.....	100	35 « 37.50	32.50 « 35	32.50 « 35
Machos de astas	1000	100 « 120	100 « 120	100 « 120
Trigo.........	100	20 « 21	20 « 21	20 « 21
Lino......... ..	«	25 « 26	26 « 27	26 » 27
Colza..........	«	30 « 33	30 « 33	30 « 33
Maiz	«	11 « 12	11 « 12	11 « 12
Huesos	«	14 « 20	14 « 20	14 « 20
Quebracho.....	1000	9.80 « 10.00	10 «	10.30 « 10.35

II. COMERCIO POR EL PUERTO DE BURDEOS DURANTE EL TERCER TRIMESTRE DEL CORRIENTE AÑO.

Lista Alfabética de las Mercaderías expedidas de este Puerto de Burdeos para los de la República Argentina, durante el tercer trimestre de este año.

Designacion.	*B. Aires.*	*Rosario.*
Aguardiente, cajas........	10 515	3 990
« barriles.....	79	24
Armas, cajas..............	7	«
Articulos de Paris, id......	172	7
Articulos de fotografía, id..	21	«
« de billar, id....	5	«
« de escritorio, id..	1	6
« de casa, id.......	1	«
« de imprenta, id..	4	
Agua mineral, id.........	557	
Artículos eléctricos, id....	8	
Ajenjo, id................	296	«
« yerba, id...........	«	1
« barriles...........	209	«
Alcohol, cajas.............	80	
Alfombra, id.............	6	«
Alcohol, barriles..........	1	«
Aceite, cajas.......	229	51
Alambre, id.......«......	4	«
Arcos de fierro, fardos....	73	50
Arzones, cajas... :.... ..	7	«
Aparejos, id.............	1	
Arneses, id.........	5	
Anteojos, id.............	1	

Designacion.	*B. Aires.*	*Rosario*
Arroz, sacos.............	50	«
Alquitran, cascos	«	3
Acido, bultos............	1	8
Bitter, cajas	10.796	1.304
« barril..............	1	«
Bizutería, cajas..........	155	5
« falsa, id........	2	«
Bronce obrado, id.........	19	5
Bastones, id..............	3	«
Botellas vacías, bultos....	3423	
Bustos, cajas.............	2	«
Bombas, id...............	3	8
Bugías, id................	253	«
Biscochos, id	1	7
Baules, id................	6	4
Coñac, id................	7911	1652
« fardos..............	46	«
« barriles...........	556	136
« «	60	«
Conservas, cajas..........	6381	482
« fardos.........	20	«
« barriles........	110	
Café, bultos	33	
Ciruelas, cajas	25	
Carruaje, bultos..........	41	
Cristales, cajas..........	25	
Cilindro, id..............	1	
Carteles, id..............	26	«
Cajas desarmadas, bultos..	2012	262
Calzados, cajas...........	41	1
Cueros, id...............	145	
Cuchillería, id...........	18	
Cuadros, id...............	10	

Cristallería, id	14	8
« barriles	4	«
Confecciones, cajas	56	«
Corchos, fardos	19	889
« bultos	104	958
Caballos en pié, número	38	«
Cápsulas para botellas, cajas	122	90
Clavos, id	2	«
Cobre, barras	1	
Cubas desarmadas, bultos	668	
Cuerdas (guitarra), cajas	2	
Canastas, id	1	
Cacao, sacos	110	«
Chocolate, cajas	146	5
Confites, id	15	«
Cerveza, id	5	
Casillones, id	8	
Cigarros, id	240	
Cápsulas, id	178	
Clavijas de hierro, id	21	
« de cobre, piezas	20	
Cristal, barricas	1	
Cobre obrado, cajas	3	
Colores, id	3	
Cigarrillos. id	83	
Cestería, id	4	
Cebadero, barriles	8	
Droguería, cajas	5	«
Dulces, id	450	38
Duelas, bultos	«	15
Espejos, cajas	88	23
Etiquetas, id	65	1
Estátuas, id	9	1

Designacion.	*B. Aires.*	*Rosario.*
Esencia. id....	40	«
Estaño, id...............	171	
Escobas, número..........	2	
Espita, cajas.............	10	
Estampa, id..	1	«
Escobas, bultos	«	2
Grutas, cajas.............	59	81
Flores artificiales, id.	36	«
Fundición, id......... ...	1	
Fotografía, id.............	1	
Fuelles, id......	1	«
Fundos de paja, id........	«	450
Guarnicion, id............	1	«
Goma, bultos.............	50	2
« barrilles............	«	2
Generador, cajas..	1	«
Hule, id	1	«
Harina, bultos.....	6	25
Herreria, cajas...........	17	6
Harpas, id....	2	«
Hierro, barras............	600	
« bultos	3	
Hormillo, cajas...........	2	
Impresos, id......	15	«
Instrumentos cirugía, id...	1	1
« de música id...	4	«
Juguetes, cajas............	108	4
Jamon, id................	1	«
Kirsch, id	119	«
Librería, id..............	72	4
Lámparas, id.............	13	5
Litografía, id	1	«
Licores, id....	4 700	385

Designacion.	*B. Aires.*	*R*
Licores, barriles...........	«	7
Limonada, cajas	2	«
Líquidos, id.............	8 576	
Libros, id................	9	
Lanternas, id......... ..	14	
Lana, fardos..............	1	«
Mercería, cajas...........	1 904	41
Mercadería, id	2 655	218
Muebles, id	266	7
« de hierro........	31	«
Mostaza, id...............	2 062	329
Muestra, id.....	18	«
Manta, id.................	1	
Música impresa, id........	4	
Metal obrado, id..........	10	
Mármol, id....	1	
Madera obrada, id	18	«
Máquina, id	217	55
Madera, fardos...	31	1
Mapa, cajas...............	1	«
Madera y estaca, id	2	
« construccion, piezas	24	
Naipes, cajas.............	43	
Oro en hoja, id...........	2	«
Oro, id.............	3	2
Ornamentos para iglesia, id	12	«
Pieles, bultos............	43	3
Perfumería, cajas.........	253	«
Paraguas, id..............	16	«
Piano, id.........	22	5
Porcelana, bultos.........	118	31
« barricas	341	79
Papel, cajas	59	94

Designacion.	*B. Aires.*	*Rosario.*
Papel de embalaje, bultos..	3	
« de aviso, cajas....	8	
Papel para cigarrillos, id..	13	
Papelería, id.............	27	
Plomo, id.............	1	
Platería, id.............	15	
Pinales, id..............	2	
Pizarra de tejado, cajas....	600	
Productos farmacéuticos, id	5	
Piedra, id...............	22	
« id...............	27	
Perno de carruajes, id.....	7	
Pluma, balas	10	
Pendola, cajas............	«	1
Queso, bultos	298	30
Quincallería, cajas........	22	28
Quitasol, id..............	10	«
Relojería, id.............	71	5
Relojes, id.	27	«
Rom, id..................	1 210	364
« barriles	207	5
« toneles..............	1	«
Ropas, cajas..............	52	34
Robinetes, id.............	1	«
Resortes, bultos..........	369	
Regulador, cajas	2	
Rall de acero, número...	670	«
Sardinas, cajas..........	2 084	2 611
Suelas, id...............	2 754	«
« balas...............	990	
Sombreros, cajas.........	40	
Sombrerería, id.........	45	«
Sanguijuelas, id...........	14	10

Designacion.	*B. Aires.*	
Sensilla, id.......	9	4
Sandulla, id.......... ...	3	4
Saco vacillo, id...........	«	4
Suspension, id............	«	1
Sulfato de cobre, id.......	1 118	«
Tejido, id............. ..	640	4
Tubo de cobre, número ..	1	«
« de hierro, id...	1	
Tarros, cajas........... ..	«	
Tabaco, id......	308	
Cigarros, id..............	20	
Toros en pié, número.....	6	
Terneros en pié, número.	5	«
Tártaro, cajas.............	32	48
Tablones, número.........	6	«
Terracota, cajas...........	1	
Té y chocolate, id........	1	
Trigo, bolsas.............	3	
Tornillo, cajas............	3	
Tablones, granero.........	1	«
Toneles desarmados, bultos	«	357
Tela para toldo, cajas.....	5	«
Toros en pié, número.....	8	
Utiles de vinicultura, cajas	2	
Utiles, id...............	3 057	«
Utiles de bodega, id......	«	64
Uva seca, balas..........	1	3
» « sacos.	750	«
Vino, barricas......	32 255	12 005
« de $^1/_2$...............	«	«
« barriles	155	«
« cajas........	13 264	2 042
« champaña, id.... ...	1. 445	«

Designacion.	*B. Aires.*	*Rosario.*
Vinagre, barriles	392	«
Vermouth, cajas..........	702	
Valor, bultos	9	
Vacas en pié, número..... .	17	«
Vestido, cajas............	34	1
Velocípedo, id.....	1	«
Vanilla, id. :	146	
Vajilla, id.............. .	1	
Yeguas en pie, número...	11	

Lista alfabetica de mercancias inportadas en este puerto de Burdeos con procedencia de la República Argentina durante el tercer trimestre del corriente año.

Asta, granero	«	2
Bitter, cajas..............	2	«
Bizutería, id	1	
« vieja......... ...	2	«
Cueros secos, piezas.......	«	18 292
Cerda, fardos.............	18	51
Caballo vivo, número.....	2	«
Coñac, cajas..............	111	
Lana, fardos..............	16	«
Maiz, bolsas............ .	16 013	2
Mercadería, bultos.........	26	«
Muebles, cajas............	2	
Manta, id	1	
Muestras, id	1	
Material, id..............	18	«
Pieles de carnero, fardos..	12 678	160
« de caballo, id.......	7	26
« de cabra	«	28
Pieles, id................	1	9

Designacion.	*B. Aires.*	*Rosario.*
Plata, barras....	48	
Periódicos, cajas..........	1	
Relojería, id.............	1	
Ropas usadas, bultos......	11	
Sellos, cajas	1	
Valor, bultos.....	11	
Vino, cajas...............	1	
Yerba, cajas......	1	

Estado de los buques salidos de este Puerto de Burdeos con destino á los de la República Argentina durante el tercer trimestre del corriente año.

20 vapores, con 1 372 tripulantes, con 46 091 toneladas de registro; con destino á Buenos Aires 16 557.43, la Plata 290.77 San Nicolas, 41.10, Rosario 3 676.26.

Estado de los buques entrados en el Puerto de Burdeos procedentes de la República Argentina durante el tercer trimestre del corriente año.

11 vapores con procedencia á Buenos Aires, Rosario, Bahia Blanca, San Nicolas, y San Pedro.

Estado de los buques salidos del puerto de Marsella, con destino á los Argentinos durante el tercer trimestre del corriente año.

27 buques con 35 343 toneladas, 1 162 tripulantes, 2 222 pasajeros con destino á Buenos Aires, Rosario y Colastina.

Estado del movimiento general de Importacion de la República Argentina en Marsella, durante el tercer trimestre de este año.

12 buques con 23 607 toneladas, 1 413 pasajeros, 4 729 cueros secos, 261 fardos lana, 2 254 id. lanares, 6 cerda, 1 925 bolsas lino, 79 042 bolsas maíz, 49 231 maní, 877 alpiste, 85 cera, 93 miel, 209 astas, 109 nervios, 26 pieles cabra, 26 pieles cabra, 5 becerro.

Mercaderías exportadas de Marsella á los puertos Argentinos durante el tercer trimestre del corriente año.

Mercancías.	*N.° de bultos.*	*Mercancías.*	*N.° de bultos*
Aceite de oliva..	8 723	Clorato de potasa.	3
« mineral ...	220	Cueros curtidos...	51
« sésamo	40	Cuchillería.......	18
« castor.....	80	Corteza de alcornoque......	136
Acido galico.....	1	« de limon	1
Adornos de iglesia	6	Cerraduras.	6
Ajenjo...........	6 140	Dátiles...........	66
Agua de azahar..	94	Drogas	67
« mineral.....	730	Esencia perfumada	17
« gaseosa.....	35	Estaño en hojas....	10
Almendras.......	95	Esteras........ ...	63
Altramuz........	54	Espejos	12
Amoniaco........	2	Estufas........ ..	20
Alquitran.	13	Estearina.........	188
Armas..........	1	Forjas......	3
Artículos de Paris	3	Fuelles...	6
Azufre....... ...	6	Garbanzos........	40
Azafran..........	3	Galaugá.....	2
Azúcar.........	11 400	Galipodio.........	2
Balanzas.........	2	Ginebra..........	2
Balcones.........	2	Glicerina.........	71
Baldosas.........	10 83 710	Goma...	105
« finas.....	1 555 110	Galones seda......	6
Baldosas prensadas	623 570	Guadañas.........	31
« porcelana.	110	Guarniciones.....	8
Badiano..........	12	Habas Tonka.....	1
Benjuí...........	3	Herramientas.....	668
Bigornias........	253	Hinojo...........	12
Botellas vacias...	1 406	Hisopos..........	6
Bombas..........	6	Hoces............	2
Cal..............	350	Hierro fundido. ..	9
Canela	2	Hojalatas.........	2
Calderas...... ...	5	Hojas secas.......	8
Cardos..........	2	Imprentas........	2
Cálamo.....	1	Jabon	60
Cajas de música...	6	Ladrillos.........	25 000
Cartones.........	16	Licores...........	750
Cemento.........	11 510	Linoleun.........	6
Chartreuse.......	195	Madera..........	74
Clavos..........	32	Maní............	3 700
« de olor.... .	6	Mármol..........	1 196
Cloruro de cal....	10	Martillos........	5
Cocas de almendra	5	Melisa...........	4
Coñac	75	Nitrato de sosa...	12
Crin vegetal.....	133		

Mercancías.	*N.° de bultos.*	*Mercancías.*	*N.° de bultos.*
Orchilla..........	9	Quincalla.........	1 204
Orozuz	2	Raices.......	2
Papel...	22	Registros.........	18
Papel fotográfico..	2	Resortes de coches	635
Paños............	6	Ropa............	1
Paraguas.........	6	Sardinas...... .	25
Pañuelos........	8	Sedería........ .	5
Papas.....	12 367	Semillas . .	22
Pernos...........	150	« de mostaza	132
Parasoles.........	7	Sombreros.......	2
Peines...........	4	Sulfato de sosa...	6
Pianos...........	62	« de cobre...	17
Perdigones.	200	Tapones.... ...	275
Piezas de ferrocaril	65	Tejas chatas......	389 535
« mecánicas..	22	« acanaladas..	5 000
Pasas............	38	Tela...	16
Perfumeria.......	2	Tejidos...	39
Piedra pomez....	4	Tomates.........	10
Porcelana........	1 100	Trufas...........	8
Potasa...........	10	Vacas..	9
Prod'tos tintoriales	9	Vermouth..	9 561
Pieles...........	22	Vino tinto........	5 935
Pastas...	125	« blanco......	9
Piñones..........	10	« Málaga......	100
Plantas..........	16	Vidrios	4
Plomo	2 370	Yerbas...........	12
Queso...........	255	Zumaque........	48

Felipe Augusto Picot, Cónsul.

Diciembre 7 de 1889.—Publíquese en el Boletin Mensual del Ministerio.—ZEBALLOS.

Consulado en Antonina.

INFORME MENSUAL.

Antonina, Diciembre 1.º de 1889.

Señor Ministro:—Tengo el honor de dirijirme á V. E. informándole de los precios obtenidos en esta plaza durante el mes pasado, de los artículos de esa República y los de esta provincia.

Mercaderías.	*Reis.*	*Mercaderías.*	*Reis.*
Carne seca de 1.ª kilo.	500	Maíz, los 40 kilos.....	2 500
« 2.ª » .	400	Harina de trigo, bar...	18 000
« fresca.........	280	Aguardiente caña, p...	80 000
Ganado en pié, uno..	50 000	Fariña 40 litros........	18 000
Garras de cueros, kilo.	100	Tabaco, el kilo.......	1 000
Astas 100............	10 000	Yerba mate fina, kilo..	140
Cueros vaca, kilo.....	400	« gruesa, id........	146
Sebo, kilo........	500	« en hoja, id......	150
Arroz benefi'do 60 kil.	13 000	« en rama.........	110
Porotos los 40 kilos..	8 000		

Dios guarde á V. E.

Juan Manuel Ribeiro Vianna.

Diciembre 5 de 1889.—Publíquese en el Boletin Mensual del Ministerio.—ZEBALLOS.

Consulado en Bremen.

INFORME MENSUAL.

Bremen, Octubre 31 de 1889.

Señor Ministro:—Cumplo con el deber de someter á V. E. el informe comercial de este mes.

Importacion.—En dos vapores hemos tenido la insignificante entrada de:

273 fardos de lana.

5 « cueros cueros de carnero.

20 cajones de aceite.

75 cascos de sebo.

Exportacion.—Tres vapores han salido de este puerto con 1.143 toneladas de carga en 19.101 bultos.

Emigracion. —128 personas se embarcaron directamente para el puerto de Buenos Aires.

Noticias del Mercado.—*Lana.*—Se sostiene y hasta se mejora diariamente la situacion, siendo fácil de obtener precios mas altos. Las ventas eran muy importantes, por todo 5.649 fardos incluyendo mas ó menos 700 de Buenos Aires, estos últimos á m. 1.95 á m. 2.05 por $^1/_2$ kilo lavada la primera y m. 5.20 á m. 5.50 el kilo por lana de peine.

Cueros vacunos secos.—Sin variacion. Importacion 15.080, cueros de otros puertos y sin entrada de puertos argentinos. Secos m. 55 á 65, salados m. 45 á 52 por $^1/_2$ kilo.

Cueros de potro salados.—Buscados de m. 13 á 16 cada uno.

Lino.—Sin entrada m. 1.80 á 1.90 °/₀ kilo.

Tortas de lino y maní.—m. 135 á m. 1.50 p. 700 kilos.

Sebo.—m. 32 á m. 35 por 50 kilos.

Granos.—Habia mas movimiento y precios en alza, debido á la cosecha poca satisfactoria.

Trigo.—m. 135 á 150 p. °/o kilos.
Centeno.—m. 105 á 110 id. id.
Cebada.—m. 98 á 110 p. id. id.
Maíz de Buenos Aires.—m. 75 á 85 id. id.

En los Mataderos.—Animales gordos de toda clase están en buena demanda y los precios se sostienen arriba de los normales del año pasado.

Carne de novillo.—m. 57 á 62 por mayor por 50 kilos.
Carne de ternero.—m. 58 á 65.
Carne de carnero.—m. 45 á 50.
Carne de chancho.—m. 55 á 60.

La matanza del mes consistió en:

927	novillos y vacas	con	266.700	kilos
1631	terneros	«	103.000	«
1134	carneros	«	25.500	«
2789	chanchos	«	243.000	«
6481	cabezas	con	638.200	kilos

Saludo á V. E. con mi mas distinguida consideracion.

Henr. A. Clausen, Cónsul.

Diciembre 7 de 1889.—Publíquese en el Boletin Mensual del Ministerio.—ZEBALLOS.

Consulado General en Inglaterra.

INFORME MENSUAL.

Lóndres, Noviembre 1.° de 1889.

Señor Ministro:—Tengo el honor de incluir á V. E. una nota de los precios corrientes en el mes de Octubre próximo pasado de varios productos argentinos que se venden en este mercado.

Precios corrientes en el mercado de Lóndres de los artículos siguientes:

Astas	15/	to. 38/ °/°°	
Carne fresca, vaca	6	c 6 1/4	por libra
Id. ternera	7		por id.
Id. carnero	7	c 8	por libra
Cenizas y huesos	£ 5.3 9	c 5.8 6	por tonelada
Cerda, colas	10 1/2	c 2/	por libra
Cobre en barra	£ 44.26	c £ 43 17.6	por tonel
Cueros salados, novillo	4 3/4	c 5 3/8	por libra
Id vaca	4 1/2	c 4 3/4	id
Id potro	10/6	c 16/	cada uno
Cueros secos	6	c 7	por libra
Id lanares	4	c 6 1/4	id
Ganado en pié	£ 10 £ 16 y £ 23		cada uno
Lino	4 1/6		por 410 libras
Lana sucia	4 1/2	c 7 1/4	por libra
Id de Córdoba	4 1/4	c 5 3/4	id
Id lavada	7 3/4	c 9	id
Maíz	18/6	c 19/6	por 480 libras

Plata en barra....	43 1/2		por onza
Sebo saladero..............	27	c 27/6	por 112 libras
Trigo............	3/16	c 35/	por 496 id

Saludo á V. E. atentamente

Alejandro Paz, Cónsul.

Diciembre 7 de 1889.—Publíquese en el Boletin Mensual del Ministerio.—Zeballos.

Consulado en Como.

INFORME MENSUAL.

Como, Noviembre 7 de 1889.

Señor Ministro:—Me es grato acompañar á V. E. una nota de los precios corrientes obtenidos en este mercado durante el mes del Octubre próximo pasado.

Los precios obtenidos en este mercado durante el mes de Octubre próximo pasado, han sido los siguientes:

ARTÍCULOS		PRECIO MAXIMO	PRECIO MÍNIMO.
Trigo.....	por los 100 kilos	frs. 22	frs. 20
Avena....	« « « «	« 19	« 17
Arroz.....	« « « «	« 45	« 40
Maiz......	« « « «	« 25	« 23
Manteca...	« 1 «	« 3	« 2.50
Carne fresca.	« « «	« 3	« 1.50

Respecto á la salud pública de esta provincia, es inmejorable.

En estos últimos meses hemos tenido un movimiento notable en la emigracion para esa República, que va aumentando mensualmente, y lo que puedo asegurar que á mas de ser en su mayor parte compuesta de aldeanos robustos y actos para cualquier trabajo; dicha emigracion es puramente voluntaria, sin intermedio de ningun agente, y segun mi modo de juzgar es la verdadera emigracion necesaria y mas duradera para la República Argentina.

Con la mayor estima saluda atentamente á V. E.

C. Mazzola Conelli, Vice-Cónsul interino.

Diciembre 10 de 1889. — Publíquese en el Boletin Mensual del Ministerio.—ZEBALLOS.

Consulado en Paranaguá.

INFORME MENSUAL.

Paranaguá, Noviembre 11 de 1889.

Señor Ministro.—Elevo á V. E. una planilla del movimiento del puerto en Paranaguá, que corresponde á Octubre próximo pasado.

Relacion de los buques que de este puerto se han despachado para los de la República Argentina, durante el mes de Octubre de 1889.

				CARGAMENTOS.	
Nacionalidad.	Clase del buque.	Nombre.	Tonelaje.	Bultos.	Kilos.
Italiano	Lugre	«Madred Maria»	359	2.430	219.623
Aleman	Bergantin	«Atlantic»	290	1.860	189.370
Noruego	Bergantin	«Nordlyset»	170	1.130	128.735
Noruego	Lugre	«Gazelle»	302	2.177	233.082
			Total	7.597	770.810

NOTA.—El Bergantin aleman «Atlantic», siguió directamente para el Rosario de Santa-Fé, los demás para Buenos Aires.

Saludo á V. E. atentamente.

M. Berdier, Cónsul.

Diciembre 10 de 1889.—Publíquese en el Boletin Mensual del Ministerio.—ZEBALLOS.

Consulado en Roma.

INFORME MENSUAL.

Roma, Noviembre 4 de 1889.

Señor Ministro:—Tengo el honor de remitir á V. E. los precios corrientes de los artículos de consumo en esta plaza, correspondientes á Octubre último:

Carnes.

Vaca	de	1.10	á	1.35	el kilo
Ternera de leche	«	1.50	«	1.65	«

Cereales.

Trigo	«	23.00	«	25.50	el quintal
Flor de harina	«	25.50	«	45.00	«
Avena	«	18.75	«	19.50	
Cebada para cerveza	«	15.00	«	15.50	
Arroz	«	40.50	«	60.00	

Manteca y quesos.

Manteca de Milan...........	de 240.00	á 280.00	el quintal
Id del agro romano..........	« 295.00		
Queso Parmesano viejo.....	« 270.50		
Id id duvagon..............	« 210.00		
Gorgonzola	« 160.00	« 170.00	

Huevos.

Huevos....................	« 7.50	« 8.50	cada cien.

Frutas.

Limones de Gaeta...........	« 4.00	« 10.00	«
Naranjas..................	« 4.00	« 12.00	«
Almendras de Bari.	« 200.00	« 210.00	el quintal.
Id de Aquila...............	« 150.00	« 155.00	«

Aceites.

Aceite de oliva.............	« 0.80	« 1.15	por litro.
Id de semilla de lino........	« 86.00	« 98.00	«
Id castor..................	« 180.00		

Salazones.

Anchoas de Sicilia..........	« 135.00	por barril de	78 k.
Id de Africa................	« 150.00	«	90 «
Sardinas de Sicilia..........	« 33.00		78 «
Id de Anzio nuevas........	« 46.00	«	80 «
Atun en aceite en cajitas....	« 170.00	á 185.00	por quintal

Vinos.

Vino de los castillos romanos.	« 58.50	« 62.50	por hect.
Id de Sicilia	« 38.00	« 38.50	«
Id Barletta rojos............	« 52.00	« 53.00	
Id Velletri.................	« 35.00	« 36.50	

Acompaño los diez y ocho números 26 á 43 del Boletin Oficial de la Instruccion Pública.

Saluda al señor Ministro con la mas alta consideracion.

B. Speluzzi, Cónsul.

Diciembre 10 de 1889.—Publíquese en el Boletin Mensual del Ministerio.—ZEBALLOS.

Consulado en San Sebastian y Pasajes.

INFORME MENSUAL.

San Sebastian, Noviembre 6 de 1889.

Señor Ministro:—Tengo el honor de elevar á manos de V. E. el presente informe correspondiente al mes de Octubre último, asi como el cuadro de operaciones verificadas durante el mismo periodo de tiempo.

Los precios de los diferentes artículos de mercados no ofrecen alteracion sensible, aunque empezando ya la temperatura de invierno, bajará el precio de la carne como sucede otros años hácia esta época.

Reses sacrificadas.

En el mercado de San Sebastian.

Vacunas...............	774	con peso total de	92.806	kilos.
Carneros...............	74	« « « «	1.555	«
Cerdos.................	208	« « « «	14.195	«

En el de Pasajes.

Vacunas..............	14	«	«	«	«	1.452 «
Cerdos................	4	«	«	«	«	350 «

Precio de la res vacuna.

Vaca..................	el raldo (fraccion de 5 kl.	5.50 pes.
Ternera	« « «	6.50 «
La arroba de cerdo.....		16.00 «
Precio del cuero........		0.75 kil.

Exportacion.

El vapor francés «Cordouan», despachado el dia 14 embarcó para Buenos Aires: 10 fardos suelas para alpargatas, 132 barriles vino, 1 barril y 53 cajas cidra, 24 id coñac, 24 id de aguardiente, 237 id conservas, 1 id habichuelas, 4 id quesos, 1 id odres, 1 fardo regaliz, 2 cajas pelotas, 14 bultos herramientas y colchones, 1 caja jarrones de bronce, 2 cajas cuadros al óleo y 135 pasajeros.

Publicaciones recibidas.

Varios diarios de la Capital y Provincias, «El Economista Argenno» del 1.° y 8 de Setiembre último, Boletin Mensual de Correos y Telégrafos del mes de Agosto, y de este mismo mes el Boletin del Ministerio, el tomo II del Censo Municipal de Buenos Aires, y los diarios de varias sesiones del Congreso Nacional en las dos Cámaras.

Salud.

Continúa siendo buena.

Saludo al señor Ministro con mi mas alta y distinguida consideracion.

Cándido de Soraluce, Cónsul.

Diciembre 7 de 1889.—Publíquese en el Boletin Mensual del Ministerio.—ZEBALLOS.

Vice Consulado en Cannes.

INFORME MENSUAL.

Cannes, Noviembre 5 de 1889.

Señor Ministro:—Tengo el honor de elevar á V. E. el informe mensual correspondiente al mes de Octubre ppdo.

Precios corrientes en el mercado de Cannes de los artículos siguientes:

Trigo	1.ª	calidad	los	100	kilos	francos	26.00
Id.	2.ª	Id.	"	"	"	"	24.00
Cebada	1.ª	Id.	"	"	"	"	10.50
Id.	2.ª	Id.	"	"	"	"	9.00
Porotos	1.ª	Id.	"	"	"	"	50.00
Id.	2.ª	Id.	"	"	"	"	45.00
Papas	1.ª	Id.	"	"	"	"	12.00
Id.	2.ª	Id.	"	"	"	"	10.00
Maíz	1.ª	Id.	"	"	"	"	15.50
Id.	2.ª	Id.	"	"	"	"	14.00
Arroz	1.ª	Id.	"	"	"	"	45.00
Id.	2.ª	Id.	"	"	"	"	40.00
Aceite	1.ª	Id.	"	"	"	"	134.00
Id Oliva	2.ª	Id.	"	"	"	"	125.00
Azúcar	1.ª	Id.	"	"	"	"	135.00
Id.	2.ª	Id.	"	"	"	"	120.00
Queso Gruyere	1.ª	Id.	"	"	"	"	160.00
Id.	2.ª	Id.	"	"	"	"	145.00
Queso Holanda	1.ª	calidad	los	100	kilos	"	180.00
Id.	2.ª	Id.	"	"	"	"	165.00
Queso Roquefort	1.ª	Id.	"	"	"	"	220.00

Queso	2.ª	calidad	los	100	kilos	francos	206.00
Sal	1.ª	Id.	"	"	"	"	16.00
Bacalao			"	"	"	"	75.C0
Alfalfa seca			"	"	"	"	12.00
Paja			"	"	"		8.00
Jabon	1.ª	Id.	cada	1	kilo	"	1.10
Id.	2.ª	Id.	"	"	"		0.80
Vaca	1.ª	Id.	"	"	"		2.50
Id.	2.ª	Id.	"	"	"		2.00
Id.	3.ª	Id.	"	"	"		1.40
Carnero	1.ª	Id.	"	"	"		2.50
Id.	2.ª	Id.	"	"	"	"	2.00
Id.	3.ª	Id.	"	"	"		1.40
Cordero	1.ª	Id.	"	"	"		2.50
Id.	2.ª	Id.	"	"	"		1.75
Cerdo	1.ª	Id.	"	"	"		2.00
Id.	2.ª	Id.	"	"	"	"	1.50
Café Torrado	1.ª	Id.	"	"	"	"	6.00
Id.	2.ª	Id.	"	"	"		5.00
Id.	3.ª	Id.	"	"	"		4.50
Pan	1.ª	Id.	"	"	"		0.50
Id.	2.ª	Id.	"	"	"		0.40
Id.	3.ª	Id.	"	"	"	"	0.35
Huevos la docena			"	"	"		2.00
Vino	1.ª	Id.	"	"	"	"	60.00
Id.	2.ª	Id.	"	"	"	"	50.00

Tengo el honor de renovar á V. E. las seguridades de mi mas alta y distinguida consideracion.

Enrique Sauvaire, Vice Cónsul.

Diciembre 20 de 1889.—Publíquese en el Boletin Mensual del Ministerio.—ZEBALLOS.

Consulado en Burdeos.

INFORME MENSUAL.

Burdeos, Noviembre 2 de 1889.

Señor Ministro:—Tengo el honor de remitir á V. E. adjuntos á esta nota, el estado conteniendo el resúmen de la importacion y precios obtenidos por los productos argentinos en esta plaza y mercado de Burdeos durante el mes de Octubre próximo pasado.

Resúmen de la importacion y precios obtenidos por los productos argentinos en el mercado de Burdeos durante el mes de Octubre ppdo.

7.200 cueros vacunos secos, de 65 á 80 francos los 100 kilos.

830 fardos cueros lanares, de 85/95,100/25 130/115 francos los 50 kilos.

Estado de las existencias y precios de los productos argentinos en este mercado de Burdeos durante el mes de Octubre ppdo.

Pieles de carnero en 1888, 405 fardos al precio de frs. 70/95—100/150 los 100 kilos; en 1889, 830 fardos frs. 85/95.100/25—130/155 los 100 id.

Cueros secos en 1888, 1242 piezas fr. 71/77.50 los 50 id; en 1889, 7200 id, id 65/80 los id.

Cerda en 1889. 2500 fardos, fr. 120/135 los id.

Pieles de carnero.—Las transacciones han tomado una actividad muy grande durante este mes, con precios firmes; se anuncia un remate para el 14 del mes próximo de 2800 fardos «Plata» y 1200 fardos «Australia», lo que hace presumir buenos precios. Existencia el 31 de Setiembre de 1888, 908 fardos; Id el 4 de Octubre de 1889, 1383 fardos.

Cueros secos.—Durante este mes las ventas han sido muy reducidas y los precios mas firmes que el anterior. Existencia el 31 de Octubre de 1888, 11.349 piezas. Existencia el 31 de Octubre de 1889, 1.200 id.

Saludo al señor Ministro con mi mas alta y distinguida consideracion.

Felipe Augusto Picot, Cónsul.

Diciembre 10 de 1889.—Publíquese en el Boletin Mensual del Ministerio.—ZEBALLOS.

Consulado en Santos.

INFORME MENSUAL.

Santos, Diciembre 3 de 1889.

Señor Ministro:—Tengo el honor de adjuntar las relaciones del consumo y precios de este mercado por los productos de la República, en el mes de Noviembre de 1889.

Relacion del consumo y precios obtenidos en este mercado, por los productos de la República en el mes de Noviembre de 1889.

Alfalfa	5000 fardos á	100 reis	kilo
Maíz..............	6000 bolsas á	4500 á 5000	una

Salvado	1000 bolsas	5000	una
Carneros..........	100	10000	uno

Me es sumamente satisfactorio reiterar V. E. las protestas de mi mas distinguida consideracion.

Ceferino Barbosa, Cónsul

Diciembre 15 de 1889.—Publíquese en el Boletin Mensual del Ministerio.—Zeballos.

Consulado en Uruguayana.

INFORME MENSUAL.

Uruguayana, Noviembre 30 de 1889.

Señor Ministro:—Tengo el honor de elevar al conocimiento de V. E. la nota de precios corrientes de artículos de la República y similares de otras procedencias, correspondiente al mes de la fecha.

Nota de precios corrientes de artículos de la República y similares de otras procedencias.

Harina de trigo..................	el kilg.	$	oro	0.14
Galleta comun regular.............	»	»	»	0.16
Id id buena....	»	»	»	0.25
Galletitas dulces surtidas.	»	»	»	0.60
[illegible] ...iones.........	»	»	»	0.36

Fideos surtidos en barricas ...	el kilo	$ oro	0.33
Afrecho........................	»	» »	0.04
Maiz colorado desgranado, en bolsa..	»	» »	0.06
Alfalfa seca........................	»	» »	0.11
Alfalfa verde........................	»	» »	0.09
Papas........................	»	» »	0.10
Grasa refinada de vaca...........	»	» »	0.28
Huevos........................	docena	» »	0.30
Anís........................	litro	» »	0.30

Carnes y haciendas en pié.

Bueyes grandes y gordos para abasto.	uno	$ oro	18.50
Novillos id id id id...	»	» »	17.—
Vacas id id id id...	una	» »	14.—
Ovejas........................	»	» »	2.—
Capones........................	»	» »	2.30
Carne fresca 1.ª........................	el kilg.	» »	0.15
Carne fresca 2.ª........................	»	» »	0.09
Charque clase regular	»	» »	0.14

Ganado para invernar.

Ganado de cria, 30 % vacas 10 % toros.	uno	$ oro	5.50
Toros de 4 años........................	»	» »	7.50
Vacas........................	»	» »	6.50
Novillos........................	»	» »	9.—
Bueyes mansos........................	«	» »	14.50

Productos del país.

Cueros secos al barrer..............	el kilg.	$ oro	0.15
Cueros lanares al barrer	»	» »	0.16
Cerda........................	»	» »	0.38
Yerba misionera...........	»	» »	0.12
Fariña de mandioca..............	»	» »	0.10

Tabaco en cuerda..................	el kilg.	$ oro		0.40
Caballos criollos regulares..........	uno	»	»	9.—
Mulas de tres años....	»	»	»	13.50

Saluda á V. E. con la mas alta consideracion.

A. Bergallo, Cónsul.

Diciembre 7 de 1889.—Publíquese en el Boletin Mensual del Ministerio.—ZEBALLOS.

Consulado en Gante.

INFORME MENSUAL.

Gante, Noviembre 10 de 1889.

Señor Ministro:—Tengo el honor de remitir á V. E. el informe trimestral (Agosto-Setiembre-Octubre) de este Consulado.

Precios de los artículos siguientes en los mercados de esta plaza.

Cereales.—*(Los 100 kilógramos).*

Trigo........................	frs.	17.75 á 18.25
Centeno.............	»	13.25 á 14.—
Cebada...........	»	17.25 á 18.25
Avena.......................	»	15.25 á 16.—
Trigo negro (Sarasin)..........	»	16.50 á 17.50
Harina de trigo 1.ª calidad.....	»	30.— á 40.—

Pan de trigo 1.ª calidad.......	frs.	0.35 el kilo.
Pan de trigo 2.ª calidad.......	»	0.32 »
Pan de Centeno.............	»	0.25 »

Otros productos.

Habichuelas secas............	frs.	18.75 á 19.25
Simiente de Colza............	»	33.75 á 36.50
Simiente de Lino.............	»	25.50 á 27.—
Aceite de Colza..............	»	66.50 á 71.—
Aceite de Lino...............	»	50.— á 52.—
Tortas de Lino...............	»	21.— á 22.—
Tortas de Colza.............	»	16.75 á 17.50
Tortas de Cáñamo............	»	14.— á 15 —
Patatas......................	»	6.25 á 8.—
Fecula de Patatas..........	»	25.— á 26.—
Achicorias: viejas............	»	13.— á 14.50
Achicorias: nuevas	»	13.— á 15.25
Paja.........................	»	5.— á 5.50
Heno.........................	»	6.50 á 8.—

Lino.

Lino bruto de Grammont, el kilo.......	frs.	0.85 á 0.87
Lino de Alost, los 3 kilógramos........	»	2.50 á 4.—

Estopas de lino de Deynze. (**H. Or.**)

Los 100 kilógramos.

1.ª Calidad......................	francos	40.—	á	47.—
2.ª Calidad......................	»	30 —	á	37.—
3.ª Calidad......................	»	20.—	á	27 —
4.ª Calidad......................	»	13.—	á	17. —

Mercado de Waereghem. (**H. Or.**)

Lino..........................	francos	95.—	á	165.—
Estopas de Lino...............	»	32.—	á	76.—
Menoscabos de Lino..........	»	40.—	á	58.—

Tabaco.

Los 100 kilógramos........... francos 200.— á 240.—

Manteca.

El kilo....................... francos 2.40 á 3.—

Huevos.

Los veinte y seis............. francos 1.80 á 3.45

Precios del ganado.—*(Los 100 kilógramos).*

		Bueyes vivos.	Toros vivos.	Vacas y terneros.
Agosto.....	frs.	0.73 á 1.06	0.62 á 0.86	0.62 á 0.86
Setiembre...	»	0.67 á 1.05	0.58 á 0.88	0.58 á 0.84
Octubre.....	»	0.63 á 1.—	0.54 á 0.85	0.52 á 0.82

		Becerros vivos.	Cerdos vivos.
Agosto...............	frs.	0.70 á 1.18	1.05 á 1.12
Setiembre....	»	0.70 á 1.20	1.— á 1.12
Octubre..............	»	0.72 á 1.25	0.90 á 1.06

Mercado de Malines.—(Provincia de Amberes).

Bueyes vivos.

		De raza indígena.	De raza hollandesa.
Agosto.............	frs.	265.— á 380.—	290.— á 800.—
Setiembre..........	»	260.— á 400.—	285.— á 725.—
Octubre.....	»	255.— á 410.—	285.— á 800.—

Mercado de Assche.—(Provincia de Brabante).

		Cerdos vivos.	Pollos.
Agosto..............	frs.	28.— á 33.—	1.25 á 2.25
Setiembre............	»	24.— á 33.—	1.25 á 2.75
Octubre.............	»	27.— á 33.—	1.25 á 2.75

		Conejos.	Corderos
Agosto..............	frs.	1.— á 2.25	16.— á 20.—
Setiembre...........	»	1.25 á 2.25	
Octubre.............	»	1.25 á 4.—	

Precio de la carne.

Primera calidad..................	francos	2.20		
Segunda calidad..................	»	1.60		
Tercera calidad..................	»	1.25	á	1.40

Cueros lanares.

Toro..........................	francos	0.48	á	0.50
Vaca y ternera.................	»	0.55	á	0.62
Buey..........................	»	0.58	á	0.62

Mercado de Ciney.—(Provincia de Namur).

1000 caballos de raza indígena......	frs.	400.— á 800.—	
Lechoncitos de id id	»	10.— 16.— 18.—	

Me es grato reiterar á V. E. las seguridades de mi mas alta y distinguida consideracion.

Eugenio Cruyplants, Cónsul.

Diciembre 8 de 1889.—Publíquese en el Boletin Mensual del Ministerio.—Zeballos.

Consulado en Dunkerque.

INFORME MENSUAL.

Dunkerque, Noviembre 1.° de 1889.

Señor Ministro:—Tengo el honor de remitir á V. E. á continuacion el informe mensual de este Consulado correspondiente al mes de Octubre que acaba de terminar.

Exportacion.—Esta se ha efectuado por medio de dos vapores como se verá en el cuadro estadístico que vá á continuacion, en el cuál figuran los detalles concernientes á dicho movimiento.

Cuadro Estadístico del movimiento de Exportacion de este puerto para los de la República Argentina, durante el mes de Noviembre de 1889.

Tonelaje de registro.	Destinos.	CARGAMENTOS.
2523.08	Buenos Aires	3228 bultos hierro. 147 hierros en vigas. 186 bultos quincallería. 11 cajas id. 31 bultos id. 390 cajas cerveza en botellas. 200 cajas achicoria. 1591 hierros en barras. 6024 bultos hierro. 491 id quincallería. 5 cajas quincallería. 5 id id. 12 id porcelana. 22 id quincallería. 210 id betun para el calzado. 50 id. pavimentos cerámicos.

Resúmen de la exportacion.

Dos vapores con 5046.16 toneladas de registro.—12.603 bultos para Buenos Aires.

Resúmen de la exportacion del mismo mes del año 1888.

Dos vapores con 3780.47 toneladas de registro.—14026 bultos para Buenos Aires.—895 bultos para Rosario.

Importacion.

Tonelaje de registro.	CARGAMENTOS.				
	Lanas. — Fardos.	Cueros. — Fardos.	Recortes. — Fardos.	Maíz. — Bolsas.	Tortas. — Fardos.
2523.08	956	247	—	14.099	483
1394	—	—	—	26.208	—
832	—	—	—	20.568	—
1957	608	307	13	2.300	1.638
2537.24	566	450	—	12.013	—

Resúmen de la importacion.

Cinco vapores con 9.243 toneladas de registro—2130 fardos de lana.—1004 fardos cueros.-2121 bolsas tortas.—75 188 bolsas maíz.—13 bolsas recortes.

Resúmen de la Importacion del mismo mes del año 1888.

Tres vapores con 5 076 toneladas y dos veleros con 962 toneladas de registro.—862 fardos lana.—442 fardos cueros.—1 007 bolsas maíz.—98 bolsas lino.—7 538 bolsas trigo.—6 070 bolsas tortas.-2 050 pipas sebo.—61 000 cascos.—61 fardos recortes.

Precios corrientes de los productos Argentinos en este mercado durante el mes de Setiembre de 1889.

Lanas	por 1 kilo	1.70 frs.	á	2.10 frs.
Trigo	« 100 «	25.— frs.	á	25 50 «
Tortas de Colza	« « «	12.— frs.		
Id lino	« « «	16.50 «		
Id maní	« « «	14.— «		
Maíz	« « «	11.75 «	á	12.— «
Avena	« « «	16.50 «	á	17.— «

Tengo el honor, Señor Ministro, de remitirle adjunta la Estadística Comercial (Julio á Setiembre 1889) del Movimiento Comercial y Marítimo de la República Argentina con el Puerto de Dunkerque.

PUERTO DE DUNKERQUE.

Movimiento de las Exportaciones del Puerto de Dunkerque para la República Argentina durante el tercer trimestre de 1889.

Han sido despachados en Dunkerque con destino á la República Argentina durante el tercer trimestre del año 1889:

12 vapores franceses de las medidas de 27 395 toneladas, con 563 hombres de tripulacion; salieron con 50 425 bultos.

4 vapores ingleses de las medidas de 4952.25 toneladas, co 100 hombres de tripulacion, salieron con 19652 bultos.

1 velero aleman de la medida de 543.16 toneladas, con 1 hombres de tripulacion, salió con cargamento de carbon.

17 buques en conjunto de las medidas de 32890.70 tonela das, con 675 hombres de tripulacion, salieron con 70077 bulto y un cargamento de carbon de peso total pe 7873472 kiló gramos.

Durante el trimestre correspondiente al año 1888, no s han despachado mas que 4 vapores con un total de 7426 tone ladas, 20 de medida consignados, 38581 bultos del peso tota de 9114380 kilógramos.

Con un aumento en favor de las exportaciones durante e tercer trimestre de 1889.

De 13 buques, 25464.50 toneladas de medida, 31496 bulto y 5759092 kilógramos ó 273 %.

Cuadro comparativo de las exportaciones.

	Primer trimestre.	Tercero trimestre	Nueve primeros meses.	Año.
1888	3.092.659 k.	2.144.380 k.	5 237.039 k.	8.599.010 k
1889	8.394.065 k.	7.873.472 k.	16.267.537 k.	
	5.301.406 k.	5.729.092 k.	11.030.498 k.	
Aumento.	172 %.	273 %.	210 %.	

La exportacion de los nueve primeros meses del año 188 es superior de 7068527 kilógramos de aquella de todo el añ de 1888.

Tengo el honor de reiterar á V. E. las seguridades de m mayor consideracion y respeto.

A. Mine, Cónsul.

Diciembre 12 de 1889.—Publíquese en el Boletin Mensua del Ministerio.—ZEBALLOS.

Consulado en Spezia.

INFORME MENSUAL.

Spezia, Noviembre 4 de 1889.

Señor Ministro:—Tengo el honor de remitir á V. E. la lista de los precios corrientes que, durante el mes de Octubre próximo pasado, han tenido en este distrito consular los principales artículos de comercio; asi como el número y peso de las reses que en los meses de Julio, Agosto y Setiembre últimos, han sido carneadas en el matadero público de esta ciudad para el consumo de la poblacion.

Lista de los precios corrientes que durante el mes de Octubre de 1889 han tenido en el distrito de Spezia los siguientes artículos:

ARTÍCULOS.	PRECIO Lir. ital.		PRECIO Pesos m/n.		Unidad.
Aceite de olivos extrafino.	150	—	155	—	100 kil.
Id id 1.ª calidad	130	—	140	—	«
Id id 2.ª id	98	—	115	—	«
Id id de Bari, Cerdeña y Romaña.	125	-	135	—	«
Id crudo de lino...............	79	—	80	—	«
Id cocido id id.................	83	—	84	—	«
Álcohol para las artes 94.°..........	297	—	310	—	quintal.
Id de maiz 94/95...............	315	—	325	—	«
Id napolitano 90/91............	210	—	215	—	«
Almidon italiano de trigo..........	60	—	65	—	100 kil.
Id de arroz.....................	54	—	55	—	«
Id inglés.....................	75	—	80	—	«
Alpiste de Sicilia......	22	—	23	50	quintal.
Id del Plata	18	—	20	—	«
Arroz marca Estrella...............	37	—	37	50	«
Id id A......................	36	—	36	50	«
Astas de novillo......	30	—	37	50	ciento
Anguilas marinadas en barriles.....	125	—	130	—	100 kil.
Atum de Sicilia y Cerdeña en latas.	165	—	170	—	«
Azúcar refinada italiana............	135	50	138	—	«

ARTÍCULOS.	PRECIO Lir. ital		PRECIO Pesos m/n.		Unidad.
Cáñamo preparado para hilar, 1.ª calidad	145	—	170	—	100 kil.
Id 2.ª Id	120	—	135	—	quintal.
Cañamazo ó estopa	45	—	50	—	100 kil.
Cabullería de varios diámetros	110	—	120	—	«
Carne de buey en pié	68	—	75	—	«
Id id vaca id	65	—	70	—	«
Id id novillo id	105	—	110	—	
Id id ternera id	120	—	130	—	«
Id id oveja y carnero id	65	—	75	—	«
Id id cerdo id	105	—	110	—	«
Corderitos y cabritos	7	—	8	—	cad. uno
Café de Puerto Rico	280	—	290	—	100 kil.
Id lavado del Brasil	236	—	250	—	«
Conserva de tomates	120	—	130	—	«
Cebada de Cerdeña	13	75	14	—	quintal.
Carbon vegetal	7	—	7	50	100 kil.
Crines del Plata buena calidad	110	—	112	—	«
Castañas frescas	22	—	23	—	quintal.
Embuchados de cerdo, salchichon, mortadela, etc	220	—	250	—	100 kil.
Fernet Branca	30	—	36	—	c. 12 bot
Fósforos de cera Defrachí N.° 3	3	—	3	60	gruesa.
Fideos en cajones para exportacion	7	—	8	—	10 kil.
Fruta pasa, higos de Nápoles, cesto	46	—	52	—	100 id.
Id uva de Málaga en caja	17	—	20	—	c. 8 id.
Fruta seca, nueces de Sorento	80	—	83	—	100 kil.
Id avellanas de Chiavari	45	—	47	—	«
Id almendras dulces y peladas de Cerdeña	182	—	185	—	«
Id amargas	195	—	200	—	«
Id piñones pelados de Italia	135	—	140	—	«
Grasa de los Estados Unidos	110	—	112	—	«
Grasa de chancho	140	—	145	—	«
Hongos secos en latas	5	—	5	50	kilóg.
Jabon marmoreado azul y rojo	43	—	45	—	100 id.
Id comun para la exportacion	30	—	34	—	«
Lana lavada de Italia, buena calidad	320	—	325	—	«
Id id Rusia id fina	450	—	500	—	«
Id id del Plata id id	400	—	500	—	«
Legumbres, porotos blancos	25	—	26	—	quintal.
Id id de color	18	—	20	—	«
Id garbanzos de Sicilia	23	—	24	—	«
Id id para moler	18	—	21	50	«

ARTICULOS.	PRECIO Lir. ital	PRECIO Pesos m/n.	Unidad.
Id habas	18 50	19 —	quintal.
Id ajos	18 —	20 —	«
Id cebollas	17 —	18 —	«
Id arvejas de Italia	16 —	16 50	«
Id lentejas	35 —	35 50	«
Id papas	7 50	8 —	«
Maíz desgranado de Nápoles	18 50	19 50	«
Id de Piamonte	17 50	18 —	«
Id id del Plata	12 —	13 —	«
Madera dura para construccion y durmientes	70 -	78 -	met. cú.
Manteca de vaca 1.ª calidad	265 —	275 —	100 kil.
Id id 2.ª id	250 —	260 —	«
Piedra labrada de varios espesores para embaldosar calles	7 —	16 —	met. cu.
Id labrada para cordenes de veredas 1×0,10×0,15	6 —	10 —	id lineal
Papel de estraza	16 —	21 —	quintal.
Id azul	30 —	35 —	«
Id amarillo para la exportacion	10 —	15 50	10 resm.
Id florete	43 —	48 —	«
Id de oficio	40 —	45 —	«
Id id cartas	50 —	60 —	«
Plomo en panes de Pertusola	35 —	35 50	100 kil.
Pieles frescas de vaca	70 —	75 —	«
Id id id novillos	85 —	90 —	«
Id id id terneras	130 —	150 —	«
Id id id ovejas	95 —	100 —	«
Id id id cabras y cabritos	200 —	220 —	«
Id id id corderitos	130 —	135 —	«
Id secas id terneras del Plata 4/5.	120 —	135 —	«
Id id id novillos id 16/18	140	180 —	«
Queso de Lodi	250 —	280 —	«
Id id Gongonzola	105 —	110 -	«
Id id Cerdeña	130 —	140 —	«
Sebo de vacas y novillos	62 —	64 —	«
Id del Plata	65 —	66 —	«
Semilla de lino Sicilia y Cerdeña	34 —	36 —	«
Tocino salado	140 —	150 —	«
Tabaco del Brasil en rollos	180 —	190 -	«
Trigo duro de Cerdeña	27 —	28 —	quintal.
Id tierno id Lombardía	26 25	27 —	«
Id id id Taganrog	24 —	24 50	«
Id id del Plata (b)	16 —	18 —	«
Uñas del Plata	17 —	18 —	«

ARTÍCULOS.	PRECIO. Lir. ital.	PRECIO. Pesos m|n.	Unidad.
Velas estearinas..................	18 —	20 —	c. 10 k.
Vino de Calabria..................	38 —	42 —	c. 12 kil.
Id del Piamonte..................	65 —	85 —	hectólit.
Id id id del 1887.................	150 —	200	«
Id de las colonias del Chianti....	60 —	65 —	«
Id fino de las cinco Tierras para embotellar......................	200 —	250 —	«
Id comun de este distrito....(c)..	35 —	40 —	«
Id de Marsala....................	145 —	160 —	«
Vermouth.........................	18 —	24 —	c. 12 bot

Reses carneadas en el matadero municipal de Spezia para el consumo de la poblacion durante los meses de Julio, Agosto y Setiembre de 1889, con la indicacion de su respetivo peso:

RESES.	*Julio*	*Agosto*	*Setiemb.*	*Totales*
Toros..................	—	4	12	16
Bueyes..................	172	176	73	421
Novillos................	189	165	103	457
Vacas...................	248	337	341	926
Terneras................	491	493	365	1349
Totales vacunos..........	1100	1175	894	3169
Carneros, ovejas y cabras.	136	199	209	544
Corderitos..............	137	77	276	490
Totales lanares..........	273	276	485	1034

Peso de las reses muertas.

RESES	*Julio* kilógra.	*Agosto* kilógra.	*Setiem.* kilógra.	*Totales* números	*Totales* kilogramos
Vacunos.........	255 986	288 573	220 807	3 169	765 366
Lanares....	5 740	7 494	9 671	1 034	22 905
Totales....	261 726	296 067	230 478	4 203	788 271

Notas.—(a) Los precios de las carnes tienden á subir. Dentro de la ciudad de Spezia es prohibido introducir reses muertas, pero las autoridades municipales pueden permitir su entrada por razones de interés público. El *octroi* á que van sujetas las reses en pié para entrar en la ciudad para ser carneadas en el matadero público es de liras italianas 9.60 para los vacunos y de liras 8 para los lanares y cerdos y para cada cien kilógramos. Las reses muertas están sujetas á un *octroi* de liras 12 para cada cien kilógramos. La matanza de cerdos solo es permitida en determinados meses del año.

(b) No hay existencia en los mercados de trigos del Plata, y los precios de este artículo de otras procedencias se sostienen con firmeza á consecuencia de haber sido generalmente muy escasa la última cosecha.

(c) La cosecha de los vinos, á excepcion de la Sicilia, ha sido en general muy inferior á la media, por lo que los precios de este artículo tienden continuamente á subir.

Me es grato saludar á V. E. con la mas alta consideracion y estima.

José Piccioli, Cónsul.

Diciembre 20 de 1889.—Publíquese en el Boletin Mensual del Ministerio.—ZEBALLOS.

Consulado General en Escocia.

INFORME MENSUAL.

Glasgow, Noviembre 15 de 1889.

Señor Ministro:—Tengo el honor de acompañar á V. E. estado del movimiento de buques en este Consulado General y lista de precios de frutos correspondientes al mes ppdo.

El estado vital y sanitario de esta ciudad, puerto y sus inmediaciones, asi como el de las ocho ciudades principales de este reino es satisfactorio.—Las estadísticas por el mes pasado nos dan las cifras de mortalidad por mil de los habitantes al año, como sigue:

	1.a sem.	2.a sem	3.a sem.	4.a sem.	Término medio mensual anual.
Glasgow	21	21.6	23.1	23.2	22.2
8 ciudades principales	18.6	18.3	20.5	19.5	19.2

Han llegado últimamente á este, procedentes de puertos de la República, dos cargamentos de maiz en muy mala condicion siendo calentados y vendiéndose por casi mitad de precio. Esto no dejará de desacreditar los próximos arribos del grano.

Movimiento de buques habido en este Consulado General durante el mes de Octubre.

	Destino	Artículos cargados.	Peso.	Valor.
			Toneladas	**lbs. est.**
Greenok	á B Aires,	carbon de piedra	684 » »	» 316 » »
Glasgow	á id	cargamento general	85 16 3	» 3653 » »
Grangemonth	id	id general	715 15 »	» 1114 7 11

Destino		Artículos cargados	Peso				Valor		
Greenok	á B. Aires	id general	1305	14	»	»	1469	»	»
Glasgow	id	id id	698	16	»	2	4469	13	6
id	id	id id	1038	2	»	14	1888	5	»
id	Rosario	material para ferro carril	744	14	2	7	3225	»	»
Greenok	id	carbon de piedra	714	13	»	»	358	»	»
Grangemonth	id	id id	891	»	»	»	400	19	»
Glasgow	id	cargamento general	234	9	3	21	8806	»	»
Greenok	id	carbon de piedra	1350	»	»	»	750	»	»
Glasgow	Rosario	material para ferro carril	315	13	3	16	1369	»	»
		Totales......	8778	15	1	4	27.829	5	5

Lista de precios corrientes (término medio) cotizados durante el mes de Octubre de 1889.

Artículos.		*Precios.*		
Cueros vacunos secos, pesados..	por lb.	»	»	6 ½
Id id salados de buey.	id.	»	»	5 ¼
Id yeguarizos secos.	c/u.	»	4 á 8	
Id id salados	id.	»	10 á 16	
Id lanares..................	por lb.	»	»	6 ½
Astas de buey pesadas..........	por 100.	1	18	»
Cerda........................	por lb.	»	⅛ á 3	»
Huesos........................	por ton.	4	16	3
Cenizas de huesos, con 7 % de fostatos....................	id	5	»	»
Sebo de vaco.......	por quin.	1	6	9
Id de carnero.......	id	1	6	6
Grasa de potro mil.............	id	»	»	»
Aceite de patas................	por galon.	»	2	7 ½
Lalas súcias mil..............	por lb.	»	»	»

Bonos Argentinos.

Empréstito de 1887	....	95 %
Id.	Cédulas B....................	52 %
Id.	1872 and 1074 (Pesos fuertes)...	52 %
Id.	1881 (Ferro Carriles..........	103 %
Id.	1884......................	94 %

Renuevo á V. E. las seguridades de mi consideracion distinguida.

Tomas F. Agar, Cónsul General.

Diciembre 12 de 1889.—Publíquese en el Boletin Mensual del Ministerio.—Zeballos.

Vice Consulado en Copenhague.

INFORME MENSUAL.

Copenhague, Octubre 5 de 1889.

Señor Consul General:—Tengo el honor de remitir á S. S. los precios de algunos artículos de este mercado durante el mes próximo pasado:

Cebada.................	los 100 kilógr	3,11 á 3,35 m|n
Centeno....................	« « «	3,11 á 3,17 «
Trigo....................	« « «	3,30 á 3,50 «
Avena....................	« « «	3,25 á 3,40 «
Maiz.......................	« « «	2,50 «
Manteca 1ª. clase..........	« « «	50, á 54,40 «
« 2ª. «	« « «	45,50 á 47,70 «

Cueros vacunos salados..... 10 1/2 á 11 centavos. el kilógr
« de caballo « ...... la pieza 3,88 á 4,16 ps.
Sebo .. .. 11 cts. el kilógr.
Lana súcia de Jutlandia.... 69 á 75 cts. el kilógr.

Saludo á V. E. con mi mayor consideracion.

Luis B. N. Tegner. Vice Cónsul.

Diciembre 12 de 1889. -Publíquese en el Boletin Mensual del Ministerio.—ZEBALLOS.

Consulado en Leith.

INFORME MENSUAL.

Leith, Noviembre 5 de 1889.

Lo siguiente es un report de los precios corrientes, término medio, en este distrito durante el mes pasado.

Trigo 36 á 49.......... ....por 504 lbs.
Linaza » ....por ton de 2240 lbs.
Lana 8 ½ d á 11 d.................por lbs.
Cueros vacunos salados 3 ½ á 5 ½.....por lib.
Id vacunos secos 6 d á 8 d........por lbs.
Ceniza £ 5 á £ 7.... ....por ton de 2240 lbs.

Movimiento de buques habido en este Consulado General durante el mes de Octubre de 1888.

	Toneladas.	lbs. est.
Leith á Buenos Aires carbon......	698 » » »	331 » »

Jorge Denholm, Cónsul.

Diciembre 20 de 1889.— Publíquese en el Boletin Mensual del Ministerio.—Zeballos.

Consulado en Bône (Argelia).

INFORME MENSUAL.

Bône, 12 de Julio de 1889.

Señor Ministro:—Tengo el honor de adjuntar á V. E. cinco cuadros á saber:

1.° Movimiento del tráfico en el puerto de Bône durante el año de 1888.

2.° Importaciones madera año de 1888.

3.° Productos y pérdidas diversas, Importaciones año de 1888.

4.° Importaciones, 1888.

5.° Productos y desperdicios de animales.

Importacion año de 1888.

El año de 1888 ha sido malo para la Argelia en general, pero más particularmente para la Provincia de Constantina y el Departamento de Bône.

La cosecha de los cereales no ha sido lo que se pensaba en favor de la region de Bône, y lo ha sido mismo una mediana cosecha la que se ha obtenido.

Las transacciones se han resentido y el movimiento de negocios ocasionado por esta rama comercial, que es el más grande recurso de la circunscripcion habiendo faltado en parte, ha sentido más vivamente los efectos de la crísis general que todo el mundo sufre en estos momentos.

Se habría confiado mucho en los vinos, pero el extrangero comete una falta de consideracion en favor de los tratados de comercio.

La Italia sola ha abarrotado los mercados en prevision de una revision del tratado de comercio; he aquí una vista de los precios pagados en la region de Bône desde las vendimias; al principio algunos propietarios deseosos de vender han obtenido el precio 15 francos por los vinos de Llaine, y los de 20 y 21 francos para los vinos comunes, pero es cierto que esos vinos valen más, y han dejado á sus compradores buenos resultados

Despues los precios han mejorado y se ha podido obtener de 18 á 22 francos por los vinos de Llaine y hasta 28 francos por los superiores; desgraciadamente los pedidos no son bastante activos y la region de Bône posee todavia un stock relativamente considerable.

La cosecha de cereales fué en ciertos puntos destruida por la langosta, no obstante se ha conseguido una pequeña cosecha de trigo tierno satisfactorio como rendimiento y como calidad.

Existen en la region de Bône las sementeras de trigo duro más importantes que las de los años anteriores, el rendimiento ha respondido á la esperanza del agricultor, pero la calidad ha sido inferior á la de 1887, el peso medio del hectólitro se resentirá.

La cosecha de cebada ha sido mediocre, grano nutrido, pero de un color amarilloso é impropio para la exportacion, esto no es un impedimento á la salida fácil de este articulo que haya alcanzado un precio relativamente elevado á pesar de la competencia de las cebadas del Danubio.

Buena cosecha de avena este año, pero de calidad menos buena que la del año pasado, toda ha sido realizada, para las habas la cosecha es mediana y el precio se ha mantenido mejor que el año último.

Las lluvias de Abril y de Mayo de 1888 han favorecido el cultivo del lino.

Los garbanzos, el maiz y los porotos son muy poco cultivados en la region del Bône. El cultivo es insuficiente mismo para las necesidades locales.

La cosecha de heno ha sido abundante y la calidad muy buena se ha expedido mucho para Tunez; en Dantes las cosechas se han perdido á consecuencia de la seca.

La cosecha en las altas planicies habiendo sido negativa á causa de la langosta, el ganado muy numeroso en esos parajes no tiene de que alimentarse, de donde resulta que los árabes propietarios de los rebaños las venden á vil precio á los revendedores del litoral los que hacen espediciones muy importantes y muy continuadas á Marsella, donde la salida es fácil pero á precio bajo.

El año 1888 se señalará en los anales del Departamento de Bône no solamente por la miseria que son la consecuencia de temibles flagelos de los que la agricultura es víctima, pero más aun sufrirá forzosamente la crianza del ganado.

V. E. encontrará menos notable este informe anual, que el que tuve el honor de escribir en mi carta de 25 de Noviembre de 1881, relativa á la emigracion de Bône para la República Argentina.

Tengo la honra de acusar recibo á V. E. del Boletin Mensual de Abril de 1889 y de sesenta y cinco ejemplares del mensaje del señor Presidente de la República en la apertura del Congreso Nacional el 2 de Mayo de 1889. Los he distribuido inmediatamente á las autoridades civiles, militares y consulares de Bône.

El estado sanitario es muy satisfactorio en Bône y los buques zarpan de este puerto con patente limpia.

Ruego al Señor Ministro acepte mis más altos sentimientos de consideracion y respeto.

Jules Laul Carrus.

Diciembre 20 de 1889.—Publíquese en el Boletin Mensual del Ministerio.—ZEBALLOS.

Consulado en Cartagena.

INFORME MENSUAL.

Cartagena, 11 de Noviembre de 1889.

Señor Ministro:—Durante el próximo pasado mes de Octubre se han recibido en este Consulado, un ejemplar de la Memoria de Relaciones Exteriores, que el Exmo Sr. Don N. Quirno Costa ha presentado al Honorable Congreso Nacional, El Boletin Mensual del citado Ministerio correspondiente al mes de Setiembre, el diario de sesiones del Honorable Congreso, y varias publicaciones periódicas de la República «El Fígaro» «La Patria» «La Tribuna» «El Censor» y «Sud América».

Por los estados que á continuacion tengo el honor de anotar podrá V. E. informarse del movimiento marítimo de exportacion é importacion de los principales artículos, ocurrido en este puerto durante el referido mes de Octubre, asi como del ganado vacuno, lanar y de cerda, sacrificado en los mataderos de esta ciudad.

La salud pública es bastante satisfactoria.

Exportacion.

Nombre de la mercancía	Producto de destino y cantidad.				Total
Almendra.......	Hamburgo			kg.	21.693
Blendas........	Amberes			«	500.000
Exparto.........	Marsella	kg.	2.000	«	
Id	NewCastle	«	600.000	«	
Id	Garston	«	795.286	«	1.397.286
Ganado asnal....	Oran	«	cabezas		65
Id lanar......	«		«		102
Galena argentífera	Marsella	«	123.100		
Id	Amberes	«	10.000	«	133.100
Higos secos.....	Oran				68.597
Pieles..........	Marsella				6.560
Plata...........	Lóndres				4.196
Piñones........	Marsella			«	10.887
Pimiento molido.	Oran	«	20.029	«	
Id	Hamburgo	«	14.499	«	34.258
Plomo pobre....	Lóndres	«	1.367.550	«	
	Marsella	«	411.293		
	Glasgow	«	203.058	«	1.981.901
Plomo argentífero	Marsella	«	1.279.816	«	
	NewCastle	«	166.964		
	Amberes	«	662.651	«	2.109.431
Mineral de hierro	New York	«	1.400.000	«	
	New Port	«	1.200.000	«	
	Garston	«	5 350.000	«	
	Marsella	«	1.550.000	«	
	Mostyn	«	1.100.000	«	
	Midelesbro	«	2.600.000	«	
	Filadelfia	«	3.900.000	«	
	Warkington	«	700.000	«	
	New Castle	«	1.600.000	«	

	Warkington kg.	1.000.000	kg.	
	Cardiff «	3.200.000	«	
	Rotterdan «	1.200.000	«	
	West Harlepool «	1.000.000	«	25.900.000
Seda...........	Marsella		«	6.920
Uva...........	id		«	59.442
Vino...........	Manila «	6.250	«	
	Cette «	24.579	«	30.829

Importacion.

Nombre de la mercancía.	Procedencia y cantidad.				Total.
Azúcar..............	Manila			kg.	136.928
Alcali..............	New Castle			«	10.700
Almidon.............	Hamburgo	kg.	5.237		
	Londres	«	4.850	«	10.087
Alcohol....	Hamburgo	«	33.173		
	Carlohamn	«	58.990	«	92.172
Aceite Palmiste......	Marsella	«	20.009		
	Amberes	«	3.079		
	New Castle	«	6 264	«	29.352
Bacalao.............	S. de Terranova			«	116.840
Café................	Manila			«	6.417
Cemento............	New Castle			«	45.325
Carbon Hulla	id			«	7.866.515
Id Coke.......	id			«	2.222.850
Canela..............	Lóndres			«	1.611
Especies	id	«	14.901		
	Marsella	«	333	«	15.234
Garbanzos..........	Lóndres	«	10.050		
	Casa Blanca	«	215.000		
	Oran	«	10.000		
	Mazagan	«	40.000	«	275.050
Harina......... ...	Marsella	«		«	1.038.300
Mineral de plomo...	Oran			«	161.250

Nombre de la mercaderia	Procedencia y cantidad.		Total.
Madera..........	Abon	kg.	23.804
Maiz	Mazagan	«	60.000
Queso.............	Amberes	«	10.276
Salvado	Oran	«	4.845
Simiente de sésamo..	Marsella	«	7.894
Salitre..............	Hamburgo	«	20.297
Trigo.	Marsella	«	90.000

Ganado sacrificado en los mataderos de esta ciudad, el mes de Octubre.

Vacuno mayor....................	111	cabezas
Id menor..........................	38	«
Lanar..................................	2.467	«
Cerda...........................	553	«

Precios corrientes.

Vacuno............................	Pts.	1.75	kgs.
Lanar.............................	«	1.50	«
Cerda	«	1.20	«

Saludo á V. E. atentamente.

Juan S. Domenech, Cónsul.

Diciembre 14 de 1889.—Publíquese en el Boletin Mensual del Ministerio.—ZEBALLOS.

Consulado General en el Brasil

INFORME MENSUAL.

Rio de Janeiro, Diciembre 10 1889.

Señor Ministro:—Tengo el honor de elevar á conocimiento de V. E. la planilla del consumo y de los precios obtenidos en este mercado por los productos argentinos y varios de esta República en el mes de Noviembre ppdo.

Consumo y precios obtenidos en este mercado por los productos argentinos y varios de esta República en el mes de Noviembre de 1889.

Tasajo. — Existencias en Octubre 31,	kilos	3.888.000
siendo de Rio Grande kilos...		270.000
Entraron del Plata.....	«	4.155.000
Id de Rio Grande.......	«	306.780
Se exportaron del Plata...........	«	834.450
Id. de Rio Grande..............	«	70.260
Se consumieron	«	3.517.550
Tasajo de Rio Grande......	«	456.520
Depósitos en Diciembre	«	3.614.120
Kilos del Plata y de Rio Grande.....		300.000

Precios—del Plata 240 á 330, y en mantas especiales 300 á 380 de Rio Grande 200 á 280.

Afrecho.—2000 rs. saco de 42 kilos.

Alfalfa—65 á 70 rs. el kilo.

Harina.—del Plata sin entradas.

Id —Brasileras de 12.000 á 12.750 rs

Id —Americanas 13.500 á 14.000 rs. Mercado en calma.

Maiz.—3.200 á 3.400 los 62 kilos.
Grasa.—En pipa 320 á 340.
Sebo.—Derretido 340 á 350 rs.
Id —picado 240 á 250 rs.
Id —del Plata á 310 el kilo.
Aceite.—De patas 400
Id —De potro 320
Azúcar. -De 240 á 280
Caña.—Por pipa despachadas, 115.000
Café.—De 460 á 670. segun clase. Mercado muy flojo.
Ganado vacuno.—En pié 60 á 70.000 rs.
Carne fresca.—rs. 400.000 kilo
Carneros.—Rs. 5.000 abordo, 8.000 despachadas.
Cambio sobre Lóndres á 90 dias 27 1/2

Buques despachados y carga tomada en esta plaza con destino á la República Argentina en Noviembre de 1889.

Vapor Inglés «Tamar», con café, tabaco, dulce, frutas plantas y pescado salado.

Vapor Frances «Nerthe», con vino, tabaco, dulce, frutas, cueros, y varias mercaderías.

Vapor Inglés «La Plata», con café, tabaco, dulce y otras varias mercaderías.

Vapor Italiano «Cittá di Roma», siguió viaje con la misma carga que trajo de Europa.

Vapor Frances «Portugal», con café, tabaco, algodon, trigo, arroz, cerveza, plantas y varias mercaderías.

Vapor Inglés «Dom» con café, tabaco, fariña cigarros, fusiles, muelles y varias otras mercaderías.

M. Berdier, Cónsul General.

Diciembre 14 de 1889.—Publíquese en el Boletin Mensual del Ministerio.—ZEBALLOS.

Consulado en Savona.

INFORME MENSUAL.

Savona, Noviembre 5 de 1889.

Señor Ministro:—El cuadro que adjunto tengo el honor de remitir á V. E. se refiere al consumo y precio de la carne en esta ciudad, al precio de los cueros frescos, harina, trigo y maiz, relativos al mes de Octubre del corriente año.

Cuadro que demuestra el consumo y precio de la carne en la ciudad, precios de los cueros frescos, harina, trigo y maiz por el mes de Octubre de 1889.

Terneras............	N.° 250	á fr.	1.85	por kilógramo
Bueyes............	« 13	á «	1.45	« «
Toros..............	« 10	á «	1.25	«
Vacas..............	« 82	á «	1.25	«
Cerdos.............	« 153	á «	1.50	«
Corderos...........	« 2	á «	1.40	«
Motones............	« 147	á «	1.30	«
Ovejas.............	« 185	á «	1.30	«
Cabras.............	« 9	á «	1.25	«
Cueros de bueyes, toros y vacas		á «	—70	«
Id id terneras...............		á «	1.50	«
Id id motones y ovejas......		á «	1.60	« «
Id id corderos...............		á «	2.—	« cada uno
Harina primera calidad......		á «	33.—	por cada quintal
Trigo duro..................		á «	19.—	« « «
Id tierno de las cercanías....		á «	22.—	« « «
Id Lombardía................		á «	23.—	« « «
Id Rusia....................		á «	19.—	« « «

Maíz de las cercanías.......	á fr. 19.—	por cada quintal	
Id amarillo.................	á « 19.—	« «	«
Id extranjero...............	á « 15.—	« «	«

Saludo atentamente V. E.

Juan B. Gazzolo, Cónsul.

Diciembre 14 de 1889.—Publíquese en el Boletin Mensual del Ministerio.—ZEBALLOS.

Consulado en Tupiza.

INFORME MENSUAL.

Tupiza, Diciembre 4 de 1889.

Señor Ministro:—En lleno del deber que me está impuesto, paso á informar á V. E. sobre el valor que han tenido durante el mes pasado los artículos de usual consumo en esta Provincia.

Ganado en pié, buey	de 70 á 80	$
id vaca......................	« 60 á 70	«
Carne fresca la arroba..............	3	« 4 rs.
Charqui, el quintal	« á 32	«
Sebo, el quintal	« á 38	«
Manteca la arroba	« á 10	«
Arroz, la arroba....................	« á 10	«
Azúcar, la arroba...................	« á 12	«
Café, la arroba	« á 20	«
Coca el tambor......................	« á 40	«

Papas, la carga..	de	á 10 $
Chuño el quintal.........	«	á 18 «
Harina de trigo el qq................		á 22 «
Harina de maíz, fanega...............	«	á 10 «
Maíz, la carga.......................	«	á 8 «
Cueros de buey...........	«	á 10 «
id de vaca...........................	«	á 8 «

Me es grato saludar á V. E. atentamente

Ceferino Valverde. Cónsul.

Diciembre 19 de 1889. —Publíquese en el Boletin Mensual del Ministerio.—ZEBALLOS.

Consulado en Dunkerque.

INFORME ANUAL.

Dunkerque, Enero 6 de 1889.

Señor Ministro:—Tengo el honor de adjuntar á V. E. los informes de este Consulado correspondiente al año 1888 ppdo:

Importacion.

Se ha efectuado por 17 vapores, etc., un barco á vela que han sido indicados regularmente á V. E. todos los meses; los esfuerzos de todo género que hago para comprometer á los negociantes, industriales, etc., de esta region á estrechar sus relaciones comerciales con la República Argentina, son coronados por el éxito.

Movimiento de la exportacion del puerto de Dunkerque para la República Argentina durante el año de 1888.

12 vapores con 25.469 toneladas de registro con 109.892 bultos pesando 6,998.427 kilos han sido expedidos con destino á Bueros Aires.

1 vapor con 1555 toneladas con 15.691 bultos, pesando 613.007 kilos con destino á Buenos Aires y 1482 bultos con peso de 200.000 kilos con destino al Rosario.

4 vapores con 2455 toneladas (de los que uno con mercaderías para San Nicolás) con 5515 bultos que pesaban 702.790 kilos consignados al Rosario y 10 bultos con 100 kilos de peso con destino á San Nicolás.

1 buque á vela con 364 toneladas con 1620 bultos pesando 83.768 kilos fué expedido para Buenos Aires.

Siendo en total:

18 navíos con 34.842 toneladas juntos con 134.215 bultos pesando 8.599.010 kilos que fueron despachados del puerto de Dunkerque en 1888 para la República Argentina.

Importacion.

Resulta del cuadro anexo al presente que, desde el 1.° de Noviembre do 1887 hasta el 30 de Octubre de 1888, se ha importado de procedencia argentina en el puerto de Dunkerque:

127.812	balas	lanas
2.038	«	cueros
385.244	sacos	maíz
122.878	«	lino
39.300	«	trigo
35.182	«	pasta mineral
1.411	«	salvado
5.477		guano
12.386	«	sebo
1.847		semillas

1.256	sacos	alpiste
300.000	kilos	maní
600	cajas	extracto de carne
1.680	carneros	congelados con 35.310 k. de peso.
109	cajas	mineral de plomo
225.670	cueros	
442.000	kilos	madera de quebracho
120	balas	recortadoras
4	«	plumas

Algunas cajas de riñones y canastros de caza congelada todo importado por:

34	vapores	franceses	con	68.436	ton.	de registro
30	«	ingleses	«	50.176	«	«
2	«	italianos	«	3.725		
1	«	español	«	1.457	-	-
1	«	aleman	«	1.468	«	«
18	veleros	italianos	«	9.447		
5	«	noruegos	«	2.399	«	«
5	«	ingleses	«	3.168	«	«
3	«	alemanes	«	946		
1	«	austriaco	«	589	«	«
1	velero	ruso	«	402	«	«

sea en total

68	vapores	con	125.262	toneladas
33	veleros		16.951	«

Resúmen de la importacion durante la campaña correspondiente á 1887-1888.

84 vapores y 9 veleros han importado 118.629 balas de lana, 2195 balas pieles, 444.751 sacos maíz, 132.605 sacos grano de lino, 196.802 sacos trigo, 31.124 sacos pasta mineral, 779 sacos grano, 1 bala piel de nutria, 245 balas recortes de cuero, 10 pipas sebo y 1002 sacos salvado.

Importacion de lanas.

Parte proporcional del puerto de Dunkerque en el tráfico general de Francia durante los nueve primeros meses de 1888.

Lanas en masa de todas procedencias.

Cantidades totales importadas en Francia, 147.119 toneladas
Id id por Dunkerque, 61.796 id.
Id id por los otros puertos, 85.327 id.
Parte para Dunkerque, 42 °/₀.

Lanas en masa del Rio de la Plata.

Cantidades totales importadas en Francia, 61.743 toneladas
Id id por Dunkerque, 50.300 id.
Id id por otros puertos, 11.443.
Parte para Dunkerque, 80 °/₀.

Emigracion.

Asi como á V. E. le hacía prever mi carta de Setiembre 27 de 1888, la corriente de emigracion de esta comarca hácia la República Argentina, toma cierto desarrollo.

Es así que, desde el mes de Agosto hasta el fin de Diciembre de 1888, he dirigido á la oficina oficial de informacion de Paris, 123 pedidos de pasajes para 478 personas, que se descomponen como sigue:

Hombres	126
Mujeres	94
Niños	128
Niñas	130
	478

El número de pedidos de informes hechos á este Consulado tanto por cartas como verbalmente, va cada dia aumentando y presto el mayor cuidado y la mas grande celeridad en procurar á los interesados todos los informes que se necesitan.

Los primeros emigrantes partidos de Dunkerque para la República Argentina han informado á sus parientes y amigos que ellos se encuentran satisfechos en su nueva patria; hice publicar inmediatamente un extracto de sus cartas en los principales diarios agrícolas de esta region, lo que será igualmente muy favorable para seguir á las masas la idea de emigrar.

Museo Comercial de Buenos Aires.

La Cámara de Comercio de Dunkerque á pedido del señor Ministro de Comercio é Industria de Francia, de favorecer el desenvolvimiento de las relaciones comerciales con la República Argentina, asi como la instalacion en Buenos Aires de un Museo Comercial de muestrarios de productos franceses, ha votado en la sesion del 7 de Diciembre de 1888 una asignacion de 500 francos.

Importacion total en kilos de las lanas de diversas procedencias en el puerto de Dunkerque durante los años de 1885, 1886 y 1887.

PROCEDENCIAS.	*1885*	*1886*	*1887*
República Argentina	56.640.389	56.860.731	48.508.607
Uruguay	5.300.280	3.957.300	2.728.719
Rusia	2.103.219	6.478.031	6.395.476
Inglaterra	2.113.455	3.477.644	2.876.207
Argelia	1.198 430	1.201.277	3.972.280
Tunez	—	—	9.750
Marruecos	875.245	605.680	1.249.144
Egipto	—	21.787	5.000
España	—	31.400	178.827
Portugal	—	10.626	29.454
Turquia	93.575	28.000	91.300
Rumania	102.717	1.468.425	83.684
Bélgica	42.307	16.203	—
Dinamarca	6.080	—	—
Totales	64.475.647	74.152.104	66.128.448

Importacion comparada de las lanas de la República Argentina y del Uruguay.

PUERTOS DE DESTINACION.

Años	*Marsella* balas.	*Burdeos* balas.	*Havre* balas.	*Dunkerque* balas.
1882 1883	1,196	2.743	51.355	58.401
1883 1884	601	1.814	46.912	104.080
1884 1885	2.528	2.173	37.118	138.866
1885 1886	2.037	2.117	24.365	138.038
1886 1887	124	1.916	17.597	118.629

Importacion total en kilos, de pieles en bruto, frescas ó secas de diversas procedencias para el puerto de Dunkerque, durante los años 1885, 1886 y 1887.

PRCCEDENCIAS.	*1885*	*1886*	*1887*
República Argentina........	8.458.212.480.8.143	1.822.4 5	744.080
Uruguay.....	42.150	140.000	2.500
Rusia......	33.200	—	—
Paises Bajos.......	98.950	—	—
Alemania.................	—	—	12.224
Inglaterra...............	23.987.26.173.13.951	104.337	14.681
Senegal..................	5 550	—	—
Argelia..................	1·535	—	33
Diversos.....	—	--	—
Totales....	170.145.782.358.22.094	2.072.772	773.518

Reitero la seguridad señor Ministro, que continuaré consagrando toda mi actividad al desarrollo de las relaciones marítimas comerciales asi como lo que trae á la corriente de emigracion existente entre esta region del Norte de la Francia y la República Argentina á fin de poder continuar dirigiendo á V. E. informes cada año mas importantes.

Acepte el señor Ministro, la expresion de mi mas distinguida consideracion.

A. Mine, Cónsul.

Diciembre 19 de 1889. —Publíquese en el Boletin Mensual del Ministerio.—ZEBALLOS.

Vice Consulado en Ravena.

INFORME MENSUAL.

Ravena, Noviembre 1.° de 1889.

Señor Ministro:—Tengo el alto honor de remitir á V. E. el informe de precios corrientes obtenidos en este mercado de Ravena, en el mes de Octubre pasado.

Informe de precios corrientes obtenidos en el mercado de Ravena en el mes de Octubre pasado.

Carne fresca	primera	calidad.. ...	los 100 kilóg.	L 160
Id	2.ª	id.......	« « «	« 140
Carnero	«	«.......	« « «	« 150
Cordero		....	« « «	« 150
Ternera	«	....	« « «	« 115
Trigo	1.ª	«.......	el hectólitro	« 23.50
Id	2.ª	«.......	« «	« 23
Maiz	1.ª	«.......	« «	« 14.50
Id	2.ª	«.......	« «	« 14
Azúcar	«	«.......	« « «	« 145
Avena	1.ª	«.......	« « «	« 17.50

Avena	2.ª	calidad	el hectólitro	L 16.50
Café en grano		....	« « «	« 370
Café en polvo		....	« « «	« 420
Vino para pasto	1.ª	calidad.....	« « «	« 58
Id	2.ª	«	« « «	« 48
Aceite de oliva	1.ª	«	« « «	« 150
Id	2.ª	«	« « «	« 130
Cueros frescos.....................				« 63
Leña (fuerte).....................			los 100 kilóg.	« 27.50
Id dulce.....................			« « «	« 17.50
Heno primera calidad.............				« 52.50
Id	2.ª	«		« 45

Estado sanitario muy bueno.

Aprovecho la ocasion para renovar á V. E. la seguridad de mi mas alta consideracion.

Cárlos Rasi, Vice Cónsul.

Diciembre 20 de 1889.—Publíquese en el Boletin Mensual del Ministerio.—ZEBALLOS.

Vice Consulado en San Remo.

INFORME BI-MENSUAL.

San Remo, Noviembre 3 de 1889.

Señor Ministro:—Tengo el honor de elevar á V. E. la nota de los precios corrientes en los meses de Setiembre y Octubre pasados de varios productos que se venden en esta plaza.

Harina fina..................	Liras 39	los	100 kilos.
Id Maíz....................	« 24	«	« «
Carne fresca de vaca........	« 1.40	el	kilo
Id de buey.................	« 1.50	«	«
Limones....................	« 8	cada	1000
Aceite de Oliva 1.ª calidad..	« 1.45	los	100 kilos
Id 2.ª.....................	« 1.25	«	« «

Presento á V. E. las manifestaciones de mi mayor consideracion y respeto.

Dr. T. Bobone, Vice Cónsul.

Diciembre 20 de 1889.—Publíquese en el Boletin Mensual del Ministerio.—ZEBALLOS.

Consulado en Havre.

INFORME MENSUAL.

Havre, Noviembre 5 de 1889.

Señor Ministro:—Tengo el alto honor de elevar á manos de V. E. el informe mensual de este Consulado, correspondiente al ppdo. mes de Octubre.

Por él verá V. E. la importancia del movimiento de exportacion, importacion y emigracion habido entre este puerto, en sus relaciones comerciales y marítimas con la República.

Exportacion.

Con fecha 1.° de Octubre, se despachó el vapor francés «Dupuy de Lome», de un tonelaje de registro de 2.662 t. 67/100 y 47 hombres de equipaje.

Salió con destino á Buenos Aires, al mando de su comandante Dechaille, llevando lo siguiente:

Para Buenos Aires..............	2.580	bultos
Con opcion á Montevideo.......	2.000	«
Total	5.580	bultos

El 2 se despachó el vapor francés «Paraguay» de 2653 t. 27/100 y 65 tripulantes.

Salió con destino á Buenos Aires al mando de su comandante Bugault, llevando lo siguiente:

Para Buenos Aires.............	8.086	bultos
Con opcion á Montevideo.......	500	«
Total................. .	8 586	bultos

Con fecha 9 salió el vapor inglés «Montevidean» de un tonelaje de registro de 2.008 t. 48/100 y 48 hombres de tripulacion.

Salió con destino á Buenos Aires al mando de su comandante el señor Main.

Llevó lo siguiente:

Para Buenos Aires.............	3.021	bultos
Con opcion á Montevideo.......	2.745	«
Total..................	5.766	bultos

Con fecha 11, salió el vapor francés «Entre Rios» de 2.134 t. 61/100 de registro y 31 hombres de equipaje.

Salió con destino á Buenos Aires, San Nicolás y Rosario, al mando de su comandante Crequer.

Llevó lo siguiente:

Para	Rosario.................	5.094	bultos
«	San Nicolás..............	437	«
«	Buenos Aires.............	24	«
	Total	5.555	bultos

El 16 se despachó el vapor francés «Uruguay» de un tonelaje de registro de: 2.530 t. 95/100.

Salió con destino á Buenos Aires, al mando de su comandante Lequer, llevando lo siguiente:

Para	Buenos Aires	6.314	bultos	con	11.000 atados baldozas
«	Rosario.....	9	«	«	
«	San Nicolás.	4	«	«	
«	otros puertos.	217	«	«	
Opcion	Montevideo.	2.263	«	«	
	Total....	9.807	bultos	con	11.000 atados baldozas

Con fecha 23 se despachó el vapor francés «Rio Negro» de un tonelaje de registro de: 2.523 t. 08/100 y 64 tripulantes.

Salió al mando de su comandante Guegan, llevando lo siguiente:

Para	Buenos Aires	7.452	bultos	con	5.952	atados	baldozas
«	otros puertos.	17	«	«	«	«	«
Opcion	Montevideo..	1.750	«	«	«	«	«
	Total....	9.219	bultos	con	5.952	atados	baldozas

El 30 fué despachado el vapor inglés «Buenos Ayrean», de 2.560 t. 25/100 de registro y 52 hombres de equipaje.

Salió con destino á Buenos Aires, al mando de su comandante el señor Carruthers, llevando lo siguiente:

Para Buenos Aires....	6.853	bultos
Con opcion Montevideo..........	500	«
Total..................	7.335	bultos

Resúmen de la exportacion.

Siete vapores con un tonelaje total de registro de 17.073 t. 76/100 y una tripulacion de 369 hombres.

Dichos vapores, llevaron con destino á los puertos de la República la cantidad de 50.848 bultos mercaderías generales, cuyos destinos fueron los siguientes:

Para	Buenos Aires..............	35.312	bultos
«	Rosario	5.103	«
«	San Nicolás.	441	«
«	otros puertos..............	234	«
Con	opcion Montevideo.........	9.758	«
	Total.........	50.848	bultos

incluso 16.952 atados baldozas.

Resúmen de la exportacion del mes de Octubre de 1888.

Se despacharon durante dicho mes, seis vapores con un tonelaje total de registro de 11.872 t. 58/100 y una tripulacion de 266 hombres, es decir, inferior en 5.201 t. 18/100 de registro y 103 hombres de tripulacion al del mes que nos ocupa en el presente informe.

El número total de bultos, fué tambien inferior de 19.263

Importacion.

Han llegado á este puerto, con procedencia argentina, los siguientes vapores:

El 7 llegó el vapor francés «Rio Negro» con 5.930 cueros vacunos secos, 3.000 id id salados, 1 fardo lana, 2 cajones libros, 6.641 bolsas maíz, 1 barril miel.

El 24 llegó el vapor francés «Dom Pedro», con 12.434 bolsas maiz, 2.245 cueros vacunos secos, 3 bultos ceniza de plata, 1 barril lenguas saladas.

El 26 llegó el vapor holandés «Zaandam», con 50 barriles glicerina, 2.000 cueros vacunos secos, 13.545 bolsas maiz.

El 26 el velero sueco «Aurora» con 10.807 cueros vacunos salados, 10.740 machos de astas, 11.300 astas.

Resúmen de la importacion del mismo mes del año 1888.

10.175 cueros vacunos secos, 13 807 id id salados, 1 fardo lana, 2 cajones libros, 32.620 bolsas maiz, 1 barril miel, 50 id glicerina, 1 id lenguas saladas, 3 bultos ceniza de plata, 10.740 machos de astas, 11.300 astas.

Resúmen de la importacion.

204 fardos lana, 14 id pieles, 47 id cerda, 30 cajones pluma de avestruz, 10.627 cueros vacunos salados, 4.000 id id secos, 93 bolsas lino, 603 id alpiste, 750 id tortas, 6.790 id trigo, 16.080 id maiz, 150 zurrones quina, 225 cajas conservas, 62.560 astas, 200 pipas sebo, 48 sacos mineral, 6.138 pedazos quebracho, 8.906 carneros congelados, 211 cuartos id id.

Lanas.—La importacion general de lanas, ascendió durante el mes de Octubre á 267 fardos, de los cuales 1 fardo de Buenos Aires importado directamente, 25 id id id por via Amberes, total 26 fardos.

Las ventas ascendieron durante el mismo período de tiempo á 2.577 fardos, de los cuales 533 fardos de Buenos Aires, que obtuvieron los precios siguientes:

446 fardos de f. 1.70 á 2.10 y 87 id expedidos, total 533 fardos.

El 31 de Octubre quedó un stock disponible de 3.029 fardos, siendo de ellos 863 fardos de Buenos Aires.

El 31 de Octubre de 1888, el stock era de 18.969 fardos, de los cuales 7.270 fardos de Buenos Aires.

Movimiento del mercado durante los diez primeros meses de 1888 y 1889.

Lanas.	Importacion.		Ventas		Expedicion		Stock el 31 Octu.	
	1889	1888	1889	1888	1889	1888	1889	1888
Buenos Aires.	11 396	24 293	6 811	10 434	7 518	8 745	863	7 270
Mont. Rio G..	2 455	2 423	2 424	3 490	17	132	63	—
Perú y Chile.	5 066	3 274	4 904	3 378	79	27	331	500
Rusia........	—	1 373	2 221	1 898	1 252	507	—	4 593
Diversas.....	3 989	2 651	7 385	4 439	531	683	1 772	6 606
	22 906	34 014	23 745	23 639	9 397	10 154	3 029	18 969

Las transacciones han sido bastante activas á pesar del reducido stock.

Los precios señalan una alza de 5 céntimos sobre aquellos del remate de Setiembre.

Ventas á plazo tipo 1ª. Buenos Aires, buena calidad; rendimiento 36 %.

El mercado ha estado poco animado; pues no se han realizado más que 5.200 fardos.

Las últimas cotizaciones fueron las siguientes:

Para Noviembre		184
« Diciembre		183
« Enero	1890	177 ½
« Febrero	«	177
« Marzo	«	176 ½
« Abril	«	176
« Mayo	«	176
« Junio	«	175 ½
« Julio	«	175
« Agosto	«	175

Precios de lanas en el mercado del Havre, el 31 de Octubre de 1889 (el kilo).

Lanas.		Superior.	Buena.	Mediana.	Inferior.
Merinos.	Frs.	2.10 á 2.20	1.95 á 2.05	1.75 á 1.85	1.45 á 1.65
1.a	«	2.05 á 2.15	1.90 á 2.00	1.70 á 1.80	1.40 á 1.60
2.a	«	2.00 á 2.10	1.85 á 1.95	1.65 á 1.75	1.35 á 1.55
3.a	«	1.95 á 2.05	1.80 á 1.90	1.60 á 1.70	1.30 á 1.50
Corderos	«	1.70 á 1.95	1.55 á 1.65	1.40 á 1.50	1.05 á 1.25
Vientres y pedazos	«	1.05 á 1.45	1.00 á 1.30	0.85 á 1.15	0.55 á 1.95
Lincoln	«	1.95 á 2.15	1.75 á 1.90	1.50 á 1.65	1.30 á 1.40

Cueros vacunos (secos y salados.)

La importacion general de cueros vacunos, ascendió durante el mes de Octubre á 54.151 cueros, de los cuales 33.775 cueros de procedencia Rio de la Plata.

Las ventas se elevaron durante el mismo periodo de tiempo, á 105.593 cueros de diversas procedencias, de los cuales 40.079 cueros de procedencias Rio de la Plata.

El 31 de Octubre quedó un stock disponible de 193.519 cueros, siendo de ellos:

14.347 cueros vacunos secos del Rio de la Plata y
117.354 « « salados « « « « «

131.681

Movimiento del mercado durante los diez primeros meses de 1888 y 1889.

Cueros.	Importacion. 1889.	1888.	Ventas. 1889.	1888.	Stock 31 de Agosto. 1889.	1888.
Plata y Rio G., secos	17 736	18 614	28 902	28 625	14 093	30 718
Plata, salados	371 475	244 028	306 123	258 443	117 334	53 464
Rio Grande, salados	61 763	46 633	94 411	105 661	18 840	16 453
Diversas	249 579	298 988	2 4 743	362 471	42 847	32 311
Varics	708 603	608 296	683 182	755 203	193 519	132 946

Precios de cueros vacunos en este mercado el 31 de Octubre de 1889.

		Los 50.	k
Plata secos bueyes 1.ª calidad 13 á 16 kilos...	frs.	87.50	á 90
« « « « 11 á 12 « ...	«	80	á 85
« « « « 10 á 11 « ...	«	78	á 80
Plata secos bueyes 2.ª calidad.	«	70	á 75
« « inferiores................	«	60	á 65
« vacas 1.ª calidad 10 á 11 kilos..	«	85	á 90
« « « 9 á 10 kilos..	«	80	á 85
« 2.ª «	«	70	á 80
« inferiores	«	60	á 65

Plata secos terneros		frs. 60	á 65
Plata saladero bueyes 30 á 31 kilos		« 54	á 57
« « 23 á 24	«	« 50	á 51
vacas 19 á 20	«	« 44	á 47
« « 21 á 22	«	« 47	á 50
Plata matadero bueyes 26 á 28	«	« 44	á 50
« vacas 20 á 22	«	« 44	á 50
Plata terneros livianos la pieza	«	« 0.50	á 2

Precios corrientes de los productos argentinos, durante el mes de Octubre de 1889, comparados con los del mismo mes del año pasado.

Frutos.	*Por*	*Octubre 1889.*			*Octubre 1888.*		
Lanas	1 k.	1.40	á	2.05	95	á	2
Cueros lanares	«	1.30	«	1.50	60	«	1.55
« vacunos secos	50	60	«	85	60	«	100
« « salados	«	40	«	56	47	«	61
« potro secos	pieza.	6	«	9	5	«	10
« « salados	100 k.	115	«	120	100	«	110
« nutria	1 k.	2.50	«	3.50	2.50	«	3
« cabra	doc'na	30	«	45	10	«	30
« cabrito	«	20	«	26.50	8	«	23
Cerda	50 k.	115	«	165	110	«	140
Sebo	100	62	«	66	62	«	64
Aceite	50	45	«	50	45	«	50
Plumas avestruz	1/2	5	«	6.50	4.50	«	15
Astas	100	32.50	«	35	26	«	32 50
Machos de astas	1000	100	«	120	100	«	120
Trigo	100	20	«	21	24	«	25
Lino	«	26	«	27	27	«	28
Colza	«	30	«	32	28	«	32
Maíz	«	11	«	12	13	«	13.50
Huesos	«	14	«	20	7	«	26
Quebracho	«	10.20	«	10.50	8	«	10

Reses sacrificadas en el matadero público de esta ciudad durante el mes de Octubre de 1889.

RESES	Número	Peso medio por res kilos	Precio por kilo en pié
Bueyes y vacas...	1.123	527	1.32
Terneros........	644	120	1.80
Carneros..... ..	2.340	57	2.00
Cerdos..........	740	94	1.30

Emigracion — Cuatro vapores de la Compañia Chargeur Réunis condujeron entre pasajeros y emigrantes: 1083 personas, cuyas clasificacion es la siguiente:

1.ª clase	158	personas
2.ª «	91	«
Emigrantes	834	«
Total..............	10.83	«

La nacionalidad de los 834 emigrantes se reparte así:

Franceses..................	457	personas
Italianos..................	146	«
Suizos..................	88	«
Alemanes	68	«
Belgas..................	20	«
Rusos..................	20	«
Austriacos..................	16	«
Argentinos..................	6	«
Españoles..................	6	personas
Ingleses..................	3	«
Holandeses..................	3	«
Portugueses..................	1	«
	834	personas

De los 834 emigrantes, 382 se embarcaron con pasaje subsidiario.

Durante el mismo mes del año pasado, se embarcaron en este puerto con destino á la República, entre pasajeros y emigrantes 2.216 personas, cuya clasificacion, fué la siguiente:

1.ª clase	58	personas
2.ª «	53	«
Emigrantes	2.105	
Total	2.216	personas

Con este motivo me es grato reiterar á V. E. las seguridades de mi mayor consideracion y respeto.

Rodolfo Balcarce, Vice Cónsul.

Diciembre 29 de 1889.—Publíquese en el Boletin Mensual del Ministerio.—ZEBALLOS.

Vice Consulado en Antonina.

INFORME MENSUAL

Antonina, Diciembre 2 de 1889.

Señor Ministro:—Tengo el honor de remitir á V. E. el informe de práctica con los precios obtenidos por los productos de la República Argentina consumidos en este puerto y por los productos similares de esta Provincia.

Mercaderías.	*Reis.*	*Mercaderías.*	*Reis.*
Carne seca. de 1.ª kilo.	400	Aguardiente de caña p.	90.000
« « 2.ª .	360	Café kilo............	800
« fresca..........	280	Porotos 40 litros.. ...	9.000
Sebo, kilo............	500	Mijo 80 litros.........	5.500
Novillo la pié uno.....	50.000	Arroz 60 kilos...... ..	13.500
Cueros de novillo kilo.	320	Humo 60 kilos........	800
Cerda kilo...........	460	Yerba mate fina 60 kilo	140
Garras «	100	Id gruesa... «	146
Astas de buey........	120	Id en hoja.. «	150
Harina de trigo barrica.	16.000	Id en rama. «	110
Id mandioca litros...	5.000		

Tengo el honor de saludar á V. E. con mi mas distinguida consideracion.

J. R. Ribeiro Vianna, Vice Cónsul,

Diciembre 29 de 1889. - Publíquese en el Boletin Mensual del Ministerio. —ZEBALLOS.

Consulado en Milan.

INFORME MENSUAL.

Milan, Diciembre 1.° de 1889.

Señor Ministro:—Tengo el honor de remitir á V. E. el informe Mensual correspondiente al mes de Noviembre pasado.

Resúmen de precios corrientes obtenidos en este mercado en el mes de Noviembre.

Carne fresca	1.ª calidad	los 100 kilos	L	140
id id	2.ª	«	«	137
id id	3.ª	«	«	135
Cueros frescos		«	«	100
Trigo	1.ª	«	«	24.50
id	2.ª	«	«	23.50
Maíz	1.ª	«	«	17.50
id	2.ª	«	«	16.50
Porotos		«	«	18
Avena		«	«	19.50
Vino	1.ª calidad	el hectólitro	«	55
id	2.ª id	«	«	47.50

Saludo á V. E. con mi mas distinguida consideracion.

Vitorio Finzi, Cónsul.

Diciembre 29 de 1889.—Publíquese en el Botein Mensual del Ministerio.—ZEBALLOS

Consulado General en el Paraguay.

INFORME MENSUAL.

Asuncion, Diciembre 5 de 1889.

Precios de los productos argentinos en el mercado de la Asuncion del Paraguay, durante el mes de Noviembre de 1889.

PRODUCTOS.	PRECIO MÍNIMO.	PRECIO MAXIMO
Ganado al corte...............	$ 10	$ 12
Bueyes para matadero.........	« 35	« 40
Novillos « «	« 25	« 28
Vacas « «	« 20	« 24
Harina de trigo, arrb............	« 2	« 2.50
Quesos de Corrientes...... «	« 5	6.
Grasa de vaca............. «	« 4	« 4.50
Cebada................... «	« 1	« 1.25
Maíz duro.................. «	« 0. 40	« 0.60
Cal .... «	« 0. 40	« 0.60
Alfalfa seca............... «	« 0. 50	« 0.70
Fideos .... «	« 3	« 3.60
Galletitas .... «	« 5	« 6.

Julian del Molino Torres, Cónsul General.

Diciembre 29 de 1889.—Publíquese en el Boletin Mensual del Ministerio.—ZEBALLOS.

Consulado General en Portugal.

INFORME MENSUAL.

Lisboa, Noviembre 30 de 1889.

Señor Ministro:—Tengo el honor de dirigirme á V. E. informándole de los precios que han obtenido en esta plaza, durante el presente mes, los artículos similares de los de la República.

Caballos regulares, de 90 á 135.000 reis.

Carneros y ovejas, de 1.800 á 2.700 reis, siendo el consumo mensual de 900 á 1.000.

Terneras, de 9 á 12,000 reis, siendo el consumo mensual de 950 á 1.000.

Carne fresca, de 3.000 á 3.200 reis por cada 15 kilógramos, siendo el consumo mensual 2.500 bueyes.

Sebo, 1.600 reis, por cada 15 kilógramos, despachado.

Cueros secos salados, 400 reis el kilógramo.

Lanas súcias, 380 reis el kilógramo.

Trigo, de 640 á 660 reis por 14 litros, despachado.

Maíz, de 280 á 390 » « « « «

Un peso nacional oro, corresponde á 900 reis, moneda portuguesa.

En el mes de la fecha se han despachado en este Consulado General de mi cargo los siguientes buques con destino á la República:

Dia 8.—Vapor francés «Portugal» procedente de Burdeos, no recibió carga.

» » » inglés «Don» procedente de Southampton, no recibió carga.

Dia 13.—Vapor inglés «Magellan» procedente de Lóndres, recibió carga.

Dia 22.— » belga «Chaco» procedente de Antuerpia, no recibió carga.

Dia 24.— » francés «Orenoque» procedente de Burdeos, no recibió carga.

Dia 25.— » sueco «Hildur» procedente de Antuerpia, no recibió carga.

» » » inglés «Neva» procedente Southampton, no recibió carga.

La exportacion fué la siguiente:

Por el «Magellan».—99 cajas sardinas.
« « « 29 cajas vino.
1 barril vino.

Reitero á V. E. las protestas de mi respetuosa consideracion.

José da Cunha Porto, Cónsul.

Diciembre 29 de 1889.—Publíquese en el Boletin Mensual del Ministerio.—Zeballos.

Consulado General en Francia.

INFORME ANUAL.

Paris, Noviembre 12 de 1889.

Señor Ministro:—La Administracion General de las Aduanas francesas, habiendo terminado la recopilacion y clasificacion de los múltiples y variados datos que sirven para formar los cuadros anuales del movimiento comercial y marítimo de Francia con sus colonias y las potencias extranjeras, tengo el honor de elevar á V. E. el informe de este Consulado General, correspondiente al año 1888, comprendiendo, además de siete cuadros estadísticos, la exposicion en términos generales del movimiento comercial y marítimo de este país con todos los demás del mundo, y especialmente con la República Argentina, y una reseña pormenorizada y comparativa de las importaciones y precios medios de avalúo de nuestros productos en los mercados franceses durante los dos últimos años.

Este informe comprende igualmente, como de costumbre el movimiento de esta Cancillería y el resúmen de lo que he considerado útil extractar de los informes de algunas de las oficinas de la dependencia de este Consulado General, exceptuando los Consulados en Dunkerque y en Bona que se acompañan íntegros, el primero por considerarlo de sumo interés, y el segundo por estar elevado directamente á ese Ministerio.

Aprovecho esta oportunidad para reiterar á V. E. las seguridades de mi mas alta y distinguida consideracion.

Angel M. Mendez.

Diciembre 29 de 1889.—Publíquese en el Boletin Mensual del Ministerio.— ZEBALLOS.

INFORME

DEL

Consulado General de la República Argentina en Francia.

AÑO 1888.

Conforme al sistema puesto en práctica en mis anteriores informes anuales, por considerar útil y conveniente que el Supremo Gobierno, además de los datos detallados que se refieren especialmente á las operaciones comerciales y marítimas que la República Argentina efectúa con Francia, conozca de un modo general el movimiento comercial y marítimo de este país con sus colonias y todas las potencias extranjeras, daré principio al presente haciendo conocer por medio de algunas observaciones y cuadros estadísticos, la importancia que ha tenido dicho movimiento en el año 1888, extendiéndome despues detalladamente sobre todo lo que ha constituido particularmente nuestras transacciones mercantiles con Francia durante el mismo período de tiempo.

Comercio total de Francia.

El *Movimiento del Comercio General de Francia con sus Colonias y las Potencias Extranjeras,* ha sido calculado para 1888, *(Importaciones y Exportaciones de todas clases reunidas),* en la suma de 9.485 millones de francos, es decir, con un aumento de 304 millones de francos sobre el año 1887, al cual la *Importacion* ha contribuido con 244 millones y la *Exportacion* con 60 millones. El aumento en el *comercio especial* ha sido de 81 millones de francos.

Este importante incremento de las transacciones comerciales de Francia en el espacio de un año, es muy digno de notarse, pues en el año 1887, la estadística del comercio francés presentaba una disminucion de 181.600.000 francos en el *comercio general* y de 184.400.000 francos en el *comercio especial* por lo que se vé que en un año, este país á pesar de sus contínuas alarmas y preocupaciones motivadas por su política interior y exterior, ha recuperado el terreno que había perdido en 1887, relativamente á 1886.

Antes de presentar algunas cifras que demuestren en detalle esta gran fuerza vital y económica de Francia, considero que no es de más recordar aquí, para la inteligencia de este informe, lo que debe entenderse por las designaciones de *comercio general* y de *comercio especial*, que se aplican tanto á la importacion como á la exportacion.

El *Comercio general*, en la *importacion*, comprende la totalidad sin excepcion, de las mercaderías procedentes por mar y por tierra, del extranjero, de las colonias y de la Gran Pesca, tanto para el consumo, como para el depósito, el tránsito y las admisiones temporales, y en la *exportacion* todas las mercancías francesas ó nacionalizadas que salen de Francia.

El *comercio especial* se compone en la *importacion* de las mercaderías exportadas llegadas del exterior dejadas á la disposicion de los importadores, ya sean libres de derechos ó tarifadas, y en la *exportacion* de la totalidad de las mercaderías francesas exportadas como tambien de los artículos extranjeros que salen de Francia despues de haber sido introducidos en franquicia ó que han sido nacionalizados por el pago de los derechos de entrada.

En resúmen, el *comercio especial* es aquella parte del *comercio general* que se entrega al consumo que se deja en depósito á la disposicion de los importadores ó que se admite temporalmente para ser posteriormente entregadas al consumo ó reexportadas.

Esto bien explicado, paso ahora á ocuparme de la demostracion y comparacion con el año 1887, de los totales que figuran en aquellos de los adjuntos cuadros que son relativos al *Comercio total de Francia* en 1888.

Cuadros N.° 1 y 2.—Los totales que por el año 1888 aparecen en dichos cuadros y que comprenden las *importaciones y exportaciones* reunidas, se descomponen del modo siguiente:

Comercio General	Importaciones............	fr.	5.187.200.000
	Exportaciones....	«	4 298.200.000
	Total..... ...	fr.	9.485.400.000
Comercio especial	Importaciones	fr.	4.107.000.000
	Exportaciones.......	«	3.246.700.000
	Total.........	fr.	7.353.700.000

En el año 1887 el *comercio general* (*importaciones* y *exportaciones reunidas*) solo ascendió á frs. 9.181.000.000 y el *comercio especial* á frs. 7.273.000.000.

Resulta, pues, un excedente en 1888 de frs. 304.400.000, en el comercio general, y de frs. 80.700.000 en el comercio especial.

La República Argentina figura en este colosal movimiento comercial, con una cifra de frs. 371.200.000 en el *comercio general* y frs. 323.700.000 en el *comercio especial*, conservando el mismo rango que ocupaba en 1887.

Cuadro N.º 3.—El *movimiento marítimo internacional de Francia* en 1888, ha ascendido á un total de 25.088.066 toneladas y se halla representado en dicho cuadro N.° 3, ocupando en él la República Argentina el 7.° lugar con 757.310 toneladas contra 690.578 toneladas en 1887, sea en aumento de 66.732 toneladas.

El número de buques de todas clases y banderas que se han empleado en el movimiento marítimo total de Francia, ha sido 49.495.

Como se ve, nuestro país sigue conservando uno de los principales rangos tanto en el comercio como en la navegacion de Francia, y el *primero* respecto á los demás Estados Sud Americanos y de la América Central.

Tránsito.—Las mercaderías de procedencia extranjera espedidas en tránsito por Francia en 1888, han tenido un peso total de 3.779.884 quintales métricos, es decir, que han pesado 454.710 quintales métricos de más que en el año 1887.

Recaudaciones—Las recaudaciones de todas clases efectuadas por las aduanas francesas en 1888, se han elevado á frs. 423.315 887, y se subdividen del modo siguiente:

Derechos de entrada	frs.	381.287.147
« de estadística	«	6.868.166
« de navegacion	«	8.412.650
« y productos accesorios	«	5 154.927
Impuesto de consumo sobre la sal	«	21.592 997
Suma igual	frs.	423.315.887

Importaciones temporales.—Las mercaderías, otras que el azúcar, importadas temporalmente á Francia, para ser reexportadas ó salir de los depósitos en 1888, representan una suma total de 67 millones de francos, repartidos como sigue:

Trigo	frs.	33.300.000
Cobre en bruto	«	7.100.000
Tejidos de lana pura ó mezclada	«	3.600.000
Id de seda, id id	«	3.400.000
Aceite de oliva en bruto	«	2.900.000
Fundicion de fierro id	«	5.200.000
Aceite de palma	«	2.300.000
Acero	«	1.000.000
Granos y frutas oleaginosas	«	900.000
Fierro batido	«	800.000
Cacao	«	700.000
Fierro en barras ó adelgasado	«	900.000
Aceite en bruto de granos oleaginosos	«	300.000
Otros artículos	«	4.500.000

En 1887, las operaciones análogas habían ascendido á 50 millones solamente. El aumento que presenta el año 1888, se aplica principalmente á los trigos de molienda, á los cobres y á los tejidos de seda.

Comercio de Francia con la República Argentina.

La República Argentina, apesar de haber conservado el mismo rango que había ocupado el año próximo pasado ne el

Comercio total de Francia no presenta en 1888 aumento en las cifras de sus transacciones mercantiles con este país, pues, por el contrario, acusan una disminucion bastante acentuada.

En efecto, su *comercio general* [1] con Francia en 1888, *importaciones y exportaciones reunidas,* dejan ver una diferencia de 5 millones de francos de menos, respecto al año 1887 y de cerca de 11 millones relativamente á 1886, es decir, en dos años, como va á demostrarse á continuacion.

El cuadro N° 4—(Comercio de Francia con la República Argentina en 1888,) da á conocer el valor de las Importaciones y Exportaciones por clases de artículos (Comercio General y Comercio Especial, y se subdivide como sigue:

AÑO 1888.

Comercio General.

Importaciones..	frs.	191.984.122
	«	179.174.151
Total.....	frs.	371.158.273

Comercio Especial.

Importaciones	frs.	189.350.604
Exportaciones..................	«	134.416.126
Total...	frs.	323 766.730

Comparado con los años 1886 y 1887, resultan las diferencias siguientes:

Comercio General.

AÑOS	IMPORTACIONES Y EXPORTACIONES REUNIDAS		DIFERENCIAS	
1886	.... fr.	381.839.739		
1887	.... «	376.168.102	frs.	5.671.637
1888	.... «	371.158.273	«	5.010.029
	Total		frs.	10.681.666

[1] Ya se ha dado mas arriba la explicacion del *comercio general* y del *comercio especial.*

Comercio Especial.

AÑOS	IMPORTACIONES Y EXPORTACIONES REUNIDAS	DIFERENCIAS
1886	fr. 338.815.732	
1887	« 325.528.101	frs. 13.287.631
1888	« 323.766.730	« 1.761.371
	Total.	frs. 15.049.002

No es por demás observar aqui, que las disminuciones que se notan en el «Comercio Especial», provienen, como ya se ha dicho, no solo de las mercaderías puestas efectivamente en consumo, sino tambien de las que han quedado en depósito ó admitidas temporalmente para ser despues entregadas á los consumidores ó reexportadas, y por consiguiente, dichas disminuciones no deben ser consideradas como definitivas, puesto que pueden contribuir á aumentar las cifras del «Comercio Especial» de los años subsiguientes.

El cuadro N° 5, da á conocer la *Naturaleza de los productos* que han figurado en el movimiento comercial franco-argentino del año 1888.

He aquí las diferencias que resultan comparativamente al año 1887.

COMERCIO GENERAL.

Importaciones.

	1888	1887	Diferencias
	Frs.	Frs.	Frs.
Artículos de alimentacion......	27,055,794	24,131,509	+ 2,924,285
Materias necesarias á la industria.	164,327,480	162.467,027	+ 1,860,453
Objetos fabricados.....	600,848	244,850	+ 355,998
Totales.....	191,984,122	186,843,386	+ 5,140.736

Exportaciones.

	Frs.	Frs.	Frs.
Artículos de alimentacion......	5,9820,833	56,678,355	+ 8,142,478
Materias necesarias á la industria.	8,006,610	5,520,938	+ 2;485,672
Objetos fabricados...	111,316,708	127,125,423	+ 15,778,715
Totales......	179,174,151	189,324,716	+ 10,150,565

Importaciones y Exportaciones reunidas.

	1888	1887	Diferencias
	Frs.	Frs.	Frs.
Artículos de alimentacion	86,876,627	80,809,864	+ 6,066,763
Materias necesarias á la industria.	172,334,090	167,987,965	+ 4,346,125
Objetos fabricados............	111,947,556	127,370,273	+ 15,422,717
Totales	371,158,273	376,168,102	+ 5,099,829

COMERCIO ESPECIAL.

Importaciones.

	1888	1887	Diferencias
	Frs.	Frs.	Frs.
Artículos de alimentacion......	25,556,781	20,898,706	+ 4,658,075
Materias necesarias á la industria.	163,321,311	160,780,196	+ 2,541,115
Objetos fabricados............	472,512	159,227	+ 313,285
Totales. ...	189,350,604	181,838,129	+ 7,512,475

Exportaciones.

	Frs.	Frs.	Frs.
Artículos de alimentacion	55,537,223	52,773,156	+ 2,764,057
Materias necesarias á la industria.	5,692,828	4,786,502	+ 906,326
Objetos fabricados	73,186,075	86,130,314	+ 12,944,239
Totales......	134,416,126	143,689,972	+ 9,273,844

Importaciones y Exportaciones reunidas.

	Frs.	Frs.	Frs.
Artículos de alimentacion......	81,094,004	73,671,862	+ 7,422,142
Materias necesarias á la industria.	169,014,139	165,566,698	+ 3,447,441
Objetos fabricados............	73,658,587	86,289,541	+ 12,630,954
Totales.....	323,766,730	325,528,101	+ 1,761,371

El *Numerario* importado de y exportado á la República Argentina en 1888, que tambien figura en dicho cuadro N.° 5, comparado con el año 1887, da las diferencias siguientes:

	1888	1887	Diferencias
	Frs.	Frs.	Frs.
Importaciones á Francia......	2,829,120	6,661,390	+ 3,832,270
Exportaciones á la R. Argentina.	18,602,065	92.464	+ 18,509,601

Es decir, que en el año 1888, las Importaciones de *numerario* de la República Argentina á Francia, han disminuido de frs. 3,832,270, y las Exportaciones de Francia para la República Argentina han aumentado de frs. 18,509,601.

Derechos de Aduana.—El total de los *derechos percibidos* por las Aduanas francesas, sobre las mercaderías importadas de la República Argentina en 1888, ha ascendido á frs. 836,705. En 1887 dichos derechos se habian elevado á frs. 1,501,194.

Tránsito.—Las operaciones de *tránsito* en 1888, *(Cuadro N.° 6)*, se cifran, en la Importacion, por kilos 937,121, de un valor de frs. 425,800; y en la Exportacion, por kilos 2,946,011, valorizados en frs. 37,432,338,—contra kilos 1,743,460 y frs. 347,301, en la Importacion y kilos 1,510,874 y frs. 38,139,014 en la Exportacion, resultando, por lo tanto, que las mercaderías importadas á Francia, de la República Argentina, *en tránsito*, han pesado ménos que en 1887, aunque de mayor valor, y las exportadas de Francia para la República Argentina, de mayor peso y de menos valor.

El *Movimiento Marítimo* habido en 1888, entre la República Argentina y Francia, se halla representado en el *Cuadro N.° 7, (Navegacion por Banderas)*, con un total de 12 banderas, 519 buques, 757,310 toneladas y 21,711 tripulantes y se subdivide como sigue:

Entradas.

	Buques	Toneladas	Tripulantes
Franceses	123	276,167	8,499
Estrangeros..............................	157	126,466	2,681
Totales....	280	402,633	11,180

Salidas.

Franceses......	121	261,909	8,017
Argentinos..........	1	58	14
Estrangeros.......	117	92,710	2,500
Totales.. ...	239	354,677	10,531

Entradas y salidas reunidas.

Buques entrados.......	280	402,633	11,180
Buques salidos	239	354,677	10,531
Totales......	519	757,310	21,711

En 1887, los buques de todas clases y banderas empleados en el movimiento mercantil franco argentino, fueron:

Buques llegados:	253	con	381,515	toneladas
Buques despachados:	316	«	327,270	«
Buques en junto:	569	«	708,785	«

Revista de los artículos Argentinos importados á Francia en 1888.

Prosiguiendo esta parte de mi informe que se contrae especialmente á todo lo que interesa á nuestro comercio con Francia, daré á continuacion, una reseña comparativa del movimiento y precios-medios de avalúo de los productos argentinos en los mercados franceses durante los años 1887 y 1888.

No creo de más hacer presente en este lugar, que las bases de avaluacion de los artículos, son determinadas, cada año, con el concurso de las Cámaras de comercio, por una comision instituida en el Ministerio de Comercio, en Paris, y tienen por objeto dar á conocer, lo mas aproximativamente posible, *el precio-medio de cada categoría de productos de todas procedencias*, durante el año á que se refieren.

Lanas.—Este importante artículo argentino de exportacion, ocupa siempre el primer lugar en el comercio de la República con Francia y su importacion á este país,—que equivale á la *tercera parte* de su consumo total.—será mucho mayor cuando su preparacion haya llegado al estado de perfeccion obtenido por los otros países productores.

En 1888, se importaron á Francia kilógramos 56,004,331, de lanas argentinas en masa, sucias y lavadas, valorizados en frs. 109,212,204, de los cuales casi su totalidad, esto es, kilógramos 55,966,747, se entregaron al consumo, á un precio-medio de avalúo de frs. 1,95 el kilógramo. En 1887, se habian introducido kilógramos 54,951,364 de un valor de frs. 104,444,042, y se dieron al consumo tambien casi totalmente, al precio-medio de frs. 1,90.—Ha habido, pues, en 1888, aumento tanto en la importacion de lanas argentinas como en sus precios.

En 1886 el precio-medio de avalúo habia sido de frs. 2 el kilóg.

Cueros y pieles.—Este artículo figura en segunda línea en el cuadro de las importaciones de la República Argentina á Francia con kilógramos 27,064,494, y un valor de frs. 48,432,333, es decir, con mas de la *tercera parte*, igualmente, de la cantidad total introducida á Francia en 1888, como lo demuestra el siguiente cuadro:

Cueros y pieles de todas procedencias importados en Francia en 1888.

Clases	República Argentina	Otros paises	Totales	Precios medios
kilógramos	kilógramos	kilógramos	kilógramos	frs.
Grandes............	3,189,442	33,142,005	36,331,447	1.15
Pequeñas de morruecos, ovejas y carneros.	23,337,191	4,675,936	28,013,127	1.80
Cabritillas....	263,217	1,829,986	2,098,203	6.25
Otras	260,272	9,319,755	9,580,027	3.
Preparadas..	9,372	335,184	344,556	21.75
Totales......	27,064,494	49,302,866	76,367,360	

En 1887, se habian importado de la República Argentina 28,907,555 kilógramos de cueros y pieles y casi todos fueron entregados al consumo á los precios medios de avalúo siguientes:

Grandes..............................	Frs-	1.30	kilógramos
Pequeñas de morruecos ovejas y carneros....	«	1.80	«
Corderos..............................	«	2.35	«
Cabritillas..............................	«	6.25	«
Otras..............................	«	3.40	«

Cereales.—Las importaciones de la República Argentina, se han elevado, en 1887, á 1,354.291 quintales métricos, valorizados en frs. 19,339,908, de los cuales 1,299,653 quintales métricos, importando frs. 18,235,962 se dieron al consumo.

El maiz figura en estas cantidades con 1,157,084 quintales métricos.

En 1887, las importaciones fueron de 1,365,017 quintales métricos de un valor de frs. 20,656,100 y se entregaron al consumo 1,222,755 quintales métricos, de los cuales 935,707 quintales metricos de maiz.

He aqui los precios medios de avaluacion de dichos cereales en 1888 y 1887, por quintal métrico.

		1888		1887		Diferencias	
Trigos....	en grano..........	Frs.	20,10	Frs.	19,60	Frs.	0,50
	en harina.........	«	30.	«	26,	+ «	4,
Maiz.....	en grano..........	«	22,35	«	13,10	+ «	0,75
	en harina.........	«	25,	«	25,25	+ «	0,25

Los trigos de Argelia obtienen siempre precios muchc mas elevados que los de los demás países, avaluándose, en 1888, los trigos en grano de dicha procedencia, á frs. 24,75 y la harina á frs. 37.20 (el quintal métrico.)

Carnes.—Las carnes frescas y saladas importadas de la República Argentina en 1888, ascendieron á kilógramos 988,486 de un valor de frs. 1,525,762 y solo kilógramos 774,317, se entregaron al consumo, avaluadas en frs. 1,183,533.

Los precios medios fueron los siguientes:

Carne fresca de buey ó vaca......	Frs.	152	el kilógramo
Carne salada de toda clase........	«	1.10	« «
Extractos......	«	3.10	« «

Se importaron, además, por el puerto de Dunkerque 1680 carneros congelados, pesando 35,310 kilógramos, y por Havre 37,315 carneros, 211 cerdos y 588 terneros congelados.

En 1887, la importacion de carnes de todas clases, de procedencia argentina, ascendió solamente á kilógramos 730,586 estimados en frs. 1,111,435, de los cuales se consumieron kilógramos 577.542, en junto, de un valor de frs. 856,970, y los precios-medios de avalúo fueron los siguientes:

Carne fresca de buey ó de vaca	Frs.	1.48	el kilógramo
Carne salada de todas clases...........	«	1.15	« «
Extractos.......	«	3.30	« «
Conservas....	«	1.50	« «

Grasas.—Importaciones.

En 1888.....................	kilógs.	8,884,852
« 1887.............	«	4,050,622
Diferencia en mas......... ...	kilógs.	4,834,230

Se entregaron al consumo: kilógramos 8,803,314,—al precio medio de avalúo de frs. 0.66 el sebo en bruto y frs. 1.08 las otras

Lino.—En 1888, se importaron á Francia, de procedencia argentina, kilógramos 9,879,124 de lino en grano, de un valor de frs. 2,667,363, de los cuales fueron entregados al consumo 9,529,433 kilógramos, valorizados en frs. 5,272,950, al precio-medio de avalúo de frs. 0.27 el kilógramo.

En 1887, se habian importado kilógramos 15,462,931 que se entregaron todos al consumo al precio medio de frs. 0.25 el kilóg.

Cerda.—La importacion de la cerda, en bruto, preparada ó rizada, fué en 1888, de kilógramos 200,039 de un valor de frs. 560,109, y todo fué puesto en consumo á razon de frs. 280 el kilógramo, precio medio.

El valor de este artículo no ha experimentado variacion alguna respecto á los años 1886 y 1887, pero su exportacion de la República Argentina á este país está en decadencia muy notable, pues durante el primero de dichos años se habian introducido kilógramos 349,754, y kilógramos 433,938 durante el último.

Astas.—En el año 1888, la importacion de astas de animales de procedencia argentina, ascendió á kilógramos 534,517, de un valor de frs. 523,827 y todo pasó al consumo al precio-medio de frs. 0.98 el kilógramo. En 1887, se habian importado solamente kilógramos 220,310—valorizados en frs. 211,498.—La importacion ha sido pues mucho mayor este año, por cuanto, ha superado de kilógramos 129,997 á la de los años 1888 y 1887, reunidos, notándose además mejoría en sus precios.

Plumas para adornos.—Importacion.

En 1888	kilógs. 7,374	valor	Frs. 418.800
en 1887	« 2,197	«	« 188,405
Difencias en favor de 1888 kilógs...	kilógs. 5,177	«	Frs. 230,395

Todo se entregó al consumo á razon de frs. 50 el kilógramo, precio medio de avalúo.

Madera para Tintura.—Las importaciones á Francia de este artículo procedentes de la República Argentina, ascendieron en 1888, á kilóg. 7 193 815 valorizados en frs. 1,474,887 y todo pasó al consumo al precio medio de frs. 0.18 el kilóg.

En 1887 se habían importado solamente kilóg. 2 399 830, representado un valor de frs. 479 966 y siendo el precio medio de avalúo del kilógramo frs. 0.20.

Ha habido, pues, aumento considerable en la cantidad importada en 1888 y una pequeña baja en el precio.

Otros artículos.—Esta designacion comprende todos aquellos artículos argentinos introducidos en Francia que, por su poca importancia como cantidades y valores, pueden ser reunidos en un mismo cuadro. He aquí en detalle las denominaciones de dichos productos, sus unidades, las cantidades recibidas y entregadas al consumo y sus precios medios de avalúo.

ARTÍCULOS	Unidades.	Cantidades importadas.	Cantidades entregadas al consumo.	Precios medios de avalúo.
Conchas de tortugas....	kilóg.	4.000	4.000	f. 43.—
Huesos y cascos de animales.............	«	469.530	469.530	0.11
Arroz..........	«	30.044	30.044	0.30
Alpiste................	«	335.540	584.620	0.24
Maní	«	633.339	633.339	0.30
Semillas varias...	«	28.284	28.259	1.10
Afrecho	«	174.950	1.270.214	0.109
Tortas de Colza...... ..	«	22.000	22.000	0.10
Id de Lino.........	«	746.760	746.760	0.13
Id de Nabina.......	«	295.800	295.800	0.14
Id de Maní........	«	1.305.000	1.305.000	0.10
Nitrato de Soda........	«	720.000	720.000	0.25
Glicerina........	«	53.121	43.184	1.—
Tabaco...............	«	19.927	3	5.—
Estaño en bruto.......	«	40.612	40.612	3 20
Mineral de plata.......	«	94.536	91.916	0.80
Id de plomo......	«	24.150	24.150	0.15
Oro sellado...........	hect.	1.603	1.60[illegible]	320.—
Plata id	«	10.666	10.666	19.—
Oro en bruto........ .	«	2.472	2.472	344.—
Plata en id	«	78.962	78.962	16.—

En resúmen, entre los artículos argentinos importados á Francia en 1888, y que figuran en primera línea, ha habido en las *Lanas,* aumento en la cantidad y el precio; en los *Cueros y Pieles,* disminucion en la cantidad y en el precio de los cueros grandes y estabilidad en el de las cabritillas y pieles de marruecos; ovejas y carneros; en los *Cereales* disminucion en las importaciones, aumento en los precios del trigo y disminucion en los del maíz; en las *Carnes,* aumento en las cantidades y en el precio de la carne fresca de buey ó vaca, pero disminucion en el de las otras clases; en las *Grasas,* aumento en la cantidad y precios; en el *Lino,* disminucion notable en la cantidad importada y aumento en el precio; en la *Cerda,* disminucion progresiva en los envíos, sin variacion en los precios; en las *Astas de animales* y en las *Plumas para adorno,* aumento en las cantidades y precios; y en la *Madera para tintura,* considerable aumento en la cantidad y disminucion en el precio.

Entre los artículos de segundo órden, reunidos bajo la designacion de *Otros artículos*, se notan variaciones importantes tanto en las cantidades importadas como en los precios medios de avalúo. En cuanto al *Afrecho*, la enorme diferencia que aparece entre la cantidad llegada y la salida para el consumo, ella proviene de las partidas admitidas temporalmente en los años anteriores y que han sido entregadas á los consumidores en 1888.

Cancillería del Consulado General.

Desde que se halla centralizado en esta oficina el servicio consular de París, sus ingresos han aumentado, resultando al fin del año, deducida la asignacion correspondiente al Consulado General, un excedente á favor del Erario Nacional, como se ve por las cuentas anuales remitidas á ese Ministerio. Este ascendente que, en 1887 había sido de $ 445.53. (Cuatrocientos cuarenta y cinco pesos, cincuenta y tres centavos) moneda nacional oro, en 1888, á $ 1 835.90. (Mil ochocientos treinta y cinco pesos noventa centavos) moneda nacional oro, y no puede ménos que ir en aumento.

Durante el año de 1888, se han despachado por esta Cancillería los siguientes documentos:

14 poderes generales, 25 poderes especiales, 12 declaraciones, 34 certificados, 1 contrato, 24 pasaportes expedidos.

Se han hecho además:

89 visaciones de pasaportes y 853 legalizaciones de documentos.

Sean en junto: 1 052 actos de Cancillería.

La correspondencia recibida y enviada en 1888, consta en el siguiente cuadro:

	Correspondencia.		
	Recibida.	Enviada.	Totales.
Ministerio de Relaciones Exteriores..	39	43	82
Legacion Argentina en Francia......	37	37	74
Consulado Argentino en Argel.......	2	5	7
Id id Bayona.....	19	19	38
Id id Bona	5	8	13
Id id Burdeos.....	47	37	84
Id id Cette	2	5	7
Id id Dunkerque..	18	17	35
Id id El Havre.. .	45	35	80
Id id Lille........	1	6	7
Id id Lyon....	7	8	15
Id id Marsella.....	51	37	88
Id id Montpellier..	2	6	8
Id id Nantes	4	6	10
Id id Niza........	5	8	13
Id id París........	1	1	2
Id id Pau...... ..	3	4	7
Id id Tolon.......	4	5	9
Id id Tourcoing Raubaix....	4	7	11
Vice Consulado Arg. en Cannes......	2	2	4
Id id Libourne.....	2	4	6
Id id Limoges.. ..	1	3	4
Id id Oloron......	5	5	10
Id id Philipeville..	9	9	18
Id id Rouen	2	5	7
Id id Toulouse.....	11	5	16
Correspondencia general............	86	33	119
Totales.............	414	360	774

Dependencias del Consulado General.

El Havre, Burdeos y Marsella.

Los Consulados Argentinos en el Havre, Burdeos y Marsella como ya lo he consignado en mis anteriores informes, ocupan siempre el primer lugar entre las oficinas de la dependencia de este Consulado General, y los interesantes datos estadísticos sobre el movimiento comercial y marítimo entre la República y sus respectivos puertos, enviados directamente á ese Ministerio por les funcionarios que desempeñan aquellos puestos consulares, lo demuestran plenamente.

Dunkerque.—Se acompaña original el informe del Cónsul en Dunkerque. Este Consulado aumenta cada dia en importancia, sigue ocupando el cuarto lugar en el movimiento comercial franco-argentino,—movimiento que nuestro Cónsul en dicho puerto se empeña en desarrollar por medio de frecuentes artículos publicados en los periódicos y que hacen conocer á nuestro país y sus contínuos y grandes progresos.

Tolon.—El Cónsul en Tolon dice en sus informes que durante el año 1888, la emigracion para la República Argentina ha tomado en esa region del Sud de Francia, un notable desarrollo, por haber la poblacion obrera de esas parajes, reconocido las ventajas que le ofrecen los inmensos y ricos territorios de nuestro país. Agrega dicho Cónsul que, continuará haciendo todos los esfuerzos para lograrlo.

Argel.—Segun lo demuestra el Cónsul Argentino en dicha ciudad, por medio de un cuadro estadístico que ha remitido, el comercio de Argel ha sido mucho mas importante en 1888 que en 1887, principalmente por lo que se refiere á la exportacion.—Dice, además, que la buena fama de que goza la República Argentina en esa gran colonia francesa, merced á la propaganda hecha en favor de la emigracion, ha dado lugar por parte de trabajadores, á un gran número de pedidos de pasajes gratuitos para Buenos Aires; pero, que pocos han podido realizar su propósito, pues solo cincuenta y seis personas salieron de Argel para la República Argentina, en 1888, de las cuales veinte hombres, 15 mujeres y veinte y un jóvenes y niños.

Bona.—El informe del Cónsul en Bona se acompaña original por estar elevado directamente á ese Ministerio.

Los demás Cónsules Argentinos en Francia, no han remitido informes á este Consulado General.

Comercio de Francia con sus colonias y las potencias extranjeras.

AÑO 1888.

Importaciones y exportaciones reunidas.

COMERCIO GENERAL.

Rango de importancia.	Paises de procedencia y de destino.	Millones de francos
1	Inglaterra	1.742.8
2	Bélgica	1.052.9
3	Alemania	804.6
4	España	703.1
5	Estados Unidos	650.9
6	Suiza	650.0
7	Italia	441.3
8	República Argentina	371.2
9	Argelia	345.5
10	Rusia	321.9
11	Indias Inglesas	238.5
12	Turquía	190.2
13	Brasil	180.7
14	Austria	145.7
15	China	141.6
16	Paises Bajos	88.7
17	Haití	86.0
18	Rumania	84.6
19	Portugal	78.2
20	Nueva Granada	71.4
21	Uruguay	68.8
22	Suecia	65.7
23	Regencia de Tripoli, Tunisia, Marruecos	65.4
24	Japon	64.5
25	Egipto	60.8
26	Australia	57.0
27	Indias Holandesas	54.6
28	Méjico	52.5
29	Senegal y establecimientos franceses del Golfo de Guinea	51.5
30	Perú	48.6
31	Grecia	41.4

32	Martinica	39.
33	Guadalupe	39
34	San Pedro y Miquelon y Gran Pesca	37
35	Noruega	37
36	Chile	35
37	Colonias españolas de América	33
38	Venezuela	27
39	Isla de la Reunion	26
40	Costa Occidental de Africa	23
41	Posesiones francesas en la India	17.
42	Posesiones inglesas en Africa	16
43	Indo-China francesa	16
44	Dinamarca	15
45	Colonias inglesas en América	13
46	Otros paises de Africa	12.
47	San-Tomas	12.
48	Establecimientos franceses en Oceanía	10.
49	Guyana francesa	7.
50	Guatemala	6.
51	Posesiones inglesas en el Mediterráneo	6.
52	Islas Filipinas	5.
53	Ecuador	5.
54	Mayota, Nossi-Be y Santa Maria de Madagascar	1.
55	Otras Islas de Oceanía	1.
56	Reino de Siam	0.
57	Colonias holandesas en América	0.
58	Bolivia	0.
59	Objetos arrojados por el mar y provenientes de naufragios	0.
60	Carbon afectado al uso de los buques de vapor	10.
	Totales	9.485.

COMERCIO ESPECIAL.

Rango de importancia.	Paises de procedencia y de destino	Millones de francos
1	Inglaterra	1.392.
2	Bélgica	891.
3	Alemania	640.
4	España	550.
5	Estados Unidos	503.
6	Argelia	331.
7	República Argentina	323.

9	Italia....................................	300.6
10	Rusia......................................	258.3
11	Indias Inglesas............................	200.5
12	Turquía....................................	141.0
13	Austria....................................	133.9
14	Brasil.....................................	126.0
15	China......................................	83.3
16	Portugal...................................	69.5
17	Paises Bajos...............................	66.7
18	Suecia.....................................	65.4
19	Rumania....................................	57.6
20	Uruguay....................................	54.7
21	Haiti......................................	53.3
22	Nueva Granada..............................	52.5
23	Japon......................................	50.1
24	Egipto.....................................	49.2
25	Indias Holandesas..........................	48.9
26	Perú.......................................	45.6
27	Regencia de Tripoli, Tunisia y Marruecos.......	41.5
28	Noruega....................................	37.1
29	Australia..................................	37.1
30	San Pedro y Miquelon y Gran Pesca..........	36.1
31	Guadalupe..................................	35.6
32	Senegal y establecimientos franceses del Golfo de Guinea..........	35 0
33	Martinica..................................	34.4
34	Méjico.....................................	34.3
35	Chile......................................	32.0
36	Grecia.....................................	31.0
37	Isla de la Reunion.........................	22.6
38	Colonias españolas en la América...........	22.0
39	Venezuela..................................	21.4
40	Costa Occidental de Africa.................	21.4
41	Posesiones francesas en India..............	15.0
42	Indo-China francesa........................	14.6
43	Dinamarca..................................	14.4
44	Posesiones inglesas en Africa..............	12.8
45	Posesiones inglesas en América.............	11.5
46	Otros países de Africa.....................	9.2
47	San Tomas..................................	8.2
48	Establecimientos franceses en Oceanía......	6.1
49	Guayana francesa...........................	5.9
50	Guatemala..................................	5.4
51	Posesiones inglesas en el Mediterráneo.....	3.9
52	Ecuador....................................	2.6

53	Islas Filipinas..............................	1.5
54	Mayota, Nossi-Be y Santa Maria de Madagascar.	1.4
55	Otras Islas de Oceanía................	0.9
56	Bolivia	0.7
57	Colonias holandesas en América....	0.5
58	Objetos arrojados por el mar y provenientes de naufragios	0.1
59	Reino de Siam	0.0
	Totales...... .	7.353.7

Comercio de Francia.

Movimiento Marítimo Mercantil.

Rango de importancia 1888.	Países de procedencia y de destino.	Tonelaje total. 1888.	1887.
1	Inglaterra	7 102.114	7 013.593
2	Argelia	2.433.961	2.541.028
3	España.............	2.130.255	1.935.665
4	Estados Unidos (Océano Atlántico).	1.273.550	1.551.417
5	Rusia	1.142.636	903.552
6	Italia	931.491	1.355.369
7	*República Argentina*.............	757.310	690.378
8	Alemania..	735.652	676.670
9	Indias inglesas........	482.513	373.969
10	Suecia	466.322	472.401
11	Portugal.........	353.770	245.130
12	Rumenia......................	302.522	179.118
13	Turquía...	297.082	299.973
14	Austria.	265.668	247.069
15	Nueva Granada	255.661	283.484
16	Paises Bajos	258.656	250.350
17	Egipto.............	252.435	273.707
18	Bélgica...............	233.595	259.488
19	Regencia de Trípoli..	227.078	209.265
20	Brasil...........	221.642	206.737
21	Méjico....	187.112	142.360
22	Noruega............	185.575	156.176
23	Japon..	167.730	65.478
24	Chile...........................	154.163	151.024
25	Perú	147.753	95.193
26	Tunisia............	111.820	157.818
	Totales.........	25.088.066	20.736.41

Comercio de Francia con la República Argentina. Año 1888.

Naturateza de los productos.

Importaciones y Exportaciones.	VALORES ACTUALES DE LOS PRODUCTOS.								*Derechos percibidos.*	*Numerario.*
	COMERCIO GENERAL.				COMERCIO ESPECIAL.					
	Objetos de alimentacion.	*Materias necesarias á la Industria.*	*Objetos fabricados.*	*Total.*	*Objetos de alimentacion.*	*Materias necesarias á la industria.*	*Objetos fabricados*	*Total.*		
	francos.	francos.	francos	francos.	francos.	francos.	francos.	francos.	francos.	francos.
Importacion á Francia	27.055.794	164.327.480	600.848	191.984.122	25.556.781	163.321.311	472.512	189.350.604	836.705	2.829.120
Importacion á la R. Argentina.	59.820.833	8.006.610	111.846.708	179.174.151	55.537.223	5.092.828	73.186.075	134.416.126	—	18.602.065
Totales. . .	86.876.627	172.334 090	111 947.556	371 158.273	81.094.004	169.014.129	73.658.587	323.766.730	836.705	21.431.185

Comercio de Francia con la República Argentina.—1888.

Importaciones á Francia.

Rango de importancia.	COMERCIO GENERAL. *Mercaderías Argentinas importadas.*				COMERCIO ESPECIAL. *Mercaderías argentinas puestas en consumo.*	
	Designacion de las mercaderías.	*Unidades.*	*Cantidades.*	*Valores actuales.*	*Cantidades.*	*Valores actuales.*
				Francos.		Francos.
1	Lanas en masa..................	kilógs.	56.004.331	109.212.204	55.966.747	109.135.157
2	Cueros y pieles en bruto..........	»	27.064.494	48.432.333	26.376.348	47.490.371
3	Cereales (granos y harinas).......	quit. met.	1.354.291	19.339.908	1.299.653	18.235.962
4	Grasa de todas clases, excepto la de pescado......	kilógs.	8.884.852	6.079 108	8.803.311	6.624.177
5	Granos oleaginosos......... ...	»	9.879.124	2.667.363	9.529.443	5.572.950
6	Carnes frescas y saladas...........	»	988.486	1.525.762	774.317	1.183.533
7	Madera de tintura en trozos........	»	8.193.815	1.474.887	8.193.815	1.474.887
8	Crin en bruto, preparada ó rizada...	»	200.039	560.109	200.039	560.109
9	Astas de animales en bruto........	»	534.517	523.827	534.517	523.827
10	Plumas para adornos.............	»	7.374	418.800	7.494	374.700
	Otros artículos....	....	....	1.749.818	....	1.194.931
	Totales.		....	191.984.122	....	189.350.604

Exportaciones de Francia.

Rangos de importancia.	COMERCIO GENERAL. Mercaderías Francesas y extranjeras importadas.				COMERCIO ESPECIAL. Mercaderías francesas ó afrancesadas exportadas.	
	Designacion de las mercaderías.	Unidades.	Cantidades.	Valores actuales.	Cantidades.	Valores actuales.
				Francos.		Francos.
1	Vinos...	Litros	37.471.296	45.674.019	35.990.571	45.110.994
2	Joyería y Orfebrería de oro, de platina y de plata	Gramos	9.749.512	28.079.734	1.139.384	1 639.029
3	Tejidos, pasamanería y cintas de lana.	Kilógs.	930.657	13.522.781	799.958	12.325.488
4	Tejidos, pasamanería y cintas de algodon	»	1.269.752	11.979.807	1.044.860	9.871.347
5	Tabletería, juguetería, anteojos, abanicos, escobillas y botones	»	1.055.859	9.510.806	1.042.134	9.291.545
6	Ropa y piezas de [illegible] [illegible]..	»	224.742	8.195.623	215.892	8.074.407
7	Pieles preparadas y artículos de piel y de cuero	»	486.428	7.710.789	479.046	7.582.975
8	Azúcar refinada	»	11.518.471	4.831.158	11.501.615	4.830.678
9	Herramientas y artículos de metal.	»	3.130.742	3.776.963	2.055.412	3.256.769
10	Papel, carton libros y grabados	»	1.168.963	3.078.628	1.101.459	3.008.945
11	Máquinas y aparatos [illegible]	»	1 915.303	3.021.743	1.299.752	2.849.329
12	[illegible] y sombreros de paja, de [illegible], etc	»	948.732	2.972.979	772.639	2.364.686

13	Materiales..	Francos	—	2.921.713	—	2.818.780
14	Muebles..........	»	1.201.079	2.425.741	1.181.598	2.407.343
15	Relojería..................	»	—	2.176.981	—	90.354
16	Tejidos, pasamanería y cintas de seda	Kilóg.	31.805	1.939.296	15.700	896.245
17	Loza, vidrios y cristales	Francos	—	1.876.933	—	1.798.941
18	Aguardiente, espíritus y licores...	Litros	1.469.628	1.571.796	1.449.039	1.557.891
19	Medicamentos compuestos.......	Kilóg.	339.059	1.543.561	339.693	1.546.731
20	Pescados en escabeche ó en aceite..	»	790.182	1.396.956	608.020	1.075.902
21	Aceite fijo puro de oliva.	»	1.003.425	1.354.624	292.703	395.149
22	Carrocería	»	276.367	1.105.468	276.367	1.105.468
23	Quesos.................	»	741.883	1.038.636	149.815	209.741
24	Sombreros de fieltro.............	Piezas	256.681	1.006.288	81.746	306.548
25	Joyería de metales otros que oro, platina y plata...............	Kilóg.	5.139	794.200	2.370	474.000
26	Corcho elaborado.....	»	122.994	666.951	51.981	311.886
27	Frutas de mesa.	»	559.245	444.717	504.960	420.697
28	Tejidos, pasamanería y cintas de lino de cáñamo..............	»	69.780	317.341	45.257	142.905
29	Cuchillería......	»	38.775	266.775	38.112	262.973
	Otros artículos...	.. . ..	....	13.958.538	....	8.909.330
	Totales..........		....	179.174.151	....	134.416.126

Comercio de Francia con la República Argentina.—Año 1888.

Tránsito.

Rango de importancia	Mercaderías expedidas por la República Argentina. Mercaderías.	Cantidades	Valores actuales.	Rango de importancia	Mercaderías recibidas por la República Argentina. Mercaderías.	Cantidades	Valores actuales.
		kilogramo.	francos.			kilógramo.	francos.
				1	Fierro, fierro fundido y acero.	1.159.029	1.672.236
				2	Quesos	557.593	780.630
1	Trigo en granos........	824.000	165.624	3	Tejido de algodon..........	190.748	1.940.996
				4	Cerveza..................	185.548	101.765
				5	Cestería............	108.212	324.577
				6	Centeno en grano...	100.000	12.750
2	Conservas y ext. de carne	85.115	194.909	7	Tejidos de lana...........	67.317	759.761
				8	Vinos ordinarios y de licor..	50.364	20.130
				9	Sombreros de fieltro.......	39.995	640.684
				10	Leche condensada, adicionada de azúcar..........	30.454	42.436
3	Lanas en masa.... . ..	26.941	55.229				
				11	Tabaco fabricado..........	25.420	197.939
				12	Relojería.............. ...	23.631	2.105.075
				13	Tejidos de seda...........	14.280	980.222
	Otros artículos....	1.065	10.038	14	Platería y joyería.........	11.134	26.824.341
					Otros artículos.............	382.286	1.028.596
	Totales....	937.121	425.800		Totales....	2.946.011	37.432.338

Movimiento marítimo entre Francia y la República Argentina.—Año 1888.

Navegacion por banderas.—(Buques de vela y de vapores reunidos.)

BANDERAS.	ENTRADAS.			SALIDAS.			TOTALES.		
	Número de buques.	*Toneladas.*	*Tripulantes.*	Número de buques.	*Toneladas.*	*Tripulantes.*	Número de buques.	*Toneladas.*	*Tripulantes.*
Alemana	7	2.592	78	5	1.668	52	12	4.260	130
Argentina	—	—	—	1	58	14	1	58	14
Austriaca	9	5.193	110	41	19.967	470	50	25.160	580
Danesa	1	241	8	1	178	1	2	419	15
Española	4	7.038	209	10	26 210	937	14	33.248	1.146
Francesa	123	276.167	8.499	121	261.909	8.017	244	538.076	16.516
Holandesa	1	382	12	—	—	—	1	382	12
Inglesa	50	64.588	1.321	26	29.487	697	76	94.075	2.018
Italiana	57	33.154	708	16	6.926	170	73	40.080	878
Noruega	24	11.809	253	12	6.100	135	36	17.909	388
Rusa	1	403	11	—	—	—	1	403	11
Sueca	3	1.066	31	6	2.174	60	9	3.240	91
Totales	280	402.633	11.240	239	354.677	10.559	519	757.310	21.799

Consulado General en la R. O. del Uruguay.

INFORME MENSUAL.

Montevideo, Diciembre 16 de 1889.

Señor Ministro.—Con las memorias parciales de los Consulados en Paysandú y Carmelo y de los Vice Consulados en el Riachuelo, Rosario, Mercedes y Santa Rosa, tengo el honor de elevar á ese Ministerio los datos de esta oficina refentes al comercio y navegacion entre este puerto y los de la República Argentina durante el mes último de Noviembre.

Productos Uruguayos exportados para la República Argentina por el puerto de Montevideo durante el mes de Noviembre.

490 toneladas piedra en bruto, 1.450 metros cordon de vereda, 100 toneladas baldosas balastro.

Estado demostrativo de los buques mercantes argentinos que han entrado en el puerto de Montevideo y salido del mismo durante el mes de Noviembre ppdo.

Entrada.—con carga 50 buques con 14.280 toneladas y 1.132 tripulantes.

En lastre.—4 buques con 783 toneladas y 51 tripulantes.

Total.—54 buques con 15.063 toneladas y 1.197 id

Salidas—con carga 53 buques con 14.880 toneladas y 1.190 tripulantes.

En lastre.—1 buque con 183 toneladas y 7 tripulantes.

Total.—53 buques con 15.033 toneladas y 1.197 id

Navegacion directa é indirecta

Entrada.—De puertos argentinos, 39 buques con 14.447 toneladas y 1 132 tripulantes.

De puertos extranjeros—15 buques con 618 toneladas y 65 tripulantes.

Total.—54 buques con 15.063 toneladas y 1.197 tripulantes.

Salidas.—Para puertos argentinos 25 buques con 6.776 toneladas y 585 tripulantes.

Para puertos extranjeros.—29 buques con 8.287 toneladas y 612 tripulantes.

Total.—54 buques con 15.063 toneladas y 1197 tripulantes.

Saludo á V. E. con mi mas alta consideracion.

José Guido, (hijo) Cónsul.

Diciembre 29 de 1889.—Publíquese en el Boletin Mensual del Ministerio.—Zeballos.

Consulado en Carmelo.

INFORME MENSUAL.

Carmelo, Diciembre 2 de 1889.

Señor Ministro.—Elevo á manos de S. S. el estado demostrativo del movimiento habido en este Consulado en el mes de Noviembre último.

La exportacion con destino á la República Argentina ha sido de 511,000 adoquines, 1 530 toneladas piedra, 597 toneladas arena, 975 toneladas pedregullo y 894 metros cordon para vereda.

Saludo á S. S. con mi mayor consideracion.

Adolfo Pons.

Diciembre 30 de 1889.—Publíquese en el Boletin Mensual del Ministerio.—ZEBALLOS.

Consulado en Paysandú.

INFORME MENSUAL.

Paisandú, Noviembre 30 de 1889.

Señor Cónsul General:—Tengo el honor de acompañar á S. S cinco cuadros demostrativos del movimiento de esta Oficina y una planilla de precios corrientes de frutos del país y ganado en el presente mes.

Cuadro N.° 1.° Navegacion.
id id 2.° Exportacion de Mercaderias.
id id 3.° Importacion.
id id 4.° Productos exportados.

Estado demostrativo de los buques mercantes argentinos que han entrado en el puerto de Paysandú y salido del mismo durante el mes de Noviembre de 1889.

Entrada—Con carga 11 buques con 1.304 toneladas y 61 tripulantes.

En lastre—10 buques con 560 toneladas y 48 tripulantes.

Total—21 buques con 1.864 toneladas y 109 tripulantes.

Salida—12 buques con 1.487 toneladas y 79 tripulantes.

En lastre—9 buques con 377 toneladas y 30 tripulantes.

Total—21 buques con 1.864 toneladas y 109 tripulantes.

Navegacion directa é indirecta.

Entrada—De puertos argentinos, 12 buques con 1.515 toneladas y 67 tripulantes.

Para puertos extranjeros—9 buques con 349 toneladas y 42 tripulantes.

Total—21 buques con 1.864 toneladas 109 tripulantes.

Salida—Para puertos argentinos 12 buques con 1 326 toneladas y 64 tripulantes.

Para puertos extranjeros—9 buques con 538 toneladas y 45 tripulantes.

Total—21 buques con 1.864 toneladas y 109 tripulantes.

Mercaderias exportadas para la República Argentina en el mes mes de Noviembre de 1889.

Reembarco.

62	Piezas pino blanco	62	metros cuadrados
50	« « tea	67	« «
500	Cajones kerosene	19.000	litros
40	Barricas resina	8.050	kilos.
20	« Ceniza seda	5.000	«
5	« tierra Portland	753	
5	Bocoy « Romana	1.410	«
5	Cajones fierro galv'do	1 343	«
4	Tambores soda cáustica	1.145	«

Exportacion.

29 Bultos muebles usados.

Importacion de productos de la República Argentina en el mes de Noviembre del corriente año.

Importacion.—1.200 postes de ñandubay, 1.700 medios postes ñandubay, 21.400 rajas leña, 1.206 kilos papas, 480 hectólitros carbon de leña, 265 pipas vacías, 26 animales lanares, 12 animales vacunos, 1 yeguarizo.

Productos exportados para la República Argentina en el mes de Noviembre del corriente año.

Exportacion.—500 hectólitros cal apagada con 24.000 kilos.

Precios corrientes de frutos del pais y ganado en este Departamento, en el mes de Noviembre del corriente año.

Precios corriantes.		oro.	Pesada
Cueros vacunos secos	$	3.90	40 L
« « «	«	3.00	14 «
« Nonatos de 6 libras	«	2.20	docena
« Potros secos buenos	«	80	10 lbs.
« Lanares criollos	«	70	«
« « pelados	«	1.20	docena
« « de corderitos	«	55	«
Lana mestiza fina	«	3.50	arroba
« « « 1.ª	«	3.40	«
« « « 2.ª	«	3.30	«
Cerda mezcla buena	«	17.00	quintal
Huesos de campo	«	13.00	tonelada
Pluma de avestruz	«	80	lbs
Ganado para el Abasto			Abasto.
Novillos	«	14.00	«
Vacas	«	12.00	«
Lanares	«	1.40	«

Aprovecho la oportunidad para saludar á S. S. con mi mas distinguida consideracion y estima.

Aurelio Velazquez.

Diciembre 30 de 1889.—Publíquese en el Boletin Mensual del Ministerio.—Zeballos.

Vice Consulado en Santa Rosa.

INFORME MENSUAL.

Santa Rosa, Diciembre 5 de 1889.

Señor Cónsul General:—Tengo el honor de remitir á S. S. conjuntamente con la presente nota, un informe bimensual que corresponde á detallar las operaciones practicadas en este Vice Consulado á mi cargo, durante los meses de Octubre y Noviembre ppdos.

Estado demostrativo del movimiento marítimo habido entre este puerto y los de la República Argentina durante los meses de Octubre y Noviembre ppdos. de 1889.

ENTRADA.

En lastre. 6 buques 192 toneladas y 21 tripulantes.

SALIDA.

Para la República y con bandera argentina.
6 buques 192 toneladas y 21 tripulantes.

IMPORTACION.

1936 Novillos.
1700 Cabezas ganado vacuno de cria.
3253 Postes ñandubay.
1500 Medios postes ñandubay.
892 Estacones.
324 Estaquillas (piques).

Y no ocurriendo por el presente novedad alguna que merezca llevarse al conocimiento de ese Consulado General, me es grato saludar á S. S. con el respeto de mi mus alta y distinguida consideracion.

Modesto Agulla, E. del Vice-Consulado.

Diciembre 30 de 1889. — Publíquese en el Boletin Mensual del Ministerio.—ZEBALLOS.

Vice Consulado en Mercedes.

INFORME MENSUAL.

Mercedes, Diciembre 4 de 1889.

Sr. Cónsul:—A debido tiempo recibí la circular de fecha 15 de Noviembre ppdo. N.° 116 que S. S. se ha dignado dirigirme, así como el modelo para la condicion de cuenta mensil de los emolumentos percibidos en esta oficina. En consecuencia remito hoy por duplicado la cuenta de percepciones, así como el estado del movimiento fluvial tambien por duplicado, acompañando un giro postal por la suma de 5 $ 07 cts. deduciendo de los derechos lo que corresponde á este vice consulado segun arancel vigente.

Estado demostrativo de los buques mercantes argentinos que han entrado en el puerto de Mercedes y salido del mismo desde el 5 al 30 de Noviembre de 1889.

ENTRADA.

Con carga. —	4 buques,	133 [50] toneladas,	13 tripulantes.
En lastre. —	1 «	69 [60] «	7 «
Total. —	5	145	20

SALIDA.

Con carga.—	5	buques,	203^{10}	toneladas,	23	tripulantes.
En lastre.—	«	«	»	«	«	«
Total.—	5	«	203^{10}	«	23	

Navegacion directa é indirecta.

ENTRADA.

De puertos Argentinos —	2	buques,	94^{60}	toneladas,	9	tripul.
De puertos extrangeros—	3	«	108^{50}	«	14	«
Total.	5	«	203^{10}	«	23.	«

SALIDA.

Para puertos Argentinos —	1	buques,	69^{60}	toneladas,	6	tripul.
Para puertos extrangeros—	4	«	133^{50}	«	17	«
Total.	5	«	203^{10}	«	23	«

Tengo el honor de saludar á S. S. con los sentimientos de mi máxima consideracion.

Luis Casta, encargado del Vice Consulado.

Diciembre 30 de 1889.—Publíquese en el Boletin Mensual del Ministerio.—ZEBALLOS.

Vice Consulado en el Riachuelo.

INFORME MENSUAL.

Riachuelo, Diciembre 5 de 1889.

Señor Cónsul:—Tengo el agrado de adjuntar á poder de S. S los estados por duplicado del movimiento habido en esta oficina durante el mes de Noviembre ppdo.

Estado demostrativo del movimiento marítimo habido en este Vice Consulado en el mes de Noviembre de 1889.

ENTRADA.

Vapores 1 con 17 toneladas, y 8 tripulantes.
Buques á vela 179 con 9052 toneladas y 695 tripulantes.
Buques en lastre 180 con 9039 toneladas y 703 tripulantes.

SALIDA.

Vapores 1 con 17 toneladas y 8 tripulantes.
Buques á vela 179 con 12012 toneladas y 703 tripulantes.
Buques con carga 179 con 12012 toneladas y 695 tripulantes.
Buques en lastre 1 con 17 toneladas y 8 tripulantes.

La exportacion habida para puertos argentinos consiste en 5 545 toneladas piedra bruta, 4 897 toneladas arena y 1570 toneladas pedregullo.

Saludo al Señor Cónsul General atentamente.

Isaias Leguisamo.

Diciembre 29 de 1889.—Publíquese en el Boletin Mensual del Ministerio.—Zeballos.

Correspondencia Diplomática

Y

ACTOS OFICIALES.

Estados Unidos del Brasil.

Circular del Ministro de R. E. comunicando la proclamacion de la República.

Ministerio
de
Relaciones Esteriores.

(Circular).

Rio Janeiro, Noviembre 19 de 1889.

Señor Ministro:—El ejército, la armada y el pueblo decretaron la deposicion de la dinastía imperial y la extincion del sistema monárquico representativo; fué instituido un gobierno provisorio que luego entró en el ejercicio de sus funciones y que las desempeñará hasta tanto la nacion soberana proceda á la eleccion del definitivo por medio de sus órganos competentes; este gobierno manifestó al señor don Pedro de Alcántara la esperanza de que hiciese él el sacrificio de dejar con su familia el territorio del Brasil y fué atendido; fué proclamada provisoriamente como forma de gobierno de la nacion brasilera la República federativa constituyendo las provincias los Estados Unidos del Brasil.

El gobierno provisorio, como lo declaró en su proclamacion del 15 del corriente, reconoce y acata todos los compromisos nacionales contraidos durante el régimen anterior, los tratados subsistentes con las potencias extranjeras, la deuda pública externa é interna, los contratos vigentes y demás obligaciones legalmente celebradas.

En el gobierno provisorio, de que es jefe el señor mariscal Manuel Deodoro da Fonseca, tengo á mi cargo el Ministerio de Relaciones Exteriores, y es por eso que me cabe la honra de dirijirme á V. E. asegurándole que el mismo gobierno desea mantener las relaciones de amistad que han existido entre los dos países, y pidiendo el reconocimiento de la República de los Estados Unidos del Brasil.

Aprovecho con placer esta oportunidad para ofrecer á V. E. las seguridades de mi más alta consideracion.

Q. Bocayuva.

A. S. E. el señor Ministro de Relaciones Exteriores de la República Argentina.

Minsiterio
de
Relaciones Exteriores

Buenos Aires, Diciembre 3 de 1889.

Señor Ministro:—He tenido el honor de recibir la nota circular de V. E. fecha 19 de Noviembre último, en la cual se sirve comunicarme la deposicion de la dinastía imperial y la extincion del sistema monárquico representativo decretada por el ejército, la armada y el pueblo, así como la institucion de un gobierno provisorio que ha entrado desde luego en el ejercicio de sus funciones y que las desempeñará hasta tanto la nacion soberana proceda á elejir el definitivo, por sus órganos competentes.

V. E. se digna agregar que ese gobierno manifestó al Sr. D. Pedro de Alcántara la esperanza de que él hiciese el sacrificio de abandonar con su familia el territorio del Brasil, habiendo sido atendido.

Expresa tambien V. E. que fué proclamada provisoriamente como forma de gobierno de la nacion brasilera, la República federativa, constituyendo las provincias los Estados Unidos del Brasil.

Al propio tiempo significa V. E. que el gobierno provisorio como lo declaró en su proclama de 15 del mes anterior, reconoce y acata todos los compromisos nacionales contraidos durante el régimen anterior, los tratados subsistentes con las potencias extranjeras, la deuda pública externa é interna, los contratos vigentes y demas obligaciones legalmente estatuidas.

Termina V. E. participándome que en el gobierno provisorio de que es gefe el señor mariscal Manuel Deodoro da Fonseca, tiene á su cargo el Ministerio de Relaciones Exteriores, asegurando que el mismo gobierno desea mantener las relaciones de amistad, que han existido entre los dos países y solicitando el reconocimiento de la República de los Estados Unidos del Brasil.

En respuesta y cumpliendo instrucciones de S. E. el señor presidente de la República, me es honroso manifestar á V. E. que con fecha 19 del pasado fué autorizada la Legacion Argentina en Rio de Janeiro para continuar con el gobierno de que V. E. forma parte las cordiales relaciones que felizmente existen entre ambos países.

Al mismo tiempo se impartían instrucciones á aquella Legacion para significar á V. E. que el reconocimiento de los Estados Unidos del Brasil. quedaba implicitamenre hecho por aquella circunstancia y por la de continuar en esta capital la representacion diplomática del señor baron de Alencar desde el momento que él presentó al gobierno argentino el telegrama en que V E. le daba cuenta de la organizacion del gobierno provisorio.

Los sentimientos que inspira á la República Argentina el fausto acontecimiento realizado por el pueblo, el ejército y la armada del Brasil, han sido interpretados por el acuerdo general de gobierno que S. E. el Plenipotenciario de la República en Rio de Janeiro fué autorizado á comunicar á V. E. por trasmision telegráfica y que ahora tengo el honor de acompañar en cópia solemne.

Dejando así contestada la circular de V. E, sole me resta significarle en nombre de S. E. el señor Presidente de la República los votos afectuosos y sinceros con que este gobierno acompaña á las autoridades republicanas del Brasil en la árdua tarea de su reorganizacion política.

Aprovecho esta prímera oportunidad para presentar á V. E. las seguridades de mi más alta consideracion.

ESTANISAO S. ZEBALLOS.

Acuerdo del Gobierno Argentino disponiendo la celebracion del advenimiento de la República de los Estados Unidos del Brasil.

Departamento
de
Relaciones Exteriores.

Buenos Aires, Diciembre 3 de 1889.

Considerando:—Que el Pueblo Brasilero ha proclamado al República sustituyéndola al régimen monárquico en la única region de Sud-América, donde se mantuvo despues del grito libertador de Mayo, lanzado en 1810 desde la Ciudad de Buenos Aires.

Que este acontecimiento robustece y prestijia las aspiraciones humanas hácia el réjimen de las instituciones libres, no solamente por la implantacion de las mismas en un grande Estado, de tradiciones monárquicas, sino tambien por la manera culta, reposada y magnánima con que la opinion pública ha operado la transicion, sin que la violencia ó el abuso del triunfo haya herido los sentimientos humanitarios del Brasil y del mundo;

Que si bien la República Argentina cultivó siempre sinceras y cordiales relaciones con el monarca Don Pedro II, ella no puede asistir con indiferencia al coronamiento de la revolucion institucional sud-admericana, difundida por San Martin y Bolivar al frente de los ejércitos libertadores que partiendo de las orillas del Plata y de las costas del mar Caribe pasaron las más altas cordilleras para acudir á la cita inmortal del campo de Ayacucho.

Que la circunstancia de adoptar la República Brasilera la forma federativa, por la cual lidiaron los argentinos hasta incorporarla á su ley fundamental, prestijia mayormente ante ellos la revolucion que ha proclamado los Estados Unidos del Brasil;

Que los recíprocos sentimientos de simpatias que los Pueblos y Gobiernos de la República Argentina y del Brasil se han demostrado con frecuencia, se robustece en presencia de la comunidad de ideales políticos é institucionales creada por los sucesos del 15 de Noviembre;

Qne el 19 del mismo mes el Gobierno de la República acordó continuar sus relaciones diplomáticas con los Estados Unidos del Brasil rindiendo el debido homenaje á su soberanía;

Que en el dia de la fecha S. E. el señor Enviado Extraordinario y Ministro Plenipotenciario del Brasil ha presentado al Gobierno la circular del Ministro de Relaciones Exteriores de su país, fecha 19 de Noviembre, avisando á las Naciones la proclamacion de los Estados Unidos del Brasil y adjuntando la carta autógrafa del jefe del Poder Ejecutivo que acredita al

Señor Baron de Alencar para continuar en el desempeño de sus altas funciones

El Presidente de la República en Acuerdo general de Ministros

DECRETA:

Artículo 1° Celebrar en la forma ordenada por este Acuerdo el advenimiento de la República de los Estados Unidos del Brasil, señalando al efecto el dia 8 de Diciembre.

Artículo 2° La Bandera Nacional será enarbolada en todos los establecimientos públicos, fortaleza y buques de guerra de la Nacion.

Artículo 3° Los buques de la Armada Nacional surtos en los puertos de la República, y en el extranjero empavesarán y harán los más altos honores que por las ordenanzas corresponden á este caso.

Artículo 4° La Intendencia de la Capital de la República será invitada á hacer en la noche del dia espresado la iluminacion de las calles, plazas y monumentos públicos y á promover entre el vecindario el embanderamiento é iluminacion de los edificios particulares.

Artículo 5° El Ministro de Relaciones Exteriores visitará á S. E. señor el Enviado Extraordinario y Ministro Plenipotenciario del Brasil presentándole los votos de la República Argentina por la felicidad de su Pátria en la nueva vida política que inaugura.

Artículo 6° Este acuerdo será especialmente comunicado á S. E. el Sr. Ministro Plenipotenciario del Brasil y trasmitido por telégrafo al Ministro de la República Argentina en Rio de Janeiro.

Artículo 7° Los señores Gobernadores de las Provincias y Territorios de la Nacion serán invitados á asociarse á esta celebracion.

Artículo 8° Remítase copia de este Acuerdo á los Ministerios del Interior y de Guerra y Marina para el debido cumplimiento de la parte que á cada uno corresponda.

Artículo 9° Comuníquese etc.

JUAREZ CELMAN.

Estanislao S. Zeballos—N. Quirno Costa—W. Pacheco—F. Posse—E. Racedo.

Solemnidades decretadas por el Gobierno Provisorio de los Estados Unidos del Brasil en honor de la República Argentina.

Rio Janeiro, Diciembre 7—El Mariscal Manuel Deodoro da Fonseca, Jefe del Gobierno Provisorio de los Estados Unidos del Brasil, constituido por el ejército y la armada, en nombre de la nacion.

Considerando que el Gobierno de la República Argentina por un acto de excepcional jentileza y de alta demostracion de su simpatia por el Pueblo y Gobierno de los Estados Unidos del Brasil, acaba de ordenar la celebracion de una solemnidad oficial por el advenimiento de la República Brasilera, señalando para ese fin el dia 8 del corriente mes;

Que esa prueba de amistad y elevado espíritu americano constituye una nueva prenda de seguridad y estabilidad para las cordiales relaciones existentes entre ambos pueblos y gobiernos;

Que esa afirmacion de solidaridad democrática en países de este continente señala un progreso mas alcanzado para la gloria comun de los dos pueblos y para la victoria del principio republicano, base de las intituciones que son la honra y constituyen la fuerza de los Estados Americanos, y que los honrosos conceptos del Gobierno Argentino con referencia á los acontecimientos de la revolucion efectuada por el Brasil el 15 de Noviembre pasado y los actos subsiguientes á esos mismos sucesos, elevan á los ojos del mundo los nobles propósitos que presidian al glorioso movimiento de transformacion social y política del Pueblo Brasilero;

Que tan solemne acto de cortesía internacional obligando la gratitud del Gobierno y Pueblo Brasilero, nos impone el deber de testimoniar por una recíproca demostracion los sentimientos de fraternal amistad que nos inspira el Gobierno y el Pueblo de la República Argentina.

DECRETA

Art. 1.° El dia 8 del corriente será enarbolado en todos los establecimientos públicos, fortalezas y buques de guerra de la nacion el Pabellon Argentino.

Art. 2° Los buques de guerra nacionales enarbolarán en alto el Pabellon Argentino, siendo saludado por una salva de 21 cañonazos al romper el alba, al medio dia y á la puesta del sol.

Art. 3° Durante toda la noche todos los edificios públicos, monumentos, plazas y jardines dependientes de la administra general sarán iluminados.

Art. 4° Una guardia de honor permanecerá formada desde las 4 de la tarde delante del edificio donde reside el Ministro de la República Argentina acreditado ante el Gobierno Brasilero, en homenaje al mismo Sr. Ministro.

Art. 5° El ministro de Relaciones Exteriores visitará al Exmo. Señor Enviado Extraordinario y Ministro Plenipoutenciario de la República Argentina para expresarle por el Gobierno Provisorio su agradecimiento en nombre de la Nacion en delegacion del jefe del P. E., sus votos por la felicidad de la República Argentina.

Art. 6° Este decreto será comunicado al Ministro Plenipotenciario de la República Argentina y trasmitido por telégrafo al Ministro del Brasil en Buenos Aires.

Art. 7° Los Gobernadores de los Estados Unidos del Brasil, como todo el Pueblo Brasilero serán invitados á esta demostracion de simpatía y de gratitud.

Art. 8° Remítase copia del presente decreto á los Ministros del Interior, y de la Guerra y Marina, para que sean cumplidos en la parte que á cada uno pertenece.

Art. 9° Publíquese y archívese.

Sala de sesiones del Gobierno Provisorio de la República de los Estados Unidos del Brasil,—7 de Diciembre de 1889. 1° de la República.

MARISCAL MANUEL DEODORO DA FONSECA,
Jefe del Gobierno Provisorio.

Q. Bocayuva.—Benjanmin Constant.
Botilho de Magalhaes.
Eduardo Wandenkolck.—Ruy Barbosa.
Manuel Ferraz de Campos Salles.
Aristides Silveira Lobo.

Legacion en Inglaterra.

Formacion de dos compañias para la fabricacion de carnes conservadas en la Provincia de Entre-Rios.

Lóndres, 14 de Noviembre de 1889.

Señor Ministro: Acaba de publicarse en los diarios de esta ciudad los adjuntos prospectos de dos compañias formadas para establecer en la República Argentina fábricas de carne conservada en las condiciones de la ley de primas á la exportacion de carne bovina.—La primera compañia tendrá un capital de £ 270.000 dividido así: 180.000 en acciones preferidas de 7 °/ₒ y libras 90.000 en acciones ordinarias. Se propone comprar en £ 178.000 el saladero de Don Juan O'Connor en el departamento de Colon, con 7780 hectáreas de tierra y el derecho á la garantir de 5 °/ₒ sobre $ 900.000 que concedió el Gobierno á O'Connor el 17 de Julio de 1889. Se destinan £ 27.000 para comprar las existencias del saladero y aumentar los edificios y maquinaria, el saldo de £ 65.000 forma el capital para trabajar.

El capital de la segunda compañia será de £ 125.000 en acciones ordinarias. Comprará por £ 90.000 el saladero de Don Martin G Laurencena y Cª., hoy de Dickinson y Wallace, en Gualeguay, con 3360 acres de tierra y el derecho á la garantia de 5 °/ₒ sobre $ 600.000 que concedió el gobierno á esos señores el 16 de Agosto de 1889.

El saldo de £ 35.000 se destina á comprar las existencias del establecimiento y libras 3000 á aumentar el establecimiento y el capital para trabajar.

Estas dos compañias reservan una parte de sus acciones para venderlas en la República Argentina de acuerdo con la ley de primas.

Renuevo á V. E la expresion de mi mayor consideracion y aprecio.

LUIS L. DOMINGUEZ.

A S. E. el Señor Dr. Don Estanislao S. Zeballos, Ministro de Relaciones Exteriores.

Conduccion de inmigrantes.

Medidas tomadas para evitar el mal tratamiento.

Ministerio de Relaciones Exteriores.

Diciembre, 17 de 1889.

Señor Comisario General de Inmigracion:—La ley de inmigracion y colonizacion de 1876 ha establecido, de acuerdo con la legislacion uniforme de todas las naciones marítimas, las reglas de derecho, humanidad é higiene á que deben sujetarse las compañias de navegacion en el trasporte de la clase más desheredada de viajeros, que cruza los mares por millones de almas, bajo la clasificacion de inmigrantes.

La extraordinaria proteccion que aquella ley acuerda á la inmigracion en aguas y tierras de la República Argentina, puede ser desvirtuada por los malos tratamientos dados á los viajeros en alta mar, en cuya situacion el inmigrante es más digno de compasion y de auxilios, por el absoluto aislamiento en que se encuentra subordinado á una disciplina estricta, á la opresion de una injustificada codicia mercantil y á autoridades con las cuales no puede entenderse fácilmente por la diversidad de lenguas.

Esta proteccion á sido acertadamente legislada en el capítulo 6.° de la ley de inmigracion que trata de las obligaciones de los conductores de inmigrantes.

Ella ordena una investigacion al llegar cada buque á nuestros puertos para saber por medio de los inmigrantes si han sido debidamente tratados durante el viaje, incurriendo en caso contrario las empresas en las responsabilidades que establece la misma ley.

Pero es siempre dificíl hacer una investigacion satisfactoria cuando los inmigrantes llegan al término de sus sufrimientos y están ansiosos por desembarcar, preocupados de sus bagajes y de su instalacion en el país.

En consecuencia, este Ministerio ha resuelto vijilar por medios directos la conducta de las compañias de trasporte de inmigrantes, haciendo embarcar en Europa agentes del servicio inmigratorio encargados de estudiar las irregularidades ó deficiencias del mismo, á fin de que el Gobierno Argentino pueda asegurar á la inmigracion en la travesía de alta mar el goce de los derechos y ventajas que le acuerda la ley de 1876.

Uno de los empleados del Ministerio tomó pasaje, en efecto, en el vapor «Leipzig» de la compañia del Norte Lloyd de Bremen que zarpó el 5 de Noviembre último del puerto de la Coruña.

Las observaciones hechas por este empleado son de tal gravedad que no solamente interesan los sentimientos humanitarios sino tambien los intereses económicos de la República, pues la corriente de la inmigracion, que es la más poderosa de las fuerzas que la impulsa será sériamente contrariada por abuso de la naturaleza de los que motivan esta nota.

Un verdadero atentado contra la salud de los inmigrantes se cometia en el vapor *Leipzig* empleando el agua salada para la alimentacion y el estado desesperante de los viajeros llegó á tal grado que el agente del Gobierno Argentino justificando su carácter, obligó al vapor á entrar de arribada en el puerto de Bahía, á fin de embarcar agua dulce.

Este Ministerio tiene informes, pero no completamente justificados todavía, de que en el vapor *München* de la misma Compañia fallecieron en su último viaje numerosas personas, lo que no sería sorprendente si el tratamiento hubiera sido análogo al que describe el empleado nacional que he citado en los términos siguientes, que se refieren al vapor *Leipzig*.

«Aquel vapor con capacidad para un tonelaje de registro para ochocientos pasajeros de tercera clase, traia ochocientas personas mayores y cuatrocientos noventa y ocho niños, parte de otros pasajeros que se dirigian desde Bremen y Coruña para Montevideo.»

«Era aquello algo como un hacinamiento inmoral y repugnante que no permitia ni siquiera tener el buque en condiciones higiénicas. Las cisternas no podian contener agua dulce suficiente, aunque se escatimaba de una manera cruel bajo el calor de los trópicos y á falta de ella más de una vez se le dió al inmigrante agua de mar mezclada con dulce para beber, como se les daba el café de la mañana con agua salada pura.»

«Interpuesta mi mediacion por que era necesario evitar un conflicto serio, conseguí del capitan que entrara de arribada en Bahia á tomar agua dulce.

«En cuanto al rancho sucedia lo propio; no había en la cocina elementos suficientes para preparar comida para tanta gente y la deficiencia se salvaba agregando grandes porciones de agua caliente en el momento mismo de servirse las raciones, de manera que aquello resultaba un potage propio para arrojar al mar por incomible.»

«He visto á bordo del buque antes de salir de Coruña jente que revelaban estar en plena y vigorosa salud y 15 dias despues estaban demacrados y macilentos como si salieran de una grave enfermedad. Esta era la consecuencia natural del mal trato que recibían.»

«En el vapor Leipzig en una litera en que apenas podía revolverse una persona hacían entrar dos, y allí estaban revueltos y confundidos chicos y grandes, mujeres y hombres.»

Refiriéndose el informe estractado á abusos de otro género, dice lo siguiente respecto de esta misma y otras compañías:

«El vapor anuncia su salida para un dia fijo. Los inmigrantes llegados de largas distancias, desde el interior de España, están prontos para embarcarse el dia señalado, pero el vapor no llega, ó por razones de operaciones comerciales demora su salida. ¿Qué sucede en este caso? Lo que yo he presenciado acompañado por el señor vice-cónsul en Coruña.

«Grandes caravanas de inmigrantes recorren las calles implorando la caridad pública, sufriendo los insultos de los que se quedan y por las noches dormirian en las plazas si el vice-cónsul argentino no hubiera conseguido que se le cedan los galpones de la aduana á fin de que los pobres inmigrantes duerman al abrigo de la intemperie.»

En presencia de estos hechos procederá Vd. á adoptar las medidas autorizadas por la ley contr esta clase de abusos.

Habiendo aplicado Vd. la multa correspondiente á este vapor por exceso de pasajeros abordo, debe proceder á aplicar el máximún de la misma multa por infraccion del artículo 24 de la ley que se refiere á la alimentacion, seguridad é higiene del pasajero á bordo.

Ordenará Vd. que sean visitados los vapores de esta compañia por una comision compuesta de los funcionarios que estime conveniente nombrar bajo la presidencia del Secretario letrado de ese Departamento Dr. L. Alberto Ramayo á fin de verificar si llenan las condiciones exijidas por los artículos 24 á 26 de la ley que se refiere á ventiladores, bombas, cocinas, aparatos y servicios de higiene, botes de salvamento, salvavidas, etc., en proporcion al número de pasajeros que puede contener, sino estuvieren cumplidas estas prescripciones legales, exigirá Vd. que lo sean inmediatamente, aplicando el máximun de las multas del artículo 35, sin perjuicio de impedir la salida de dichos vapores mientras no estén cumplidas estas disposiciones.

Investigará Vd. lo que haya respecto de la noticia que ha recibido este Ministerio sobre el fallecimiento de inmigrantes á bordo del vapor «München» y si resultaren ciertas dará aviso para tomar las medidas correspondientes.

Estando próximo á llegar un vapor de la misma compañia con numerosos inmigrantes, dispondrá V. que la Comision á que antes he hecho referencia, realice la investigacion indicada por el artículo 30 de la ley inmigracion, dando cuenta del resultado.

Citará á su despacho al representante de la Compañia del Lloyd de Bremen en Buenos Aires, á quien hará saber Vd. lo acaecido en el viaje del «Leipzig» previniéndole que si estos hechos se repitiesen el Gobierno Argentino apoyará decididamente las reclamaciones que, por las vias legales, hagan los particulares damnificados contra la compañia, y ademas pondrá abordo inspectores que deberá costear la empresa en el viaje de ida y vuelta. Al propio tiempo se ha de servir Vd. dirigir una circular á los agentes de vapores conductores de inmigrantes adjuntándole copia de la presente nota y llamándole su atencion respecto del contenido de la misma, pues las medidas que este Ministerio organiza para protejer la inmigracion en alta mar son extensivas á todas las empresas que se ocupen de este servicio.

Saludo á Vd. atentamente.

Estanislao S. Zeballos.

Exportacion del caballo argentino.

(Nota del Cónsul en Niza)

Niza, Noviembre de 1889.

Señor Ministro:—Con fecha 28 de Noviembre del año próximo pasado tuve el honor de dirigir al Ministerio de Relaciones Exteriores un largo informe sobre la exportacion del caballo argentino.

Es evidente que muchos caballos argentinos no pueden exportarse ventajosamente por razones de talla, de forma y de color; en cuanto á los que poseen las diferentes cualidades que quiere y exige el europeo, cuesta mucho á los criadores argentinos para que se puedan vender en los mercados europeos.

Podria sin embargo hacerse un comercio inmediato, con Francia sobre todo, con el caballo criollo argentino, con tal que no costase más de 20 á 25 pesos oro puesto en el buque en el puerto de Buenos Aires.

Por atrevida que parezca esta afirmacion de mi parte, me atrevo á esperar poder demostrar á V. E. de una manera satisfactoria que no tiene nada de exajerada.

La primera de todas las condiciones es la de combatir y de destruir el mal efecto que han producido las importaciones tan desacertadas como desgraciadas que se han hecho en Bélgica y en Francia.

El General Don Manuel Obligado me recordaba aún ayer el ensayo que hizo en 1873 ó 1874, un antiguo oficial francés de caballeria, que era profesor en la escuela de Salerno, este ensayo de exportacion no tuvo buen éxito por toda clase de razones: los precios de transporte eran exhorbitantes, el del caballo igualmente; los caballos exportados se escogieron mal, sin ninguna precaucion, á su llegada se les puso en manos de soldados ó de criados inexpertos que no estaban prevenidos de la inexperiencia del caballo criollo argentino, y algunos de ellos fueron heridos ó muertos, de ahí resultó una reputacion de deplorable para ese caballo que sin embargo tiene cualidades verdaderamente notables, tales como la sobriedad, la rusticidad y la rapidez; estas cualidades predominan en el caballo criollo argentino y reemplazan las que faltan bajo el punto de vista de la talla y de la fuerza.

Tanto yo como los argentinos que han podido esperimentarlos tenemos esa conviccion; no se trata más que de difuudirla en Europa para destruir la mala impresion que existe actualmente.

En mi opinion deben observarse varias condiciones esenciales para la eleccion de tipos destinados á la expedicion y al precio que he indicado. Esas condiciones pueden llamarse fácilmente: 1.ª color, el más oscuro posible, nada de gris; 2.ª talla, mínima de 1.45 m. máxima de 1.55 m; 3.ª caballos castrados de 3 ó 4 años á lo menos; ó yeguas si no se encontrasen caballos castrados; 4.ª un poco domados; es decir que están acostumbrados á estar bajo techado y á un alimento medio seco y medio verde, lo cual les pre ara á las privaciones de la travesía. En todos los países del mundo la leyenda, la rutina, los hábitos contraidos, son otros tantos obstáculos casi insuperables; éstos son lo que tenemos que vencer y para conseguirlo he aquí los medios que se podrian emplear.

Si se me enviasen unos diez caballos criollos bien escogidos, me propongo distribuirlos de dos en dos entre varios generales, coroneles y directores de casas de monta francesas: y como precio del caballo pedirles un informe escrito y firmado por ellos, en el que relatasen exactamente todas las cualidades del caballo criollo argentino y si se ha mostrado más ó menos rebelde á la educacion europea: estos informes concluirían en favor ó en contra de la introduccion del caballo argentino en la caballería francesa.

Dando en seguida la mayor publicidad á esos informes, firmados por personas competentes y colocadas en situaciones elevadas, se destruiria de un solo golpe la mala reputacion del caballo argentino.

Me consta por un miembro del Consejo de Ministros, que en el Ministerio de la Guerra, despues de esa experiencia, no se titubearía en hacer un ensayo leal con unos cincuenta caballos argentinos en uno ó varios escuadrones de caballeria.

Una vez que se acreditase el caballo criollo en el ejército francés se le abririan de par en par las puertas de la industria y del comercio.

No vacilo en decir á V. E. que estoy dispuesto á llenar mi mision, y aún añadiré sin que parezca presuncion de mi parte que de antemano estoy seguro del buen éxito si se me concede la iniciativa en esta circunstancia.

Esta tentativa debe hacerse con la mayor reserva, sin ninguna publicidad á fin de no comprometer el éxito en el caso de que cualquier accidente imprevisto mal interpretado pudiese influir en el ánimo de las personas llamadas á dar su fallo. Los oficiales generales y los oficiales superiores que se han servido prometerme su cooperacion desean ensayar nuestros caballos de La Plata en secreto; esto es tanto más útil cuanto que saben que hay una prevencion marcada contra el caballo argentino y prefieren examinarlo en completa libertad sin dejarse influir por apreciaciones nacidas de la ignorancia que ha producido la funesta idea creada sobre la raza caballar argentina. Por otra parte el silencio será tanto más útil en esta circunstancia cuanto que si el ensayo tiene buen éxito siempre habrá tiempo de proclamarlo por todos los medios posibles, y si fracasa será más fácil ocultarlo y volverlo á emprender más tarde si se juzga oportuno.

Es evidente que se puede anunciar la partida de caballos de Buenos Aires como un ensayo de importacion, pero sin indicar de una manera precisa los medios que yo me reservo emplear.

Para hacer este ensayo sería conveniente se me expidiesen los caballos por la compañia de transportes marítimos á Marsella.

Hé aquí los gastos que ocasionarian 10 caballos que se desembarcasen en dicho puerto:

Desembarque. 50 francos, tres dias de descanso en Marsella 150, transporte á Niza 250, seis dias de descanso y mantencion en Niza 220, herraduras, cabezada y cabezon á 20 fr. por caballo 200, gastos imprevistos 20 fr. por caballo 200, mis gastos de viaje 500, propinas y recompensas á los palafreneros para que cuiden y no maltraten á los caballos 500, imprevistos de toda clase 430, fr. 2500 fr.

Presento esas cifras como punto de partida; si el gasto es menor tanto mejor, pues un aumento me parece imposible.

Me tomo la libertad de reasumirme: Reconquistar y establecer en Europa en general la reputacion del caballo criollo argentino.

Para este fin servirse no del comercio sino de altos funcionarios, cuyo nombre y autoridad moral sean incontestables.

He ahí Señor Ministro, mi proposicion; he tenido la honra de hablar de ella á algunos de los altos personajes argentinos que vienen á pasar los inviernos en Niza, habiendo merecido su aprobacion. La someto respetuosamente á V. E. conociendo su competencia especial en estas materías, en la creencia de prestar un servicio al país quintuplicando sus productos y su capital.

Aprovecho esta ocasion para reiterar á V. E. las seguridades de mi más alta consideracion y respeto, con que soy de V. E atento seguro servidor.—El Cónsul Director de la Oficina de Informacion

C. E. Vigoureux.

Estadística de Inmigracion, Noviembre de 1889.

Comisaria General
de
Inmigracion.

Bandera de los vapores de Ultramar.

Inglesas	30
Francesas	13
Italianas	13
Alemanas	10
Belgas	2
Españolas	1

69 vapores, siendo de estos 40 con 1 039 pasajeros y 29 417 inmigrantes. Total 30 456 personas embarcadas en los siguientes puertos:

Puertos de Embarque.

Génova	12 261
Coruña	4 172
Burdeos	3 160
Marsella	1 527
Gibraltar	1 489
Nápoles	1 459
Barcelona	1 157
Málaga	1 042
Vigo	886
Havre	653
Cádiz	488
Amberes	431
Marín	340
Southampton	269
Hamburgo	174
Villa García	152
Carril	152

Bremen	135
Rio Janeiro	128
Pasajes	109
Santos	83
Canarias	66
Lisboa	40
Montevideo	31
Tánger	30
Cherbourg	19
Bahía	8
Dakar	2
Liverpool	1
Total	30 456

Desembarco oficial en el Muelle de las Catalinas por cuenta del Estado.

Adultos	21 038
Niños	3 337
Párvulos	722
Total	25 097

Entrados al Hotel de la Capital.

Hombres	9 080
Mujeres	3 320
Niños	2 400
Niñas	1 977
Total	36 869

Bultos de equipaje descargados.

Por sus dueños	19 581
Por el Departamento General	17 288
Total	36 869

Clasificacion de los inmigrantes de Ultramar.

Italianos	14 494	49.— %
Españoles	11 049	37.60 «
Franceses	2 551	8.64 «
Belgas	386	1.32 «
Austriacos	195	0.66 «
Alemanes	171	0.60 «
Ingleses	148	0.50 «
Suizos	115	0.40 «
Turcos	69	
Dinamarqueses	68	
Rusos	45	
Argentinos	42	
Suecos	32	
Portugueses	25	
Griegos	7	
Orientales	7	1.28 %
Norte-Americanos	5	
Holandeses	3	
Brasileros	2	
Rumanos	1	
Colombianos	1	
Mejicanos	1	

Pasajeros de 1.ª clase	1 039
Por via de Montevideo	2 202
Total	3 241

Inmigrantes de 2.ª y 3.ª clase	29 417
Por via de Montevideo	3 507
De varias procedencias	7
Total	32 931

Sexo masculino.

Hombres	17 548
Niños	3 261

Sexo femenino.

Mujeres	6 163
Niñas	2 445

Estado.

Solteros	19 165
Casados	10 047
Viudos	205

Religion.

Católicos	28 968
Varias	449

Colocados é intermados por la Oficina de Trabajo.

Capital de la República	1 366
Buenos Aires	4 324
Entre Rios	312
Corrientes	119
Santa Fe	3 163
Córdoba	1 040
Tucuman	189
Santiago	57
Salta	47
Jujuy	16
Catamarca	98
La Rioja	33
San Luis	74
Mendoza	503
San Juan	436
Gobernacion del Chaco	264
Id de Misiones	3
Id del Rio Negro	16
Id del Chubut	—
Id del Neuquen	
Id de la Tierra del Fuego	
Id de Santa Cruz	—
Id de Formosa	9
Id de la Pampa	—
Total	12 069

Profesiones.

gricultores........	6 504
lbañiles...........	111
arberos...........	11
aldereros.........	2
arpinteros.........	134
ostureras..........	116
ocheros..	9
ocineros...	48
urtidores.....	2
ependientes.......	49
banistas	6
arm'acéuticos	2
oguistas.....	2
undidores.........	5
erreros....	71
ojalateros...	6
ornaleros..........	2 523
adrilleros..........	8
arineros...	2
lecánicos..........	23
lineros............	31
Molineros...........	15
Panaderos...........	38
Picapedreros........	14
Pintores.............	27
Profesores...........	7
Relojeros	2
Sastres..............	36
Sirvientes...........	285
Sin profesion........	1 839
Sombrereros........	4
Tapiceros...	1
Talabarteros	2
Tipógrafos	7
Tintoreros...........	1
Toneleros...	3
Torneros	10
Varias profesiones...	38
Zapateros....... ...	75
Total........	12 069

Vapores.

rden.	Dia.	Vapores.	Pasajeros.	Inmigrantes
1	1	Lindhust.............		
2	«	Rosicliffi...............		
3	2	Dupuy de Lome........		1.349
4	3	Hannover..............		1.103
5	«	Tibet	5	739
6	«	Albany................		
7	«	Lucerne................		
8	4	Cleveland.............		
9	5	Graff Bismark.........		1.038
10	«	Belgrano..	41	58
11	«	Savoie................	27	775
12	«	Hesperides.....		
13	6	Galveston..............		
14	«	Wittoria.	65	939
15	7	Solferino.........		782
16	«	Tamar.........	31	142
17	«	Atrato..	104	323

18	9	Giam.............. .	4	974
19	10	Wexferd...............		
20	11	Uruguay........	26	254
21	«	Orione................	32	1.132
22	12	Hippahumes...........		
23	«	Leibnitz..............	17	22
24	«	Cordovan......		501
25	13	Ariosto...............		
26	«	Montevideo....		
27	«	Bena.................		
28	14	München	6	2.046
29	«	Entre Rios............		834
30	15	Mentana..............		1.253
31	«	La France....	30	914
32	16	Nerte.................	64	278
33	«	Pernambuco...........		
34	17	Rio Negro.............	49	322
35	18	Santiago..............	11	74
36	«	Alfonso XIII....... ...	125	502
37	20	Birmania.............	9	4
38	«	Piemontese...........		1.044
39	«	Norte América.........	61	1.212
40	«	Campinas....		32
41	22	Bellarden.............		
42	«	La Plata..............	28	221
43	«	Amandale.............		
44	«	Romon Prince.........		
45	23	Rubens...........		
46	«	Bemington.......		
47	«	Florence....		
48	«	Gio Bata Lavarello.....		934
49	«	Washington...........	11	871
50	24	Windcliffe............		
51	«	Casten................		
52	25	Euclid................		
53	26	Dordogne...		443
54	27	Perseo	15	811
55	«	Rammoor.............		
56	«	Maskelyne......... .		
57	28	Provence.............	50	1.299
58	«	Matteo Bruzzo...... . .	7	1.174
59	«	Strassburg	18	1.581

60	«	Strait of Gibraltar......		
61	«	Cittá de Roma.........		566
62	«	Lolynoyen.............		
63	29	Maurice A. Reunion....		
64	«	Leipzig...............	10	1.285
65	«	Prince Leivellyn.......		
66	30	Aquila...............		1.109
67	«	Raphael.		
68	«	Rosario........	7	33
69	«	Portugal..............	187	444
Entrada directa de Ultramar...........			1.039	29.417
Idem. por via directa.....			2.202	3.507
Idem. de varios procedencias.........				7
Total.			3.241	32.931

Estado demostrativo y comparativo entre la inmigracion de los 11 meses de 1889 con la entrada en igual período del año 1888.

	Vapores.	Pasajeros.	Inmigrantes.	Total.
Enero.................	78	3 320	22 100	25 420
Febrero...............	71	2 244	23 595	26 839
Marzo	69	2 866	18 965	21 831
Abril........	74	1 176	20 470	21 655
Mayo..........	59	1 063	20 889	21 952
Junio......	68	1 886	20 205	22 091
Julio...	63	1 324	16 569	17 893
Agosto................	73	1 910	18 969	20 879
Setiembre.....	59	2 165	17 969	20 134
Octubre....	74	2 883	25 138	28 021
Noviembre............	69	3 241	32 931	36 172
Entrada en los 11 meses de 1889...............				262 887
Idem en los 11 meses de 1888...............				148 151
A favor de 1880				114 736

Estado comparativo.

1889	Noviembre........	Entrada total	....	36 172
1888	Id	Id	id	22 749

Introduccion en Alemania de ganado en pié y carnes conjeladas.

(*Nota del Cónsul General*)

Por la nota que publicamos á continuacion, da cuenta nuestro cónsul general en Hamburgo al señor Ministro de R. E., Dr. Zeballos, de sus imformes sobre la posibilidad de introducir al imperio de Alemania el ganado en pié, la carne fresca y congelada procedente de la República Argentina;

Hamburgo, Noviembre 14 de 1889.

Señor Ministro: Tengo el honor de poner en manos de V. E. el informe que ha tenido á bien pedirme respecto á la posibilidad de introducir en este imperio, *ganado en pié, carne fresca y carne congelada,* procedente de la República.

Legislacion referente á la importacion de hacienda en esta ciudad.

Habiéndome dirijido primeramente á las autoridades de este Estado pidiendo informes sobre las disposiciones aquí vigentes para la introduccion del ganado en pié, contestóseme que ninguna ley prohibe la importacion de ganado en pié procedente de la América del Sur. Que segun bando publicado por este Senado fecha 1° de Agosto de 1879, los animales procedentes de dicho continente están sugetos á una cuarentena de observacion de cuatro semanas, antes que puedan ser admitidos al libre tráfico y enviados tierra adentro. Que, sin embargo, dichos animales instalados en establos ad-hoc pueden allí venderse poco despues de su desembarque, debiendo ser beneficiados á la brevedad posible bajo vigilancia oficial.

Sobre este particular me escribe nuestro Consul en Bremen lo siguiente:

« Habiéndome presentado al Gobierno (del Estado bremés) se me contestó, que mientras no llegase noticia de una enfermedad contagiosa en el ganado de la República Argentina, la admision á libre plática dependería solamente del exámen veterinario en el momento de desembarque.

Esta disposicion rige solamente para los puertos del Estado de Bremen. En otros puertos del Weser que dependen de Rusia y de Oldemburgo se impone como en Hamburgo una cuarentena de cuatro semanas.

ESTADÍSTICA

Según publicacion de la Oficina de Estadística oficial imperial, el total de la importacion y exportacion de ganado en pié y otros animales en este imperio durante los años de 1887 y 1888 se descompone de la manera sigüiente:

AÑO 1887

Importacion. — Por 166.656.000 kilógramos de peso que representan un valor total de M. 163.017.000.

Entre esta importacion figuran: 85.477 cabezas de ganado vacuno procedentes de varios países cuyo valor se aprecia en M. 26.980.000.

AÑO 1887

Exportacion. — Por 145.582.000 kilógramos de peso que representan un valor total de M. 89.774.008.

Entre esta exportacion figuran: 116.079 cabezas de ganado vacuno, cuyo valor se estima en M. 29.496.000.

AÑO 1888

Importacion. — Por 151.472,000 kilógramos de peso que representan un valor total de M. 155.664,000.

Entre esta importación figuran: 76.871 cabezas de ganado vacuno procedentes de varios países cuyo valor se estima en M. 26.382.000.

AÑO 1888

Exportacion. — Por 153.807.000 kilógramos de pesos que representan un valor total M. 94.507.000.

Entre esta exportacion figuran: 102.783 cabezas de ganado vacuno, cuyo valor se estima en M. 26.850.000.

Segun la estadística oficial que tengo delante, el movimiento de ganado bovino, lanar y porcino en los mercados municipales de esta ciudad y la de Altona durante el año de 1888, ha sido el siguiente:

Novillos y vacas, 73.100; terneras, 65.877; carneros, ovejas y corderos, 155.468 chanchos, 426.336.

Año 1887: — novillos y vacas 83.859, en 1886 79.346, en 1885 66.594. — Terneros en 1887 62.491, en 1886 57.089, en 1885 55.776. — Carneros, ovejas y corderos en 1887 214.698, en 1886 205.512, en 1885 128.172. — Chanchos en 1887 561,527, en 1886 553.144, en 1885 579.243.

VALOR DE LOS ANIMALES EN PROMEDIO LOS 50 KILÓG

En 1885 - Novillos M. 50 á 64 — Terneros id 55, Chanhos 60.

1886 — Novillos M. 46 á 57, terneros id 58, chanchos id 40 id 40

1887 — Novillos M. 41 á 52, terneros id 60, chanchos 33 á 41.

1888 — Novillos M 43 á 54, terneros id 59, chanchos 35 á 46.

Los arribos fueron:

En 1888 — Novillos y vacas 89.379, terneros 72.311, carneros 164.686, chanchos 436.402, por junto 762.878, valor total, M. 54.446.000.

En 1887 — Novillos y vacas 91.930, terneros 63.416, carneros 215.570, chanchos 596.416, por junto 967.332, valor total 62.865.000.

En 1886 — Novillos y vacas 90.583, terneros 63.595, carneros 222.415, chanchos 568.873, por junto 945.467, valor total 68.655.000

En 1885 — Novillos y vacas 77.757, terneros 58.177, carneros 148.139, chanchos 588.568, por junto 872.941, valor total 67.383.000

DERECHOS DE IMPORTACION

Novillos en pié por cabeza...	M 30
Vacas id id..................	9
Ganados vacunos de menos de 30 meses cada uno..........	6
Carne fresca y conjelada por 100 kilógramos	20

GANADO EN PIÉ

Segun informes que he podido, obtener aquí y en nuestro consulado en Bremen, la importacion de ganado en pié argentino sería posible en esta ciudad bajo las siguientes condiciones que tengo el honor de someter á V. E.

Personas competentes opinan que sería algo arriesgado embarcar hacienda engordada en la República, con el fin de venderla en este mercado.

El largo viaje de 30 á cuarenta dias, la extenuaría y enflaquecería, y para reponerla se necesitaría tiempo, lo que ocasionaría gastos, que el precio que luego se obtuviese tal vez no llegase á compensar. Si esto no obstante se desease embarcar ganado cebado en la República, habría, segun informes que me han sido suministrados, tener presente lo siguiente:

Hacienda gorda.—Los animales deben contar de 3 á 5 años y pesar 500 á 750 kilógramos en carne y sebo, ser sanos y mansos y no estar estropeados. Hacienda gorda vale aquí: marcos 60 á 63 ó sea á razon de 4 marcos el peso moneda nacional oro, 15 á 15 3/4 los 60 kilóg. Especie mediana vale marcos 45 á 48 oro ps. 11 1/4 á 10 los 50 kilóg. Especie ordinaria M. 30 á M. 36 oro, ps. 7 1/2 á 9 los 50 kilóg.

Los precios que anteceden se entienden por 50 kilógramos *Scklacht gewicht* lo que significa peso de matadero y representa aproximadamente la mitad del peso total del animal vivo. El cuero, las astas, las entrañas, uñas, etc., se calculan que pesan la otra mitad y son del comprador, comprendiendose en el precio de compra.

En cambio, la hacienda flaca se calcula á 50 kilógramos de peso *animal vivo* y vale de M. 24 á M. 27 ó sean oro pesos 6 á 6 3/4.

Los gastos serían :

Flete oro pesos 36 por cabeza; mantencion á bordo por cabeza; Guardianes; derechos de aduana, 7,50 idem; inspección veterinaria, desembarque 1 peso por cabeza; comisión de venta 2 °/o sobre el precio de venta, mínimun M 5 por cabeza, idem; establo y mantencion por 4 semanas M 1.20 por dia, idem; seguro contra toda pérdida 10 por ciento.

GANADO FLACO

Segun personas inteligentes en la materia y segun dictámen tambien de nuestro consulado en Bremen, pueden obtenerse mejores resultados en hacienda flaca y de pocos años que al llegar debería venderse inmediatamente.

Asegúrase que esta clase de ganado es muy buscada. Los terneros se engordan en su mayor parte para venderlos á los mataderos á la edad de 12 á 16 semanas, resultando por tanto mucha demanda por animales de 24 á 30 meses, ya sean novillos para engordar, ya vaquillonas para cria.

Es necesario que estos sean de buen tamaño y de buen orígen (mestizos) y sobre todo bastante mansos para dejarse tantear y atar.

Para resistir el viaje deben estar acostumbrados á comer á pesebre y en buen estado de gordura.

Muy especial cuidado hay que tener que estos animales no pasen de los 30 meses de edad á fin de aprovechar el derecho que es ps. 1 1/2 oro por cabeza.

Embarcándose esta clase de hacienda se evita :

1° El prolongado y costoso tiempo de engorde.

2° El derecho de Aduana de pesos. 7 1/2 que por animales de 2 á 2 1/2 años no es más que ps. 1 1/2.

3° El alto flete (que debía ser convencional).

4ª Parte de los gastos de mantencion y cuidado á bordo que por animales chicos son menos que por grandes.

El precio actual de estos animales sería de M. 180 á M. 250 por cabeza.

Los gastos serían:

Flete ps. 30 por cabeza; mantencion á bordo id; guardianes id; derechos de Aduana 1 ½ por cabeza; comision de venta 2 % sobre el precio de venta mínimum 4 M. por cabeza.

Establo y mantención por 4 semanas proporcionalmente menos que por ganado gordo; seguro marítimo y seguro contra toda pérdida 10 %.

En vista del escaso valor que representan los animales no hay que fijarse sobre todo en limitar los gastos á lo mas necesario, pues que de esto dependerá el éxito de la importacion de ganado en pié en este país, ya sea flaco ya gordo.

Por parte de las autoridades de allá es necesario vigilar que no se embarquen animales enfermos y de ningun modo de centros donde reinen epidemias. Por decreto del Gobierno aleman se establece, como ya se ha indicado que toda hacienda procedente de puertos americanos esté sujeta á una cuarentena de observacion de cuatro semanas. Esta medida dificulta en algo los negocios por los gastos que ocasiona, y salvo el mejor parecer de V. E. creo que valdría la pena tratar esta cuestion con el Gobierno Aleman por vía diplomática.

EMBARQUE DEL GANADO EN PIÉ

Los embarques de hacienda deben dirigirse á la ciudad de Hamburgo ó á la de Bremen, dándose la preferencia á la primera por ser mercado mucho mas importante y ofrecer mayor economía en los gastos. Aquí se venden 1000 cabezas de reses por semana. Esta compañía de vapores Hamburguesa Sud-americana pide por el trasporte de ganado en pié libras 5 10 peniques á libras 6 % por cabeza.

Los vapores de esta línea que llevan carga á Buenos Aires no podrían embarcar arriba de 20 á 25, á lo sumo 50 cabezas, en virtud de que ellos no están construidos para el transporte de ganado y solo podrían admitir las reses sobre cubierta. Los boxes que serían necesarios para la instalacion de los animales á bordo serían por cuenta del embarcador del ganado en Buenos Aires, pero la compañía estaría dispuesta á ponerlos por su cuenta con un recargo en el flete convencional.

Dado el caso que se tratase de embarcar reses en cantidades considerables, la compañía que me ocupa ofrece enviar á Buenos Aires vapores expresamente construidos para el transporte de ganado. En cuanto al pasaje de los guardianes, ida y vuelta, manifiesta la compañía que los otorga gratis, siempre que los embarques fuesen seguidos y en cantidades de consideracion. No siendo así, costaría el pasaje de cada guardian, ida y vuelta en 3ª marcos 200 ó sean 50 pesos oro.

CARNE FRESCA Y CARNE CONGELADA

La carne fresca y congelada no se introduce en Hamburgo. Personas competentes, entre otras nuestro cónsul en Bremen, á quienes he consultado, dicen que en Alemania, con motivo de derechos altos y prohibitivos, hay escasa esperanza de plantear solidamente este nuevo ramo de industria, el cual, como ningun otro, necesita grandes preparativos en cuanto á máquinas y edificios, pero sobre todo necesita confianza en la estabilidad de las actuales leyes de aduana en este imperio.

La absoluta falta de esta confianza justifica el que los comerciantes alemanes se abstengan de tan costosas empresas.

El partido proteccionista (ó agrario como se titula aquí) está tan enteramente ligado con el gobierno del Imperio, que con certidumbre podría contarse con dobles derechos de importacion antes que siquiera llegase á puerto aleman el primer cargamento de carne congelada. Aparte de las razones expuestas que se oponen á la introduccion de carne fresca y congelada otras hay no menos poderosas. La carne de oveja no es muy apreciada aquí pero como el número de estos animales en Alemania es muy considerable (cerca de 20.000.000) los criaderos se ven obligados á mandarlos á Francia é Inglaterra, en cuyos países tiene buena salida, y precios mucho mas altos que los que pueden obtener aquí.

El número de carneros así exportados anualmente se calcula en mas de un millon de cabezas.

Los cargamentos de ovejas conjeladas se venden en Lóndres de 3 $^{1}/_{4}$ á $3^{1}/_{2}$ peniques ó sean $^{1}/_{2}$ pfeniringe moneda alemana por mayor: si se agrega 10 Pfeniringe la libra por derecho de aduana ya la carne viene á costar 40 pfeniringe la libra, que es mas ó menos igual al precio de carne fresca superior en los mercados alemanes.

Despréndese por tanto de estas apreciaciones que los mercados alemanes no se prestan á la introduccion de la carne fresca ni de la carne congelada.

Opínase en cambio que el ganado en pié, en particular la hacienda flaca y de pocos años, ofrece (como ya queda consignado en este informe) mayores ventajas.

Para verificar los datos y opiniones que han sido materia de los renglones que preceden, y tener una idea justa de los negocios á que los mismos están consagrados, soy de opinion Señor Ministro que se haga un envío de veinte animales á esta ciudad de carácter dual, es decir, la mitad iguales á los que han sido remitidos á París en estos últimos tiempos, y los otros diez que tengan los rasgos, peculiaridades, edad, etc, que segun los entendidos deben tener los animales que se importan en esta ciudad y que mas arriba he tenido el honor de indicar á V. E.

Presento á V. E. las espresiones de mi más distinguida consideracion.

Cárlos Vega Belgrano, Cónsul General.

Instrucciones para uniformar el Escudo y la Bandera Nacional.

Prohibicion de usar el Escudo Nacional en tarjetas, cartas particulares etc.

Como el Ministerio ha notado que varios Cónsules no se atienen á lo dispuesto en las circulares de 5 de Mayo de 1885 y de 16 de Enero de 1886, se reproducen á continuacion, recomendando su mas extricto cumplimiento:

Ministerio
de
Relaciones Exteriores.

Buenos Aires, Marzo 5 de 1885.

Señor Cónsul: — Con el objeto de uniformar en los Consulados de la República el uso de la Bandera y del Escudo Nacional, se ha dispuesto la publicacion de una lámina debidamente colorida, en el Boletin Mensual que se acompaña.

El escudo está pintado con los colores y atributos que dispuso la Soberana Asamblea en 1813.

Es de forma oval, azul en sus dos cuarteles superiores y blanco en los inferiores. Los atributos son: dos manos unidas sosteniendo en una pica el gorro frigio cuyo significado es: *en union y libertad;* lo corona un sol naciente y lo rodean dos gajos de laureles ligados en su base como lo representa la pintura.

Cuando el escudo tenga por objeto designar la oficina consular, no debe rodearse de letreros, y se pondrá debajo de él, en tres líneas, la indicacion correspondiente como sigue:

CONSULADO
DE LA
REPÚBLICA ARGENTINA.

La bandera es cuadrilonga, de dos fajas azules horizontales en los bordes, y una blanca al medio de igual ancho, tal como se vé en la copia; teniendo por símbolo un sol radiante en el medio. Esta bandera fué decretada por el Congreso en 25 de Febrero de 1818, y así la deben usar los Consulados Argentinos, donde esta práctica sea permitida ó esté autorizada por tratados.

Aún cuando el decreto del Congreso no ha determinado las dimensiones de la Bandera, el tamaño generalmente empleado para izarla en los edificios públicos es de 3 metros 50 centímetros de largo por 1 metro 75 centímetros de ancho.

Los sellos á tinta ó para lacre de que se sirvan en sus comunicaciones oficiales los agentes consulares llevarán en su centro el escudo y en contorno la leyenda respectiva, y será uniformemente hecho con un alto de 40 milímetros y un ancho en la parte menor de la elipse de 30 milímetros.

S. S. se servirá comunicarme á la brevedad posible haber dado cumplimiento á lo que dispone la presente circular.

Saludo S. S. atentamente.

FRANCISCO J. ORTIZ.

Ministerio
de
Relaciones Exteriores.

Buenos Aires, Enero 16 de 1886.

Señor Cónsul General: — Comunico á S. S. que en vista de una costumbre indebidamente generalizada, este Ministerio ha dispuesto prohibir á los agentes consulares de la República el uso del Escudo Nacional en sus tarjetas y cartas particulares.

Consulado Argentino.

Asímismo, y con el fin de facilitar su clasificacion en los archivos, el papel que deberían gastar en la correspondencia oficial será del tamaño exacto de la hoja que se acompaña, (1) llevando el escudo de las dimensiones que se indican y en la forma fijada por la circular de fecha 5 de Marzo del pasado año.

Recomiendo á S. S. el extricto cumplimiento de esta disposicion así como su trasmision inmediata á los Cónsules y Vice Cónsules de su dependencia, de todo lo cual se servirá S. S dar cuenta á este Ministerio.

Saludo á S. S. atentamente.

FRANCISCO J. ORTIZ.

(1) Papel de hilo de 0 m. 315 de largo por 0 m. 22 de ancho.

Concesiones de Exequatur.

Diciembre 6.—Se concede el exequatur de estilo á la patente que acredita á Don Eduardo Langdon como Cónsul de la República Oriental del Uruguay en el Rosario (Santa Fé).

Diciembre 20.—Se concede el exequatur de estilo á la patente que acredita á Don Mariano Ortega Morejon como Vice-Cónsul honorario de España en Buenos Aires.

Diciembre 23.—Se concede el exequatur de estilo á la patente que acredita al Doctor Don Alejandro Castagnone como Agente Consular de Italia en Chascomús (Prov. de Buenos Aires.)

Diciembre 27.—Se concede el exequatur de estilo á la patente que acredita á Don Francisco Sobrero como Agente Consular de Italia en Victoria (Prov. de Entre-Rios).

Nombramientos en el Cuerpo Consular de la República.

Vice Cónsules.

Diciembre 11 Ramon de Soraluce... SAN SEBASTIAN Y PASAJES.
» 18 Ernesto Michœlsson... DEPARTAMENTO DE TACUAREMBÓ CON RESIDENCIA EN SAN FRUCTUOSO.
» 27 Andrés Fauqué....... PAU (Francia).
» 31 Se deja sin efecto el nombramiento de Don Arturo Riggal como Cónsul Argentino en....... GRIMSBY.

Revista de Diciembre.

(Circular á las Legaciones y Consulados de la República).

El P. E. puesto el cúmplase á la ley que declara de utilidad pública la ocupacion de las propiedades particulares que sean necesarias para la apertura de avenidas, cinco plazoletas y ensanche de las calles y plazas siguientes:

Plaza Independencia, plazoleta del Cármen, General Viamonte, de la calle Paraguay entre Rodriguez Peña y Callao, Pueyrredon, entre Cerrito y Artes, vereda sud; de la calle Túcuman entre Cerrito y la avenida proyectada de la calle de Reconquista (5 metros) entre Rivadavia y Piedad.

Recordaremos que las avenidas serán de 30 metros y se abrirán en los siguientes puntos: 1.ª de la calle Pavon á Paseso de Julio entre Cerrito, Lima, Artes y Cambacérés; 2.ª del Paeo Colon á Entre Rios entre Chile é Independencin; 3ª del Paseo de Julio á la plazoleta del Cármen entre Paraguay y Cordoba.

Como es sabido, para la ejecucion de las obras sancionadas para la referida ley, la Municpalidad está autorizada para negociar un emprestito de 20.000.000 de pesos, oro, con un 4 ½ de interés y 1 °/₀ de amortizacion.

La Legislatura ha autorizad al P. E. de la provincia de Buenos Aires para que contrate la ejecucion de los siguientes ferrocarriles y canales:

Con Jorge Eart Curch, la construccion de una línea férrea que partiendo del puerto La Plata termine en Mercedes. En su trayecto esta via tocará en La Plata y en Burzaco.

Con Lorenzo Ruiz y C.ª, la construccion de una línea férrea del puerto La Plata hasta el Salto, pasando por la Ensenada,

Quilmes, Lomas de Zamora, Matanzas, Moron, Merlo, Moreno, Rodriguez, Lujan, Giles y Cármen de Areco.

Con Luis J. Andrade, Tomás Bello y C.ª, la construccion de una línea férrea de la Ensenada á Quilmes, dock Sud y Mercado de frutos.

Con Julio C. Gonzalez y C.ª, la construccion de una línea férrea de Tres Arroyos á Quequen y Necochea.

Con Luis A. Saenz Peña y C.ª, de una línea férrea desde de la Magdalena hasta Bahia Blanca.

Y se ha aprobado el contrato referendum celebrado entre le P, E. y Augusto Bernardo y C.ª, para construir varias línaas férreas.

Y es celebrado con Emilio Poset para la construccion de un canal navegable entre Lobos y La Plata, con la garantía del 5 °/₀ sobre un capital de 3.600,000 pesos.

Varias nuevas empresas por acciones han obtenido aprobacion oficial de sus estatutos, representando en conjunto un capital de 30 millones de pesos.

He aqui sus denominaciones y propósitos:

«Canteras y arenales de Solís», con cuatro millones, para la explotacion de la industria que su título indica.

«Compañía Inmobiliaria del Riachuelo» con veinte millones, negocios de construcciones y prestamos hipotecarios.

«La Electro Química Argentina», con dos y medio millones, para adquirir las patentes de invencion de Perreur Lloyd é hijos.

«La Plata», con un millon seiscientos cincuenta mil pesos, para, para la compra y venta de bienes raices

«La Porteña», con un millon, para la explotacion almacenes de comestibles y bebidas-

«La Constructora Marítima» que tiene por objeto:

1.° La compra, venta y alquiler de buques á vela y á vapor, dragas, pontones, diques, lanchas, remolcadores y cualquier otro medio flotante de trasporte para los rios de la Plata y otros rios ó mares.

2.° Adelantar y facilitar á los empresarios de trabajos marítimos, lancheros, sociedades de navegacion, etc, etc., recursos para la compra y alquiler de buques de toda clase.

3.° Recibir de constructores, en consignacion, buques á vapor, á vela, ó cualquier aparato para servicio marítimo, sea para alquilar ó vender con una comision á determinar por el directorio, con un capital de 500.000 pesos oro sellado, dividido en 10.000 acciones de 50 pesos cada una.

El Departamento de Obras Públicas ha encomendado al ingeniero señor Julio Andrieuz, la verificacion de los estudios para la construccion de puertos en los lugares mas convenientes de los rios Paraná y Uruguay.

El ingeniero Bovio dirigió el 18 de Diciembre un telegrama desde Salta, al director de ferrocarriles doctor Arauz, haciendo saber que en la tarde de dicho dia, había llegado á Salta el primer tren del ferrocarril que se dirije á la frontera de la República de Bolivia.

Hé aquí las sumas recaudadas en la aduana de la Capital desde el mes de Noviembre último:

1ª quincena de Noviembre $ 1.678,874-75; 2ª quincena de Noviembre $ 1.878,638-28; 1ª quincena de Diciembre corriente, $ 1.624,892-18.

Total $ 518,405,21.

Calcúlase, sobre la base de informe oficiales, en 2000 el número de kilómetros de ferrocarriles construidos en el año corriente en la provincia de Santa-Fé.

En 1890 se verificará la licitacion de los F. C. de la Provincia de Buenos Aires, debiendo presentarse las propuestas cerradas antes de las 2 de la tarde del dia que se designará oportunamente, acompañada cada una de ellas de un certificado en que se acredite haber depositado en el Banco de la Provincia, la suma de un millon doscientos mil pesos m/n en dinero efectivo ó en títulos de renta de la Provincia por su valor nominal.

Se esceptúan de la enagenacion:

1° La estacion actual de la Plata, dependencias y terrenos que la ocupan, así como tambien las vías comprendidas entre dicha estacion y las calles 80 y 1, debiendo la empresa compradora construir á su costo y dentro de los 3 años siguientes una estacion de 1ª clase, para pasageros, encomiendas y carga, bajo planos que serán aprobados por el P. E. en una superficie de terrenos fiscales de 40,000 metros cuadrados, situados entre las calles 80, 1 y 40, que será cedido á la empresa compradora sin retribucion alguna por parte de esta.

2° La línea conocida por de circunvalacion que sale de Tolosa hasta el kilómetro 11 de la línea del ferro-carril á la Magdalena, así como todas las líneas del puerto de la Ensenada, tierras y dependencias que correspondan á esta vía.

3° El ramal que sale de Temperley á Cañuelas, con todos sus terrenos dependencias elementos adjudicados á esta línea en el inventario practicado por la comision de contadores.

4° Los terrenos siguientes:

En el Once de Setiembre 4 lotes con 28.564 metros 65 centímetros, en las calles Bustamante y Gauna, Gauna y Laprida, Anchorena y Piedad y Victoria y Rivadavia.

En Almagro, un lote con 3384 metros 20 centímetros.

En Suipacha, id id 33,335 id 20 id.

En Chivilcoy, id id 89,991 id 26 id.

En Bragado, id id 5556 id 52 id.

En Alberti, id id 96,560 id id.

En Larrea, id id 96,560 id id.

En Olascoaga, id id 132,000 id.

En 9 de Julio, id id 60,007 id.

En Moron, id id 25,000 id.

En Tolosa, id id 143,766 id.

Estacion Gutierrez, id id 18,750 id.

Temperley, id id 53.250 id 75 id.

Florencio Varela, id id 15.000 id.

San Justo, id id 32.839 id 40 id.

General Hornos, id 13.800

Lobos, id id 123.553 id 50 id.

M. Romero, id 129.183 id 34 id.

Kilómetro 2.362 á kilómetro 3.525, ramal Lujan á Pergamino, 104769 metros 85 centímetros.

C. Sarmiento, un lote con 132.200 metros.

Anchorena, id. id. 132.700 metros id.

Kilómetro 159-149-50, á id 160-356-60 8234 metros 38 centímetros.

Kilómetro 160-356-60 á 161-189,52, 158.909 id 07 id.

Kilómetro 163 682 á 164-124, 32.208 id.

Kilómetro 164-717 á 164-717,40, 8693 id. 60 id.

O. Basualdo, un lote con 132.700 metros.

Rojas, id 81-613 id.

Echevarria, id 132.700 id.

Junin, seis lotes con 166.519 id 70 id.

Conesa, uno id con 132.700 id.

Kilómetro 10-949.80 á 11-823,55, 10.254 id 53 id.

Kilómetro 23-617,60 á 23-962,70, 6527 id.

Kilómetro 23-354,70 á 23-770,65, 102,059 id 32 id.

En la apartada region del Bermejo acaba de fundarse una Biblioteca pública que lleva el nombre de « Regimiento 12» que, como su nombre lo indica, ha tenido por iniciadores á los oficiales superiores y subalternos de ese cuerpo del ejército Nacional. Es la primera Biblioteca que se establece en el Chaco.

Revista de la Bolsa de Comercio de Buenos Aires.

PRECIOS CORRIENTES DESDE EL 5 HASTA EL 20 DE DICIEMBRE DE 1889.

FECHAS		Cédulas hipotecarias provinciales										Cédulas hipotecarias nacionales						Acciones del Banco Nacional
	Metálico al contado	Série [illegible] m/n 8 0/0 renta	Série G m/n 7 0/0 renta	Série I m/n 8 0/0 renta	Série J m/n 8 0/0 renta	Série K m/n 8 0/0 renta	Série L m/n 8 0/0 renta	Série M m/n 8 0/0 renta	Série N m/n 8 0/0 renta	Série O m/n 8 0/0 renta	Série P m/n 8 0/0 renta	Série A oro [illegible] 0/0 renta	Série A m/n 7 0/0 renta	Série B m/n 7 0/0 renta	Série C m/n 7 0/0 renta	Série D m/n 7 0/0 renta	Série E m/n 7 0/0 renta	
	último	último	último	último	último	último	último	último	último	último	último	último	último	último	último	último	último	último
Diebre. 5	238.50	—	—	—	—	83	72.70	70	69.50	69	68.80	—	—	—	—	—	—	—
» 6	234.00	—	—	—	—	—	—	69.70	69.20	69.10	—	—	—	—	—	—	90	198
» 7	235.00	63	—	96	—	81.50	73.50	69.80	68.80	68.70	68.70	—	—	—	91	—	—	205
» 8	—	—	—	—	—	—	—	—	—	—	—	—	—	—	—	—	—	—
» 9	237.00	—	—	—	97.50	81	72	—	69	68.50	68.20	—	—	109.80	94	91.50	90.50	—
» 10	235.50	62	—	—	98	80	73	—	—	68.50	68	—	—	—	—	92	92	204
» 11	237.00	—	—	100	—	80	—	—	68.80	68.20	68.10	—	—	—	—	92	91.50	—
» 12	236.00	—	—	—	—	80	72.50	—	68.80	68.80	67.40	—	111	—	—	92.50	92	—
» 13	236 20	62	—	—	—	81	73	—	68.60	68.10	67	—	112	—	—	93	94	—
» 14	232.50	62	—	—	—	81.50	—	70	—	68	66.50	—	—	—	—	—	—	—
» 15	—	—	—	—	—	—	—	—	—	—	—	—	—	—	—	—	—	—
» 16	235.80	—	—	—	—	81.50	72.20	70.50	—	68	66.70	—	—	—	94	—	94	—
» 17	232 50	—	—	—	—	—	73	—	63	68	—	63	—	—	—	—	92.50	200
» 18	231.50	—	—	—	—	82	73	70.30	68	68.20	66.50	63	—	—	—	—	92	198
» 19	233.30	—	—	—	—	82	72.50	70	68.20	68	66.60	—	—	—	—	—	92	—
» 20	231.00	—	—	100	100	82	72.50	69.50	—	66.80	66	—	—	—	93	93.50	93	—

CAMBIOS DESDE EL 5 HASTA EL 20 DE DICIEMBRE DE 1889

Cotizaciones por un peso moneda nacional oro.

FECHAS	Inglaterra 90 d[v.		Francia 90 d[v.		Bélgica 90 d[v.		Italia 90 d[v.	Alemania 90 d[v.		Esp'ña 90 d[v.	E. U. 90 d[v.	Rio Janeiro 15 d[v.	Montevideo v.
	peniques		francos		francos		francos	R.	m.	$	dollars	£ Reis	
Dicbre. 5	$48\frac{1}{2}$	$48\frac{3}{4}$	5.10	5.12	5.03	5.16	—	4.13	4.15	“	“	—	$\frac{3}{8}$ p
“ 6	$48\frac{5}{8}$	$48\frac{3}{4}$	5.14		5.15	5.16	—	4.13	4.16	“	“	—	$\frac{1}{4}$ p
“ 7	$48\frac{5}{8}$	$48\frac{3}{4}$	5.12	5.14	5.15	5.17	—	4.14	4.16	“	“	—	$\frac{1}{4}$ p
“ 8	Fiesta		—		—		—	—		“	“	—	—
“ 9	$48\frac{3}{8}$	$48\frac{7}{8}$	5.12	5.15	5.13	5.17	—	4.14	4.16	“	“	—	$\frac{1}{4}$ p
“ 10	$48\frac{1}{8}$	49	5.13	5.15	5.14	5.17	—	4.14	4.16	“	“	—	$\frac{1}{8}$ p
“ 11	—		—		—		—	—		“	“	—	par
“ 12	$48\frac{3}{4}$	49	5.12	5.14	5.15	5.17	—	4.14	4.18	“	“	—	—
“ 13	$48\frac{3}{4}$	49	5.14	5.15	5.15	5.17	—	4.16	4.18	“	“	—	—
“ 14	$48\frac{3}{4}$		5.12	5.14	5.15	5.17	—	4.15	4.18	“	“	—	—
“ 15	Fiesta		—		—		—	—		“	“	—	—
“ 16	—		—		—		—	—		“	“	—	par
“ 17	$48\frac{1}{2}$	$48\frac{3}{4}$	5.10	5.12	5.12	5.14	—	4.12	4.14	“	“	—	—
“ 18	—		—		—		—	—		“	“	—	—
“ 19	$48\frac{1}{2}$	$48\frac{5}{8}$	5.09	5.11	5.12	5.14	—	4.12	4.14	“	“	—	par
“ 20	—		—		—		—	—		“	“	—	-

Fletes en la quincena. *Desde el 5 hasta el 20 de Diciembre de 1889.*

PUERTOS.	Por.	C's salads.	C's secos.	Sebo en p.	Fardos.	Granos.	Tasajo.	Capa.
Inglaterra directo	Vapor.	30 sh.	45 sh.	30 sh.	20 sh.	22 sh.		
Bremen y Hamburgo	"	30 Rm.	45 Rm.	25 Rm	20 Rm.	16 Rm	—	%
Amberes	"	35 f.	50 f.	35 f.	30 fs.	25 f.	—	—
Dunkerque	"	35 "	60 "	35 "	25 "	25 "	—	—
Havre	"	35 "	70 "	35 "	25 fs.	25 "	—	—
Burdeos	"	— "	70 "	25 s.	15 "	20 "	20	—
Marsella	"	35 "	60 "	20 "	15 "	12.50 "	—	—
Vigo y Coruña	"	— $	90 $	35 $	135 $	25 "	6 oro.	—
Barcelona	"	— f.	70 f.	20 f.	7.50 f.	15 f.	—	—
Rio Janeiro	"	— $	— $	5 ½ $	5 ½ $	4 ½ oro.	4 oro.	—
Valparaiso	"	— sh.	— sh.	33 sh.	33 sh.	12 ½ sh.	33 ps.	—
Génova	"	35 f.	60 f.	15 f.	8 f.	10 fs.	—	—
Falmouth por órdenes	"	30 "	— "	— "	— "	— "	—	—
Id	Velero.	30 sh.	— "	20 fs.	— "	Nominal.	—	—
Amberes	"	— "	— "	— "	16 "	—	—	—
Dunkerque	"	— "	— "	— "	— "	—	—	—
Havre	"	— "	— "	— "	— "	—	—	—
Marsella	"	— "	— "	— "	— "	—	—	—
Génova	"	— "	— "	— "	— "	—	—	—
Estados Unidos	"	— "	3/8 cts.	— "	3 ½ "	—	—	5
Rio, Bahía y Pernambuco	"	— "	— "	— "	— "	4	2-2 ½ 3	—
Habana	"	— "	— "	— "	— "	—	6 r.	—
Valparaiso	"	— "	— "	— "	— "	—	—	—

LOS FLETES SON ENTENDIDOS Á PUERTOS: Alemanes, franceses, italianos y españoles, por metros cúbicos y 1000 kilos. Inglaterra, por 40 piés cúbicos y 2 240 libras. Brasil, por 1 000 kilos por vapor y por quintales por velero. Estados Unidos, por libras, fardos y granos, 2 240 libras.

FRUTOS DEL PAIS

		MERCADOS	
		CONSTITUCION	11 DE SETIEMBRE
		Ps. cts. Ps. cts.	Ps. cts. Ps. cts.
Lana madre, mestiza fina..	10 ks.	6.00 á 9.50	4.50 á 9.00
» » » Lincoln.....	»	6.00 " 9.50	4.80 " 9.30
» » mezcla............	»	6.00 " 8.00	— —
» borrega mestiza fina.......	»	5.00 " 7.50	5.00 " 7.00
» » » Lincoln...	»	5.00 " 8.00	5.50 " 7.00
» » mezcla...........	»	4.80 " 6.00	4.50 " 6.50
» negra »	»	4.50 " 5.00	4.00 " 5.00
» barriga	»	3.00 " 4.00	3.00 " 3.80
» corral....	»	1.50 " 2.80	1.50 " 2.30
		milésimos	milésimos
Cueros lanares, m'dero. lana entera	1 k.	— á —	500 á 650
» » » estacion.....	»	440 " 680	— " —
» » » pelados.....	»	— " —	300 " 350
» » consumo, lana entera	»	480 " 680	500 " 650
» » » estacion.....	»	— " —	— —
» » » pelados.....	»	220 " 230	250 " 300
» » ep'mia. y des. lana ent.	»	465 " 650	400 " 550
» » » estacion.......	»	— " —	— —
» » » pelados.......	»	120 " 150	120 " 150
» » b'ga. cord'nes y cord.	»	350 " 420	— " —
» » capachos...........	»	120 " 180	120 " 150
		Ps. cts. Ps. cts.	Ps. cts. Ps. cts.
» » corderitos.	doc.	1.00 " 2.60	1.50 á 2.50
» » »	»	— —	— —
Cueros vacunos secos, matadero.	10 ks.	4.60 " 5.50	4.50 " 5.30
» » » campo....	»	4.20 " 5.60	4.20 " 5.50
» becerros...	»	3.20 " 3.60	3.00 " 3.50
» nonatos	»	2.00 " 2.20	2.00 " 2.30
» potros secos, matadero...	uno	— —	— —
» » » campo.....	»	2.00 " 3.20	2.70 " 3.00
» potrancas.............	»	1.00 " 1.60	1.35 " 1.50
» nútrias.......	1 kilo	0.80 " 1.75	— " —
» » abierta por el lomo	»	3.00 " 3.60	— —
» venados.	doc.	1.50 " 2.00	— —
Cerda de potro................	10 ks.	6.00 " 10.00	7.50 " 8.50
Cerda de vaca, sin maslo.......	»	6.00 " 7.00	6.00 " 7.50
Sebo, estilo embarque...	»	2.20 " 2.40	2.30 " 2.50
» » campo, pipas y bord'sas.	»	2.20 " 2.40	2.20 " 2.40
» » » cascos chicos, panzas &	»	1.80 " 2.10	1.80 " 2.10
» en rama ó pisado..........	»	0.80 " 1.30	0.80 " 1.30
Aceite de potro...............	»	2.20 á 2.40	— " —
Plumas de avestruz...........	1 kilo	1.80 " 4.00	— " —

CEREALES

		CONSUMO Estilo plaza.	EXPORTACION C. ó Riachuelo.
		Ps. cts. Ps. cts.	Ps. cts. Ps. cts.
Trigo de pan, de la Costa........	100 k.	4.00 á 10.00	— —
» » » del Salado........	»	4.00 " 10.00	— —
» » » de los Rios.......	»	— —	— —

CEREALES

		CONSUMO Estilo plaza.		EXPORTACION C. ó Riachuelo.	
		Ps. cts.	Ps. cts.	Ps. cts.	Ps. cts.
Trigo del Sud	100 k.	4.50 á	10.50	—	—
Trigo candeal......	»	4.00 "	10.50	—	—
Harina de cilindro.......	10 k.	— "	—	—	—
Afrecho.....	100 k.	— "	—	—	—
Maiz morocho desg'do. viejo....	»	1.80 "	2.70	2.70	2.80
» amarillo » nuevo dispon.	»	1.50 "	2.30	2.80	2.90
Cebada....	»	2.00 "	4.00	—	—
Semilla de colza	10 k.	— "	—	—	—
» de lino................	»	— "	—	—	—
» de nabo....	»	0.50 "	0.65	—	—
» de alfalfa.........	»	— "	—	—	—
Alfalfa en fardos...............	1000 k.	20.00 "	40.00	—	—

Productos de Saladeros, Carnes conservadas y Mataderos

		$ cts.	$ cts.
Cueros salados de saladero, novillos......	100 kilos	de sin	ventas.
» » » » vacas...... ..	»	id. id.	id.
» » » » potros	uno	— á	—
» » » matadero, novillos......	100 kilos	12.00 ½	13 oro
» » » » vacas........	»	12.00 »	—
» secos » » novillos......	10 kilos	2.60 »	—
» » » » vacas........	»	2.60 »	—
Tasajo para el Brasil..........	46 kilos	5.80 »	—
» » la Habana...	»	3.88	32 rls oro
Sebo, estilo de embarque...	100 kilos	—	—
Aceite de potro..............	»	2.60	m/n legal
» de patas....	»	3.00	—
Cerda de potro.......	»	— »	—
» de vaca.........	»	— »	—
Astas de saladero, y matadero, novillos..	millar	60.00 oro	—
» » » » vacas....	»	25.00 á	—
Nervios y vergas......	100 kilos	— »	—
Huesos................................ ...	1000 kilos	16.00 »	—
Cenizas...	»	15.00 »	—
Lenguas saladas.......	docena	2.00 ½	—

Ganados.

		$ cts.	$ cts.
Hacienda vacuna, mestiza, al corte.........	c/u	no	hay
" " criolla "	"	5.00 á	7.00
" ovina, mestiza Lincoln, al corte..	"	no	hay
" " " general " ..	"	1.00 "	1.80
" yeguariza, mestiza " ..	"	no	hay
" " criolla, " ..	"	5.00 "	6.00
Novillos para invernar...	"	11.00 "	13.00
Vacas " "	"	5.00 "	6.00
Novillos para saladero.....	"	15.00 "	18.00
Vacas " "	"	7.00 "	9.00
Yeguas " "	"	5.00 "	6.00
Capones para matadero..................	"	3.00 "	4.00

De los Rios.

Cueros vacunos secos de Buenos Aires, clasificados para Norte América	10 kilos	2.60 á	2.65
Cueros vacunos de Córdoba, pelo de invierno	" oro	2.70 "	2.80
" " " " verano	"	— "	—
" " Entre Ríos	"	2.00 "	—
" " Concordia	"	2.10 "	2.15
" " Corrientes, matadero	"	1.85 "	1.95
" campo	"	[illegible] "	[illegible]
" " Misiones	"	1.80 "	1.85
" " Santa Fé	"	1.75 "	1.85
" " Mendoza	"	1.70 "	1.80
" " San Juan	"	[illegible]	[illegible]
" " Cuyabá	"	2.00 "	2.10
" " del Paraguay	"	1.95 "	2.00
" becerros de la Provincia	"	1.50 "	[illegible]
" nonatos	"	[illegible] "	2.00
" potros	uno.	1.20 "	[illegible]
" cabras	docena	8.00 "	[illegible]
" cabritos	kilo	[illegible] "	0.70
" ciervos anchos	" oro	1.00 "	1.10
" " angostos	"	0.90 "	1.00
" venados	"	1.40 "	0.60
" nútrias del Chaco abierto por el lomo	1 kilo.	4.50 "	5.00
" " de Entre Rios	"	— "	—
" " de Santa Fé id. por la barriga	"	1.30 "	1.40
" carpinchos	uno.	2.00 "	2.10
" lanares de Entre Rios al barrer	1 kilo.	0.38 "	0.42
" " de Santa Fé	"	0.30 "	0.35
" " de otras procedencias	"	0.38 "	3.40
" corderitos	docena.	1.50 "	1.70
Aceite de pescado	10 kilos.	2.30 "	2.50
Garras de ojal	100 kilos.	3.50 "	4.00
Lana madre de Gualeguaychú	10 kilos	nominal	nominal
" " Gualeguay	"		"
" " Nogoyá	"		"
" " Victoria, Diamante y Paraná	"		"
" " Córdoba	"		"
" " Mendoza	"		"
" " Corrientes (criolla)	"		"
" " Colon	"		"
" " La Paz	"		"
" " Patagones y Bahía Blanca	"		"
" " Concordia	"		"
" " " (lavada)	"		"
" borrega de Gualeguaychú	"		"
" " Gualeguay	"		"
" " otras procedencias	"		"
" " criolla	"		"
Pluma de avestruz	"		"

Haciendas—*(Corrales de abasto).*

		$ cts.	$ cts.
Carne y sebo, novillos y vacas especiales en puntas....	c/u	30.00 á	50.00
» » » primera clase	"	20.00 "	26.00
» - » segunda id..	"	15.00 "	18.00
» buena carne.	"	10.00 "	12.00
» » para chanchería.....	"	6.00 "	8.00
» » bueyes................. ..	"	50.00 "	60.00
» » siñueleros...................	"	40.00 "	50.00
Cueros frescos, novillos..................	c/c	5.00 "	7.00
» » vacas......................	"	4.00 "	6.50
» » bueyes.....................	"	3.00 "	4.00
» » siñueleros.................	"	5.00 "	8.00
Terneros de ocho meses á un año en pié...	c/u	7.00 "	—
» de la paricion..................	"	— "	6.00
Novillos para invernada..................	"	12.00 "	—
Vacas id id	"	4.00 "	—
Novillos para saladero, carnes gordas......	"	— "	—
Vacas id id id id	"	— "	—
Yeguas id id id id	"	— "	—
Capones para matadero, mestizos Lincoln..	"	4.00 "	4.50
" " " " generales.	"	3.00 "	3.50

Varios títulos y acciones.

Fondos y títulos públicos.

	CONTADO
Bonos Municipales de 1882—6 por ciento renta.	70
Fondos Públicos Nacionales de 1863 de 6 por ciento.	101
Id id id de 1876.	97
Fondos Públicos Nacionales de 1882 de 6 por ciento..	74
Id id id de 1884 de 5 por ciento..	70
Puentes y Caminos 1884.	90

ACCIONES	CONTADO
Banco Nacional.	200
Banco Francés del Rio de la Plata.	104
Banco Constructor de La Plata.	93
Banco de Italia del Rio de la Plata.	oro 320
Banco Nacional del Uruguay.	nominal
Banco Español del Rio de la Plata.	100
Banco del Comercio.	101

Banco Comercial de La Plata	85
Banco Sud-Americano	76
Banco Mercantil de la Plata	175
Banco Buenos Aires	98
Banco Industrial y Constructor	90
Banco Agrícola Comercial del Rio de la Plata	53
Bolsa de Comercio (Empresa del edificio)	370
Crédito Real	90
Constructora Argentina	110
Constructora de Flores	101
Caja de descuentos	95
Compañía general reaseguradora	—
Crédito Nacional	87.50
Compañía de impresores y litógrafos de Kidd y C.ª	nominal
Compañía General de Crédito	95
Compañía Nacional de Trasportes	116
Edificadora de la Floresta	18.50
Ferro carril Central	nominal
Ferro carril del Sud	nominal
Compañia Billetes de Banco Sud-Americana	95
Compañia Argentina del Riachuelo	114
Doc Sud de la Capital	—
La industrial Minera	140
La Argentina fábrica de papel	110
Mercado Central de frutos	95
Mercado y Embarcadero del Rosario	115
Banco de la Bolsa	80
Mataderos Públicos de la Capital	91
Nuevo Banco Italiano	108
Ferro carril del Norte	nominal
Ferro carril de Campana	id
Ferro carriles pobladores	135
Fábrica Nacional de calzado	160
Gas primitivo	190
Gas Argentino	210
La Edificadora	100
La «Currumalan» de $ 1000 cada una	nominal
La Previsora	120
Lloyd Argentino	nominal
Muelles y Aduana de las Catalinas	57
Muelles de La Plata	100
Mercado de frutos de La Plata	90
Nueva Compañía Gas Buenos Aires	nominal
Propiedad de la higiene (nueva)	—
Puerto Madero	—
Sociedad General Pobladora	165

Sociedad telegráfica telefónica del Plata.	250
Tramway Ciudad Buenos Aires.	nominal
«La Buenos Aires» Compañía Nacional de Seguros.	160

Los precios de las cédulas están marcados en la página 1498

CERTIFICADOS	CONTADO
Banco Inmobiliario 75 por ciento, pago	195
Mercado de frutos La Plata, 50 por ciento pago.	64
Puerto Madero 40 por ciento pago.	22
Banco de la Bolsa, 75 por ciento pago.	80
Ferro carriles pobladores 30 por ciento, pago.	65
Banco Hipotecario de la Capital oro 40 por ciento, pago . . .	38
Compañia de Impresores y Litografos de Kidd y C.ª 40 °/₀ p.	70
Malecon y Puerto Norte de Buenos Aires 25 por ciento, pago.	38
Banco Territorial y Agrícola de Santa Fé 50 por ciento, pago.	90
Nuevo Banco Italiano 40 por ciento pago.....	48
Compañía Argentina del Riachuelo 25 por ciento, pago.....	21
Mataderos Públicos de la Capital, 20 por ciento pago	43

OBLIGACIONES	CONTADO
Bonos Banco Hipotecario de la Capital (oro)	50
Obligaciones Banco Constructor de La Plata	10

Descuentos.

Interés en plaza........	11½
En el Banco Nacional...	Préstamos hasta 180 dias 7 °/₀.
» » ..	Especiales con amortizacion menor de 25 °/₀, 8 °/₀
El Banco de la Provincia.	Papel comercial 7 °/₀ y particular 8 °/₀.
» »	Pagarés á oro 7 °/₀ anual.

Federico Leinau, Remi Dumais, Jorge Pratje.

Alfredo Alonso.—M. G. Llamazares.—José E. de Souza Martinez.—Juan Bordoy.—Luis Celasco.—Alfonso Ayerza.— Calixto Almeyra.— Vicente Portunato.— Bartolomé Roca.— P. Christophersen.—B. Maumus.—T. S. Roadle.

V.° B°.

Ed. B. Legarreta,
Presidente.

Manuel Dolz,

Indice.

PARTE I.

Informes Consulares.

PAG.

PARTE II.

Correspondencia Diplomática y Actos Oficiales.

Indice General.

PRIMERA PARTE.

INFORMES CONSULARES.

A.

B.

C.

D.

E.

F.

H.

I.

L.

M.

N.

P.

SEGUNDA PARTE.

CORRESPONDENCIA DIPLOMÁTICA.

Y ACTOS OFICIALES.

A.

B.

C.

PAG.

D.

PÁG.

F.

I.

L.

N.

O.

PAG.

P.

R.

S.

T.

U.

Lightning Source UK Ltd.
Milton Keynes UK
UKHW052058161218
333917UK00007BA/151/P